中国社会科学院创新工程学术出版资助项目

《大清新刑律》
立法资料汇编

高汉成 主 编

宗 恒 郭洪亮 副主编

A Legislative Data Corpus of
The Qing Dynasty's New Criminal Law

社会科学文献出版社
SOCIAL SCIENCES ACADEMIC PRESS (CHINA)

编辑说明

一、本书汇编的范围，涵盖了1907～1911年间围绕着《大清新刑律》的制定而出现的上谕、奏折、草案等主要立法资料，这其中既包括立法沿革及立法理由，也包括资政院的审议。另外，为了更好地反映历史背景，礼法之争中的一些重要文章，也一并收录作为最后一部分。按照冈田朝太郎的说法，大清新刑律历经六案的修订始完成立法程序，本书收录的1907年刑律草案、1910年修正刑律草案、1911年钦定大清刑律分别为第一案、第二案和第六案，而1910年宪政编查馆加以修正的第三案、资政院法典组加以修正的第四案以及经资政院审议通过后形成的第五案，因缺乏完整的版本，且根据相关文献记载，从第二案到第六案，修正变化情况相当有限，故今从略。

二、在编辑体例上，本书以时间为纬，按照《大清新刑律》的制定过程而把立法资料分为五个部分：1907年刑律草案、1907年刑律草案签注、1910年修正刑律草案、1910年资政院审议、1911年钦定大清刑律；以内容为经，每一部分内容按照上谕、奏折、草案等分为两部分或三部分。

三、《大清新刑律》制定时期的文献原稿都是竖写，故有"于左"、"如左"、"左列"、"从左列"、"从左例"、"左记各款"、"右列各款"、"右列"等相当于今天"如上所述"、"陈述如下"的用语，本书改为横排后，照录未作改动，但"左"应理解成"下"，"右"应理解成"上"。

四、大清新刑律制定时期的文献原稿，均未分段，也没有标点。编者在整理时予以标点并酌分段落，仅仅是为了便于阅读和理解。不妥之处，还望批评指正。

五、对原文中较为明显的错字，一般不予以直接校正，惟加以脚注说明。但对于纯粹的缮写或印刷错误，不修改会影响阅读理解的，直接在正文中予以改正。

六、原文中有明显的脱漏字句需要补充的，对补上的内容加［］表示。

七、原文字迹不清无法辨认者，或经校勘仍无法确认的文字，用□表示。但1907年草案中的 沿革 、 理由 、 注意 ，不在此例。

八、原文（特别如1907年刑律草案）中的小号字体的注释性文字，用（）标出，不再用字体的大小以示区别。资政院会议过程中非发言的内容，亦用（）标出。

九、最后想说，由于战乱和运动频繁，即使是近代的文献，搜集、整理、校勘和注释也是一件需要时间、耐心乃至功力的工作，远比自己原来想象的要复杂得多。虽然已经努力，但肯定还有不尽如人意的地方，欢迎批评指正。

关于"本土资源"的历史思考[*]

（代序）

高汉成

一

晚清十年的法律改革，其涉及范围之广、力度之大，在中国法律史上是前所未有的。就立法内容而言，一个包括宪法、行政法、刑法、民法、诉讼法、法院编制法在内的全新法律体系已经初步建立。就立法过程而言，其他法律的制定相对都比较顺利，唯独刑法典的制定一波三折，1907年的刑法典草案引起了广泛的争议，并引发了绵延数年之久的"礼法之争"。这的确是一个值得仔细"咀嚼"的历史现象，但有一点，认为反对刑律草案就是顽固、保守的说法恐怕是站不住脚的，因为同步进行的其他法律的制定也基本是移植和照搬西方的法律，就没有引起这么大的风波。

---

[*] 此处仅仅借用了苏力先生的这一名词而无意作严格的界定。借用这一概念要表达的意思是：在中国法律近代化的过程中，如果我们承认"中西合璧"是最理想状态的话，那中国传统法律文化应该、能够发挥什么作用。当然，我注意到，自中国踏入近代以来，时间跨度之长，中西文化交融之广，传统本身在今天已经变成了一个动态的东西，试图界定和描述它是困难和危险的。但我还是认为，晚清时代这个问题并不特别明显，尤其就名义而言，大清刑律草案本身是对《大清律例》的直接修订，中西法律文化交融的界面还是清晰的。正如江水和河水在吴淞口的交融是清楚的，尽管吴淞口以下完全无法判断了。

而且张之洞就说过，凡是传统法律所无或者基础薄弱的法律，如商法、民法、交涉律，不妨尽用洋律。即使就刑法而言，决定对《大清律例》修订本身就是引进西方法律的过程，这一点一般意见是清楚的，"于名教纲常、礼义廉耻之重，仍以中律为主。其余中律所未完备者，参用洋律。惟交涉事件等项，罪名不妨纯用洋律，庶风土人情各得其宜矣"。① 这表明，以张之洞为代表的礼教派并不顽固，他们懂得取西方之长补中国之短的道理。但对传统法律中极为成熟和发达的刑法典，他们则当仁不让，对基本也是移植和照搬西方法律的刑律草案进行了激烈的批评。这一方面展示了他们对中国传统刑法文化的自信，希望借此能有和西方法律文化平等对话的机会；另一方面，他们也担心，如果连这"最拿手"的东西都没有和西方平等对话的资格和机会，那中国传统法律文化还有何存在的价值？斟酌、融合中西岂不成了一句空话？即使今天看来，这的确也是个问题，正如苏亦工所言："按照常理，清朝官方和沈氏个人如均以中西融合为宗旨，则制定刑律时，传统法律资源中可供汲取者正多，又何必舍近求远，假手洋人呢？"② 越来越多的迹象和材料似乎在证明，刑律草案对于中国传统刑法典中有价值的规定，并没有能够很好地予以消化吸收而留存于新刑法典之中，而是"把孩子连同洗澡水一并泼掉了"。下面就《大清律例》中关于官吏犯罪和暴力性犯罪规定的价值谈一点个人看法。

古代吏员犯罪有公罪和私罪之分，且私罪的量刑比公罪为重。就法律条文而言，吏员的一切活动都纳入法律的规范之内，不但故意犯罪应受严惩，与职务有关的大量过失犯罪也一样惩处。刑律草案大幅度调整了对吏员犯罪的定罪处刑，如与职务有关的大量过失犯罪不再科刑，官员的渎职犯罪被严格限定在一个很小的范围内，对官员贪污贿赂犯罪的量刑也大大减轻。对此许多签注提出了异议，如江西签注一方面认为第一百六十四条聚众为暴行或胁迫罪中缺少对官吏人身的特别保护，"伤害实行公务之吏员，岂可与凡人同论乎？"另一方面，又认为第二百三十五条吏员明知虚伪之事实而据以制作所掌文书图样罪中应规定过失犯罪处罚的条款，"吏员有办事之权，应负办事之责。如有申告虚伪之事实者，

---

① 《都察院奏折》。
② 苏亦工：《明清律典与条例》，中国政法大学出版社，2000，第344页。

若不查是非制作文书，虽非有意舞弊而制作错误，亦应负其责任。况虚伪之事，所关甚巨。今本案定为吏员不坐，于理尚有未协，此条应行酌改"。① 对于贪污贿赂犯罪，草案第一百四十条仅定二、三等以下有期徒刑，两广认为旧律贪赃枉法之罪处刑甚严，可至死刑，草案量刑过轻，"将使墨吏罔知戒惧，而苟且之事日多，似于吏治不无妨碍"，它还认为草案第二百六十条吸食鸦片烟罪官民无别不妥，应该重罚官弁而轻责平民。② 湖广签注则对第一百四十五条关于告状不受理罪提出异议，认为官员不受理举报，可能会造成极为严重的后果，因而应予以严惩，"查现行律例告状不受理，如告谋反、谋叛不即受理掩捕以致聚众作乱、攻城劫掠者，处分甚严，所以杜萌乱而儆溺职。现在沿江一带，伏莽甚多，或倡言革命肆无忌惮，设或有以此等事情告发，不即受理捕治，致生厉阶，贻害治安，实非浅鲜。本条罪仅四等徒刑而止，未免轻纵，似应酌量加重"。③ 但修正案对以上意见，均未采纳。

传统法律固然给予了官吏各种等级特权和特别保护，但同时意味着比凡人更加严格的要求和惩处，就此意义而言，传统法律下官员的权利和义务是对等的，是相对公平的。草案按照近代法律精神，剥夺了官员的各种等级特权和特别保护，同时也放松了对他们的要求，单就法理而言，这是在一个新的意义上的平等和公平，未尝没有道理。但揆诸中国近代以来的历史与现实，我们看到中国行政运作从来就和西方有着极大的差异，如政府始终是社会的核心，官员的权力很大而事实上很少受到行政法规的约束，如果不在刑法上就他们的犯罪行为规定较为严厉的惩处，完全有可能对国家、社会和公民个人造成无可挽回的损失。而且纵观近百年来中国公务员的管理，官员的各种特权和特别保护事实上仍然存在，但比凡人更加严格的要求和惩处却因法律的取消而取消，形成了一种新的权利和义务的不平等和不公平。所以，我们今天常常听到和看到的一些重特大事故，如重庆天然气井喷事件、陕西铜川陈家山煤矿瓦斯爆炸事件以及触目惊心的假酒、假烟、假奶粉、毒火腿的横行，这其中实际上都有一个政府官员失

---

① 《江西签注清单》第 164、235 条。
② 《两广签注清单》第 140 条。
③ 《湖广签注清单》第 145 条。

职、渎职的问题，却很少看到有政府官员为此承担责任，他们常常以不知道此事为自己开脱责任，这说明至少在法律上是有漏洞可钻的。以至于"一个私自成立，无任何办学资质和办学手续，学员无任何正规渠道的'三无'假军校，（在山西太原各有关主管部门的眼皮子底下公开）一办就是五年"，太原市副市长范世康却说："学生被骗也有自身的原因。一些学生、家长无知无法，不按照有关招生的规章制度办事，抱着一种投机心理片面听信一些人的花言巧语，结果上当受骗。"① 呜呼，要求普通老百姓个个须有"火眼金睛"，那人民纳税"供养政府"又有何用？这是我们最不愿看到的。所以，《大清律例》中对官吏犯罪的规定是有价值的，它能有效地防止因官员渎职而产生的危害超出人民可以承受的范围。关于贪污贿赂的犯罪，国外发达国家的确很少用死刑来惩处，因为它被视为经济犯罪而性质不是特别严重。但对于中国来说，由于各种原因，官员的此类犯罪很多，对社会的影响很大，从来都是普通民众最恨之入骨的犯罪现象，不予以严惩就无法保证最起码的社会秩序。所以，直到今天刑法里对于此类犯罪，仍有最高刑死刑的规定。这是符合中国国情的。等到中国制度健全，此类犯罪现象减少，自可以与世界接轨，但在目前还不行，那就更不用说一百年前的中国了。许多签注强调对西方文化要取其利而避其害，后人也许该从中得到教训而不是不屑一顾。②

对一个政府而言，维护基本的国家稳定和社会秩序是最起码的职责。就法律体系而言，刑法在这方面责无旁贷。中国先人很早就懂得这个道理，早在春秋战国时期，李悝就认为"王者之政，莫急于贼盗"，所以《法经》首著贼、盗两篇并予以严厉打击。到了唐律之中，对于故意杀人、强盗、强奸、绑架以及劫囚、反狱、聚众暴动等暴力性犯罪均视为重罪而予以处罚，到了明清时期，比照唐律"重其所重、轻其所轻"的原则，对

---

① 《太原：五年查封不了个假军校》，《北京日报》2005年1月13日第9版。

② 清朝灭亡以后，《大清刑律》的内容为中华民国所沿用，但过轻的量刑显然对打击官吏的贪污贿赂及渎职犯罪不利，所以不得不在刑法典之外另立刑事特别法予以较为严厉的惩处，如1914年的《官吏犯赃条例》、1920年的《办赈犯罪惩治暂行条例》、1921年的《官吏犯赃治罪条例》。现行《中华人民共和国刑法》对贪污罪则按5000元、1万元、5万元、10万元分别量刑，对于贪污数额在十万元以上、情节特别严重的处死刑。这表明，《大清律例》对官员犯罪采取的以赃论罪的方法和严厉打击的思路是有价值的，1907年刑律草案应该予以继承而不是摒弃。

此类犯罪的处罚有进一步加严的趋势，几乎一概处以死刑，而且"决不待时"。刑律草案取感化主义而"酌减死罪"，结果死刑条款由《大清律例》的760条降到了46条，对暴力性犯罪的定罪量刑随之也予以宽缓，如基本没有了死刑唯一条款①，有的暴力性犯罪甚至最高刑只是有期徒刑。如第二百九十九条杀人者处死刑、无期徒刑或一等有期徒刑，第三百零一条故意伤害人致死或成笃疾者处无期徒刑或二等以上有期徒刑，第三百五十二条强盗罪处三等以上有期徒刑，第二百七十四条强奸罪处二等以上有期徒刑，第三百六十二条诈欺取财处三等以下有期徒刑，第一百六十八条犯人暴力脱逃和第一百六十九条盗取囚人均处二等至四等有期徒刑，第一百六十四条聚众暴乱的首魁处无期徒刑或二等以上有期徒刑，而骨干处二等至四等有期徒刑或一千圆以下、一百圆以上罚金，对于严重危害公共安全的暴力性犯罪，如放火、决水、爆炸等，造成严重后果的才处以死刑、无期徒刑或一等有期徒刑。对此定罪量刑，众多签注提出了强烈异议。湖广、湖南等签注第一百六十九条时指出："本条'盗取'两字，系包窃取、强取而言，窃取情节尚轻，强取即系劫囚，现行律例罪应至死，仅处以二等至四等有期徒刑，似涉轻纵。"② 闽浙在签注第一百六十四条时指出："此等行为即属罪干斩绞，自应将首恶分别惩治，以儆不法。若概从轻减，则凶徒更肆无忌惮，势必气焰益张，煽惑声乱，毫无底止，后患不堪设想。实于地方治安大有关系，此二条骤难照办。"③ 浙江在签注第三百六十二条则认为："现行律例'恐吓取财门'内定有提人勒赎之例，节经加重，新章改照强盗律治罪，以其倚强掳捉，肆意凌虐，勒令用财取赎，凶暴情形与强盗无异，故治罪特严。且浙省捉人勒赎之案层见叠出，若仅处以徒刑，其何以惩强暴而望治安？"④

在整个中世纪，对严重暴力性犯罪予以严厉打击以维持起码的社会稳定一直是传统法律的特点，也是优点，封建社会之所以能维持两千多年，与此直接有关。如反狱、劫囚之罪，在中国普通人的观念里是要杀头的重

---

① 但对于特定身份的人犯罪，如故意杀伤皇帝、故意杀尊亲属应处唯一死刑，则是极其个别的例外。
② 《湖广签注清单》第169条。
③ 《闽浙签注清单》第164条。
④ 《浙江签注清单》第362条。

罪，因为它直接对抗和蔑视政府的权威，对社会危害极大，予以严惩并无不妥；在社会不安定的情况下尤其如此。草案对此仅处二等至四等有期徒刑，与现行刑律的死刑差异过大，不利于社会安定以及维持政府的权威和秩序。如强盗和强奸之罪，直接危及财产安全和人身安全，也是应该予以严厉打击的，可对于两罪并发的"于盗所强奸妇女"，草案也不过处无期徒刑或二等以上有期徒刑，对于犯强盗之罪故意杀人者也没有唯一死刑条款，对于当时社会上经常发生绑票勒索之案，犯罪者也不过是五年以下有期徒刑，确实情重法轻。这一点，修订法律馆诸公似乎也有觉察，修正案对于原案第一百六十八条的脱逃罪就区分了个人暴力脱逃和聚众暴力脱逃分别定罪量刑，第一百六十九条盗取因人区别窃取、强取、聚众劫取分别定罪量刑，两者均加入了死刑条款；于盗所强奸妇女也移入下条而可以对犯罪者处以死刑。即便如此，《大清刑律》正文对严重危害社会治安的暴力性犯罪的打击力度仍然不够。所以，民国沿用《大清刑律》的内容以后，也不得不适应当时的社会实际状况对《大清刑律》的缺陷作一定补救。如1914年北洋政府颁布《暂行新刑律补充条例》，全面贯彻袁世凯的"以礼教号召天下，重典胁服人心"的原则，"增加了对轮奸罪的规定，加重了对强奸杀人罪的处罚，对于打击恶性犯罪有积极意义"；[①] 同年七月颁布了《惩治盗匪法》，加重了强盗罪的法定刑，新增了匪徒罪的规定，将七年前草案仅处五年以下有期徒刑的掳人勒赎罪规定为匪徒罪而予以严惩，其量刑一般均有死刑条款而且简化了审判、执行程序。1928年之后，南京国民政府也是在刑法典之外另行制定了《惩治绑匪条例》、《维持治安紧急办法》、《惩治盗匪条例》等刑事特别法，以加重对此类犯罪的处罚。中华人民共和国时期，1979年刑法颁布后，全国人大常委会也一再作出《关于处理逃跑或者重新犯罪的劳改犯和劳教人员的决定》、《关于严惩严重危害社会治安的犯罪分子的决定》、《关于严惩拐卖、绑架妇女、儿童的犯罪分子的决定》。这些都表明，自1907年刑律草案改变了《大清律例》对严重暴力性犯罪的定罪量刑标准以后，历届政府在制定刑法典时皆大致上予以遵循，以免背上"开历史倒车"的恶名。但为了维护最起码的社会秩序，又不得不从现实出发，制定刑事特别法对严重危害社会治安的暴力

① 朱勇主编《中国法制史》，法律出版社，1999，第536～537页。

性犯罪予以严厉打击，这不仅在内容上，而且在形式上都回到了《大清律例》的老路。正如苏亦工所言："传统法律已经解决的问题，因抄袭西法反而感到束手无策，实践中不得不以特别法或司法解释的方式加以弥补，最终又回到了传统的老路，岂非庸人自扰？"①

二

如果从 1840 年鸦片战争算起，中国社会踏入近代已经 170 多年了；如果从 1902 年清末修律算起，中国法律制度的现代化也已经一百年有余了。

百年回望，我们当然有理由为中国社会、为中国的法制而欣慰，从皇帝专制制度、《大清律例》到人民代表大会制度、《中华人民共和国宪法》、《中华人民共和国刑法》，我们能够清晰地听到历史前进的脚步声。

但立足当今中国社会的现实，我们的心情也许就不那么乐观。因为：尽管按照近代理念建设的立法体系、司法机构已经基本完善，但近代"法治"的理想仍很难说已经大体实现。一个基本的表现是，权力超越法律仍然是弥漫在中国社会中的普遍现象，全社会法律信仰的程度依然很低，以至于让人不得不哀叹：一百年来，从根本上讲，中国依然是"人治"而不是"法治"。回顾百年过去，中国法律走过了艰辛的历程；前瞻未来，中国法治之路依然并不平坦。

自人类进入加速度发展的时代，对于一个民族、一个国家来说，一百年无论如何都不能算是一段短的时间。因此，不管是纵向和自己的过去比，还是横向和世界其他民族国家相比，人们有理由这么认为：中国百年树法，本来应该更好。

那问题究竟出在哪里呢？

中国是一个历史悠久且有着独特法制传统的国度。儒法合流以后的中华法系，是有着自己鲜明的民族特色的法律理念和价值标准的。但进入近代以后，在外来法律文化（以西方为主）的影响下，中华法系被迫偏离了自己的轨道而开始转型。百年来中国法制的历史，就是双方博弈的结果，

---

① 苏亦工：《明清律典与条例》，中国政法大学出版社，2000，第 344～345 页。

但双方谁也无法战胜谁。外来因素占据了立法领域后，却再也无力向前推进；传统因素虽然退出了立法领域，却仍然实际支配着中国人的法律信仰和法律适用。这样一种独特的"共生"局面，使得中国法律出现了文本法律和现实法律的严重背离以及法律理想和法律现实的二元对立。西方的法律精神和话语已经成为中国立法体系的主流，但它仍无法在中国这块土地上扎下根来，只能漂浮在中国的上空。传统法律的体系和话语在形式上已经荡然无存，却仍然顽强而深刻地影响着中国人的生活，并实际主宰着每一个中国人的命运。中外法律文化从来就没有真正融合过，它们以这种奇特的二元对立的形式存在于中国社会当中。百年中国法律的现代化，是在法律文本、法律制度层面移植了西方法律的形式，而在实践层面保留了中国传统法律的内容。两者"脱节""滑轮"却又"共存"的现象，是中国法律迟迟不能实现现代化的主要表现。正譬如：中国引进了西方的技术，仿制了西方的机器，建设了颇有规模的大厂房，却怎么也生产不出成批量的合格产品来；其质量有的时候还不如传统作坊里的产品。这既令西方人大跌眼镜，也令中国人感到不满。这种"有法不依、执法不严、违法不纠"的状况，已经严重地伤害了中国人对现代法律的信仰。它对社会的危害，也许甚于"无法可依"。

今天，越来越多的人意识到：外来的法律有其生长、运行的土壤，单纯的移植法律文本和司法机构并不能使它在异质的文化土壤里茁壮成长；同样，有着悠久而独特历史的中国法律传统也并没有因为中央集权的君主专制制度的灭亡而消失，而是变换了形式，依然顽强地附着在新生的制度上并主导了这个制度的灵魂。出现这样一种尴尬状况，原因固然是多方面的。但其中重要的一点，就是没有正确处理本土因素和外来因素在法律现代化过程中的协调和融合问题。对于这一问题的重要性、艰巨性和复杂性的认识不足，是百年来中国立法者和制度建构者的通病，以至于最后，貌似先进的法律制度为落后的政治制度的粉饰竟成了无奈的动机和目标。因此，我从来认为，中国法律的问题，根本就不是本土化还是国际化这一类目标和价值取向的问题，而是如何消解中国传统因素和西方因素在中国法律上述两个层面的这种奇特"对立统一"问题。

当然，这是一个异常复杂而又重大的问题，我本人无力也不打算作出具体的回答。但好在早在中国法律现代化之初，中国人就已经注意到了这个问题。清末修律中绵延数年的"礼法之争"，曾经对这个问题作了较为深入的探讨，回顾并品味这段历史，也许会对我们回答这个问题有所启发。尽管这会让我们痛苦地意识到：百年前的一些话题，现在法学家们还在热烈讨论。这在某种程度上是否预示着"我们必须承认，在某些方面中国依然如故地站在历史的起点，并没有前进"①？

---

① 《晚清官员的司法独立观》"编者提按"，《比较法研究》2003 年第 4 期。

目　录

第一部分　1907 年刑律草案

第二部分　1907 年刑律草案签注

第三部分　1910 年修正刑律草案

第六部分 其他

第一部分

1907 年刑律草案

一　上谕

1. 决定修订律例谕
（光绪二十八年二月初二日，1902 年 3 月 11 日）

谕军机大臣等：中国律例，自汉唐以来，代有增改。我朝《大清律例》一书，折衷至当，备极精详。惟是为治之道，尤贵因时制宜，今昔情势不同，非参酌适中，不能推行尽善。况近来地利日兴，商务日广，如矿律、路律、商律等类，皆应妥议专条。著各出使大臣，查取各国通行律例，咨送外务部。并著责成袁世凯、刘坤一、张之洞，慎选熟悉中西律例者，保送数员来京，听候简派，开馆编纂，请旨审定颁发。总期切实平允，中外通行，用示通变宜民之至意。将此各谕令知之。

2. 著派沈家本、伍廷芳修订律例谕
（光绪二十八年四月初六日，1902 年 5 月 13 日）

谕内阁：现在通商交涉，事益繁多，著派沈家本、伍廷芳，将一切现行律例，按照交涉情形，参酌各国法律，悉心考订，妥为拟议。务期中外通行，有裨治理。俟修定呈览，候旨颁行。

3. 永远删除凌迟、枭首、戮尸等重刑谕

（光绪三十一年三月二十日，1905 年 4 月 24 日）

　　上谕：伍廷芳、沈家本等奏考订法律请先将律例内重刑变通酌改一折。我朝入关之初，立刑以斩罪为极重。顺治年间修订律例，沿用前明旧制，始有凌迟等极刑。虽系惩儆凶顽，究非国家法外施仁之本意。现在改订法律，嗣后凡死罪至斩决而止，凌迟及枭首、戮尸三项，著即永远删除。所有现行律例内凌迟、斩、枭各条，俱改为斩决；其斩决各条，俱改为绞决；绞决各条，俱改为斩监候，入于秋审情实；斩监候各条，俱改为绞监候，与绞候人犯仍入于秋审，分别实缓办理。至缘坐各条，除知情者仍治罪外，余者悉予宽免。其刺字等项，亦著概行革除。此外当因当革应行变通之处，均著该侍郎等悉心甄采，从速纂订，请旨颁行。务期酌法准情，折衷至当，用副朝廷明刑弼教之至意。将此通谕知之。钦此。

二 奏折

1. 伍廷芳、沈家本等奏删除律例内重法折

奏为遵旨考订法律，谨拟将现行律例内重法数端先行删除以裨治理而彰仁政，恭折仰祈圣鉴事。

光绪二十八年四月初六日，奉上谕："现在通商交涉，事益繁多，著派沈家本、伍廷芳，将一切现行律例，按照交涉情形，参酌各国法律，悉心考订，妥为拟议。务期中外通行，有裨治理等因。钦此。"仰见圣谟宏远，钦佩莫名。当经臣等酌拟大概办法，并遴选谙习中西律例司员分任纂辑，延聘东西各国精通法律之博士、律师以备顾问，复调取留学外国卒业生从事翻译，请拨专款以资办公，刊刻关防以昭信守各等因，先后奏明在案。计自光绪三十年四月初一日开馆以来，各国法律之译成者，德意志曰《刑法》，曰《裁判法》；俄罗斯曰《刑法》；日本曰《现行刑法》，曰《改正刑法》，曰《陆军刑法》，曰《海军刑法》，曰《刑事诉讼法》，曰《监狱法》，曰《裁判所构成法》，曰《刑法义解》；较正者曰《法兰西刑法》。至英、美各国刑法，臣廷芳从前游学英国，夙所研究，该二国刑法虽无专书，然散见他籍者不少，饬员依类辑译，不日亦可告成。复令该员等比较异同，分门列表，展卷瞭然，各国之法律已可得其大略。臣等以中国法律

与各国参互考证，各国法律之精意固不能出中律之范围，第刑制不尽相同，罪名之等差亦异。综而论之，中重而西轻者为多。盖西国从前刑法，较中国尤为惨酷，近百数十年来，经律学家几经讨论，逐渐改而从轻，政治日臻美善。故中国之重法，西人每訾为不仁，其旅居中国者，皆藉口于此，不受中国之约束。

夫西国首重法权，随一国之疆域为界限，甲国之人侨寓乙国，即受乙国之制裁，乃独于中国不受制裁，转予我以不仁之名，此亟当幡然变计者也。方今改订商约，英、美、日、葡四国，均允中国修订法律，首先收回治外法权，实变法自强之枢纽。臣等奉命考订法律，恭绎谕旨，原以墨守旧章，授外人以口实，不如酌加甄采，可默收长驾远驭之效。现在各国法律既已得其大凡，即应分类编纂，以期克日成书，而该馆员等佥谓宗旨不定，则编纂从无措手。臣等窃维治国之道，以仁政为先，自来议刑法者，亦莫不谓裁之以义而推之以仁，然则刑法之当改重为轻，固今日仁政之要务，而即修订之宗旨也。

现行律例款目极繁，而最重之法亟应先议删除者，约有三事：

一曰凌迟、枭首、戮尸、查凌迟之刑，唐以前无此名目，始见于《辽史·刑法志》。辽时刑多惨毒，其重刑有车轘、砲掷诸名，而凌迟列于正刑之内。宋自熙宁以后，渐亦沿用。元、明至今，相仍未改。枭首在秦汉时惟用诸夷族之诛，六朝梁、陈、齐、周诸律始于斩之外别立枭名。至隋而删除其法，自唐迄元，皆无此名。今之斩枭，仍明制也。戮尸一事，惟秦时成蟜军反，其军吏皆斩戮尸，见于《始皇本纪》，此外无闻。历代刑志并无此法，《明律》亦无戮尸之文。至万历十六年始定此例，亦专指谋杀祖父母、父母者而言。国朝因之，变更推及于强盗案件，凡斩、枭之犯，监故者无不戮尸矣。凡此酷重之刑，固所以惩戒凶恶。第刑至于斩，身首分离，已为至惨，若命在顷忽，菹醢必令备尝，气久消亡，刀锯犹难幸免。揆诸仁人之心，当必惨然不乐。谓将以惩本犯，而被刑者魂魄何知？谓将以警戒众人，而习见习闻，转感召其残忍之性。故宋真宗时，御史台请衋剐杀人贼，帝曰："五刑自有常刑，何为惨毒也？"陆游尝请除凌迟之刑，亦谓肌肉已尽而气息未绝，肝心联络而视听犹存，感伤至和，亏损仁政，实非圣世所宜遵。隋时颁律，诏云枭首义无所取，不益惩肃之理，徒表安忍之怀。洵皆仁人之言也。且刑律以唐律为得中，而《唐律》

并无凌迟、枭首、戮尸诸法。国初律令，重刑惟有斩刑，准以为式，尤非无征。拟请将凌迟、枭首、戮尸三项一概删除，死罪至斩决而止。凡律内凌迟、斩枭各条俱改斩决，斩决各条俱改绞决，绞决俱改监候，入于秋审情实。斩候俱改绞候，与绞决人犯仍入于秋审，分别实、缓。将来应否酌量变通，再由臣等妥议核定。或谓此等重法，所以处穷凶极恶之徒，一旦裁处，恐无以昭炯戒。顾有唐三百年不用此法，未闻当日之凶恶者独多。且贞观四年断死罪二十九，开元二十五年才五十八，其刑简如此。乃自用此法以来，凶恶者仍接踵于世，未见其少，则其效可睹矣。化民之道，固在政教，不在刑威也。

一曰缘坐。缘坐之制，起于秦之三夷及收司连坐法。汉高后除三族令，文帝除收孥相坐律，当时以为盛德。惜夷族之诛犹间用之，故魏、晋以下仍有家属从坐之法。《唐律》惟反叛、恶逆、不道律有缘坐，他无有也。今律则奸党、交结近侍诸项俱缘坐矣，反狱、邪教诸项亦缘坐矣。一案株连，动辄数十人。夫以一人之故而簸箕全家，以无罪之人而科以重罪，汉文帝以为不正之法，反害于民。北魏崔挺尝曰："人有罪延及阖门，则司马牛受桓魋之罚，柳下惠膺盗跖之诛，不亦哀哉！"其言皆笃论也。罚弗及嗣，《虞书》所美。罪人以族，《周誓》所讥。今世各国咸主持刑罚止及一身之义，与罪人不孥之古训实相符合，洵仁政之所当先也。拟请将律例缘坐各条，除知情者仍治罪外，其不知情者悉予宽免，余条有科及家属者，准此。

一曰刺字。刺字乃古墨刑，汉之黥也。文帝废肉刑而黥亦废。魏、晋、六朝虽有逃奴劫盗之刺，旋行旋废。隋、唐皆无此法。至石晋天福间，始创刺配之制，相沿至今。其初不过窃盗、逃人，其后日加繁密，刺事由，刺地名，刺改发，有例文不著而相承刺字者，有例文已改而刺字未改者，其事极为纷糅。在立法之意，原欲使莠民知耻，庶几悔过而迁善。讵知习于为非者，适予标识，助其凶横，而偶罹法纲者，则黥刺一膺，终身僇辱。诚如《宋志》所谓，面目一坏，谁复顾籍？强民适长威力，有过无自由新也。夫肉刑久废而此法独存，汉文所谓刻肌肤痛而不德者，正谓此也。未能收弼教之益而徒留此不德之名，岂仁政所宜出此？拟请将刺字款目概行删除。凡窃盗皆令收所习艺，按罪名轻重定以年限，俾一技能娴，得以糊口，自少再犯三犯之人。一切递解人犯，严令地方官认真金差押送，果能实力奉行，逃亡者自少也。

以上三事，皆中法之重者。参诸前人之论说，既多议其残苛，而考诸今日环球各国，又皆废而不用，且外人訾议中法之不仁者，亦惟此数端为最甚。此而不思变通，则欲彼之就我范围，不亦南辕而北辙乎？查各国修订法律，大率于新法未布，设单行法，或淘汰旧法之太甚者，或参考外国之可行者，先布告国中，以新耳目。是以略采其意，请将重法数端，先行删除，以明示天下宗旨之所在。此外或因或革，端绪繁多，俟臣等随时厘订，陆续奏闻。惟更张之始，度必有议其后者。窃思法律之为用，宜随世运为转移，未可胶柱而鼓瑟。昔宋咸平时删太宗诏令，十存一二，史志称之。我朝雍正、乾隆年间修改律例，于康熙时现行条例删汰不知凡几。即臣等承诏之初，亦以为祖宗成宪，未敢轻议更张，第环顾时局，默验将来，实不敢依违模棱，致令事机坐失。近日日本明治维新，亦以改律为基础，新律未颁，即将磔罪、枭首、籍没、墨刑先后废止，卒至民风丕变，国势骎骎日盛，今且为亚东之强国矣。中日两国，政教同，文字同，风俗习尚同，借鉴而观，正可无庸疑虑也。伏惟我皇太后、皇上深念时艰，励求上理，特诏考订法律，期于通行中外，法权渐可挽回，用敢择其至要者，披沥上闻。倘蒙俞允，并请明降谕旨，宣示中外，俾天下晓然于朝廷宗旨之所在，而咸钦仁政之施行，一洗从来武健严酷之习，即宇外之环伺而观听者，亦莫不悦服而景从。变法自强，实基于此。所有臣等酌拟变通刑法缘由，谨恭折具陈，伏乞皇太后、皇上圣鉴训示。谨奏。

2. 奏订新刑律折
（光绪三十一年九月十七日，1905 年 10 月 15 日）

丁亥，伍廷芳等奏：臣等奉命修订法律，固以明定法权、推行无阻为指归，尤以参酌东西、择善而从为目的。是以自上年四月开馆以来，自德、法、日、俄各国刑律，均经陆续译齐，并以英美两国向无刑法专书，大半散见他籍，亦经依次搜讨，编译成书。惟立邦之法制，虽知其大凡，而刑政之执行，尤资于试验。考查日本改律之始，屡遣人分赴法、英、德诸邦，采取西欧法界精理，输入东瀛，然后荟萃众长，编成全典。举凡诉讼之法，裁判之方，与夫监狱之规则、刑制，莫不粲然大备，用能使外国旅居之人，咸愿受其约束，而法权得以独伸。

至推原致此之由，实得力于遣员调查居多。我国与日本相距甚近，同洲同文，取资尤易为力，亟应遴派专员前往调查，借得与彼都人士接洽研求。至诉讼、裁判之法，必亲赴其法衙、狱舍，细心参考，方能穷其底蕴，将来新律告成，办理乃有把握。然非得有学有识、通达中外之员，不能胜任。兹查有刑部候补郎中董康，刑部候补主事王守恂、麦秩严，通敏质实，平日娴习中律，兼及外国政法之书，均能确有心得，拟请派令该员等前赴日本，调查法制刑政，并分赴各裁判所，研究鞫审事宜，按月报告，以备采择。凡该国修订之沿革，颁布之次第，以及民事、刑事之所以分判，并他项规则之关于刑政为译书内所未赅载者，俱可得其要领。此外，监狱制度日本向分为六，其中建筑精备，劝惩得宜，久为泰西所称颂，非循历周访，绘图贴说，不能一目了然，尤应详细稽考。借助他山，事半功倍。庶内外交资，于刑政不无裨益。

得旨："如所议行。"

3. 大理院正卿张仁黼奏修订法律请派大臣会订折
（光绪三十三年五月初一日）

大理院正卿、臣张仁黼跪奏，为修订法律事体重大，拟请钦派部院大臣会订，以臻明备而便风行事。

窃惟法律者立国之基，致治之本，方今东西各国法学昌明，莫不号称法治。缀学之士精研环球法律派别之不同，盖分四大法系，实以中国法系为最古，谓之支那法系，其文明东渐西被，而印度法系生焉。由此播乎欧洲为罗马法系，是为私法之始；更进为日耳曼法系，此法系复分新旧，是为公法之始，欧美诸大国皆属此二法系。日本法律本属支那法系，而今则取法于德、法诸国，其国势乃日益强。夫礼昭大信，法顺人情，此心此理，原可放诸四海而准，先王法制，本足涵盖寰宇。我朝列祖列宗，制作美备，大经大法，超越前古，今我皇太后、皇上更取东西法律合诸一冶，于上年有修订法律之命，将见支那法系，曼衍为印度、罗马、日耳曼新旧诸法系者，复会归于一大法系之中，而成圣朝之法治，固不仅包含法、德，甄陶英、美而已。惟日本特为东亚之先趋，为足以备圣明之采择。臣今日窃有请者，一国之法律，将以维持治安，扩张主权，所以垂诸久远，推行无弊者，其为主要者有一，而成之者有三，敬为我皇太后、皇上缕析陈之。

一、组织立法之机关也。东西各国三权分立，其立法一权莫不寄诸议院，故能顺乎民情，合乎公理，而裁可之权仍在君主，既采舆论之公，亦无专断之弊。特中国政体不同，遽难仿行其法，然可稍取其意。彼公诸议院者，我则公诸群臣，近来各部院堂官，皆得参预政务。臣愚以为修订法律，以之颁布中外，垂则万世，若仅委诸一二人之手，天下臣民或谓朝廷有轻视法律之意，甚且谓为某某氏之法律，非出自朝廷之制作，殊非所以郑重立法之道也。拟请钦派各部院堂官，一律参预修订法律事务，而以法部、大理院专司其事，并选通晓中外法律人员，充纂修、协修各官，将法律馆改为修订法律院，所有各员均系兼差，不作额缺，另议办事章程。如此则有议院之长，而无专断之弊。此臣所谓主要者一也。

一、明订法律宗旨也。国之所与立者惟民，一国之民必各有其特性，立法者未有拂人之性者也。西国法学家，亦多主性法之说，故一国之法律，必合乎一国之民情风俗。如日本刑法，本沿用我之唐明律，今虽累经改正，其轻重仍多近乎中律。而民法五编，除物权、债权、财产三编采用西国私法之规定外，其亲族、相续二编皆从本国旧俗。中国文教素甲全球，数千年来礼陶乐淑，人人皆知尊君亲上，人伦道德之观念最为发达，是乃我之国粹，中国法系即以此。特闻立法者，必以保全国粹为重，而后参以各国之法，补其不足。此则以支那法系为主，而辅之以罗马、日耳曼法系之宗旨也。

一、讲明法律性质也。中国法律，惟刑法一种，而户婚、田土事项，亦列入刑法之中，是法律既不完备，而刑法与民法不分，尤为外人所指摘。故修订法律，必以研究法律性质之区别为第一义，而区别之要有四：一、国内法与国际法之别；二、成文法与不成文法之别；三、公法与私法之别；四、主法与助法之别。盖此四者不外乎国与国、国与人、人与人三种关系，国与国之关系属乎国际公法，不在修订法律范围之内，如国与人之关系，则属乎公法，人与人之关系，则属乎私法。公法如刑法及诉讼法是，其刑事之涉乎外国人者，则为国际刑法，私法如民法、商法是，其民事之涉乎外国人者，则为国际私法，此二者皆于各法之总则中定之，是为关乎撤去领事裁判权之根本。而修订法律之最要者，则在主法与助法之别，盖主法为体，助法为用，如刑法及民法为主法，而刑事诉讼法及民事诉讼法为助法是也。有主法而无助法，则徒法固不足自行，主法虽精，而助法未臻完善，其行之也犹不能无弊。且也主法不可纷更，而助法则可以屡变，盖主法一有改移，则于人民权利之得失多少，罪罚之轻重出入，即相悬殊，屡事纷更，是使民无所措手足也。至助法乃办事之次第，人民本当随时随事，听命于官。其法之变也，必将变而之善，而无淆乱听闻之惧。此则法律性质之不可不辨者也。

一、编纂法律成典也。法律之学，首重统系，由一本而析为万殊，端绪虽多，仍属有条不紊，中国法律外人讥为列记主义，盖无总则以提挈之也。故欲修订法律，必宜研究编纂之法，而法典之不可不备者，如现今审判分立，而法院编制法寂寂无闻，此所以司法与审判权限纷议久之而后能定也。然其中细目尚多，胥由此法规定，修订实宜亟亟。又如近者修律大臣等所订之民刑诉讼法，本甚简略，而窒碍难行者，已复不少。且民事诉讼法，当以民法为依据，今既未修订民法，则民事诉讼法将何所适从，未免先后倒置。至民法为刑措之原，小民争端多起于轻微细故，于此而得其平，则争端可息，不致酿为刑事。现今各国皆注重民法，谓民法之范围愈大，则刑法之范围愈小，良有以也。他如商律，虽有端倪，然法人之制，殊未能备，而海商之法，更待补葺。凡民法商法修订之始，皆当广为调查各省民情风俗所习为故常，而于法律不相违悖，且为法律所许者，即前条所谓不成文法，用为根据，加以制裁，而后能便民。此则编纂法典之要义也。

以上三条，臣所谓成之有三者是也。凡此诸端，固为修订法律之要术，然尤在造就法律人材，务期司法之官无不通晓法律，则治法治人二者相因为用，夫然后可收修订法律之效。总之，法律学理精深，修订造端阂大，将使率土之内，悉主悉臣，于以昭法权之统一，则必兼贯古今，博征中外，上自朝廷，下及黎庶，靡不相维相系，各得其所。此非聚群臣之讨论，庶僚之搜辑，断不足以资修订一代之法典者也。

所有拟请钦派部院大臣会订法律缘由，是否有当，伏乞皇太后、皇上圣鉴训示。谨奏。

4. 大理院正卿张仁黼奏修订法律宜妥慎进行不能
操之过急片

（光绪三十三年五月初一）

再：立法之要，规模不可不闳，推行必宜有渐。臣闻日本变法之初，调查编订阅十五年之久，而后施行。其施行也，先其浅近，徐为试验，稍滋弊端，立即改正，审慎迟迴，逐渐推广，迄乎今日乃能蔚然成一时强盛之规。我中国调查未久，商榷未精，念遽施行，龃龉纷纠，其收效尚未可知，而困难甚于畴曩，朝廷明鉴万里，固已烛照靡遗。夫法律之所宜修订者，本欲收回治外法权也，然而内审诸己，国势兵力之富强若何？人民教育之程度若何？内外文武人材之担任若何？如其尚待培养，则虽法律精允，足与列强同符，而欲治外法权遂能一一收回，不待智者而知其未易言矣。

臣愚以为，今日之修订法律诚不可缓，而实行之期则断不宜急。但使大其规模，宽其岁月，务求精详允备，厘然胥当人心，然后择其易晓易从者，试行一二端，以渐推而广焉。即迟之十年二十年，亦不为晚，否则于民俗习惯未甚惬谐，而贸然颁行，将不惟龃龉纷纠而已，诚恐治外无期，实先无以治内。夫至于无以治内，或遇地方有司奉行不善，因之酿患阶厉，外人且将藉口干涉，其为隐患何可胜言！是不得不深虑而熟筹者也。臣为豫防流弊起见，谨附片具陈，伏乞圣鉴。谨奏。

5. 修订法律大臣沈家本奏修订法律情形并请归并
法部大理院会同办理折

（光绪三十三年五月十八日）

修订法律大臣、法部右侍郎、臣沈家本跪奏，为沥陈修订法律情形，拟请归并法部、大理院会同办理，恭折仰祈圣鉴事。

准法部咨称：本年五月初一日，军机处交出大理院正卿张仁黼奏请派部院大臣会订法律各折片，奉旨："所有修订法律，著法部、大理院会同详核妥拟具奏。钦此。"相应恭录谕旨，连原奏各折片，录送查照等因。查原奏所称，修订法律事体重大，拟请钦派部院大臣会订，而以法部、大理院专司其事，并选通晓中外法律人员充纂修、协修各官，将法律馆改为修订法律院，均属切要之言。臣前奉恩命，将一切现行律例，按照交涉情形，参酌各国法律，妥为拟议。计自开馆以来，殚竭愚悃，黾勉图成，而玩岁愒时，程功迟缓，每一循省，时切疚心。谨将历年办理情形，为我皇太后、皇上敬陈之：

参酌各国法律，首重翻译，而译书以法律为最难。语意之缓急轻重，纪述之详略偏全，抉择未精，舛讹立见。从前日本译述西洋各国法律，多尚意译，后因讹误，改归直译。中国名词未定，迻译更不易言。臣深虞失实，务令译员力求信达，先后译成法兰西刑法、德意志刑法、俄罗斯刑法、和兰刑法、意大利刑法、法兰西印刷律、德国民事诉讼法、日本刑法、日本改正刑法、日本海军刑法、日本陆军刑法、日本刑法论、普鲁士司法制度、日本裁判构成法、日本监狱访问录、日本新刑法草案、法典论、日本刑法义解、日本监狱法、监狱学、狱事谭、日本刑事诉讼法、日本裁判所编制立法论，共二十六种。又已译未完者，德意志民法、德意志旧民事诉讼法、比利时刑法论、比利时监狱则、比利时刑法、美国刑法、美国刑事诉讼法、瑞士刑法、芬兰刑法、刑法之私法观，共十种。每成一种，臣与原译之员，逐句逐字，反复研究，务得其解。而限于财力，未能多聘通才，润色删定之功，犹有所待。此翻译之宜再讲求也。

与译事并重者则为调查。近年留学外洋人数众多，辑译法政各书，层见叠出，虽有可采之处，而或守一家学说，或非现行法制，羼出其间，未可据为典要。臣上年奏派刑部候补郎中董康等，前赴日本考察法制，以经费未充，仅将裁判、监狱两项查明归国，而考查欧美法制，力更未及。此调查之应筹推广也。

综翻译、调查之全者，则为编纂古律，叙次具有义例。"名例"本"刑名、法例"之约词，与各国刑法总则无异。北齐律十二章，隐以国政民事分编，与各国刑律目次颇合。臣与馆员参考古今，拟准齐律之目，兼采各国律意，析为总则、分则各编，令馆员依类编纂，臣司汇核。所有总则一编，由臣妥订后，拟即缮具清单，恭呈御览。此外分则各编，初稿已具，必须悉心推勘，方可成书。此编纂之尚待详核也。

以上各端，臣就才力所及，夙夜筹画，不敢习为敷衍，上负圣明。伏念修律事宜关系至巨，任其责者，必于古今中外法律本原，心知其意，始能融会群言，折衷一是。如提挈纲要不得其人，但令寻常定谳之才，与夫法政速成之选，轻率从事，恐枝节而为，顾此失彼，一知半解，扞格难通。臣学识浅薄，本未能胜此重任，加以近来精力日逊，每与馆员讨论过久，及削稿稍多，即觉心思涣散，不能凝聚。深惧审定未当，贻误非轻，再四筹思，惟有仰恳天恩，开去臣修订法律差使，归并法部、大理院会同办理，广集众思，较有把握。如蒙俞允，臣即将编译各稿，饬缮清本，并将动用款项开单奏销，限三个［月］内一并交代，出自逾格鸿慈。

所有沥陈修订法律情形，拟请归并法部、大理院会同办理各缘由，谨恭折具陈，伏乞皇太后、皇上圣鉴训示。谨奏。

6. 法部尚书戴鸿慈等奏拟修订法律办法折

（光绪三十三年六月初九日）

经筵讲官、法部尚书、臣戴鸿慈等谨奏，为妥拟修订法律办法，请旨遵办，恭折仰祈圣鉴事。

光绪三十三年五月初一日准军机处交片，本日大理院正卿张仁黼奏请钦派部院大臣会议法律各折片，奉旨：所有修订法律，著法部、大理院详核，妥拟具奏。钦此。初二日又准军机处交片，本日两广总督岑春煊陈请修订法律以伸法权一节，奉旨：该衙门议奏。钦此。等因。仰见朝廷郑重法权，恢张治理之至意。查原奏各折片称：组织立法机关，明定法律宗旨，讲明法律性质，编纂法律成典，以及陈请钦派大臣，并延聘外国法律名家以备询问等语。振兴法治，实属当今切要之图，立宪之预备，此为最急，臣等再三循绎，谨就原有各节，筹拟办法，敬为我皇太后、皇上缕析陈之：

夫立宪为国家之利，薄海臣民莫不周知，然必须十年、二十年而后能实行者，则以各法成典未能确定故也。盖立宪之精意，即以国家统治之权，分配于立法、行政、司法之三机关，并保障国民之公权及私权，而后国家之土地、人民、政事三者于以相维相系而永固。夫国家机关之组织作用及国民公私之权，非依法律规定之，不能得应用之依据，及保民之实效，而法律之规定，因世界之进步而日增，苟非编纂成文，不能洪纤毕举，此则编纂法典，乃预备立宪最要之阶级也。

惟是编纂之事，关系重大，必有主事之政策，行事之机关，议事之方式，又必有先事之预备，临事之秩序，已事之设施，而后持之以毅力，运之以精心，广之以众长。夫如是期之十年或二十年，朝野上下，一志同心，民度日高，国是以定。迨夫法典告成，宪政卓立，国家亿万年有道之长，实基于此。臣等考之东西各国，所以能臻于强盛者，莫不经历法典编纂时期，而其政策则各有不同。普鲁士之编纂普通国法，以守成为主，置法典改正事务局阅三十一年之久，逮普法战争以还，德意志有统一联邦之心，设立法曹协会，而帝国法律卒竟厥功，其民法一编，乃阅十三年之久而后有成。英吉利于本国不为法典编纂，而一握印度政权，锐意发布印度法典，亦阅十有三年。意大利编纂法典，于欧洲为最著，其调和各国法典而整齐之，使归于一，盖阅十有四年。日本变政，百度维新，自明治八年司法大臣江藤新平建议各法同时编纂，于二十年间次第公布。其民法、商法、诉讼法等，或委法人，或委德人，用之起草，而改正则委诸本国人。当时机关，或属司法省，或属内阁，大率以高等行政官、高等裁判官、大学法科教习及在野法律家组织之。伏维我朝，自开国以来三百余年，民心拥戴，皆因立法精详，故能卜世永久。今我皇太后、皇上天亶聪明，讲求新政，以长驾远驭之资，任启后承先之重，允宜采取各国之法，编纂大清国法律全典，于守成、统一、更新三主义兼而有之。此臣等所谓主事之政策也。

若夫编纂之事，委诸一二人，固觉精神不能专注，即增加数人，亦未足当此重任。现在司法所需，其阙焉未修者如法院编制法、民法，修而未备者如商法，旧法尚待改正者如刑法，新法未能适于用者如民刑诉讼法。此外如陆海军治罪法，以及各法之附属法，实属体大思精，非特设立法机关，不足以资修订。应请特开修订法律馆，以示全国法律之所从出，将来无论何种法律，皆须由法律馆编纂及提议改正，以期法律之统一。其组织之法，原奏请以法部、大理院专司其事，自系为便于管理起见。臣等职掌攸关，何敢自宽其责！特事当创始，不厌求详，所有修订法律，除由臣等详慎办理外，应请钦派王大臣为总裁，其各部院堂官，应如原奏请旨特派会订法律大臣。至各督抚、将军，有推行法律之责，亦应一律请旨特派参订法律大臣。此下编纂员等，应请设提调、一二三等纂修、总校、分校、内外调查、翻译、书记、会计各员，容臣等择尤开单请派，仍以原官选充，酌定津贴，以资鼓励。此外延聘东西法律名家，比照各学堂外国教习之待遇，按私法契约之类，以一私人资格订立合同，使之翻译各国法律条文及有名之判决例，解释法律正当理由，比较各国法律异同优劣，著之于书，以备采用，不得干预立法之事。此臣等所谓行事之机关也。

方今世界文明日进，法律之发达，已将造乎其极，有趋于世界统一之观。中国编纂法典最后，以理论言之，不难采取各国最新之法而集其大成，为世界最完备之法典。然以实际言之，盖非立法之难，乃立法而能适于用之为难也。夫立法而无理由，则不适于用，有理由而非正当者，亦不适于用。乃若理由虽属正当，而犹不能适用者，则有数端：安常守故，见小欲速，此其一；旧法积久弊生，新法弗便于私，此其二；法理精微，莫明解释，此其三；外国扩属人主义与内国属地主义相冲突，此其四。故法之实施，每多扞格。大抵编纂法典，必有实施派及延期派之纷议生乎其间，然法律之真理，亦于是乎出。按各国法律皆须经议会之协赞，乃由君主裁可而公布之，然后法律之效力始生。此次编纂法律，应由修订大臣督同纂修员起草，无论何种法律，凡未经议决者，皆谓之法律草案。草案之后，各附理由书，每草案成，由会订大臣逐条议之，其各督抚、将军有参订之责，亦应随时特派司道大员来京会议，参照议院法，分议决为认可及否决两种，皆从多数为断。其否决者，必须声明正当理由，修订大臣应令纂修员改正再议，议决后由修订大臣奏请钦派军机大臣审定，再行请旨颁布。此臣等所谓议事之方式也。

至若先事之预备，则在调查习惯，临事之秩序，则在分配职务，已事之设施，则在实行方法，及撤去领事裁判权，改正条约等。要之，此举关系国家法权，实属不朽之盛业，非网罗人才不能赞襄其事，臣等非敢稍涉张皇。然编纂法典，为各国之所注视，欲求公认，自不宜草率从事，此臣等所拟办法之大略也。

以上各节，如蒙俞允，合无仰恳天恩明降谕旨，分饬臣等遵照办理，以后开办事宜，容臣等陆续具奏。

所有议覆缘由，是否有当，谨缮折会陈，伏乞皇太后、皇上圣鉴训示。

再：原奏大臣张仁黼因系遵旨详核，是以仍应会衔，合并声明。谨奏。

7. 宪政编查馆大臣奕劻等奏议覆修订法律办法折

（光绪三十三年九月初五日）

臣奕劻等跪奏，为遵旨议覆，恭折仰祈圣鉴事。

本年六月初九日，准军机处片交本日法部、大理院会奏妥拟修订法律办法一折，奉旨：著考察政治馆议奏。钦此。等因。钞交前来。

臣等伏查原奏内称：编纂法典，为预备立宪最要之阶级，编纂之事，必有主事之政策、行事之机关、议事之方式各等语。造端宏大，自系为郑重立法起见。所称主事之政策，在兼用守成、统一、更新三主义，参酌古今，以期蔚成大清法律全典，洵属至当之论，允宜定为准则，昭示中外，为他日收回法权地步。

又所称行事之机关，请特开修订法律馆，以法部、大理院专司其事，并请钦派王大臣为总裁，各部院堂官为会订法律大臣，各督抚、将军为参订法律大臣各节。查编纂法典，与订立单行法不同，法典之大者，如民法、商法、刑法、民事诉讼法、刑事诉讼法诸种，考之各国成例，大率多或千余条，少亦数百条，取材宏富，定例精严，非如单行法之可以克日成事。盖单行法不过为一事或一地方而设，法典则包含一切关涉全国之事。故各国编纂法典，大都设立专所，不与行政官署相混，遴选国中法律专家，相与讨论、研究，其范围率以法典为限，而不及各种单行法。诚以编纂法典，事务浩繁，故不能不专一办理。原奏所请特开修订法律馆，无论何种法律，均归编纂一节。范围太广，拟请仿照各国办法，除刑法一门，业由现在修订法律大臣沈家本奏明草案不日告成外，应以编纂民法、商法、民事诉讼法、刑事诉讼法诸法典及附属法为主，以三年为限，所有上列各项草案一律告成。其余各项单行法，应仍由各该管衙门，拟具草案，遵照臣馆奏定章程，于草案成后，奏交臣馆，统归臣馆考覆，请旨施行，以期统一。其所请钦派王大臣为总裁一节。查修订法律馆之设，专为编纂法典草案起见，将来尚须由臣馆核定，该馆似可无庸再由王大臣管理，免致重复。又所请以法部、大理院专司其事一节。查立宪各国，以立法、行政、司法三项分立为第一要义。原奏亦谓立宪之精义，在以国家统治之权，分配于立法、行政、司法三机关。今若以修订法律馆归该部院管理，是以立法机关混入行政及司法机关之内，殊背三权分立之义。近世宪法学家，尝谓立法之事，必宜独立，若隶属行政或司法机关之内，必致徒徇行政及司法上之便利，而有任意规定之弊，于法律之进步实多妨碍。臣等公同商酌，拟照原奏，变通办法，请将修订法律馆仍归独立，与部院不相统属。所有修订大臣，拟请旨专派明通法律之大员二三人充任。应修各项法典，先编草案，奏交臣馆考核，一面由臣馆分咨在京各部堂官、在外各省督抚，酌立限期，订论参考，分别签注，咨覆臣馆，汇择核定，请旨颁行。又所请以各部堂官为会订法律大臣，各督抚、将军为参订法律大臣一节。查各国编纂法典，草案成后，大都由议院议决。现在资政院已奉旨设立，俟将来该院办法完全，各部、各省明通法政人员均列院中，自无庸分送各部、各省讨论，即由臣馆径送资政院集议，取决后，移交臣馆，覆加核定，请旨颁布，以期简捷而昭郑重。所请另加会订及参订各名目，应毋庸议。至所请分派提调、纂修等员及延聘东西法律名家各节，自系应有之义，应俟开馆后，由该大臣等拟具章程，奏明办理。

又所称议事之方式，拟参照议院办法，分议决为认可与否决两种，皆从多数为准，其否决者，必须声明理由各节。均系正当办法，应俟将来资政院议决时，参酌办理。

所有臣等议覆修订法律缘由，是否有当，谨具折奏陈，伏乞皇太后、皇上圣鉴。谨奏。

8. 修订法律馆奏刑律草案告成分期缮单呈览并陈修订大旨折

（光绪三十三年八月二十六日，1907 年 10 月 3 日）

修订法律大臣、法部右侍郎、臣沈家本跪奏：为刑律草案告成，分期缮具清单，恭呈御览，并敬陈修订大旨，恭折仰祈圣鉴事。

窃臣恭膺简命修订法律，材疏任重，深惧弗胜。本年五月奏请将法律馆归并，请限三个月清理交代等因，仰蒙俞允钦遵在案。伏查臣自开馆以来，三阅寒暑，初则专力翻译，继则派员调查。而各法之中，尤以刑法为切要，乃先从事编辑。上年九月间法律学堂开课，延聘日本法学博士冈田朝太郎主讲刑法，并命该教习兼充调查员帮同考订。易稿数四，前后编定总则十七章、分则三十六章，共三百八十七条。

考泰西十九世纪，学者称为法典革新时代，创之者为法兰西，继之者为希腊、奥大利，近如比利时、德意志、意大利、荷兰、瑞士，尤声价之卓著者。君相协谋于上，国民讨论于下，学列专科，人耽撰述。统计法系，约分法、德、英为三派。若日本，则又折衷法国与唐明律暨我朝刑律，一进而为模范德意志者也。风气所趋，几视为国际之竞争事业。而我中国介于列强之间，迫于交通之势，盖有万难守旧者，敬为我皇太后、皇上缕析陈之：

国家既有独立体统，即有独立法权，法权向随领地以为范围。各国通例，惟君主大统领、公使之家属从官及经承认之军队、军舰，有治外法权。其余侨居本国之人民，悉遵本国法律之管辖，所谓属地主义是也。独对于我国，藉口司法制度未能完善，予领事以裁判之权。英规于前，德踵于后，日本更大开法院于祖宗发祥之地。主权日削，后患方长，此惄于时局不能不改者也。

方今各国政治日跻于大同，如平和会、赤十字会、监狱协会等，俱以万国之名组织成之，近年我国亦有遣使入会之举。传闻此次海牙之会，以我国法律不同之故，抑居三等。敦盘减色，大体攸关，此鉴于国际不能不改者也。

景教流行，始于唐代，有大秦、摩尼、祆神之别。言西教者喜为依托，自前明以至国初，利玛窦、熊三拔、汤若望、南怀仁之流藉其数学传教中国，虽信从者众，而与现在情形迥异。教案为祸之烈，至今而极，神甫、牧师势等督抚，入教愚贱气凌长官。凡遇民教讼案，地方官暗于交涉，拙于因应。审判既失其平，民教之相仇益亟。盖自开海禁以来，因闹教而上贻君父之忧者，言之滋痛。推原其故，无非因内外国刑律之轻重失宜，有以酿之，此又惩于教案而不能不改者也。

职是数者，修订之难十倍曩时。臣审查现时之民俗，默验大局之将来，综核同异，絜校短长，窃以为旧律之宜变通者，厥有五端：

一曰更定刑名。自隋开皇定律，以笞、杖、徒、流、死为五刑，历唐至今因之，即泰西各国初亦未能逾此范围。迄今交通日便，流刑渐失其效，仅俄、法两国行之，至笞、杖亦惟英、丹留为惩戒儿童之具。故各国刑法，死刑之次，自由刑及罚金居其多数。自由刑之名称，大致为惩役、禁锢、拘留三种。中国三流外，有充军、外遣二项，近数十年以来，此等

19

人犯逃亡者，十居七八。安置既毫无生计，隐匿复虑滋事端，历来议者百计图维，迄无良策。事穷则变，亦情势之自然。光绪二十九年刑部奏请删除充军名目，奉旨允准，只以新律未经修定，至今仍沿用旧例。是年刑部又议准升任山西巡抚赵尔巽条奏，军遣、流徒酌改工艺。三十一年复经臣与伍廷芳议覆前两江总督刘坤一等条奏，改笞杖为罚金，均经通行在案，是已与各国办法无异。兹拟改刑名为死刑、徒刑、拘留、罚金四种，其中徒刑分为无期、有期。无期徒刑惩役终身，以当旧律遣军。有期徒刑三等以上者，以当旧律三流，四等及五等以当旧律五徒。拘留专科轻微之犯，以当旧律笞、杖。罚金性质之重轻，介在有期徒刑与拘留之间，实亦仍用赎金旧制也。

一曰酌减死刑。死罪之增损，代各不同，唐沿隋制，太宗时简绞刑之属五十，改加役流，史志称之。宋用刑统，而历朝编敕丽于大辟之属者，更仆难数，颇伤繁细。元之刑政废弛，问拟死罪者，大率永系狱中。明律斩绞始分立决、监候，死刑阶级自兹益密。欧美刑法备极单简，除意大利、荷兰、瑞士等国废止死刑外，其余若法、德、英、比等国，死刑仅限于大逆、内乱、外患、谋杀、放火等项。日本承用中国刑法最久，亦止二十余条。中国死刑条目较繁，然以实际论之，历年实决人犯以命盗为最多。况秋审制度详核实缓，倍形慎重，每年实予勾决者十不逮一，有死罪之名，而无死罪之实，持较东西各国，亦累黍之差尔。兹拟准唐律及国初并各国通例，酌减死罪。其有囿于中国之风俗，一时难予骤减者，如强盗、抢夺、发冢之类，别辑暂行章程，以存其旧。视人民程途进步，一体改从新律。顾或有谓罪重法轻适足召乱者，不知刑罚与教育互为消长，格免之判，基于道齐，有虞画象，亦足致垂拱之治！秦法诛及偶语，何能禁胜、广之徒起于草泽？明洪武时所颁大诰，至为峻酷，乃弃市之尸未移，新犯大辟者即至。征诸载籍，历历不爽！况举行警察为之防范，普设监狱为之教养，此弊可无顾虑也。

一曰死刑唯一。旧律死刑以斩、绞分重轻，斩则有断脰之惨，故重，绞则身首相属，故轻。然二者俱属绝人生命之极刑，谓有重轻者，乃据炯戒之意义言之尔。查各国刑法，德、法、瑞典用斩，奥大利、匈牙利、西班牙、英、俄、美用绞，俱系一种。惟德之斩刑通常用斧，亚鲁沙斯、卢连二州用机械，盖二州前属于法而割畀德国者，犹存旧习也。惟军律所科死刑俱用铳杀，然其取义不同，亦非谓有轻重之别。兹拟死刑仅用绞刑一种，仍于特定之行刑场所密行之。如谋反、大逆及谋杀祖父母、父母等条，俱属罪大恶极，仍用斩刑，则别辑专例通行。至开战之地颁布戒严之命令，亦可听临时处分，但此均属例外也。

一曰删除比附。考《周礼·大司寇》有悬刑象于象魏之法，又小司寇之宪刑禁，士师之掌五禁，俱徇以木铎。又布宪执旌节，以宣布刑禁，诚以法者与民共信之物，故不惮反复申告，务使椎鲁相互警诫，实律无正条不处罚之明证。《汉书·刑法志》高帝诏，"狱疑者，廷尉不能决，谨具奏附所当比律令以闻"，此为比附之始。然仅限之于疑狱而已。至隋著为定例，即唐律"出罪者，举重以明轻；入罪者，举轻以明重"是也。明律改为"引律比附加减定拟"，现行律同。在唐神龙时，赵冬曦曾上书痛论其非，且曰"死生罔由于法律，轻重必因乎爱憎。受罚者不知其然，举事者不知其法"，诚为不刊之论。况定例之旨，与立宪尤为牴牾。立宪之国，立法、司法、行政三权鼎峙。若许署法者以类似之文致人于罚，是司法而兼立法矣，其弊一。人之严酷、慈祥，各随禀赋而异，因律无正条而任其比附，轻重偏畸，转使审判不能统一，其弊又一。兹拟删除此律，而各刑酌定上下之限，凭审判官临时审定，并别设酌量减轻、宥恕减轻各例，以补其缺。虽无比附之条，而援引之时亦不致为定例所缚束。论者谓人情万变，断非科条数百所能赅载者，不知法律之用，简可驭繁。例如谋杀应处死刑，不必问其因奸、因盗，如一事一例，恐非立法家逆臆能尽之也。

一曰惩治教育。犯罪之有无责任，俱以年龄为衡，各国刑事丁年自十四以迄二十二不等，各随其习俗而定。中国幼年犯罪，向分七岁、十岁、十五岁为三等，则刑事丁年为十六岁以上可知。夫刑罚为最后之制裁，丁年以内乃教育之主体，非刑罚之主体。如因犯罪而拘置于监狱，熏染囚人恶习，将来矫正匪易。如责付家族，恐生性桀骜，有非父兄所能教育，且有家本贫窭无力教育者，则惩治教育为不可缓也。按惩治教育始行之于德国，管理之法略同监狱，实参以公同学校之名义，一名强迫教育，各国仿之，而英尤励行不懈，颇著成绩。兹拟采用其法，通饬各直省设立惩治场。凡幼年犯罪，改用惩治处分，拘置场中，视情节之重轻，定年限之长短，以冀渐收感化之效。明刑弼教，盖不外是矣。

编辑庶事，复命馆员逐条详考沿革，诠述大要，并著引用之法，以析疑义。除分则续行呈进外，谨将总则一编，先行缮具清单，恭承御览。伏祈饬下宪政编查馆，照章考核，请旨施行。

抑臣更有请者，作事艰于谋始，徒法不能自行，修订法律，就时局而论，至为密切，而殊不便于畏难苟安之州县、蹈常袭故之刑幕。将欲实行新律，必先造就人材。近年各省遵旨设立法政学堂，叠见奏报。拟请明谕各督抚认真考核，力筹推广，务使阖省官绅均有法律知识，则一切新政可期推行无弊，实与豫备立宪大有关系。此臣一得之愚，且夕企望者也。

所有进呈刑律草案并陈明编辑宗旨缘由，谨恭折具陈，伏乞皇太后、皇上圣鉴。谨奏。

修订法律大臣、法部右侍郎、臣沈家本光绪三十三年八月二十六日具奏，奉旨："宪政编查馆知道，单并发，钦此。"

9. 修订法律馆为刑律分则草案告成缮具清单折
（光绪三十三年十一月二十六日，1907年12月30日）

修订法律大臣、法部右侍郎、臣沈家本跪奏：为刑律分则草案告成，缮具清单，恭折仰祈圣鉴事。

窃臣于本年八月间进呈刑律草案总则清单，请旨饬交宪政编查馆考核，并附片陈请展期一月将分则续行呈进等因。均仰蒙俞允，钦遵在案。嗣臣恭膺简命，复领斯职，乃分饬馆员一面部署新馆事宜，一面仍将分则昕夕校录以竟前绪。

查刑律总则为全编之纲领，分则为各项之事例。夷考中国刑书之目次，以李悝《法经》为最古，所谓盗、贼、囚、捕、杂、具六篇是也。汉萧何益为九章，叔孙通益为十八章，复得马融、郑康成诸儒为之章句，资于诵习，功侔六经。虽其书散亡，而分析之源流，具详《晋书·刑法志》。即汉律之佚文剩义，犹散见经疏史注，尚可裒集成帙。历魏晋以迄南北朝，世有增损。唐贞观时，诏长孙无忌等循武德之旧撰唐律，分名例、卫禁、职制、户婚、厩库、擅兴、贼盗、斗讼、诈伪、杂律、捕亡、断狱为十二篇，文例加密。其后《大中统类》、宋之《建隆刑统》、元之《圣政典章》、明之《明律》及《问刑条例》等卒莫能轶其绳墨之外，此古今沿革之大较也。

窃维法律之损益，随乎世运之递迁。往昔律书体裁，虽专属刑事，而军事、民事、商事以及诉讼等项错综其间。现在兵制既改，则军律已属陆军部之专责，民商及诉讼等律，钦遵明谕特别编纂。则刑律之大凡，自应专注于刑事之一部。推诸穷通久变之理，实今昔之不宜相袭也。

是编修订大旨，折衷各国大同之良规，兼采近世最新之学说，而仍不戾乎我国历世相沿之礼教民情。集类为章，略分序次。春秋之义，首重尊王，故以关于帝室之罪弁冕简端；内政外交为国家治安之基本，而选举尤立宪国之通例也，故以内乱、国交、外患、泄露机务、渎职、妨害公务、选举次之；为维持社会之交际，宜注重于公益，故以骚扰、囚捕、伪证、诬告、水火、危险物品、交通秩序、货币、官私文书、度量衡、祀典、鸦片又次之；文明进步，端于风俗，验于生计，故次以赌博、奸非、水道水源、卫生；而国民之私益应沐法律保护者，莫如生命、身体、财产，故以杀伤、堕胎、遗弃、逮捕、监禁、略诱、和诱、名誉、信用安全、秘密、窃盗、强盗、诈欺、侵占、赃物、毁弃损坏缀其后焉。事增于前，文省于旧，合诸总则凡五十三章三百八十七条。

顾或有以国民与审判官之程度未足者，窃以为颛蒙之品汇不齐，而作育大权实操自上。化从之效，如草偃风，陶铸之功，犹泉受范，奚得执一时之风习而制限将来之涂辙？此不足虑者一。各省法政学堂依次推广，审判人材渐已储备，即使骤乏良选，正可因试行新法之故而尽力于培养之方。不宜惩羹止沸，遂咎新法之难期实行，此不足虑者又一。况列强竞峙，非藉法律保障不足以均一权势而杜觊觎。本年荷兰海牙保和会提议公断员一事，各国以我法律不同，抑居三等。幸经外务部暨专使陆征祥等往复抗辩，悬而未决。然来届会期为时甚速，虽贻亡羊之悔，宜为蓄艾之谋，此尤臣所鳃鳃过计者也。

编辑既竣，仍依总则体例，分沿革、理由、注意三项，逐条诠识。敬谨缮具清单恭呈御览，伏祈饬下宪政编查馆归入前案，一律照章考核，请旨施行。所有进呈刑律分则草案缘由，谨恭折具陈，伏乞皇太后、皇上圣鉴。谨奏。

修订法律大臣、法部右侍郎、臣沈家本光绪三十三年十一月二十六日具奏，奉旨："宪政编查馆知道，单并发，钦此。"

三　草案

大清刑律草案
（附总说、沿革、理由及注意）

第一编　总则

总则之义，略与名例相似，往古法制无总则与名例之称，各国皆然。其在中国，李悝《法经》六篇，殿以具法；《汉律》益户、兴、厩三篇为九章，而具法列于第六；《魏律》始改称刑名，居十八篇之首；《晋律》分刑名、法例为二，北齐始合而为一，曰名例。厥后历隋、唐、宋、元、明，洎于我朝，沿而不改。是编以刑名、法例之外，凡一切通则，悉宜赅载。若仍用名例，其义过狭，故仿欧美及日本各国刑法之例，定名曰总则。

第一章　法例

本章系规定刑法之效力，如关于时之效力（第一条），关于人及地之效力（第二条至第八条），及刑法总则对于此外罚则之效力（第九条）等，故曰法例，与《晋律》所谓法例，语同而义异。

第一条

凡本律，自颁行以后之犯罪者适用之。

若在颁行以前未经确定审判者，俱从本律处断。但颁行以前之律例不为罪者，不在此限。

沿革

按：唐文法之名凡四，一曰律、二曰令、三曰格、四曰式，皆断罪所资援引者。《唐律》："诸律令式不便于事者，皆须申尚书省议定奏闻。"然律以正刑定罪，四者之中视律为尤重。制敕临时处分，尚不得引为后比，于十二章之外，固未以律之名加于他法令也。明时始有犯罪依新颁律之文，若犯在颁降以前者，并依新律拟断。自是以后，凡随时纂定之例章，皆属于新律范围以内。国朝承明之旧，乾隆五年增入小注，其旨与本律微异矣。

理由

本条定刑法效力之关于时者。

第一项规定本于刑法不溯既往之原则，与第十条规定采用律无正条不处罚之原则相辅而行，不宜偏废也。

第二项前半指犯罪在新律施行前、审判在施行后，定新旧二律之中，孰当引用也。关乎本题之立法例有二：一为比较新旧二法，从其轻者处断之主义，法国刑法第四条、比国刑法第二条、德国刑法第二条、匈牙利刑法第二条、和兰刑法第一条第二项、纽约刑法第二条、日本现行刑法第三条第二项、日本改正刑法第六条、意国刑法第二条第三项、布加利亚刑法第二条第二项、那威刑法第三条等，皆本乎是；二即不分新旧二法，概从新法处断之主义。英国用之，我国《明律》亦主此义。本朝虽有第一主义之例，然律之本文仍有"犯在已前，并依新律拟断"之规定。议者谓"被告犯罪之时，已得有受当时法律所定之刑之权利"，诚如此说，应一概科以旧律之刑，不应复分新旧二律之轻重也。况臣民对于国家，并无所谓有受刑权利之法理也。或又谓"若使新律重于旧律，而旧律时代之犯人科以新律之重刑，则与旧律时代受旧律轻刑之同种犯人相较，似失其平"，诚如此说，则使新律施行之后，仅此旧律时代之同种犯人科以旧律之轻刑，彼新律时代之犯人据新律而科重刑者，若互相比较，则又失其平矣。或又谓"刑失之严不如失之宽，从新律之轻者，所以为宽大也"，然刑不得为沽恩之具，非可严，亦非可宽者。夫制定法律，乃斟酌国民之程度以为损益，既经裁可颁布，即垂为一代之宪章，不宜复区别轻重宽严也。欧美及日本各国多数之立法例所以采用第一主义者，盖受法国刑法之影响，而法国刑法之规定，则其时代之反动耳，于今日固无可甄择者。我国自古法理本有第二主义之立法例，此本案所以不与多数之例相雷同，而仍用第二主义也。

第二项后半"颁行以前之律例不为罪者，不在此限"，其旨与前微异。盖一则新旧二律俱属不应为之罪恶，不过轻重之差；一则新律虽为有罪，而旧律实认许其行为，因判决在后，遽予惩罚，有伤豁刻也。

注意

第一项既采用刑法不溯既往之原则，新刑律施行以前之行为，在新刑律虽酷似有罪之行为，不得据新律之规定而罚之。

第二项指未经确定裁判，虽已有宣告，仍得依上诉而变更之。凡案件具此情节，检察官即得上诉而请求引用新律。其上诉方法及其限制，一以诉讼法为据。

第二条至第八条总说

沿革

按：《唐律》云："诸化外人，同类自相犯者，各依其俗处置；异类相犯者，以法律论。"此种规则似用属人主义，然《明律》改为"凡化外人犯罪，并依律拟断"，我朝因之，于蒙古则有专例，是又类属地主义。惟以上各律，本国人在国外犯罪，皆未有处分之法也。

理由

自第二条至第八条所以定刑律效力关于人者，关乎本题之制有三：一、属人主义。不问犯地在国内国外，但使犯罪系本国臣民，即得用本国刑法，古代法律往往如此；二、属地主义。不问犯人国籍之如何，但系犯罪于本国领域以内，即用本国刑法，中世法律往往如此；三、折衷主义。本国刑法，非第国内犯罪之内外国人所得一律适用，即本国人之在国外者及外国人之犯一定之罪者，亦适用之。近今欧美及日本各国皆取此主义，揆之法理，亦最相符，本案故采用之。

第二条

凡本律，不问何人，于在中国内犯罪者适用之。

在中国外中国船舰内犯罪者，亦同。

理由

本条所以表示第二条至第八条总说第三号所谓折衷主义之一端，即本国刑律为国内犯罪之内外国人一律适用也，是仍不外乎主权普及于国内之效力耳，其第二项规定亦系世界通例。或谓"今各国多半依条约得领事裁判权矣。是本条且类具文"，然实不思之甚也。本条之适用盖如左：

第一、无国籍之外国人；

第二、无特别条约之外国人；

第三、条约改正后之外国人。

盖刑律乃国之常宪，特别条约则一时不得已之所为耳。

注意

第一项虽不问何人，然国内①公法之原则，至尊为神圣不可侵犯，则刑律不能一律适用，自不待言。又国际公法之原则，有治外法权之人，不能适用本律，如第六条所定者是。

第三条

凡本律于在中国外，对于中国事物犯左列各罪者适用之：

一、第八十八条至九十二条第一项、第九十三条关于行在所②、第九十四条及第九十五条之罪。

二、第一百条及第一百零三条之罪。

三、第一百二十条及第一百二十二条至第一百二十五条之罪。

四、第一百五十二条及第一百五十三条之罪。

五、第二百二十四条及第二百二十六条第一项之罪。

六、第二百三十三条、第二百三十四条、第二百三十五条第二项、第二百三十六条及第二百三十七条之罪。

七、第三百八十条第二项之罪。

理由

本条列举各罪于中国之存立、信用、财政、经济等有重大之损害或危险，故采用国外犯罪亦适用本律之主义。

---

① 《大清法规大全》原文如此，"国内"似应为"国际"。

② 实为第九十四条。

注意

本条无内外国人之别，在国外犯中国之罪者，虽非中国臣民，仍须据本条处断。国外犯罪据本律处断者，此其犯人或系自行回国，或由外国交付，或为缺席裁判，三者必居其一。其自行回国系事实上之问题，法律不必为之规定，交付之要件定自国际条约，不属刑法范围，缺席裁判之事宜另详刑事诉讼法。

第四条

凡本律于在中国外，犯左列各罪之中国吏员适用之：

一、第一百三十一条及第一百三十三条之罪。

二、第一百三十九条及第一百四十条之罪。

三、第一百四十七条之罪。

四、第一百七十一条之罪。

五、第二百十三条之罪。

六、第二百二十一条之罪。

七、第二百三十五条之罪。

理由

此条列举各罪皆直接或间接污辱吏员之职务及名誉者，故中国吏员犯此种罪，虽在外国为之，仍不可不适用此律。

第五条

凡本律于在中国外，犯左列各罪之中国臣民适用之：

一、第一百七十八条及第一百七十九条之罪。

二、第一百八十二条至第一百八十四条及应照第一百八十二条至第一百八十四条之例处断之第一百八十七条之罪，并第一百八十八条及第一百八十九条之罪。

三、第二百零八条至第二百十二条之罪。

四、第二百三十五条第二项、第二百三十六条及第二百三十八条至第二百四十条之罪。

五、第二百五十一条至第二百五十三条之罪。

六、第二百七十二条至第二百七十六条及第二百七十九条之罪。

七、第二百九十九条至第三百零二条，及第三百零八条至第三百十二条之罪。

八、第三百十九条、第三百二十条第一项及第三百二十一条之罪。

九、第三百二十四条之罪。

十、第三百二十八条及第三百二十九条之罪。

十一、第三百三十二条至第三百三十六条之罪。

十二、第三百四十条至第三百四十三条之罪。

十三、第三百四十九条至第三百五十七条之罪。

十四、第三百六十二条至第三百六十五条之罪。

十五、第三百六十九条至第三百七十一条之罪。

十六、第三百七十五条之罪。

十七、第三百八十条第一项及第三百八十一条之罪。

其外国人对于中国臣民犯前项各款之罪时，亦同。

理由

本条第一项列举各罪，害人生命、身体、自由、名誉及财产，皆破廉耻之事，故中国臣民在外国犯此种之罪，仍适用此律，所以整饬臣民规律也。第二项中国臣民在外国因此种犯罪而被其害时，其加害者虽为外国人，亦适用此律，所以保护中国臣民之权利也。

第六条

凡在外国犯罪者，虽经审判后，仍得依本律处断。但于外国受刑之宣告而得免除执行或已执行刑之全部或一部者，得免除本律之刑，或减轻一等至三等。

理由

外国裁判，其对于中国不过为一种事实，不能与中国裁判同视。故本条特设规定，凡在外国受确定裁判之行为，得再依本律处分。本人在外国曾受全部或一部刑之执行者，不必再因中国裁判而执行本律所定刑之全部，本条末语之意在是。

注意

于外国已受刑之全部执行者，若中国审判官认其所执行之刑，核之中国法律不足以昭惩肃，可仍命执行中国法律所定刑之全部；其在外国仅受刑之一部执行，若审判官认为已足者，即可免除中国法律所定刑之全部；若其情节在中国法律可减为一等至三等者，亦可由此理推之。凡此情节，必实际上有一定之案件，乃得以外国裁判及其刑之执行与中国法律上相当之规定互相比较，而后得之，非法文所能豫定，故本条于此一任审判官之查勘为准。

第七条

凡可为罪之行为或结果之一部在中国领地或船舰内者，以在中国内犯罪论。

理由

行为者，发生结果之身体举动，结果者，本于行为之外界影响也。凡一切犯罪，未有不本于行为与结果而成立者，惟可以为罪之行为（例如放枪）与可以为罪之结果，倘异地而发生，究以何地为犯地，亟应定明也。解决本题之议论有二：一以行为之地为犯地，一以结果之地为犯地，一以行为之地、结果之地并认为犯地。夫行为与结果并属犯罪成立之要件，无舍此取彼之理，故本条取第三种之议，凡行为与结果苟有一于中国国内，即认为在中国犯罪者。

注意

设有自中国境外或自外国船舰放枪杀伤在中国境内或船舰内之人，是犯一罪界于两国之间而成立。若是者，在中国既有本条规定，则犯人须照中国法律处断。而犯人系在外国，其逮捕、探访、致罚等事务，应照第三条注释第二款所述之例办理。反是，若犯人在中国境内或船舰内放枪杀伤外国境内或船舰内之人，在中国因本条规定即有致罚之权，故其犯人虽系外国之人，而无庸更俟外国交付也。（本国臣民无因处罚之故交付外国者，是为今日各国之通例。）

第八条

第二条、第三条及第五条至前条之规定，如国际上有特别条约、法规或惯例，仍从条约法规或惯例办理。

理由

本条乃本于国内法不得变更国际条约及惯例之原则而定。

注意

本条之制限，有随于全体刑法者，有限于一定之犯罪事宜者。

因国际条约而制限刑法全体之适用者，即领事裁判权是。中国司法制度尚待整饬故，暂准各国领事有裁判之权，此不得已之办法，非常制也。

因国际条约而制限刑法全体之适用者，惟在中国之外国代表人及其家族随员与住宅内，及经承认而来之军队军舰之类。凡此等人及其区域，不待特别条约，即有治外法权，此为今日各国通例。

因国际条约，而于本律认以为罪之一定事宜制限其适用者，例如分则第二十一章输入及买卖鸦片烟之类是。此类必须条约改正之后，乃得完全适用也。

因国际条约而于一定之事宜制限本律之适用者，例如国有外患，凡居于敌人占据地界内之中国臣民，应敌国正当之征发不能处罚之类是。此乃出于战时之国际惯例，并非特别条约之结果。以上各种事宜，不可不详察国际条约、法规及惯例，以昭慎重。纤忽之差，国际之复杂问题即因此而起矣。

第九条

本律总则，于他项律例之定有刑名者可适用之。但他项律例有特别规定时，不在此限。

理由

本律为刑罚法令之根本，故本条之总则，可适用于无反对规定之一切罚则。

注意

所谓罚则设有反对之规定者，如违警律内许其拘留与罚金并科之类。

第二章至第六章总说①

---

① 根据黄源盛查证，该总说内容所举之草案章次、条号，与实际情形不符之处甚多，兹注明如下：

一、首段犯罪一般之成立要件，依本案实际内容，规定于第二章；犯罪成立之特种情节，依本案实际内容，规定于第三章至第六章。

二、"老小废疾收赎、犯罪时未老疾"后所列"第五十一条、第五十二条"，似应更正为"第四十九条、第五十条"。

三、"二罪俱发以重论"后所列"第二十四条至第二十九条"，似应更正为"第二十三条至第二十八条"。

四、"共犯分首从"后所列"第三十条至第三十七条"，似应更正为"第二十九条至第三十六条"。

五、"未遂罪"后所举"第十七条至第十九条"，似应更正为"第十七条至第十八条"。

六、"累犯罪"后所举"第二十条至第二十三条"，似应更正为"第十九条至第二十二条"。

自二章至第六章皆规定犯罪一般之成立要件（第一章）及犯罪成立之特种情节（第二章至第五章）。隋唐以来历代之律，其名例内与本案相当者如左：

一、断罪无正条（本案第十条）；

二、本条别有罪名（本案第十三条第三项）；

三、老小废疾收赎、犯罪时未老疾（本案第十一条、第十二条、第五十一条、第五十二条）；

四、二罪俱发以重论（本案第二十四条至第二十九条）；

五、共犯分首从（本案第三十条至第三十七条）。

其中于法理间有未当者，本案复酌加改正，详各本章，兹不赘。

本案中之规定，其系名例律中所无者如左：

一、故意与过失之区别（第十三条第一项）；

二、正常行为（第十四条至第十五条）；

三、不得已行为（第十六条）；

四、未遂罪（第十七条至第十九条）；

五、累犯罪（第二十条至第二十三条）。

以上各类，旧律亦往往散见各条，惟此种性质涉及犯罪全体，故兼赅于总则。欧美各国及日本之立法例，亦大都然也（参考第十五条理由）。罪与刑之次序，欧美与日本各国之刑法，均先刑而后罪，日本改正刑法亦然。现行法中以罪首列者，惟墨西哥（西历一千八百七十一年十二月颁布）刑法。夫有罪而后有刑，先刑后罪，理所非宜，各国刑法未免不揣本末，为沿革所牖，识者讥之。本案故不与多数事例相雷同，特按学理而次序之。

第二章　不论罪

凡一切犯罪成立所必须之事宜，特于本章列举之。如律无正条者，即无论何等之罪，皆不得为成立。未满十六岁之所为，亦不得为罪之成立。其余各项亦莫不然。如此类者，于学理谓之犯罪之普通成立要件。

第十条

凡律例无正条者，不论何种行为，不得为罪。

沿革

按：《唐律》："断罪无正条，其应出罪者，则举重以明轻；其应入罪者，则举轻以明重。"《明律》："凡律令赅载不尽事理，若断罪无正条者，引律比附，应加应减，定拟罪名，议定奏闻。"现行律同。考《新唐书·赵冬曦传》，神龙初上书曰，"古律条目千余，隋时奸臣侮法著律，曰'律无正条者，出罪举重以明轻，入罪举轻以明重'，一辞而废条目数百，自是轻重沿爱憎，被罚者不知其然"，是隋时始用比附。然《汉书·高帝纪》，"廷尉所不能决，谨具奏，附所当比律令以闻"，此制于汉已然，盖至隋时始著为法者。

理由

本条所以示一切犯罪须有正条乃为成立，即刑律不准比附援引之大原则也。凡刑律于正条之行为，若许比附援引及类似之解释者，其弊有三：

第一、司法之审判官得以己意，于律无正条之行为，比附类似之条文致人于罚，是非司法官，直立法官矣。司法、立法混而为一，非立宪国之所应有也。

第二、法者，与民共信之物。律有明文，乃知应为与不应为，若刑律之外参以官吏之意见，则民将无所适从。以律无明文之事，忽援类似之罚，是何异于以机阱杀人也。

第三、人心不同，亦如其面。若许审判官得据类似之例科人以刑，即可恣意出入人罪，刑事裁判难期统一也。

因此三弊，故今惟英国视习惯法与成文法为有同等效力，此外欧美及日本各国，无不以比附援引为例禁者。本案故采此主义，不复袭用旧例。

第十一条至第十三条总说

此三条所规定，于学理谓之无责任行为。凡犯罪，必精神上与身体上之各要件相合而成立，若精神上之要件不备，即为无责任行为。

第十一条

凡未满十六岁之行为不为罪，但因其情节，得命以感化教育。

沿革

按：《唐律》："年七十以上、十五以下及废疾，犯流罪以下收赎；八十以上、十岁以下及笃疾，犯反逆、杀人应死者上请；盗及伤人者亦收赎。余皆勿论。九十以上、七岁以下，虽有死罪，不加刑。即有人教令，坐其教令者。若有赃应备，受赃者备之。"明律及现行律同。

理由

本条系规定凡未满十六岁之行为，不问大小、轻重，均无刑事上之一切责任。罪之成否，以年岁为标准。在中国刑律，原分十五以下、十岁以下、七岁以下三项矜恤之例，各国亦皆有幼者无罪或减轻之规定，惟此制尚有四种区别也：

责任年龄表

	国名	绝对无责任	相对无责任	减轻时代	刑事丁年
第一种	俄罗斯	七岁未满	七～一四	一四～二一	二一以上
	葡萄牙	七岁未满	七～一四	一四～二〇	二〇以上
	罗马尼亚	八岁未满	八～一五	一五～二〇	二〇以上
	意大利	九岁未满	九～一四	一四～一八 一八～二一	二一以上
	西班牙	九岁未满	九～一五	一五～一八	一八以上
	澳地利	一〇岁未满	一〇～一四	一四～二〇	二〇以上
	丹墨	一〇岁未满	一〇～一五	一五～一八	一八以上
	那威（旧法）	一〇岁未满	一〇～一五	一五～一八	一八以上
	佛雷伊	一四岁未满	一四～一八	一八～二三	二三以上
	日本（现行法）	一二岁未满	一二～一六	一六～二〇	二〇以上
第二种	英吉利	七岁未满	七～一四	无	一四以上
	纽约	七岁未满	七～一二	无	一二以上
	墨西哥	九岁未满	九～一四	无	一四以上
	希腊	一〇岁未满	一〇～一四	无	一四以上
	和兰	一〇岁未满	一〇～一六	无	一六以上
	仇南勃	一〇岁未满	一〇～一六	无	一六以上
	布加里亚	一〇岁未满	一〇～一七	无	一七以上
	巴那	一二岁未满	一二～一六	无	一六以上
	裴里伏	一二岁未满	一二～一六	无	一六以上
	匈牙利	一二岁未满	一二～一六	无	一六以上
	德意志	一二岁未满	一二～一八	无	一八以上
	伏特	一四岁未满	一四～一八	无	一八以上
第三种	法兰西	无	一六岁未满	无	一六以上
	比利时	无	一六岁未满	无	一六以上
	里克萨勃儿	无	一六岁未满	无	一六以上
	土耳其	无	一五岁未满	无	一五以上
第四种	那威（新法）	一四岁未满	无	无	一四以上
	日本（改正法）	一四岁未满	无	无	一四以上

从来学者恒依上表所揭之区别，谓年龄未及之人不能辨别是非，故无责任，其辨别心未充满者，应当减轻，此第一种至第二种表之主义也。然此说至近年已为陈腐，盖犯罪如杀伤、贼盗之类，虽四五岁童稚，无不知其为恶事者，以是非善恶之知与不知而定责任年龄，不可谓非各国法制之失当也。

夫刑者乃出于不得已而为最后之制裁也，幼者可教而不可罚，以教育涵养其德性而化其恶习，使为善良之民，此明刑弼教之义也。凡教育之力所能动者，其年龄依各国学校及感化场之实验，以十六七岁之间为限。故本案舍辨别心之旧说，而以能受感化之年龄为主，用十六岁以下无责任之主义，诚世界中最进步之说也。

注意

因其情节而命以感化教育，盖以未满十六岁者，虽有触罪行为，不应置诸监狱，而应置诸特别之学校。至感化场规则，当另行纂定，不在刑律之内。所谓情节者，非指罪状轻重而言，乃指无父兄，或有父兄而不知施教育者。感化教育者，国家代其父兄而施以德育是也。

第十二条

凡精神病者之行为不为罪，但因其情节，得命以监禁处分。

酗酒及精神病者之间断时，其行为不得适用前项之例。

沿革

按：汉律："狂易杀人，得减重论"，见《后汉书·陈宠传》。狂易，谓狂而易性也。《元典章》四十二诸杀表内"斗杀心风者，上请"，《元史·刑法志》"诸病风狂，殴伤人致死，免罪，征烧埋银"，唐明律无明文。本朝康熙年间，始定有疯病杀人追取埋葬银十二两四钱二分之例，盖准过失杀办理。乾隆二十年，定锁锢之例，删去收赎，改照斗杀。

理由

本条系规定痴与疯狂等精神病人，虽有触罪行为，全无责任。

精神病人之行为，非其人之行为，乃疾病之作为，故不应加刑而应投以药石。若于必要之时，可命以监禁。各国之规定，皆与本条同。

注意

第二项酗酒之人，在病理上只属一时之精神病，此种病系人力所自能裁抑，乃竟藉酗酒以逞非行，法律所不许也。若系全无意识之行为，而非出于故意者,可援第十三条断为无罪,亦非以酗酒之故遂为无罪也。

有间断之精神病人,其精神有时与平生无异,故其非行亦非法律所许。

其人为精神病者与否,审判官当召医生至法庭鉴定之。(参考第一百七十八条之说明)。

第十三条

凡不出于故意之行为,不为罪,但应以过失论者,不在此限。

不知律例,不得为非故意,但因其情节,得减本刑一等或二等。

犯罪之事实与犯人所知有异时,从左例:

第一、所犯重于犯人所知或相等时,从其所知者处断。

第二、所犯轻于犯人所知时,从其所犯者处断。

沿革

按:唐律:"本应重而犯时不知者,依凡论,本应轻者,听从本。"明律及现行律同。

理由

本条系确立无犯意即非犯罪之原则,并规定例外者得以过失处罚。

凡非由故意,不得谓为其人之行为,即不得为其人犯有罪恶,本条第一项所以有前半之规定者以此。

虽非出于故意,惟因其人不知注意,致社会大受损害,如死伤、火灾、水灾等类,不可置之不问,本条后半之规定以此。

律例既已颁布,人民即有应知之义务。若因不知律例之故为无犯意作为无罪,则法律无实施之日矣。本条第二项前半之规定以此。虽然现代社会固极复杂,律例亦綦烦琐,人固有偶然不明法律,致所犯不足深责者,本条第二项后半之规定以此。

本条第三项第一款规定,系自第一项前半规定而生。惟第一项前半情形,其人于犯罪事实之全部毫末未知,而第三项之情形,则仅一部未知耳。全部虽与一部不同,至其未知则同,故应仍无责任。

本条第三项①第二款之规定,系本于无犯行即非犯罪之原则,人固有谋之甚重,而行之甚轻者,则使负其所行之责任足矣。

① 《大清法规大全》为"第二项",据前后文应为"第三项"。

注意

本条第三项非第用于单独罪，即共犯罪亦得适用。

第十四条及第十五条总说

此二条指明，凡以正当行为之故，虽外形与犯罪相同，其性质实非犯罪。

第十四条

凡依律例，或正当业务之行为，或不背于公共秩序及善良风俗习惯之行为，不为罪。

理由

本条所揭之行为皆系正当，故不为罪，但实际上，刑律与其余律例相冲突之时，或刑律与律例、与律例上准许之业务上行为相冲突之时，及刑律与习惯上准许之行为相冲突之时，究应先从何者以断定其罪之有无，不无疑义。故特设本条，以断其疑。

注意

依律例不以为罪之行为者，如死伤敌兵、执行死刑、逮捕监禁人犯、没收财产，系出于从本属长官之命令、尽自己之职务者，或此种行为系本于律例上直接所与之权限者。总之，据律例规定不以为罪之一切行为是也；依正当业务不以为罪之行为者，如医师以诊外科之病断人手足，不得谓为伤害罪之类；不背公共秩序及习惯不以为罪之行为者，如因习惯于一定日期在路间开设商市，不得为妨害往来罪之类；不背善良风俗不以为罪之行为者，如祭日、祝日，虽终夜施放爆竹，不得为妨害安眠罪之类是也。其余以此类推。

第十五条

凡对于现在不正之侵害，出于防卫自己或他人权利之行为，不为罪。

逾防卫程度之行为，得减本刑一等至三等。

沿革

按：唐律："诸夜无故入人家，笞四十，主人登时杀者，勿论。若知非侵犯而杀伤者，减斗杀伤二等。其已就拘执而杀伤者，各以斗杀伤论。至死者，加役流。"明律于笞四十改为杖八十，加役流改为满徒，现行律同。又：现行律例擅杀奸盗、凶徒各条散见各门，亦含有正当防卫之意。

理由

对于不正之加害，防卫自己或他人之权利所必要之行为，刑律不得而罚之。本条之规定以此，学术上此种行为谓之正当防卫。

注意

正当防卫一层，在中国旧制亦往往散见于各种规则之中。法国刑法及日本现行刑法等，惟遇有杀伤情事，乃照特别不论罪之例办理。然苟使防卫行为出于至当，则一切皆应不问其罪，故本案纂入总则之中，且不以何等行为为限。凡系防卫所必要之行为，于审判上一切皆不论罪。

若他人遇有不正之加害将致损失权利者，发见之人不问其人系亲族、知交与否，即得代为执行防卫之劳，是为公许之义，盖将以奖励义侠也。

虽然其防卫不论为己为人，若所用方法逾越防卫所必要之程度者，是以暴易暴，仍属不正之行为。其刑虽得减轻，而不必一定减轻。例如他人之儿童将窃采瓜果，是即加以严斥已足逐去，乃竟滥加杀伤，仍应照寻常之例受杀伤之刑。倘其情节实系可恕，乃得从本条第二项减轻之例。

第十六条

凡为避现在之危难及其他不能抗拒之强制，而出于不得已之行为，不为罪。但加过度之害时，得减本刑一等至三等。

于公务上或业务上有特别义务者，不得适用前项之规定。

理由

本条所规定，系不得已之行为或放任之行为，与前条正当防卫情形不同。非由于驱斥他人侵害，乃由于水火雷震及其余自然之厄，或由于自己力所不能抵抗之人力强制，不得已而为之者。刑律即不加以罚，盖本于法律不责人所不能之原则也。

本条第二项之制限，例如军人临战脱逃，及船长见船将近覆没自先脱逃上陆之类，此为违背职务、业务上特别业务之行为，不得以不得已之理由谓为无罪。

注意

遇水火、雷震及其余变故，审身避免使他人死伤，如因强盗以死伤相胁迫，乃导至财物所在之处之类，皆属本条之范围。

本条所揭之行为，无论出于故意与否，凡一切被不能抵抗之强力所强制者，皆赅于其中。其虽出故意者，仍得因本条之故不论其罪，以非法之力所能及也。

第三章　未遂罪

未遂罪者，即分则所定之犯罪行为著手而未完结，或已完结而未生既遂之结果者是也。

第十七条

凡谋犯罪，已著手，因意外之障碍不遂者，为未遂犯。其不能生结果之情形时，亦同。

未遂犯之为罪，以分则各条定有明文为断。

未遂罪之刑，得减既遂罪之刑一等或二等，但褫夺公权及没收不在减等之限。

沿革

按：现行律所载有谋杀已行未伤及伤而未死、强窃盗未得财、强奸未成等，皆属未遂罪之规定，惟散见各门，并不列诸名例。隋唐以降，后先一轨。然此固不应仅属二、三种犯罪，实系通乎全体之规则，本案故列于总则之中。欧美各国及日本之法，殆莫不然也。

理由

未遂罪若于著手实行之后，因意外障碍以致不遂者，其罪仍为成立。本条第一项前半即声明此义，而限定未遂罪成立之要件者也。

第一项后半，在于不能生结果之情形者，如用少量之毒物不至于死，及探囊而未得财物之类，在学术上谓之不能犯。其为罪与否，颇属疑问，学者之所争论而未决之问题。然此实应与一般未遂罪同论，故特设此规定。

未遂罪者，照原则皆在应罚之列。然各分则之规定中，既含有事不确实或事甚轻微可以不罚之义，故特设本条第二项之制限。

未遂罪致罚之主义有二：一、未生既遂之结果，损益尚属轻微，于法律必减轻一等或二等；一、犯人因遭意外障碍乃至不得遂而止，其危及社会与既遂犯无异，故刑不必减，惟各按其情节，亦或可以减轻。此二主义，前者谓之客观主义，后者谓之主观主义。客观主义已属陈腐，为世所非，近时学说及立法例大都偏于主观主义，本案亦即采此主义。本条第三项即此义也。惟其罪当褫夺公权或没收者，在其规定之性质上已无从再为减轻，故亦附揭于此。

注意

本条第一项所谓意外之障碍者，不问出于自然抑由于人力，苟非因犯人自己意思而中止者，皆包于此。

第十八条

凡谋犯罪，已着手而因己意中止者，得免除本刑，或减二等或三等。

理由

本条定学术上中止犯之名及处分。中止犯者，犯罪著手实行之际虽无障碍足以阻止之，而因自己意思不再续行，或自阻止其结果之发生，此其性质与未遂犯不同，故必须定其处分。关于中止犯有二例：一以奖励自止之意，纯为无罪者；一以自止中有可恕者，有不可恕者，如其人为欲待时而动，忽而自止，即无可恕之理，故有免除其刑，或仅减轻者。然后例较前例于理为优，本案故采用之。

第四章　累犯罪

凡已受刑之执行，复再犯罪，此其人习于为恶，实为社会之大憝。若仍绳以初犯之刑，有乖刑期无刑之义，故本章特设规定。

第十九条

凡已受徒刑之执行，更犯罪应宣告有期徒刑者，为再犯，依本刑加一等。但有期徒刑之执行既终，或受无期徒刑及有期徒刑执行一部免除后，逾五年而再犯者，不在加重之限。

沿革

按：唐律有犯罪已发及已配条，即为严惩累犯而设，明以后改为徒流人又犯罪，然俱指已发配者而言。其论决后已犯数加重者，现行律例中仅限于抢夺、窃盗、接买受寄赃物等条而已。

理由

按：本条累犯之刑加重一等，此其要件有四：一、初犯为徒刑；二、再犯为应宣告之有期徒刑；三、初犯有期徒刑之全部免除执行[①]，或

---

① "免除执行"似乎应为"执行完毕"。

无期徒刑及有期徒刑之一部免除执行；四、执行后未过五年。凡此四者，各有一定之理由：

甲、本案主刑仅死刑、徒刑、拘留、罚金四种。被执行死刑者自无从再犯，不必赘论。其拘留及罚金者，倘若再犯，但宣告为最长期及最多额足矣，实际并不必加一等。本条再犯加重，故以徒刑为限。

本条所谓徒刑者，兼赅有期、无期徒刑而言。惟无期徒刑执行既毕，即不能复生再犯之问题，故其一部免除执行者，始有加一等之情形。

乙、初犯、再犯情罪相同，是为再犯加重之要件。至于再犯三犯者，即所谓习惯犯也。虽然人固有乘机为恶，不拘杀伤、盗贼、放火、溢水、损坏、掠诱、奸非等，苟有机可乘，即无所不为，要皆可以危险社会者。此种凶徒，即不必拘定再犯之例，决不可宽假其刑，本条故不限犯罪之种类，惟以前后同种之刑罚也。

丙、初犯之刑虽受宣告未执行者，若有再犯，大都仍照加重之例。至其受法庭宣告而未在狱中受执行者，此种之犯，其为刑法效力所能及与否，未易遽决。故本案惟初犯徒刑全部或一部执行既终者，乃得用再犯加重之例。

丁、再犯加重，严惩其人无悛悔之意。然比较各国统计，知初犯之刑消减以后再犯之者，其实行多在二年以内，亦间有在三年以内者，其在四年、五年内者，既足证明其人前此所被之刑已极有效力，足以严惩之矣。故本条初犯之刑执行后逾五年之再犯，不复加重。

第二十条

凡三犯以上者，依本刑加二等。

理由

三犯以上，各国刑大率俱照再犯之例，然再犯已加一等，则三犯必加二等，此亦至显之理。至四犯、五犯者，任审判官裁定，以加二等刑之最长期、最多额宣告之可矣。

注意

三犯以上加重之要件，在律未有明文，即准用前条之四种要件。

第二十一条

凡审判确定后，于执行其刑之时发觉为累犯者，从前二条之分别，以定刑期。

理由

确定审判，本取不易变动为原则。然累犯之刑必须加重者，缘审判上之形式不可不尊，故本条于审判确定后仍许变动而加重之。惟其可以不变动者，自不得仅就其执行刑之期间，而遽至变其罪名，或改更其审判之全部。

第二十二条

凡依军律或外国审判厅受有罪审判者，不得用加重之例。

理由

违背军律之罪与违犯常律之罪性质不同，亦犹外国审判厅之有罪审判，不得与中国审判厅之有罪审判同视也，故本条设此规定。

第五章 俱发罪

中国隋唐以来，刑律向取吸收主义。查各国俱发罪之处分，除吸收主义外，有二主义：一并科主义，一制限加重主义。并科主义者，并科以数罪俱发之本刑。制限加重主义者，就俱发各罪中以最重之刑为本刑，参以他罪之刑而加重之，但以不逾法律所豫定之制限为主。

三者相较，吸收主义，犯罪之人屡犯同等或较轻之罪，曾于其刑毫无损益，颇有奖劝犯罪之趋向，各国中惟属于法国法系者采之。并科主义，犯罪次数多者，必至其刑异常繁重，逾越一定之程度，且因刑之执行迟延之故，至授以重犯他罪之机会，即国家亦不能谓不分任其责也，今惟巴西国刑法中之一例采之。然则重于其最重之刑而轻于其应并科之刑，酌乎其中，殆俱发罪处分之原理所当然者，制限加重主义即由此原理而生，多数之学说及立法例皆所认许。虽然加重之程度仍须按其案情，审判后始得定之，非法律所能豫定也，故本案采用之。

第二十三条

凡确定审判前犯数罪者，为俱发罪。宣告各罪之刑，从左列分别定应执行之刑期：

第一、俱发罪中如有宣告死刑或无期徒刑者，不执行他刑；

第二、如宣告俱系有期徒刑者，于合并各刑之长期以下、其中最长刑期以上，定应执行之刑期；

第三、如宣告俱系拘留者，照前款之例，定应执行之刑期；

第四、如宣告俱系罚金者，合并各刑之最多金额以下、其中最多金额以上，定应执行之金额。

第五、从第二款应执行之有期徒刑与第三款之拘留、第四款之罚金，并执行之。有期徒刑、拘留及罚金各一罪互合者，亦同。

第六、褫夺公权及没收，并执行之。

沿革

按：唐律"二罪俱发以重者论，等者从一"，明律及现行律同。

理由

本条规定即本折衷主义，更参以必要之规则四种：

甲、不就俱发各罪之种类而确定其所当科之刑，非但不能知其罪状之重轻，若更因上诉或恩赦之故，致所犯最重之罪经审判有所变更或竟归消灭，则所犯次重之罪日后势不得不再事查定矣。故本案于各罪须一一宣告其刑期金额。

乙、俱发罪之处分，应比重罪之刑重，各罪并科之刑轻。然使其最重之刑为死刑，则无从再为加重。又，无期徒刑未尝不可加重至于处死刑。然死刑为最后之处分，况无期刑与死刑性质上之差别非第加一等而已（参照第五十六条）。故本条第一款其俱发各罪之刑倘有一系死刑或无期徒刑者，即不得再执行他种之刑。

丙、本条第二款至第四款本折衷主义，其应宣告有期徒刑、拘留或罚金二罪以上，于最重者以上、并科以下，仍宣告其应当执行之刑期、金额。

丁、虽系拘留、罚金之刑，然使一切并科，未免失之过重，故即有第三款及第四款所定之制限。但依此制限而定其应当执行之刑期、金额，将使有期徒刑与有期徒刑并科，不免失于过重之弊，其系有期徒刑、拘留及罚金各种互合者刑亦然，故特设第五款之规定。

戊、褫夺公权与没收，本从刑，旨在并科，故特设第六款之规定。

注意

本条第二款至第四款当处断之时，宜酌核本案情节，应否宣告以执行最重之例，抑或宣告以执行并科之刑，或于中间别定刑期、金额，宣告执行。例如犯窃盗三次，甲罪赃额不满十两，应科三月有期徒刑，乙罪亦不满十两，应科三月有期徒刑，而丙罪系三人共同夜间侵入他人邸宅窃取钜万，以重窃盗论，应科刑期十年。以十年之罪加以一二个月，其效与不加同，此际即仅命执行十年之有期徒刑亦可。又如甲、乙、丙三罪，皆应科一年徒刑，倘仅命以执行一年徒刑，自难获效，故虽并科以三年徒刑，亦未嫌过重也。凡此类，皆须任审判官临时决定。

第二十四条

凡一罪先发，既经确定审判，余罪后发，及数罪各别经确定审判者，从前条之分别，定应执行之刑名、刑期及金额宣告之。因赦而最重刑援免，仍余数罪者，亦同。

若对于有期徒刑、拘留或罚金既受执行者，援用前条第二款至第四款通算之。

沿革

按：唐律二罪以上俱发条，"若一罪先发已经论决，余罪后发，其轻若等勿论，重者更论之，通计前罪以充后数"，明律及现行律同。

注意

甲、一罪先发，既经确定审判，余罪后发者，应依前条之例，分别更定应执行之刑名、刑期、金额者，例如犯窃盗甲罪与窃盗乙罪，甲罪先发，受宣告三年有期徒刑，方执行时，乙罪后发，亦应三年有期徒刑，即据前条第二款，于六年以下、三年以上之范围内，定执行刑期四年是也。倘先发之罪既经执行一年，则据本条第二项统算，而执行其余之刑期三年。

乙、数罪各别既经确定审判，依前条之分别更定应执行之刑名、刑期、金额者，例如在天津犯甲罪，受宣告三年徒刑，未及执行，逃入京师更犯乙罪，亦应徒刑三年，方执行时，天津宣告罪后发，则应在京师审判厅于六年以下、三年以上之范围内，处徒刑四年是也。

丙、因赦而最重刑援免，仍余数罪亦同者，例如宣告甲罪科无期徒刑，乙罪及丙罪俱科徒三年，方其据前条第一款执行无期徒刑时，其无期徒刑遇赦援免，则其所余之刑应于六年以下、三年以上之范围内，定执行刑期四年是也。

丁、本条第二项者，系规定既经执行之刑期、金额与后来之刑统算之例，非惟用于方执行之时，即执行既终亦适用之。

第二十五条

凡俱发罪与累犯互合时，其俱发罪照前条之例处断，与累犯之刑并执行之。

注意

俱发罪与累犯罪互合者，例如犯甲、乙两罪，其甲罪应处徒刑三年，尚未发觉，仅以乙罪受宣告徒刑五年，执行既终，后再犯丙罪，值审判之际同甲罪一并发觉是也。此种情形应据本条规定，先按其甲乙两罪而援用前二条，以甲罪之徒刑三年与乙罪比较，于八年以下、五年以上之范围内，定执行刑期六年。以前此五年执行既终，故以其余刑一年与再犯丙罪之刑合并执行。

第二十六条

凡一行为而触数项罪名，或犯一罪之方法及结果而生他罪者，从其最重之一罪论。但于分则有特别规定者，不在此限。

沿革

按：《唐律》"二罪以上俱发"条："其一事分为二罪，罪法若等，则累论；罪法不等者，则以重法并满轻法，累并不加重者，止从重论。其应除、免、倍、没、备偿、罪止者，各尽本法"，明律删。

理由

俱发罪之处分，惟犯二种以上之独立罪内一重罪者则然，本条之情形迥异：一其性质上止系一种之犯罪，一犯人心术上本未怀二种独立罪之恶意，故本案于此特从重论。

注意

凡一行为而触数项罪名者，例如聚众用暴行、胁迫、妨害吏员施行职务，即因此兼触骚扰罪、妨害公务罪是也。

犯一罪方法或结果而触他罪者，例如以夺被监禁人（第一百六十九条）之方法侵入公署（第二百二十条）或杀人（第二百九十九条），而遗弃死体于别所（第二百五十一条）之类是也。

分则有特别规定者，例如谋为内乱之人，为军需之故掠夺良民财物，不据本条前半规定从重论，应据第一百零五条特别规定，须援用第二十三条至第二十五条之类是也。

第二十七条

凡犯罪之重轻，据各主刑中最重者定之。最重刑同等，据最轻者定之。轻重俱同者，据犯罪情节定之。

注意

本条为适用所必需之规定，即俱发罪处分之外，若有必须知其犯罪之重轻者，亦不可不据本条之规定。

各主刑中据最重者定之者，例如甲罪属二等至四等有期徒刑，而乙罪系三等或四等有期徒刑，以甲罪为重之类是也。

最重刑同等，据最轻者定之者，例在甲罪为二等以上有期徒刑，而乙罪为三等以上有期徒刑，则以甲罪为重是也。

轻重俱同等，据犯罪情节定之者，例如以暴行加丁看守吏员而损坏其印封等罪（第一百五十二条、第一百五十三条）。本刑虽系同等，倘其暴行为徒刑二年，而损坏印封为徒刑一年者，则以前者为重是也。

第二十八条

凡连续犯罪者，以一罪论。

理由

连续犯罪者，犯人豫谋以数次犯同一之罪，故本案规定照一罪处分之。

注意

连续犯罪乃继续犯罪之一种，例如于仓库内连日窃盗财物之类，其大体为窃盗之方法，不过分数次而犯之，故加以一罪之刑。

第六章　共犯罪

共犯罪之处分，于现行律例无甚差异，故就其间有从犯之刑比正犯之刑减一等，或得减一等，各变更或增加之处，揭其理由。余从略。

第二十九条

凡二人以上共同实施犯罪之行为者，皆为正犯，各科其刑。

加功于实施犯罪之行为中者，准正犯。

第三十条

凡教唆他人实施犯罪之行为者，为造意犯，照正犯之例处断。

教唆造意犯者，准造意犯。

第三十一条

凡于实施犯罪之行为以前帮助正犯者，为从犯。其造意犯，亦同。

帮助从犯者，准从犯。

从犯之刑，得减正犯之刑一等或二等。

理由

从犯之刑比正犯之刑减一等，此本中国现行律例之原则。然从犯仍有应科主刑者，如颠覆巨舰非一人之力所能及，当其图谋之际，从犯之人忽给以水雷（即事前供给器具之从犯），其情节不得谓轻于正犯。甚或事前帮助之人，情节重于正犯者，亦颇有之（第一百零三条之类）。故本案对于后者，则就分则设特别处分，而同时认此种从犯为不得照一般从犯减轻之例，各国刑法多数皆同。然恒有不过帮助以一、二无足轻重之语言者，情节究轻，倘照减一等或得减一等，未能适合，本案故特定得减一等或二等之例。

第三十二条

凡于前教唆或帮助，其后加入实施犯罪之行为者，照其所实行者处断。

第三十三条

凡因身分成立之罪，其加功者虽无身分，仍以共犯论。

因身分致罪有轻重时，其无身分者，以通常之罪论。

注意

因身分成立之罪者，谓其身分为犯罪构成之一要件也，如第一百三十九条、第一百四十条、第一百四十三条、第一百四十七条之罪。居于附从之列者，虽无身分，仍以共犯论，故例如常人教唆吏员收受贿赂，其教唆与吏员处分相同（其赠贿之人，另据分则有特别之处分）。

因身分致罪有轻重，无身分以通常之罪论者，例如常人与吏员共同探听被选举人姓名，则对于常人援用第一百六十一条第一项，对于吏员援用本条第二项之类。中国现行之律例，其原则亦然。

第三十四条

凡知情共同者，本犯虽或不知共同之情事，仍以共犯论。但于分则有特别规定者，不在此限。

本条定学术上称为一方共犯之处分也。此项若无专例，疑议滋多，于实际殊多未便，本案设立之意以此。

例如甲谋侵入乙某之室，意图杀乙。邻室之丙，虽未与甲通谋而心颇赞成之，乃为自户外锁扉防乙脱走。甲并不知丙之为助，然竟以杀乙，丙应属共犯与否，各国学说及判决例皆未有定论。兹有本条之明文，则丙仍为甲之共犯，盖揆诸事理，亦应尔也。

第三十五条

凡关于过失犯，有共同过失者，以共犯论。

过失罪之有无共犯，各国学说与刟决例亦多有不同，本案取积极之论。例如二人共弄火器致人于死伤或肇火灾，应照过失杀伤或失火之共犯处分也。

第三十六条

凡值犯人故意犯罪之际，因过失而助成其结果者，如按本条应罚以过失时，则过失帮助之人亦准前条之例。

前条虽定有过失罪之共犯，然故意之犯罪与过失罪二者是否得为共犯，未甚明晰，故本条特设积极之规定。例如甲故意放火，乙因过失注之以油，致火势张盛。又如甲谋杀人，乙医师以过失传毒于所谋之人，致毙其命。此在各本条亦应任失火及过失杀之责，但其性质究非共犯，故以本条有应科过失罚为限，准前条予以过失共犯之处分也。

第七章　刑名

本案分刑为主刑、从刑二种，死刑、徒刑、拘留、罚金为主刑，褫夺公权及没收为从刑。夫刑名，乃刑律之全体，所关至重，故必详细调查各国组织之法，折衷甄择，庶臻完美也。

一、死刑

世界全废死刑之国殆居多数，在欧罗巴，若意大利、瑞士联邦中之七邦、罗马尼、葡萄牙、荷兰、那威；在美洲北部者，若密机勘、罗土爱兰、维斯康新、哥伦比亚、莨印。在中部，若洪条拉司、夸对马尼、加拉加波、兰基利。在南部，若委内瑞拉。然在中国若使全废，必非所宜，且在法理固有以死刑科元恶者，本案故仍采用之。至执行之方法，拟采绞罪在狱内密行之主义。兹将各国行用死刑之例列表比较之如左：

法兰西	斩	照原则密行
德意志	斩	密行
瑞典	斩	密行
塞鲁华脱	枪毙	密行
波利维亚	枪毙	公行（或绞，密行）
爱加特	枪毙	公行
乌鲁魁	枪毙	或公行（或密行）
日本	绞	密行
英吉利	绞	密行
布加里亚	绞	密行
墺地利	绞	密行
匈牙利	绞	密行
英属东印度	绞	密行
加拿大	绞	密行

上列各国不外斩、绞、枪毙三种，而用枪毙之国皆系维持往昔西班牙殖民地之旧惯，非以此法有所独优也。斩、绞二者各有短长，然身首异处非人情所忍见，故以绞为优。今用绞之国独多，殆为此也，故本案拟专用绞刑。

死刑公行，乃肆诸朝市与众共弃之义，其后变其意为警戒众人使不敢犯。然按之古来各国之实验，非惟无惩肃之效力，适养成国民残忍之风，故用绞之国无不密行者，本案亦然。

二、自由刑

自由刑于本案为徒刑、拘留刑二种，盖于刑罚实占多数，是今世各国之通例也。

甲、无期徒刑

徒刑分无期、有期二种，凡因人受无期徒刑之宣告者，则监禁于监狱使服法定之劳役。无期之自由刑与死刑同，在各国有全废止之者，如葡萄牙、墨西哥、委内瑞拉、乌鲁魁、爱加脱等是。然人有凶恶次于死刑者，必处以无期徒刑以防其再犯，且如以上数国之外，各国大都仍而不废。夫固有不能轻于废止者，本案故亦采用此意，受无期徒刑之人若能湔濯前愆，仍许其有出狱之望（第六十六条）。盖使国家能因此多一良民，未始非一国之福也。

乙、有期徒刑

有期徒刑之最长期以十五年为限，最短期以一月为限，更别为五等，各皆有长期、短期，如第三十七条所列者然。

有期徒刑之最长期，各国不同，其最长者三十年，如白来齐、乌鲁魁刑法是；其最短者，如加拿大之七年、洪条拉司之十年是。除此等长短两端之中定为十五年，各国之例实以此为多数，故本案定为十五年者，此也。

有期徒刑之最短期，各国之例愈益纷歧，在本案次于徒刑者为拘留刑，拘留之最长期不满一月，以便与违警律衔接，则徒刑之最短期即宜以一月为准。

有期徒刑分为五等，各等又附以最长期、最短期，因人之犯罪情节万殊，必须揆损害之程度、酌善恶之性质，本案除一二例外，其余之刑特设上下之限，庶应用之际情理毫末不爽，此亦今世各国之通例也。

丙、不采无定役自由刑

现今各国之立法例，往往以无定役自由刑与有定役自由刑并行，其始意不过出于优待非破廉耻之囚人（即国事犯）。而本案不采用者，其理由有四：拘置人于监狱，动经岁月，若不加以劳动，非优待，实痛楚之耳，一也；各国为无定役刑辩护者，恒谓囚人身体不胜定役，果系属实，监狱规则可以特定免役之例。若使一切尽处以无定役刑，在刑法实非所宜，二也；劳动与人之身分地位固不尽相宜，然既经犯罪，则应以罪为其刑之标准，不应再顾其人之身分及地位。况以劳动为贱民之卑业，则社会之托业于劳动者，又将何说？三也；监狱之费用浩繁，无非支拨于国帑，实则仰赖国民之供给。课囚徒以劳动，可以减少良民之担负，四也。况犯罪之人，大率游惰成性，于此更可养成其劳动之习，庶赦免之后藉以谋生，不再犯罪，此定役尤所以必需也。

外国唱议废无定役刑者近来日甚，本案察刑事政策之趋势，故自由刑除拘留外，不取无定役之说也。

丁、废止流刑

流刑之制，最古在使凶恶之徒窜居远方。然南朔东西皆中国土地也，与之相接者，皆中国人民也，其中得失无待缕述，流刑废止实无可疑。即使有无期或最长期徒刑之因，必应移诸边境者，从监狱规则以实施之可矣。于徒刑外另置流刑，诚为无益，故删除之。

三、罚金

本案总则，于罚金定其最少额，而于其最多额未尝明示，盖其额有无从豫定者（例第一百二十四条、第二百二十九条、第二百六十九条、第二百八十条、第二百九十五条、第三百五十七条、第三百七十一条、第三百七十五条、第三百七十六条、第三百八十三条等）。

分则定三千圆为罚金之最多额，初疑失之过巨，然此种应科多额罪（例如第一百零七条、第二百九十三条第二项、第三百十二条）之犯人，以其地位而论，固有与少额之罚金不相适者，且易重大之自由刑，亦必以巨额乃能相抵也。

其余情形，其最多额与最少额之距约在十倍以上，因人之贫富不同，审判官当查勘其境遇而定，庶其刑方有效力。例如过失伤人，贫人宣告百圆亦觉力有不逮，若在富人，则五百圆犹太仓之一粟（第三百十条）。此为刑律之精神，背乎精神，其裁判为不当矣。

四、褫夺公权

即第四十六条所列举丧失资格之从刑，凡分则规定为褫夺公权者，丧失公权之全部。若其规定为得褫夺全部或一部者，终身丧失公权之全部或一部以上（第四十七条是），均无不可，其区别全由审判官之鉴衡为准。

应否褫夺公权，不可拘泥犯罪之大小，须洞察犯人之心术。所犯虽轻，苟出于无廉耻者，亦应褫夺；所犯虽重，苟有可恕之理，即不褫夺可也。

此从刑非被宣告徒刑以上之刑不得科之，故拘留及罚金不在此限，然受死刑之宣告者仍应科之，而使丧其资格也。

五、没收

古有籍没之例，今各国已皆废止，盖籍没者没收全部，累及他人，大戾刑止于一身之原则。本案没收仅限于三种之物件：一、私造及私有违禁之物，是所以禁止人使不私造、私有危险之物品也；二、供犯罪所用及预备之物，使民不留犯罪之纪念，易于悛改之政策也；三、因犯罪而得之物，使人不能以犯罪为自利也。

第三十七条

凡刑分为主刑及从刑。

主刑之种类及重轻之次序如左：

第一、死刑。

第二、无期徒刑。

第三、有期徒刑。

一、一等有期徒刑：十五年以下、十年以上，但加重及并科时，以二十年为其最长刑期。

二、二等有期徒刑：十年未满、五年以上。

三、三等有期徒刑：五年未满、三年以上。

四、四等有期徒刑：三年未满、一年以上。

五、五等有期徒刑：一年未满、一月以上。

第四、拘留：一月未满、一日以上。

第五、罚金：银一钱以上。

从刑之种类如左：

第一、褫夺公权。

第二、没收。

沿革

按：五刑之制始于舜典，旧说谓即墨、劓、剕、宫、大辟是也，合之流刑、鞭刑、朴刑、赎刑，亦谓九刑。迨后夏以大辟、膑辟、宫辟、墨、劓为五刑，周以墨、劓、宫、刖、杀为五刑，自隋开皇定新律，始定笞、杖、徒、流、死五种，历唐至今未改。

死刑之制，代各异制。唐虞名大辟，周有斩、杀、膊、辜、焚、车、轘、磬，俱详《周礼·秋官》，然轘屡见于《春秋》，膊、辜、焚缺焉。秦有斩、戮尸、枭首、车裂、弃市、要斩、凿颠、抽胁、镬烹、磔、夷三族等名，合前后二千余年，殆无如嬴氏残酷之甚者。汉兴，沿秦之旧，尚有夷三族之令，至高后元年始除，景帝又改磔曰弃市，勿复磔，存弃市及要斩、枭首各刑。魏死刑三，而谋反、大逆或汙潴、枭首、夷三族，皆因严绝恶迹，不在律令之内。晋死刑为斩、枭、弃市，史志周颙等复肉刑议，截头、绞颈尚不能禁，盖其时以绞为弃市也。梁为枭首、弃市，后魏有斩、绞、要斩、沈渊五种，按《太和新律》死罪止于枭首，是时腰斩等刑当已废之矣。北周死刑五，一罄、二绞、三斩、四枭、五裂，北齐辕、枭、斩、绞凡四等。至隋始定死刑二，为斩、绞，唐因之。太宗时简死罪五十条断右趾，后复除断趾令，改为加役流。德宗之世改斩、绞为重杖处死。宋用唐律，复加凌迟之刑，仁宗天圣六年诏"如闻荆湖杀人祭鬼，自今首谋加功者，凌迟斩"，又《刑法志》"入内供奉官杨守珍使陕西督捕盗贼，因请'擒获盗贼至死者，望以付臣凌迟，用戒凶恶'，诏'捕贼送所属，依法论决，毋庸凌迟'"。陆游《渭南文集》有请除凌迟之状，是凌迟临时用以惩戒者，非定制也。辽于斩、绞、凌迟外有要斩、戮尸、投高崖、辕、枭、磔、生痤、射鬼箭、炮掷、支解等刑，盖起于朔方，以用武立国，故刑多残暴。金《泰和律》死刑仅斩、绞，见元王元亮《唐律纂例》五刑图。元之死刑载籍互异，按《刑法志》谓斩与凌迟二种，孙承泽《春明梦余录》言死刑用绞，《元典章·刑制》止言死刑，而《训义》及所载旧案绞、斩并行，实犹承《宋刑统》之遗。《元典章》为元人旧著，当以此书为允。明律死刑斩、绞之外设凌迟、枭首，用以科恶逆、不道诸罪。又有杂犯斩、绞，以总徒四年、准徒五年贷之，有死罪之名，无死罪之实也，现行律同。迨光绪三十一年三月恭奉上谕，删除凌迟、枭首、戮尸三项，仁风普被，累代残酷之习，至是澌濯无迹矣。

自由刑始于周礼寰土，所谓上罪三年而舍、中罪二年而舍、下罪一年而舍是也。秦为城旦，汉为城旦春、鬼薪、白粲、罚作、输作、耐、完，皆名异而实同。魏晋之间，其制大致相类，俱以年区别其定称，故亦称年刑。

罚金即唐虞赎金之遗制，历代相沿，或以谷，或以缣，或以金，或以绢，或以铜，或以钞，其制不一。然汉晋之间，罚金列为正刑，其制自四两迄二斤不等。

第三十八条

凡死刑用绞，于狱内执行。

受死刑之宣告者，迄至其执行，与他囚人分别监禁。

第三十九条

凡死刑非经法部覆奏回报，不得执行。

第四十条

凡孕妇受死刑之宣告者，产后经一百日，非更受法部之命令，不得执行。

沿革

按：《汉书·刑法志》景帝诏"孕而未乳当鞠系者，皆颂系之"。又《王莽传》：莽子宇以血洒莽门，饮药死，宇妻怀子系狱，须产子，乃杀于室。《晋书》：毋邱俭起兵被诛，其孙女适刘氏，以孕系廷尉。《北史》：崔浩定律令，妇人当刑而有孕者，许产后百日乃决。盖孕妇缓刑本汉魏之制，至元魏时始定为律也。《唐律》：妇人犯死罪，怀孕当决者，听产后一百日乃行刑。元《刑法志》：孕妇有罪，产后百日决遣，临产之月听令召保，产后二十日复追入禁。无保及犯死罪，令妇人入侍。《明律》：孕妇犯死罪，听令稳婆入禁，亦听产后百日行刑。现行律同。

第四十一条

凡徒刑，因徒监禁之于监狱，令服法定劳役。

监禁方法及劳役种类，从监狱则所定。

第四十二条

凡拘留，因徒监禁之于监狱或巡警署内拘留场，不令服劳役。

第四十三条

凡受五等有期徒刑或拘留之宣告，其执行上实有窒碍时，得以一日折算一圆，易以罚金。

据前项规定受易刑处分者，法律上以受徒刑或拘留之执行者论。

理由

本条之规定，系据最新之学理而设。自由刑易为金刑，本为学者所非议，以其乖于刑罚之宗旨故也。然亦未必尽然，例如外国船舶之水手于碇泊地犯轻微之罪，科以数日之拘留，该船势难久待，一旦启碇归航，在本船既失必需之水手，在本人又失归航之便，而本国反因此增一飘零无业之异国游民。际此情形，则易罚金为宜。英国判决例此事数见，其他属于此类之事例者亦复不少，故本案辑为专例，以剂情法之平。

注意

本条之适用，务宜于必要之程度，故所设制限有三：一、被告之刑为五等有期徒刑或拘留，且以实有窒碍为限；二、以一日纳一圆之罚金；三、凭审判官之裁酌是也。

第四十四条

凡罚金，以分则有明文者为限，与徒刑或拘留并科之。

第四十五条

罚金于裁判确定后，令一月以内完纳。逾限不完纳者，从左例：

第一、有资力者，强制令完纳之。

第二、无资力者，以一日折算半圆，易监禁处分。

第三、监禁处分执行之于监狱，其日数未满二月者，得执行之于警察署内拘留场。监禁处分日数，不得逾三年。

罚金缴纳一部分者，照前项第二款之例执行监禁处分。

罚金总额之比例逾三年之日数时，缴纳其一部分者，用按分比例定处分之日数。据本条之规定受易刑处分者，除关于脱逃罪外，余法律上以受罚金之执行者论。

第四十六条

凡褫夺公权，以应宣告徒刑以上之刑者为限，从各分则所定，终身褫夺左列资格全部或一部：

一、为吏员之资格。

二、膺封锡、勋章、职衔、出身之资格。

三、入军籍之资格。

四、为学堂监督、提调、教习之资格。

五、为律师之资格。

第四十七条

凡于分则有得褫夺一部公权之规定者，以应宣告徒刑以上之刑为限，得褫夺现时所有之地位，或于一定期限内褫夺前条所揭资格一款以上。

第四十八条

凡没收之物如左：

一、违禁私造或私有之物。

二、供犯罪所有及豫备之物。

三、因犯罪所得之物。

没收概以犯人以外无有权利者之物为限。

第八章　宥恕减轻

宥恕减轻，各国刑法大率附于勿论罪之后。然勿论罪乃纯粹之无罪，宥恕者已负责任，不过较普通犯罪之责任应减轻耳，故本案析为一章。

第四十九条

凡十六岁以上、二十岁未满之犯罪者，得减本刑一等。

理由

此条采责任年龄表第一种，定未成年者于减轻时代治罪之处分，余详第十一条，兹不赘及。

第五十条

凡聋哑者及满八十岁之犯罪者，得减本刑一等或二等。

沿革

按：《周礼》三赦之法有蠢愚，郑注"蠢愚，生而痴骏童昏者"，实即指聋哑而言。嗣汉有师侏儒，晋有笃癃病，唐以后有笃疾、废疾，盖聋哑亦括于内。至八十以上，列代相沿皆同。

理由

聋哑精神不完备者、八十岁以上精神渐昏眊者，二者自不能与普通之犯罪者同论，故酌量情节，减轻本刑一等或二等。

注意

聋哑有生而聋哑者，有因疾病或受伤而聋哑者。生而聋哑乃自来痼疾，不能承受教育，能力薄弱，故各国等诸幼年之列。若因疾病或受伤而聋哑者，不过肢体不具，其精神知识与普通无异，则不能适用此例。即有可原情形，自有宥恕之例在也。

第九章　自首减轻

第五十一条

凡犯罪于未发觉前，于官自首就受审判者，得减本刑一等。

关于亲告罪，而于有告诉权者首服，就受官之审判者，亦同。

沿革

按：汉律先自告除其罪，见《汉书·衡山王传》。唐律：犯罪未发而自首者，原其罪。其轻罪虽发，因首重罪者，免其重罪。即因所劾之事而别言余罪者，亦如之。即遣人代首，若于法得相容隐者为首及相告言，各听如罪人身自首法。其闻首告被追不赴者，不得原罪。即自首不实及不尽者，以不实不尽之罪罪之，至死者听减一等。其知人欲告及亡叛而自首者，减罪二等坐之。即亡叛者虽不自首，能还归本所者，亦同。其于人损伤、于物不可备偿，即事发逃亡，若越度关及奸并私习天文者，并不在自首之限。《宋刑统》于"私习天文"下增"居丧嫁娶"，明律及现行律与唐律同，而无"闻首告不赴"一层，复增入强窃盗、诈欺自首之法。

理由

自首减刑，为奖励犯罪者悔过投诚而设。各国多数之例惟认特别自首者，著之于分则，有其规定于总则者，盖缘于中国法系也。自首必须备具四要件：一、自己之犯罪；二、必于发觉前。若于发觉后告言己罪，乃自白，非自首；三、告知于官。惟例外告知被害者，亦准自首法；四、于官署就审判。四者不备，即不得准予自首也。

注意

得减云者，悉由审判官之鉴衡，并非必减之谓。至若谋杀、故杀及侵损于人等项，自不能援以为例。

第五十二条

凡一罪既发，别首白未发余罪者，得减所首白余罪之刑一等。

第五十三条

凡为分则特定各罪之豫备行为或阴谋者，于未实行之前于官自首者，得免除其刑，但没收不在此限。

理由

犯罪之程度，始阴谋、次豫备、次行事、次已遂，至是犯罪始为完成。惟阴谋及豫备之为罪，分则中仅限于事之重大危险者，其例较未遂犯为尤鲜。然此类人犯亟宜解其胁从，破其诡谋，故采特别自首之法准予免刑，以宽典而消弭巨患，此亦刑事政策必应之处分也。至没收之刑性质迥异，自不在援减之限。

第十章　酌量减轻

酌量减轻，不问所犯何罪，审判官可原谅其情状，以其职权减轻其刑。于学说，名审判上之减轻。

第五十四条

凡审案犯人之心术及犯罪之事实，其情轻者，得减本刑一等或二等。

理由

为裁抑犯罪，制定分则以下各条，然同一犯罪情节互异，若株守一致，则法律之范围过狭，反致有伤苛刻。故予裁判官以特权，临时酌量犯人之心术与犯罪之事实，减一等或二等也。

注意

审按犯人之心术者，例如于屋外犯五圆以下之窃盗罪，实因迫于贫困、情可矜悯之类是。审按犯罪之事实者，例如窃取物品仅一枝花，情甚轻微之类是。二者之情事虽不同，其应减轻则一也。

第五十五条

凡于法律虽有加重或减轻之时，仍从前条之规定，得减轻其刑。

注意

法律上之加重，如再犯及俱发之类。法律上之减轻，如未遂、从犯及宥恕、自首之类。虽各项情形竞合，苟有减轻之情形、仍宜准前条办理。

第十一章 加减例

此章定加重、减轻之次序及其分量。

第五十六条

凡死刑、徒刑、拘留，从第三十七条所揭次序加重、减轻。

不得加入死刑及无期徒刑。但一等有期徒刑应加一等者，为二十年以下、十年以上，应加二等者，为二十年以下、十五年以上，不得减徒刑或拘留入罚金。

沿革

按：唐律"称加者，就重次，称减者，就轻次。惟二死、三流，各同为一减。加者，数满乃坐，又不得加至于死。本条加入死者，依本条（加入死者不加至斩）。其罪止有半年徒，若应加杖者，杖一百，应减者，以杖九十为次。"明律删去"半年徒"一层，现行律同。

注意

第一项从第三十七条加重、减轻者，其加重，例如有期徒刑三等加为二等、二等加为一等是也；其减轻，例如死刑减一等为无期徒刑，无期徒刑减一等为一等有期徒刑，一等有期徒刑以下依次递减是也。

第二项不得加入死刑及无期徒刑者，因死刑与无期徒刑具有特别之性质，若无期徒刑加一等绝其生命，一等有期徒刑加一等致终身缧绁，均于法理未协。故特设制限，凡分则科无期徒刑者，虽经再犯，不能科以死刑，仍科无期徒刑；其科一等有期徒刑者，仍为一等有期徒刑，但加重一等时可至二十年以下、十年以上，加重二等时可至二十年以下、十五年以上，庶两得其平也。

不得减入罚金者，因罚金之性质亦与自由刑不同，故除分则处徒刑、拘留或罚金及处并科罚金各规定外，凡规定为处徒刑或拘留者，若须减轻，不得依第三十七条之次序，由拘留降入罚金之列。

第五十七条

凡分则定有二种以上有期徒刑，应加减者，俱按等加减之。徒刑或拘留并科罚金应加减时，亦同。

若定有死刑、无期徒刑及有期徒刑应加重者，止加重其最轻之刑。

若最轻之刑拘留应减轻者，止减轻其最重之刑。

注意

第一项前半，例如于分则处二等以上有期徒刑，减一等即为二等有期徒刑或三等有期徒刑；又如二等或三等有期徒刑，加一等为二等以上有期徒刑；又如四等以下有期徒刑或拘留、五等有期徒刑或拘留，加一等即为四等或三等有期徒刑。

并科徒刑或拘留与罚金应加减时，亦同之加减者，例如处五等有期徒刑或拘留，而与一千圆以下罚金并科（如第二百六十八条），若加重一等，即为四等或五等有期徒刑，并科一千二百五十圆以下、一钱以上罚金。

第二项，例如处死刑、无期徒刑或一等有期徒刑（第二百九十九条），加一等即为死刑或无期徒刑；又如无期徒刑或二等以上有期徒刑，加一等即为无期徒刑或一等有期徒刑，加二等即为惟一之无期徒刑。

第三项，例如四等以下有期徒刑或拘留，减一等为五等有期徒刑或拘留，减二等为拘留。

第五十八条

凡罚金，从各分则所定多寡，以减四分之一为一等。

若止定有最多额，应减轻者，以减四分之一为一等。

其与徒刑或拘留并科，应加减者，亦同。

注意

例如一千圆以下、一百圆以上，减一等为七百五十圆以下、七十五圆以上，加一等为一千二百五十圆以下、一百二十五圆以上。

第五十九条

凡同时刑有加重、减轻者，互相抵之。

注意

例如再犯之加重一等与自首之减轻一等同时并发，则互相抵消，毋庸加减。

第六十条

凡有二种之应得减者，得合并减之。

沿革

按：唐律"若从坐减、自首减、故失减、公坐相承减，又以议请减之类，得累减"。明律无"以议请减"一层，现行律同。

注意

例如从犯之得减一等，与自首之得减一等同时并发，则得减二等。

第六十一条

凡因加减徒刑、拘留及罚金所生零数，未满一日及银十钱者，除去之。拘留减尽，免除之；罚金减尽，亦同。

注意

拘留及罚金减四等，即得全部免除，然是亦仅刑之全免，非谓其无罪也。故因此而受损害之人，仍属犯罪之被害人，可以提起私诉。

第六十二条

凡从刑，不随主刑加重、减轻。

注意

从刑为褫夺公权及没收二者，一则夺其资格，一则没收其特定之物件。此其性质非可有所加减，故特设本条之规定如此。惟褫夺公权可因审判官之斟酌而加减之，得为同一之适用，详见第四十七条理由。

第十二章　犹豫行刑

按：泰西往昔，裁判官权限极广，不待律例之明文，凡犯人情节可恕者，一任裁判官酌定，暂缓其刑之执行，各国之例皆然。近年各国定为专例，盖始于美国玛赛秋裁州，行之尚无弊窦，今用为成文法者，其国如下：

一、美国合众国玛赛秋裁州　　　　　　　一八七八年

二、英国　　　　　　　　　　　　　　　一八八七年

三、比利时　　　　　　　　　　　　　　一八八八年

四、意大利　　　　　　　　　　　　　　一八九零年

五、法国　　　　　　　　　　　　　　　一八九一年

六、那葛特尔　　　　　　　　　　　　　同　　　年

七、修乃浦　　　　　　　　　　　　　　一八九二年

八、那威　　　　　　　　　　　　　　　一八九四年

九、德意志多数联邦（用恩赦之形式）一八九五至一九零二年

十、瑞士多数州　　　　　　　　　　　　一八九七年以降

十一、北美合众国二十七州　　　　　　　一九零一年

十二、日本　　　　　　　　　　　　　　一九零五年

凡此皆定为成文法之国也。此外若奥地利及匈牙利刑法草案、瑞士统一刑法草案、丹墨、瑞典、俄罗斯等，亦皆欲采用此制，是世界所公认矣。

习染罪恶不思湔濯，虽不乏人，然亦有出于一时之错误者，若遽投监狱，官吏监督偶驰，往往互相谈论罪恶，是监狱乃研究犯罪之学校也。据列国统计，以平均计算，罪犯百人之中，累犯者居四五十人，而采用此种制度之国，于轻微之初犯及本案第六十三条第二款之再犯，不投之于监狱，但警告将来以试验之，其在试验期内犯罪者，常平均计算，百人中仅十五六人。二者相衡，利害得失，瞭如观火，则此制度为今世舆论所归固宜，故本案采用之也。

本章各条规定无庸特别论明，惟适用时所当注意者有五，试揭如左：

一、轻微之初犯及第六十三条第二款之罪犯，其应否适用行刑犹豫，并非其人应有之权利，一视裁判官鉴定。

二、可许以犹豫行刑之情节，条例虽无明文，例如血气未定，偶因酒

色堕落，乃窃取或强占少额之金钱者，或酗醉殴人致负微伤者，或因受他人挑拨毁坏器物、杀伤牛马者，凡此等罪，以出于一时偶发为限，均相宜也。

三、既宣告犹豫，付诸试验，固由第六十三条第四款之亲族或故旧监督其品行。其司指挥行刑之检察官，应藉警察官之补助，常默察其动静。若一经昭著，反不足以奖励悛改，务使他人不知本人居于试验之中。

四、犹豫中倘有第六十四条各款事宜之一，迅即执行所犹豫之刑。若系该条第一款、第二款之情形，亦可并科。

五、试验期限在五年以下、三年以上之内，审判者可为适宜之宣告。若在此期限内不犯第六十四条所列各项致注销犹豫宣告者，则前此宣告之刑即无效力，执行权亦全归消灭。试验期限内再行犯罪与否，即其人利与不利之判，彰彰若此，故自愿悛改者，十恒居其八九，此制之良，实隐契于"刑期无刑"之古训也。

第六十三条

凡具备左列要件者，受四等以下有期徒刑之宣告时，自审判确定日起，于五年以下、三年以上之期限内，宣告犹豫执行：

一、未曾受拘留以上之刑者。

二、前受三等以下徒刑之宣告，执行既终或得免除执行后，经过七年；或前受拘留之宣告，其执行既终或免除后，经过三年者。

三、有一定住所及职业者。

四、有亲族或故旧监督犹豫中之品行者。

罚金不在犹豫执行之限。

第六十四条

凡受宣告犹豫行刑者，如有左列情形之一，应注销犹豫之宣告：

一、犹豫期限内更犯罪，受徒刑之宣告者。

二、因犹豫之宣告前所犯罪，受徒刑之宣告者。

三、前条第二款所揭要件，有不备之事实，后经发觉者。

四、丧失住所、职业者。

五、监督者请求刑之执行，其言有理由者。

第六十五条

凡未注销犹豫之宣告者，逾犹豫期限，宣告之刑即无效力。

第十三章　假出狱

假出狱者，乃既经入狱之人，其在执行之中尚有悛改之状，姑与以暂行出狱之法，以奖其改悔也。盖入人于狱，古时原欲以痛苦惩戒其人，近年惟以使人迁善为宗旨。故执行刑法之时，倘有人有改过迁善之实，即不妨暂令出狱，此其制之所由生也。

按：各国之例，惟法国于西历千七百年之末，于年幼囚行之。其对于一般自由刑囚徒采用此制者，自英国始。尔后各国袭用之者，其次序大概如下：

一、英国　　　　　一八五三年八月二十日单行法

二、塞尔维亚　　　一八六九年五月二十二日单行法

三、瑞士多数州　　一八七零年以降

四、德意志　　　　一八七一年一月一日刑法第二三条

五、丹墨　　　　　一八七三年二月十三日单行法

六、克洛亚　　　　一八七五年四月二十二日单行法

七、美国各州　　　一八七七年以降

八、匈牙利　　　　一八七八年五月刑法第四八条以下

九、荷兰　　　　　一八八一年三月三日刑法第一五条以下

十、日本　　　　　一八八二年一月一日刑法

十一、法兰西　　　一八八五年八月十四日单行法

十二、奥大利　　　一八八六年六月三日布告

十三、意大利　　　一八九零年刑法第一六条以下

十四、葡萄牙　　　一八九三年七月六日监狱则第八条以下

此外，若瑞典虽无特别之法，然依恩赦之形式，故实际上制度仍相同耳（假恩赦）。而此恩赦乃成为一种习惯法，惟俄国于一八八三年刑法草案第二十一条曾有此种规定。是欧美、日本各国不采用此制度者，殆稀也。

第六十六条

凡受徒刑之执行者，有悛悔实据时，无期徒刑逾十年后、有期徒刑逾刑期二分之一后，由监狱官申达法部，得许假出狱。但有期徒刑之执行未满三年者，不许假出狱。

第六十七条

凡假出狱者，如有左列情节之一，即停止出狱，出狱中日数不算入于

刑期：

一、假出狱中更犯罪，受宣告拘留以上者。

二、因假出狱前所犯罪，受宣告拘留以上者。

三、因假出狱前所受宣告，应即行拘留以上者。

四、犯假出狱管束规则中应停止出狱之条项者。

第十四章　恩赦

恩赦基于宪法，现在宪法尚未制定，暂依现行律例辑为一章，俟将来再行修订。

第六十八条

凡赦，依恩赦条款临时分别行之。

按：汉代恩赦有赦除、减等、听赎各法，唐律著赦降之例，《疏议》兼及会虑。宋《刑统赋解》云：赦者全免，降者轻减，虑者特旨放一人罪。明律常赦所不原条即本唐律，现行律同，亦即今之东西各国大赦、特赦、减刑三项也。

第十五章　时效

时效云者，乃泰西旧语，惟本案则新采用也。凡既经过律例所豫定之时限，则生取得权利或免除义务之效力，此制度谓之时效，而前者谓之得权时效（或谓之取得时效），后者谓之免责时效。

按：权利义务若因人之地位，而于法律上永无确定者，必于国家、社会多有不便。例如家藏珍宝，历传数世，忽有人称此物数世前属于伊祖，所持有证据，攫之以去，此岂人情所能甘心？故于一定之时限内，有持其珍宝之事实者，在法律不可不确定其取得之方法。亦因此故，凡负有义务者，若既过履行期限，权利亦已抛弃遗忘，阅时既久，则亦不可无免除之法。欧美各国及日本行政法、民法、商法、诉讼法等一切律法，皆设时效之规定，而未尝竟无此事，即中国实际亦有此习惯也。

时效有得权时效、免责时效二种，然在刑事法之范围内，无有与得权时效相匹者，惟有属于免责时效一部之公诉时效与行刑时效二种而已。

公诉云者，要求审判厅决定其嫌疑之人是否有罪，如有罪则科以一定之刑之谓。此种词诉应使国家机关（即检察官）执行之，不能一任私人之取舍，是为现今之原则，故通例称之为公诉。

公诉提起之权，自犯罪行为既终之日起算，若已空过本案第六十九条所定之期限，则时效即因而消灭。盖在该条所定年月之间而不为起诉，及第七十二条诉讼之行为，则有罪之证据与嫌疑人有利之证据均已散逸，势不得以不确实之证据而审理判决不确实之人[1]。暧昧科罚，最为刑事所忌，故本案特以第六十九条确定公诉提起权之时效期限。

第六十九条所揭者，系犯罪行为既终后，对于国家未有诉讼行为而方始起诉者之时效期限也。若遇有第七十二条所揭之处分，则必其处分已止之后，该条之时效期限方始进行。故遇有元恶大憝、罪无可逭者，仍得因第七十二条处分，致起诉权永不消灭，所以杜逃刑之弊也。

行刑权之时效（第七十四条）与起诉权之时效不同，须俟有罪之事实既明，刑之宣告已经确定之后，方始适用。故不虞证据散逸，是以其期限较起诉权时效期限延长一倍。有罪之事实既明，刑之宣告已经确定，虽经易数年，仍应执行。然使犯人在第七十四条之长年月之间不受执行，而照常生计于社会，其因此所生之普通生计关系，必已不胜枚举。例如人于二十岁时受死刑宣告，乃脱逃后经三十年，是其人年岁已满五十，此其时或已立家室，或已就正业，得有相当之地位。倘于此际以三十年前之罪致之大辟，是直破坏三十年间普通生计关系，犯人以外之人虽未身被其刑，而所受恶果或更有甚者。是使人忘刑之威严，而但觉刑之残酷，实非刑事政策所宜。死刑如此，其余可类推矣。故行刑权者，倘自宣告确定后已过法定之期限，其权即为消灭，盖法律上于人之地位，亦不可无确定之法也。如因其人之恶万无可恕，可合天下之警察以逮捕之，既经捕获，则既往之时效期限即属消灭（第七十六条）。若历二十九年方始捕获，而再脱逃者，非仍逾三十年，不得为时效消灭。搜查三十年不获，始行废止，盖搜查机关非为一人而设者也。

关于刑事法上时效规定之地位，有左列三种：

第一主义：以时效全部属于刑事诉讼法之中（例法国刑诉法第六百三十五条以下）。盖起诉权固不待论，即行刑权亦属裁判执行权之一，皆诉讼法之事也。

第二主义：以起诉权之时效属于刑事诉讼法之中，而行刑权之时效则

---

[1] 《大清法规大全》为："势不得不以确实之证据而审理判决不确实之人"。

以刑法定之（列日本现行刑事诉讼法第八条、同改正草案第二百四条以下、现行刑法第五十八条以下、改正刑法第三十二条）。盖以起诉权之时效虽属诉讼法上之关系，然执行权之时效关乎科刑之时限，故为关系于刑法也。

第三主义：以其全部属于刑法之中。盖以刑法虽为各种犯罪定其所科之刑而设，然入起诉权及行刑权之时效者，其科刑不必实施，故其时效即属刑法上一种科刑之制限矣。

以上三种主义之中，其第三最为适于条理。故德意志刑法第六十三条以下、匈牙利刑法第一百零六条以下、荷兰刑法第七十条以下、布加利亚刑法第七十二条以下、墨西哥刑法第二百六十二条以下、意大利刑法第九十一条以下、芬兰刑法第八章之七条、那威刑法第六十七条以下，凡此多数之立法例皆采此主义，故本案亦然。

第六十九条

凡提起公诉权，自犯罪行为既终之日起算，于左列期限不行者，则因时效消灭：

一、应死刑者，十五年。

二、应无期徒刑或一等有期徒刑者，十年。

三、应二等有期徒刑者，七年。

四、应三等有期徒刑者，三年。

五、应四等有期徒刑者，一年。

六、应五等有期徒刑以下刑者，六月。

第七十条

凡二罪以上之提起公诉权，据最重刑，从前条之区别定其时效期限。

第七十一条

凡本刑虽应加重或减轻者，提起公诉权之时效期限仍据本刑计算。

第七十二条

凡提起公诉权之时效，因左列之行为中断。俟行为停止，另行起算：

一、豫审上诉讼行为。

二、公判上诉讼行为。

三、搜查上强制行为。

前项行为，对于一切共犯者，有同一之效力。

第七十三条

凡被告人因罹精神病、其他重病停止公判间，提起公诉权之时效即行停止。

第七十四条

凡刑之宣告确定后，于左列期限内未受执行者，则因时效消灭其执行权：

一、死刑，三十年。

二、无期徒刑，二十五年。

三、一等有期徒刑，二十年。

四、二等有期徒刑，十五年。

五、三等有期徒刑，十年。

六、四等有期徒刑，五年。

七、五等有期徒刑，三年。

八、拘留、罚金，一年。

第七十五条

凡执行权之时效，依律例停止执行间，即行停止。

| 注意 |

依律例停止执行者，指因第六十三条以下所定犹豫行刑、第六十六条以下所定假出狱及其他诉讼法等一切律例之各规定停止执行刑罚之情形而言。于此等情形，则系律例定为不应执行，非第七十四条所谓不受执行者，故于此期限内执行权之时效亦停止之，名曰行刑时效之停止。

行刑时效之停止，与次条所定行刑时效之中断有异。停止者，通算停止先后之时间，以充第七十四条所定期限之数；中断者，惟以中断后之时间，充第七十四条所定期限之数。

第七十六条

凡执行权之时效，因执行而逮捕犯人即行中断，但余未发觉刑不在此限。

罚金及没收之时效，因执行行为即行中断。

第十六章　时期计算

本案凡刑期、时效、犹豫、假出狱及累犯各例，时期盈朒，关系至重，故规定计算之法。

第七十七条

凡时期，以日计者，阅二十四时；以月计者，阅三十日；以年计者，阅十二月。

沿革

按：《唐律》："称日者，以百刻；计功庸者，从朝至暮；称年者，以三百六十日。"明律及现行律同。

第七十八条

凡时期之初日，不论时刻，以一日论；终日，阅全一日。

放免有期徒刑囚人，于期限既满之次日行之。

第七十九条

凡刑期，自审判确定日起算。

审判虽经确定，尚未受拘置之日数，不算入刑期。

第八十条

凡未决中监禁之日，依左列算入刑期：

一、监禁三日抵徒刑、拘留一日。

二、监禁二日抵罚金半圆。

理由

未决监禁日数算入刑期，为今世学说所公认。盖遇重要案件，凡豫审中检证等事必须慎重，监禁之期亦因之延长，恒有迟至数年始结者，久困圜扉不无可悯，本案特立此例以补救之。惟未决中之监禁，究与囚人有异，故计算之法较普通之刑期定为三倍或四倍之比例也。

第十七章　文例

此章揭刑律中用语之意义，规定其范围之制限也。盖比较各国刑法，有定明期限计算法，及制限公务员名称之范围等例，皆不过散见于一二条文，并不多备。然为便于实施起见，特专设为此种条文者，亦非无其例，如那威及荷兰刑法是，本案亦即仿此。文例之位置，那威刑法为总则中之凡例，荷兰刑法则居总则之后独立为一章，各有得失。按文例之规定，不仅关于刑律总则之用语，其关于分则之用语为多，故本案仿荷兰刑法，列于总则之后另成一章。

第八十一条

凡称乘舆、车驾、御及跸者，太皇太后、皇太后、皇后同。

称制者，太皇太后、皇太后同。

沿革

按：唐律称乘舆、车驾、御者，太皇太后、皇太后、皇后并同。称制、敕者，太皇太后、皇太后、皇后、皇太子令减一等。明律改减一等为并同，现行律因之。

第八十二条

凡称尊亲族者，为左列各等：

　　一、祖父母，高、曾同；

　　二、父母；妻于夫之尊亲族，与夫同；

　　三、外祖父母。

称亲族者，为左列各等：

　　一、夫妻；

　　二、本宗服图期服以下者；

　　三、妻为夫族服图大功以下者；

　　四、出嫁女为本宗服图大功以下者；

　　五、外姻服图小功以下者；

　　六、妻亲服图缌麻以下者。

第八十三条

凡称吏员者，官吏、公吏、依律例从事于公务之议员、委员、其他职员皆是。

称公署者，吏员奉行职务之衙署、局、所皆是。

称公文书者，吏员及公署应制成之文书皆是。

第八十四条

凡称议员及选举者，依律例所设立中央及地方参政上议会及其议员之选举是。

第八十五条

凡援用别条所揭之罪，其罪应罚未遂、豫备或阴谋者，本条并援用之。造意犯及从犯，亦同。

第八十六条

凡本律称以下、以上、以内者，其起讫俱以本数为限。

第八十七条

凡称笃疾者，谓左列伤害：

一、毁败视能者；

二、毁败听能者；

三、毁败语能者；

四、毁败一肢以上或终身毁败其机能者；

五、于精神或身体有不治之疾病者；

六、变更容貌且有重大不治之伤害者；

七、毁败阴鸷者。

称废疾者，谓左列伤害：

一、减衰视能者；

二、减衰听能者；

三、减衰语能者；

四、减衰一肢以上之机能者；

五、于精神或身体有至三十日以上之疾病者；

六、三十〔日〕以上可废业务之疾病者。

称伤害者，除前二项所揭外，其余之疾病、损伤皆是。

第二编 分则

分则者，所以定各种犯成立罪之要件，然必待总则所定普通要件完备之后始可论罪。

各国立法例俱规定各罪分为数大类，有以对国家罪、对个人罪、对身体罪、对财产罪等，举其大纲者，更有以害公安罪、害生命罪、害身体罪、窃盗罪、诈欺取财罪等立其细目者（例如法兰西及日本现行刑法等）。然如此分别纲目，其宗旨于学理未能贯彻，于警察、检察及裁判等之实务上亦属毫无利益，故本案不据此例，直揭各种罪名而列举之。惟其次序，仍以直接有害国家存立之条件者居于首项（第一章至第八章），其害社会而间接以害国家次之（第九章至第二十五章），其害个人而间接害及国家社会者又次之（第二十六章至第三十六章）。是盖按罪配列之次序而斟酌以定之，非学理上有此特质也。

第一章 关于帝室之罪

本章于旧律之大逆、大不敬外，更规定对于宗室之危害罪、不敬罪，不过修正文词及处分之阶级，以冀较旧律为明确。至于大旨，固无增损也。

第八十八条

凡加危害于乘舆、车驾及将加者，处死刑。

沿革

《汉书·晁错传》："大逆无道当要斩，父母、妻子、同产无少长皆弃市"，此汉律也。晋《刑法志·魏法》，制新律，改贼律，但以言语及犯宗庙、园陵，谓之大逆无道，要斩，家属从坐，不及祖父母孙。又贾充定法律，除谋反，适养母、出女嫁皆不复还坐，父母弃市。

《唐律》：诸谋反及大逆，皆斩；父、子年十六以上，皆绞；十五以下及母、妻女（子妻妾亦同）、祖孙、兄弟，若部曲、资财、田宅，并没官；男夫年八十及笃疾，妇人年六十及废疾者，并伯叔父兄弟之子，皆流三千里，不限籍之同异。即虽谋反，词理不能动众，威力不足率人者，亦皆斩。父子、母女、妻妾并流三千里，资财不在没限。其谋大逆者，绞。《疏议》曰：上文大逆，即据逆事已行，此为谋而未行，惟得绞罪。

元《刑法志》：诸大臣谋危社稷者，诛。诸无故议论谋逆，为倡者处死，和者流。诸假托神异、狂谋犯上者，处死。

《元典章·刑部三》：诸恶伪造国号、妖说天兵，为头的妄造妖言，首从知情并处死。

《明律》：凡谋反及大逆，但共谋者，不分首从，皆凌迟处死。祖父、父、子孙、兄弟及同居之人，不分异姓，及伯叔父兄弟之子，不限籍之同异，年十六以上，不论笃疾、废疾，皆斩。其十五以下及母女、妻妾、姊妹，若子之妻妾，给付功臣之家为奴，财产入官。若女许嫁已定，归其夫。子孙过房与人及聘妻未成者，俱不追坐。知情故纵隐藏者，斩。不首者，杖一百、流三千里。

现行律与明律同。

注意

将加危害者，非第指未遂者而言，凡豫备、阴谋亦赅于其中，即现行律例中之谋为大逆之义。惟须出于故意方是，若仅出于过失，则属第八十九条之范围。

第八十九条

凡因过失致生前条所揭危害者，处二等或三等有期徒刑或三千圆以下、三百圆以上罚金。

理由

前条乃罪恶中之罪恶，于律例所当严惩，然亦有偶近乘舆，天威咫尺，进退失其常度，出于过失者，究与大逆有间，故本条特宽其刑。

第九十条

凡加危害于帝室缌麻以上之亲者，处死刑、无期徒刑或一等有期徒刑。

第九十一条

凡因过失致生前条所揭危害者，处四等以下有期徒刑、拘留或一千圆以下罚金。

第九十二条

凡对于乘舆、车驾有不敬之行为者，处二等或三等有期徒刑。

对于太庙、皇陵有不敬之行为者，亦同。

理由

现行律"十恶"条大不敬下，注有"谓盗窃大祀及乘舆服御之物、盗及伪造御宝、和合御药不依本方及封题错误，若造御膳误犯食禁、御幸舟船误不坚固"等语，本案分别此等罪恶，如盗取御物，列于第三百五十条及第三百五十五条贼盗罪之中，以其罪质非特欲侵犯禁御尊严，仍不外侵害财产也；盗用及伪造御宝，列于第二百四十一条伪造文书罪之中，以其罪质非有不敬之特征，仅有伤于制书、玺印之信用耳。以上二罪虽关涉帝室，然从其特质、特征起见，不得不如此分别。至于误和御药不依本法①以下各罪，皆因过失而生危害，则属前条之范围。

_____

① "法"字似应为"方"，原文如此。

本条第一项所谓不敬之行为，系指因言语、文书、举动而故意干冒乘舆之尊严者而言，是现行律例所未备，而实不敬之大者也。各国立法之例，于此无不设有专条，盖其词句虽与不敬相同，而意义则与现行律迥异。

第九十三条

凡对于帝室缌麻以上之亲有不敬之行为者，处四等以下有期徒刑、拘留或一千圆以下罚金。

第九十四条

凡侵入太庙、皇陵、宫殿、离宫、行在所，或受命令而不退出者，处二等至四等有期徒刑或三千圆以下、三百圆以上罚金。

沿革

汉贾谊《新书·等齐篇》：天子宫门曰司马，阑入司马门者为城旦，殿门阑入之罪弃市。《汉书·功臣表》"山都嗣侯王当坐阑入甘泉上林，免"，此汉时阑入离宫之罪与宫殿异。

《唐律》：诸阑入太庙门及山陵兆域门者，徒二年。越垣者，徒三年。太社，各减一等。诸阑入宫门，徒二年。殿门，徒二年半。持仗者，各加二等。入上阁内者，绞。若持仗及至御在所者，斩（迷误者，上请）。即应入上阁内，但仗不入而持寸刃入者，亦以阑入论。不应带横刀而带入者，减二等。即阑入御膳所者，流三千里。入禁苑者，徒一年。诸阑入者，以逾阈为限，至阈未逾者，杖八十。殿门以内，递加一等。其越殿垣者，绞。宫垣，流三千里。皇城，减宫垣一等，京城又减一等。

《元典章·刑部三》：监修也速迷儿丁呈，捉获跳过太液池围子禁墙人楚添儿，法司拟阑入禁苑，徒一年、杖六十，部拟五十七下，都省准拟。

《明律》：凡擅入太庙门及山陵兆域门者，杖一百。太社门，杖九十。未过门限者，各减一等。凡擅入皇城午门、东华、西华、玄武门及禁苑者，各杖一百。擅入宫殿门，杖六十、徒一年。擅入御膳所及御在所者，绞。未过门限者，各减一等。若无门籍冒名而入者，罪亦如之。

现行律与明律同。

第九十五条

凡在前条所载各处射箭、放弹、投砖石者，处三等或四等有期徒刑或一千圆以下、一百圆以上罚金。

其在距离能到之地，自外向内有前项所揭行为者，亦同。

沿革

《唐律》：诸向宫殿内射，宫垣徒二年，殿垣加一等；箭入者，各加一等。即箭入上阁内者，绞；御在所者，斩。放弹及投瓦石者，各减一等。杀伤人者，以故杀论。

《明律》：凡向太庙宫殿射箭、放弹、投砖石者，绞；向太社，杖一百、流三千里。但伤人者，斩。

现行律与明律同。

第九十六条

凡犯跸者，处四等以下有期徒刑、拘留或三百圆以下罚金。

沿革

《汉书·张释之传》注：乙令，"跸先至而犯，罚金四两"。又《江充传》注：令乙，"骑乘车马行驰道中，已论者，没入车马被具"。又《功臣表》"高宛嗣侯丙信坐出入属车间，免"。注：师古曰，"天子出行，陈列属车而辄至于其间"。

《唐律》：诸车驾行，冲队，徒一年；冲三卫仗者，徒二年。误者，各减二等。

《明律》：凡车驾行处，除近侍及宿卫护驾官军外，其余军民并须回避。冲入仪仗内者，绞。若在郊野之外一时不能回避者，听俯伏以待。其文武百官非奉宣唤，无故辄入仪仗内者，杖一百。

现行律与明律同。

理由

自第九十四条至第九十六条皆采用现行律，惟酌改刑名之等差。

第九十七条

第九十条及［第］九十二条至前条之未遂罪，罚之。

第九十八条

凡豫备或阴谋犯第九十条之罪者，处四等以下有期徒刑、拘留或一千圆以下罚金。

第九十九条

因犯本章之罪而应宣告二等有期徒刑以上之刑者，褫夺公权。其余得褫夺公权全部或一部。

第二章　关于内乱之罪

内乱之义，与第四章外患相对待，凡以暴力紊乱国家内部存立之条件者，谓之内乱，即现行刑律十恶之谋反是也。

旧律以谋反为谋危社稷，本案改为内乱，因其事不仅谋危社稷一项，凡关于国权、国土、国宪，滥用暴力冀谋变更者均是，故范围较前加广。

内乱之罪，往昔之见解以为臣民对于祖国而谋不轨之谓。自今世法律思想推之，关于一国之内政而犯大罪，应不问犯者之是否己国臣民，故本案并不限定何国之国籍。援第二条之例，虽为外国人，亦必须遵用本章也。

第一百条

凡以颠覆政府、僭窃土地或紊乱国宪为宗旨，起暴动者，为内乱罪，从左列分别处断：

一、首魁，死刑或无期徒刑；

二、执重要之事务者，死刑、无期徒刑或一等有期徒刑；

三、附和随行者，二等至四等有期徒刑。

因前项所揭宗旨，聚众掠夺公署之兵器、弹药、船舰、钱粮、其他军需品，及携带兵器公然占据都府、城寨、其他军用之土地者，均以内乱既遂论。

沿革

唐律、明律、现行律俱附见第八十八条。

元《刑法志》：诸潜谋反乱者，处死；安主及邻佑知而不首者，同罪；内能悔过自首者，免罪、给赏；不应捕人首告者，官之。诸谋反，已有反状，为首及同情者，凌迟处死；为从者，处死；知情不首者，减为从一等，流远并没入其家。其相须连坐者，各以其罪罪之。

《元典章·刑部三》断例：写立文字，说大言语，典刑转递号令。

理由

颠覆政府者，谓变更中央之国权；僭窃土地者，谓占领境内之全部或一部；紊乱国宪者，谓变更国家之成宪。三者皆关系国内之存立，故为内乱罪。

第一百零一条

前条之未遂罪，罚之。

第一百零二条

凡豫备或阴谋为内乱者，处三等以上有期徒刑。

第一百零三条

凡知豫备内乱之情而供给兵器、弹药、船舰、钱粮及其余军需品者，处无期徒刑或二等以上有期徒刑。

理由

本条所揭之行为，自其性质而论，乃助人豫备内乱之从犯，其处分应与前条相同或减一等。然其于豫备或阴谋内乱之人，有供以行事所需资料之虞，故必特设处分。

第一百零四条

凡暴动者，违背战斗上国际成例，犯杀伤、放火，溢水、掠夺及其他罪者，援用该项条例，照第二十三条至二十五条之例处断。

理由

违背战时国际法规、惯例之罪者，如交战之时无故杀戮妇女老稚，烧毁寺院、美术馆、博物馆，荒废良民之田圃、牧场，掠夺金银及有价物品以自利之类，皆乘内乱而起，不能仅以内乱论，应援用该项条例与内乱罪，照俱发例加重其刑也。

注意

本条据战斗上国际成例，于凡乘内乱所起之杀伤及其余罪特为分别，有吸收于内乱之中者，有不在吸收之中者。然并非以此规定，直认内乱为国际法上之国内战争也。凡内乱应否认为国内战争及应否适用战时国际法，此则专属国际法之范围，与刑法无涉。

第一百零五条

因犯本章之罪而应宣告二等有期徒刑以上之刑者，褫夺公权，其余得褫夺公权全部或一部。

第一百零六条

犯第一百零一条至第一百零三条之罪，未至暴动前自首者，免除其刑。

第三章　关于国交之罪

近年往来日就便利，列国交际益繁，本章所揭皆损害国家睦谊而影响及全国之利害者，特兹设为一章，是最新之立法例也。

第一百零七条

凡对于留滞中国之外国君主、皇族或大统领，加危害或将加者，分别故意、过失，照第八十八条至第九十一条之例处断。

中国臣民在外国对其国之君主、皇族或大统领，或对留滞其国之第三国君主、皇族或大统领，加危害或将加者，亦同。

第一百零八条

凡对于留滞中国之外国君主、皇族或大统领，有不敬之行为者，照第九十二条及第九十三条之例处断。

中国臣民在外国对其国之君主、皇族、皇陵或大统领，或对留滞其国之第三国君主、皇族或大统领，有不敬之行为者，亦同。

理由

君主、皇族、皇陵、大统领互相同等，乃现今国际上之通例，故定此二例，揆之法理，亦一贯之义也。

前条第一项及本条第一项，不分犯人之为中外国人，盖犯人虽为外国人，其对于留滞中国之外国君主、皇族及大统领加以此种非行，亦能使我国际上发生重害，与本国人无异也。

前条第二项及本条第二项，专以规定中国臣民之行为。按第八十八条至九十三条之例，俱不问犯罪者之国籍如何，而此仅限于中国臣民者，以外国臣民在外国犯此罪，于中国之国交无害也。又第八十八条至第九十三条，虽为外国人亦服同等之刑，故对于其国之君主、皇族及大统领，或留滞其国第三国之君主、皇族或大统领，仍服同等之刑，并不以领地而异其科，为辑绥之故，固宜如此也。

第一百零九条

凡杀伤派至中国之外国代表者，照第三百条及第三百零二条之例处断。

中国臣民在外国对于派至该国之本国或第三国代表者犯时，亦同。

若加暴行、胁迫或侮辱于派至中国之代表者，处四等以下有期徒刑或拘留。

中国臣民在外国对于派至该国之本国或第三国代表者，亦同。

理由

慎重国交，则代表一国之使臣不得不重。其对于此而有犯杀伤及其余之罪者，应较对于常人加一等，故本条特设独立之规定。其照第三百条及第三百零二条之例处断者，盖用同等之处分，非谓其罪质之相同也。照例处断者，即准用其处分之意，与所云以论者不同。

第一百十条

凡以侮辱外国为宗旨，损坏、除去、污秽外国之国旗及其余国章者，处四等以下有期徒刑、拘留或三百圆以下罚金。

第一百十一条

凡滥用红十字记号作为商标者，处三百圆以下罚金。

理由

滥用红十字之记章以为商标，亦足生列国之异议而有害国交之虞者，本案故特为加入，将来各国刑典上必须有之规定也。

第一百十二条

凡中国臣民聚众以暴力潜窃外国领域者，照左例处断：

一、首魁，无期或一等有期徒刑；

二、执重要之事务者，二等或三等有期徒刑；

三、余人，三等以下有期徒刑或一千圆以下、一百圆以上罚金。

第一百十三条

凡私与外国开战斗者，照前条之例处断。

第一百十四条

凡外国交战之际，违背关于局外中立之命令者，处四等以下有期徒刑或拘留。

因而得利者，并科所得总额二倍以下、总额以上罚金。如二倍之数未达三百圆时，并科三百圆以下、所得总额以上罚金。

注意

本条之规定，惟外国互相开战而中国布告局外中立时乃用之。

第一百十五条

第一百零八条、第一百零九条第一项第二项、第一百十条及第一百十二条至前条之未遂罪，罚之。

第一百十六条

凡豫备或阴谋犯第一百零九条第一项第二项、第一百十一条及第一百十二条之罪者，处四等以下有期徒刑、拘留或一千圆以下罚金。

第一百十七条

因犯本章之罪应宣告二等有期徒刑以上之刑者，褫夺公权。其余得褫夺公权全部或一部。

第一百十八条

第一百零八条之罪，待外国政府之请求或同意，然后论之。

第一百零九条第三项及第四项之罪，待被害者之告诉然后论之。

第一百十九条

凡豫备或阴谋犯第一百十二条或第一百十三条之罪，于未着手实行前自首者，免除其刑。

第四章　关于外患之罪

本章所规定，即旧律谋叛之罪。但旧律犯人以本国臣民为限，而本案第二条之适用，不分国籍如何之主义为异也。盖本章所定之罪恶，乃于本国之对外关系大有不利者，故犯人不复分别中外也。

本案采对于外国人加以同等之刑之主义，然第八条之适用，则有国际上特别之条约、法规或惯例，有不得不从其制限者。故如捕获间谍，在本案虽以第一百二十三条第四款（或军律）论罪，然捕获敌之斥候，则不得不以捕虏待遇之也。

第一百二十条

凡受中国之命令委任与外国商议，若图自己或他人或外国之利益，故意议定不利中国之条约者，不问批准与否，处无期徒刑或二等以上有期徒刑。

注意

有中国吏员之资格，受上官之指挥，谓之命令。无吏员资格之中外臣民，受中国之嘱托，谓之委任。批准即签押互换之谓，既经议定，即拒绝批准，于实际殊为不便。本条所指乃不正之议定者，身膺重寄，甘为奸壬以卖国，无论其曾经批准与否，及距批准与否之时期如何，应直科以本条之刑。

第一百二十一条

凡中国之臣民，欲使藩地及其余领域属于外国，与外国开始商议者，处无期徒刑或二等以上有期徒刑。

理由

无政府之命令或委任而为本条之行为者，于国际法上固无效力，然于中国之对外关系上易生损害，故应科以重刑。

第一百二十二条

凡通谋于外国，使对中国开战端，或与敌国抗敌中国者，处死刑或无期徒刑或一等有期徒刑。

沿革

《唐律》：诸谋叛者，绞；已上道者，皆斩（谓协同谋计乃坐，被驱率者非），妻、子流二千里。若率部众百人以上，父母、妻、子流三千里；所率虽不满百人，以故为害者，以百人以上论（害，谓有所攻击掳掠者）。即亡命山泽，不从追唤者，以谋叛论。其抗拒将吏者，以已上道论。

《元典章·刑部三》断例：作反叛乱，为头的、一同商量的、理会得不首告的，都一般处死，断没家产。

《明律》：凡谋叛，但共谋者不分首从，皆斩。妻妾子女给付功臣之家为奴，财产并没入官。父母、祖孙、兄弟，不限籍之同异，皆流二千里安置。知情故纵隐藏者，绞。有能告捕者，将犯人财产全给充赏。知而不首者，杖一百、流三千里。若谋而未行，为首者绞，为从者皆杖一百、流三千里。知而不首者，杖一百、徒三年。若逃避山泽，不服追唤者，以谋叛未行论。其拒敌官兵者，以谋叛已行论。

现行律与明律同。雍正三年增入"女许嫁已定、子孙过房与人、聘妻未成者，俱不坐"等句。

注意

本条以下所谓敌国，从国际法之原则，指与本国开始战争之外国而言，其在开衅以前既生争论，虽互有敌视之意，不得称为敌国。

第一百二十三条

凡以利敌国或害中国之宗旨，而有左列各款之行为者，处死刑或无期徒刑或一等有期徒刑：

一、以要塞、军港、军队、船舰、兵器、弹药、钱粮、往来通信之材料及供军用之处所、营造物或物件交付敌国，或烧毁、损坏及设方法致全部或一部不能使用者；

二、用伪计及设方法，于中国之陆军或海军内，煽令不和、反乱或逃脱者；

三、以关于中国军事上设备、计划之文书、图画交付敌国者；

四、为敌国之间谍或帮助敌国之间谍者；

五、诱导敌国之军队或船舰，使侵入或接近中国之领域者。

沿革

《唐律》：诸密有征讨而告贼消息者，斩，妻、子流二千里。其非征讨而作间谍，若化外人来为间谍，或传书信与化内人并受，及知情容止者，并绞。

《明律》：凡闻知朝廷及总兵、将军调兵讨袭外蕃，及收捕反逆贼徒机密大事，而辄漏泄于敌人，斩。若边将报到军情重事而泄露者，杖一百、徒三年。仍以先传说者为首，传至者为从减一等。

现行律与明律同。原附《吏律·公式》，顺治初移入《兵律·军政》。

注意

本条及前条所记之行为，有应受军律之处断者，即应从军律。惟不从军律者，乃得照此二条之例处断。

第一百二十四条

凡与外国交战之际，有负担中国军事上必应供给之义务者，当缔结契约时用伪计及其余不正行为，或缔结契约后不从本旨履行义务者，处无期徒刑或二等以上有期徒刑。

因而得利者，并科所得总额二倍以下、总额以上罚金。如二倍之数未达三百圆时，并科三百圆以下、所得总额以上罚金。

注意

供给军事上必需之义务者，非第供给军械、军衣、粮食及其余物品，即供给劳动之义务如从军者，亦赅于此。不从本旨履行义务者，如契约载明供给米石若干或牲只若干，而以腐败之米石及病羸之牲只充数是也。

第一百二十五条

凡除前二条所揭之外，依其余行为以军事上之利益与敌国，或酿军事上之不利益于中国者，处二等或三等有期徒刑。

注意

本条之义所赅者，例如以新闻纸故意传布不实之报告，以阻丧本国士气，或泄露军费不足，与敌人以继续之动机等。凡故意利敌国、害本国之行为，皆含于此。

第一百二十六条

本章之未遂罪罚之。

第一百二十七条

凡豫备或阴谋犯第一百二十条、第一百二十一条或第一百二十四条之罪者，处四等以下有期徒刑、拘留或一千圆以下罚金。其系第一百二十二条或第一百二十三条之罪，处三等以上有期徒刑。

第一百二十八条

中国之臣民犯本章之罪者，褫夺公权。其余得褫夺公权全部或一部。

第一百二十九条

犯第一百二十七条之罪，于未着手实行前自首者，免除其刑。

第一百三十条

本章之规定，对于战时同盟国之行为，亦适用之。

第五章　关于漏泄机务罪

本章所定，为保障政务秘密所必需之罚则。第一百三十一条除军事外，漏泄其余政务之秘密者；第一百三十二条至第一百三十五条，于军事上有漏泄之虞及漏泄之行为者。而在战时漏泄军事于敌国，属第一百二十三条第四款之范围，其在平时，则属于本章也。

第一百三十一条

凡关于中国之内治或外交，应秘密之政务而漏泄者，处三等或四等有期徒刑。若暗通于外国时，处二等或三等有期徒刑。

因犯前项之罪，至与外国生纷议或战争者，处无期徒刑或一等有期徒刑。

第一百三十二条

凡知为军事上秘密之事项或图书、物件，而刺探、收集者，处三等以下有期徒刑或五百圆以下、五十圆以上罚金。

第一百三十三条

凡因职务知悉或收领军事上秘密之事项或图书、物件，漏泄于他人或公表者，处二等以上有期徒刑。

沿革

《周礼·士师》"邦汋"注：郑司农云"汋读如'酌酒尊中'之酌。国汋者，斟汋盗取国家密事，若今时刺探尚书事"。疏：汉尚书掌机密，有刺探尚书密事，斟酌私知。《后汉书·杨伦传》："有司奏伦探知密事，徼以求直，坐不敬，给鬼薪。"《汉书·元帝纪》：建昭二年，淮阳王舅张博、魏郡太守京房坐窥诸侯王，以邪意漏泄省中语，博要斩，房弃市。又《陈咸传》：石显奏咸漏泄省中语，下狱治，减死，髡为城旦。

《唐律》：诸漏泄大事应密者，绞（大事，谓潜谋讨袭及收捕谋叛之类）。非大事应密者，徒一年半。漏泄于蕃国使者，加一等。仍以初传者为首，传至者为从。即转传大事者，杖八十。非大事，勿论。

《明律》：凡诸衙门官吏，若与内官及近侍人员互相交结，漏泄事情，夤缘作弊而符同奏启者，皆斩，妻、子流二千里安置。

现行律与明律同。

第一百三十四条

凡偶然知悉或收领军事上秘密之事项或图书、物件，漏泄于他人或公表者，处二等或三等有期徒刑。

第一百三十五条

凡未得许可，将军港、要港、防御港或堡垒、炮台、水雷、卫所、其他因防御而建设之各项营造物，测量、模写、摄形或录取其状影者，处三等以下有期徒刑或五百圆以下、五十圆以上罚金。

未得许可或用伪计而得许可，入于堡垒、炮台、水雷、卫所、其他因防御而建设之各项营造物内者，亦同。

第一百三十六条

第一百三十一条第二项及一百三十二条至前条之未遂罪，罚之。

第一百三十七条

犯本章之罪者，得褫夺公权之全部或一部。

第一百三十八条

犯本章之罪因而得利者，没收之。如已费失者，追偿其价额。

第六章　关于渎职之罪

本章除第一百四十一条及第一百四十二条外，皆所以罚吏员之行为有害于其职务之尊严及信用者，而此二条之罪亦直接有关于渎职之行为，故以类辑之。

除本章外，关系吏员职务之行为，其例亦见于他章。然散见于他章者，以其人为吏员，故刑当较重耳。至本章所定，则专以吏员为限也。

第一百三十九条

凡吏员或公断人关于其职务，要求、豫约或收受贿赂者，处三等以下有期徒刑。

因而为不正之行为或不为正当之行为者，处三等以上有期徒刑。

注意

称"不正"者，与"不法"、"不当"字义不同，乃明知违背律例，而故意为不正、不当之行为者也（于其余各条之用例，亦同）。例如明知不属自己管辖而为曲庇或陷害被告，故意受理其刑事案件；又如明知属自己管辖之民事诉讼而曲庇被告，欲使原告失败，故意不为受理。凡此等者，皆属本条之范围。

第一百四十条

凡吏员或公断人关于其职务，而事后要求、豫约或收受贿赂者，处四等以下有期徒刑。

因为不正之行为或不为正当之行为，而事后要求、豫约或收受贿赂者，处二等或三等有期徒刑。

沿革

《汉书·外戚恩泽表》：平丘侯王迁，地节二年坐平尚书听请，受赇六百万，自杀。如淳曰：律，诸为人请求于吏以枉法，而事已行，为听行者，皆为司寇。师古曰：有人私请求而听受之。又《刑法志》文帝十三年定律，吏坐受赇枉法，守县官财物而即盗之，已论命复，有笞罪者，皆弃市。注：晋灼曰：命者，名也，成其罪也。师古曰：守县官财物而即盗之，即今律主守自盗者也。又《景帝纪》元年令："吏及诸有秩受其官属所监、所治、所行、所将，其与饮食，计偿费，勿论。它物，若买故贱、卖故贵，皆坐赃为盗，没入赃。县官吏迁徙，免罢。受其故官属所将、监、治送财物，夺爵，为仕伍，免之。无爵，罚金二斤，令没入所受。"

《唐律》：诸受人财而为请求者，坐赃论，加二等；监临势要，准枉法论；与财者，坐赃论，减三等。若官人以所受之财分求余官，元受并赃论，余各依己分法。诸有事而以财行求，得枉法者，坐赃论；不枉法者，减二等。即同事共与者，首则并赃论，从者各依己分法。诸监临主司受财而枉法者，一尺杖一百，一匹加一等，十五匹绞；不枉法者，一尺杖九十，二匹加一等，三十匹加役流。无禄者各减一等，枉法者二十匹绞、不枉法者四十匹加役流。诸有事先不许财、事过之后而受财者，事若枉，准枉法论；事不枉者，以受所监临财物论。诸监临之官受所监临财物者，一尺笞四十，一匹加一等，八匹徒一年；八匹加一等，五十匹流二千里。与者，减五等，罪止杖一百。乞取者加一等，强乞取者准枉法论。诸官人因使，于使所受送馈及乞取者，与监临同。经过处者，减一等（纠弹之官不减）。即强乞取者，各与监临罪同。

宋《刑统赋解·职制律》：枉法受财者，八十贯绞。其有受财不枉法，以酒果之类请求却枉法，物虽轻，重于情也。若枉法杀人，不问财物多少，并如杀人论之。又，监临官受部民瓜果，坐赃论，一贯笞，二十五贯加一等，五十贯徒一年，罪止徒二年。去而受馈，减二等。又，监临乞取部民财物者，以受所监临财物论，一贯笞四十，罪止徒四年。亲故同僚交往，无罪。

《元典章·刑部八》大德三年：诸职官及有出身人等，今后因事受财，依条断罪。枉法者，除名、不叙；不枉法，官须殿三年，再犯不叙，无禄官减一等。以至元钞为则，枉法，一贯至十贯，笞四十七下，不满贯者量情断罪，依例除名。一十贯以上至二十贯，五十七下；二十贯以上至五十贯，七十七下；五十贯以上至一百贯，八十七下；一百贯之上，一百七下。不枉法，一贯至二十贯，四十七，本等叙。不满贯者量情断罪，解见任，别行求仕。二十贯以上至五十贯，五十七下，注：边远一任，五十贯以上至一百贯，六十七下，降一等；一百贯以上至一百五十贯，七十七下，降二等；一百五十贯以上至二百贯，八十七下，降三等；二百贯以上至三百贯，九十七下，降四等；三百贯以上，一百七下，除名不叙。

《明律》：凡官吏受财者，计赃科断，无禄人各减一等，官追夺除名，吏罢役，俱不叙。说事过钱者，有禄人减受钱人一等，无禄人减二等，罪止杖一百，各迁徙。有赃者，计赃从重论。有禄人枉法赃，各主者，通算全科：一贯以下杖七十，一贯以上至五贯杖八十，十贯杖九十，一十五贯杖一百，二十贯杖六十、徒一年，二十五贯杖七十、徒一年半，三十贯杖八十、徒二年，三十五贯杖九十、徒二年半，四十贯杖一百、徒三年，四十五贯杖一百、流二千里，五十贯杖一百、流二千五百里，五十五贯杖一百、流三千里，八十贯绞。不枉法赃，各主者，通算折半科罪：一贯以下杖六十，一贯之上至十贯杖七十（以下每十贯加一等，一百二十贯罪止杖一百、流三千里）。无禄人枉法，一百二十贯，绞；不枉法，一百二十贯之上，罪止杖一百、流三千里。凡有事先不许财、事过之后而受财，事若枉断者，准枉法论，事不枉断者，准不枉法论。凡诸人有事以财行求，得枉法者，计所与财，坐赃论。若有避难就易，所枉重者，从重论。凡官吏听许财物虽未接收，事若枉法者，准枉法论。事不枉者，准不枉法论，各减一等。所枉重者，各从重论。凡监临官吏挟势及豪强之人借贷所部内财物者，并计赃，准不枉法论。强者，准枉法论，财物给主。凡官吏人等非因事受财，坐赃致罪，各主者，通算折半科罪，与者减五等。一贯以下笞二十，一贯之上至二十贯笞三十（以下每十贯加一等，罪止满徒）。

现行律与明律同。惟官吏受财条，说事过钱，无禄人罪止杖一百改为杖一百、徒二年，有禄人不枉法赃加至绞罪。计赃之数，俱改贯为两。

理由

此二条系规定吏员收贿之罪，前条为事前收贿，后条为事后收贿。自来未有苞苴公行而政务能得其宜者，此二条实改新国政所必需也。

第一百四十一条

凡于第一百三十九条所揭情形，认允、豫约或交付贿赂于吏员及公断人者，处四等以下有期徒刑、拘留或三百圆以下罚金。

第一百四十二条

凡于第一百四十条所揭情形，认允、豫约或交付贿赂于吏员及公断人者，处五等有期徒刑、拘留或一百圆以下罚金。

注意

自第一百三十九条至本条所谓吏员者，非第赅有普通官吏及公吏，即第八十三条之中央官吏及地方议员皆在其中。将来若施行宪政及自治制组织中央议会及直省议会之时，其议员若犯罪，不得免此四条之制裁。

所谓公断人者，即从律例或习惯之所定，而审查裁定诉讼及此外争议事件之人。

第一百四十三条

凡行裁判或检察、警察、监狱、其余行政之职务，或为补助者，当行其职务时，对于被告人、嫌疑人或关系人为暴行或凌虐之行为者，处三等以下有期徒刑。因而致人死伤时，比较第三百零一条至第三百零五条，从重处断。

沿革

《汉书·宣帝纪》：其令郡国岁上系囚以笞掠若瘐死者所坐罪名、县、爵里、丞相、御史课殿最以闻。

《唐律》：诸因应禁而不禁，应枷、锁、杻而不枷、锁、杻及脱去者，杖罪笞三十，徒罪以上递加一等，回易所著者，各减一等。即因自脱去回易所著者，罪亦如之。若不应禁而禁及不应枷、锁、杻而枷、锁、杻者，杖六十。诸考囚不得过三度，数总不得过二百，杖罪以下不得过所犯之数。考满不承，取保放之。若考过三度及杖外以它法考掠者，杖一百。杖数过者，反坐所剩，以故至死者，徒二年。即有疮病，不待差而考者，亦杖一百。若决杖笞者，笞五十。以故致死者，徒一年半。若依法考决而邂逅致死者，勿论，仍令长官等勘验，违者杖六十（考决之失，立案不立案等）。诸监临之官，因公事自以杖捶人致死，及恐迫人致死者，各从过失杀人法。若以大杖及手足殴击，折伤以上，减斗杀伤罪二等。虽是监临主司，于法不合行罚，及前人不合捶考而捶考者，以斗杀伤论，至死者加役流。即用刃者，各从斗杀伤法。诸狱结竟，徒以上各呼囚及其家属具告罪名，仍取囚服辨。若不服者，听其自理，更为审详。违者笞五十，死罪杖一百。诸囚应请给衣食、医药而不请给，及应听家人入视而不听，应脱去枷、锁、杻而不脱去者，杖六十。以故致死者，徒一年。即减窃囚食，笞五十，以故致死者，绞。

《元典章·刑部十六》断例：枉勘平民身死，达鲁花赤为主意，决三十七，除名不叙；县尹为从，决一十七，解见任，期年降等叙；县丞为从，决一十七，解任，期年降等叙。执民为盗禁死，达鲁花赤、治中，各决三十七，解见任，期年降等叙。知事又权司狱事，决五十七，罢职，除名不叙；推官决八十七，除名不叙用；县尉一百七，仍与本路判署官吏，均征烧埋银。

元《刑法志》：诸有司非法用刑者，重罪之。诸鞫狱不能正其心、和其气，感之以诚、动之以情、推之以理，辄施大披挂及王侍郎绳索，并法外惨酷之刑者，悉禁止之。诸捕盗官捕获强窃盗贼，不即牒发，淹禁死亡者，杖七十七，罢职。诸弓兵、祗候、狱卒辄殴死罪囚者，为首杖一百七，为从减一等，均征烧埋银给苦主。诸有司承告被盗，辄将景迹人非理枉勘身死，却获正贼者，正问官笞五十七，期年后降先职一等叙，首领官及承吏，各五十七，罢役不叙，均征烧埋银给苦主。

《明律》：凡狱囚应禁而不禁、应枷、锁、杻而不枷、锁、杻及脱去者，若囚该杖罪，笞三十；徒罪，笞四十；流罪，笞五十；死罪，笞六十。若应枷而锁、应锁而枷者，各减一等。若囚自脱去，及司狱官、典狱卒私与囚脱去枷、锁、杻者，罪亦如之。提牢官知而不举者，与同罪，不知者不坐。其不应禁而禁及不应枷、锁、杻而枷、锁、杻者，各杖六十。若受财者，并计赃，以枉法从重论。凡官吏怀挟私仇故禁平人者，杖八十。因而致死者，绞。提牢官及司狱官、典狱卒知而不举首者，与同罪。至死者，减一等，不知者不坐。若因公事干连平人在官，无招误禁，致死者杖八十，有文案应禁者勿论。若故勘平人者，杖八十；折伤以上，依凡斗伤论；因而致死者，斩；同僚官及狱卒知情共勘者，与同罪；至死者，减一等；不知情及依法拷讯者，不坐。若因公事干连平人在官，事须鞫问，及罪人赃状证佐明白，不服招承，明立文案，依法拷讯邂逅致死者，勿论。凡狱囚情犯已完，监察御史、提刑按察司审录无冤，别无追勘事，理应断决者，限三日内断决；应起发者，限一十日内起发。若限外不断决、不起发者，当该官吏，三日笞二十，每三日加一等，罪止杖六十；因而淹禁致死者，若囚该死罪，杖六十；流罪，杖八十；徒罪，杖一百；杖罪以下，杖六十、徒一年。凡狱卒非理在禁、凌虐殴伤罪囚者，依凡斗伤论；克减衣粮者，计赃，以监守自盗论；因而致死者，绞。司狱官典及提牢官知而不举者，与同罪；至死者，减一等。凡狱囚应请给衣粮、医药而不请给，患病应脱去枷锁杻而不脱去，应保管出外而不保管，应听家人入视而不听，司狱官典、狱卒，笞五十。因而致死者，若囚该死罪，杖六十；流罪，杖八十；徒罪，杖一百；杖罪以下，杖六十、徒一年。提牢官知而不举者，与同罪。若已申禀上司不即施行者，一日笞一十，每一日加一等，罪止笞四十。因而致死者，若囚该死罪，杖六十；流罪，杖八十；

徒罪，杖一百；杖罪以下，杖六十、徒一年。

现行律于淹禁条，"监察御史……"九字改为"法司、督抚"，余与明律同。

注意

为补助者，指无独立行司法或行政之职权，而有补助司法官或行政官之职务者而言。例如书记、廷丁、巡查、看守押丁之类是。凌虐之行为者，屏去饮食、衣服或妨止睡眠，凡违背律例之一切残酷行为也。

现今中国未废拷讯，故于程式规则范围之内为拷讯者，不得适用本条之例。然其故意不守程式而拷讯者，及将来已经废止之后仍故意实行之者，即不得不受本条之制裁。

第一百四十四条

凡行检察或警察之职务，或为补助者，经人告有现被侵害权利之犯人而不速为保护之处置者，处四等以下有期徒刑。

沿革

晋《刑法志》：《魏法·制新律序》：张汤、赵禹始作监临部主见知故纵之例，其见知而故不举劾，各与同罪；失不举劾，各以赎论；其不见不知，不坐。

《唐律》：诸强盗及杀人贼发，被害之家及同伍即告其主司。若家人同伍单弱，比伍为告。当告而不告，一日杖六十。主司不即言上，一日杖八十，三日杖一百。官司不即检校捕逐，及有所推避者，一日徒一年；窃盗各减二等。诸监临主司知所部有犯法不举劾者，减罪人三等；纠弹之官，减二等。

宋《刑统赋解·斗讼律》：监临之官知所部内有犯法者，不即鞠问者，减罪人罪三等；纠弹之官，准减二等。《贼盗律》：诸有强盗，官司及邻佑人等知而不即救助者，徒一年，登时科罪。若检校捕逐有违者，一日徒一年，经宿乃坐。

《元典章·刑部十六》断例：承告不即救捕，捕长官以下决三十七，盗官杖决五十七，别行求仕。

第一百四十五条

凡行检察或警察之职务者，于应受理或不应受理之刑事告诉、告发或自首，而不正受理，或不受理，或不为必要之处分者，处四等以下有期徒刑、拘留或三百圆以下罚金。

其裁判官不正受理或不受理民事或刑事之诉讼，或不审判者，亦同。

沿革

《唐律》：诸越诉及受者，各笞四十。若应合为受，推抑而不受者，笞五十。三条加一等，十条杖九十。即邀车驾及挝登闻鼓，若上表诉而主司不即受者，加罪一等。其邀车驾诉而入部伍内，杖六十。

元《刑法志》：诸民犯弑逆，有司称故不听理者，杖六十七，解现任，殿三年，杂职叙。

《明律》：凡告谋反、叛逆，官司不受理掩捕者，杖一百、徒三年。以致聚众作乱、攻陷城池及劫掠人民者，斩。若告恶逆，不受理者，杖一百。告杀人及强盗，不受理者，杖八十。斗殴、婚姻、田宅等事，不受理者，各减犯人二等，并罪止杖八十。受财者，计赃，以枉法从重论。若词讼原告被论在两处州县者，听原告就被论官司告理归结。推故不受理者，罪亦如之。

现行律与明律同。

第一百四十六条

凡征收租税及各项入款之吏员，图他人或国库之利益，征收正数外之金谷及其余之物者，处三等以下有期徒刑。

若系图自己利益者，处二等或三等有期徒刑，并科征收正数外同额之罚金。

沿革

《唐律》：诸敛率所监临财物馈遗人者，虽不入己，以受所监临财物论。

元《刑法志》：诸职官行田，受民户齐敛财者，以多科断。

《明律》：凡有司官吏等非奉上司明文，因公擅自科敛所属财物，及管军官吏、总旗、小旗科敛军人钱粮赏赐者，杖六十。赃重者，坐赃论。入己者，并计赃，以枉法论。其非因公科敛人财物入己者，计赃，以不枉法论。若馈送人者，虽不入己，罪亦如之。

现行律删"总旗、小旗"四字，余与明律同。

理由

国家岁入正供，秋毫不能侵犯。假有吏员并非营私，专为国库利益，故意于额外征收，虽不背奉公之大义，而违法敛怨，遗误国家实非浅鲜，是本条所以有第一项之规定也。至第二项侵蚀肥己，更无论矣。

第一百四十七条

凡吏员于前数条所记载外，滥用其职权，使人行无义务之事，或妨害权利之施行者，处四等以下有期徒刑、拘留或三百圆以下罚金。

第一百四十八条

第一百四十六条之未遂罪，罚之。

第一百四十九条

犯第一百三十九条、第一百四十条及第一百四十六条第二项之罪者，褫夺公权。其余得褫夺公权全部或一部。

犯第一百四十三条至第一百四十七条之罪者，并免现职。

第一百五十条

犯第一百三十九条及第一百四十条之罪所收受之贿赂，没收之。如已费失者，追征其价额。

第一百五十一条

犯第一百四十一条及第一百四十二条之罪自首者，得免除其刑。

第七章　关于妨害公务之罪

第一百五十二条

凡当吏员施行职务时，加暴行或胁迫者，处四等以下有期徒刑、拘留或三百圆以下罚金。

其出于使吏员为一定处分或不为一定处分或使辞职之意，加暴行或胁迫或用伪计者，亦同。

沿革

《唐律》：诸抗拒州县以上使者，杖六十；殴者，加二等；伤重者，加斗伤一等（谓有所征摄，权时拒捍不从者）。即被禁掌而拒捍及殴者，各加一等。

《明律》：凡官司差人追征钱粮、勾摄公事，而抗拒不服及殴所差人者，杖八十；若伤重至内损吐血以上，及本犯重者，各加二等，罪止杖一百、流三千里；至笃疾者，绞；死者，斩。

现行律与明律同。又例：不服拘拿、不遵审断或怀挟私仇，及假地方公事挺身闹堂杀害本官者，不分首从，斩立决；已伤者，为首斩决，为从下手者绞候。（乾隆二十三年例）

注意

本条第一项之罪，凡对于施行职务之吏员，加以暴行、胁迫即为成立。其为出于妨害职务与报复私怨，俱为妨害职务之行为，无彼此之区别也。

第一百五十三条

凡损坏或除去吏员所施之封印或查封之标示，或为违背其封印或查封效力之行为者，处四等以下有期徒刑、拘留或三百圆以下罚金。

注意

查封之标示者，指未用印封，但用记章一切而指定其为查封之物者而言。例如仓库闭锁之后，虽未施以印封，但揭有在查封中之文字者，即属查封之标示。为违背封印及查封效力之行为者，例如禁止行使舟车施以查封标示，乃损坏或除去其印封标示，而行使其舟车者之类是。

第一百五十四条

凡值吏员施行职务时，当场为侮辱，或虽非当场而公然对其职务为侮辱者，不分有无事实，处五等有期徒刑、拘留或一百圆以下罚金。

其对公署公然为侮辱者，亦同。

沿革

《唐律》"詈制使、本属府主、刺史、县令"条：詈者，各减殴罪三等。《宋刑统》同。

《明律》：凡奉制命出使而官吏骂詈，如部民骂本属知府、知州、知县，军士骂本管指挥、千户、百户，若卒吏骂本部五品以上长官，杖一百；若骂六品以下长官，各减三等；骂佐贰官、首领官，又各递减一等。

现行律与明律同。雍正三年改"本管指挥、千户、百户"为"本管官"。

理由

公然侮辱吏员之职务，如不加以制裁，往往一唱百和，虚实混淆，非惟损公职之威严，即于施行上亦诸多不便，故本条特为此种非行而定其罚也。

第一百五十五条

第一百五十三条之未遂罪，罚之。

第一百五十六条

犯本章之罪者，得褫夺公权全部或一部。

第八章　关于选举之罪

凡选举事宜，以纯正、狷洁、安全为要义。尚纯正，则用各种伪计者有罚；尚狷洁，则用各种诱惑者有罚；尚安全，则用各种强暴者皆有罚。选举为立宪之首务，故本案采各国立法例方针，而定为本章如左。

第一百五十七条

凡于选举人或被选举人资格所必要之事项，用伪计或其余不正之方法，使记载或变更于名簿者，处四等以下有期徒刑、拘留或三百圆以下罚金。无资格而为投票者，亦同。

知情而为前项记载或变更之吏员，处三等或四等有期徒刑或五百圆以下、五十圆以上罚金。

第一百五十八条

凡关于选举，有左记各款之行为者，处五等有期徒刑、拘留或一百圆以下罚金：

一、以使自己或他人得票或减他人得票之宗旨，流布谣言，或用伪计损坏其他候补议员之名誉者；

二、不分选举之前后，对于选举人或选举关系人，认允、豫约、交付川资及其余贿赂或为之媒介者，或选举人及选举关系人要求、豫约或收受之者；

三、以对于选举人或选举人之亲族，或于选举人有关系之寺院、学堂、公司、公所、市、村、镇之债权、债务及其他利害，诱导选举人或为之媒介者，或选举人应其诱导者。

右列各款，凡既收受之金额及其他有价物，没收之。如已费失者，追征其价额。

第一百五十九条

凡关于选举，有左记各款之行为者，处三等以下有期徒刑或三百圆以下、三十圆以上罚金：

一、对于选举人及选举人之亲族或选举关系人，加暴行或胁迫者；

二、对于选举人，用暴行或胁迫，妨害选举会场之往来及其他选举权之行使者。

第一百六十条

凡有左记各款之行为者，处三等或四等有期徒刑：

一、对于有关选举之吏员或补助之人，加暴行或胁迫者；

二、骚扰选举会场、投票所、开票所者；

三、抑留、损坏或夺取投票或投票函或关于选举之公文书者。

第一百六十一条

凡无故于投票所干涉选举人之投票，或于投票所、开票所刺探被选举人之姓名者，处五等有期徒刑、拘留或一百圆以下罚金。

关于选举之吏员或补助之人，犯前项之罪或漏泄被选举人之姓名者，处四等以下有期徒刑、拘留或三百圆以下罚金。

第一百六十二条

凡犯本章之罪者，得褫夺公权全部或一部。

其应宣告三等有期徒刑以上之刑者，于刑消灭后，仍于十年以下、二年以上丧失选举人及被选举人之资格。

第九章　关于骚扰之罪

本章规定，系聚众以暴行、胁迫害地方安静之罪也。从刑法普通之原则，可不问其宗旨所在，故其中非但赅有妨害信教、阻止营业、威服个人等不法之宗旨，即对于公署提出诉愿、对于吏员要求相当之处分，其事虽系合法，苟聚众以暴行、胁迫之方法思遂其志者，亦皆含于此。

本章之罪固不问宗旨之如何，然于他项条文所定之制限，仍宜参用。今以内乱罪与本罪之外形相较，皆不外乎聚众而逞暴动，惟其出于紊乱政典之宗旨者，即照第一百条明文以内乱罪论，其无此宗旨者，即为骚扰罪之成立。又使意在妨害公务或选举实施，彼此俱发于无形之间，即因第二十六条从重处断。

第一百六十三条

凡聚众欲为暴行或胁迫，已受当该吏员解散之命而仍不解散者，处四等以下有期徒刑、拘留或三百圆以下罚金。

附和随行而仅助势者，处拘留或五十圆以下罚金。

理由

本条为防害未然之策，果能应吏员之命实时解散，即全为无罪，此其义也。

第一百六十四条

凡聚众为暴行或胁迫者，从左列分别处断：

一、首魁，无期徒刑或二等以上有期徒刑；

二、执重要之事务者，二等至四等有期徒刑或一千圆以下、一百圆以上罚金；

三、附和随行而助势者，五等有期徒刑、拘留或一百圆以下罚金。

沿革

现行例：刁民假地方公事强行出头、逼勒平民，约会抗粮，聚众联谋、敛钱构讼，及借事罢考、罢市，或果有冤抑，不于上司控告，擅自聚众至四五十人，尚无哄堂塞署，并未殴官者，为首斩立决，为从绞监候。如哄堂塞署，逞凶殴官，为首斩决枭示。其同谋聚众转相纠纷约，下手殴官者，斩立决。其余从犯，俱绞监候。被胁同行者，各杖一百。（康熙五十三年、雍正二年、乾隆十三年定例，经乾隆五十三年修并，嘉庆十四年改定）

第一百六十五条

犯前条之罪，应宣告二等有期徒刑以上之刑者，褫夺公权。其余得褫夺公权全部或一部。

第一百六十六条

于第一百六十四条所揭情形，如犯杀伤、放火、溢水、损坏并别项罪者，则援各本条，首魁、教唆及下手者，照二十三条至第二十五条之例处断。

注意

例如多众逼拥公署门前，首魁指挥于外，附和之人入门殴打吏员至于废疾。其首魁及下手者，即系犯第一百六十四条第一款、第三百零一条第二款之罪，而下手者即以犯第一百六十四条第三款、第三百零一条第二款之罪为基础，而适用第二十三条至第二十五条之类是也。

第十章　关于监禁者脱逃罪

第一百六十七条

凡既决、未决之因人脱逃者，处四等以下有期徒刑或拘留。

沿革

《汉律·捕亡》"亡，没为官奴婢"，至晋始去其制，见《晋书·刑法志》。

《唐律》：诸流徒囚役限内而亡者（犯流徒应配及移乡人，未到配所而亡者，亦同），一日笞四十，三日加一等，过杖一百、五日加一等。主守不觉失囚，减囚罪三等。即不满半年徒者，一人笞三十，三人加一等，罪止杖一百。监当官司又减三等。故纵者，各与同罪。

宋《刑统赋解·捕亡律》：亡去罪人，立限百日之内，若他人捕或自获囚人，并除其罪。又，徒囚亡者，一日笞三十，罪止徒五年。若在禁亡中，流二千里。

元《刑法志》：诸犯罪流远逃归，再获仍流。若中路遭乱而逃，不再犯，及已老病并会赦者，释之。诸主守失囚者，减囚罪三等（《元典章》脱囚监守罪例，引作二等）。长押流囚官中路失囚者，视提牢官减主失罪四等，既断还职。

《元典章·刑部十六》断例，脱失监囚断例：获伪钞贼转令弓手监押在逃，强盗劫狱在逃，司狱决四十七。失囚走杀人贼，首领官决五十七。强盗劫狱逃走，牢子决六十七。押送贼在逃之监事人、失囚走讫杀人贼之禁子、强盗劫狱在逃之押狱，俱决八十七。

《明律》：凡流徒、迁徙囚人役限内而逃者，一日笞五十，每三日加一等，罪止杖一百。仍发配所，其徒囚照依原犯徒年从新拘役，役过月日并不准理。若起发已断决徒、流、迁徙、充军囚徒，未到配所中途在逃者，罪亦如之。主守及押解人不觉失囚者，一名杖六十，每一名加一等，罪止杖一百，皆听一百日内追捕。提调官及长押官，减主守及押解人罪三等。限内能自捕得或他人捕得，若囚已死及自首，皆免罪。故纵者，各与囚同罪。受财者，计赃，以枉法从重论。

现行律与明律同。雍正三年于"迁徙"下增"充军"二字。

注意

既决、未决之因人，于刑事上既受有罪之确定审判，为将受执行而监禁者，及在审判确定前受监禁者皆是。故虽系处以罚金之犯，然既系适用第四十五条而易以监禁，亦赅于既决囚人之中。

第一百六十八条

凡既决、未决之囚人，及其余按律监禁者，若损坏监禁处所、械具，或以暴行、胁迫，或三人以上共同脱逃者，处二等至四等有期徒刑。

沿革

《汉书·酷吏义纵传》注引律，诸囚徒私解脱桎梏钳赭，加罪一等。为人解脱，与同罪。

《唐律》：诸被囚禁，拒捍官司而走者，流二千里。伤人者，加役流。杀人者，斩。从者绞。若私窃逃亡，以徒亡论（事发未囚而亡者，亦同）。

元《刑法志》：诸已断囚人在禁未发，反狱殴伤禁子已逃复获者，处死。未出境者，杖一百七，发。已拟流所诸囚徒反狱而逃，主守减犯人罪二等，提牢官又减主守四等。随时捉获及半以上者，罚俸一月。

《明律》：凡犯罪被囚禁而脱监，自带枷锁越狱在逃者，各于本罪上加二等。因而窃放他囚罪重者，与囚同罪。并罪止杖一百、流三千里。本犯应死者，依常律。若罪囚反狱在逃者，皆斩。同牢囚人不知情者，不坐。

现行律与明律同。

注意

其他因律例被监禁人者，例如战时捕虏之类。

第一百六十九条

凡盗取按律监禁人者，处二等至四等有期徒刑。

沿革

《汉书·王子侯表》：攸舆侯则，太初元年坐篡死罪囚，弃市。

《晋书·刑法志》：《魏法·制新律序》："正篡囚弃市之制，断凶强为义之踪也"，是篡囚本汉律之旧。

《唐律》：诸劫囚者，流三千里；伤人及劫死囚者，绞；杀人者，皆斩（但劫即坐，不须得囚）。若窃囚而亡者，与囚同罪；窃而未得，减二等；以故杀伤人者，从劫囚法。

宋《刑统赋解·贼盗律》：诸劫囚者，徒五年；伤人及劫囚去者，斩。但劫即坐，不必得囚。

《明律》：凡劫囚者，皆斩。若私窃放囚人逃走者，与囚同罪，至死者，减一等。窃而未得囚者，减二等。因而伤人者，绞。杀人者，斩。为从各减一等。

现行律与明律同。

注意

盗取者，虽不分窃取、强取，然因加暴行、胁迫，致监禁者自行脱逃，则属次条第二项后半之范围。于本条之盗取者，乃盗取之人将被监禁者自行劫夺也。

第一百七十条

凡欲使按律监禁人脱逃，而为易使脱逃之各种行为者，处四等以下有期徒刑。因而致监禁人脱逃者，处三等或四等有期徒刑。

以前项之宗旨而加暴行、胁迫者，处三等或四等有期徒刑。

因而致监禁人脱逃者，处二等或三等有期徒刑。

沿革

《唐律》：诸以金刃及他物可以自杀及解脱而与囚者，杖一百。若囚以故逃亡及自伤、伤人者，徒一年。自杀、杀人者，徒二年。若囚本犯流罪以上，因得逃亡，虽无杀伤，亦准此。即囚因逃亡未断之间，能自捕得及他人捕得，若囚自首及已死，各减一等。即子孙以可解脱之物与祖父母、父母，部曲、奴婢与主者，罪亦同。

《明律》：凡狱卒以金刃及他物可以自杀及解脱枷锁之具而与囚者，杖一百。因而致囚在逃及自伤或伤人者，并杖六十、徒一年。若囚自杀者，杖八十、徒二年。致囚反狱及杀人者，绞。其囚在逃未断之间，能自捕得及他人捕得，若囚已死及自首者，各减一等。若常人以可解脱之物与人，及子孙与祖父母、父母，奴婢、雇工人与家长者，各减一等。若司狱官典及提牢官知而不举者，与同罪。至死者，减一等。若受财者，计赃，以枉法从重论。

现行律与明律同。

第一百七十一条

凡看守或护送吏员或补助之人，纵令按律监禁人脱逃者，处二等或三等有期徒刑。

沿革

《唐律》：主守故纵者，不给捕限，即以其罪罪之。未断决间能自捕得及他人捕得，若囚已死及自首，各减一等。

宋《刑统赋解·捕亡律》：主守故纵囚徒而亡者，与囚同罪，不给捕限。其有指画方略教导囚徒而亡者，于罪人罪上加一等。

明律本于唐律，增入"受财者，计赃以枉法从重论"。现行律同。

第一百七十二条

本章之未遂罪，罚之。

第一百七十三条

犯第一百六十八条至一百七十一条之罪者，得褫夺公权全部或一部。

犯第一百七十一条之罪者，并免现职。其情节重者，得褫夺其余之公权全部或一部。

第十一章　关于藏匿罪人及湮没证据之罪

本章所定之罪，及用伪证以曲庇犯人，并关于赃物之罪，虽有照事后共犯以定处分之例，然犯罪行为既经终结之后，在法理上不应复为共犯，故本案于此视为独立之罪。

第一百七十四条

凡藏匿脱逃之犯罪人及监禁者，处四等以下有期徒刑或三百圆以下罚金。

以前项之宗旨而顶替自首者，亦同。

沿革

《汉书·淮南厉王传》：亡之诸侯，游官事人及舍匿者，论皆有法。注：师古曰，舍匿谓容止而藏隐也。《后汉书·梁统传》：武帝重首匿之科，注：凡首匿者为谋首藏匿罪人。《汉书·王子侯表》：修故侯福坐首匿群盗，弃市。毕梁侯婴坐首匿罪人，为鬼薪。安郡侯崇坐首匿死罪，免。

《唐律》：诸捕罪人有漏露其事，令得逃亡者，减罪人罪一等。未断之间能自捕得，除其罪。相容隐为捕得，亦同（余条相容隐为捕得，准此）。即他人捕得，若罪人已死及自首，又各减一等。诸知情藏匿罪人，若过致资给（谓事发被迫及亡叛之类）令得隐避者，各减罪人罪一等。罪人有数罪者，只坐所知。

《明律》：凡知情犯罪事发，官司差人追唤而藏匿在家、不行捕告，及指引道路、资给衣粮、送令隐避者，各减罪人罪一等。其展转相送而隐匿罪人，知情者皆坐，不知者勿论。若知官司追捕罪人而泄漏其事，致令罪人得以逃避者，减罪人罪一等。未断之间能自捕得者，免罪。若他人捕得及罪人已死，若自首，又各减一等。

现行律与明律同。

注意

藏匿者，使人难于发见或不能发见之谓。其为隐秘于己之家屋，或指使逃于他所，皆不为之区别也。

本条第二项，令本犯逃避搜捕而自己顶替到官出首者，此其妨害官之搜索逮捕，与藏匿之性质相同，故科以同一之刑。

第一百七十五条

凡湮灭关于他人刑事被告事件之证据，或伪造或行使伪造之证据者，处四等以下有期徒刑、拘留或三百圆以卜罚金。

注意

本条所谓证据者，其于刑事被告人有利或不利，皆不为之区别，而处分亦不豫定其轻重，其旨悉与次章伪证罪同。

第一百七十六条

犯本章之罪者，得褫夺公权全部或一部。

第一百七十七条

犯罪人或脱逃者之亲族，为犯罪人或脱逃者利益计而犯本章之罪者，免除其刑。

沿革

《汉书·宣帝纪》：地节四年令：子首匿父母、妻匿夫、孙匿大父母，皆勿坐；其父母匿子、夫匿妻、大父母匿孙，罪殊死，皆上请。

《唐律》：诸同居大功以上亲及外祖父母、外孙，若孙之妇、夫之兄弟妻，有罪相为隐，部曲、奴婢为主隐，皆勿论。即漏露其事及摘语消息，亦不坐。其小功以下相隐，减凡人三等。若犯谋叛以上者，不用此律。

宋《刑统赋解》："外祖父母"改"婚姻之家"，"部曲、奴婢为主隐"句改"奴为主隐、不为奴隐"，余与唐律同。明律于"外孙"下增"妻之父母、女婿"，"部曲"改"雇工人"，"凡人三等"下增"无服之亲减一等"。

现行律同。

第十二章　关于伪证及诬告之罪

伪证与诬告之罪，其性质分为两种：一则认为直接对于原告、被告之罪。法典之用此主义者，有民事、刑事之别。其关于刑事一端，更分为曲庇被告、陷害被告两意。又复于陷害已成者，就其被告所受刑罚之轻重以为犯人刑罚之差等；一则认为直接对于公署讯问、违背陈述真实义务之罪。法典之用此主义者，于凡对于公署为伪证、为诬告，俱处以同一之刑，但其处分之轻重，一任审判官按其情节而定。

今按此二论者，其第一种殊有纰误。盖审判及行政之处分，系司法官或行政官所定，非证人所能直接而自定之，乃竟以证人为可以直接定处分者，其误一也；司法官与行政官并无尽用证人所言之义务，应察其真伪而定真切之判断，此其义务也。即使误用证言，亦不能使证人负其全部之责任，其误二也；不得以不正加害于他人，是人民一体所负之义务，违此义务自成他项犯罪，详于各章规定之中，非本章所得而规定者。且审判厅及一定之行政官署，当其征求人言之际，其人之见闻必无有隐蔽、无有夸大、无有变更，如有违此真实供述之义务者，必致诸罚，今不能贯通此义，其误三也。有此三者，故本案特据第二之说以定处分也。

第一百七十八条

凡因律例于司法或行政之公署为证人，而为虚伪之陈迹者，处二等至四等有期徒刑。

因律例于司法或行政官署为鉴定人或通译人，而为虚伪之鉴定、通译者，亦同。

犯前二项之罪，能于结案前先行自白者，得免除其刑。

沿革

《唐律》：诸不言实情及译人诈伪，致罪有出入者，证人减二等，译人与同罪（谓夷人有罪，译传其对者）。

《明律》：若鞫囚而证佐之人不言实情，故行诬证，及化外人有罪，通事传译番语不以实对，致罪有出入者，证佐人减罪人二等，通事与同罪。

现行律与明律同。

注意

证人有得依民刑诉讼法及其余律例为证人者，及不得为证人者，从其区别而谓之曰适法之证人。例如律例虽有近亲不得为证人之说，然近亲为证人者，纵陈述虚伪，不得以本条拟之。

司法之公署，审判厅也。行政之公署讯问证人者，如中国将来设有行政审判厅，或拏捕船舰审检所，方有其例。

鉴定人者，以自己之学识或特技，于审判厅鉴别事物凭判定者也。例如医师、理化学者判定加害者之健康状态（有无精神病与否）或有无血痕之类。凡审判官于法学之力所不能及之处，必需有特别之学识或技术之人为之补助，即可命之为鉴定人，与传出之证人同有供述自己真实见解之义务，通译人亦同。

第一百七十九条

凡欲使人受刑事或惩戒处分，而为虚伪之告诉、告发或报告者，处二等至四等有期徒刑。

犯前项之罪，能于该案审判确定前或惩戒处分前先行自白者，得免除其刑。

沿革

《汉书·宣帝纪》元康四年诏："自今以来诸年八十以上，非诬告杀伤人，他皆勿坐。"

《三国志·曹真传》注引律："诬告人，反坐。"

晋《刑法志》：《魏法·制新律序》：因徒诬告人，反罪及亲属，异于善人，所以累之，使省刑息诬也。又张裴注《律表》：诬告谋反者，反坐。

《唐律》：诸诬告谋反及大逆者，斩；从者，绞。若事容①不审，原情非诬者，上请。若告谋大逆、谋叛不审者，亦如之。诸诬告人者，各反坐。即纠弹之官挟私弹事不实者，亦如之。若告二罪以上，重事实及数事等但一事实，除其罪。重事虚，反其所剩。即罪至所止者，所诬虽多，不反坐。其告二人以上，虽实者多犹以虚者反坐。若上表告人，已经闻奏，事有不实，反坐。罪轻者，从上书诈不实论。诸告小事，而狱官因其告检得重事及事等者，若类其事，则除其罪。离其事，则依诬论。诸诬告人流罪以下，前人未加考掠而告人引虚者，减一等。若前人已考者，不减。即掠证人，亦是。（诬告期亲尊长、外祖父母、夫、夫之祖父母，及奴婢、

---

① 《大清法规大全》原文为"害"。

部曲诬告主之期亲、外祖父母者，虽虚，各不减）

元《刑法志》：诸告人罪者，须注明年月，指陈事实，不得称疑。诬告者，抵罪反坐。诸告言重事实、轻事虚，免坐。轻事实、重事虚，反坐。

《明律》：凡诬告人笞罪者，加所诬罪二等。流、徒、杖罪，加所诬罪三等，各罪止杖一百、流三千里。若所诬徒罪人已役、流罪人已配，虽经改正放回，验日于犯人名下追征用过路费给还。若曾经典卖田宅者，著落犯人备价取赎，因而致死随行有服亲属一人者，绞，将犯人财产一半断付被诬之人。至死罪，所诬之人已决者，反坐以死。未决者，杖一百、流三千里，加役三年。其犯人如果贫乏，无可备偿路费、取赎田宅，亦无财产断付者，止科其罪。其被诬之人诈冒不实反诬犯人者，亦抵所诬之罪，犯人止反坐本罪。若告二事以上，重事告实、轻事招虚，及数事罪等但一事告实者，皆免罪。若告二事以上，轻事告实、重事招虚，或告一事诬轻为重者，皆反坐所剩。若已论决，全抵剩罪。未论决，笞杖收赎，徒、流止杖一百，余罪亦听收赎。至死罪，而所诬之人已决者，反坐以死。未决者，止杖一百、流三千里。若律该罪止者，诬告虽多，不反坐。其告二人以上，但有一人不实者，虽轻，犹以诬告论。若各衙门进呈实封诬告人，及风宪官挟私弹事有不实者，罪亦如之。若反坐及加罪轻者，从上书诈不实论。凡为人作词状增减情罪诬告人者，与犯人同罪。若受雇诬告人者，与自诬告同。受财者，计赃，以枉法从重论。凡诬告充军者，民告，抵充军役。军告，发边远充军。凡因在禁诬指平人者，以诬告人论。其本犯罪重者，从重论。

现行律与明律同。惟诬告充军条改为"诬告充军者，照所诬地里远近抵充军役"，并于本条内加"诬告人罪，应迁徙者，于比流减半、准徒二年上，加所诬罪三等，并入所得杖罪通论"。

⊞ 理由

惩戒处分者，吏员于其职务如有失错或玷其品行，加以行政之处分也。中国惩戒之法附于处分则例，尚无独立之律例。本案于吏员职务上失错之罚则，殆全部删除，应俟将来另定处分之法。至诬告吏员者，仍不免于本条之制裁，盖惩戒处分法虽未制定，然刑法之实质上有惩戒处分之性质者不少。故意诬告吏员，以非行致令免官、停职、罚俸者，自应受本条之处分也。

第一百八十条

凡未指定犯人而诬告有犯罪事实者，处五等有期徒刑或拘留或一百圆以下罚金。

注意

本条所规定者系虚伪之告诉、告发之罪，以其不指明犯人，尚不致因此而被其损害，故与狭义之诬告罪者不同。然使当该吏员徒为无益之搜查，即不得不予惩处。谓当该吏员者，凡有搜查、逮捕职务之警察官、检察官、豫审推事等皆是。

第一百八十一条

除前条之外，犯本章之罪者，得褫夺公权全部或一部。吏员犯此者，并免现职。

第十三章　关于放火、决水及水利罪

本章之罪虽属于危害他人财产，然本罪之特质不第胁迫财产已也，且危及人之生命、身体，并贻祸于公众，故本案采对于公众之方针，以危害之大小而区别轻重焉。

第一百八十二条

凡放火烧毁左列他人所有物一种以上者，处死刑、无期徒刑或一等有期徒刑：

一、在城镇及此外人烟稠密处所之营造物；

二、陈列储藏多数宗教、科学、美术、工艺之贵重图书、物品、营造物；

三、宗教或历史之贵重营造物；

四、储藏硝磺、弹药或军需品之仓库及其余营造物；

五、多众执业或止①宿之矿坑、兵营、学堂、病院、救济所、工场、寄宿舍、狱舍及其余营造物；

六、现有多人集会之寺院、戏场、旅店及其余营造物。

沿革

晋《刑法志》：张斐注律表，贼燔人庐舍积聚，盗贼赃五匹以上，弃

---

① 《大清法规大全》原文为"正"。

市。即燔官府积聚，盗亦当与同。

《唐律》：诸故烧官府廨舍及私家舍宅若财物者，徒三年。赃满五匹，流二千里；十匹，绞。杀伤人者，以故杀伤论。

宋《刑统赋解》杂律，诸烧官府廨舍及积聚之物者，同强盗法。三贯以上，徒四年；十贯以上及伤人者，绞。其对主故烧非积聚之物者，止同弃毁人物，准盗科罪。一贯杖六十，五贯加一等，罪止徒四年。

《元典章·刑部十二》断例：无人居止空闲房屋并损坏财物、畜产及田场积聚之家，比同窃盗。故烧官府廨舍、私家宅舍之家，比同强盗，终非正犯，拟免刺字。皇庆新例，今后若有故烧官府廨宇及有人居住宅舍，无问屋宇大小、财物多寡，比同强盗，免刺、决一百七下、徒役三年。因而杀伤人者，依例科断。其无人居止空房及田场积聚之物，比同窃盗，验赃，依例决遣，仍各追赔所烧货物。敢有再犯，决配役满，迁徙千里之外（皇庆例、元刑法志同）。又至元年间引旧例，故烧家舍宅者，绞；若无人居止但损害财物、畜产者，徒罪五年；赃二十贯之数，亦绞。

元《刑法志》：故烧太子诸王房舍者，处死。诸挟仇放火，随时扑灭，不曾延燎者，比强盗不曾伤人、不得财，杖七十七、徒一年半、免刺。虽亲属相犯，比同常人。

《明律》：若放火故烧官民房屋及公廨、仓库系官积聚之物者，皆斩。其故烧人空闲房屋及田场积聚之物者，各减一等。

注意

本条为放火罪之最重者，盖火势所及，非人力所能豫测。而本条胪举各款，尤公共最巨之危害，故科以重刑。

第一百八十三条

凡放火烧毁前条各款所记外他人所有营造物或矿坑者，处二等至四等有期徒刑。

因而致有前条所记损害之危险者，处二等以上有期徒刑。实有损害时，其刑同前条。

理由

除前条各款之外，烧毁其余营造物或矿坑者，均照本条处罚。例如烧毁山间林内孤立之家屋，或试采之际使用少数工人之矿坑等类是也。

虽放火于孤立之营造物，而有延烧人家稠密处所之危者，则据本条第二项加重之。若实际生前条列记之损害，虽非出于豫谋，仍受前条处分。盖以火力非人所能测定，故既生之损害，不分豫谋与否，必须故意放火者负其责。次条以下之规定宗旨，亦同。

注意

危险指有损害之虞而言，实有损害乃损害发生之候，势分缓急，故刑有轻重也。

第一百八十四条

凡放火烧毁他人所有营造物、矿坑外之物者，处三等以下有期徒刑或一千圆以下、一百圆以上罚金。

因而致有前条第一项所记损害之危险者，处二等或四等有期徒刑。实有损害时，其刑同该项。

因而致有第一百八十二条所记损害之危险者，处二等以上有期徒刑。实有损害时，其刑同该条。

沿革

附见第一百八十二条。

注意

营造物、矿坑以外之物，例如烧毁海岸之积货、山林之竹木、田野之柴草皆是。但焚他人所属薪炭、枯草以自取暖，而不能肇火灾者，不在此例。

第一百八十五条

凡放火烧毁自己所有营造物、矿坑及其余之物者，从左列分别处断：

一、因而致有前条第一项所记损害之危险者，处五等有期徒刑、拘留或一百圆以下罚金。实有损害时，其刑同该项。

二、因而致有第一百八十三条第一项所记损害之危险者，处三等或四等有期徒刑。实有损害时，其刑同该项。

三、因而致有第一百八十二条所记损害之危险者，处二等以上有期徒刑。实有损害时，其刑同该条。

沿革

《明律》：凡放火故烧自己房屋者，杖一百。若延烧官民房屋及积聚之物者，杖一百、徒三年。因而盗取财物者斩，杀伤人者以故杀伤论。

现行律同。

理由

自己财物，本可自由处分，然因烧毁之故而致危险或损害及于他人，不得不以犯罪论，本条之规定以此。

第一百八十六条

凡失火因而致有第一百八十二条所记之损害者，处五等有期徒刑、拘留或一千圆以下罚金。

因而致有第一百八十三条第一项所记损害者，处拘留或五百圆以下罚金。

因而致有第一百八十四条第一项所记损害者，处三百圆以下罚金。

失火烧毁自己所有营造物、矿坑及其余之物，因而致有前三项所记损害之危险者，处一百圆以下罚金。

沿革

《唐律》：诸于兆域内失火者，徒二年；延烧林木者，流二千里；杀伤人者，减斗杀伤一等。其在外失火而延烧者，各减一等。诸失火及非时烧田野者，笞五十；延烧人舍宅及财物者，杖八十；赃重者，坐赃论，减三等；伤人者，减斗杀伤二等。其行道燃火不灭而致延烧者，各减一等。诸于官府廨院及仓库内失火者，徒二年，在宫内者加二等（庙社内亦同）。损害赃重者，坐赃论。杀伤人者，减斗杀伤一等。延烧庙及宫阙者，绞，社减一等。

元《刑法志》：诸遗火延烧系官房舍，杖七十七；延烧民房舍，笞五十七；因致伤人命者，杖八十七。所毁房舍财畜公私，俱免征偿。烧自己房舍，笞二十七，止坐失火之人。诸煎盐草地辄纵野火延烧者，杖八十七。因致阙用者，奏取圣裁。邻接管民官，专一关防、禁治。诸纵火围猎、延烧民房舍钱谷者，断罪勒偿。偿未尽而会赦者，免征。

《元典章·刑部十九》至元十七年：遗漏者，但犯于市曹，加项号令断决四十七下。延烧人家，少者七十七下，多者一百七下。烧讫系官廨舍钱粮及致伤人命者，别议施行。又至大元年，刑部议得：诸人失火，若沿烧人舍及财物畜产者，笞五十七下；财物虽多，罪止八十七下；因而致伤人命者，依过失例论罪。其所损房产财物，既是误犯，不须征偿。

《明律》：凡失火烧自己房屋者，笞四十；延烧官民房屋者，笞五十；因而致伤人命者，杖一百。罪坐失火之人。若延烧宗庙及宫阙者，绞，社减一等。若于山林兆域内失火者，杖八十、徒二年。延烧林木者，杖一百、流二千里。若于官府公廨及仓库内失火者，亦杖八十、徒二年。主守之人因而侵欺财物者，计赃以监守自盗论。其在外失火而延烧者，各减三等。

现行律与明律同。

理由

失火出于过失，比之故意放火，其罪恶迥异，故本条处分从轻。

第一百八十七条

凡依火药、煤气、电气、蒸气之作用或此外方法，致营造物、矿坑及其余之物炸裂者，分别其损害或危险，照前条所记放火、失火之例处断。

理由

本条所揭之炸裂，其害所及与火灾无异，故其处分悉准放火、失火之例。

第一百八十八条

凡故意溢水浸害第一百八十二条各款所记营造物、矿坑至一种以上，或他人所有田圃、牧场及此外利用之地者，处死刑、无期徒刑或一等有期徒刑。

沿革

《唐律》：诸盗决堤防者，杖一百。若毁害人家及漂失财物赃重者，坐赃论。以故杀伤人者，减斗杀伤罪一等。若通水入人家致毁害者，亦如之。其故决堤防者，徒三年。漂失赃重者，准盗论。以故杀伤人者，以故杀伤论。

《明律》：凡盗决河防者，杖一百；盗决圩岸陂塘者，杖八十。若毁害人家及漂失财物、淹没田禾，计物价重者，坐赃论。因而杀伤人者，各减斗杀伤一等。若故决河防者，杖一百、徒三年；故决圩岸陂塘，减二等。漂失赃重者，准窃盗论，免刺。因而杀伤人者，以故杀伤论。

现行律与明律同。

第一百八十九条

凡决水使浸前条所记外之他人营造物、矿坑或土地者，处三等以下有期徒刑，或一千圆以下、一百圆以上罚金。

因而致有前条所记损害之危险者，处二等至四等有期徒刑。实有损害时，其刑同前条。

第一百九十条

凡决水使浸自己所有之地，因而致有前条第一项所记损害之危险者，处五等有期徒刑、拘留或一百圆以下罚金。实有损害时，其刑同该项。

因而致有第一百八十八条所记损害之危险者，处二等至四等有期徒刑。实有损害时，其刑同该条。

第一百九十一条

凡因过失决水，致有第一百八十八条所记损害者，处五等有期徒刑、拘留或一千圆以下罚金。

因而致有第一百八十四条所记损害者，处拘留或五百圆以下罚金。

若因过失决水，致有前二项所记损害之危险者，处一百圆以下罚金。

理由

自第一百八十八条至本条规定决水之危害，水灾与火灾无别，故处分亦宜从同。但其性质有火灾无其例，而水灾有其例者，如荒废他人利用之地是也。以水灾可荒废几千万方里之禾稼，故特附揭其情形。

第一百九十二条

凡犯放火、炸裂或溢水罪，因而致人于死伤者，比较第三百零一条及第三百零二条，从重处断。

注意

本条规定火灾、水灾害及人之生命、身体者之处分，其主义在保护生命、身体。故所烧毁、炸裂虽系自己之物（第一百八十五条、第一百八十七条），溢水虽在自己之地（第一百九十条），苟害及他人生命、身体者，应仍照本条之例处分。

第一百九十三条

凡于火灾、水灾之际，隐匿、损坏防御所需之器械，或阻遏从事防御之人，或依此外方法以妨害镇火、防水者，处三等以下有期徒刑或一千圆以下、一百圆以上罚金。其关于第一百八十七条灾害，妨害防御者，亦同。

沿革

《唐律》：诸见火起，应告不告、应救不救，减失火罪二等（谓从本失罪减）。其守卫宫殿、仓库及掌囚者，皆不得离所守救火，违者杖一百。

理由

水火等灾虽非己肇，而乘事变之际故意阻害人之防御，其行为亦为独立之罪。

第一百九十四条

凡妨害他人灌溉田亩之水利或图妨害者，处四等以下有期徒刑、拘留或三百圆以下罚金。决水时，仍适用决水罪之例。

故意荒废他人田亩因而妨害水利者，处二等至四等有期徒刑。

因妨害水利致有前项损害者，处三等以下有期徒刑。

注意

本条第二项豫谋荒废他人田亩，其第三项因妨害水利之结果致生荒废之损害，并非豫谋，故二者处罚之轻重不同。

第一百九十五条

凡自己之所有物，若已受查封或负担物权或租贷于人，关于本章之罪，仍以他人之所有物论。

注意

物权之种类不一，即各国亦不尽从同，其大致作为物权者，如质权是。例如将物押抵于乙，乙于甲之物上握有权利，即甲之物负担物权是也。

第一百九十六条

第一百八十二条、第一百八十三条第一项、第一百八十四条第一项、第一百八十八条、第一百八十九条第一项、第一百九十三条及第一百九十四条第一项、第二项之未遂罪，罚之。

第一百九十七条

关于他人所有物为放火、炸裂或决水之豫备或阴谋者，处五等有期徒刑、拘留或一百圆以下罚金。但按其情节，得免除其刑。

第一百九十八条

犯第一百八十二条及第一百八十八条之罪者，褫夺公权。其余以故意犯本章之罪者，得褫夺公权全部或一部。

第十四章　关于危险物罪

本章第一百九十九条至第二百零二条列记之物件，皆不许民间存有者，故予以一定之制裁，禁止其持有。但由公署命令或委任，以正当之宗旨而持有者，不在此限。其第二百零三条所载之物件，虽非禁民间存有者，若有一定犯罪行为即生重大危险，故附定于本章中。

第一百九十九条

凡为犯罪之用而制造、持有炸药、绵火药、雷汞及其余类此之爆裂物，或自外国贩运者，处二等或三等有期徒刑。

其以供给他人犯罪为宗旨者，亦同。

第二百条

凡未受公署之命令、许可或委任，而制造、持有前条所载之爆裂物，及自外国贩运之人，不能证明出于正当之宗旨者，处三等以下有期徒刑。

其能证明出于正当之宗旨者，处拘留或五十圆以下罚金。

沿革

《唐律》：诸私有禁兵器者，徒一年半（谓非弓箭、刀盾、短矛者）。弩一张，加二等；甲一领及弩三张，流二千里；甲三领及弩五张，绞。私造者各加一等，造未成者减二等。即私有甲弩全成者，杖一百；余非全成者，勿论。

宋《刑统赋解·擅兴律》：私有军器者，徒一年半；谓弓箭刀若甲全副，绞。若更造者，私有罪上加一等。

元《刑法志》：诸私藏甲全副者处死，不成副者笞五十七、徒一年。零散甲片不堪穿系御敌者，笞三十七。枪若刀若弩私有十件者处死，五件以上九十七、徒三年，四件以下七十七、徒二年，不堪使用笞五十七。弓箭私有十副者处死，五副以上杖九十七、徒三年，四副以下七十七、徒二年，不成副笞五十七。凡弓一箭三十为一副。

《明律》：凡民间私有人马甲、傍牌、火筒、火炮、旗纛、号带之类应禁军器者，一件杖八十，每一件加一等。私造者，加私有罪一等。各罪止杖一百、流三千里。非成全者勿论，许令纳官。其弓、箭、枪、刀、弩及鱼叉、禾叉，不在禁限。

现行律与明律同。其特因火器而加严者，如例内康熙十九年定有私铸红衣大小炮位，四十七年定有私造鸟枪、竹铳，雍正十年定有私贩硫磺、焰硝各等例是也。

第二百零一条

凡未受公署之命令、许可或委任，而制造、持有军用枪炮或除第一百九十九条所载外军用爆裂物，及自外国贩运之者，处四等以下有期徒刑、拘留或三百圆以下罚金。

第二百零二条

凡警察、税关吏员，知有未受公署之命令、许可或委任而制造、持有、贩运第一百九十九条所载爆裂物，或自外国贩运之人，而不即与相当处分者，处三等以上有期徒刑。

其与犯人通谋者，亦同。

第二百零三条

凡漏逸或间隔煤气、电气、蒸气，因而致生危险于人之身体或财产者，处四等以下有期徒刑、拘留或三百圆以下罚金。

因而致人于死伤者，照第三百零一条及第三百零二条处断。

第二百零四条

第一百九十九条、第二百条第一项及第一百零一条之未遂罪，罚之。

第二百零五条

凡犯第一百九十九条之罪者，褫夺公权。犯第二百零一条第一项之罪者，得褫夺公权全部或一部。

第十五章　关于往来通信罪

往来及通信乃社会发达之要端，其便与不便，足以卜国民发达之程度。对于此项事宜如有加阻害，固法律所当罚也。

第二百零六条

凡损坏、壅塞陆路、水路、桥梁，因而妨害通行者，处四等以下有期徒刑、拘留或三百圆以下罚金。

若损害重要之交通线，修复工钜者，处二等或三等有期徒刑。

犯本条之罪因而致人死伤者，比较第三百零一条及第三百零二条，从重处断。

沿革

《唐律》"不修堤防"条：其津济之处应造桥航及应置船筏，而不造置及擅移桥济者，杖七十。停废行人者，杖一百。

《明律》：凡桥梁道路，府州县佐贰提调于农隙之时常加点视修理，务要坚完平坦。若损坏失于修理、阻碍径行者，提调官吏笞三十。若津渡之处应造桥梁而不造、应置渡船而不置者，笞四十。

现行律与明律同。

注意

本条第二项，例如甲地与乙地相通，仅惟一之陆路或水路，因损坏、壅塞，欲图复旧，费多数时日、多额经费之类是也。

第二百零七条

凡损坏轨道、灯塔、标识，及其他于气车、电车、船舰往来上为危险之行为者，处二等至四等有期徒刑。

第二百零八条

凡冲撞、颠覆、破坏、沉没或搁坐载人之气车、电车、船舰者，处无期徒刑或二等以上有期徒刑。

因而致人于死或多数受伤者，处死刑、无期徒刑或一等有期徒刑。

第二百零九条

犯第二百零七条之罪，因而冲撞、颠覆、破坏、沉没或搁坐载人之气车、电车、船舰者，照前条分别处断。

第二百十条

凡因过失致载人之气车、电车、船舰生往来之危险者，处三百圆以下罚金。

因过失而冲撞、颠覆、破坏、沉没，或搁坐载人之气车、电车、船舰者，处五百圆以下罚金。

其从事此项业务之人，犯本条第一项之罪，处四等以下有期徒刑、拘留或一千圆以下罚金；犯第二项之罪，处三等以下有期徒刑或三千圆以下、一百圆以上罚金。

犯本条罪因而致人死伤者，比较第三百十条至第三百十二条，从重处断。

第二百十一条

凡因暴行、胁迫或伪计，以妨害邮便物或电报之递送、收发者，处四等以下有期徒刑、拘留或三百圆以下罚金。

第二百十二条

凡损坏邮便专用及其余应用之物件者，处五等有期徒刑、拘留或一百圆以下罚金。

损坏电信线、电话线及此外电信、电话之机器、营造物者，或依此外方法以妨害其交通者，处三等以下有期徒刑或一千圆以下、五十圆以上罚金。

因过失犯本条罪者，处一百圆以下罚金。

第二百十三条

凡从事于邮便、电信之职务者，犯第二百十一条或前条第一项之罪，处三等以下有期徒刑。犯前条第二项之罪，处二等或三等有期徒刑。

其出于过失者，处三百圆以下罚金。

第二百十四条

第二百零六条第一项第二项、第二百零七条、第二百零八条第一项第二项、第二百十一条、第二百十二条第一项第二项及前条第一项之未遂罪，罚之。

第二百十五条

犯第二百零八条之罪者，褫夺公权。其余以故意犯本章之罪者，得褫夺公权全部或一部。

第十六章　关于秩序罪

凡犯罪，无不害公共之秩序或善良之风俗者，然本章中专指以害秩序之故而成立之犯罪也。

第二百十六条

凡依文书、图画、演说或其余方法，公然煽惑他人犯罪者，从左列分别处断：

一、其罪最重之本刑为死刑或无期徒刑者，三等以下有期徒刑；

二、其罪最重之本刑为有期徒刑者，五等有期徒刑、拘留或一百圆以下罚金。

若以报纸或其余定期刊行之件，或以编纂他人论说之公刊书册，而犯本条之罪者，编辑人亦照前项处断。

注意

教唆犯罪与煽惑犯罪，二者似是而非。教唆者，使人生起犯意（故谓之造意），且在被教唆者犯罪之时，即属共犯之一种。煽惑者，不分是否生起人之犯意与实行，但以其人曾煽惑他人犯罪者，即应以独立之罪处罚也。

第二项编纂他人论说之公刊书册，指虽非自行撰述，而编辑他人撰述有煽惑犯罪之文字而言。其撰述而无公刊之意者不处罚，所罚者，其彼此通谋刊布者也。

第二百十七条

凡以暴行、胁迫或伪计，妨害正当之集会者，处五等有期徒刑、拘留或一百圆以下罚金。

注意

本条除他条有特别规定，如妨害选举之集会（第一百六十条第二款）、妨害说教礼拜等宗教上之集会（第二百五十条第二款）等类之外，其余妨害一切正当集会，例如用暴力以解散学堂听讲之人，或紊乱得公署许可所开之演说会等类，皆属于本条范围。

第二百十八条

凡以暴行、胁迫或伪计为左列各款之行为者，处四等以下有期徒刑、拘留或三百圆以下罚金：

一、妨害贩运谷类或其余公共所需之饮食品者；

二、妨害贩运种子、肥料、原料或其余农业、工业所需之物品者；

三、妨害使用多数工人之工厂或矿坑之执业者。

注意

本条所定乃妨害商业及农工业之罪，惟其害及于公共者乃在此限，例如妨止海运、河运之类。虽属本条第一款之罪，若仅妨害交付于一商店内一定之人者，则不得援用该款，第二款以下准此。

第二百十九条

凡从事同一业务之工人同盟拒绝执业者，其首谋处四等以下有期徒刑、拘留或三百圆以下罚金，余人处十圆以下罚金。

聚众为暴行、胁迫，或将为者，以第一百六十三条至第一百六十六条论。

注意

同盟罢工者，系就业之人必欲贯彻其一定之要求，而有此实施者也。其要求之宗旨虽非无理，而因此共同一致拒不就业，是与社会以损害而为后来之厉阶，应在必罚之列。惟此类之非行，其首谋之人固须重惩，而附和雷同者，则应从轻。所谓首谋者，为首及参与重要之谋议者也。

第二百二十条

凡无故入人所居住或现有看守之邸宅、营造物或船舰，或既受要求而不退去者，处四等以下有期徒刑、拘留或三百圆以下罚金。

沿革

汉《贼律》：故入人室宅、庐舍，上人车船，牵引人欲犯法者，其时格杀之，无罪。（《周礼·秋官》"朝士"郑司农注：孔疏云"先郑举汉《贼律》"）

《唐律》：诸夜无故入人家者，笞四十，主人登时杀者勿论。若知非侵犯而杀伤者，减斗杀伤二等。其已拘执而杀伤者，各以斗杀伤论。至死者，加役流。

元《刑法志》：诸黉夜潜入人家被殴伤而死者，勿论。

《明律》：凡夜无故入人家内者，杖八十。主家登时杀死者，勿论。其已就拘执而擅杀伤者，减斗杀伤罪二等。至死者，杖一百、徒三年。

现行律与明律同。

理由

家宅即私人之城郭营垒，所以安其生命而全其财产者。且家内平和为社会、国家平和之本，倘有侵害即关系公共之秩序，故有成文宪法之国，率以不可侵入家宅揭明宪法之中。中国宪法虽未制定，然自汉迄今俱有无故入人室宅格杀无罪之例，则重视家内之平和，古今中外同此一理也，本例之设以此。

第二百二十一条

凡诈称吏员之资格，或僭用官吏之服饰、徽章，及内外国勋章者，处四等以下有期徒刑、拘留或三百圆以下罚金。

沿革

《唐律》：诸诈假官、假与人官及受假者，流二千里。其于法不应为官而诈求得官者，徒二年。若诈增减功过而预选举，因之以得官者，徒一年。流外官各减一等。求而未得者，又各减二等。诸诈为官及称官所遣而捕人者，流二千里。为人所犯害而诈称官捕及诈追摄人者，徒一年（未执缚者，各减二等）。其应捕摄无官及官卑诈称高官者，杖八十。即诈称官及冒官人姓氏，权有所求为者，罪亦如之。诸营造舍宅、车服、器物及坟茔、石兽之属，于令有违者，杖一百，虽会赦皆合改之（坟则不改）。

《元典章·刑部十四》：至元十五年，益都路郑均诈造到牌，用金纸裹做金牌，作明廉暗察事，法司拟旧例诈为官人徒二年，郑均合徒二年、量决七十七下。又例：济南军户李良诈称监察等事，法司拟所犯系无官诈称有官，部断七十七下，省断六十七下。

元《刑法志》：应服色等第，上不得兼下，下不得僭上。违者，职官解见任，期年后降一等叙，余人笞五十七。

《明律》：凡诈假官、假与人官者，斩。其知情受假官者，杖一百、流三千里，不知者不坐。若无官而诈称有官，有所求为，或诈称官使差遣而捕人，及诈冒官员姓名者，杖一百、徒三年。若诈称见任官子孙、弟侄、家人、总领，于按临部内有所求为者，杖一百，为从者各减一等。若得财者，并计赃，准窃盗从重论。若诈称内使及都督府四辅谏院等官、六部监察御史、按察司官，在外体察事务、欺诈官府、煽惑人民者，斩；知情随行者，减一等。若诈称使臣乘驿者，杖一百、流三千里，为从者减一等。凡官民房舍、车服、器物之类各有等第，若违式僭用，有官者杖一百、罢职不叙，无官者笞五十、罪坐家长，工匠并笞五十。若僭用违禁龙凤文者，官民各杖一百、徒二年，工匠杖一百。现行律于诈称内使条内，改都督府等官为内阁、六科、六部、都察院，余与明律同。

理由

本条所揭罪，亦有害公共之秩序者，是以辑入。

第二百二十二条

第二百十六条至第二百十八条及第二百二十条之未遂罪，罚之。

第二百二十三条

犯第二百十六条至第二百十八条、第二百二十条及前条之罪者，得褫夺公权全部或一部。

第十七章　关于伪造通用货币之罪

往昔认伪造货币罪之本质为侵害主权，科以死刑者居多。然据现今之法律及政法思想而论，政府专揽制造货币之权，亦如邮便、电报、盐法、铁路（凡此种类，因国而异）等事业，以国家秩序及利益计之，不过独有权之一种，其侵害之罪虽大，不必科以死刑。况民之趋利甚于身命，虽蹈汤赴火亦所不辞，欲杜私铸，是在政府维持得宜，断非仅恃严刑峻罚所能获效。观于汉贾谊之议，其理益信，故本案仿欧美各国及日本通例，以无期徒刑为最重之刑也。

第二百二十四条

凡伪造通用货币者，处无期徒刑或二等以上有期徒刑。

行使自己所伪造通用货币，及意图行使而交付于人者，亦同。

经政府许可发行之银行券，以通用货币论。

[沿革]

《汉书·食货志》：文帝五年，除盗铸钱令，使民放铸。贾谊谏曰："法使天下公得顾租铸铜锡为钱，敢杂以铅锡为他巧者，其罪黥。"又曰："曩禁铸钱，死罪积下，今公铸钱，黥罪积下"，是盗铸本死罪，放铸之后惟淆杂为巧者始当黥罪也。又《景帝纪》，六年定铸钱伪黄金弃市律，应劭注："听民放铸律尚未除"，盖至是始复旧制。

《唐律》：诸私铸钱者流三千里，作具已备未铸者徒二年，作具未备者杖一百。若磨错成钱，令薄小取铜以求利者，徒一年。

《元典章·户部六》：皇庆定例，伪造宝钞，首谋起意并雕板抄纸、收买颜料、书填字号、窝藏印造，但同情者皆处死，仍没其家产。两邻知而不首者，杖七十七；坊里正、主首、社长失觉察并巡捕军兵，各决四十七；捕盗正官及镇守巡捕军官，各决三十七。买使伪钞不分首从，初犯杖一百七、徒一年，再犯杖一百、决流远（刑法志作初犯一百七，再犯加徒一年，三犯科断流远）。又延佑新定：挑剜、补凑、描改宝钞，以真作伪，初犯依例杖一百七、徒一年，再犯断罪流远。两邻知而不首九十七，再犯加等科断。知情买使六十七，窝主同罪。坊里正、主首、社长并捕盗官吏及镇守兼捕军官军人失于觉察者，随事量情究治。又至元七年都省议得印造伪钞，未曾使用，比为首印造伪钞已成，减死一等。

元《刑法志》：诸伪造宝钞，印板不全，杖一百七；诸烧造伪银者，徒。

《明律》：凡伪造宝钞，不分首从及窝主若知情行使者，皆斩，财产并入官；里长知而不首者，杖一百；巡捕、守把官军知情故纵，与同罪。若将宝钞挑剜、补凑、描改，以真作伪者，杖一百、流三千里；为从及知情行使者，杖一百、徒三年。凡私铸铜钱者绞，匠人罪同；为从及知情买使者，各减一等；里长知而不首者，杖一百。若将时用铜钱剪错薄小取以求利者，杖一百。若伪造金银者，杖一百、徒三年；为从及知情买使者，各减一等。

现行律无伪钞一条，其私铸条与明律同。而康熙定例：为首及匠人加至斩决，为从及知情买使绞决，知情不首照为首例立斩。雍正三年将知情不首改绞决，地方官知情故纵者皆斩决。十一年又照强盗例分别法所难宥者立决，情有可原者发遣。乾隆五年将地方官改为斩候，十四年后节次修改为：十千以上或虽不及十千而私铸不止一次，为首及匠人斩候，为从及知情买使拟遣，受些微雇值挑水打炭及偶为买使满徒。不及十千复以次递减。五十三年修并一条，地方官斩候之例亦即删去，较律虽重，而视康熙雍正之例稍轻。又康熙间，现行例毁化制钱、铸造私钱者，依私铸例，为首及匠人斩决，为从绞决。乾隆十八年将剪边图利者照私铸治罪，迨私铸之例改轻而私销之例未改，私销遂重于私铸矣。

注意

货币，指在中国有强制通用力（又谓之法定通用力）之真币（金、银、铜三等）及纸币（政府发行之金、银、铜票）而言，以下各条仿此。

第二项所谓行使者，以伪造货币作为真正货币之用也。意图行使而交付于人者，谓对于有意行使之人告以伪造之情，而交付之是也。告以伪造之情，虽非由自己充为真货之用，与狭义之行使有间，然已履使他人行使之第一阶级，故与行使者同等。

第三项经政府许可发行之银行券者，非政府自己所发行，乃经其许可而发行之银行纸币之谓。至于汇兑票等，则属第二百三十七条之范围，与本章无涉。

第二百二十五条

凡伪造流通中国之外国通用货币者，处三等以上有期徒刑。

行使自己所伪造流通中国之外国通用货币，及意图行使而交付于人者，亦同。

流通中国之外国银行券，以外国通用货币论。

理由

流通中国之外国通用货币，乃中国律例未禁制其通行，而民间亦任意行使之外国资币，例如墨西哥、日本银圆及兑换银行券等是也。此等货币之伪造，虽无损中国之信用，而于中国市面颇足扰害，是以科以前条次重之刑。

第二百二十六条

凡意图行使而减损金银币之分量者，处三等或四等有期徒刑。其行使及意图行使而交付于人者，亦同。

减损流通中国之外国金银币之分量者，处四等以下有期徒刑。其行使及意图行使而交付于人者，亦同。

沿革

明律、现行律附见第二百二十四条。

理由

减损贵金属货币之事，各国皆有之，于法制名曰变造。本案特指摘其行为之外形，而以本条拟定其刑。

第二百二十七条

凡意图行使、收受他人所伪造通用之货币者，处三等以上有期徒刑。其收受后行使及意图行使而交付于人，或自外国贩运之者，处无期徒刑或二等以上有期徒刑。

其所收受系伪造流通中国之外国货币时，处二等至四等有期徒刑。其收受后行使及意图行使而交付于人，或自外国贩运之者，处三等以上有期徒刑。

注意

第二百二十四条伪造货币已行、未行，其刑同等，本条分别已行、未行者，因收受他人伪造货币与自己伪造有间，故刑较彼条为轻。至行使之后，则不论为他人伪造、自己伪造，厥害维均，故科以彼条同一之刑也。

第二百二十八条

凡意图行使、收受他人所减损分量之金银币者，处四等以下有期徒刑。其收受后行使，及意图行使而交付于人，或自外国贩运之者，处三等或四等有期徒刑。

其所收受系减损分量流通中国之外国金银币，处五等有期徒刑或拘留。其收受后行使及意图行使而交付于人，或自外国贩运之者，处四等以下有期徒刑。

第二百二十九条

凡收受后方知为他人伪造之货币，或减损分量之金银币，而仍行使或意图行使而交付于人者，处其价额三倍以下、价额以上罚金。若三倍之数未达五十圆时，处五十圆以下、价额以上罚金。

理由

自第二百二十七条至第二百二十九条，皆指收受者而言。知情收受伪造或减损之货币而行使，其情比伪造为轻，收受后方知情而仍行使，其情更轻，故胪列三条，而递宽其刑之等差也。

第二百三十条

凡意图伪造通用货币或减损金银币分量，而豫备各项器械或原料者，处三等以下有期徒刑。

第二百三十一条

第二百二十四条至第二百二十八条①之未遂罪，罚之。

第二百三十二条

因犯本章之罪，应宣告二等有期徒刑以上之刑者，褫夺公权，其余得褫夺公权全部或一部，但犯第二百二十九条之罪者不在此限。

第十八章 关于伪造文书及印文之罪

本章所谓公私文书、图样、印文、署名及印者，皆有关律例上权力、权利义务或事实上证据之用者而言，其余私家撰述不在此列。

第二百三十三条

凡伪造制书者，处无期徒刑或一等有期徒刑。

---

① 《大清法规大全》原文为"第一百二十四条至一百二十八条"。

行使伪造之制书，或意图行使而交付于人者，亦同。

沿革

《汉书·功臣表》：浩侯王恢坐使酒泉矫制害，当死，赎罪免。如淳曰：律，矫诏大害，要斩，有矫诏害、矫诏不害。

《唐律》：诸诈为制书者，绞（口诈传及口增减，亦是）。夫施行者，减一等。其收捕谋叛以上，不容先闻而矫制有功者，奏裁。无功者，流二千里。

宋《刑统赋解·诈伪律》：若诈伪制书及有所增减者，绞。若口诈传者，与诈造者无异。

元《刑法志》：诸妄增减书者处死，诸近侍官辄传上旨者，杖一百七，除名不叙。

《元典章·刑部十四》断例：诈传制书，犯人流远。诈令旨，犯人八十七。

《明律》：凡诈为制书及增减者皆斩，未施行者绞。传写失错者，杖一百。凡诈传诏旨者斩，皇后懿旨、皇太子令旨、亲王令旨者，绞。

现行律于诈传诏旨条删"亲王令旨"四字，余与明律同。

第二百三十四条

凡伪造公文书或图样者，处二等至四等有期徒刑。

行使伪造之公文书或图样，或意图行使而交付于人者，亦同。

沿革

《唐律》：诸诈为官文书及增减者，杖一百；准所规避，徒罪以上各加本罪二等；未施行各减一等。即主司自有所规避，违式造立及增减文案，杖罪以下杖一百，徒罪以上各加所避罪一等（造立即坐）。若增减以避稽者，杖八十。

《元典章·刑部十四》断例：伪造官文书，伪县引，首六十七，从五十七。又行省令史诈传省官钧旨，犯人五十七，罢役，别行求仕。

《明律》：诈伪将军、总兵官、五军都督府、六部、都察院、都指挥使司、内外各卫指挥、守御紧要口隘千户所文书，套画押字、盗用印信及空纸用印者，皆绞。察院、布政司、按察司、府州县衙门者，杖一百、流三千里。其余衙门者，杖一百、徒三年。未施行者，各减一等。若有规避，事重者从重论。若诈传一品、二品衙门官言语于各衙门分付公事，有所规避者，杖一百、徒三年。三品、四品衙门官言语者，杖一百。五品以下衙门官言语者，杖八十。为从者各减一等。若得财，计赃，以不枉法。因而动事曲法者，以枉法各从重论。

现行律于诈为制书条"将军、总兵官"等二十三字改为"六部、都察院、将军、督抚、提镇"，其"千户所"三字改为"衙门"，余与明律同。

第二百三十五条

凡吏员明知虚伪之事实而据以制作所掌文书、图样，或行使此种文书、图样，及意图行使而交付于人者，皆照前条之例处断。

其申告虚伪之事实而使吏员制作所掌之文书、图样，或行使此种文书、图样，及意图行使而交付于人者，亦同。

沿革

《明律》诈为制书及诈传诏旨条，当该官司知而听行，各与同罪（至死减一等），不知者不坐。现行律同。

理由

本条所揭之行为，在刑法学上谓之为无形之伪造。其第一项所揭系吏员本身之行为，第二项所揭系申告之人朦混吏员之行为。一则事实非自造而文书等系自造，一则文书等非自造而事实系自造。第观其表面，文书等项均出自有制作资格之人，而论其内容实为虚伪而已，故曰无形之伪造。此其可罚之情节，与伪造无分轻重，故其刑亦与有形之伪造同（第二项之情形罪坐中人，吏员不坐）。第二百三十九条系私文书之无形伪造罪也。

第二百三十六条

凡以虚伪之事实申告于吏员，而使交付文凭、捐照或护照，及使为不实之记载者，处五等有期徒刑、拘留或一百圆以下罚金。

理由

本条所载不过前条第二项无形伪造之一种，然为情轻之公文书，故特分列专条。

第二百三十七条

凡伪造有价证券者，处二等至四等有期徒刑。

行使伪造之有价证券，或意图行使而交付于人，或自外国贩运之者，亦同。

理由

有价证券者，其证券关系于债权之发生、存续、转移、消灭者之谓。例如汇兑票、期票、支票、栈单、船单之类，其便于流通，殆与纸币相近，其伪造、行使之处分应重于伪造、行使寻常私文书，而轻于伪造、行使纸币，并本案所采之方针也。

第二百三十八条

凡伪造可以证明他人权利、义务事实之私文书或图样者，处三等以下有期徒刑。

行使伪造他人之私文书或图样，及意图行使而交付人者，亦同。

注意

可以证明事实之私文书，虽无证明权利、义务之效力，而足以证明一定之事实，例如寻常人所制日用帐簿之类是也。凡其伪造可以充证明之用者，即不可不加以刑。

第二百三十九条

凡对于他人可以证明权利、义务事实之自己私文书，为虚伪之记载或行使，及意图行使而交付于人者，照前条之例处断。

第二百四十条

凡医师于提示他人之诊断书、检案书或死亡证书为虚伪之记载者，处四等以下有期徒刑或三百圆以下罚金。

其嘱托或行使，及以行使之宗旨交付于人者，处拘留或五十圆以下罚金。

沿革

《唐律》：诸医违方诈疗病而取财物者，以盗论。诸有诈病及死伤受使检验不实者，各以所欺减一等。若实病死及伤不以实验者，以故入人罪论。

《明律》：仵作、行人检验不实，符同尸状者，罪亦如之（即上文吏典杖八十之罪）。因而罪有增减者，以失出入人罪论。若受财故检验不实者，以故出入人罪论。赃重者，计赃，以枉法从重论。

现行律与明律同。

注意

诊断书即病结及脉案，检案书即尸格，死亡证书指定患者因何疾而死之书也。

第二百四十一条

凡伪造御玺、国玺、公私印文、署名，或盗用之者，照伪造制书或公私文书之例处断。

其行使伪造之御玺、国玺、公私印文、署名，或滥用真正之物者，照行使伪造之制书或公私文书之例处断。

沿革

《唐律》：诸伪造皇帝八宝者，斩；太皇太后、皇太后、皇后、皇太子宝者，斩；皇太子妃宝，流三千里（伪造不录所用，但造即坐）。诸伪写官文书印者，流二千里，余印徒一年（写谓仿效而作，亦不录所用）。即伪写前代官文书印，有所规求、封用者，徒二年。诸伪写宫殿门符、发兵符、传符者，绞；使节及皇城门、京城门符者，流二千里；余符，徒二年。诸以伪宝印符节及得亡宝印符节假人，若出卖及所假若买者封用，各以伪造写论。即以伪印印文书施行，若假与人及受假者施行，亦与伪写同。未施行及伪写印符节未成者，各减三等。诸盗用宝印符节封用，即所主者盗封用及以假人，若出卖所假及买者封用，各以伪造写论。主司不觉人盗封用者，各减封用罪五等，印又减二等。即事直及避稽而盗用印者，各杖一百。事虽不直，本法应封用印而封用者，加一等。主司不觉，笞五十，故纵者，各与同罪。

元《刑法志》：诸主谋伪造符宝及受财铸造者，皆处死；同情转募工匠及受募刻字者，杖一百七。伪造制敕者，与符宝同。

《元典章·刑部十五》断例：伪造省印、敕牒，为首处死，余人杖断。伪造税印，但犯八十七。伪造印信，县印首六十七、从五十七，行省印一百七。

《明律》：凡伪造诸衙门印信及时宪书（三字避讳，据现行律）、符验、夜巡铜牌、茶盐引者，斩。有能捕告者，官给赏银五十两。伪造关防、印记者，杖一百、徒三年。告捕者，官给赏银三十两。为从及知情行用者，各减一等。若造而未成者，各又减一等。其当该官司知而听行与同罪，不知者不坐。

现行律"印信"下改为"时宪书"三字，又删去"夜巡铜牌"四字，余与明律同。

第二百四十二条

凡以不正行使之宗旨而制作公印或私印者，处四等以下有期徒刑、拘留或三百圆以下罚金。于未行使前能自破坏或自首者，免除其刑。

注意

凡以印文及印供公私证据之用，中国及日本较之欧美各国为盛行。然按日本刑法，其伪造、行使之规定与文书有别，于印文及印之区别则不甚明晰。今据法理而论，印文者，镌一定文字之文书也（现日本刑法以"图样"与"文书"同论），故本案于此定为"以文书论"。况用为证据以坚定信用之效力者，此非印，乃印文也，此印文与印之所以区别也。

盗用，谓以不正而钤押真正之印文，并非盗窃印件；滥用印文，谓以钤押真正印文而为不正之行使；盗用署名，谓使人署名于非本意之文书；滥用署名，谓将人署名证明非是人本意之事实是也。

第二百四十三条

本章之未遂罪，罚之。

以行使之宗旨收受本章所揭伪造、盗用、滥用之制书、公私文书、印文、署名或公私印者，各依本条以未遂罪论。

第二百四十四条

因犯本章之罪，应宣告二等有期徒刑以上之刑者，褫夺公权，其余得褫夺公权全部或一部。

第十九章　关于伪造度量衡罪

度量衡之正确与否，与本国之农工商业及此外一切事宜关系至巨。故欧美各国及日本皆政府制作而使民间贩卖，或民间制作经政府查验之后始许贩卖。中国现奉明谕较勘度量衡之制，则私造度量衡（第二百四十五条）及持有不合之度量衡而使用之于业务上者，自应有一定之制裁，以收齐一之效，此本章之所由设也。

第二百四十五条

凡以行使或贩卖之宗旨而制作违背定规之度量衡，或变更真正度量衡之定规者，处四等以下有期徒刑，并科五百圆以下罚金。

知情而贩卖不平之度量衡者，亦同。

沿革

《唐律》：诸校斛斗称度不平，杖七十，监校者不觉，减一等，知情与同罪。诸私作斛斗称度不平而在市执用者，答五十，因而增减者，计所增减准盗论。即用斛斗称度出入官物而不平，合有增减者坐赃论，入己者以盗论。其在市用斛斗称度虽平而不经官司印者，答四十。

《元典章·刑部十九》断例：禁私斛斗秤尺，犯人决五十七，止坐见发之家。亲民司县正官禁治不禁，初犯罚俸一月，再犯决二十七，三犯别议。亲民州郡，与县同。路府州县达鲁花赤长官，不为用心提调，初犯罚俸二十日，再犯别议定罪。元《刑法志》同。

《明律》：凡私造斛、斗、秤、尺不平，在市行使，及将官降斛、斗秤、尺作弊增减者，杖六十，工匠同罪。若官降不如法者，杖七十。提调官失于校勘者，减一等。知情与同罪。其在市行使斛斗秤尺虽平，而不经官司较勘印烙者，答四十。若仓库官吏私自增减官降斛斗秤尺，收支官物而不平者，杖一百。以所增减物计赃重者，坐赃论。因而得物入己者，以监守自盗论。工匠杖八十。监临官知而不举者，与犯人同罪。失觉察者，减三等，罪止杖一百。

现行律与明律同。

第二百四十六条

凡业务上常用度量衡之人，知其不平而持有者，处五等有期徒刑、拘留或一百圆以下罚金。

其行使不平之度量衡而得利者，以诈欺取财论。

第二百四十七条

凡未受公署之委任或许可，以行使、贩卖之宗旨而制作度量衡者，倘未违背定规，处三十圆以下罚金。

若贩卖者，处卖价二倍以下、卖价以上罚金。其二倍之数未达五十圆时，处五十圆以下、卖价以上罚金。

第二百四十八条

第二百四十五条之未遂罪，罚之。

第二百四十九条

犯第二百四十五条之罪者，得褫夺公权全部或一部。

第二十章　关于祀典及坟墓罪

中律祀典向隶《礼律·祭祀》，凡丘坛、寺观俱赅于内。查各国刑法，宗教特立一门，盖崇奉神明之意，中外同此一理。既根于全国之习惯，即为社会秩序所关系，故仍设为专章。至各国正教亦附于后，以符信教自由之原则。

发掘坟墓，大率利其棺内财物，自唐以后俱列贼盗。然就广义言之，或挟仇示辱、或贪图吉壤、或指称旱魃，原因复杂，不仅财物一项。兹从各国通例，移辑本章之后。

第二百五十条

凡对坛庙、寺观、墓所、其余礼拜所，有公然不敬之行为者，处五等有期徒刑、拘留或一百圆以下罚金。

其妨害葬仪、说教、礼拜、其余宗教上之会合者，亦同。

> 沿革

《汉书·功臣表》：牧邱侯石德坐为太常失法罔上，祠不如令，完为城旦。

《唐律》：诸盗毁天尊像、佛像者，徒三年。即道士、女官盗毁天尊像，僧尼盗毁佛像者，加役流。真人菩萨，各减一等。盗而供养者，杖一百。诸弃毁大祀神御之物，若御宝、乘舆服物及非服而御者，各以盗论。亡失及误毁者，准盗论减二等。诸大祀丘坛将行事，有守卫而毁者，流二千里。非行事日，徒一年。坛门，各减一等。诸毁人碑碣及石兽者，徒一年。即毁人庙主者，加一等。其有用功修造之物而故毁损者，计庸坐赃论，各令修立。误损毁者，但令修立，不坐。

元《刑法志》：诸为僧窃取佛像腹中装者，以盗论。

《明律》：凡大祀丘坛而毁损者，杖一百、流二千里。坛门，减二等。若弃毁大祀神御之物者，杖一百、徒三年。遗失及误毁者，各减三等。

现行律与明律同。

> 注意

坛庙寺观，指载列祀典或志乘者而言；礼拜所，凡回教及各国正教载在约章，应行保护之礼拜堂均是。他如淫祠邪教，本所严禁，自难援用。

第二百五十一条

凡损坏、遗弃或盗取死体、遗骨、遗发或棺内所藏之物者，处三等以下有期徒刑。

若损坏、遗弃或盗取尊亲属之死体、遗骨、遗发或棺内所藏之物者，处二等以上有期徒刑。

注意

死体未脱化者，与单纯之人骨不同。遗骨及遗发，可代死体埋葬、礼拜及其余宗教上崇为仪式者均是。

第二百五十二条

凡发掘坟墓者，处四等以下有期徒刑。

若发掘尊亲属之坟墓者，处三等或四等有期徒刑。

第二百五十三条

凡发掘坟墓而损坏、遗弃或盗取死体、遗骨、遗发或棺内所藏之物者，处二等或三等有期徒刑。

若发掘尊亲属坟墓而损坏、遗弃或盗取死体遗骨、遗发或棺内所藏之物者，处无期徒刑或二等以上有期徒刑。

沿革

《唐律》：诸残害死尸（谓焚烧、支解之类）及弃尸水中者，各减斗杀罪一等（缌麻以上尊长不减）。弃而不失及髡发若伤者，各又减一等。即子孙于祖父母、父母，都曲、奴婢于主者，各不减。诸穿地得死人不更埋，及于塚墓熏狐狸而烧棺椁者，徒二年。烧尸者，徒三年。缌麻以上尊长各递加一等，卑幼各依凡人递减一等。若子孙于祖父母、父母，都曲、奴婢于主坟塚熏狐狸者徒二年，烧棺椁者流三千里，烧尸者绞。诸发塚者，加役流（发彻即坐，招魂而葬亦是）。已开棺椁者绞，发而未彻者徒三年。其塚先穿及未殡而盗尸枢者，徒二年半，盗衣服者减一等。器物砖版，以凡盗论。

《元典章·刑部十二》断例：已发坟塚比同窃盗，开棺见尸比同强盗，残毁尸首同伤人论，依例刺字（元《刑法志》无"依例刺字"四字，而有"仍于犯人家属征烧埋银"一层）。子孙掘祖宗坟内财物，虽是自首，亦行没官。子孙发掘祖宗坟塚，盗取财物，货卖茔地，验所犯轻重断罪。移弃尸骸不为祭祀，同恶逆结案。买地人知情，减犯人罪二等，不知情临时详决。

元《刑法志》：诸挟仇发塚盗弃其尸者，处死。诸发塚得财不伤尸，杖一百七、刺配。诸盗发诸王、驸马坟寝者，不分首从，皆处死。看守禁地人杖一百七，三分家产一分没官，同看守人杖六十七。

《明律》：凡发掘坟塚见棺椁者，杖一百、流三千里；已开棺椁见尸者，绞；发而未至棺椁者，杖一百、徒三年（招魂而葬，亦是）。若塚先穿陷及未殡埋而盗尸枢者，杖九十、徒二年半；开棺椁见尸者，亦绞。其盗取器物、砖石者，计赃准凡盗论，免刺。若卑幼发尊长坟塚者，同凡人论；开棺椁见尸者，斩。若弃尸卖坟地者，罪亦如之。买地人、牙保知情者，各杖八十，追价入官，地归同宗亲属，不知者不坐。若尊长发卑幼坟塚，开棺椁见尸者，缌麻杖一百、徒三年，小功以上各递减一等。发子孙坟塚开棺椁见尸者，杖八十。其有故而依礼葬者，俱不坐。若毁他人死尸及弃尸水中者，各杖一百、流三千里；若毁弃缌麻以上尊长死尸者，斩；弃而不失及髡发若伤者，各减一等。缌麻以上卑幼，各依凡人递减一等。毁弃子孙死尸者，杖八十。其子孙毁弃祖父母、父母及奴婢、雇工人毁弃家长死尸者，斩。若穿地得死尸不即掩埋者，杖八十。若于他人坟墓熏狐狸因而烧棺椁者，杖八十、徒二年。烧尸者，杖一百、徒三年。若缌麻以上尊长各递加一等，卑幼各依凡人递减一等。若子孙于祖父母、父母及奴婢、雇工人于家长坟墓熏狐狸者，杖一百。烧棺椁者杖一百、徒三年，烧尸者绞。若平治他人坟墓为田园者，杖一百。于有主坟地内盗葬者，杖八十，勒限移葬。若地界内有死人，里长、地邻不申报官司检验而辄移他处及埋藏者，杖八十。以致失尸者，杖一百。残毁及弃尸水中者，杖六十、徒一年。弃而不失及髡发若伤者，各减一等。因而盗取衣服者，计赃准窃盗论，免刺。

现行律与明律同。顺治、康熙年间定"发掘贝勒、贝勒公夫人等及代历帝王陵寝"之例。同治九年复定"发掘常人坟墓为首分别斩决、绞决，为从绞候"之例，俱较律加严。

理由

发冢之罪，自唐迄明本重，今益严厉，故本条第一项所定之刑，较各国之立法例为重。

第二项照现行律例，亦应科死刑，今改以无期徒刑为其最重之刑。盖以此种虽属大罪，而究与生存之尊亲属加以暴力者有别，故罚当稍轻，其理一也；发掘尊亲属之坟墓而盗其葬具，此种狂暴之行为，实教化未普之证。然刑与教化相对峙，徒峻其刑，必不能绝此种非行之迹。故废其剥夺生命之刑，而使服感化主义之自由刑，其理二也。

第二百五十四条

第二百五十二条之未遂罪，罚之。

第二百五十五条

犯第二百五十一条第二项、第二百五十二条第二项及第二百五十三条第二项之罪者，褫夺公权，其余得褫夺公权全部或一部。

第二十一章　关于鸦片烟之罪

鸦片之贻害中土，垂五十年，一经传染，萎痹终身，其因此而失业亡家者，触目皆是。萃全国有用之国民，日沉湎鸩毒之乡而不悔，是非独一身一家之害，直社会、国家之巨蠹也。方今禁烟明诏涣布中外，自应严定罪例，以资援引。

本罪之害，个人健康者，不过法理上之一端，而为害于社会、国家乃其特质。故本案以传播恶习为重（第二百五十六条至第二百五十九条），而以个人之行为为轻。至可以制止此等行为而故意放任之者，其罚与自身犯吸食者同等（第二百五十八条及第二百六十一条），此则本于实际上不得已而出此者也。

其有贩运、贩卖等所关之特别条约及律例者，于未改正废止之前，不能即遵用本律，另详本律施行法。

第二百五十六条

凡制造鸦片烟，或贩卖，及意图贩卖而持有，或自外国贩运者，处三等以下有期徒刑。

第二百五十七条

凡制造供吸食鸦片烟之器具，或贩卖，及意图贩卖而持有，或自外国贩运者，处四等以下有期徒刑。

第二百五十八条

凡税关官吏及补助之人，自外国贩运鸦片烟或供吸食之器，或容认他人贩运者，处二等或三等有期徒刑。

第二百五十九条

凡开设馆舍供人吸食鸦片烟以图利者，处四等以下有期徒刑，并科三百圆以下罚金。

沿革

雍正七年例：兴贩鸦片烟，照收买违禁货物例，枷号一个月，发近边充军。如私开鸦片烟馆引诱良家子弟者，照邪教惑众律，拟绞监候；为从杖一百、流三千里；船户、地保、邻佑人等俱杖一百、徒三年。如兵役人等藉端需索，计赃照枉法律治罪。失察之汛口地方文武各官，并不行监察之海关监督，均交部严加议处。

现行例：洋药客商在铺开馆，及别铺并住户开设烟馆，照开场聚赌例治罪。在馆吸食之人，照违制律杖一百。房主知情，将房屋入官，不知者不坐。（道光二十年例，同治九年修改）。

第二百六十条

凡吸食鸦片烟者，处五等有期徒刑、拘留或一千圆以下罚金。

沿革

现行律：官员及兵丁吸食洋药，俱拟绞监候。系旗人，销本身旗档。失察之该管官，交部议处。（道光二十年例，同治九年修改）

第二百六十一条

凡警察、官吏及补助之人，知有前五条之犯人，故不与以相当之处分者，亦照前五条之例处断。

第二百六十二条

凡持有专供吸食鸦片烟之器具者，处一百圆以下罚金。

第二百六十三条

除前条之外，本章各条之未遂罪，罚之。

第二百六十四条

犯第二百五十六条至第二百六十一条之罪者，得褫夺公权全部或一部。若系吏员，并免现职。

第二十二章　关于赌博彩票之罪

凡所处分虽系自己财产，而能贻社会以损害，皆为律所当禁，本章之规定即为此类之非行而设。

第二百六十五条

凡赌博财物者，处一千圆以下罚金。如以供一时娱乐用之物为赌者，不在此限。

当场供赌博之器具及犯人持有之金钱，没收之。

沿革

魏李悝《杂法》有博戏之目，见《晋书·刑法志》，汉律当同。

《汉书·功臣表》：安丘嗣侯张拾坐搏揜，完为城旦。师古曰，"搏字或作博，一曰六博也。揜，意钱之属也，皆为戏而取人财也"。又邛嗣侯黄遂坐揜搏夺公主马，髡为城旦。又樊嗣侯蔡辟方坐搏揜，完为城旦。

《唐律》：诸博戏赌财物者，各杖一百（举博为例，余戏皆是）。赃重者，各以己分，准盗论（输者亦依己分，为从坐）。其停止主人及出玖若和合者，各如之。赌饮食者，不坐。

《元典章·刑部十九》断例：赌博钱物，犯人及开张兑房之家，各断决七十七，许诸人捉拿断外，摊场钱没官，仍于犯人名下均征钞二十五两付捕告人充赏。亲民职官赌博，断讫，解见任，周年后杂职内定夺，依例准附，相应追至元钞一百两与告人充赏。告人言语虚呵要罪过。又大德六年刑部议得：捉获赌博钱物，不许展转板指在前同赌人数，止理见发人等。又皇庆二年刑部议得：两邻知而不首，杖决四十七下。其虽非同日赌博，当场既有输准田产孳畜之类可为证验者，一体追断。又延佑五年刑部议得：先犯开置兑坊等罪，累经钦遇诏赦，今此不悛，又行纠集人伴赌博罪犯，断讫，准拟加徒。

元《刑法志》：诸赌博钱物，杖七十七，钱物没官。有官罢见任，期年后杂职内叙。开张博房之家，罪亦如之。再犯，加徒一年。应捕故纵，笞四十七，受财者同罪。赌饮食者，不坐。

《明律》：凡赌博财物者，皆杖八十，摊场钱物入官。其开张赌坊之人，同罪。止据见发为坐，职官加一等。若赌饮食者，勿论。

现行律与明律同。康熙年间节次定例改为枷号满杖，赌饮食照不应重论。

第二百六十六条

凡以赌博为常业者，处四等以下有期徒刑。

133

第二百六十七条

凡聚众开设赌博场以图利者，处三等或四等有期徒刑，并科五百圆以下罚金。

沿革

现行例：民人将自己银钱开场引诱赌博，经旬累月聚集无赖放头、抽头者，初犯杖一百、徒三年；再犯杖一百、流三千里。存留赌博之人，初犯杖八十、徒二年；再犯杖一百、徒三年（雍正四年例）。

第二百六十八条

凡未得公署之许可而发行彩票者，处四等以下有期徒刑，并科三千圆以下罚金。

为卖买前项所揭彩票之媒介者，处五等有期徒刑，并科一千圆以下罚金。

第二百六十九条

凡知情购入未得公许发行之彩票者，处一百圆以下罚金。因而得利者，处其价额二倍以下、价额以上罚金。若二倍之数未达一百圆时，处一百圆以下、价额以上罚金。

第二百七十条

第二百六十七条至前条之未遂罪，罚之。

第二百七十一条

犯第二百六十六条及第二百六十七条之罪者，褫夺公权。犯第二百六十五条及第二百六十八之罪者，得褫夺公权全部或一部。

第二十三章　关于奸非及重婚之罪

奸非之罪，自元以后渐次加重。窃思奸非虽能引起社会、国家之害，然径以社会、国家之故科以重刑，于刑法之理论未协。例如现时并无制限泥饮及惰眠之法，原以是等之行为非刑罚所能为力也。奸非之性质亦然，惟礼教与舆论足以防闲之，即无刑罚之制裁，此种非行亦未必因是增加，此本案删旧律奸罪各条，而仅留单纯之奸非罪也。

第二百七十二条

凡对未满十二岁之男女为猥亵之行为者，处三等以下有期徒刑或三百圆以下、三十圆以上罚金。

若用暴行、胁迫，或用药及催眠术并其余方法，至使不能抗拒，而犯前项之罪者，处二等或三等有期徒刑或五百圆以下、一百圆以上罚金。

注意

猥亵行为，指违背风纪未成奸以前之行为而言，与［第］二百七十四条之奸淫、第二百七十八条之犯奸不同。至鸡奸一项，自唐迄明均无明文，即揆诸泰西各国刑法虽有其例，亦不认为奸罪，故本案采用其意，赅于猥亵行为之内，而不与妇女并论，下条准此。

第二百七十三条

凡对十二岁以上男女用暴行、胁迫，或用药及催眠术并其余方法，至使不能抗拒，而为猥亵之行为者，处三等以下有期徒刑或三百圆以下、五十圆以上罚金。

第二百七十四条

凡用暴行、胁迫，或用药及催眠术并其余方法，至使不能抗拒，而奸淫妇女者，为强奸罪，处二等以上有期徒刑。

奸未满十二岁之幼女者，以强奸论。

第二百七十五条

凡乘人精神丧失或不能抗拒，而为猥亵之行为或奸淫者，照第二百七十二条第二项、第二百七十三条及前条之例处断。

沿革

《汉书·王子侯表》：庸嗣侯端坐强奸人妻，会赦免。又《功臣表》：土军嗣侯宣生坐与人妻奸，免。又柏至嗣侯许福坐为奸，为鬼薪。《公羊·桓公六年》何休注引律，"立子奸母，见乃得杀之"。

《晋书·刑法志》：贾充定法律，淫寡女，三岁刑。

《唐律》：诸奸者，徒一年半；有夫者，徒二年；部曲、杂户、官户奸良人者，各加一等。即奸官私婢者，杖九十（奴奸婢，亦同）；奸他人部曲妻、杂户、官户妇女者，杖一百；强者各加一等，折伤者各加斗折伤罪一等。诸和奸，本条无妇女罪名者，与男子同。强者，妇女不坐。其媒合奸通，减奸者罪一等。

《元典章·刑部七》断例：和奸无夫妇人七十七，有夫妇人八十七。犯奸经断再犯，于本罪上加二等，男女同罪，媒合人减一等。十岁以下女，虽和，同强论。强奸无夫妇人、十岁以上女，一百七。有夫妇人、十岁以下女，处死，妇人不坐。

元《刑法志》：和奸、诱奸妇逃者加一等，未成者减四等。强奸未成减一等，媒合及容止者各减三等。止理见发之家，私和者减四等。

《明律》：凡和奸杖八十，有夫杖九十，刁奸杖一百，强奸者绞。未成者，杖一百、流三千里。奸幼女十二岁以下者，虽和同强论。其和奸、刁奸者，男女同罪。奸生男女责付奸夫收养，奸妇从夫嫁卖，其夫愿留者听。若嫁卖与奸夫者，各杖八十，妇人离异归宗，财物入官。强奸者，妇女不坐。若谋合容止通奸者，各减犯人罪一等，私和奸事者减二等。其非奸所捕获及指奸者，勿论。若奸妇有孕，罪坐本妇。

现行律与明律同。雍正三年，定"轮奸照光棍分别首从定拟"之例。

第二百七十六条

凡犯前四条之罪，因而致人死伤者，从左列分别处断：

一、致死或成笃疾者，死刑、无期徒刑或一等有期徒刑；

二、致成废疾者，无期徒刑或二等以上有期徒刑。

其被害者因羞忿自杀，或欲图自杀而伤害者，照前项致死伤之例处断。

理由

本条第二项之情形，非亲手杀伤，加害人于被害人似异于直接之因果，顾被害人之自杀及伤害，匪惟有独矢之贞心不甘侮辱，实亦由加害人之肆其强暴迫而出此。被害之精神不啻受加害人之指挥，故其处罚应与直接之因果无异。此例在现今立法上诚不多见，然以理论及事实而论，在所必有也。

第二百七十七条

凡引诱良人卖奸以营利者，处五等有期徒刑、拘留或一百圆以下罚金。

若以前项之犯罪为常业者，处三等以下有期徒刑，并科五百圆以下罚金。

沿革

《明律》：凡娼优、乐人买良人子女为娼优，及娶为妻妾或乞养为子女者，杖一百。知情嫁卖者同罪，媒合人减一等，财礼入官，子女归宗。

第二百七十八条

凡和奸有夫之妇，处四等以下有期徒刑。其相奸者，亦同。

第二百七十九条

凡成婚之人重为婚姻者，处四等以下有期徒刑。其知为成婚之人而与婚姻者，亦同。

沿革

《唐律》：诸有妻更娶妻者，徒一年，女家减一等。若欺妄而娶者，徒一年半，女家不坐，各离之。

元《刑法志》：诸有妻妾，复娶妻妾者，笞四十，离之。在官者解职记过，不追聘礼。

《明律》：若有妻更娶妻者，杖九十，离异。

现行律与明律同。

注意

凡既成婚之人重为婚姻，虽不同居，然于律例上完备后次婚姻成立之要件，即为本罪之既遂。

第二百八十条

凡贩卖猥亵之书画或物品，或因欲贩卖而持有及公然陈列之者，处五十圆以下罚金。

因而得利者，处其价额二倍以下、价额以上罚金。若二倍之数未达五十圆时，处五十圆以下、价额以上罚金。

第二百八十一条

第二百七十二条至第二百七十五条之未遂罪，罚之。

第二百八十二条

第二百七十二条至第二百七十五条之罪，待被害者或其亲族之告诉，始论其罪。

第二百七十八条之罪，待其本夫之告诉，始论其罪。若本夫事前纵容或事后得利而私行和解者，虽告诉，不为审理。

第二百八十三条

犯本章之罪，应宣告二等有期徒刑以上之刑者，褫夺公权。其余得褫夺公权全部或一部。

第二十四章　关于饮料水之罪

本章所揭之罪，不专属于有害人之健康，因饮料水之不良而致废弃业务、损害财产，且致起各项之损害者不少，故认为对公共之一种独立犯罪也。

本章所赅，以有害公共之行为为限。若犯第二百八十四条等，系妨害专供特定之一人或数人之用者，不在此列。

第二百八十四条

凡污秽供人饮料之净水，因而致不能饮用者，处五等有期徒刑、拘留或一百圆以下罚金。

第二百八十五条

凡污秽由水道以供给公众饮料之净水或其水源，因而致不能饮用者，处三等以下有期徒刑。

注意

前条系寻常井水等类，饮用较少。本条系水道、水源，范围较广，故处分加重。

第二百八十六条

凡以有害养生之物混入供人饮料之净水内者，处四等以下有期徒刑。

第二百八十七条

凡以有害养生之物，混入由水道以供公众饮料之净水内或其水源者，处三等以上有期徒刑。

第二百八十八条

凡犯前四条之罪因而致人死伤者，比较第三百零一条及第三百零二条从重处断。

第二百八十九条

凡损坏或壅塞水道或水源，以杜绝公众之饮料至二日以上者，处二等或三等有期徒刑。

第二百九十条

凡同谋杜绝供给公众饮料之净水至二日以上者，首谋处四等以下有期徒刑、拘留或三百圆以下罚金，余人处十圆以下罚金。

第二百九十一条

除第二百八十八条外，本章之未遂罪，罚之。

第二百九十二条

犯本章之罪，应宣告二等有期徒刑以上之刑者，褫夺公权，其余得褫夺公权全部或一部。

第二十五章　关于卫生之罪

关于卫生之罚则，不仅本章所揭之数端，兹特举其普通者。至此外各节，自有民政部所特定之规则在也。

第二百九十三条

凡违背豫防传染病之禁令，而从进口之船舰登陆或以物品搬运于陆地者，处五等有期徒刑、拘留或一百圆以下罚金。

其指挥船舰之人或代理人自犯前项之罪，或知有人犯罪而不禁止者，处四等以下有期徒刑、拘留或三千圆以下罚金。

第二百九十四条

凡知情而贩卖有害养生之饮食物、饮食用之器具或小儿之玩弄器者，处卖价二倍以下、卖价以上罚金。若二倍之数未达五十圆时，处五十圆以下、卖价以上罚金。

第二百九十五条

凡违背律例，而贩卖人身须用之药品者，处卖价二倍以下、卖价以上罚金。二倍之数未达五十圆时，处五十圆以下、卖价以上罚金。

沿革

《唐律》：诸以毒药药人及卖者，绞（谓堪以杀人者。虽毒药可以疗病，买者将毒人，卖者不知情不坐）。即卖买而未用者，流二千里。脯肉有毒，曾经病人，有余者速焚之，违者杖九十。若故与人食并出卖，令人病者，徒一年。以故致死者，绞。即人自食致死者，从过失杀伤人法（盗而食者不坐）。

《元典章·刑部十九》：至元九年禁治买卖毒药例，今后如砒霜、巴豆、乌头、附子、大戟、莞花、黎菨、甘遂这般毒药，治痛的药里多用，著全禁断呵不宜也者。如今买药的，每根底严切整治，外头收采这般毒药，将来呵药铺里卖与者医人，每买有毒的药治病呵，著证见买者、卖的人，每根底各杖六十七下，并追至元钞一百两正与原告人充赏者。又街市造酒曲里这般毒药休用者，不通医术的人每每合著假药至街市货卖的也禁治者，首告的人每言语虚呵，也依体例要罪过。又至大四年禁治毒药例，于前开药品内加侧字、天雄、乌喙、莨菪子四种。

《明律》：用毒药杀人者斩，买而未用者杖一百、徒三年。知情卖药者与同罪，不知者不坐。

现行律与明律同。乾隆三十年例：诸色铺户人等货卖砒霜、信石，若不究明来历，贪利混卖，致成人命者，杖八十。

第二百九十六条

凡未受公署之许可，以医为常业者，处五百圆以下罚金。

第二百九十七条

第二百九十三条之未遂罪，罚之。

第二百九十八条

犯第二百九十三条第二项之罪者，得褫夺公权之全部或一部。

第二十六章　关于杀伤之罪

本章删并现行律人命斗杀各条，其理由详各本条之后。

第二百九十九条

凡杀人者，处死刑、无期徒刑或一等有期徒刑。

沿革

《汉书·高帝纪》：与父老约法三章，杀人者死、伤人及盗抵罪。又《功臣表》：章武嗣侯窦常生坐谋杀人，未杀，免。

《文献通考·刑考八》：后魏宣武时引律，谋杀人而发觉者流，从五岁刑。已伤及杀而还苏者死，从者流。已杀者斩，从而加功者死，不加功者流。

《唐律》：诸谋杀人者徒三年，已伤者绞，已杀者斩。从而加功者绞，不加功者流三千里。造意者虽不行仍为首（雇人杀者，亦同），即从者不行，减行者一等。诸以毒药药人及卖者绞，即卖买而未用者流二千里。

宋《刑统赋解·贼盗律》：谋杀人者徒三年，杀人为首者斩，从而加功者绞，不加功者徒五年。其故杀条内无从坐之罪，故杀有首从者，并依谋杀之例科罪。七杀，一曰谋杀，谓潜形谋计；二曰斗杀，谓相争斗；三曰故杀，谓挟仇而杀，或因斗殴刃于要害处杀者同，或因斗殴各散声不相接而再来殴亦同；四曰误杀，谓因击甲而误中于乙，减斗杀伤一等；五曰戏杀，谓以共戏，减斗杀伤二等；六曰劫杀，诸劫囚者徒五年，伤人及劫死囚者绞，杀人者斩；七曰过失，以收赎，谓耳目所不闻、思虑所不到或击禽兽以致杀人者，当以收赎也。

《元典章·刑部四》断例：劫杀、谋杀，犯人处死；故杀，犯人处死，不死九十七。俱征烧埋银两。

元《刑法志》：谋杀人者死，仍于家属征烧埋银五十两，无银者征中统钞一十锭，会赦免罪者倍之。

《明律》：凡谋杀人，造意者斩，从而加功者绞，不加功者杖一百、流三千里，杀讫乃坐。若伤而不死，造意者绞，从而加功者杖一百、流三千里，不加功者杖一百、徒三年。若谋而已行，未曾伤人者，杖一百、徒三年，为从者各杖一百，但同谋者皆坐。其造意者身虽不行仍为首论，从者不行减行者一等。若因而得财者，同强盗不分首从论，皆斩。凡采生折割人者，凌迟处死，财产断付死者之家，妻子及同居家口虽不知情并流二千里安置，为从者斩。若已行而未曾伤人者，亦斩，妻子流二千里，为从者杖一百、流三千里。里长知而不举者杖一百，不知者不坐，告获者官给赏银二十两。凡造畜蛊毒堪以杀人及教令者斩，造畜者财产入官，妻子及同居家口虽不知情，并流二千里安置。若以蛊毒毒同居人，其被毒之人父母、妻妾、子孙不知造蛊情者，不在流远之限。若里长知而不举者，各杖一百，不知者不坐，告获者官给赏银二十两。若造魇魅符书咒诅欲以杀人者，各以谋杀论，因而致死者各依本杀法，欲令人疾苦者减二等。其子孙于祖父母、父母，奴婢、雇工人于家长者，各不减。若用毒药杀人者斩，买而未用者杖一百、徒三年。知情卖药者与同罪，不知者不坐，故杀者斩。

现行律与明律同。乾隆二十九年复定"火器杀人，以故杀论"之例。

理由

本案除分则第一章及第三章危害既遂罪，并第三百零八条等特别之情形外，所有普通杀人罪，惟本条规定之，其刑为死刑、无期徒刑或一等有期徒刑三种，其重轻悉任审判官按情节而定。

杀人者死，虽为古今东西不易之常经，然各国法典并未加以制限。即于中律而观，妻之于夫与夫之于妻，其间轻重悬绝，推而至于尊长、卑幼、良贱亦复如此区分，此本条所科不仅死刑之理由也。

即论犯罪之情节，有大可恶者，有大可恕者，于杀人之犯为更甚。例如为父兄复仇，虽非当场，究属情有可原；又如因细故而逞忿残杀，虽死者小有不直，亦属法无可贷。此中情变万端，决非二三十条之例可以赅载，奚能执一以绳之也？此本条所科不仅死刑之又一理由也。

现行律例杀人罪各条有可就删削者，兹附揭其理由如左：

第一、谋杀、故杀之别。东西各国刑法皆同，然其刑之轻重实非法律

141

所能豫为分判，其理有三：一、有豫谋之杀意与无豫谋之杀意，法理上不能有正确之分别；二、即使可分，而同一杀人，刑法究无轻重之差；三、因犯意出于豫谋而加重其刑，何以别种犯罪俱无特予以重刑之规定，则豫谋之杀伤自无应处重罚之理由也。

第二、毒杀、非毒杀之别。此种区别亦不可用，其故有三：一、毒物非毒物之界限，虽在理化学最进步之国，难得正确之判别；二、即使能为判别，仍不能于无限杀人手段之中，特指用毒为独应重罚；三、用毒之手段虽属可恶，然犯人之情节仍有可恕与不可恕之分，则刑罚仍不能一例也。

第三、谋杀制使及本管官。此类情节固属罪大恶极，然死刑已为极刑，有犯自可援用，无须于杀人之外多立名称。

第四、误杀。按贼盗罪、诱略罪并无误盗、误略之明文，独于杀伤特设规定，何也？征诸刑法之学理，手段与目的物之错误，不得变更罪质、罪名，故其处分亦不得与未错误者有所区别也。

第五、杀子孙、奴婢及妻妾。凡臣民者，国家之元质，其生命非父母、尊长、本夫所能夺，此为欧美各国公认之原则。子孙、奴婢、妻妾若无应死之罪，固不待论，即有应死之罪，自有审判官在，非常人所能专擅也。

要之，凡杀人有应科死刑者，有仅科一等有期徒刑已足惩戒者，其间之差等非法律所能豫定，故此条仅称为杀人者，不复设以上各项区别。而其科以死刑、无期徒刑或一等有期徒刑，均任审判官之秉公鞫劾而已。

第三百条

凡杀尊亲属者，处死刑。

沿革

《元史·刑法志》：诸子孙弑其祖父母、父母者，凌迟处死。因疯狂者，处死。诸子弑其父母，虽瘐死狱中，仍支解其尸以徇。

《明律》：凡谋杀祖父母、父母及期亲尊长、外祖父母、夫之祖父母，已行者皆斩，已杀者皆凌迟处死。谋杀缌麻以上尊长，已行者杖一百、流二千里，已伤者绞，已杀者皆斩。

现行律与明律同。

理由

五伦君亲并重，故杀直系尊属，援第八十八条处惟一之死刑。

第三百零一条

凡伤害人之身体者，从左列分别处断：

一、因而致死或笃疾者，无期徒刑或二等以上有期徒刑；

二、因而致废疾者，三等以上有期徒刑；

三、因而致单纯伤害者，三等以下有期徒刑。

沿革

《汉书·薛宣传》：律曰"斗以刃伤人，完为城旦。其贼，加罪一等，与谋者同罪"。诏书无以诋欺成罪，传曰"遇人不以义，而见疻者与痏人之罪钧，恶不直也"。注：应邵曰"以杖、手殴击人，剥其皮肤肿起青黑而无创瘢者，律谓疻痏。遇人不以义为不直，虽见殴与殴人罪同也"。

《唐律》：诸斗殴人者笞四十（谓以手足击人者），伤及以他物殴人者杖六十（见血为伤，非手足者，其余皆为他物。即兵不用刃亦是），伤及拔发方寸以上杖八十，若血从耳目出及内损吐血者各加二等。诸斗殴人折齿、毁缺耳鼻、眇一目及折手足指（眇谓亏损其明而犹见物），若破骨及汤火伤人者徒一年，折二齿、二指以上及髡发者徒一年半。诸斗以兵刃斫射人不著者杖一百（兵刃谓弓箭、刀矟、矛矟之属，即殴罪重者从殴法），若刃伤（刃谓金铁，无大小之限，堪以杀人者）及折人肋、眇其两目、堕人胎徒二年（堕胎者，谓辜内子死乃坐。若辜外死者，从本殴伤法）。诸斗殴折跌人支体及瞎其一目者徒三年（折支者折骨，跌体者骨差跌，失其常处），辜内平复者各减二等。即损二事以上，及因旧患令至笃疾，若断舌及毁败人阴阳者，流三千里。谓斗殴杀人者绞，以刃及故杀人者斩。虽因斗而用兵刃杀者，与故杀同（为人以兵刃逼己，因用兵刃拒而伤杀者，依斗法），不因斗故殴伤人者，加斗殴伤罪一等。虽因斗，但绝时而杀伤者，从故杀伤法。诸斗殴两相殴伤者，各随轻重两论如律，后下手理直者减二等（至死者，不减）。诸以物置人耳鼻及孔窍中，有所妨者杖八十。其故屏去人服用饮食以故杀伤人者，各以斗杀伤论。

宋《刑统赋解·斗讼律》：拳手殴人者笞四十，伤及他物殴人者杖六十，伤者杖八十，若拳手殴人内损吐血者亦杖八十。又，若用蛇蝎蜂螫害人者，同斗殴法。又诸两相斗殴，后下手理直者减二等。又，故殴人者加一等。又，《贼盗律》：若以物置人耳鼻及孔窍中有所妨碍者，杖八十。其故屏去人饮食衣服之类可以杀伤者，以斗杀伤论之。

《元典章·刑部四》断例：斗杀心风老幼者，上请。蒙古札死汉人，五十七。因争控扼人衣服致死，七十七。父被人殴，子踢死殴人，八十七。因斗推人磕死、笃疾殴死人，一百七。斗殴杀人处死，征烧埋银。汉人殴死蒙古人，断付正犯人家产，余人并征烧埋银。又《刑部六》：诸殴故殴无伤二十七，拳手伤人三十七，他物伤人四十七，刀刃伤人五十七，折指、折牙、眇目、毁缺耳鼻、破骨、汤火伤及秃鬓各决七十七，刀伤、他物折肋、眇两目、堕胎、秽物污人头面各决八十七，折跌支体、瞎一目各决九十七，损二事以上因患致笃疾、断舌、毁败阴阳各决一百七。旧例斗殴罪名：故殴二十七下，手足故伤、他物故殴（见血为伤）各三十七下，他物故伤、拔发方寸以上、耳目出血、手足内损吐血各四十七下，他物内损吐血、兵刃斫体不著各五十七下，折一指一齿、眇一目、毁缺耳鼻、破骨、汤火伤及秃发鬓各六十七下，折跌支体（辜内平复，各减二等）、瞎一目者各八十七下，损二事以上，因旧患疾致笃疾、断舌、毁伤阴阳，各一百七下（按旧例与《元史·刑法志》同）。

《元史·刑法志》：诸因斗殴以刃杀人及他物殴死人者，并同故杀。又，《王约传》：因议斗殴杀人者，宜减死一等，著为令。

《明律》：凡斗殴杀人者，不问手足、他物、金刃，并绞。凡以他物置人耳鼻及孔窍中，若故屏去人服用饮食之物而伤人者，杖八十（谓寒月脱去人衣服，饥渴之人绝其饮食，登高乘马私去梯辔之类）；致成残废疾者，皆杖一百、徒三年；令至笃疾者，杖一百、流三千里，将犯人财产一半给付笃疾之人养赡；至死者，绞。若故用蛇蝎毒虫咬伤人者，以斗殴伤论，因而致死者斩。凡斗殴，以手足他物殴人不成伤者，笞二十；成伤及以他物殴人不成伤者，笞三十；成伤者，笞四十。青赤肿为伤，非手足者其余皆为他物，即兵不用刃亦是。拔发方寸以上笞五十，若血从耳目中出及内损吐血者杖八十，以秽物污人头面者罪亦如之。折人一齿及手足一指、眇人一目、抉毁人耳鼻、若破人骨及用汤火铜铁汁伤人者，杖一百，以秽物灌人口鼻内者罪亦如之。折二齿、二指以上及髡发者，杖六十、徒一年。折人肋、眇人两目、堕人胎及刃伤人者，杖八十、徒二年。折跌人肢体及瞎人一目者，杖一百、徒三年。瞎人两目、折人两肢、损人二事以上及因旧患令致笃疾，若断人舌及毁败人阴阳者，并杖一百、流三千里，仍将犯人财产一半断付被伤笃疾之人养赡。若因斗互相殴伤者，各验其伤之轻重定罪，后下手理直者减二等，至死及殴兄姊伯叔者不减。《问刑条例》：凶徒因事忿争，执持枪刀、弓箭、铜铁简剑、鞭斧扒头、流星骨朵、麦穗秤锤凶器，但伤人及误伤傍人，与凡剜瞎人眼睛、折跌人肢体、全抉人耳鼻口唇、断人舌、毁败人阴阳者，俱问发边卫充军。

现行律与明律同，例析为二。凶器伤人条，于乾隆二十五、三十二、四十七等年增"库刀"等项名目，而删"秤锤"二字，与折跌人肢体条俱改近边（笃疾边远，五十以上仍近边）。

第三百零二条

凡伤害尊亲属之身体者，从左列分别处断：

一、因而致死或笃疾者，死刑、无期徒刑或一等有期徒刑；

二、因而致废疾者，无期徒刑或二等以上有期徒刑；

三、因而致单纯伤害者，二等至四等有期徒刑。

| 沿革 |

汉董仲舒决狱曰：殴父也，当枭首。（《御览》六百四十）

《唐律》：诸詈祖父母者绞，殴者斩，过失杀者流三千里，伤者徒三年。诸妻妾詈夫之祖父母、父母徒三年（须舅姑告乃坐）。殴者绞，伤者皆斩，过失杀者徒三年，伤者徒二年半。

《元史·刑法志》：诸殴伤祖父母、父母者，处死。诸醉后殴其父母，父母无他子，告乞免死养老者，杖一百七、居役百日。

《明律》：凡子孙殴祖父母、父母及妻妾殴夫之祖父母者皆斩，杀者皆凌迟处死，过失杀者杖一百、流三千里，伤者杖一百、徒三年。

现行律与明律同。

| 理由 |

前条及本条即律例所谓殴伤之罪，今直按其结果改曰伤害。因而致死者并无杀意，其结果非其人所豫见之谓也。若出于豫见，即属杀人罪之范围矣。

第三百零三条

凡犯前二条之罪，当场虽未下手而助势者，以从犯论。

第三百零四条

凡二人以上同时下手，伤害一人者，皆以共同正犯论。

若同时伤害二人以上者，以最重之伤害为标准，皆以共同正犯论。

其当场助势而下手未明者，以前二项之从犯论。

沿革

《唐律》：诸同谋共殴伤人者，各以下手重者为重罪，元谋减一等，从者又减一等。若元谋下手重者，余各减二等，至死者随所因为重罪。其不同谋者，各依所殴伤杀论，其事不可分者，以后下手者为重罪。若乱殴不知先后轻重者，以谋首及初斗者为重罪，余各减二等。威力使人殴击而致死伤者，虽不下手犹以威力为重罪，下手者减一等。

《明律》：若同谋共殴人因而致死者，以致命伤为重，下手者绞，原谋者杖一百、流三千里，余人各杖一百。万历十六年复定有"原谋及伤重余人畏罪自尽、监毙在狱或中途病故，准其抵命"之例。又律：若以威力主使人殴打而致死伤者，并以主使之人为首，下手之人为从论减一等。

现行律与明律同。乾隆五年将律后总注纂为定例，以补律所未备，共分三层：一、当时身死，以后下手当其重罪，过后身死，以伤重者坐罪；一、原谋亦有致命重伤，以原谋为首。伤轻，仍照律拟流；一、乱殴不知先后轻重，有原谋坐原谋，无原谋坐初斗。二十五年定"两家互殴致死一命，其律应拟抵，正凶被死者无服亲属殴死，将凶手拟流"之例。道光二年复定械斗之例。

理由

前条及本条定共同伤人之例。二人以上共同伤人，各国之立法例颇有从其伤害之重轻，科以独立之刑者，然共同既出于故意，则不能以伤害之轻重为之轩轾。今试以强盗例为比，甲乙共同抢夺丙财物，甲殴丙未至成伤，乙掠财物而未至用暴行，断不能分甲乙为两罪，科甲拘留而乙处窃盗刑之理。共同伤人之罪亦然，甲乙共同致丙于笃疾，甲断丙右手，乙断丙左手，亦不能因甲乙二人所断仅一肢，而各以废疾论罪。权衡其间得失彰著，故本案矫正其弊，而一宗于适当理论也。

第三百零五条

凡对尊亲属加暴行未至伤害者，处四等以下有期徒刑。

沿革

见〔第〕三百零二条。

第三百零六条

凡决斗者，处四等以下有期徒刑、拘留或一百圆以下罚金。

因决斗致人死伤者，照第二百九十九条及第三百零一条之例处断。

若聚众豫谋决斗者，以骚扰罪论。

理由

决斗与中律械斗微异。械斗者，召集多众，约期互斗，中国江西、福建、广东、湖南等处有之。决斗者，仅止二人，彼此签押，并会集多人临场以为佐证。此俗欧洲盛行，然风气所感，异日难保无踵而行之者，本条之设以此。

第三百零七条

凡为决斗之人而会集于当场者，不分何等资格，处五等有期徒刑、拘留或一百圆以下罚金。知情而供人以决斗之场所者，亦同。

注意

本例赅载凡以一定之资格参列决斗场之会同人（谓会同于决斗场，监察其决斗之人）。至普通之旁观者，不在此例。

第三百零八条

凡教唆或帮助他人使之自杀，或受人之嘱托、承诺而杀之者，处三等或四等有期徒刑。

其对于尊亲属者，处三等以上有期徒荆。

前二项之犯人，若系谋为同死者，得免除其刑。

沿革

现行例：奸夫、奸妇商谋同死，奸妇当即殒命，奸夫业经自戕，因人救阻，医治伤痊，确有证据者，奸夫减斗杀罪一等，杖一百、流三千里。（乾隆二十九年例）

理由

各国往昔自杀之罚颇多，现今此种罚例已不复见。但以自杀教唆他人，或帮助之，或为自杀之人动手者，仍不能无罚，本条之设以此。若谋为同死，遇救得生，其实与自杀无殊，故得裁夺情形，免其处罚也。

第三百零九条

凡受本人嘱托或承诺而伤害人者，处五等有期徒刑、拘留或一百圆以下罚金。

其对于尊亲属者，处三等以下有期徒刑。

因而致死者，处四等以下有期徒刑。若系尊亲属时，处二等至四等有期徒刑。

沿革

《唐律》：若故自伤残者，徒一年半（有避、无避等）。其受情为人伤残者，与同罪。以故致死者，减斗杀罪一等。

《明律》：若犯罪待对，故自伤残者杖一百、徒三年，所避事重者各从重论。若无避故自伤残者，杖八十。其受雇情为人伤残者，与犯人同罪，因而致死者，减斗杀罪一等。

现行律与明律同。

理由

伤人出于本人之嘱托或承诺者，此其行为照第十四条，往往以为无罪。然除总则之制限外，凡伤人之行为仍不能无罚，若不设有明文，必如欧美各国及日本于有罪、无罪之间纷争莫决，于实际殊形未便也。

第三百十条

凡因过失致人于死或笃疾者，处一千圆以下罚金。

致其余伤害者，处五百圆以下罚金。

沿革

《周礼·司刺》注引汉律：过失杀人，不坐死。

《唐律》：诸过失杀伤人者，各依其状以赎论（谓耳目所不及，思虑所不到，若共举重物力所不制，若乘高履危足跌及因击禽兽以致杀伤之属皆是。按，以赎论，即赎铜一百二十斤也）。

宋《刑统赋解·斗讼律》：过失杀人者，以收赎。

《元典章·刑部四》断例：过失杀，犯人收赎，征赎罪钞给主。

《明律》：若过失杀伤人者，各准斗杀伤罪，依律收赎，给付其家（过失谓耳目所不及，思虑所不到，如弹射禽兽、因事投掷砖瓦，不期而杀人者，或因升高险足有蹉跌，累及同伴，或驾船使风、乘马惊走、驰车下坡，势不能止，或共举重物力不能制，损及同举物者。凡初无害人之意而偶致杀伤人者，皆准斗殴杀人罪，依律收赎，给付被杀被伤之家以为茔葬及医药之资）。又《问刑条例》：收赎过失人绞罪，追钞三十三贯六百文、铜钱八贯四百文，与被杀之家茔葬。

现行律与明律同。其赎项改为银十二两四钱二分，缘明律原系四十二贯，以十分为率，钞八钱二，故应追钞三十三贯六百文、钱八贯四百文。复以钞一贯值银一分二厘五毫，钱七百文值银一两折算，合得此数，非有异也。乾隆三十九年定围场内射伤平人罚银之例（致死如系前锋护军亲军及甲兵领催，追给一百两。跟役，追给五十两。伤而未死，前锋等项及甲兵头等伤，本犯鞭一百，罚银四十两；二等伤，鞭八十，罚银三十两；三等伤，鞭七十，罚银二十两。给与被伤之人，跟役各减十两）。

第三百十一条

凡因过失致尊亲属于死或笃疾者，处三等以下有期徒刑或一千圆以下、一百圆以上罚金。

致其余伤害者，处五等有期徒刑、拘留或五百圆以下罚金。

沿革

《御览》六百四十汉董仲舒决狱：甲父乙与丙争言相斗，丙以佩刀刺乙，甲即以杖击丙，误伤乙，甲当何论？或曰殴父也，当枭首。议曰："臣愚以为，父子至亲也，闻其斗莫不有怵怅之心，扶杖而救之，非所以欲诟父也。春秋之义，许止父病，进药于其父而卒，君子原心，赦而不诛，甲非律所谓殴父也，不当坐。"

唐明等律附见第三百零二条。

现行例：子孙过失杀祖父母、父母，及子孙之妇过失杀夫之祖父母、父母者，俱拟绞决（乾隆二十八年例，道光二十三年修改）。又戏杀、误杀、过失杀条，定案时仍照本例问拟绞决，法司核其情节，实系耳目所不及、思虑所不到，与律注相符者，夹签恭候钦定，改为绞监候。

第三百十二条

凡因怠忽业务上必应注意，致人死伤者，处四等以下有期徒刑、拘留或三千圆以下罚金。

注意

自第三百十条至本条，共分三种，即寻常过失、对尊亲属过失与业务上过失是也。三者情形不同，故各分轻重之差。

业务上过失致人死伤者，医师误认毒药为普通药剂致患者身死，或矿师怠于豫防，因煤气暴发致多数工人死伤之类。

第三百十三条

第二百九十九条、第三百条、第三百零六条第一项、第三百零七条及第三百零八条之未遂罪，罚之。

第三百十四条

为第二百九十九条及第三百条之豫备或阴谋者，处五等有期徒刑、拘留或一百圆以下罚金。

为第三百零六条之豫备、阴谋或其帮助者，处拘留或五十圆以下罚金。

前二项之罪，得按其情节免除其刑。

第三百十五条

第三百零二条第三款、第三百零三条、第三百十条及第三百十一条第二项之罪，须待告诉始论其罪。

第三百十六条

犯第三百条、第三百零二条第一款第二款，及第三百零八条第二项之罪者，褫夺公权。除第三百零九条及第三百十条外，犯其余各条之罪者，得褫夺公权全部或一部。

第二十七章　关于堕胎之罪

堕胎之行为，戾人道、害秩序、损公益，本案故仿欧美、日本各国通例，拟以适当之罚则。

第三百十七条

凡怀胎妇女服药或用其他方法致堕胎者，处五等有期徒刑、拘留或一百圆以下罚金。

沿革

现行例：妇人因奸有孕，畏人知觉，与奸夫商谋用药打胎，以至堕胎身死者，奸夫比照"以毒药杀人，知情卖药者，至死减一等"律，杖一百、流三千里。若有服制名分，本罪重于流者，仍照本律从重科断。如奸妇自倩他人买药，奸夫果不知情，止科奸罪。

第三百十八条

凡受妇女嘱托或承诺使之堕胎者，处四等以下有期徒刑。

第三百十九条

凡犯左列各款之罪者，处三等或四等有期徒刑：

一、以暴行、胁迫或伪计，使妇女自行堕胎者；

二、未受妇女之承诺，用暴行、胁迫或伪计，使之堕胎者；

三、因暴行、胁迫或伪计，而受妇女嘱托或承诺，使之堕胎者；

四、知为怀胎之妇女而加以暴行、胁迫，因致小产者。

第三百二十条

因犯第三百十八条之罪，致妇女于死或笃疾者，处三等或四等有期徒刑。

因犯前条之罪，致妇女死伤者，比较第三百零一条及第三百零二条，从重处断。

第三百二十一条

凡医师、产婆、药剂师、或药材商，犯第三百十八条之罪者，处三等或四等有期徒刑。

其用伪计犯第三百十九条之罪者，处二等或三等有期徒刑。

第三百二十二条

第三百十九条第一款、第二款之未遂罪，罚之。

第三百二十三条

犯本章之罪者，得褫夺公权之全部或一部。

第二十八章　关于遗弃之罪

遗弃者，凡不尽扶助、养育及保护义务之谓。惟加害之人已离被害人之身际者，乃在本章规定之中，其未离者不在此列。

第三百二十四条

凡因律例或契约，膺扶助、养育、保护老幼、不具或病者义务之人而遗弃者，处三等以下有期徒刑。

若对尊亲属犯前项之罪者，处三等以上有期徒刑。

沿革

《唐律》：诸子孙违犯教令及供养有阙者，徒二年。（谓可从而违，堪

151

供而阙者①，须祖父母、父母告，乃坐）

《明律》：凡子孙违犯祖父母、父母教令，及奉养有缺者，杖一百（注与唐律同）。天顺八年例：子贫不能养赡其父，因致其父自缢死者，杖一百、流三千里。

现行律与明律同。乾隆三十二年将例内"其父"改"父母"。

注意

因律例而膺义务云者，指一定之亲族及其余之人而言，其在次条第二项者，不在此限。因契约而膺义务云者，受人薪给之养老院、育婴场、医院监督执务员，及其余运送人等而言。不具者，不能为自己生命所必需之行动者是。

第三百二十五条

凡发见被遗弃之老幼、不具或病者，而不与以相当之保护，或不申告警察、官吏或其余当该吏员者，处五等有期徒刑、拘留或一百圆以下罚金。

若警察、官吏或其余当该吏员，不即与以相当之处分或保护者，处三等以下有期徒刑。

第三百二十六条

犯第三百二十四条之罪，因而致人死伤者，比较第三百零一条及第三百零二条，从重处断。

第三百二十七条

犯第三百二十四条第二项之罪者，褫夺公权，其余得褫夺公权全部或一部。

第二十九章　关于逮捕监禁之罪

本章为违法以夺人自由之罪，但其属一私人之行为，为私擅逮捕、监禁，第三百二十八条规定之；属吏员之行为，为滥权逮捕、监禁，第三百二十九条规定之。

第三百二十八条

凡私擅逮捕或监禁人者，处三等以下有期徒刑。

对尊亲属有犯者，处二等或三等有期徒刑。

---

① 《大清法规大全》原文为"著"。

知为私擅之逮捕或监禁，应释放而不释放者，亦以前二项之例论。

沿革

《唐律》：诸以威力制缚人者，各以斗殴论。因而殴伤者，各加斗殴伤二等。诸被人殴击折伤以上，若盗及强奸，虽旁人皆得捕系以送官司（捕格法准上条即奸同籍内，虽和，听从捕格法）。若余犯不言请而辄捕系者，答四十。杀伤人者，以故杀伤论。本犯应死而杀者，加役流。

《明律》：凡争论事理，听经官陈告，若以威力制缚人及于私家拷打监禁者，并杖八十。伤重至内损吐血以上，各加凡斗伤二等。因而致死者，绞。

现行律与明律同。

注意

本条第三项"应释放"者，统赅二项：一指自为逮捕、监禁之事者。例如始信其人为可以逮捕、监禁之人，遂实施逮捕监禁，迨后知为错误，仍不肯释放，自发见错误之时起，以后之行为即属私擅逮捕、监禁；一指为他人所逮捕、监禁者。例如自己应行监督之任者，被他人制缚，既经发见乃不为释放，亦属私擅逮捕、监禁也。

第三百二十九条

凡行审判或检察、警察、司狱、其他行政之职务，或其补助之人，滥用其职权而逮捕或监禁人者，处二等或三等有期徒刑。

对尊亲属有犯者，处二等以上有期徒刑。

知为滥用职权之逮捕或监禁，应释放而不释放者，亦以前二项之例论。

沿革

《唐律》：若不应禁而禁及不应枷锁杻而枷锁杻者，杖六十。

《元典章·刑部十六》断例：枉执民为盗，禁死，达鲁花赤各决三十七，解见任，期年降等叙。知事又权司狱事，决五十七，罢职除名不叙。推官决八十七，除名不叙用。县尉决一百七。仍与本路判署官吏，均征烧埋银。

《明律》：其不应禁而禁及不应枷锁杻而枷锁杻者，各杖六十。凡官吏怀挟私仇、故勘平人者，杖八十，因而致死者绞。提升官、典狱卒知而不举首者，与同罪，至死者减一等，不知者不坐。若因公事干连平人在官，

153

无招误禁致死者，杖八十。有文案应禁者，勿论。凡狱囚情犯已完，监察御史、提刑按察司审录无冤，别无追勘事，理应断决者，限三日内断决。应起发者，限一十日内起发。若限外不断决、不起发者，当该官吏三日笞二十，每三日加一等，罪止杖六十。因而淹禁致死者，若囚该死罪，杖六十。流罪，杖八十。徒罪，杖一百。杖罪以下，杖六十、徒一年。

现行律"监察御史……"九字改为"法司、督抚"，余与明律同。

第三百三十条

凡犯前二条罪因而致人死伤者，比较第三百零一条及第三百零二条，从重处断。

第三百三十一条

犯本章之罪者，得褫夺公权全部或一部。

第三十章　关于略诱及和诱之罪

此章之罪分略诱、和诱，凡对于未满十六岁之幼者，虽和同略。略诱与和诱，均以出于移送外国及营利之宗旨者，加重其刑。若以营利之宗旨而移送外国者，更重其刑，以期保刑罚之权衡也。

收受或藏匿被略诱、和诱之人，有出于事前豫谋者，有出于事后者，情节各有不同。豫谋者为纯然之共犯，彼此刑罚无分轻重（第三百三十六条第一项）。事后之收受藏匿，则全属独立之一罪，其情稍轻，故本案即轻其刑（第三百三十六条第二项）。

第三百三十二条

凡用暴行、胁迫或伪计，拐取未满二十岁男女者，为略诱罪，处二等或三等有期徒刑。

若系和诱者，处三等以下有期徒刑。

和诱未满十六岁之男女者，仍以略诱论。

沿革

《汉书·功臣表》：曲逆嗣侯陈何坐略人妻，弃市。《魏法·制新律序》：盗律有和卖买人。案此，则汉律盗篇有卖人之条。《后汉书》建武二年诏，民有嫁妻卖子，欲归父母者，恣听之，敢拘执论如律。又七年诏，吏人遭饥乱及为青徐贼所略为奴婢、下妻，欲去留者，恣听之，敢拘制不还，以卖人法从事。

《文献通考·刑考八》引《后魏律》：卖子，一岁刑；五服内亲属在，

［卖］尊长者，死；卖周亲及妾与子妇者，流。

《唐律》：诸略人、略卖人（不和为略。十岁下，虽和亦同略法），为奴婢者绞，为部曲者流三千里，为妻妾子孙者徒三年（因而杀伤人者，同强盗法）。和诱者各减一等。若和同相卖为奴婢者，皆流二千里，卖未售者减一等（下条准此）。即略和诱及和同相卖他人部曲者，各减良人一等。诸略奴婢者，以强盗论，和诱者以窃盗论，各罪止流三千里（虽监临主守，亦同）。即奴婢别赍财物者，自从强窃法，不得累而科之。若得逃亡奴婢不送官而卖者，以和诱论，藏隐者减一等坐之。即私从奴婢买子孙及乞取者，准盗论，乞卖者与同罪（虽以为良，亦同）。诸略卖期亲以下卑幼为奴婢者，并同斗殴杀法（无服之卑幼，亦同），即和卖者，各减一等，其卖余亲者，各从凡人和略法。诸知略、和诱和同相卖，及略和诱部曲、奴婢而买之者，各减卖者罪一等。知祖父母、父母卖子孙及卖子孙之妾若己妾而卖者，各加卖者罪一等。（展转知情而买，各与初买者同。虽买时不知，买后知而不言者，亦以知情论）

《元典章·刑部十六》大德八年新例：诸略卖良人为奴婢者（略谓设方略，不和而取。十岁以下，虽和亦同略法），一人断一百七、流远，二人以上处死。为妻妾子孙者一百七、徒三年，因而杀伤人者同强盗法（见血为伤。因略杀伤傍人者亦同）。若略而未卖者减一等，和诱者（诱谓和同）又各减一等（谓诱一人卖为奴婢者，于流罪上减二等，一人以上于死罪上减三等，为妻妾子孙者亦准此）。及和同相卖为奴婢者，各断一百七。略诱奴婢、货卖为奴婢者，各减诱略良人罪一等，为妻妾子孙者七十七、徒一年半。知情娶卖及藏匿受钱者，各递减犯人罪一等（递减，谓知情娶卖减犯人一等，窝藏又减一等）。假以过房乞养为名，因而货卖为奴婢者九十七，引领牙保知情减二等，价没官，人给团聚。如无元买契券、官司公据，务司辄行税契者，决四十七。有司不应给据而给据者，依司务断罪。及承告不即追捕者，决四十七。关津主司知而受财纵放者，减犯人罪三等，除名不叙。失检察者，笞二十七（谓关津渡口应盘去处）。如能告获者，略人每人给赏三十贯，和诱每人二十贯，以至元钞为则，于犯人名下追征。无财者，征及知情窝主、牙保，应捕人减半。其事未发而自首者，原其罪。若同伴能悔过自首擒获其徒党者，免罪，仍给赏之半。再犯及因略伤人者，不在首原之例（《元史·刑法志》同）。

《明律》：凡设方略而诱取良人及略卖良人为奴婢者，皆杖一百、流三千里，为妻妾子孙者，杖一百、徒三年。因而伤人者绞，杀人者斩，被略之人不坐，给亲完聚。若假以乞养过房为名，买良家子女转卖者，罪亦如之。若和同相诱及相卖良人为奴婢者，杖一百、徒三年，为妻妾子孙者，杖九十、徒二年半。被诱之人减一等，未卖者各减一等，十岁以下，虽和亦同略诱法。若略卖和诱他人奴婢者，各减略卖和诱良人罪一等。若略卖子孙为奴婢者，杖八十。弟妹及侄、侄孙、外孙若己之妾、子孙之妇者，杖八十、徒二年，子孙之妾减二等。同堂弟妹、堂侄及堂侄孙者，杖九十、徒二年半，和卖者减一等，未卖者又减一等。被卖卑幼不坐，给亲完聚。其卖妻为婢及卖大功以下亲为奴婢者，各从凡人和略法。若窝主及买者，并与犯人同罪，牙保各减一等，并追价入官。不知者不用，追价还主。《问刑条例》：略诱良人与略卖良人子女，不分已卖、未卖，俱问发边卫充军。

现行律与明律同。顺治九成例，诱拐妇人子女，被诱之人不知情，改拟绞候；邪术迷拐幼小子女，为首立绞，为从发宁古塔给穷披甲人为奴。康熙十九年复定"伙众开窑诱取妇人子女，为首照光棍例斩决，为从发黑龙江等处给披甲人为奴"之例。

第三百三十三条

凡移送自己所略诱之未满二十岁男女于外国者，处无期徒刑或二等以上有期徒刑。

若系和诱者，处二等或三等以下有期徒刑。

第三百三十四条

凡以营利之宗旨，略诱未满二十岁男女者，处无期徒刑或二等以上有期徒刑。

若系和诱者，处二等或三等有期徒刑。

第三百三十五条

凡以营利之宗旨，移送自己所略取之未满二十岁男女于国外者，处无期徒刑或一等有期徒刑。

若系和诱者，处无期徒刑或二等以上有期徒刑。

沿革

《明律》：若将人口军器出境及下海者，绞。

现行律同。又同治九年例，内地奸民及在洋行充当通事、买办，设计诱骗愚民雇与洋人承工，其受雇之人并非甘心出口，因被拐卖威逼致父子兄弟离散者，不论所拐系男妇子女及良人奴婢、已卖未卖、曾否上船出洋，及有无借洋人为护符，但系诱拐已成，为首斩立决，为从绞立决。

第三百三十六条

凡豫谋收受或藏匿被略诱、和诱之人者，照前四条之例处断。

若未豫谋者，从左例分别处断：

一、收受或藏匿第三百三十二条、第三百三十三条第二项及第三百三十四条第二项之被略诱、和诱之人者，三等以下有期徒刑。

二、收受或藏匿第三百三十三条第一项、第三百三十四条第一项及前条之被略诱、和诱之人者，三等以上有期徒刑。

沿革

附见第三百三十二条。

第三百三十七条

本章之未遂罪，罚之。

第三百三十八条

第三百三十二条及第三百三十六条之罪，须待告诉始论其罪。犯人与被略诱人或被和诱人为婚姻者，在婚姻继续之间，其告诉为无效。

第三百三十九条

以营利之宗旨犯本章之罪者，褫夺公权，其余得褫夺公权全部或一部。

第三十一章　关于名誉信用安全及秘密之罪

第三百四十条

凡摘示事实公然侮辱人者，不论其事实之有无，处四等以下有期徒刑、拘留或三百圆以下罚金。

摘示诬罔死者之事实而侮辱其亲属者，亦同。

沿革

附见第一百七十九条。

注意

此条系规定害人名誉之事，但详征他人之丑事恶行，公然肆其辱侮，为此罪成立之要件。至谩骂他人，则另属违警处分。

已死之人与社会长别，已不复有狭义之名誉，然前此之名誉，与现存亲属之名誉颇有关系，故立第二项以保护之。

第三百四十一条

凡流布虚伪之风说，或用其余伪计，而损他人或其业务之信用者，处四等以下有期徒刑、拘留或三百圆以下罚金。

沿革

《唐律》：诸投匿名书告人罪者，流二千里（谓绝匿姓名及假人姓名以避己作者，弃置、悬之俱是）。得书者，皆即焚之。若将送官司者，徒一年；官司受而为理者，加二等；被告者不坐。辄上闻者，徒三年。

《元典章·刑部十五》断例：无头匿名文字写得轻呵，将本人流，他的媳妇孩儿断与拿住的人，更赏钞五十定①。若是写的重呵，将本人敲了，将他媳妇孩儿断与拿住的人，更赏钞一百定②。不曾见撒的人呵，不教告，随时败获者，依条处断。得书者即便焚毁，将送入官减犯人二等，官司受而为理减二等。

《明律》：凡投隐匿姓名文书告言人罪者绞，见者即便烧毁，若将送入官司者杖八十，官司受而为理者杖一百，被告言者不坐。若能连文书捉获解官者，官给银一十两充赏。

现行律与明律同。

理由

信用为处世最要之端，凡有违法而侵害之者，固属必罚之行为，非但被害之人一身所受之损害应有要求致罚之道而已。夫信用之性质，不外名誉之一种，故其处分与前条同。

第三百四十二条

凡以加害于生命、身体、自由、名誉或财产之事相胁迫者，处五等有期徒刑、拘留或一百圆以下罚金。

其以加害亲族相胁迫者，亦同。

第三百四十三条

凡加暴行或用前条所揭胁迫，而使人为无义务之事，或妨害其权利之实施者，处四等以下有期徒刑、拘留或三百圆以下罚金。

---

① "定"似应为"疋"。
② "定"似应为"疋"。

《明律》：凡因事威逼人致死者，杖一百。若官吏公使人等，非因公务威逼平民致死者罪同，并追埋葬银一十两。若威逼期亲尊长致死者绞，大功以下递减一等。若因奸盗而威逼人致死者，斩。

现行律于"威逼期亲尊长"改为"因事迫逼期亲尊长"，余与明律同。

理由

前条及本条，皆扰害他人安全之罪，一为胁迫罪，一为强制罪。强制罪，除擅用职权（第一百四十七条）、强盗（第三百五十一条）、恐喝取财（第三百六十二条）等有特别之规定外，凡以暴行、胁迫强制他人使行非义务之事（例如使辞雇佣）或妨害其权利之实施（例如妨害正当之诉讼）等一切非行，皆赅于此。

第三百四十四条

凡无故开拆他人封固之信函，或藏匿及毁弃他人之信函者，处四等以下有期徒刑、拘留或三百圆以下罚金。

无故公表他人所秘密之文书、图画者，亦同。

沿革

《明律》：凡铺兵递送公文，若磨擦及破坏封皮、不动原封者，一角笞二十，每三角加一等，罪止杖六十。若损坏公文，一角笞四十，每二角加一等，罪止杖八十。若沉匿公文及拆动原封者，一角杖六十，每一角加一等，罪止杖一百。若事干军情机密，文书不拘角数即杖一百。有所规避者，各从重论。其铺司不告举者，与犯人同罪。若已告举而所在官司不即受理施行者，各减犯人罪二等。

现行律同。

第三百四十五条

凡为僧道、医师、药剂师、药材商、产婆、律师、公证人，或曾任此项地位之人，因其职业得知他人之秘密，无故而漏泄者，处五等有期徒刑、拘留或一百圆以下罚金。

若无故而公表者，处四等以下有期徒刑、拘留或三百圆以下罚金。

理由

前条及本条，皆侵害他人秘密之罪。而前条第一项所保护乃信函之秘密，在成文立宪国，大率于宪法内定明不得妄侵信函之秘密，是为通例。本条所揭系违背职业上秘密义务之罪，此种非行若不加以一定之刑，世人于此特种之职业必失其依赖之便益，而有此种职业之人于此间亦坠其信用，其为害社会非浅鲜也。

第三百四十六条

第三百四十一条及第三百四十三条之未遂罪，罚之。

第三百四十七条

第三百四十条至第三百四十二条、第三百四十四条及第三百四十五条之罪，须待告诉始论其罪。

第三百四十八条

犯本章之罪者，得褫夺公权全部或一部。

第三十二章　关于窃盗及强盗之罪

现行律例《盗贼门》，条分缕析，规定綦详，然其成立所必需之要件尚未揭明。故本案第三百四十九条及第三百五十一条所以规定盗罪成立之要件，第三百五十七条复从侧面以揭其要件，第三百六十二条以下及第三百六十九条以下之规定，则盗罪之范围益明。

本案窃盗及强盗之要件有四：一曰以自己或第三者之所有为宗旨。若暂时使用他人之物（例如使用车马即还原主）之类，非盗罪也；二曰原则上系他人之所有物。若所盗系自己之所有物，即因第三百五十七条而轻其刑；三曰窃取、强取之行为。必以他人持有移为自己所持有，若其物早经自己持有者，则属第三十四章侵占之罪，不得以盗论。又使他人丧失持有，而未尝取为自己持有，则属第三百八十二条毁损之罪，亦不得以盗论；四曰必系持有可以移转之物。若发掘土地、房屋而盗取土块，或损坏土地、房屋而盗取其木片、瓦石者，不得即以盗土地、房屋本体之罪论也。

本章之罪，专以不法移取他人所有之财物为自己或第三者之所有为要端，如现行律例之劫囚及略人、略卖人等不关乎财物者，又恐喝、欺诈之特种手段得无效之承诺藉以取财物者，又发冢及夜无故入人家之特种之罪恶等，皆不在此章之列。

现行律例于贼盗罪及此外对于财产罪之类，俱以赃之价额而分罪之重轻，殊与现今法理未惬。夫以赃物之价额而论，富人之万金与贫人之一钱轻重相匹；又自犯人之心术而论，有夺富人万金而罪在可恕，有夺贫人一钱而罪不胜诛者。是不能为定刑之准，无容疑也。故本案不过设关于窃盗及强盗普通之规定（第三百四十九条、第三百五十一条），以便审判后得宣告与各种情节适合之刑罚（窃盗得于五年以下、二月以上，强盗得于十五年以下、五年以上之范围内，因各种情节而伸缩其刑期），更列举理论上及实际上情节之重轻，以拟定法律上处刑之重轻（第三百五十条、第三百五十四条及第三百五十七条）。本案之义如此，欧美、日本亦莫不然也。

第三百四十九条

凡以自己或第三者之所有为宗旨而窃取他人所有之财物者，为窃盗罪，处三等以下有期徒刑。

沿革

《汉书·高帝纪》元年：沛公入咸阳，与父老约法三章：杀人者死，伤人及盗抵罪。注：李奇曰：伤人有曲直，盗赃有多少，不可豫定，故言抵罪。《后汉书·光武纪》十八年诏曰：今边郡盗谷五十斛罪至于死，开残吏枉杀之路，其蠲除此法。

《文献通考·刑考四》：北齐神武秉魏政，迁都于邺，群盗颇起，遂立严制：诸强盗杀人，首从皆斩，妻子、同籍配为乐户。其不杀人及赃不满五疋，魁首斩，从者死，妻子亦为乐户。小盗赃满十疋以上，魁首死，妻子配驿，从者流。

《唐律》：诸窃盗不得财笞五十，一尺杖六十，一匹加一等，五匹徒一年，五匹加一等，五十匹加役流（案《新唐书·刑法志》，武宗时窃盗赃满千钱者死，至宣宗乃罢之）。诸山野之物，已加功力刈伐、积聚而辄取者，各以盗论。诸盗缌麻、小功亲财物者，减凡人一等，大功减二等，期亲减三等，杀伤者各依本杀伤法（此谓因盗而误杀者。若有所规求而故杀期以下卑幼者，绞）。诸同居卑幼将人盗己家财物者，以私辄用财物论加二等，他人减常盗罪一等，若有杀伤者，各依本法（他人杀伤，纵卑幼不知情，仍从本杀伤法坐之）。诸因盗而过失杀伤人者，以斗杀伤论，至死者加役流（得财、不得财等，财主寻逐，遇他死者非）。其共盗临时有杀伤者，以强盗论，同行人不知杀伤情者，止依窃盗法。诸共盗者，并赃论，造意及从行而不受分，即受分而不行，各依本首从法。若造意不行又不受分，即以行人专进止者为首，造意为从，至死者减一等。从者不行又不受分，笞四十，强盗杖八十。若本不同谋，相遇共盗，以临时专进止者为首，余为从坐（其强盗者，罪无首从）。主遣部曲、奴婢盗者，虽不取物仍为首。若行盗之后知情受财，强盗、窃盗并为窃盗从。诸共谋强盗临时不行，而行者窃盗，共谋者受分，造意者为窃盗首，余并为窃盗从。若不受分，造意者为窃盗从，余并笞五十。若共谋窃盗临时不行，而行者强盗，其不行者造意受分，知情、不知情并为窃盗首。造意者不受分及从者分受，俱为窃盗从。诸盗经断后仍更行盗，前后三犯徒者，流二千里，三犯流者绞（三盗止数，赦后为坐）。其于亲属相盗者，不用此律。诸盗，公取窃取皆为盗（器物之属须移徙，阑圈禁闭之属须绝离常处，放逸飞走之属须专制，乃成盗。若畜产伴类随之，不并计。即将入己及盗其母而子随者，皆并计之），诸盗官司牛马而杀者，徒二年半。

《旧五代史·刑法志》：周太祖广顺二年诏：犯窃盗者计赃绢满三匹已上者，并集众格杀。其绢依本处上估价为定，不满三匹者等第决断。

《文献通考·刑考五》：广顺五年敕，诸盗经断后仍更行盗，并曾经官司推问伏罪者，不问赦前后、赃少多，并决杀。

宋《刑统赋解·贼盗律》：窃盗一贯杖六十，二贯加一等，十贯徒一年，二十贯加一等，一百贯徒五年，其持杖者加二等。又盗亲属财物者，若盗缌麻亲者，减凡盗一等，小功减二等，大功减三等，期年减四等，若诈欺亲属财物者与盗一体减。又器物之属须离常处，阑圈之属须移徙为盗。其盗砖瓦木植之类，非人力所运，虽已成犹为未成，不得便因盗法科罪。

《元典章·刑部十一》大德六年原例：诸窃盗始谋未行者杖四十七，已行而不得财五十七，十贯以下六十七，至二十贯七十七，每二十贯加一等，一百贯徒一年，每一百贯加一等，罪止徒三年。盗库藏物者比常盗加一等，赃满至五百贯已上者流。诸共盗者并赃论，仍以造意之人为首，随从者各减一等。二罪以上俱发，从其重者论之。诸盗经断后仍更为盗，前后三犯杖者徒，三犯徒者流，又而再犯者死，强盗两犯亦死（须据赦后为坐）。诸窃盗，初犯刺左臂（谓已得财者），再犯刺右臂，三犯刺项。强盗初犯刺项并充警迹人，官司拘检关防一如旧法。其蒙古人有犯及妇人犯者，不在刺字之条。诸评盗赃者，皆以至元钞为则，除正赃外仍追赔赃。其有未获贼人及虽获无可追偿，并于有者名下均征。诸犯徒者，徒一年杖六十七，一年半者杖七十七，徒二年者杖八十七，二年半杖九十七，三年杖一百七，皆先决讫然后发遣，合属带镣居役（应配役人，逐有金银铜钱洞冶、屯田、堤岸、桥道一切工役去处，听就工作，令人监视，日计工程。满日，疏于充警迹人）。诸盗未发而自首者，原其罪，能捕获同伴者，仍依例给赏。其于事主有所损伤及准首再犯，不在首原之例。至大四年例：今后豁开车子的初犯呵，追了赔赃打一百七下，再犯呵追了赔赃打一百七、流远，有三犯呵敲了者。又怯烈司偷盗骆驼、马匹、牛只，初犯呵追九个赔赃，打一百七、流远者，再犯呵敲了。又外头偷盗骆驼、马匹、牛只的，初犯呵追九个赔赃，打一百七下者，若有旧贼每呵数他每先做来的次数，依已定来的例，合配役的交配役，合出军的交出军者。不曾做贼的，每开读圣旨之后再犯呵，追了赔赃，打一百七、流远者，三犯呵敲了者。偷盗钱物羊口驴畜的，依先定来的例要罪过者，杀了人的，敲了者（皇庆二年复定分别首从之例，元《刑法志》所引大致与大德至大例同）。延佑二年新例：割车子、剜房子的贼，每伤事主的、起意的、下手的敲，为从的断一百七、出军；不曾伤事主，但得财，皆断一百七、出军，于内有旧贼呵敲。不曾得财，为首的断一百七、徒三年，为从的断九十七、徒二年半。于内有旧贼呵，出军。又初犯怯列司里偷盗驼马牛贼，每为首的敲，为从的断一百七、出军。于内在先作贼第二遍，于怯司里偷大头口的敲。又初犯偷盗驼马牛贼，每为首的断一百七、出军，为从的断九十七、徒三年。于内若有旧贼呵，敲。又偷盗驴骡贼人，为首的断八十七、徒二罪，为从的断七十七、徒一年半。又偷盗羊猪盗人，为首的断七十七下、徒一年半，为从的断六十七、徒一年。又偷财物的贼人，凡三百贯以上者断一百七下、出军，一百贯以上者断一百七下、徒三年，八十贯以上者断九十七下、徒二年半，六十贯以上者断八十七下、徒二年，四十贯以上者断七十七、徒一年半，十贯以上者断六十七、徒一年，十贯以下者断六十七、放。为从者皆减一等断配。以至元钞为则，已行而不得财者断五十七，始谋而未行者断四十七，放。又偷盗系官头口钱物，宜比常人加等断罪。又曾经出军配役来的，如再做贼的勾当，敲。经断放偷盗十贯以下的再做贼呵，为首出军，为从徒三年，合刺的依旧例刺字。除这的外，该载不尽事理，依旧例行。

《明律》：凡窃盗已行而不得财，笞五十、免刺。但得财者，以一主为重，并赃论罪，为从者各减一等（一主为重，谓如盗得二家，从一家赃多者科罪）。初犯并于右小臂膊上刺“窃盗”二字，再犯刺左小臂膊，三犯者绞，以曾经刺字为坐，掏摸者罪同。若军人为盗，虽免刺字，三犯一体

处绞。一贯以下杖六十，一贯之上至一十贯杖七十，二十贯杖八十，三十
贯杖九十，四十贯杖一百，五十贯杖六十、徒一年，六十贯杖七十、徒一
年半，七十贯杖八十、徒二年，八十贯杖九十、徒二年半，九十贯杖一
百、徒三年，一百贯杖一百、流二千里，一百一十贯杖一百、流二千五百
里，一百二十贯罪止杖一百、流三千里。万历十六年定三犯赃数不多改遣
之例。又律：凡盗马牛、驴骡、猪羊、鸡犬、鹅鸭者，并计赃，以窃盗
论。若盗官畜产者，以常人盗官物论。若盗牛马而杀者杖一百、徒三年，
驴骡杖七十、徒一年半。若计赃重于本罪者，各加盗罪一等。凡盗田野谷
麦菜果及无人看守器物者，并计赃，准窃盗论，免刺。若山野柴草木石之
类，他人已用工力斫伐积聚而擅取者，罪亦如之。凡各居亲属相盗财物
者，期亲减凡人五等，大功减四等，小功减三等，缌麻减二等，无服之亲
减一等，并免刺。若行强盗者，尊长犯卑幼亦各依上减罪，卑幼犯尊长以
凡人论，若有杀伤者，各依杀伤尊长、卑幼本律从重论。若同居卑幼将引
他人盗己家财物者，卑幼依私擅用财物论，加二等，罪止杖一百，他人减
凡盗罪一等、免刺。若有杀伤者，自依杀伤尊长、卑幼本律科罪，他人纵
不知情，亦依强盗论。若他人杀伤人者，卑幼纵不知情，亦依杀伤尊长、
卑幼本律从重论。其同居奴婢、雇工人盗家长财物及自相盗者，减凡盗罪
一等，免刺。凡共谋为强盗，临时不行而行者却为窃盗，共①谋者分赃，
造意者为窃盗从，余人并笞五十，以临时主意上盗者为窃盗首。其共谋为
窃盗，临时不行而行者为强盗，其不行之人、造意者分赃，知情不知情并
为窃盗首，造意者不分赃及余人分赃俱为窃盗从，以临时主意及共为强盗
者不分首从论。凡盗，公取、窃取皆为盗，器物钱帛之类须移徙已离盗
所，珠玉宝货之类据入手隐藏，纵未将行亦是。其木石重器非人力所胜，
虽移本处未驮载间犹未成盗，马牛驼骡之类须出阑圈，鹰犬之类须专制在
己，乃成为盗。（若盗马一匹，别有马随，不合并计为罪，若盗其母，子
随者，皆并计为罪）

　　现行律于窃盗条改贯为两。顺治四年定窃盗赃一百二十两绞候，康熙
十一年改为一百二十两杖一百、流三千里，一百二十两以上绞候。雍正三
年删去军人为盗一节，七年定积匪猾贼发云贵、两广极边烟瘴之例，十一

----

① 《大清法规大全》原文为"供"。

年改万历十六年例为三犯五十两以下拟遣，五十两以上绞候。乾隆二十五年定再犯加枷之例，余条与明律同。

注意

第三者，除盗取人及被害人外，其余之人皆是。

第三百五十条

凡犯窃盗罪者，关于左列各款之一以上者，处二等或三等有期徒刑：

一、侵入现有人居住或看守之邸宅、营造物、矿坑或船舰内者；

二、结伙三人以上者。

若窃取御物者，处无期徒刑或二等以上有期徒刑。

沿革

《汉书·张释之传》：其后人有盗高庙座前玉环，得，帝怒，下廷尉治。释之案盗宗庙服御物者为奏当弃市。《书·微子》正义，汉魏以来著律皆云敢盗郊祀宗庙之物，无多少皆死。

《唐律》：诸盗大祀神御之物者，流二千五百里（谓供神御者，帷帐、几杖亦同）。其拟供神御（谓营造未成者）及供而废阕，若缩荐之具已馈呈者，徒二年（缩荐谓玉币牲中之属，馈呈谓已入祀所，经祀官省视者），未馈呈者徒一年半，已阕者杖一百（已阕，谓接神礼毕）。若盗釜甑刀匕之属，并从常盗之法。诸盗御宝者绞，乘舆服御物者流二千五百里（谓供奉乘舆之物，服通衾茵之属。真、副等，皆须监当之官部分拟进乃为御物），其拟供服御及供而废阕，若食将御者，徒二年（将御，谓呈监当之官），拟供食御及非服而御者，徒一年半。

《元史·刑法志》：诸盗乘舆服御器物者，不分首从皆处死，知情领买克除价钱者，减一等。

《明律》：凡盗大祀神祇御用祭器、帷帐等物，及盗缩荐玉帛、牲牢、馔具之属者，皆斩（谓在殿内及已至祭所而盗者）。其未进神御及营造未成，若已奉祭讫之物及其余官物，皆杖一百、徒三年。若计赃重于本罪者，各加盗罪一等（谓监守常人盗者，各加监守常人盗一等），并刺字。凡盗内府财物者，皆斩（盗御宝及乘舆服御物皆是）。《问刑条例》：盗内府财物系杂犯死罪，准赎，盗乘舆服御物作真犯死罪。

现行律与明律同。乾隆五年将《问刑条例》"乘舆"字上加"御宝"

二字，并增"其余监守盗银三十两、常人盗银六十两，俱问边远充军"。

注意

本条第一款系自外侵入之犯，若同居雇工盗取雇主物品，属前条之范围，不在此限。第二款如为无责任能力者，不得加为三人之义。

第二项之御物，不分已未进御，俱赅括于内。

第三百五十一条

凡以自己或第三者之所有为宗旨，而用暴行、胁迫或使人昏迷，而强取他人所有之财物者，为强盗，处三等以上有期徒刑。

沿革

《晋书·刑法志》张斐上注律表：若加威势下手取财为强盗。又贼燔人室庐舍积聚，盗赃五疋以上弃市，即燔官府积聚盗亦当与同。

《文献通考·刑考八》引周武帝《刑书要制》，持杖群盗一疋以上、不持杖群盗五疋以上、监临主掌自盗二十疋以上、盗及诈请官物三十疋以上、主长隐五户及丁五以上及地顷以上，皆死。

《宋书·何承天传》：劫制同籍期亲补兵，大功不在例。又《何尚之传》：新制，凡劫身斩刑，家人弃市。

《唐律》：诸强盗（谓以威若力而取其财，先强后盗、先盗后强等。若与人药酒及食使狂乱，取财亦是。即得阑遗之物，殴击财主而不还，及窃盗发觉弃财逃走，财主追捕因相拒捍，如此之类，事有因缘者，非强盗），不得财徒二年，一尺徒三年，二匹加一等，十匹及伤人者绞，杀人者斩（杀伤奴婢亦同。虽非财主，但因盗杀伤皆是）。其持杖者虽不得财，流三千里，五匹绞，伤人者斩。诸故烧人舍屋及积聚之物而盗者，计所烧灭价并赃，以强盗论。诸本以他故殴击人因而夺其财物者，计赃以强盗论，至死者加役流。因而窃取者，以窃盗论加一等，若有杀伤者，各从故斗法。

《文献通考·刑考五》：晋天福十二年敕，应天下凡关强盗捉获，不计赃物多少，按验不虚，并宜处死。

宋《刑统赋解·贼盗律》：强盗者以威力劫取其财，一贯徒三年，十贯及伤人者绞，杀人者斩，若因盗奸人亦同。伤人之坐同行人，止依本律。若用药于茶酒内或饮食内使人昏迷而取其财者，从强盗法，死者加一等。

《元典章·刑部十一》大德原例：诸强盗持杖但伤人者，虽不得财皆死，不曾伤著人者并不得财徒二年半，但得财徒三年，至二十贯，为首者死、余人流远。其不持杖伤人者，惟造意及下手者死，不曾伤人者并不得财徒一年半，十贯以下徒二年，每十贯加一等，至四十贯为首者死、余人各徒三年（若因盗而奸亦同，伤人之坐其同行人，止依本法）。谋而未行者，于不得财罪上各减一等坐之。延佑新例：今后强盗持杖伤人的，虽不得财皆死，不曾伤人、不得财断一百七、徒三年，但得财断一百七、交出军，至二十贯为首的敲，为从的一百七、交出军。不持杖伤人，造意为首下手的敲，不曾伤人不得财断八十七、徒二年。十贯以下断九十七、徒二年半，至二十贯断一百七、徒三年，至四十贯为首的敲，余人断一百七、出军。因盗而奸，同强盗伤人敲，余人依例断罪。两遍作贼的敲，始谋而未行与不曾得财，减等断罪。

《明律》：凡强盗已行而不得财者，皆杖一百、流三千里，但得财者，不分首从，皆斩。若以药迷人图财者，罪同。若窃盗临时有拒捕及杀伤人者，皆斩。因盗而奸者，罪亦如之。共盗之人不曾助力、不知拒捕杀伤人及奸情者，止依窃盗论。其窃盗，事主知觉弃财逃走，事主追逐因而拒捕者，自依罪人拒捕律科罪。《问刑条例》：强盗杀伤人，放火烧人房屋，奸污人妻女，打劫牢狱、仓库及干系城池衙门，并积至百人以上，不分曾否伤人，俱随即奏请审决，枭首示众。《增例》：响马、强盗执持弓矢军器白日邀劫，不分人数多寡、曾否杀伤，枭首。又律，凡白昼抢夺人财物者，杖一百、徒三年，计赃重者，加窃盗罪二等，伤人者斩，为从各减一等，并于右小臂膊上刺"抢夺"二字。若因失火及行船遭风著浅而乘时抢夺人财物及拆毁船只者，罪亦如之。其本与人斗殴或勾捕罪人，因而窃取财物者，计赃准窃盗论。因而夺去者，加二等，罪止杖一百、流三千里，并免刺。若有杀伤者，各从故斗论。

现行律与明律同。康熙五十年于《增例》内增入江洋行劫大盗。五十四年钦奉谕旨，"凡强盗重案，著大学士会同三法司将此内造意为首及杀伤人者，于各本案内一、二人正法，余俱照例减等发遣，钦此"。雍正五年复经九卿遵旨定议，"嗣后盗案，自州县以及巡抚务令严行究审，将法所难宥及情有可原者一一分晰，于疏内开明，照律不分首从，定拟斩决具题，大学士会同三法司详议，将应正法者正法，应发遣者发遣"，等因，遵照在案。乾隆八年修纂入律，同治九字删除，是年复定"聚众抢夺分别十人以上、十人以下治罪"之例。

注意

胁迫，指暴行相胁而目前有急迫之害者而言。其以将来之害或不急迫之害使人畏惧而交付财物者，属于第三百六十二条恐喝取财之范围。使人昏迷，例如使人饮服药酒或施催眠术，凡暴行、胁迫以外使人不能抗拒之一切方法皆是。

第三百五十二条

凡犯窃盗者，为防护赃物或图免逮捕或湮灭罪迹之故，临时用暴行或胁迫者，以强盗论。

沿革

现行例：窃盗临时盗所拒捕，及虽未得财而未离盗所拒捕，或虽离盗所而临时护赃格斗杀人者，为首斩决。为从帮殴刃伤及折伤以上，绞候，伤非金刃又非折伤，云贵、两广极边烟瘴充军。未经帮殴，极边足四千里充军。伤人未死，如刃伤及折伤以上，首犯斩候，为从近边。伤非金刃，伤轻平复，首犯边远，年在五十以上近边。拒捕未经成伤，首犯近边各充军，为从杖一百、徒三年。窃盗弃财逃走与未得财逃走被追拒捕，或伙贼携赃先逃，后逃之贼被追拒捕，及见伙犯被获、帮护拒捕杀人者，首犯斩候，为从帮殴、刃伤及折伤以上者绞候。伤非金刃又非折伤者，附近充军，未经帮殴成伤者杖一百、流三千里。伤人未死、刃伤及折伤以上，首犯绞候，从犯拟流（俱嘉庆六年例）。其余互见第三百五十一条。

第三百五十三条

凡用暴行、胁迫或使人昏迷，除第三百五十一条及第三百五十七条所揭外，得其余财产上不法之利益或使他人得之者，以强盗论。

理由

第三百五十一条为对于他人所有物之强盗，第三百五十七条为对于自己所有物之强盗，本条则指为自己或第三者得此外财产上不法之利益而言，例如以暴行放逐本人而强占其房屋，或使他人居之，或强占其田土而耕种之类是也。

第三百五十四条

凡犯强盗之罪，关于左列各款之一以上者，处无期徒刑或二等以上有期徒刑：

一、侵入现有人居住或看守之邸宅、营造物、矿坑、船舰内者；

二、结伙三人以上者；

三、于盗所强奸妇女者；

四、伤害人而未致死及笃疾者。

沿革

附见第三百五十一条。

注意

本条第三款，系规定强盗罪与强奸罪俱发之特别处分。若被害之妇女羞愤自尽，则援用第二百七十六条第二项及第三百五十五条第四款，其本刑为死刑、无期徒刑或一等有期徒刑。

第三百五十五条

凡犯强盗之罪，关于左列各款之一以上者，处死刑、无期徒刑或一等有期徒刑：

一、强取御物者；

二、结伙三人以上在途行劫者；

三、在海洋行劫者；

四、因而致人于死或笃疾或伤害至二人以上者。

沿革

附见第三百五十条。

注意

本条第二款在途行劫，其结队持械横行之强劫者，自不待言。

第三款所谓海洋，系国际法上不归中国、外国管领之海面。

第四款致人于死与次条之故意杀人，以有无杀意为判，即故意杀人亦无豫谋与临时之分也。

第三百五十六条

凡犯强盗之罪，故意杀人者，处死刑或无期徒刑。

沿革

附见第三百五十一条。

第三百五十七条

凡本于共有权、质权及其余物权或官署之命令，他人以善意所管有自己之共有物或所有物，若窃取之者，处该物价额二倍以下、价额以上之罚金。如二倍之数未达五十圆时，处五十圆以下、价额以上之罚金。

侵入现有人居住或看守之邸宅、营造物、矿坑、船舰内犯前项之罪者，处五等有期徒刑或拘留，照前项之例并科罚金。

若强取之者，处四等以下有期徒刑或拘留，照第一项之例并科罚金。

注意

本条系规定对于自己所有物而为强窃盗，其要件有当注意者如左：

第一、系他人所管有是也。若自己管有之自己所有物，纵令他人担负物权（例如抵偿品），不得为此条之罪之客体。

第二、他人之管有权者必系本于共有权（与他人共同之所有权）、质权（指担保权利管有之物权）及其余物权（直接于物上之权利也，其种类于未有成文民法之时，可按习惯法以判其性质而定之）而有之管有权。若因于寄托契约、加工契约、恩惠之使用权等及债权、债务之关系，而窃取他人管有之自己所有物者，不得以此条罪论之。又管有权之出于官之命令者，亦与出于物权者同。

第三、他人必系本于物权而以善意管有之者。若取还他人以恶意所管有之自己所有物，例如索还被盗之赃物者，固不在此条之列也。盗取自己所有物，具备以上三要件，虽系为盗，而其情不过纯欲垄断财产上之利益，故照原则仅科罚金，惟有时情节稍重者乃始科以体刑。

第三百五十八条

关于本章之罪，若为禁止私有之物件或电气，以所有物论。

理由

凡人于禁止私有之物件，虽不能有民法上之权利，惟究系有一定价值之物品，亦无任他人盗取之理。又电气本力之一种，非有体之物，然其效用与有体物无异，故本条对于此类设为特别之规定。

第三百五十九条

第三百四十九条至第三百五十三条、第三百五十四条第一款至第三款、第三百五十五条第一款至第三款、第三百五十六条及第三百五十七条之未遂罪，罚之。

第三百六十条

犯第三百五十条、第三百五十一条至第三百五十六条之罪者，褫夺公权，其余得褫夺公权全部或一部。

第三百六十一条

于本支亲属或配偶者及同居亲属之间，犯第三百四十九条、第三百五十条、第三百五十七条之罪者，免除其刑。

于其余亲属间犯前项所指之罪者，须待告诉始论其罪。非亲属而与亲属为共同之犯，不用前二项之例。

第三十三章　关于诈欺取财罪

第三百六十二条

凡以自己或第三者之所有为宗旨，用欺罔或恐喝，使人以所有之财物交付于己者，为诈欺取财，处三等以下有期徒刑。

以前项之方法而得财产上不法之利益或使他人得之者，亦同。

沿革

《汉书·王子侯表》：葛魁嗣侯戚坐缚家吏恐猲受赇，弃市。师古曰："猲，谓以威力胁人也。赇，枉法以财相谢。"又，承乡嗣侯德天坐恐猲国人受财赃五百以上，免。又，《赵广汉传》：富人苏回为郎，二人劫之。师古曰："劫取其身，令家将财物赎之。"《后汉书·桥元传》：凡有劫质者，皆并杀之，不得赎以财宝。《晋书·刑法志》张斐注律表：若加威势下手取财为强盗，不自知亡为缚守，将中有恶言为恐猲，不以罪名呵为呵人，以罪名呵为受赇，劫名其财为持质，此八者以威势得财而名殊者也。（按，恐猲，汉书、晋书作猲，唐律作喝，明律作吓。）

《唐律》：诸恐喝取人财物者（口[①]恐喝亦是），准盗论，加一等。虽不足畏忌，财主惧而自与，亦同（展转传言而受财者，皆为从坐。若为人所侵损，恐喝以求备偿，事有因缘之类者，非）。若财未入者，杖

---

① 《大清法规大全》原文无"口"字。

六十。即缌麻以上自相恐喝者，犯尊长以凡人论，犯卑幼各依本法。诸有所规避而执持人为质者，皆斩。部司及邻伍知见，避质而不格者，徒二年（质期以上亲及外祖父母者，听身避不格）。诸诈欺官私以取财物者，准盗论（诈欺百端皆是。若监主诈取者，自从盗法。未得者，减二等。下条准此）。知情而取者，坐赃论。知而买者，减一等。知而为藏者，减二等。

《元典章·刑部十九》：延佑五年局骗钱物例，今后有犯，拟合依窃盗首从例，计赃断配，免刺，不追倍赃。其信从啜入局被骗之人，量事轻重断罪。

《明律》：凡恐吓取人盗物者，计赃，准窃盗论加一等，免刺。若期亲以下自相恐吓者，卑幼犯尊长以凡人论，尊长犯卑幼亦依亲属相盗论递减科罪。凡用计诈欺官私以取财物者，并计赃，准窃盗论，免刺。若期亲以下自相诈欺者，亦依亲属相盗律递减科罪。若监临主守诈取所监守之物者，以监守自盗论，未得者减二等。若冒认及诓赚局骗拐带人财物者，亦计赃，准窃盗论，免刺。

现行律与明律同。嘉庆二十五年定捉人勒赎之例，节经道光三年、十四年、二十三年、二十四年，光绪二十四年加重，改照强盗律治罪。

注意

诈欺有欺罔与恐喝二意。欺罔者，虚构事物而使他人误信；恐喝者，欲人恐惧但未至胁迫之程度。使他人因误信或畏惧而允付交财物，是为本罪之主要也。

第二项得财产上不法之利益或使他人得之者，除使他人交付以财物者外，凡不法以取本人及其余之财产利益，或使第三者取之之总称。例如欺罔或恐喝使于有价证券上为不利之签记，或使让与其设立公司之权利，或使让与其渔业权、伐木权等之债权者，皆属此类。至于使人交付契据，仍属第一项之范围。

第三百六十三条

凡为他人处理事务，以图自己或第三者利益，或以加害为宗旨，背其义务而损害本人之财产者，处三等以下有期徒刑或一千圆以下、一百圆以上罚金。

注意

凡以此条致罚者，如公司办事员受人贿赂而抛弃公司利益所关之诉讼。又如生命保险公司之医员，图得垂死病人之利益，而给以健全之诊视书，致被保人死亡而亏折保险金。又如幼者之后见人以自己对第三者所负之债务，与幼者对第三者所有之债权相抵，使幼者受其损失等是。

第三百六十四条

凡乘未满十六岁之幼者或他人精神错乱之际，而使以本人或第三者所有财物交付于己，或得财产上不法之利益，或使他人得之，及加本人以财产上之损害者，从前二条之例处断。

第三百六十五条

凡三人以上共犯本章之罪者，处二等或三等有期徒刑。

吏员当处理公务之际，以图自己或他人之利益，或加害于国家或公所之宗旨，背其职务，损害国家或公所财产者，亦同。

若系御物，处无期徒刑或二等以上有期徒刑。

注意

本条第二项指吏员因职务处理国家或自治团体之事务时，而为第三百六十三条之行为也。

第三百六十六条

本章之未遂罪，罚之。

第三百六十七条

犯第三百六十五条之罪者，褫夺公权，其余得褫夺公权全部或一部。

第三百六十八条

第三百五十七条第一项、第三百五十八条及第三百六十一条关于本章之罪，亦准用之。

第三十四章　关于侵占罪

此章所规定之侵占罪，若其成立系对于自己管有之他人所有物（第三百六十九条第一项及第三百七十条）及准此之财物（第三百六十九条第二项），并已离他人管有之财物等者，则其罪之性质与盗罪及诈欺取财罪有异。

侵占之情形各有不同，或擅自处分自己管有之他人所有物，或变易管有之意为所有之意而径为所有人之行为，或以所有之意而取得遗失物之管有权，凡此之类皆是。故行为之外形虽各有不同，而凡不法之处分行为或领有行为，皆属侵占也。

第三百六十九条

凡因律例或契约或因照料他人事务之管有共有物，或属于他人所有权、抵当权（债务者或第三者所管有之物，若对于债权者作抵当之用，即债权者于其物上有抵当权也）、其余物权之财物，而侵占者，处三等以下有期徒刑。

虽系自己之所有物或管有物，其因官署之命令归自己看守之时而侵占者，亦同。

沿革

《唐律》：诸受寄财物而辄费用者，坐赃论，减一等；诈言死失者，以诈欺取财物论，减一等；诸侵巷街阡陌者，杖七十；若种植垦食者，笞五十，各令复故。虽种植无所妨废者，不坐；诸占固山野陂湖之利者，杖六十。

《明律》：凡盗卖、换易及冒认，若虚钱实契典卖及侵占他人田宅者，田一亩、屋一间以下笞五十，每田五亩、屋三间加一等，罪止杖八十、徒二年。系官者，各加二等。若强占官民山场、湖泊、茶园、芦荡及金银铜场铁冶者，杖一百、流三千里。若将互争及他人田产妄作己业，朦胧投献官豪势要之人，与者、受者各杖一百、徒三年，田产及盗卖过田价并递年所得花利，各还官给主。凡受寄人财物、畜产而辄费用者，坐赃论减一等。诈言死失者，准窃盗论，减一等，并返物还主。

现行律与明律同。

注意

因律例而管有之财物者，除次条因公务以管有之物外，指其余以律例负担义务，因而管有他人之财物，例如幼者及禁治产人之法定代理人管有之财产是。因契约而管有之财物者，指受寄之财物、借用物、典押物、加工之材料等，凡因契约而管有之他人财产也。照料他人事务者，即日本民法所谓事务管理之义，凡知交亲族及其余人等，虽无契约而以善意管理其事务之类。例有如深交之邻人，于旅行之际，以友谊托其代任修理房屋之劳是也。

凡此等财物，虽在自己管理之时，不得侵占，自不待言。故于此条拟之以罚，亦即就旧律所谓费用受寄财物及冒认他人财物等条，而扩其范围也。

第三百七十条

凡在公务或业务之管有共有物或属于他人所有权、抵当权、其余物权之财物而侵占者，处二等或三等有期徒刑。

其不在公务、业务之人，而与之为共同者，即适用第三十三条第一项。

沿革

《汉书·陈万年传》注引律：主守而盗，直十金，弃市。

《宋书·王宏传》：主守偷五匹，常偷四十匹，并加大辟。议者咸以为重，宜进主守偷十匹、常偷五十匹死，四十匹降以补兵。

《唐律》：诸监临主守自盗，及盗所监临财物者（若亲王财物而监守自盗，亦同），加凡盗二等，三十匹绞（本条已有加者，亦累加之）。

《元典章·刑部九》：仓库官吏人等盗所主守钱粮，一贯以下决三十七，至十贯杖六十七，每二十贯加一等，一百二十贯徒一年，每三十贯加一等，二百四十贯徒三年，三百贯处死。计赃以至元钞为则，诸物依当时估价，应犯徒一年，杖六十七，每半年加杖一十，三年加杖一百，皆决讫居役。

《明律》：凡监临主守自盗仓库钱粮等物，不分首从，并赃论罪，并于右小臂膊上刺"盗官（钱、粮、物）"三字，一贯以下杖八十，一贯之上至二贯五百文杖九十，五贯杖一百，七贯五百文杖六十、徒一年，一十贯杖七十、徒一年半，一十二贯五百文杖八十、徒二年，一十五贯杖九十、徒二年半，一十七贯五百文杖一百、徒三年，二十贯杖一百、流二千里，二十二贯五百文杖一百、流二千五百里，二十五贯杖一百、流三千里，四十贯斩。《集解》：杂犯死罪不刺字。《问刑条例》分四等：宣府、大同、甘肃、宁夏、榆林、辽东、四川、建昌、松潘、广西、贵州并各沿边、沿海，监守盗粮二十石、草四百束、银一十两、钱帛等物，值银一十两以上（常人盗加倍，下同），边卫充军；两京各衙门、漕运及京通、临淮、徐德六仓，并腹里节差、给事中、御史倍之；其余腹里节差、巡守等官又倍之；盗沿边、沿海粮四百石、草八千束、银二百两、钱帛等物，值银二百两以上，不分监守、常人，俱斩首示众。又律，若监临主守将增出钱粮私下销补别项事故亏折之数，瞒官作弊者，以监守自盗论。凡各衙门收支钱粮等物，已有文案勘合，若监临主守不正收正支、那移出纳、还充官用者，并计赃，准监守自盗论，罪止杖一百、流三千里，免刺。

现行律改"贯"作"两"，"百"作"钱"，余与明律同。乾隆五年定例，经嘉庆六年修并，一百两以下至四十两准徒五年，一百两以上至三百三十两杖一百、流二千里，六百六十两杖一百、流二千五百里，一千两杖一百、流三千里，一千两以上斩（二年不完，徒流发配，死罪监禁。三年不完，永远监禁）。

注意

侵占公务上管有他人财物者，即旧律之监守自盗。惟侵占自己管有物罪，究与夺他人持有以归于己者不同，故由贼盗分析于此章之内。业务上管有之他人财物者，如营质业者管有之质物，营仓库业、运送业者所被人委托之财物等，凡此皆因各种业务而管有他人之财物也，虽非监守自盗之吏员可比，然其侵占之情，无纤芒之轻重，故予以同一之处分。

第三百七十一条

凡侵占遗失物、漂流物或属于他人物权而离于其管有之财物者，处该物价额二倍以下、价额以上之罚金。若二倍之数未达五十圆时，处五十圆以下、价额以上之罚金。

因自己错误而以善意取得管有之他人所有物，及因他人错误而交付于自己之他人所有物，以遗失物论。

沿革

《唐律》：诸于他人地内得宿藏物，隐而不送者，计合还主之分，坐赃论，减三等（若得古器形制异而不送官者，罪亦如之）。诸得阑遗物满五日不送官者，各以亡失罪论。赃重者，坐赃论。私物，坐赃，减二等。

《元典章·刑部十八》断例，县官隐占孛兰奚人口在家使唤，一十七，标注私罪。过名隐占孛兰奚鹰犬背地飞放的，决三十七，断没一半。丢失人马诸人收住不送官者，一日七下、二日一十七、三日二十七，送兵马司令人认识。至元十三年，地内掘得埋藏之物，令得物之人与地主停分。若租田私田宅者，例同业主。如得古器珍宝奇异之物，随即申告进献，约量给价。如有隐没，其物全追入官。

《明律》：凡得遗失之物，限五日内送官，官物还官，私物召人识认，于内一半给与得物人充赏，一半给还失物人。如三十日无人识认者，全给。限外不送官者，坐赃论，私物减二等，其物一半入官，一半给主。若于官司地内掘得埋藏之物者，并听收用。若有古器、钟鼎、符印异常之物，限三十日内送官，违者杖八十，其物入官。

现行律与明律同。

注意

遗失物者，无抛弃权利之意而丧失所持有物之谓，若人饲养之动物，出于平常往复之地域以外亦是。漂流物者，指水上之遗失物，及因水流至水边之遗失物。

第二项因自己错误而以善意取得管有之他人所有物者，误信他人所有物为自己所有物，而以之归于自己持有也。因他人错误而交付于自己之他人所有物者，他人误认自己为别人，而以应交别人之物交付于自己也。凡此等财物，既发见其应属他人，即应申报公署或径还本主，倘有侵占，即应处罚。惟其管有之初，尚非出于恶意，实由于他人误交，故属侵占遗失物之一种。

第三百七十二条

第三百六十九条及第三百七十条之未遂罪，罚之。

第三百七十三条

犯第三百六十九条及第三百七十条之罪者，得褫夺公权全部或一部。

第三百七十四条

第三百五十八条及第三百六十一条关于本章之罪，亦准用之。

第三十五章　关于赃物罪

因犯罪而取得所有权或管有权之财物，谓之赃物。知情而为之搬运、受寄、牙保、故买者，中外法律皆所必罚。虽有时情节较轻，然故买人等实为暴掠之源、奸盗之本，故处罚不可从轻。即征诸各国之实验，凡以故买赃物为常业者，俱予严罚，迨后除金钱外，其窃取或强取其余财物之罪，因之减少，是其先例也。

第三百七十五条

凡受人赠与赃物者，处四等以下有期徒刑、拘留或三百圆以下罚金。

搬运、受寄、牙保或故买赃物者，处二等至四等有期徒刑。

犯前项之罪因以获利者，并科其所得价额二倍以下、价额以上之罚金。如二倍之数未达五十圆时，并科五十圆以下、价额以上之罚金。

沿革

《文献通考·刑考八》：后魏宣武帝时引律，知人掠盗之物而故买者，以随从论。

《唐律》：诸知略、和诱及强盗、窃盗而受分者，各计所受赃，准窃盗论，减一等。知盗赃而故买者，坐赃论，减一等。知而为藏者，又减一等。

宋《刑统赋解·贼盗律》：若买人盗诈枉法赃者，杖一百。知而故藏者，杖九十。其余之赃知而故买及藏者，律无别例，从不应为科罪，流以上从重，徒以下从轻。

《明律》：其知人略卖、和诱人及强窃盗后而分赃者，准窃盗为从论，免刺。若知强窃盗赃而故买者，计所买物坐赃论。知而寄藏者，减一等。各罪止杖一百。其不知情误买及受寄者，俱不坐。《问刑条例》：知强窃盗赃而接买、受寄，若马骡等畜至二头匹以上，银货坐赃至满贯者，俱问罪，不分初犯、再犯，枷号一个月发落。若三犯以上，不拘赃数多寡，与知强盗后而分赃至满贯者，俱免枷号，发边卫充军（"边卫"，乾隆三年改"近边"）。

现行律与明律同。嘉庆十八年定"洋盗案内知情接买盗赃，一次满徒，二次近边，三次以上发新疆为奴"之例。同治九年定"强盗案内知情接买盗赃，照洋盗例分别次数定拟"之例。

第三百七十六条

关于第三百五十七条或其余准用之赃物，而犯前条之罪者，照第三百五十七条第一项之例处以罚金。

第三百七十七条

本章之未遂罪，罚之。

第三百七十八条

犯第三百七十五条第二项之罪者，褫夺公权。犯第三百七十五条第一项及第三百七十六条之罪者，得褫夺公权全部或一部。

第三百七十九条

第三百五十八条及第三百六十一条第一项并第三项关于本章之罪，亦准用之。

第三十六章　关于毁弃损坏罪

毁弃损坏财物、证书之类，中外法律俱属应罚，无待烦言。然亦有虽非毁弃损坏，而罪质纯与之相同者，故本案揭于第三百八十二条第二款及第三款，庶于实际无疑议也。

第三百八十条

凡毁弃关于他人权利、义务之文书者，处三等以下有期徒刑或三百圆以下五十圆以上罚金。

若毁弃制书或公署或吏员所持有之公文书者，处二等至四等有期徒刑。

沿革

汉《金布律》有毁伤亡失县官财物，魏分为《毁亡律》，见《晋书·刑法志》引魏《新律》序。

《唐律》：诸弃毁制书及官文书者，准盗论，亡失及误毁者，各减二等（毁，须失文字。若欲动事者，从诈增减法）。其误毁失符移解牒者，杖六十（谓未入所司而有本案者）。

《明律》：凡弃毁制书及起马御宝、圣旨、起船符验，若各衙门印信及夜巡铜牌者，斩。若弃毁官文书者杖一百，有所规避者从重论，事干军机钱粮者绞。当该官吏知而不举，与犯人同罪，不知者不坐，误毁者各减三等。其因水火盗贼毁失有显迹者，不坐。凡遗失制书、圣旨、符验、印信、铜牌者，杖九十、徒二年半，若官文书杖七十，事干军机钱粮者杖九十、徒二年半。俱停俸责寻，三十日得见者，免罪。

现行律于首节删"起马御宝……"等十一字，并"及夜巡铜牌"五字，次节删"铜牌"二字，余与明律同。

第三百八十一条

凡损坏他人所有营造物、矿坑、船舰者，处三等以下有期徒刑或一千圆以下一百圆以上罚金。

若损坏第一百八十二条所揭之矿坑或营造物，处二等或三等有期徒刑。

因犯本条之罪致人于死伤者，比较第三百零一条及第三百零二条，从重处断。

沿革

《唐律》：诸弃毁大祀神御之物，若御宝、乘舆服御物及非服而御者，各以盗论。亡失及误毁者，准盗论，减二等。诸弃毁符节印及门钥者，各准盗论，亡失及误毁者，各减二等。诸于官私田园辄食瓜果之类，坐赃论，弃毁者亦如之。即持去者以盗论，主司给与者加一等，强持去者以盗论，主司即言者不坐。非应食官酒食而食者，亦准此。诸弃毁官私器物及毁伐树木稼穑者，准盗论；即亡失及误毁官物者，各减三等。诸毁人碑碣及石兽者，徒一年。即毁人庙主者，加一等。其有用功修造之物而故损毁者，计庸坐赃论，各令修立。误损毁者，但令修立，不坐。诸弃毁亡失及误毁官私器物者，各备偿（谓非在仓库而别持守者）。诸故杀官私马牛者，徒一年半，赃重及杀余畜产若伤者，计减价，准盗论，各偿所减价。价不减者，笞三十。其误杀伤者不坐，但偿其减价。主自杀马牛者，徒一年。

宋《刑统赋解·杂律》：失亡官私器物者，坐罪。失亡私家器物者，偿而不坐。

《明律》：凡拆毁申明亭房屋及毁板榜者，杖一百、流三千里。凡弃毁人器物及毁伐树木、稼穑者，计赃，准窃盗论，免刺。官物加二等，若遗失及误毁官物者，各减三等，并验数追偿。私物者，偿而不坐罪。若毁人坟茔内碑碣、石兽者，杖八十。毁人神主者，杖九十。若毁损人房屋墙垣之类者，计合用修造雇工钱，坐赃论，各令修立，官屋加二等。误毁者，但令修立，不坐罪。凡于他人田园擅食瓜果之类，坐赃论，弃毁者罪亦如之。其擅将去及食系官田园瓜果，若官造酒食者，加二等。主守之人给与及知而不举者，与同罪。若主守私自将去者，并以监守自盗论。凡私宰自己马牛者，杖一百。驼、骡、驴，杖八十，误杀者不坐。若病死而不申官开剥者，笞四十，筋角皮张入官。若故杀他人马牛者，杖七十、徒一年半，驼、骡、驴，杖一百。若计赃重于本罪者，准盗论。若伤而不死、不堪乘用及杀猪羊等畜者，计减价，亦准盗论，各追赔所减价钱。价不减者，笞三十。其误杀伤者，不坐罪，但追赔减价，为从者各减一等。若故杀缌麻以上亲马、牛、驼、骡、驴者，与本主私宰罪同。杀猪羊等畜者，计减价，坐赃论，罪止杖八十。其误杀及故伤者，俱不坐，但各追赔减价。若官私畜产毁食官私之物因而杀伤者，各减故杀伤三等，追赔所减价，畜主赔偿所毁食之物。若放官私畜产损食官私物者，笞三十，赃重者

180

坐赃论，失者减二等，各赔所损物。若官畜产毁食官物者，止坐其罪，不在赔偿之限。若畜产欲触觝踢咬人，登时杀伤者，不坐罪，亦不赔偿。

现行律于宰杀马牛条首节"杖八十"下二十四字改为"筋角皮张入官，误杀及病死者不坐"，余与明律同。

第三百八十二条

凡犯左列各款之一者，处四等以下有期徒刑、拘留或三百圆以下罚金：

一、除前条所揭外，损坏、伤害他人之物者；

二、泄漏他人所有之煤气、蒸气、其余气体及流动物，致丧失效用者；

三、纵逸他人所有之动物，致令丧失者。

第三百八十三条

凡自己所有物负担他人物权，或本于公署之命令，他人管有或自身看守之时，损坏、伤害、泄漏或丧失之者，处该物价额二倍以下、价额以上之罚金。若二倍之数未达五十圆时，处五十圆以下、价额以上之罚金。

第三百八十四条

第三百五十八条及第三百六十一条关于第三百八十条第一项、第三百八十一条第一项、第二项及前条之罪，亦准用之。

第三百八十五条

第三百八十条、第三百八十一条第一项第二项、第三百八十二条及前条之未遂罪，罚之。

第三百八十六条

因犯本章之罪，应宣告二等有期徒刑以上之刑者，褫夺公权，其余得褫夺公权全部或一部。

第三百八十七条

第三百八十二条及第三百八十三条之罪，须待告诉始论其罪。

第二部分

1907 年刑律草案签注

一　上谕

1. 著京外各衙门签注新刑律草案谕

（宣统元年正月二十六日，　1909 年 2 月 16 日）

宣统元年正月二十六日内阁奉上谕：戴鸿慈等奏请饬催京外各衙门签注新刑律草案一折。法律为宪政始基，亟应修改以备颁布。所有新定刑律草案，著京外各衙门照章签注，分别咨送，毋稍延缓，以凭核订而昭画一。钦此。

附：法部会奏请饬催京外各衙门签注新刑律草案折

奏为请旨饬催京外各衙门签注新刑律草案从速咨送以凭汇案核订，恭折会陈，仰祈圣鉴事。

窃新订刑律草案总则、分则，前经宪政编查馆咨交京外各衙门照章签注在案。上年五月初七日经学部奏驳原奏、清单各一件，奉谕旨：学部奏请将中国旧律与新律草案详慎互校、斟酌修改删并以维伦纪而保治安一折，著修订法律大臣会同法部按照所陈各节，再行详慎斟酌、修改删并奏明办理，钦此。嗣于七月二十五日经开缺安徽巡抚冯煦奏驳原奏一件，奉朱批：著修订法律大臣、法部议奏，钦此。复于九月十四日经直隶总督杨

185

士骧奏驳原奏、清单各一件，奉朱批：著修订法律大臣汇同京外各衙门条奏，详慎斟酌，另订具奏，单并发，钦此。又于十月初三日经宪政编查馆将邮传部、农工商部、川督、粤督、滇督、黔抚签注总则、分则暨热河都统签注总则各原文咨送臣馆，又于十二月三十日经浙江巡抚增韫奏驳原奏、清单各一件，奉旨：该衙门议奏，钦此。窃维科条之设本模范夫群生，而删叙之方宜集平于众议，自应钦遵节次谕旨、会萃中外条辩，抉择所从，蔚为一代之典章，则推暨不致扞格难行。惟其余各部院暨各省迄今尚未一律签注咨覆，伏查《钦定逐年筹备立宪事宜清单》，本年核订新刑律以备明年颁布。盖法律为立宪始基，故年限所关尤为切近，现在臣等亟待修改。伏乞饬下京外各衙门遵照定章签注，分别从速咨送以便斟酌损益，庶免参差而昭画一。所有臣等会陈饬催签注刑律草案缘由，伏乞皇上圣鉴。

再：此折系法律馆主稿，会同法部办理，合并声明，谨奏。

宣统元年正月二十六日奉上谕：已录。

二 奏折

1. 学部原奏

大学士、管理学部事务、臣张之洞等跪奏：为新定刑律草案多与中国礼教有妨，谨分条声明。拟请饬下修律大臣将中国旧律与新律草案详慎互校、斟酌修改删并以维伦纪而保治安，恭折仰祈圣鉴事。

窃臣部前准宪政编查馆将法律馆奏进刑律总则草案并刑律分则草案，先后咨送到部。臣等窃惟修订法律为国势所关，此次法律馆原奏所称列强竞峙，非藉法律保障不足均权势而杜觊觎一节，自系深明时局之论。原奏并称是编修订大旨，折衷各国大同之良规，而仍不戾乎我国历代相沿之礼教。是该馆博稽中外、参酌古今而尤兢兢注意于我国礼教，果其所定各条皆能符合此旨，臣等尚复何言？惟臣部职司教化，明刑弼教理本相因。数月以来，悉心考核，查此次所改新律与我国礼教实有相妨之处。因成书过速，大都据日本起草员所拟原文，故于中国情形不能适合。谨分条辨正，为我皇太后、皇上胪陈之。

窃维古昔圣王，因伦制礼，准礼制刑，凡刑之轻重等差一本乎伦之秩序、礼之节文而合乎天理人情之至也。《书》曰："明于五刑以弼五教"，《王制》曰："凡听五刑之讼，必原父子之亲、君臣之义以权之。"此我国

187

立法之大本也，大本不同，故立法独异。我国以立纲为教，故无礼于君父者罪罚至重；西国以平等为教，故父子可以同罪，叛逆可以不死，此各因其政教习俗而异，万难强合。今将新定刑律草案与现行律例大相刺缪者，条举于左：

一、中国制刑以明君臣之伦。旧律凡谋反、大逆者不问首从，凌迟处死；新律草案则于颠覆政府、僭窃土地者，虽为首魁，或不处以死刑，凡侵入太庙、宫殿等处射箭、放弹者，或处以一百圆以上之罚金。此皆罪重法轻，与君为臣纲之义大刺缪者也。

一、中国制刑以明父子之伦。旧律凡殴祖父母、父母者死，殴杀子孙者杖；新律草案则伤害尊亲属因而致死或成笃疾者或不科以死刑，是视父母与路人无异，与父为子纲之义大相刺缪者也。

一、中国制刑以明夫妇之伦。旧律妻殴夫者杖，夫殴妻者非折伤勿论，妻殴杀夫者斩，夫殴杀妻者绞，而条例中妇人有犯罪坐夫男者独多，法意极为精微；新律草案则并无妻妾殴夫之条，等之于凡人之例，是与夫为妻纲之义大相刺缪者也。

一、中国制刑以明男女之别。旧律犯奸者杖，行强者死；新律草案则亲属相奸与平民无别，对于十二岁以下男女为猥亵之行为者或处以三十圆以上之罚金，行强者或处以二等以下有期徒刑。且曰：犯奸之罪与泥饮、惰眠同例，非刑罚所能为力，即无刑罚制裁此种非行亦未必因是增加。是足以破坏男女之别而有余也。

一、中国制刑以明尊卑长幼之序。旧律凡殴尊长者加凡人一等或数等，干名犯义诸条立法尤为严重；新律草案则并无卑幼殴杀尊长之条，等之于凡人之例，是足以破坏尊卑长幼之序而有余也。

又查：原奏更定刑名一条，改旧律之笞、杖、徒、流、死为死刑、徒刑、拘留、罚金四种。按今日交通日便，流刑自是可除，笞杖则有不能尽废者，罚金则有不尽能行者。如差役等犯法，惟笞杖为宜，至于罚金本古赎刑之遗制，所以养人愧耻以为改过之地。新律草案于凡因过失之危害乘舆车驾者、凡侵入太庙宫殿等处射箭放弹者、凡因过失致尊亲属于死或笃疾者，亦以罚金之例行之，则饶于赀者必轻于法。此刑名之未可全改者也。

又原奏酌减死罪一条，有万不可减者。如谋反者、卑幼殴杀尊长者、强奸妇女者、强盗于盗所强奸者、发冢见尸者、发尊亲属冢见尸者、放火决水者，不置之以死，何以戢暴？原奏称每年秋审实决者十不逮一，不知刑部斗杀之案分别实缓酌核经年，减军、减流必遇恩赦，计算该犯监禁少亦数年。若遽定以不死之刑，人更视人命为儿戏。衙门办案本多化重为轻，若开此方便之门以授权于审判官，则官吏受贿、民间仇杀之风必炽。此死罪之未可过减也。

又原奏死刑惟一一条。案《明律》斩、绞分立决、监候，具有深意，国朝因之。新律草案称死刑仅用绞刑一种，大逆、逆伦重案俱用斩刑。现当斩刑未废，如新律用绞，是等君父于路人，将来流弊所极有，非臣子所忍言者。该大臣原奏亦谓大逆、逆伦等条俱属罪大恶极，别辑专例通行等语，应即先行提出、赶紧拟定，以维国纪而顺人心。此死罪之未可惟一也。

又原奏删除比附一条，尤为矛盾。据称比附易启意为轻重之弊，此诚不免。但由审判官临时判断，独不虞其意为轻重耶？引律比附尚有依据临时判断，直无限制即如罚金一项，多或数千元、少或数十元，上下更易出入必多。且所定各条，多有同一罪而定三种之刑，悉任裁判官定拟，范围太广，流弊甚大。此比附之未可尽除也。

又原奏惩治教育一条，用意甚善，可以仿行。惟原定凡犯罪在十六岁以下不论大小轻重皆无刑事上之一切责任，一以惩治教育处之限年太宽，恐滋流弊。此惩治教育之尚需酌定年限也。

又原奏所注意者只收回治外法权一事，自是今日急务。查外人所以深诋中国法律必须改订者，约有数事：一刑讯无辜、一非刑惨酷、一拘传过多、一问官武断、一监羁凌虐、一拖累破家，果能将此数端积弊严禁，而国势实力日见强盛，然后属地主义之说可以施行，外人自不能干我裁判之权。并非必须将中国旧律精义弃置不顾，全袭外国格式文法，即可立睹收回治外法权之效也。盖收回治外法权，其效力有在法律中者，其实力有在法律外者。日本改律在明治二十三年，直至明治二十七年以后，各国始允其请，是其明证。依属地主义，除君主、大统领、公使之家属、从官及经承认之军队、军舰有治外法权，其余侨居本国之人民，悉遵本国刑律管辖，不应由各国领事裁判。是所当收回者为领事裁判权，今欲收回此权，则于旧律之有碍治外法权者，自不能不酌加修改。然原奏又云统计法系约分英、法、德三派，是同于英者未必同于法，同于法者未必同于德。日本改律，初采法国制度，既又改用德制。夫英、法、德既各用其国律，而无碍于完全之法权；日本采用各国法律亦不能事事尽同于各国，仍无碍于收回已失之法权。可见我国今日改定刑律，于中国纲常伦纪大有关系者，其罪名轻重，即使与各国有所异同，似亦无碍于收回此项法权也。

窃意今日改律之要，当删繁减轻。减轻一节，已经明谕罢除凌迟、枭首等刑，而且停止刑讯、整顿监狱。朝廷仁厚恻怛之至意，已为各国所同钦、万民所共仰矣，要在内外刑官实力遵行。至于删繁一节，前此修律大臣奏请删定现行法律，实为扼要办法。拟请饬下该大臣将中国旧律旧例逐条详审，何者应存、何者应删，再将此项新律草案与旧有律例逐条比较，其无伤礼教只关罪名轻重者，斟酌至当择善而从；其有关伦纪之处，应全行改正。总以按切时势而仍不背于礼教为主，限期修改成书，再行请旨交宪政编查馆核议后，恭呈钦定，颁行海内，庶几收变法之益而不贻变法之害。

臣等守官学部，法律并非专长，岂愿好为指摘？特恐因重要数大端罪名轻重之间傥有失当，以致玷伦伤礼、纲纪全堕，实与世道人心大有关系。愚虑私忧，不胜大惧，既有所见，不敢缄默自安。谨将刑律草案有妨礼教各条摘录原文附以驳议，缮具清单恭呈御览。所有辨正新律不合，及拟请饬下修律大臣重行改正之处，是否有当，伏祈皇太后、皇上圣鉴训示。谨奏。

光绪三十四年五月初七日军机大臣面奉谕旨：学部奏请将中国旧律与新律草案详慎互校、斟酌修改删并以维伦纪而保治安一折，著修订法律大臣会同法部按照所陈各节，再行详慎斟酌、修改删并，奏明办理。钦此。

2. 两广总督原奏

两广总督张人骏奏请将刑律草案详加更订折

奏为刑律草案文义未明、宽严失当，拟请详加更订、以昭法制而资遵守，恭折具陈，仰祈圣鉴事。

窃臣于上年十一月暨本年二月，先后承准宪政编查馆王大臣咨送刑律总则、分则草案，敕令讨论参考签注咨覆，以凭汇择核定等因，均经转行枲司遵照办理。窃维法制损益固当因时，制宜尤贵洽乎民俗。方今列强环峙，交涉日繁，风气所趋，时会所迫，诚有不能墨守旧章者。朝廷锐意图强，特命专官修订法律，将以定折中之制度，收治外之法权，薄海臣民同深钦仰。臣读刑律草案，详列沿革，采各国之成法补中律所未备，参互考订，具见苦心。

惟中外风俗异宜，文词各别，专事仿效窒碍滋多，约举其要，厥有数端，伏惟圣明垂察焉：

一曰正文义。法律者，所以范围天下、约束臣民，必须官吏尽谙、颛蒙共喻，然后司法者乃无歧误，奉法者知所遵守。今草案悉仿东瀛，名词新异，语复拗折，注释亦不尽明晰。如所谓行为、结果、执行、身分、地位、著手之属，皆中国衢巷俚俗之谈；又如犹豫行刑、假出狱、提起公诉权、时效，与夫精神疾病暨笃疾、废疾之视能、听能、语能、机能、阴骘之类，几令人阅而目眩，或莫之能解。在臣署中尚有翻译之员习法政之学者，而质以草案，文义亦未能剖说详明，况于地方有司？又况于海内士庶？文义不明之弊，势必致颠倒谬误。愚民触法而不自知，吏得因缘以为奸利，非细故也。戊戌以前，日本之文理名词，概不多见，自时厥后日渐漫衍，始而报章用之，继而学堂用之，又继而公牍亦用之，不为议立。一代之宪章，乃全袭他人之文法，似非政体所宜。且更订刑律期与各国政治跻于大同也，今文词专仿东瀛，实与欧西迥异，非独中国臣民素所未习，凡通商诸国亦无一与之同文，与其效法一国而令各国莫能相通，何如仍用中文而另备译本之为愈。此草案之应改者一也。

一曰明等差。自隋唐以来，定笞、杖、徒、流、死为五刑，后复加入军，遣，等差最为详审。今死罪之凌迟、斩枭、戮尸三项，已奉明诏删除，轻罪之杖笞，亦改罚锾工作，仰见钦恤盛典，超迈往古。遣、军、流犯，近年大半逃亡，欲求补偏救弊之方，似不得不变通成例。总则草案，拟改刑名为死刑、徒刑、拘留、罚金四种，徒刑又分无期、有期。无期者，惩役终身以抵军、遣；有期者，区为五等以抵徒、流；拘留专科，轻罪以抵笞、杖；罚本赎刑旧制，而介于有期徒刑与拘留之间，规划良周，用意诚善。惟死刑有斩、绞之分，有立决、监候之殊，情实、入缓之判。今废斩用绞，停止秋谳，未免轻重无别、缓速同科。至有期徒刑与罚金额数均各为上下之限，以取裁于审判之官。夫治狱固贵得情，然但能衡其情而断以法，似不能悬无定之法以待不尽之情。况每罪之中连举数刑，更不知若何应轻、若何应重，迥非斠若画一之义，易滋出入故纵之虞。此应改者二也。

一曰重名教。中国刑罚实与礼教相维，举凡纲常伦纪所关，尊卑上下之别，莫不正名定分，懔然于天秩、天叙之不可踰。故名例十恶之条，首严干犯君亲之律。今分则草案以关于帝室之罪，弁冕简端，取法春秋体裁最正，惟事关大逆，寥寥数言，立法不免稍疏，且增入过失一条，处罚较宽，似未足以昭惩戒。至杀祖父母、父母及期亲尊长见诸第三百节，虽处死刑维一之罪，仍于谋杀凡人无殊。且伤害成笃、成废与发冢、损体、弃尸，则皆免死从轻。窃恐世薄天亲，人忘其本，蔑伦伤化，贻害无穷。此草案之应改者三也。

一曰尊国制。律严诈伪，法重防奸，如草案所列伪造制书，并御玺、印文、文书，与夫通用货币，皆属奸伪之尤。按诸定律定例，无不罪应斩绞，今乃悉处徒刑，重者极于无期，轻者仅及四等。夫以丝纶所出、御宝所关、官署之信符、国家之币制，宜如何尊严郑重乃不严治诈欺？而于伪造民间证券，又与伪造印信、文书之罪相同，未免轻重失宜，公私无别。此草案之应改者四也。

一曰慎机务。朝廷内政外交动关重要，漏泄机密失误堪虞，故定律载在交结近侍官员，及漏泄军情大事条内，凡有干犯皆处骈首。今草案于漏泄机务之罪，仅处三、四等有期徒刑，甚因漏泄而致与外国纷议战争，亦罪至无期徒刑为止。夫法令严则知儆、宽则生漫，似未可概从弛纵，致贻君父之忧。此草案之应改者五也。

一曰维风俗。见行律例虽于奸盗不尽从严，若有行强，则悉问斩绞。今草案于强奸、强盗之罪，仅处二、三等以上有期徒刑，且或强盗而并强奸犹复罪不至死。值此民气不靖、盗贼公行，每岁录囚，属于强盗者十之八九。而劫掠之风未戢，闾阎之患方深。傥专务从轻，水懦民玩，则凶顽愈无所戒惧，良懦之受害日多，妨害治安何可胜道？此草案之应改者六也。

此数者，皆就其至重机要者而言，其他窒碍各端，尚难更仆悉数。臣愚以为制刑之义，所以禁奸止暴，不宜纵恶长奸。《大清律例》一书，宽严得中，繁简有要，本正义育仁之义，为久道化成之规。只以今昔情形不无殊异，中外法度未尽同符，不得不从事纂修，以期适于交通之用。然节短取长则可，舍己徇人则不可。查宪政编查馆原咨，亦以此次修订新律恪遵谕旨，参考各国成法，体察中国礼教民情，会通酌订。可知以中国法律为主，以外国法律为辅，必求不戾于人情、风俗、礼法、政教，而后可行。否则变革纷更，未收治外之权，先妨治内之政，非徒无益而已。合无仰恳敕下宪政编查馆会同法部，将刑律草案总、分各则，按照见行律例悉心比勘，详加更订。先去新异之名词、文理，再核重要之条目、罪名，务期轻重有权，情法悉当，且宜仍存条例为律辅助，庶几协中之制寰宇同钦，明允之刑万世可则，以仰副朝廷明罚敕法之至意。除将草案次第签注，咨送宪政编查馆汇核外，臣为慎重刑章起见，冒昧具陈，伏祈皇太后、皇上圣鉴训示。谨奏。

光绪三十四年七月十一日奉朱批：著修订法律大臣暨法部会同学部前奏，详慎斟酌，另订具奏。钦此。

3. 安徽巡抚原奏

开缺安徽巡抚、臣冯煦跪奏：为刑律草案不厌求详，谨将愚虑所及略陈数端，恭折仰祈圣鉴事。

窃臣前准宪政编查馆王大臣咨称，"修律大臣进呈刑律草案，查照法律馆奏定《修订法律章程》，应由京内各部院、京外各省将军、督抚分饬所属详细签注，仍咨覆宪政编查馆考核汇办"等情前来，臣即遵照通饬各问刑衙门悉心研究，分别签注各在案。乃事经数月，覆者虽有数处，或偏重新法而不知守，或拘泥旧律而不知通。臣再三考核，莫衷一是，兹谨就愚虑所及，略将大要、忝议数端，为我皇太后、皇上一一陈之。

查草案总、分则计三百八十七条，陈义至高，取材极博，创历朝所未有，为列国所同。然若能推行无碍，藉以收回法权，湔雪前耻，岂非朝野所甚愿？考领事裁判权，西人初行于土耳其，继行于我国，又继行于日本。惟日本已与各国改约撤退，实由军事进步，非仅恃法律修明已也。即以法律论，必实行于本国而后能见信于外人，若专务文明之名，于本国历史、人情、风俗、习惯一切相违，窃恐人民之程度不能越级，文明之精神不能躐等，非徒无益，而转有损，有不得不鳃鳃然过虑者。

以立法之作用言，我国上古之世，圣君贤相皆知以恤刑为宗旨。然刑法单简，不外身体诸刑，即周末儒术大兴，学说群起，始薄刑名而重道德，而刑典亦略而不详，历代相沿。至唐律出而大备，纯用惩戒主义，宋、金援引无所出入，元、明之间复参报复主义。国朝因明旧制，故今律则兼惩戒、报复者也。然自行秋审制度以来，圣泽皇仁实又参用感化主义。盖今日东西各国刑法皆取感化，不用报复，而草案即以此为圭臬。夫报复之说，本非刑律之平，为今日法律学者所鄙议，然并惩戒而不用，转欲以感化为能，恐未能适合于今日人民之情势。如总则内第十一条凡未满十六岁之行为不为罪，及第十二章犹豫行刑、第十三章假出狱各条，皆偏重感化主义者也。以中国社会不良、教育未普，凡十五六岁之童子，知识已完，能力亦无不足，几于无罪而不可犯。若犹不论其罪，则幼年子弟必至无所忌惮、无恶不为，是以欲以道德化民，转足以坏其道德。诚宜仿日本旧刑法十二岁以下不论罪及十二岁以上宥恕减轻之例，比较今律，固已迥然不同。俟将来教育广播、诮德发展之时，年龄责任渐次从宽，再与各国竞争文明，尚未为晚。犹豫行刑及假出狱二者，变通刑法之用，以情相感，收效必多。然提法司未改、审判厅未立、巡警未能普及、监狱未能改良，亦必迟之数年始能施行。此宜斟酌者一也。

又以立法之内容言，西人用人格主义，不用家族主义，日本新刑法亦然，我国不能援用。上征国史，下察民情，皆莫不以家族、团体为国家之根本。《易》谓，"天地之道，始于男女，成于夫妇。有夫妇然后有父子，有父子然后有君臣，有君臣然后有上下，有上下然后礼义有所错"；《诗》曰，"刑于寡妻，至于兄弟，以御于家邦"；《大学》曰，"家齐而后国治，国治而后天下平"。此皆重视家族之明证，若忽将家族主义骤然改破，则全国人民国家之观念既浅，家族之范围复驰，恐人心涣然，更无术可以结合。西人迷信宗教，国人多数从同，故不必重视家族。我国不然，舍修身齐平数言以外，别无条教可言。若其所厚者薄，则其薄者必不能厚，有不能不重视家族之势。草案非无重视家族之精意，尚缺重视家族之明文。如分则第一章关于帝室之罪，既立专章，而君亲并重，宜仿日本旧刑法意，将关于祖父母、父母之罪另立专章，并附载不得援引不论罪及宥恕减轻之文。保持家族维系人心，不宜以犯杀伤尊亲属罪者与犯杀伤凡人罪者并列、无所区别。此宜斟酌者又一也。

若夫名节之防，中国女子习俗相沿，视西人为尤重。有临难殉身者，有被辱自尽者，此皆我国女子特征。如分则内第二百七十四条强奸妇女仅处二等以上有期徒刑，又第三百五十四条第三项于盗所强奸妇女而不列于

第三百五十五条之内，此等重犯尚无加以死刑之时，轻重之间，未免失宜。保护名节者不力，因而不顾廉耻者遂多。此宜斟酌者又一也。

至于名词文法，似宜精益求精，不宜专采诸日本。日本人以西书之名词翻我国之汉字，有渊源故书而确有考据者，有抚拾俗字而失其真义者。我国修订法律，取舍之间应有权衡，典雅之字不妨相仍，桀骜之词概宜屏而不录。盖法律为诗书之补助，即刑罚亦系教育之一端。若条文词义与本国文学或相背戾，解释不易，奉行遂难。且西人文学分古代、今世二种，尊崇古代文学者，其志固以足嘉；发阐近世文学者，其功尤不可没。古代文学以罗马拉丁文字为宗，音义源流皆能详加考订，此流传古学者也。若近世文学，则又英人能以罗马拉丁文字变为英文，法人能以罗马拉丁文字变为法文，俄、德亦然，所以便利国人，保存国粹，不使本国文字为外国文字所混化，用意尤深。若我国文字，一字一义，诚能考求字书，推阐文义，何求而不可得。即法律名词，宜因者因，宜创者创，亦非难能之事也。若似中非中、似西非西之日本文法，断不可略相摹仿，使其浸入我国。倘更编诸法典，恐舞文弄法之辈又将利用此等文法自便私图，其流弊尤有不可胜言者。

总之，今日立法，怵于国际、惩于时局、惩于教案，万不能守我国独有而又残酷之刑，而不趋向于万邦共同可行之法，亦不能重违民俗、远悖国情，专为舍己芸人之计。故修改本国之法，则贵乎汰其恶者而留其良；采取外国之法，尤贵乎节其长而去其短。必求无偏无倚、知变知通，此则立法者所当斟酌尽善而尤臣殷殷祈祷者也。所有参议新刑律草案，除将臬司所议各条咨覆宪政编查馆查照外，谨将愚虑所及大要数端恭折具陈，伏祈皇太后、皇上圣鉴训示。谨奏。

光绪三十四年七月二十五日奉朱批：著修订法律大臣、法部议奏。钦此。

4. 直隶总督原奏

头品顶戴、北洋大臣、直隶总督臣杨士骧跪奏：为参考刑律草案，谨摘纰缪，应请谕令更订缮具清单，恭折仰祈圣鉴事。

窃臣承准宪政编查馆王大臣先后咨送刑律总则、分则草案，行令讨论参考，分别签注，咨复汇核等因，节经督饬司暨天津审判厅详加考订。

窃维礼教所以化民，法律所以防民，古今法制代有损益，皆期适合于民俗而止。各国立法之权委之国会，亦以法律与民人之关系至为切合，因民制法具有深意。现我国国会未开，立法机关尚未完全，而旧时刑律核与现今情事，又渐不过以墨守，如海禁改为保护商律、别辑专条之类，其应行酌改者正多。此项新刑律草案，经修订法律大臣采取各国成法，逐条详考沿革、诠述大要，并著引用之法纂订，至为精博。惟兹事体大，不厌详求，臣愚虑所及，有不能已于言者。

人民之受治法律程度固分高下，俗尚尤有异同。各国订定法律莫不就本国风俗习惯纂成一国之宪典。我国最重家族，故旧律于干犯伦纪诸条，科之特严。又齐民之具以礼为本、以利为末，其奸诱诸罪黩礼溃义、败坏名教，为人心所同恶，即为国法所不容。修订之初稍有不当，既无以止暴禁奸，且不免惊世而骇俗。草案如谋为大逆，过失者亦许罚金；伤害尊亲属，虽致残废仍贷死罪；和奸，则仅科及有夫之妇；诱拐，则不禁二十岁以上之人，似此有悖礼教之条不胜枚举。夫中国治民之道断不能离伦常，而更言文明、舍体制，而别求教化。今徒骛一时之风，尚习他国之名词，强令全数国民以就性质不同之法律，在执笔者以为，时令既趋于大同，法典宜取乎公共，不知师长去短则可，削足适履则不可。若以中国数千年尊君亲上之大防、制民遏俗之精义废弃不顾，恐法权未收，防闲已溃，必致奸慝放恣，不可收拾。其他宽严轻重互有出入之处甚多，兹举最要数条附加案语，谨缮清单，以备圣明甄择。总之，弼教明刑旷代盛业可以与时为变通，不容数典而忘祖，必几经审慎体验于改革之中，仍寓增持之意，而后扞格始通，利用乃见。

查本年正月间修订法律大臣等因新刑律草案虽经编拟，而一时教育、审判、警察、监狱各项规制尚未完善，急切难见实行。援日本从前《新律纲领》暨《改定律例》办法，奏请编定现行刑律，分删除总目、厘正刑名、节取新章、删并例文四项，此系新旧递嬗、一定不易之次序。合无仰恳敕下宪政编查馆会同修订法律大臣暨法部赶将现行刑律编定颁行，以为推行新律之预备，一面将新刑律草案复加考核，妥慎厘订，期于中国人情风俗、礼法政教悉相符合。其公诉时效、犹豫行刑等类以及民、刑诉讼法内有未能通行者，一并参酌旧章、折衷至当，以仰副朝廷明罚敕法之至意。

除咨复宪政编查馆汇核外，所有参考刑律草案缘由，理合另缮清单，恭折具陈，伏祈圣鉴。谨奏。

光绪三十四年九月十四日奉朱批：著修订法律大臣、法部汇同京外各衙门议奏，详慎斟酌，另行具奏。钦此。

5. 东三省原奏

东三省总督徐世昌、署吉林巡抚陈昭常、署黑龙江巡抚周树模奏参考刑律草案签注各条折（并单）

奏为遵旨参考刑律草案敬陈管见，并开单签注各条，以备采择，恭折仰祈圣鉴事。

窃查前准宪政编查馆王大臣先后咨送刑律总则、分则草案，行令讨论参考、分别签注、咨复汇核等因，嗣后宣统元年正月二十六日奉上谕："戴鸿慈等奏请饬催京外各衙门签注新刑律案一折。法律为宪政始基，亟应修改以备颁布。所有新定刑律草案，著京外各衙门照章签注，分别咨送，毋稍延缓，以凭核订而昭画一。钦此。"

诚以立法之原则，全视政体为转移，今既预备立宪，自应别为规定，以合立宪之政体。宪政之基根于法律，煌煌圣训深切著明，内外臣工允宜确守此意以为讨论，是不知立宪之政体者，必不足与言新律之发明。臣节经督同提法司全部各员，详加考核。窃维中国法律至唐较为完备，相沿至今，代有损益，而宗旨不甚悬殊者，则以政体未尝变易也。然条例日繁，罪名日重，其意原以惩奸禁暴，而干大辟犯科条者岁有所增，所谓齐之以刑，民免而无耻，非治本之道也。今既屡颁明诏预备立宪，而法律实为宪政之根据，自应力扫严苛之弊，一以公理为衡，删除繁细之文，悉以简赅为断。若仍本现行律例以资参考，则必扞格不入，而签注不胜其繁。详译总则草案之宗旨，大抵以生命为重、以平均为义、以宥过为本旨，故过失皆得减刑；以人格为最尊，故良贱无所区别。约举数端，皆于立宪政体适相吻合。

盖法律之源，本于道德，而行此律者亦必以道德之心，使吾民有耻且格，以渐几于无过之地。此立宪之先声、环球之公理，非若近今刑名家言密布法网而待人以不肖也。论者乃以旧律相绳，致多不合。夫总则草案即现行律之名例也，若名例多所驳改，则分则草案不待签注而自废。且法律

197

者，范一世之具，若轻重不均、宽严错列，恐不足以明示中外、伸张法权。臣细核各条，或遵守成规，或择取新说，虽条文互有出入，而纲要实主平均。谨就各条有未完备及应酌改并申明其理由者，签注开单恭呈御览，一得之微或冀有所补助。或者谓人民程度尚低，不能适用轻法，溯查前奉禁止刑讯之谕，议者纷宠，几以为地方官舍此无凭定谳，虽不免阳奉阴违，互相观望。乃奉省自开办各级审判厅，除命盗案外概不用刑讯，开庭可以观审，判词付之公布，民间称便，而结案犹较内地为多，是知旧日问刑之官无法理之思想，非民之无良，殆官吏之不足与言法学也。查修订法律大臣原奏修订大旨一折，业经声明强盗、抢劫、发冢之数条，别辑暂行章程以存其旧，谋反、大逆及谋杀祖父母、父母等条，俱属罪大恶极，仍用斩刑专例通行，盖小深知现在之风俗民情与草案微有不合。但立法宜垂久远，岂能狃目前之习以薄待将来？故以新律著为常经，以专章暂资遵守，施行以渐，既无躐等之嫌。公理所存，安用一偏之议？此臣以签注为补助而深愿赞成者也。

抑臣更有请者，世界大同，文明竞化，均以法律之大同觇权利之得失，向以我国律例与欧美异宜，故各国之有领事裁判权载在约章，遂为放弃主权之缺陷。今以立宪之预备改订法律，果能变通成规、集取新法，使各国商民之在我领土者均以诉讼为便，则宣布实行，或有更改旧约与各国跻于同等之一日。若或调停迁就，繁简互异，新旧杂糅，非但有乖政体，一经宣布，恐非立宪之良规，亦为外人所腾笑，此又国际之关系而不能意为轻重者也。合无仰恳天恩，饬下宪政编查馆会同修订法律大臣暨法部，迅将各项暂行章程编定颁行，以济目前之用，一面即据新刑律草案编定新律，宣布天下。上以副朝廷明慎用刑之意，下以慰臣民殷然望治之心，实于立宪前途大有裨益。所有参考刑律草案敬陈管见并开单签注缘由，谨恭折具陈，伏乞皇上圣鉴训示。谨奏。

宣统元年三月十六日奉朱批：修订法律大臣、法部汇核具奏，单并发，钦此。

6. 浙江巡抚原奏

浙江巡抚、奴才增韫跪奏：为参考刑律草案，谨择要缮具清单，恭折具陈，仰祈圣鉴事。

窃查前抚臣冯汝骙任内，承准宪政编查馆王大臣先后咨送刑律总则、分则草案，行令讨论参考，分别签注咨覆汇核等因。奴才到任后，节经督饬臬司详加考订。

窃维化民之道，礼教为先，礼教所不能化者，则施刑罚以济其穷，此法律所由设也。汉、唐以前，民气朴厚，律法尚简，降及后世，民情变幻莫测，遂多设科条以为补救，现行条例繁苛冗沓之弊，诚所难免。近年宏开海禁，中外大同，揆诸现今情势，诚难墨守旧例，自为风气。此项新定刑律草案，经修订法律大臣采取各国之成规，详考中国之沿革，发明注意诠述理由，纂订至为详博。

惟改革之初，必须适合乎风俗人心，方足以垂永久而资遵守。奴才愚虑所及，有不能已于言者。夫尊君亲上，礼教之大防，现行律例如危害乘舆车驾者，惟合和御药及乘舆服御物有失误之文，余无过失宽刑之典，诚以君上尊严，凛乎不可侵犯。今草案增设过失一条，治以二、三等有期徒刑及罚金，窃取御物亦仅处以徒刑，是使奸民得以藉词卸脱，启其藐玩轻忽之心而犯者众。中国风俗，如干犯伦常、败坏名教，既为人心所同恶，即为国法所不容。今草案伤害尊亲致成残废，贷其死罪，将使伦纪纲常，翻然废弃。则忤逆之徒，罔知儆畏，非所以安上而全下也。强盗得财及以药迷人得财，旧律均拟死罪。今草案处以三等以上有期徒刑，一旦限满释放，更无忌惮，得以肆行其凶恶。杀死人命不问案情轻重，任审判官随案规定，断难平允，非所以除暴而安良也。

以上数端，妨害礼教民情，及于民间之生命财产，大有关系，此外与中国风俗人心，宽严轻重，互有出入之处，以及语涉疑似者甚多。兹特择其最要数条，加以按语，另缮清单，以备圣明甄择。

总之，刑法变更可以与时为进止，不容削足而适履，伦常名教断难自弃，防闲锄恶惩奸，尤宜加重刑典。若徒慕文明，概从宽滥，窃恐法权未握，内溃先形，驯至不可收拾。查中国现在教育、审判、警察、监狱各项规制，诸未完善，前于光绪三十四年正月间经修订法律大臣等奏请编定现行律，次序秩然，足为推行新律之预备。合无仰恳天恩，敕下宪政编查馆会同修订法律大臣暨法部，赶将现行律编定颁行，一面将新刑律草案覆加考核，妥慎厘订，期于中国礼教民情悉相符合，以仰副朝廷明慎用刑之至意。

除咨覆宪政编查馆汇核外，所有参考刑律草案缘由，理合择要缮具清单，恭折具陈，伏乞皇上圣鉴训示。谨奏。

光绪三十四年十二月三十日奉旨：该衙门议奏。钦此。

7. 江苏巡抚原奏

江苏巡抚、臣陈启泰跪奏：为新订刑律总、分各则草案逐条签注，恭折具陈，仰祈圣鉴事。

窃准宪政编查馆王大臣先后咨准军机处片，交修订法律大臣沈家本具奏刑律总则、分则草案告成，缮单呈览各折，均奉旨："宪政编查馆知道。单并发。钦此。"将总则、分则草案咨送到臣，当经札发臬司，论订参考，详具理由，分别签注去后。兹据江苏按察使左孝同，逐条签注，造册具详前来[①]。

伏查我朝刑法，承前明之旧制，经列圣之纂修，详明平恕，悉准天理、人情之至允，宜垂之万祀，奉为宪章者也。乃自中西互市，华洋杂居，人异其俗，国异其政，刑章亦异其重轻。外人遂借口于我法律之不善，以伸其治外法权，彼此交涉，动多为难。鉴于国际，怵于时局，诚有不能不改之势。然刑罚之原，基于礼教，礼教既异，刑罚即不能尽同。细核草案总则、分则规定各条，集类分章，多取法于日本，其间轻重配置，则又折衷于现行条例。因革损益，不无可行之处，而摘其大要，尚有三失。

刑乱用重，古有明训，成周刑措，尚有大辟二百。诚以生人固仁，杀人亦义，天道不能有春而无秋，王法不能有生而无杀。苟慕轻刑之名，即滋惠奸之弊，甚非圣人明刑弼教之意也。现行律例死刑七百六十条，益以历年加重章程，法网虽云繁密，然凌迟、枭示业奉明诏免除，立决、监候又复层递降改，亦足以示宽大之仁。况秋谳衡情，实予勾决者，十不逮一，名为死刑，初未尝尽绝生机。东西各国死刑较少，中律改良，原不得不稍加删节。第通计草案处死刑者，仅四十六条，以视现行例章，相去不

---

① 此句见《清末筹备立宪档案史料》，第859页，《刑律草案签注》该处原文为"将总则、分则草案咨送到臣，当经札发臬司，论订参考，详具理由，分别签注造册，具详前来"。

啻十数倍，甚至谋反、叛逆、强盗、强奸尚有不死之条，而各项之未遂罪皆得以罚金了之，恐永懦民玩，犯法者更多矣。此失于太轻者一。

斠若画一，立法本无二门。故自斩、绞以至杖、笞，等级井然，刑止终于一成，例不介于两可，苟有出入，虽一杖一笞，吏议有所不恕。草案每条文于罪名之等级，往往设为某等刑至某等刑上下，或并处以罚金，而罚金之数又定为数千以下至数百以上，上下起讫，相去太悬，易刑附刑，界说未明。即如第一百八十二条内云：处死刑、无期徒刑或一等有期徒刑，同一罪状而论刑则分三等，凡此之类，不胜枚举，其条文内，又未将如何而得处何刑之处，酌为声叙。当此裁判人才缺乏，官吏于法律未尽熟谙，势必至高下任意，处断难平。此失于太混者一。

《礼》曰："听讼，必察小大之比。"《周书》："上下比罪。"可见比附加减之法，三代已有行之，非自秦、汉以降始创也。诚以天下事变万端，有非法律所能赅备者，故特设此条为用法之准则，此正执简御繁之善法。虽曰援引比附，而仍不越乎正律之范围，犹是司法之向例，与立法迥乎不同，岂得指比附为司法而兼立法，与三权分立之义不符，竟可删除不用。况考诸外国法律，非无比较参照之办法，即草案内亦尚有准照某条适用之文，乃独于第十条著明：凡律例无正条者，不论何种行为，不得为罪，转似明导人以作奸趋避之路。此失于太疏者一。

他若枉法赃之不著以死法，和奸罪之不及于室女，杀伤外国代表既以伤害尊亲属论，而杀制使及本管官转概于普通杀人之列，子孙谋杀父祖既仅处以死刑，而父祖之杀子孙转与犯人同论，此尤关于政体名教，大为人心世道之忧。

总之，现时法律虽不能不采取新说，以期便于交涉，亦不能不兼顾内政，使无越于礼防。本此旨以决从违，则施行自无所扞格。至于采用日本名词，骤见之虽觉新异，细按之尚属简赅，惟语句艰涩、颇多费解，未必知愚共晓。虽中律亦有非注不明者，而草案实为尤甚，此非名词稍新之足病，实文义太晦而难明也。

除将签注条文清册咨送宪政编查馆核定外，理合会同两江总督、臣端方恭折具陈，伏乞皇上圣鉴训示。谨奏。

朱批：著修订法律大臣、法部汇同京外各衙门条奏，详慎斟酌，另订具奏。钦此。

8. 湖广总督原奏

湖广总督、臣陈夔龙跪奏：为新订刑律草案，详加参考，分条签注，开单恭折具陈，仰祈圣鉴事。

窃于宣统元年正月二十六日电传钦奉上谕："戴鸿慈等奏请饬催京外各衙门签注新刑律草案一折。法律为宪政始基，亟应修改以备颁布。所有新定刑律草案，著京外各衙门照章签注，分别咨送，毋稍延缓，以凭核订而昭画一。钦此。"臣遵查此案，前准宪政编查馆先后咨送刑律总则、分则各草案，均经前督臣赵尔巽行司饬属一体参考，妥加签注。臣到任后，又经照案行催在案。伏查新订刑律草案，原为宪政始基，自应从速核办，未便稍事延缓，随又督饬臬司反复推求，以资考订。

窃惟律设大法，制贵因时，方今列强环伺，每以中外刑律互异，夺我主权，亟应与时变通，以为收回治外法权之计。综核新定草案，详稽博考，类晰条分，大要在改异从同，删繁就简。其强盗、抢夺、发冢等项，一时骤难轻减者，原奏亦拟别辑暂行章程，以存其旧，参订本已详尽。

惟是中外风俗不无异宜，人民程度亦多差等，似有不得不就政教民情再加讨论者。如删除比附以杜意为重轻，而情伪万殊，条目不足以赅事变。且审判人才缺乏，如凭审判官就各刑上下之限临时审定，恐程度不及，亦不免援引失当，出入人罪。他如刑事丁年断自十六岁以上，碍难施诸强迫教育未行以前。徒罪因人虽得许假出狱，亦应按其所犯重轻酌示限制。五伦首重君亲，设有杀伤，不得以过失而宽减。叛逆大干法纪，若系首要，应处以唯一之死刑。至强奸不科死刑，亲属相奸未著专条，亦无以维名教之大防。其余如反狱、劫囚、诈伪等项，亦多从轻减，恐不免水懦民玩之虞，似应与强盗、抢夺、发冢诸条同辑暂行章程，以惩凶暴而保治安。并声明此项章程专为治本国痎匪淫凶而设，不在总则第一章范围之内，以免改正条约时为外人所藉口。俟人民程度进步，再行一体改从新律。庶于斟酌轻重之中，仍寓权衡缓急之意。盖此次改订宪章，固应博采东西各国律法，详加参酌，而仍求合于国家政教大纲，乃可收变法而不废法之效。

据湖北按察使杨文鼎详请具奏前来，臣复核无异。除咨法部暨宪政编查馆查照外，理合分条签注，汇缮清单，恭折具陈，伏祈皇上圣鉴。谨奏。

朱批：著修订法律大臣、法部，汇同京外各衙门条奏，详慎斟酌，另订具奏。钦此。

9. 山东巡抚原奏

头品顶戴、山东巡抚、臣袁树勋跪奏：为刑律实行，宜分期筹备，敬抒管见，仰祈圣鉴事。

窃臣伏读本年正月二十六日上谕：戴鸿慈等奏请饬催京外各衙门签注新订刑律草案一折，著京外各衙门照章签注咨送，以凭核订而昭画一等因。钦此。仰见慎重刑律、图进文明之至意。

查原奏我国刑律不能不改之故有三：曰惄于时局，曰鉴于国际，曰惩于教案，无非以我国法律未备、轻重失宜为藉口。三者之中，或误以领事裁判权为治外法权，文义上之解释，原奏已明，或更误以教案为交涉，遇民、教两造诉讼之案，往往牵入国际，外人亦利用而愚弄之。数十年来，不特外国住居之人民，不受我国所属地法律之支配，寻至我国内地人民，恃外国住居人一二为护符，亦将不受我国法律之支配。原奏所谓入教愚贱，气凌长官、闇于交涉、绌于因应。臣愚以为此为非闇于交涉也，本非交涉而误为交涉则闇矣；非绌于因应也，无可因应而与之因应则绌矣。何怪裁判权之移于领事，保和会之抑居三等，桁杨改色，盘敦无光，羞朝廷而重蹙吾民之生命耶！故居今日而言刑律，变固变，不变亦变，但变在我，则或有桑榆晚景之收；变不在我，将愈酿涂炭生灵之厄。观于通商各埠外人，对于中国罪犯，诘从笞责，刑罚不中，民无所措手足，嗟言及此，可为痛心。

臣细绎修律大臣所订刑律草案，变通之事例凡五，内如酌减死罪，或议其太轻，删除比附，或议其太混。其所以酌减及删除之理由，实皆采取欧美列邦之学说，参以中国旧时之习惯，斟酌损益，颇具苦心，原奏均已详言之，无可议亦无可疑也。臣之窃窃然议且疑者，则不在枝叶上之讨论，而在本根上之解决。根本维何？中国如不改订法律，尚能适存于列强竞争之世纪否？尚能范围此住居衣食之人民否？原奏所称不能不改之故，固不待智者而自明也。此所谓根本上之解决也。

虽然，我国现用之刑律，已成何等之时代，我国今日之时代，应适用何等之刑律，原奏于不可适用之处，则别为暂行章程。又恐暂行章程之或有窒碍也，则曰举行警察为之防范，普及监狱为之教养，罪重法轻之弊，可无顾虑等语。盖臣之顾虑，即在此矣。

夫各省举办警察，仅存形式耳，或并形式而未备耳。上年民政部始颁行警察学堂及巡警教练所章程，按照九年筹备期限，今居甫在举办，若监狱为筹备清单内所未及，似不能即属于筹办审判之一部分。其实监狱如不改良，则虽受极文明之裁判，而仍处以极不文明之监狱，与新订刑律乃真有直接之关系，其弊尤甚于巡警之不完备也。刑律枝叶之讨论，纵极完密，事实之障碍，固已多矣。

臣闻刑法之沿革，先由报复时代进于峻刑时代，由峻刑时代进于博爱时代。我国数千年来相承之刑律，其为峻刑时代，固无可讳，而外人则且持博爱主义，驯进于科学主义，其不能忍让吾国以峻刑相残也，非惟人事为之，亦天道使然也。原奏所谓警察为之防范，监狱为之教养，即由峻刑而进于博爱之证也。论者不揣改订刑律主义之所在，而毛举峻刑时代之习惯，瑕指而瘢索之，毋怪格不相入也。故为我国今日计，既不能自狃于峻刑主义，则不能不采取博爱主义。警察所以强制未犯罪之人不得为非，监狱则并教养已犯罪之人复归于善，亦曰感化主义。是二者在刑法上为旁义，而在新律实行之先，则非有切实之筹备，至某年巡警办有规模，某年监狱均已设立，则新刑律终不可得而施。

我国新政，变甲而不变乙，并甲亦无效，大都然也。就东省情形而论，曹、兖数府，以强悍闻，杀人于货，相习成风。治斯土者，亦惟以嗜杀为能，杀愈多而盗亦并不减少。夫刑罚者，最后之制裁也，日以刑罚加诸民，则制裁之道穷，而乐生之意少。老子曰："民不畏死，奈何以死畏之？"故峻刑主义之不得不转入博爱，理有因然，亦势有必至也。如是则今日京外衙门，对于新刑律不必从枝叶上讨论，仍当从根本上解决。既如原奏，刑律不能不改，则惟有预筹未施行此项刑律之先，应用何种助长之方法，使之易峻刑而进博爱，易威吓而用感化，似非仅如原奏空言法律知识所能办此。

臣疆寄忝膺，不敢为苟且之图，亦不敢存凌躐之见，拟在东省择地先办一宽大之监狱，经营伊始，难在筹款，尤难在得人。盖必须择宅心公正、具有慈善之愿力，而尤朴实耐劳有监狱之经验学识者，综理其事，始不至视为例差，有如传舍。微臣智短材疏，不敢谓办理必有效果，而默察施行新刑律之入手，非经此阶级不可。无论东省财政如何支绌，然上体天心之仁爱，下伤民命之颠连，荡涤瑕垢，咸与维新，臣断不敢不勉为其难。一俟计画稍有端倪，另折奏报。其刑律草案，经饬知按察使胡建枢查照分别签注，兹据详覆，并签注各条，臣察阅之余，亦系从枝叶上讨论，聊备千虑一得之用。

除分咨查照外，刍荛之见，是否有当，伏乞皇上圣鉴训示，并敕下修订法律大臣，一并核议施行。谨奏。

宣统元年闰二月初八日奉朱批：修订法律大臣、法部汇议具奏。钦此。

10. 江西巡抚原奏

江西巡抚臣冯汝骙跪奏：为遵旨参考刑律草案，谨陈管见，缮具清单，恭折仰祈圣鉴事。

宣统元年正月二十六日奉上谕：戴鸿慈等奏请饬催京外各衙门签注新刑律案一折。法律为宪政始基，亟应修改以备颁布。遵查此案，前准宪政编查馆咨送刑律总则、分则草案，行令讨论参考，签注咨覆，以凭汇择核定等因。业经前抚臣先后转行枭司，通饬问刑各衙门，悉心研究，分别签注。臣抵任后，又经饬催各在案。迄今未据覆到，事关修订法律，未便久任因循，随督同枭司逐条悉心研究，详加讨论。伏读正月二十七日上谕："凡我旧律，义关伦常诸条，不可率行变革，庶以维天理民彝于不敝，该大臣等务本此意为修改宗旨，是为至要等因。钦此。"仰见我皇上慎重刑章，维持伦纪，钦服莫名。

窃维我朝律例，历经列圣之修明，垂为一代之巨典，凡以申中国宪、正官方，禁匿诘奸，防微杜渐，悉准诸天理人情，一归于大公至当，此固措之天下而不疑，传之万世而无弊者矣。自海禁大开，交涉日赜，中西狱讼，往往以彼此刑律重轻，坐视夫法权之丧失而莫可如何，事穷则变，亦不得已之势也。查新定刑律草案，集列国之成规，溯法系之沿革，诠述大要以明其注意，推见至隐以抉其理由，纂订之劬，用心良苦。

惟是处新旧递嬗之交，定中外大同之法，其可得与民变革者，固不妨取彼之长、补我之短。至于纲常所系，风俗所关，断未容以舍己徇人，自堕其千百年相传之礼教。先儒有言，苟慕轻刑之名，而不恤惠奸之患，甚非圣人明刑弼教之本意也。谨择其义关伦常及体察风俗民情未尽合宜者，共四十五条，加以按语，另缮清单恭呈御览。仰恳敕下宪政编查馆会同修订法律大臣，覆加考核，妥慎厘订，期于天理民彝维持不敝，用副朝廷明罚敕法、通变宜民之至意。

是否有当，除分咨宪政编查馆暨法部外，所有参考刑律草案缘由，谨恭折具陈，伏乞皇上圣鉴训示。谨奏。

宣统元年闰二月十八日奉朱批：修订法律大臣、法部汇议具奏，单并发。钦此。

11. 山西巡抚原奏

山西巡抚、奴才宝棻跪奏：为参考刑律草案，照章签注开单，恭折仰祈圣鉴事。

窃于宣统元年正月二十六日电传钦奉上谕：戴鸿慈等奏请饬催京外各衙门签注新订刑律草案一折，著京外各衙门照章签注，分别咨送，以凭核订而昭画一等因。钦此。奴才查此案前承准宪政编查馆王大臣先后咨送刑律总则、分则草案，行令讨论，参考签注，咨覆汇核等因。当经转行臬司志森遵照办理，兹据该臬司分条签注，详请覆核奏咨前来。

窃维律设大法，其轻重繁简，均视时代为转移，现当变法图强、筹备立宪，自不得不取各国大同之规，详加修订，以期变通宜民。今按刑律草案，采东西之成法，详古今之沿革，发明注意，诠述理由，要在改异而从同，删繁以就简，纂订实具苦心。其所定条文，有应酌改及增补之处，谨就该臬司所参考，详加覆核，分条签注，以备采择。

惟是中外习尚，各有不同，名教纲常，为我数千年来相传之国粹，古先帝王之制治，圣人贤人之垂训，莫不以是为先，必宜特立防闲，兢兢保守。伏读本年正月二十七日谕旨：中国素重纲常，凡我旧律义关伦常诸条，不可率行变革等因。钦此。天语煌煌，允足昭示万世，钦服莫名。今分则草案，以关于帝室之罪首列简端，立义洵为正大。但尊君亲上，名教之大防，苟有危害杀伤，不得因过失而辄予宽减，叛逆不道，国法所不容，但系首魁要犯，均应尽法严惩。至骚扰地方，暴行胁迫，以及奸盗各项，亦宜从重治罪，以资惩儆。又总则著明律无正条，不得为罪，盖欲删除比附，以免意为轻重。然条目不足以尽事变，适足开奸人趋避之门。其罪名等差，又设为某刑至某刑数等，上下悬殊，悉听审判者之自为审定。方今裁判人材缺乏，于法律素未谙习，窃恐任意高下，处断难平。

以上数端，皆关系重要，不复逐一签注，而特揭其大旨，可否酌量修订，择其重要各条，别辑暂行章程，照旧办理。而用刑上下之等，亦应于各条下详著其所由，俾裁判者有所依据，免致罪名出入之差。大抵刑罚与教育互为消长，各国法典成立皆在教育大兴之后，人格均已养成，故刑谳多用轻典。中国人民，向来慑于法令，一旦禁网疏阔，则犯上作乱，公然冒天下之不韪，罔知顾忌，故不得不酌立制防，以冀扶翼纲常、禁抑强暴。此后教育普及，人民程度日有进步，又须监狱改良、巡警完备，有以化凶顽而保治安，然后新订刑律，可以一律颁行。此中迟速之序，推行有渐，故非一蹴可几者也。

所有刑律草案照章签注缘由，除咨修订法律大臣汇核，并分咨查照外，理合恭折具陈，并缮清单，恭呈御览，伏乞皇上圣鉴训示。谨奏。

宣统元年闰二月二十四日奉朱批：修订法律大臣、法部汇议具奏，单并发。

12. 都察院原奏

都察院谨奏：为刑律草案未尽允善，拟请饬下法律大臣覆加核订，以防流弊，恭折仰祈圣鉴事。

窃维法律大臣所订之刑律草案，行令各衙门签注并续由该馆送到草案前来，臣等督同给事中、各道御史详加考核。该大臣等于刑名一事，斟酌损益，具微苦心。惟臣等于签注之外，撮其大旨，统而论之，尚有不能已于言者，请为我皇上缕析陈之。

一、洋律科罪太轻，可参用而不必尽用也。草案之原奏，一则曰酌减死罪，再则曰死刑惟一，用意非不宽厚。惟中外风气不同，宗教亦异，彼之刑名不能尽宜于吾，亦犹吾之刑名不能尽宜于彼。必欲比而同之，是犹白圭之二十取一，以貉道而治中国也，恐势不能行，转滋烦扰。夫我《大清律例》一书，酌古准今，宽严得当，行之近三百年并无议其残酷者。其于情罪之小者无论矣，即凌迟、枭首、戮尸三项，看似残酷，其实比以待子孙之谋杀祖父母、父母、人民之谋反大逆、强盗之杀人放火与杀一家非死罪三人以上之案犯，非谓平人致毙平人，辄以凌迟等罪加之也。在彼者既情罪重大而无可宽，在我者虽尽法惩治而不为刻。自该大臣等于光绪三十一年三月二十日奏请将凌迟三项一并删除，而世之乱臣贼子与夫穷凶极恶之人，遂与寻常之犯死罪者无甚区别矣。是草案所谓死刑不过斩、绞而止，若再如其所拟有期徒刑、拘留、罚金各项，一味改从洋律，则轻而又轻，是以姑息为爱，以宽纵为思。恐水懦民玩，犯法日众，将来难以收拾矣！且寻常罪犯即可稍从宽贷，至名教纲常之大、礼义廉耻之防，讵能假借？今危害乘舆者竟因过失而止罚金，宫殿之放弹、谋反之从犯，与子孙之发掘祖父母、父母坟墓，亦仅处以徒刑，则名教纲常扫地矣！鸡奸一项不与妇女同论，幼女之被强奸仅处徒刑、罚金，犯人与被略诱人在婚姻断续之间其告诉为无效，则礼义廉耻又扫地矣！亦思中国自古迄今，有废名教纲常、礼义廉耻而能治天下者？拟请饬下该大臣等于名教纲常、礼义廉耻之重，仍以中律为主。其余中律未完备者，参用洋律。惟交涉事件等项，罪名不妨纯用洋律，庶风土人情各得其宜矣。

一、断罪宜归一定，不便游移其词，以防舞弊也。查草案所定罪名，多有死刑而兼用徒刑，而兼用拘留、罚金者。夫中律罪有专条，而不肖官吏犹或舞文弄法、增减情罪，若明示以两可之辞，是导之上下其手而开徇情贪贿之门也。况中律之比附加减，出入初不甚相悬，该大臣等犹奏请删除，原虑其轻重偏畸，审判不能统一也。今总则既有酌量减轻之条，分则复多一罪数律之处，以任审判官之临时审定。设审判意为轻重，其不能统一，不更甚于比附之加减乎？行婪赃黩法，百弊丛生，欲以治天下，适以祸天下耳。拟请饬令该大臣等于罪名之纷歧者，改归简当，以杜取巧徇私之弊，勿徒拘守洋律致罪多有出入也。

一、参用洋律仍宜以中文达之，不必袭用外洋文法也。列邦之保存国粹不遗余力，日令朝鲜习学日语，德在胶州设立德文大学，人不惜以全力扩张其国文、国语之势力。我独于明刑弼教之大典，抛弃国文而效法东洋，不但外人所窃笑，即反而自思亦于心不安、于理不顺。夫中国之文，平正通达，尽人能解。今草案文义多晦涩难解之处，若悬为禁令，不惟乡愚不能领会，即素习中文者亦苦于索解之难。万一引用之时或致误会，则所系更非浅鲜。拟请饬令该大臣等于参用洋律之处亦于中文达之，不必舍明白易晓之词，故作蹇涩难解之语也。

以上三端，皆其大致之不甚合宜者，既委臣等以签注之事，故敢约略陈之。或谓前年荷兰海牙保和会以我国法律不同，抑居三等，因将以此收回治外法权，故改用洋律、译从洋文耳。窃思治外之道，基于治内，内治而后外可得而治。今不明其政刑以讲求治内之道，而先驰其政刑，以冀收治外之权，恐治外之法权未收，治内之纪纲先堕。将刑重而人固议我之残酷，刑轻而人未必不议我之宽纵。然则法律之事，文义之间，宜就地方之情形、人民之资格酌定之，不必舍田①芸人自取扰乱。除将签注二十五条加具案语咨送法律馆汇核外，所有臣等愚昧之见，是否有当，谨缮折具陈，伏乞皇上圣鉴。谨奏。

宣统元年四月十七日军机大臣钦奉谕旨：都察院奏刑律草案未尽完善请饬下法律大臣覆加核订一折，著修订法律大臣、法部汇同京外各衙门条奏，详慎斟酌，另订具奏。钦此。

13. 闽浙总督原奏

闽浙总督松焘跪奏：为参考刑律草案，应请详加更订，以资遵守，恭折仰祈圣鉴事。

窃于宣统元年正月二十六日奉上谕："戴鸿慈等奏请饬催京外各衙门签注新订刑律草案一折。法律为宪政始基，亟应修改以备颁布。所有新订刑律草案，著京外各衙门照章签注，分别咨送，毋稍延缓，以凭核订而昭画一。钦此。"等因。遵查此案，前准宪政编查馆先后咨送刑律总则、分

---

① 查原文该为"田"，不知何故，推测应当为"已"。

则各草案，均经饬司详加签注在案。

伏查《周礼》，大司寇"掌建邦之三典"，因新国、乱国而刑分轻重，原以刑法之制必求合乎民俗，藉补礼教之所不及，故曰：礼之所去，刑之所取，失礼则入刑。此千古不易之常规，礼与刑相表里者也。我朝《大清律例》一书，其宽严得中、繁简适宜，悉准于天理人情之中，洵足为禁奸止暴之用。惟是今昔情形不同，溯自中外互市以来，外人之侨居中国者，实繁有徒，办理交涉动多棘手，自应改弦更张，取法律于大同，藉收治外法权，不宜墨守旧例。现经修订法律大臣采取各国成规，参考现行律例，编订新律总则、分则共三百八十七条，更复诠述理由、发明、注意，体裁正大，论列亦极精详。但核诸现在风俗民情，尚有未尽妥洽之处，有不得不陈请更订者。

中国君亲并重，为名教之大防，不容稍有侵犯，所以敦治化而重纲常。今草案加害于乘舆、车驾而增入过失一层，伤害祖父母、父母至于笃疾、废疾犹不处以唯一之死罪。恐立法太轻，徒博宽厚哀矜之名，适启大逆、不孝之渐。他如犯奸之罪不及处女、孀居，犯奸之行比于惰眠、泥饮。内乱则有关十恶，既未明定专条，强盗而奸淫妇女并不加以重典，何以肃法纪而保治安？

又综核全篇，更有二说。盖有期徒刑与罚金额数，往往以某等至某等有上下之分，某数至某数无一定之罚。在良吏衡情断狱尚恐无所适从，而不肖者因缘为奸，亦必高下其手，流弊滋多，殊为民害，此徒刑等差与罚金数目，亟宜明晰更定也。又如新律名词，悉仿照于日本，按其文义，实拘折而难通。凡所谓精神病、视能、语能、听能、机能、阴骘等类，中国本有明白晓畅字义，何必袭取外国俚俗之文，致多费解，此例文词尤宜更定也。

总之，中外礼教不同，未可削足适履，若一味减轻刑罚，恐未收治外之权，先失内治之本。况现在教育、审判、警察、监狱各规则均未完备，新律又须厘正改订，势难急切举行。惟有请将现行律例编定颁行，以为推行新律之豫备。据福建按察使司鹿学良将新订草案，择其最要数条，逐细签注造册，详请奏咨前来。奴才覆核无异，除将清册咨送宪政编查馆、法部汇核外，理合恭折具陈，伏乞皇上圣鉴，敕令详慎更订施行。谨奏。

宣统元年四月十九日奉朱批：修订法律大臣、法部汇核具奏。钦此。

14. 河南巡抚原奏

河南巡抚兼管河工事务、臣吴重憙跪奏：为签注刑律总分则草案，择要缮具清单，并陈管见，恭折仰祈圣鉴事。

窃于宣统元年正月二十六日电奉上谕：戴鸿慈等奏请饬催京外各衙门签注新订刑律草案一折，著京外各衙门照章签注咨送，毋稍延缓，以凭核订而昭画一。钦此。等因。遵查此案，前准宪政编查馆先后咨到刑律总则、分则各草案，均经升任抚臣林绍年檄行官报局，排印多分，行司饬属并仕学馆学员一体参考签注。臣到任后，又经迭次行催，兹据按察使惠森暨该学员等分别签注呈送前来。

窃维刑之原则与礼教相维系，《白虎通》曰："礼为有知设，刑为无知设，出乎礼则入乎刑，此大较也。"唐代制律，犹承此旨，故论者亦谓唐律一准乎礼，以为出入得古今之平。前明刑法虽峻，未戾唐制，我朝因之，斟酌损益，与时变通。如秋审制度之规定，已具博爱主义，近年复免除凌迟、枭示，停止缘坐、笞、杖，文明增进，薄海同钦。惟自中外交通，刑法互异，通商口岸，裁判之权移于领事，诚如原奏有不得不改之势。然于立国之本原，与夫人民之程度，尤当并顾兼筹。钦奉明诏，既揭示之以修改宗旨，中外大臣，又条举件系详加纠正，如臣愚昧，何庸赘述？但其中有证之理论，按之时地尚多不尽适用及不可偏废者，仅举数端为我皇上陈之：

一曰流刑暂缓废止也。总则主刑之种类，死刑之下直接徒刑，徒刑分无期、有期，俱禁之狱，定其劳役。其无期徒刑监禁逾十年以上，仍许假出狱，此系采用日本最新学说，一以防止人民熏染其习，一以不绝犯人改悔之路，意非不善。第查日本旧时刑法，徒流人犯，不分无期、有期，概移居岛地，后以发遣多不实行，始经停止。中国幅员寥廓，情势与日本不同，腹地诸省生齿日繁，犯罪人数岁益加增，边省户口畸零，地多遗利。上年东三省督臣徐世昌等奏准军流人犯移以实边，诚为因地制宜之办法。盖此项因徒，罪既不至于死，禁之内地督令服役，无非渐移其残忍之性，何如流诸边境，俾充垦荒、开矿等苦工，较为有益。若但据学理上之解释，不凭事实上之研究，毅然废止，恐难适当。臣愚认为无期徒刑不如改为无期流刑，其配所除东三省外，新疆、藏、蒙应一律遣派。其情节实在凶恶者，或到配后酌加监禁年限，或以兵法部勒之。其有期徒刑之最长期以下，不妨执行之于内地监狱。似此规定，庶与现行律不相违背。

一曰比附未可删除也。比罪之法，其制最古，亦以人情万变，科条所不能赅，而始设为此例。沿及于唐，出罪举重明轻，入罪举轻明重，诚不能无爱憎之弊。明律力救其失，改为引律比附，加减定拟，问刑者有所依据，以律为衡，即不能凭空比引，恣为出入。我朝益昭慎重，凡援引比附者，均请旨遵行，司法者更无从稍越立法之范围。原奏采用日法，指斥比附，于第十条明定律无正条，不论何种行为，概不为罪。亦虑执简御繁，不无渗漏，遂于一罪悬数等之刑，并列数十元以至数千元之罚，则由裁判官伸缩于临时。窃恐本案颁行后，不肖官吏，初无畏难苟安之心，转有舞法营私之便，救弊之弊将滋甚，不待智者可决其非。应复加编订，以存其旧，方不至碍窒难行。

一曰罚金不合定为主刑也。现行律例于收赎诸条，大率施之于情节较轻及应受笞、杖人犯，其常赦所不原者，概不准收赎。草案于罚金一项，定为主刑。凡因过失致危害乘舆车驾，及因过失致尊亲属于死或笃疾者，按照律例俱在不原之列，悉以罚金科之，既失之宽。而于俱发罪之执行，刑期有以罚金与拘留、徒刑并科者，又失之严。如四十三条之例，受五等有期徒刑及拘留，得以一日折算一圆，易以罚金，刑既可以易金。四十五条之第二项，罚金确定后，无资力完纳者，以一日折算半圆，易以监禁，金又可以易刑。是使豪于财者玩于法，绌于赀者罹于刑，止奸不足，长恶有余。且监禁日数不得逾三年，罚金定额多至三千圆，以半圆折一日计算，三千圆之罚应处六千日之监禁，乃以不过三年为限，负罚愈巨，处分愈轻，尤非情法之平。急应更定刑名，改正条例，以免畸轻畸重之弊。

其他关于帝室之罪、奸非之罪、杀伤之罪，修订者芸人舍己，未免自坏礼防，签注者义正词严，所以力持礼教，是非得失自在人心。顾或者以为此皆毛举峻刑时代之习惯，瑕指瘢索，不解新订刑律主义之所在。殊不思中国开化最早，去古愈远，民俗日偷，圣君贤相鉴于一代之弊，随时变更法令，始臻完密。东西各国开化未久，其宗教不同、风俗互异，单简之法即足以致治。然其改正草案，犹日异月新，规则条例，相资为用，已渐趋于繁密。本案乘繁密之后，骤易单简之刑，其势已处于不顺。若复不计国本所在，抉破藩篱，以求合于人国之阶级，恐不免削足适履之讥。即如警察完备，只能禁暴于将发之时，监狱改良，无非感化于犯罪以后。根本中之根本，要以实施教养为先务。但使人民知识日进，游惰者少，不至轻罹刑网，目阔节疏，或能适用。否则刑罚不中，民之手足且无所措，遑论有俾时艰。善夫日本政治家市岛谦吉之言曰：编制法律，必使此条与彼条不相矛盾，现制律与现行律不相背戾，乃可颁行。洵为扼要之论，足资考镜者也。

所有照章签注刑律草案并陈管见缘由，除分咨查照外，理合谨缮清单，恭折具陈，伏乞皇上圣鉴训示。谨奏。

宣统元年五月初六日上奏，宣统元年五月十四日奉朱批：修订法律大臣、法部汇核具奏，单并发。钦此。

15. 湖南巡抚原奏①

湖南巡抚岑为咨呈事：窃查前准宪政编查馆先后咨送刑律总则、分则草案，行令参考，分别签注，咨复汇核，等因。承准此均经札发臬司，会同布学两司分别考订。嗣准电催，又经催饬遵办去后。兹据湖南按察使陆钟琦详称：

窃维上古之世，有经而无律，《尚书》有刑之篇，《周礼·秋官》之掌，经即律也。至魏李悝造《法经》六篇，是为中律之权舆，然其法特重于盗贼而已，于经旨不尽合也。汉时定例，虽承秦制，而考定律学皆一代大儒，如马融、郑康成、服虔、何休均治经而兼治律。以张汤为廷尉，朝廷每有政议，尚遣就董仲舒问其得失，于是有《春秋折狱》二百三十二事。其时，律与经合，汇类为篇，结事为章，律之规模具矣。自时厥后代有损益，至唐律而遂为准今酌古之极则，条目虽不尽合于古，而刑罚缘于礼教，实与弼教明刑之古训若合符节。所以明律因之，《钦定大清律》亦

---

① 湖南巡抚岑春蓂（1868～1944），广西西林人，字尧阶，荫生出身，是岑春煊（1861～1933）的亲弟弟，其父岑毓英（1829～1889）曾任云贵总督。光绪三十二年七月十六日（1906年9月4日）调任湖南巡抚。宣统二年三月八日（1910年4月17日）因长沙抢米风潮而被革职，民国后隐居不仕。

大半因之。殷因于夏，周因于殷，所损益可知，所不损益者更可知也。然时至今日，官不读律而果于逞威，民不知律而轻于犯法，幕不研究律意而工于改供避就，加以监狱之狭汙、刑杖之虐酷、羁押之任意、审判之偏畸，又有书差丁役之婪索、刁衿讼棍之教唆，合而成一刑罚不中之世界。凡律之所不许者，司法官吏实躬蹈之，然则今日之中律，并未常实行也。是即闭关锁港、绝不交通已处于法久弊生之势，宜为改弦更张之谋，何况领事裁判权之不能改，教士干涉之不能禁，海牙平和会之不能居于平等，赭衣载途，乐教失色。凡关于国际交涉之失败，无不缘于中律不同之故。是则修订法律为至急切要之图，固非可以蹈常袭故之见，轻为訾谋者也。

　　然而法者，与民共信之物，将欲改全国之制，立万年之基，则必斟酌国民之程度，审察现时之大势，以为因笔①损益。即在各国改制之初，亦必历无数阶级，始得有今日文明之制，而推其进步不已，则后之视之，或又有更胜之处。此固非少数人之心思学力，规划一时，便能永垂久远者也。今就新刑律草案与旧律参互比较，轻于旧律而亦有加重者，官吏有犯，中律虽严而规避甚多，率从轻议，今草案分则官吏处罚颇多加重，则重者是也；疏于旧律而亦有加密者，如数罪俱发均须并科，累犯之罪均须加等，则密者是也；简于旧律而亦有加 繁 者，如放火、决水、损坏邮便、污秽饮料诸条，旧律约略不详，新律条理甚晰，则繁者是也。凡斯之类，风会所趋，理宜规定，揆时度势，均法在必行者。然而凡事推勘愈细，则见理愈真，较议愈多，则罅漏愈少。其见为可行者，不必作雷同之附和，与见为不可行者，不妨为言论之自由。窃设律文之中，宜改者有五，律文之外，宜预备者有三。

　　其宜改定于律文之中者，一曰礼教不明。夫制定法律，必有精神所专注之处，是为定律之宗旨，未有宗旨不明而法令能颁布施行者也。我中国法律缘于礼教，为古今制法唯一之原则。所谓质诸鬼神而无疑，百世以俟圣人而不惑者也。将图国家之治安，必不能驰臣子之防；将谋社会之公益，必不能轻妇女之节。今危及帝室亦可罚金，毁尊亲墓罪止徒刑，恶逆之罪不辑专章，强奸罪名不至于死，则忠孝之道衰、廉耻之防驰，世俗方兢嚣张，一溃更难收拾。此宜改定者一也。

---

① 查原文该处为"笔"，推测当为"革"字更恰当。

一曰死刑无别。查自修订法以来，先奏准删除凌迟、枭示、戮尸三项律例，凌迟、斩决、枭各条俱改斩决，斩决各条俱改绞决，绞决与斩候各条俱入秋审，分别实缓办理，并革除缘坐、刺字各条，已属仁至义尽。若并斩刑而除之，则大逆、枭獍、穷凶极恶均获保全首领，是未收感化教育之效，先宽乱臣贼子之诛。虽云希望人民进步，然世有犯者，固当处重刑，以警天下之人心；世无犯者，亦应悬厉禁，以维古今之世教。虽云别辑暂行章程，然新律既将实行章程，又复错出司法，殊不统一，仍蹈例案前辙。此宜改定者二也。

一曰范围太澜。旧律比附加减止有一等，本律各刑上下之限率有三等，罚金上下相去更远，其如何情节方能如何加减之处，律无明文，均凭审判官临时审定。其在徒刑以下或仅罚金，其失也，尚仅年限久暂、出金多少，然已不可为天下之平，若重则死，而轻则徒者。倘轻重因于爱憎，即出入关乎生死，威福操于审判，奸宄益复生心。此宜改定者三也。

一曰比较失平。《书》曰："上下比罪"，礼曰："小大之比，凡以求其平而已"。本律伤害尊亲属致废疾，与伤害凡人致笃疾者同罪，则亲疏失其平；未满十六岁之行为不为罪，而年满八十岁始得减本刑一等或二等，则老幼失其平；发掘尊亲坟墓，与污秽净水同为三等徒刑，则大小失其平。如斯之类，非止一端，参互以观，伍昂莫定。此宜改定者四也。

一曰引据易误。汉高入关之约，名为三章，实止两言，律文之简约，莫逾于是矣。何以萧何定律即增九篇，遂渐附益，迨至马郑诸儒章句之时，凡断罪所当由用者，多至二万六千二百七十二条？岂非事变万端，情伪百出，断非至减之科条所能赅至繁之罪状？今本律条文，既期简括，而所用字义多属笼统浑含之辞，如暴行猥亵之类，可伸缩无准无则，稍有奇变之事情，即无确当之引据。毫厘千里，讹谬必多。此宜改定者五也。

夫人情习惯之已久，而忽欲改其旧而新，是谋无论革创之初难期美，就令尽善尽美，而当新旧交替之际，亦必有扞格不入之情。就其扞格者而徐为引度，渐为消镕，则后之崇拜者，即出于前所訾议之人，此为办事应历之程途，非独法律为然也。然而一机关之成立，必有同时成立各种之机关互相维持，然后形式立而精神出。非今日仍旧而明日即可从新，亦非一事从新而他事均仍旧也。

然则统律文之中而求其完善，尤须就律文之外而计其设施。默念前途熟筹，著手约言其故，又有三端：

一曰次第。夫旧律之并未实行也，前已言之矣。旧染未能扫除，新机何能启发？欲求新律之文明，当先去旧时之汗秽，此为第一义。新旧二律，轻重互有不同，而较其大凡，则新律多轻旧律多重，轻重悬殊，则宜求引度之法。应于新律未颁之前，逐年就现行律例，减旧律之重者以就新，加新律之轻者以迎旧，是为新旧二律过度之方舟，此为第二义。其习惯之本无者，如催眠术、决斗之类，均不必预为著明以待次第之设施，此为第三义。凡此均次第之说也。

一曰辅助。本律草案仅刑法之一端，其国际法、海陆军法、民法、商法之与本律有关系者均未制定，则辅助不完备者一。就刑法而言，本律附属之刑事民事诉讼法、假出狱管束规则、感化场规则、恩赦条款、吏员惩戒处分，均未制定，则辅助不完备二。更就事实言之，教育之未普及、警察之未遍设、监狱之未改良，则辅助不完备者三。与他律或有抵牾既未可知，与他律如何维持亦无可见，欲求一方之完善，当备各种之机关。凡此均辅助之说也。

一曰解释。今天下多病新律文义之不明矣，专工一种学术，必有一种专用名词，在各科学莫不皆然，何独于法律而疑之？既旧律文义，沿自古昔，一字抑扬，生死系焉。苟非专精，鲜能得解，何独于新律而疑之？然而制定法律，必使椎鲁之人均能互相晓谕、互相警戒，方可通行无阻。今总款之辈，尚苦文义之难晓，必待阖省官绅均有法律知识，俟河之清，其何能及？夫旧律习用已久，有律有例有案，尚赖律文之小注、诸家之诠释，始能字明句晰。今新律虽亦分析沿革、理由、注意，然重于法理而疏于事实。窃谓颁行新律之科条，仍须仿旧律之解释。凡律文虚字实字引用之法，均须逐字注明。至旧律旧例旧案之中，凡某项之情节，应归新律某项之范围，均须详细标准。如此则律文虽简，解释不厌其繁；律文虽疏，解释盖征其密，智愚均可共晓，远近方易推行。凡此均解释之说也。此就律文之外，窃谓应行预备之刍议也。

以上所陈仅撮大略，臆见所及另具签中。总之，内政外交必须兼权而并顾，新说旧教均宜舍短而取长，必期经训之留贻，与法律制定不违不背、无党无偏。此则本司签注之意，斤斤自守不敢苟为异同者也。草案签注各条，另缮清折附呈等情到院。

据此本部院覆查该司所陈各节，其谓宜改定者五端，首重则为礼教不明；宜预备者三端，最要莫如急求辅助。此而不加订定，则是冠履倒施，纲常奚正，内容未备，新法奚行，实与政体人心大有关碍。至其签注各条，亦系参考风俗印证古今，均能确中窍要，非同恒泛，于应将赍到清折咨呈，为此咨呈宪政编查馆，谨请查照汇核施行，须至咨者。

16. 贵州巡抚签注①

黔抚签注总则清单：

一、名词宜加厘定也。名从主人，春秋之义，监于成宪。书传所称法律者，期民之易知，使难犯而易避也。兹编中国之法律，而用日本之名词，不特文难行远，抑且多生歧义，弊害潜滋。盖此种名词入于和文，则妇孺能解，以中语则耆宿难明。宋仁宗有言："官吏且不能晓，百姓安从知之。"日本变法之始，采用德、法两国法律并聘外人代订草案。今考日本六法全书，均系东文不参西语，盖恐数典忘祖，后将见讥通人。我国因彼成规，何可不加考索？近时学者创编辞典，窃谓法律馆宜仿为之。凡一名词，东文作何训释，中文即系何意义。于是条款仍用中文，苟有疑义，亦可参考辞典。国无论中外，莫不各有国文，亦莫不用全力为之保守。若全袭他人名词，是代他人扩张其势力。凡我人民遂不知不觉，尽从他人之文教，而国体之尽失，不忍言矣。所关非细，安可忽诸。

一、律语毋涉游移也。畸重畸轻，成律所戒；失出失入，科罪尤严。中国旧例，爰书有一字之争，罚金无一钱之误，所以昭慎重、便遵守也。今草案中删除比附之条，谓轻重因于爱憎严慈，各随禀赋，所虑是矣。然详阅总分各则，又多凭审判官临时审定，不为规定。有云处死刑或有期、无期徒刑，又有云处某等以下徒刑或拘留或罚金，又有云或有期徒刑或若干以下罚金或某期以上徒刑、若干以上罚金，又有云处一千圆以下罚金，其罪名出入不啻十倍。其千圆以下，将至何数为止？照刑名章云，银一钱

---

① 目前尚未查到明确为贵州巡抚的原奏，《刑律草案签注》所载贵州巡抚的签注，虽名为"黔抚签注总则清单"，但并非如其他签注清单一样进行具体的条文签注，其语言风格更像表达总体意见的原奏，故权录于此。

以上则轻重相去万倍，今犯一罪而更定之刑名四种皆可引断，其出入倍蓰什佰千万靡所底止矣。且即定于一名而有期之徒，五等相去五年、二年，审判官临时审定，或十年，或七八年，或五六年，或三四年，兼有加重二十年长期。援引之时，诚不致为定例所束缚，但如此而谓生死由于法律，审判真能纯一，恐持矛刺盾，立言者亦无以自解。抑又思之删除比附，原具深心，但民情万变，防不胜防，若例无正条，不论何种行为不得为罪，则必本案三百八十七条尽数赅括、毫无遗漏而后可。否则有犯无刑，国家可力存宽大，人民将不免怨咨。持是谓能得情理之平，恐不然矣。

一、礼教尤宜保守也。大经大法，轨物咸昭，毋枉毋纵，劝惩尤赖。中国旧律，服制分明，视分之亲疏，定罪之轻重。奸以服而议加，盗以亲而后减，所以别嫌疑、明等差，用意至为深远。今阅草案服制案件，虽亦微有区别，究多涉于混同。窃恐大义不明，忠孝之心将懈；宗系无别，僭官之祸易生。经数千年圣君贤相创制维持，一旦毋髦弃之，斯亦良足惜矣。至若正婚姻之礼，立男女之防，欲求风俗之端，宜重奸淫之罚，一涉轻纵，纲纪荡然。将望文明，先丧廉耻，本末舛逆，非所敢闻。

一、谋故仍应推勘也。天地之德，本重好生，刑法之中，首诛造意。旧律之斤斤于谋故之分者，盖以有杀人之心，虽事尚未行，而其人之生机已绝；无杀人之心，倘伤不至死，则其人之性命无虞。以是轻重之间，遂有缓实之别，推其意无非欲人民互相警觉，知涉阴谋必罹重典，因以杜残忍之念，而酿太和之麻。天下事有名苛刻而实宽原者，此类是也。若漫无区别，则凡平日之挟有仇怨者，皆得肆其狠毒，犹可幸免刑诛，命案从此必多。而其本非谋故，而罚同一律者，又将叹其事无等差，冤苦莫可告诉矣。查新律一则曰非刑律所能预分，再则曰非刑律所能预定，刑律既难分定，人民何所适从？是非有意从宽，乃析理未细。此等条语，尚宜三思。

17. 陕西巡抚原奏

陕西巡抚恩寿奏参考刑律草案分条签注折

奏为参考刑律草案分条签注，缮单具陈，仰祈圣鉴事。

窃前准宪政编查馆咨送刑律草案，饬令签注，以凭汇核，等因，当经转行臬司，督员遵办，正详议间，钦奉上谕饬催并以旧律义关伦常诸条不可率行变更为宗旨，仰见我皇上慎重刑章、维持伦纪之至意。祗聆之下，钦佩莫名，当饬臬司悉心签注。兹据申送前来，奴才复加查核，谨就管见所及，分别胪陈，缮单恭呈御览。

窃维国法与天理、人情相表里者也，中外风俗互有殊异，则刑律自难强同。近来国界交通，时异事殊，更有不能不变通之处。然取人所长补我所短，必于中国风俗不相背驰，始能行之无碍。若风俗如此而刑罚如彼，遂纲目俱备，适成一家之言，而与人情不相洽，必于天理失其中，即为国法所不容，此无可疑议者也！况伦纪纲常实为礼教之本，尤不可不审慎顾虑、竭力扶持。

此项新订草案，经修订法律大臣采取各国成法，斟酌纂定，用意至为精博。惟兹事体大，推原溯本，不厌详求。如君民共和、父子自由、夫妇平权，在列邦视为故常，在中国则论以悖谬。甚至危犯乘舆、大逆不道及伤害尊亲之罪，亦从轻减，遂比平人稍有区别，而相去无几，与名教所关尤非浅鲜。又如无夫妇女不科和奸，年及二十不为拐诱，强奸、强盗之重犯止于徒刑，聚众为暴之恶人减至四等，未免有失防闲。如谓法尚从同，无取独异，不妨声明此项现行法律暂为惩戒一时末俗浇风而设，俟将来人民程度增高，再行一体改从新律。此次改定宪章，原冀收画一法权之效，权轻重之准，剂情法之平，似不能不详加慎重于议法之初也。

抑奴才更有进者，旧律于罪刑等级，一字必严，不可移易，然尚有疑难之案久而不决者。若于各种罪名概用混括笼罩之词，而每一罪下刑必数等，在能者用之，审情入罪固为甚便，然使卤莽者因而误断，偏私者藉以济奸，及至失出失入，反得援律以自饰，则疑狱多而结案难矣。至其名词文义，多用东文，意义近于拘执，似不若改用通行习惯文词较为明显。

凡此各节，奴才愚见所及，用敢缕陈，以效壤土涓流之助，应请敕下宪政编查馆及修律大臣再为汇核厘订，务期折衷至当，与中国风俗礼教两不相违，是亦通变宜民之一道也。除咨宪政编查馆外，所有签注刑律草案缘由，谨缮具清单，恭折具陈。伏乞皇上圣鉴训示，谨奏。

宣统元年三月十六日奉朱批：修订法律大臣、法部汇核具奏，单并发。钦此。

三　签注清单

1　学部签注清单①

谨将刑律草案有妨礼教各条摘出，照录原文，附以驳议，缮具清单，恭呈御览。

第一编　总则

按：现行律名例前有五服图，实法律之根本，必当保存，不应删去。

第十一条

按：未满十六岁之行为，不论大小轻重，均无刑事上之一切责任，此条流弊甚大，现行律定七岁、十岁、十六岁三级至当。尤当十六岁以下即可横行无忌，虽杀人亦不负责任，恐相率效尤或教唆指使，弊端百出，是矜恤一人而贻害无穷也。

第四十九条

按：此条流弊亦大，应删。照现行律年岁改拟。

第八十二条

按：名教必先正名，中国立纲之教，以夫统妇，故内父族而外母族，

---

① 原签注每条后皆有草案条文，部分签注还摘引草案的立法说明、注意、理由等，现均略。

非本宗之亲皆加外字以别之。此条统称尊亲族、亲族，未有区别，仍应依现行（服制）律，分则称本宗及外姻，不宜混为一称。又现行服制，嫡孙承受之制、嫡母继母持服之差，各端皆与礼教关系甚重，均应声明，不宜删去。

第八十八条、第一百零七条

按：加危害于乘舆、车马与加危害于友邦君主，自应一律处以大辟。惟危害乘舆、大逆之犯，应别辑专例，酌量加重，以昭尊亲大义。

第八十九条

按：加危害于乘舆、车马，则虽为过失而罪亦不可宥。仅科以罚金，实属罪重法轻。

第一百条

按：颠覆政府、僭窃土地皆罪大恶极，其首魁或处以徒刑，是谋反者不死，何以禁天下革命之风乎？或者以各国待国事犯之法为例，不知本条已有死刑名目，并非各国处国事犯例矣。今于死刑之外更增一徒刑，实属过于轻纵。

第九十四条

按：侵入太庙、皇陵、宫殿、离宫、行在所或受命令而不退出，则非心于窥何，殆将有所图谋也。将则必诛，不得仅科以罚金。

第九十五条

按：侵入太庙、宫殿等处射箭、放弹或处以一百元以上之罚金，恐有不逞之徒，有恃此条法律以阴行逆谋者，不可不慎。

第二百五十一条

按：外人重灵魂而轻体魄，故虽至亲而可以剖解验病，其亲死或用火葬、水葬诸法，习惯而不以为非。我国魂与魄并重，凡附身、附棺必敬必备，"事死如事生，事亡如事存"也。损坏、遗弃、盗取尊亲属之死体，不孝莫大，不得仅处以徒刑。

第二百五十二条

按：我国重人之生，尤重人之死，故开棺掘冢，旧律皆定死刑。且礼制独异，凡世禄之家含殓衣裘，必求完备。科以死罪，而刨挖坟茔之案，尤岁辄十数起。若仅处以有期徒刑，则犯者必多。发掘尊亲属之墓，尤为逆伦悖礼，不得仅处以徒刑。

第二十三章关于奸非及重婚之罪的立法说明

按：中律于犯奸者罪罚甚严，所以重人伦名节也。今草案曰：奸非虽能引起社会、国家之害，然径以社会、国家之故，科以重刑，与刑法之理未协。不知草案之所谓害者，果指身躯之体，则强奸试不过害一二人之身躯肢体矣；果指人伦名节，则一日受污，终古蒙垢。此而尚缓其词曰引起社会、国家之害，将社会、国家必如何而后为实害乎？若谓必害多数有形之身体，始为有害社会、国家，而一二人之名节人伦不能相提并谓，果如所云，则必尽废无耻之刑而后已，殊与风化大有妨害。草案又谓：奸非之罪，惟礼教舆论足以防闲。礼与刑相为表里，惟礼教舆论之俱穷，不得而用刑。若专恃乎礼教舆论，理论似乎甚高，坊民恐无实际。草案又谓：犯奸者与泥饮、惰眠同例，即无刑法之制裁，此等非行亦未必因是增加。以奸淫之罪与眠饮同论，未免拟于不伦。且以立法之人而已，即无刑法亦未必因是增加，则其草案之第二百七十二条至第二百七十五条皆废文矣。岂但此数条为废文，其草案总分则之三百八十七条皆废文矣。

第二百七十二条及注意

按：此条所谓猥亵行为，殆指强奸未成者而言。现行律例科罪甚重，今或处以一百元以上之罚金，是饶于赀财者可以横行而无忌，况用药、用术之迹近妖妄乎？

按：现行律例于鸡奸一项科罪至重，今草案赅之于猥亵行为之内，且申明猥亵行为指未成奸者而言，是犯此死罪者虽系行强，仍以未成奸论，有是理乎？

第二百七十四条

按：强奸者仅处二等以上有期徒刑，罪重法轻，是非所以防奸也。

第二百七十六条

按：强奸致死者可谓罪大恶极，今于死刑之外尚有徒刑，是非所以防奸也。

第二百九十九条及理由第五项

按：草案云：凡杀人者，其刑分死刑、无期徒刑、有期徒刑三种，其轻重悉任审判官按情节而定。是以刑之轻重，专视案情而定。然有同一杀人而罪有轻重之殊者，则因其所犯之为何人而定，盖以杀人者有尊长、卑幼、夫妇、良贱之分也。新律一统之于人例，何以别亲疏差等乎？草案中亦引中律妻之于夫与夫之于妻，其间轻重悬殊，据以为不仅死刑之理由。然其本文既曰凡杀人者处死刑云云，则并无尊长、卑幼、夫妇、良贱之分矣，审判官果何所据而定其轻重哉？

按："生命非父母、尊长、本夫所能夺"云，旧律于父母、尊长、本夫殴杀子孙、卑幼、妻妾者，何尝无罪？但与平人不同。本条曰：凡杀人者处死刑云云，是视父母、尊长、本夫与凡人一例，失人伦之义矣。

第三百零一条

按：杀人者死，古今不易之理。现行律于殴杀者皆绞，至为允当，今处以徒刑，未合。

第三百零二条

按：伤害尊亲属致死者，于死刑之外当徒刑，实属轻纵。

第三百一十一条

按：因过失致尊亲属于死，罚金殊属不合。

第三百五十四条第三款

按：于盗所强奸妇女，与中国律已两犯死罪，尚不处以死刑，何以惩凶暴而安良善？

2. 两广签注清单

两广总督签注总则清单①

总则

第一章　法例

第一条

按：《名例律》载：凡律自颁降日始为始，若犯在以前者，并依新律拟断。注云："如事犯在未经定例之先，仍依律及已行之例定拟……若例应轻者，照新律遵行"等语。是犯罪在未定新例以前，审断在已颁新律之

---

① 逐条签注，所引法律条文略。

后，照律文则悉依新律处断，照例注则依具礼定拟。本觉稍有参差，今拟不分新旧，□□概从新法处断，核与律文相符。纵新律严而旧例宽，亦不得舍旧用新，当属斟若划一之意。

第二条

按：《名例律》载：凡化外人犯罪，依律拟断，本指外人归附者而言。方今中外交通，外人在内地者既多，自与昔时情形迥异。但使现定别律，凡在国内犯罪者，毋论中外国人一律适用，即可收回领事裁判之权，自属最为完善之法。

第三条

按：左列各罪已载分则之内，释文谓于中国之存立、信用、财政、经济等有重大之损害或危险，故采用国外犯罪亦适用本律之主义。又言无内外国人之别，在国外犯中国之罪者，虽非中国臣民，仍须据本条处断，各等语。查中国之人在外国犯中国之罪，自应处以中国科条，其外国之人在外国犯中国之罪，亦依中律处断，尤足以重法制而昭公义。惟左列各条或有于中国人民程度不合者，仍宜再行审订。

第四条

按：左列各罪已载分则之内，释文谓直接或间接侮辱吏员职务及名誉之事，中国吏员虽在外国犯罪，自应仍用中国之律。

第五条

按：左列各罪已载分则之内，释文谓害人生命、身体、自由、名誉及财产，皆破廉耻之事。查中国臣民在外国损害于人身，自应依律治罪，其外国之人侵损中国臣民，亦当一体办理，以昭平允。

第六条

按：释文之意谓中国人在外国犯罪，虽已受外国裁判，而按之中国法律，其罪实有未尽，仍依中国律例科断。倘在中国所受之刑，审判官认为已足，即免除中国法律所定刑罚；若其情节在中律可减等者，亦即减科，此本条文义也。然或再断罪或减等或免除，悉听诸审判之员，已非一定之法则。其审判官是否指本籍之审判员而言，抑指派驻外国如领事之类，亦未声叙清楚，似宜再加详订。

第七条

按：行为者，行事之谓；结果者，成事之谓。如以放枪论，在施放者为行为，在伤人者为结果。释文谓：设有自中国境外或自外国船舰放枪杀伤在中国境内或船舰内之人，是犯一罪界于两国之间而成立。按照本条规定，则犯人须照中国法律处断。而犯人系在外国，其逮捕、探访、致罚等事应照第三条注释第二款所述之例办理等语。查第三条注释第二款内有三项：一为犯人自行回国，法律不必为之规定；一为交付要件，定自国际条约；一为缺席裁判，另订刑事诉讼法。而犯人之如何逮捕、如何审办理实未明言，遇有此等事件仍费斟酌。惟本条注释次款谓若犯人在中国境内或船舰内放枪杀伤外国境内或船舰内之人，按照本条规定，中国即有致罚之权，且犯人虽系外国之人，无庸更俟外国交付等语。信能如此，则中国之法权自伸矣。

第八条

按：更定刑律，本为收回治外法权起见。释文谓因国际条约而限制刑法全体之适用者，即领事裁判权是。然则今日所注重，以收回领事裁判之权为第一要义也。今本条谓如国际上有特别条约、法规或惯例，仍从条约、法规或惯例办理。夫特别条约专为国际而设，自不能不按约处断。若惯例则所包者广，凡有办过旧案，几无一不可称为惯例矣。释文谓暂准各国领事有裁判权系不得已办法，并非常制，不知我以为非常制者难免他人不指为惯例。即此两字恐生无数葛藤，安能事事磋商，辩其为是惯非惯？倘执此条争论，则全部刑律将成虚设，所关非细，似宜再酌。

第九条

按：律设大法，刑协于中。既立一定之科条，即不应有歧异之法制。释文谓本律可适用于无反对规定之一切罚则，岂有反对者不能改归一律，而必须舍本例以就他例耶？法令既不齐一，其将凭何遵守？

第二章　不论罪

第十条

按：名例律载："凡律令赅载不尽事理，若断罪无正条者，援引他律比附，应加应减定拟罪名，议定奏闻。若辄断决致罪有出入，以故失论。"原以法制有限，情变无穷，无论如何详订科条，均不尽天下之情伪，故将设比附定拟之法，斯亦执简驭繁之道也。今以所犯之事为律例所未载者，即不得为罪，则法不足以禁奸，罪多可以幸免。刁徒愈祷张为患，有司之断狱亦穷。虽冬曦所言：死生罔由法律，轻重因乎爱憎，固不能保其必无，然有他律比拟，究难出乎范围之外。况罪有出入，即科以故失之条，防闲亦不为不周。倘竟删除此律，而于各刑酌定上下之限，凭审判官临时审定，不尤有轻重偏畸之弊乎？释文谓：比附类似之文致人于罚，则司法、立法混而为一，非立宪国所应有。不知无此法而定比例者，方为立法。若既有他律而比附定拟，则仍属司法，非立法也。如以比附为立法，则于本律酌量轻重者又与立法何异？类似之例不能援以罚人，而轻重之权独可操之问官，诚恐任意出入，将较比附为尤甚。此条似宜再酌。

第十一条

按：名例律载："凡年十五以下犯流罪以下，收赎；十岁以下犯杀人应死者，议拟奏闻，取自上裁。盗及伤人（罪不至死）者，亦收赎，余皆勿论。七岁以下，虽有死罪不加刑。"慈幼之恩，至为优渥。今以未满十六岁者虽有触罪，不应置诸监狱，而置诸特别学校，俾施教育而资感化，命意甚善，宜可照行。惟定律有十五及十岁、七岁以下之分，犯罪亦有流罪以下及杀人应死之别，且犯反逆者不用比律。是则犯事有轻重之不同，概不为罪似觉太宽。不分年龄长幼，悉以十六岁以下为断，亦少限制。似宜于律准收赎者施以感化教育，不准收赎者仍从旧律处断。

第十二条

按：定例：疯病杀人，锁锢监禁，如二三年内病愈，令地方官取供出结转详，照复审供吐明晰之犯，依斗杀律拟绞，入秋审缓决；如不痊愈，永远锁锢。此条办法大致与定例相同。所谓问断之精神病人，自系时发时愈之疯疾；若酗酒行凶，本无可宽之理。惟疯病杀人亦有区别，如致毙期功尊长例有专条，又逆伦之犯多系因疯，应提重典，似不能概援监禁之法。

第十三条

按：此条即名例"本应罪重，而犯时不知者依凡论；本应轻者，听从本法"之意。律文已明，似可无烦改易。释文谓第三项非第用于单独罪，即共犯罪亦得适用。查定律共谋为强盗，临时不行而行者，却为窃盗，其造意共谋不行分赃之人，即为窃盗首，此即所犯轻于所知，从所犯者处断之法也。惟不知律例得因其情节减等，按之中国人民程度，似尚难行。毋论律例颁布，愚民不能尽谙，且即使知者，亦可饰为不知。若从例而减科，则民之犯法有辞，罪之幸减者众，恐不足以杜诿卸而示惩戒。

第十四条

按：此条虽为律例所无，惟揆诸情理尚合，置之法律亦宜，似属可行。

第十五条

按：定例："夜无故入人家，杖八十；主家登时杀死者，勿论；其已就拘执而擅杀伤者，减斗杀伤罪二等，至死者，满徒。又罪人持仗拘捕，格杀勿论。"他如杀死奸盗凶徒，皆有防卫侵害之意，然俱重在登时，若非登时所杀，应分别科罪。擅杀伤者更以斗杀伤论，所以禁凶残而重人命也。律例分晰极微，难以一言尽括。至防卫他人权利范围太宽，流弊难防。定例："非本夫本妇亲属不许捉奸，如有杀伤，各以谋故杀伤论。"盖亲疏有别，不得不定以限制。若不问亲族知交与否，皆得代行防卫之劳，倘有杀伤，皆不为罪，则假义愤以快私仇者皆得有所借口，恐于地方治安不无妨碍。查同行知有谋害不即阻当救护，被害后不首告，律应满杖，是即防卫他人之法令，但不宜失之过滥，致使奸徒乃为避就，愚懦转受其殃。至逾防卫程度之行为即如杀伤窃盗之类，应减与否视情节，难以一概论矣。

第十六条

按：遇水火、雷震及其余变故，窜身逃避致使他人损伤，其意只限自免而非以害人，则原情免罪当非过。纵然若有毙命，仍宜比照过失，庶足照情法之平。至受人强制而行，则有区别。如父祖逼令致死期亲尊长，豪强逼令杀害人命，又如被逼为盗之类。情虽由于逼胁，事实出于残凶，只可酌减本刑，似难全行邀免。至过度当系过于受制之度，如仅被逼殴人而竟行杀人之事，则殴人之情可谅，杀人之罪难宽，更不便概行论减。所谓职务、业务上之特别义务，如军人临阵脱逃、船户乘危先逃之类，诚不能用其不得已之所为而原之也。

第三章　未遂罪

第十七条

按：谋杀已行未伤及伤而未死、强窃盗未得财、强奸未成等项，皆属行而未遂之律，统其全体，列诸各例，未始不可为各项之总则。

第十八条

按：此即共谋为盗、临时畏惧不行之类，若概行免罪，恐失之过宽，视其情节酌量减等，尚属平允。

第四章　累犯罪

第十九条

按：定律："凡犯罪已徒、已流而又犯罪者，依律再科后犯之罪，重犯流者，三流并决杖一百，于配所拘役四年；犯徒者，依后所犯杖数、徒限决讫应役，通前亦总不得过四年。"盖已流而又加流则地过远，已徒而又加徒则年过久，故定以在配拘役，及统计前后应役不过四年也。徒流俱应加杖，今杖罪已免，自属无所论决，流拟改徒，亦无改发远地之虑，则加徒役年限于义未为不当。惟有期徒刑共分五等，而五等之中又如为上下年限，似等差尚难划一，期限必致纷歧。至执行既终，逾四年①而再犯不复加重，则以其初犯被刑，已知惩创，日久复犯，不计前罪，揆诸衡情立法之意，似当无妨。

第二十条

按：再犯加一等，三犯则加二等，自是递加之义。至四犯、五犯并无明文，释文谓任审判官裁定，以加二等刑之最长期、最多额宣告之。然则未至四犯、五犯者，又将如何定其期限、金额耶？查三流、五徒等差分明，今则五等有期徒刑均无一定之年限，刑期长短悉凭问官主裁，等级参差，几至无从按计，似非较若划一之法。

第二十一条

按：累犯之罪，自指被刑以后再犯而言。既已被刑，则问官应究出其为再犯、三犯。若未经究问明白，似不应谓之确定。至释文所言，可以不变动者，不得仅就其执行刑之期间，而遽至变其罪名，或改更其审判之全部，语义亦欠明晰。如果累犯之罪，审判者初未究明，继乃发觉，自应将其罪名更正，又何所谓不能变动耶？

第二十二条

按：违背军律既已另定罪名，自不与常律同论。

第五章　俱发罪

第二十三条

按：定律："二罪以上俱发，以重者论，各等者从一科断，其应入官、赔偿、刺字、罢职止者，各尽本法。"原章取列各款与定律大致相同。惟第五款似系各罪并科，核与轻罪不议之义，似有未符。

---

① 签注原文为"四年"，查应为"五年"。

第二十四条

按：定律："一罪先发已经论决，余罪后发，其轻若等，勿论，重者更论之，通计前罪以充后数。"是后发之罪轻于前罪或相等者，均不再科未决之数补之。今释文所言，如甲、乙、丙罪同为三年徒刑，甲罪先发未决而乙罪复发，则于六年以下、三年以上之中定为刑期四年。倘先发之罪已行一年，则执行所余之刑期三年，是仍统算重科，不过于两罪之间折中酌定，与相等勿论之义不无参差，即通计前罪以充后数之义，亦有未符。至谓因赦而免重刑，仍科其余之罪，又与现行赦款不合。盖遇赦或减或免，皆从本罪上断之。若重罪既邀宽宥之恩，则轻罪亦在援免之列。倘本罪之重者既免，余罪之轻者仍科，既乖肆赦之经，亦非减降之法，且与上条宣告无期徒刑不再执行他刑之说不符。惟后发余罪或声明以赦后为定，若在赦前，虽后发仍免，较为明晰。

第二十五条

按：俱发罪在未决以前，累犯罪在既决以后。今两项互合，如释文所言，先犯甲罪应徒三年，又犯乙罪应徒五年，乙罪已决而甲罪后发，复犯丙罪者，则以甲罪与乙罪较，甲罪已在轻者勿论之列，似应专论丙罪矣。今以甲、乙两罪并计徒刑八年，而折中定为六年，除乙论决五年外，尚余一年之徒，与再犯丙罪之刑并决，是否恰当，应待法部核酌。

第二十六条

按：一事分为二罪，今律虽已删除，然如释文所言，杀人而兼弃尸，劫囚而兼劫署，则事之所有，向从最重者论罪。此系尚属可行。

第二十七条

按：俱发之罪，从重者论，已不待言。至谓重刑同等，据轻者定，似又指同等重刑之中最轻者而言。惟释文谓：甲罪为二等有期徒刑，乙罪为三等有期，则以乙罪为重等语。查三等本轻于二等，今乃以三等为重，岂非轻重倒置耶？且所谓同等者是否以五等之有期徒刑俱为同等，抑系五等次第，不以同等论？文义未明，似应再酌。

第二十八条

按：连续犯罪，释文指为窃盗方法，然不必连日行窃，即间日盗窃连犯数次，亦不得不谓之继续犯罪。查迭窃扰害，例有专条，若连犯多次而仅科一罪之刑，似与犯一次者无所区别。

第六章 共犯罪

第二十九条、第三十条、第三十一条

按：共犯罪分首从，乃定律也，除律内载明本条言皆罪无首从者毋庸议外，其余无不依首从之法。从犯固减正犯罪一等，而亦有不及一等者。如谋杀人造意者斩，从而加功者绞是也。惟同属死罪，仍有斩、绞之分，今以同行加功者均为正犯，是首从无别矣。至造意之犯，本以为首论，教诱人犯法，亦与犯法之人同罪，现所列第三十条尚与定律无甚悬殊。惟以实施犯罪以前帮助正犯者始为从犯，是则同谋未行者方论从罪，随从已行者皆不得谓之为从，似于律义未尽符合。

第三十二条

按：教唆、帮助而又同行加功，自应照依实犯，分别首、从断罪。

第三十三条

按：有禄人与无禄人共犯，本有区别，如官吏受财计赃科断，无禄人减一等。今第一项释文谓：如常人教唆吏员受贿，其教唆与吏员处分相同，是又教诱人犯法与犯人同罪之义，而非在附从共犯之列矣。

第三十四条

按：事前未经同谋，临时却有意帮助者，谓之共犯，理亦应。

第三十五条

按：过失多系一人之事，然亦间有共犯者，如释文所谓二人共弄火器致人死伤之类，谓之共犯自属允当。

第三十六条

按：有心故犯之事，而为他人无心过失以助成之，此等案情似尚罕有。如释文所言，甲故意放火，乙因过失而注之以油，以致火势张盛。夫放火非同燃照，形迹一望而知，苟非有心加功者，何致添油助势？又谓甲谋杀人，乙医师以过失传毒于所谋之人，致毙其命。夫毒药为害人之物，医师安得不知？苟非知情同谋，又何至遽行传毒？按庸医杀人，谓误不如方因而致死者，始以过失论。若以毒药害命则非误不如方可比，谓为过失恐有未洽。

第七章 刑名

第三十七条

第一、死刑：死刑一项，最重之凌迟、斩枭、戮尸，已奉删除，而

斩枭改为斩决，斩决改为绞决，绞决改为绞候，斩候亦改为绞候，已属宽厚之至。斩罪身首异处，自较绞罪之身首相属者为重，然不有重者，何以为轻之区别？况斩、绞俱分立决、监候，秋审又详核实缓，寓哀矜于惩创，立法可谓审详。今定惟一之死刑，废斩用绞，又无立决监候、应实应缓之等差，将可矜者与情凶者同一缳首，不复有轻重缓速之分，恐宽严莫剂其平，惩肃愈无效力。且死刑公行，即刑人于市、与众共弃之义，所谓惩一儆众者也。今以密行为法，使凶顽罔知所戒恐，亦非辟以止辟之义。

第二、无期徒刑：按死刑之下则为流刑，今例加入军遣，本于流放、戍边之义。惟近年遣军流犯大半逃亡，虽光绪二十九年刑部奏定章程，凡常赦不原者照旧发配，并将强盗、抢夺、会匪、棍徒四项加以监禁年限，若常赦得原者即毋庸发配，收所工作，已视旧例变通，然法制似难划一办理，稍觉纷歧。今本案废止流刑，即于死刑之下定为无期徒刑，使其惩役终身，俾无再犯之虑，亦免远道发配易于脱逃，未始非因时制宜之法。

第三、有期徒刑：原奏谓有期徒刑三等以上者，以当旧律三流，四等及五等，以当旧律五徒，于义未为不当。惟自第一等至第五等似均有一定之期限，然后裁判者方易适从。今各予以长短之期，设为上下之期限。释文谓：人之犯罪情节万殊，必须揆损害之程度、酌善恶之性质以定之。无论律法精微，审判者骤难权衡轻重，即使深于律学，而赋性或有所偏，则长期短期仍不无过当、不及之虑。况因爱憎而意为出入，流弊亦不可不防，与其取临时之酌减，似不如示一定之标准。

第四拘留、第五罚金：拘留所以代笞、杖，罚金亦本于赎刑。拘留期限定为一月以下，本科轻微之犯，然宜兼劳役方能使之戒惧，否则旋释旋犯，终恐难以创惩。至罚金一项，总则自一钱以上，从其最少者言之，分则自三千圆以下，从其最多者言之。然宜示以一定之罪名，即有一定之金数，不宜以卜倍上下为限，使裁判者得以意为多寡。释文谓：因人之贫富不同，审判官当查勘其境遇而定。查外国民人财产均经报官注册，故其贫富皆有可稽。中国则户籍未清，财产更无从考核，孰贫孰富，问官何由知之？倘专事访查百无一实，其不致于颠倒谬误者几希。若遇操守不谨之员，尤难免高下其手，以行侵渔之计，流弊甚大，不可不审。且贫富异罚亦觉不均，似不若明定数目，无力者即改惩役之为愈也。

从刑第一、褫夺公权：按：《名例》：文武官犯公罪，该杖一百、降四级调用，犯私罪该杖一百、革职离任。今之所谓褫夺公权者，如第四十六条所列吏员及封锡、勋章、职衔、军籍、学堂监督、提调、教习等项，自不专指官职而言，然官职实在其内。释文谓：应否褫夺公权不拘犯罪大小，须察犯人心术。所犯虽轻，苟出于无廉耻者，亦应褫夺；所犯虽重，苟有可恕之理，即不褫夺亦可。此即公罪、私罪之分，于义未为不当。然心术无可证验，似应仍以罪案为定。至军人及监督、教习之类非有实职，虽犯重罪而不去其资格，尚于名器无关。若有官职、爵秩之人，则似不便令其带职受刑，仍宜褫革，乃可治罪。

第二、没收：籍没之例，自古有之，即定律之给没赃物也。释文谓：本案没收限三种物件：一、私造及私有违禁之物，二、供犯罪所用及预备之物，三、因犯罪而得之物，似尚允协。

第三十八条

按：此即"用绞密行"之条，已于死刑条内陈其得失，兹不复论。至已定死罪之犯与别犯分禁，似属可行。

第三十九条

按：现行之法即属如此。

第四十条

按：定律："孕妇犯死罪，听产后百日行刑。"此条与现律相同。然案经部复，期满即可处决，似不必更受法部命令，致使重罪稽诛。

第四十一条

按：此系在狱内惩创之法，应定监禁劳役之细则。

第四十二条

按：拘留虽属轻罪，然亦宜令其劳役，方足以示惩戒。

第四十三条

按：第五等之有期徒刑及拘留均属轻罪，若拘留间有不便，如释文所谓外国船只之水手犯罪，该船难以久待之类，酌改罚金自无不可。

第四十四条

按：徒刑、拘留、罚金只科其一。查分则各条于徒刑、拘留之下或处以罚金，是罚金即不施刑，施刑即不加罚，似非并科也。

第四十五条

按：第一项有力者强令完纳，倘仍不纳，势不得不出以封产监追，是否于政体所宜，应请法部再酌。第二项无力者以监禁易罚金，按日折算，第三项监禁期短者置之拘留场所，均无不可。如罚金完缴不足，即以不足之数折为监禁之期，亦尚公允。

第四十六条

按：第一至第四项之资格均就有关名器或名誉者而言，宜可照行。惟第五律师一项，中国现无此项人格，似不可用。

第四十七条

按：罪至徒刑以上始行褫夺公权，此即现律官员罪至满杖始行革职离任之义。至谓一定期限是否褫夺于应受徒刑之时，复还于刑期既毕之后，原章文义未明。查军籍学员刑满或可再用，惟官职、勋章似非有劳不复，仍宜示以区别。

第四十八条

按：所定没收三项，似甚允当，已于总纲注明。

第八章　宥恕减轻

第四十九条

按：十六岁即为成人，故定律以十五岁以下为限。今以十六岁以上至未满二十岁者犯罪，皆得减等，又未分别何罪应减何罪不应减，则是死罪亦在减科之列矣，未免失之过宽，易滋少年恣纵之害。此条似应删除。

第五十条

按：名例律载："年七十以上，及废疾者犯流罪以下，收赎；八十以上，及笃疾犯杀人应死者，议拟奏闻，取自上裁，盗及伤人者，亦收赎，余皆勿论；九十以上，虽有死罪不加刑。"所以悯恤年老、矜不成人之意也。律注：废疾，瞎一目、折一肢之类；笃疾，瞎两目，折两肢之类，而聋哑不与焉。今专言聋哑而不及瞎目、折肢，似于废疾、笃疾尚多缺略。且释文谓：有生而聋哑及因病或受伤而聋哑之别，则聋哑亦非必成废。至年老专言八十而不及七十、九十，尚少等差，且减等不如收赎之优，视全免勿论者相去尤远。以笃疾、年老之人惩以劳役之事，其不能任受也可知。似不如仍从旧律，庶足昭法中之仁，而亦得轻重之制。

233

第九章　自首减轻

第五十一条、第五十二条

按：名例律载："犯罪未发而自首者，免其罪；轻罪虽发，因首重罪者，免其重罪；若因问被告之事而别言余罪者，亦如是。其遣人代首，若于法得相容隐者为之首及相告言，听如罪人身自首法；若自首不实、不尽者，以不实、不尽之罪罪之，至死者听减一等，其知人欲告及外叛而自首者，减罪二等坐之。"在定律则主于自首免罪，在本案则主于自首减轻，权衡轻重之宜，似减轻者未始无当。盖既已犯罪，总属有干法纪之人，念其自行首明，尚有悔过输减之意，减等惩罚，以戒为非而励知悔，则仁义兼至，情法俱平。惟损伤于人、损伤于物、事发在逃及越关、犯奸仍应依律，不在自首之列。若强窃①盗、诈欺取财首服于事主、受枉法不枉法赃、悔过而还主，并应与经官自首同。若知人欲告向财主首还，及盗匪捕获同伴解官，亦应依原律分别减免给赏，以示奖劝。

第五十三条

按：释文谓：犯罪程度始阴谋、次豫备、次行事、次已，遂始为完成，洵属确切不移之论。阴谋豫备，其迹未彰，故律无自首之文，然禁于已然犹不若禁于将然之为功也大。今以阴谋豫备之自首者免罪，实可破其诡谋、解其胁从，诚以宽典而消巨患之要策，此条似可采用。至没收不在此限，按定律，自首免罪犹征正赃即是此意。

第十章　酌量减轻

第五十四条、第五十五条

按：《书》曰："罪疑惟轻，与其杀不辜，宁失不经。"此即减轻之义也。然不必其罪之可疑，凡情有可原、理有可恕，置之于法虽属无枉，推究其情不无可宽，则死罪尚有夹签声请之条，其余应有酌量减轻之例。固不能指定何罪应减何等，须视其情节，凭审判官斟酌拟议，是亦审判上权衡之法，但须上请乃定，不能擅自处断。

第十一章　加减例

第五十六条

按：名例律载："称加者，就本罪上加重；称减者，就本罪上减轻。

---

① 签注原文该处缺失三个字，根据上下文文义推测为"若强窃"。

惟二死、三流各同为一减。加者，数满乃坐。又加罪止于杖一百、流三千里，不得加至于死；本条加入死者，依本条（加入绞者不加至斩）。"今所谓从第三十七条者即第一死刑、第二无期、第三有期徒刑、第四拘留之次第也，不加入于死，本与定律相同，如释文言：原犯无期徒刑，再犯仍科无期徒刑，即不加入于死之谓。又一等有期徒刑及再加一等则至二十年以下、十年以上，加二等则至二十年以下、十五年以上，只以年限之长短为加减之等差，不令加入无期，使其终身惩役，亦属仁厚之义。惟上下年限仍属有定中之无定，须审判官临时裁酌，似难划一耳。且既以十五年为一等，居中之刑期则加一等者，应自十年以上至十五年为上，似不应直至二十年以下，致与加二等之期限混淆也。至罚金另为一项，不得将徒刑、拘留减入罚金，自免紊乱主刑之意。

第五十七条

按：释文谓第一项前半例，如处二等以上有期徒刑，减一等徒刑即为二等有期徒刑或三等有期，又如二等或三等有期徒刑，加一等为二等以上有期等语。窃维刑罚等差必须明晰，然后审判定拟方无轻重偏畸之弊。有期既分五等，除加罪至一等为止，只能以年限分别加等外，至以下各等阶级既殊，则递减递加亦应按等核计。如由二等减一等则为三等，减二等则为四等，又由四等加一等即为三等，加二等即为二等，界限始得分明。今将"以上"二字贯之，而或加或减均连举二、三等以为比例，界线不免淆混，文义转觉不明。且现行之律三流同为一减，由满流减一等即为满徒，若加罪是由满徒加一等，只为流二千里，并不加至满流，是减数多于加数也。今定加减之法，似亦宜仍仿律意，如有期徒刑五等，每等各分长短年限，则一等实为二十年、十五年、十年三级，二等定为八年、五年，三等定为四年、三年，四等定为二年、一年，五等定为十月、三月，各为二级，加减罪则由一等减为二等，由二等减为三等，加罪则由二等之徒五年加一等则徒八年，又由二等之徒八年加一等则为一等之徒十年，加二等则为一等之徒十五年，加三等则为一等之徒二十年。以二等以上之徒刑抵作三流之罪，加则按年递加，减则按等递减，亦较合于三流同减之义。至三等以下可当今律五徒，加减均以年计，不复加少减多，庶于定律或不相背。又死刑已为极刑，无复加等。今第二项之所谓加重者兼死刑而言，似无可加之法。又释文言第三项，例如四等以下有期徒刑或拘留，减一等为五等有期徒刑或拘留，减二等为拘留等语。按四等徒刑减一等即为五等徒刑，减二等即为拘留，自属明确。然所谓"或拘留"者何也？四等、五等徒刑似不应并科拘留。本案每于徒刑、拘留连类言之，几若既科徒刑又科拘留也，未免有界限不清之病。

第五十八条

按：此条罚金加减以四分之一为等，如释文所言，一千圆减一等为七百五十圆，加一等为一千二百五十圆，文义已明，无烦申论。

第五十九条

按：释文谓：如再犯之加重一等与自首之减轻一等同时并发，则互相抵消，毋庸加减，尚得平恕之道。

第六十条

按：《名例律》载："犯罪应减者，若为从减、自首减、故失减、公罪递减之类，并得累减"，此条与定律尚属符合。

第六十一条

按：加减除去畸零之日期、银数，理亦宜然。惟拘留及罚金之罪，减尽无科，释文谓被害之人可以提起私诉，似属未当。既已减免，不应再准控诉也。

第六十二条

按：从刑为褫夺公权及没收二项，虽公权不专属官职，而官职实居其列。查官员犯罪，轻者罚俸、降级，重者则革职之外，仍科以应得之罪。今谓不随主刑加重减轻，当亦指革职以上之罪言之，故褫夺公权以徒刑以上之刑为限，徒刑有加减，褫夺无加减也。惟褫夺以下之罪亦应有降罚等差，降罚则似有加减矣。且降罚即抵正罪，如笞一十罚俸两月，杖六十降一级之类，又非属诸从刑也。今以拘留代笞杖，则官员犯拘留者，似仍应以降罚之方为完全。至没收，系应没入官之物，自不随正罪为减罪。

第十二章　犹豫行刑

第六十三条、第六十四条、第六十五条

犹豫者，不定之谓，中国向无此律法，察其命意，系指偶尔过犯、出于一时错误者言之。释文谓不投之监狱，但警告将来以试验之意，本出于仁恕。惟轻微初犯尚可谓一时之过，若曾犯三等以下徒刑及拘留之罪，虽已结已免，经过七年、三年而究属再犯，似应按罪惩罚，无所用其犹豫。且试验之法，按之中国民情亦难实行。

第十三章 假出狱

第六十六条、第六十七条

按：释文言假出狱者，乃狱囚有悛改之状，许其暂行出狱之谓，是亦励改过而劝迁善之意，然每有在狱则自称知悔，出狱则故态复萌者，似亦不可不察。且所列四项，只揭其出狱以前犯事停止之条，而未及出狱以后犯事惩罚之例，所谓管束规则又未将条款列明。况既系暂行，即非永许，尚有未竣之刑，如何始为除免？原章亦无明文，是律义尚未完全，无凭遵守。且但令典狱官稽察，而不经司法官考验，亦不足以昭详慎，更无由典狱官直达法部之理。况乎人情多伪，倘行此律，尤易启贿嘱运动之弊，似宜再加审酌。

第十四章 恩赦

第六十八条

按：此条系遵依赦款而行，与现时办法相同，亦与名例常赦所不言律内所载赦书临时钦定之义符合，自应照办。

第十五章 时效

第六十九条

按：释文言：公诉云者，要求审判决定其嫌疑之人是否有罪，若有罪，则科以一定之刑之谓，实则"告言人罪"四字而已。所谓提起公诉权自犯罪行为既终之日起算者，即以其人犯罪之日起计也。在本案之意，自以为立此时效足以限制控告之期，如有逾延即归消灭，而不计其期限之远、办理之难，非为无益，适以自困。夫案莫重于命盗罪，莫重于死刑，告发者非其尸亲即属事主，情急呼领孰肯迟延，若迟之久则所告之事必虚。今以应死刑者定告期为十五年，其余递减年限，罪愈轻者期愈短，罪愈重者期愈长。倘有命盗案件，迟至十五年始行具控，既在限内不能不准，而事隔十余年之久，尸无可验，案无可勘，凶逃证故，盗逸赃销，地方有司凭何办理？即以下各项亦事过境迁，若追诉三年、七年、十年之事而告之，又妥有真实情形之可按耶？

第七十条、第七十一条、第七十二条

按：第七十条系控告二罪以上，以最重者为期限，犹曰可也。至七十

一条则系控告之事与审定之罪有轻重不同者矣，如所控者捏轻为重，尚依重罪准告之期而审，实乃易重为轻，已逾轻罪准告之限，则原告应在不准之列，时效应在消灭之中。今谓仍据本刑计算，是仍从重罪期限也。罪名既难豫定，期限又安能作准？又七十二条系言控告之期因所列各项之事而中断，俟各事完竣再行起诉之谓。夫未控以前，则事未发觉，无所谓中断也，既控以后则原告之期已毕，亦无所谓中断也，或指审断之期为然乎？查审断例有定限，其因事而不能结者，得予展限。所称豫审上诉讼、公判上诉讼、搜查上强制者，谅即今之行提人证、查起赃据之类。现办案件向准声扣提解人证日期，俟提到之日再起审限，与此条办法似属相同，不若仍用名例之明白切当也。

第七十三条

按：犯人患病例准停讯，此条所列当即指此。所谓提起公诉权之时效，谅亦审断期限也。

第七十四条

按：此条即释文所称行刑权时效也，谓须俟有罪之事实既明、刑之宣告已经确定，方能适用。夫犯未获，则案未讯实，从何确定其罪、宣告其刑？至死罪定限三十年，如未就获，即消除其执行之权，不复逮捕。倘所犯系谋反、大逆或逆伦重罪，逃之外洋，迟至三十年外，如行回籍，亦将纵而勿捕耶？释文谓：遇有元恶大憝、罪无可逭者，仍得因第七十二条处分致起诉权永不消灭，以杜逃刑之弊等语。夫既知元恶大憝不能消除捕治之权，又何必定援因事中断、另行起算之条，始能将起算权存而不灭？至其余各罪期限依次减短，则凡犯法者皆存幸免之心，将谓过此时期即无逮治之虑。纵奸长恶，妨碍实多，此法似属难行。

第七十五条

按：释文谓：此条系指犹豫行刑并假出狱及其他诉讼法等一切律例之停止执行刑罚而言，毋论何项事由，但为律停止者即行停止，亦不烦言而解。惟称通算停止先后之时间，以充第七十四条所定期限之数，此则有所未明。查此条所谓停止者，系犯已到案、停止刑罚之谓，第七十四条所谓消灭其执行权者，系犯未到案、停止逮捕之谓，两义各别，如何将此条停止之时间充彼条期限之数，未详其法。

第七十六条

按：此条称执行权者，当指执行逮捕之权而言。如释文所谓：以中断后之时间充第七十四条所定期限之数者也，罪已发觉始行逮捕，若未发觉自属不在此限。然中断之义尚有未明，究竟因何中断似应详言。其例至罚金及没收系由正罪而生，正罪遇中断之时，则此两项自当随同断止。

第十六章　时期计算

第七十七条

按：《名例律》载："称日者，以百刻，称一年者，以三百六十日。"今以二十四时计日、以十二月计年，自无不可。

第七十八条、第七十九条、第八十条

按：刑期只能计日，自不能再论时刻，以审判确定之日起算，于理亦宜。然谓审判确定而未受拘置，此则有所未喻。大凡一切案件，毋论大小，均须人犯到案方能审定，未有案既审定而人犯未受拘置者。若犯未就获，凭何审判耶？至未决监禁之日数，按三倍或四倍算入刑期，揆诸现行律法，亦有未符。按犯罪未决，其在监候讯之日，例不并入刑限之内。如徒限以到配之日起算，不以到案监禁之日起计也。惟释文谓遇重要案件，凡检证等事必须慎重，监禁之期亦因之延长，久困圜扉，不无可悯，故将未决以前之监禁日期按三、四倍而算入刑期之中，意在恤囚，或有可取，应待法部审酌。

第十七章　文例

第八十一条

按：此条与名例称乘舆、车驾之律相同，惟律内未言踔，又次节有"皇太子令，并同"之文。

第八十二条

按：今律服制各条及诸图最为详晰，本条似尚简略。

第八十三条

按：从前只有现任官员及衙署，而无委员、局所之设，今则局所林立，委员亦各有职司，自不能不并列。惟绅商所设局所，究与官设不同，绅商局所之文书似亦宜与官署文书有别。

第八十四条

按：此系宪法中之事，拟请存之以备参考。

第八十五条

按：名例律载："凡本条自有罪名，与名例罪不同者，依本条科断。"原章谓援用别条所揭之罪，谅指分则中之各条而言。所谓本条并用，谅即指总则内未遂罪等之本条而言也。

第八十六条

按：上下起讫限于本数，自系通例。

第八十七条

按：笃疾、废疾律内只系统说，此条特别列明各项，亦足以参考。惟名词新异，似宜照中国文理改合。

两广总督签注刑律分则草案

第一章　关于帝室之罪

第八十八条

按：律载："凡谋反及大逆，但共谋者，不分首从、已未行，皆凌迟处死；祖父、父、子孙、兄弟及同居之人，不分异姓，及伯叔父、兄弟之子，不限籍之同异，年十六以上，不分笃疾、废疾者皆斩；其余家属连坐有差。"原以罪大恶极、死有余辜，历代相沿，皆从重典。今朝廷仁施外，既除凌迟之刑，复免原坐之律。钦恤盛典，超迈前古。惟此等罪犯，究非寻常死罪可比，似应明示骈首，并依律列明，知情故纵、隐藏及不首之罪仍定捕狱授官给赏之条，庶几法戒昭垂，天下凛然于尊君亲上之义，而无犯上作乱之事，乃为完善。

第八十九条

按：过失虽出于无心，然危害及于乘舆，则其事至重，断不能因无心之失遽宽其罪。二、三等徒刑固属过轻，罚金则尤失政体，似须再行审定。

第九十条、第九十一条

按：帝室之亲尤尊于官吏，现行定律：谋杀制使及本管长官，已杀者斩，已伤者绞，已行未伤者杖一百、流二千里。今本条所谓处死刑、无期徒刑或一等有期徒刑，即如斩、绞、杖、流之等差，然仍宜将已杀、已伤、已行明示区别，不宜但言危害，致使轻重混淆。若过失亦当列明或死或伤，分别定拟。四等有期徒刑及千圆罚金，均恐未尽允当。

第九十二条

按：名例十恶内有大不敬一款。今释文谓：如盗取御物列于贼盗条内，盗用及伪造御宝列于伪造文书条内，误和御药不依本法等罪皆归于过失，属之前条。至本条第一项所谓不敬者，系指因言语、文书、举动故意干冒乘舆尊严者而言，于意未为不当。然干冒亦有轻重，仍宜示以区分。

第九十三条

按：此条本于前条递为降减，必须前条斟酌妥善，此条乃可定议。

第九十四条

按：定律：擅入太庙门及山陵兆域门者，杖一百；太社门，杖九十；未过门限者，各减一等。擅入紫禁城午门、东华、西华、神武门及禁苑者，各杖一百；擅入宫殿门，杖六十、徒一年；擅入御膳所及御在所者，绞监候，未过门限者，各减一等。若无门籍冒名而入者，罪亦如之。本案所定擅入之罪较定律稍严，惟未列御膳、御在所。查御膳、御在之地尤应严肃，宜照原律罪名，以重宫卫。

第九十五条

按：定律：凡向太庙及宫殿射箭、放弹、投砖石者，绞监候；向太社，杖一百、流三千里，但伤人者，斩监候。原以禁地尊严，岂容弹射，故特重其罪，以示禁制。今处三、四等有期徒刑，似觉过宽，又无伤人之别，稍觉疏略，似宜仍依原律分别更订。

第九十六条

按：定律：凡车驾行处，军民并须回避，冲入〔仪〕仗内者，绞（系杂犯准徒五年）；文武百官非奉宣唤无故辄入〔仪〕仗内者，杖一百。本条所列罪名尚与原律不甚悬殊，然自四等徒刑以至拘留已有三级，从何分别轻重以定等差耶？

第九十七条、第九十八条

按：豫备阴谋以加危害于帝室之亲，事虽未行而其情已重。今处四等有期徒刑以至拘留未免过轻，且于后宽之中仍无一定之罚，似难问拟。

第九十九条

按：此章所列各罪，虽有重轻，然均干冒尊严，似应一律褫夺公权，不必再分全部、一部。

第二章　关于内乱之罪

第一百条

按：此即谋反大恶之事，而紊乱国宪即紊乱朝政，定律另载《奸党门》内，但彼只系紊乱朝政事，此则并言暴动，实系谋反之罪也。此等元恶大憝，乃不处以惟一之死刑，而尚以无期及一等有期相连并举，几若其罪之非必应死者也。揆诸人臣无将之义，殊觉不侔！况定律：凡谋反但共谋者罪皆凌迟，今以附和随行之人，仅处二等至四等有期，尤觉太宽，实不足以昭惩肃，似应酌改。

第一百零一条、第一百零二条

按：谋反无论已行、未行，皆处极刑。今所谓豫备阴谋即属谋而未行之犯，仅处三等以上有期徒刑，未免失之宽纵。

第一百零三条

按：私贩军火通贼，应按军法处斩，今以供给内乱之犯，而仅处无期及二等以上有期徒刑，殊觉过宽，似非止奸禁乱之道。

第一百零四条

按：此系乘交战之时任意杀戮、焚掠、残害生灵之事。所谓该项条例者，谅即指国际成例而言。究竟国际成例如何处罪，并未列明，乃谓照第二十三条至二十五条之俱发罪处断，殊觉律意不显。

第一百零五条

按：罪关内乱，凡有公权者皆应概行褫夺，似不必再分全部、一部。

第一百零六条

按：此系事未发而自首，似可免罪，以□□谋而解胁从。

第三章　关于国交之罪

第一百零七条、一百零八条

按：春秋之义，首重尊王，列国交通，当分宾主。中国以纲常为重，君臣之义最美，似未便以国际外交强为比例。今以外国君主、大统领同于乘舆，外国皇族同于帝亲，若有危害不敬，科罪维均，非特中国臣民心理有所未安，即稽诸列代典章，似亦无此律法。况自第八十八条至九十一条，又九十二、三两条，并无揭明外国臣民对于中国之例。今特立中国臣民对于外国之律，一若我国臣民独具排外性质，尤非造律之初心。夫尊君所以劝忠敬上，所以正乱，似未可内外无别，视为同等。此律务当酌改或竟删除为宜。

第一百零九条

按：第三百条及第三百零二条乃杀伤尊亲属之例。今以外国代表等于父、祖，若有杀伤，即照此律处断，非独骇国民之视听，抑恐贻笑于外人。纵非谓其罪质相同，与以某律论者有别，而察其文义，实无殊科，恐不足以餍人心而昭法守。

第一百十条、第一百十一条

按：此等罪项似宜博考条约，证诸公法，另立国际之法规，似不宜搀入刑律，致有阻碍。

第一百十二条、第一百十三条、第一百十四条

按：中国臣民潜窃外国领域，或私与外国开战，或当外国交战之际违背局外中立之命令，此皆有关国际，似宜另订公法，若置诸刑律，轻重未必适宜。

第一百一十五条、第一百一十六条、第一百一十七条

按：此章已遂罪之当否，尚难论定，则未遂罪更待审酌。褫夺公权，亦当随正律再订。

第一百一十八、第一百一十九条

按：第一百零八条系不敬外国君主、皇族或大统领之例，第一百零九条系胁迫、侮辱外国派至中国及本国派至外国代表之例。夫待外国政府之请求，及被害者之告诉，然后论罪犹曰可也，至谓外国同意则词有未明。如必须与外国之意相同方能处罚，设有不同，又将如何问拟，岂非徒法而不能必行耶？

第四章　关于外患之罪

第一百二十条

按：中国官吏受命令委任，以与外国商议条约，乃心存奸宄，或自便私图，或谋益他人，而损害于中国，其心殆不可问，其罪实不容诛，处以徒刑似嫌轻纵，非定为死罪不足以儆金壬而昭法戒。

第一百二十一条

按：普天皆土，率土皆臣，若以中国臣民欲将藩地、领域属之外人，竟敢与外国开议，是其立心背叛，法所不容。纵谓无政府之命令，其事必不能行，然律贵诛心，科以谋叛处斩之罪，似无可逭。

第一百二十二条

按：定律："凡谋叛，但共谋者，不分首从皆斩。"原以君臣之义，天秩之经，断不容谋背宗邦，潜从他国。况使外国向中国开战，或与敌国抗敌中国，其背义忘君之罪，更不能有所宽假。乃不定以惟一之死刑，而尚以无期、有期徒刑并列，纵奸长乱，贻害人心，此条必须更订。

第一百二十三条

按：所列各项均属暗通敌国，专图败坏本国之军事，较之漏泄军情为尤重。查漏泄机密大事于敌人，律应处斩，况以利敌国、害本国为宗旨，直与谋叛无殊，当处惟一之死刑，不宜再以无期、有期徒刑并列。

第一百二十四条

按：军事关系至重，既已担任供给，即当实力办理。若竟行伪计及违背本旨，贻误岂轻，处以无期及二等以上有期徒刑，尚嫌宽纵。查失误军机，律应处斩，仍依现行定律处断为合。

第一百二十五条

按：释文谓本条之义，如以新闻纸故意传布不实之报告，以阻丧本国士气，或泄露军费不足，与敌人以继续之动机等类是，其处心积虑、专欲害本国以利敌国，应作奸细论断，非二、三等有期徒刑所能蔽辜。

第一百二十六条①

第一百二十七条

按：谋叛之律，谋而未行，为首者绞，为从者满流。今所列各条多属谋叛之事，乃以阴谋、豫备之犯仅处以三、四等有期徒刑或至拘留，未免失之太宽，似须再酌。

第一百二十八条

按：薄海之人均属中国臣民，无所区分。"其余"二字，文义似未明晰。

第一百二十九条②

第一百三十条

按：同盟之国自指友邦而言，惟原章尚须审裁，更不敢谓对于友国之

---

① 该条无按语——编者注。

② 该条无按语——编者注。

能否适用也。

第五章　关于漏泄机务之罪

第一百三十一条

按：内政外交，动关重要。漏泄机密，失误堪虞。故定律：交结内官及近侍人员，漏泄机密事情，夤缘作弊，扶同奏启者，皆斩。今漏泄秘密政务仅处三、四等有期，暗通外国仅处二、三等有期，甚因漏泄而致与外国纷议战争，亦罪至无期徒刑为止，窃恐法轻易犯，人莫知惩，上贻君父之忧，下启生民之患，不可不审。

第一百三十二条、第一百三十三条、第一百三十四条

按：刺探军务秘密之事，及收集图书、物件，更或漏泄于人、贻误军机，何堪设想？即偶然知悉、收领而泄漏，其罪亦不容宽，似均应按漏泄机密大事律处斩，未便仅科二、三等有期徒刑。

第一百三十五条

按：未得许可，即未受政府及长官之命令也，军事重要，岂容擅将防御、营造各项摹绘、摄影，甚或行诈术以求入内，意将何居？仅处三等以下有期徒刑，尚嫌宽纵。

第一百三十六条①

第一百三十七条

按：此章系漏泄大事之罪，凡有干犯，均应褫夺公权，不必再分全部、一部。

第一百三十八条

按：漏泄机务及刺探军事，因而取利，自应籍没追价。

第六章　关于渎职之罪

第一百三十九条、第一百四十条

按：现行定律：官吏受财，计赃科断。有禄人枉法赃至八十两，及不枉法赃至一百二十两以上，俱绞监候；无禄人枉法赃一百二十两，绞监候，不枉法赃至一百二十两以上，罪止杖一百、流三千里。原以官吏乃执法之人，乃敢受财曲法枉断，罪固不容稍宽。即无执法之情，面有赃私之迹，亦属难以曲贷，是以按其赃数问至死刑。无禄人虽属减科，而枉法重

---

① 该条无按语——编者注。

者亦绞。事后受财仍准其罪论之，所以惩贪也。今以吏员及公断人事前、事后受贿，仅处三、四等有期徒刑，甚如所云，因为不正之行为而事后要求豫约或收受贿赂，亦仅科二、三等有期徒刑为止，将使墨吏罔知戒惧，而苞苴之事日多，似于吏治不无妨碍。

第一百四十一条、第一百四十二条

按：此言行贿者之罪，凡定律所谓：有事以财行求也。律应坐赃论罪，例则与受财人同科。今以事前、事后纳贿之人，各处四、五等有期徒刑，或拘留，或三百、一百圆以下罚金。而不问其赃数多寡，情事重轻，恐难洽当。

第一百四十三条

按：定律："官吏怀挟私仇，故禁平人者，杖八十；因而致死者，绞监候。故勘平人者，亦杖八十；因而致死者，斩监候。"提牢、司狱官与同僚官及狱卒，或知而不首，或知情共勘，皆与同罪，至死者，减一等。又狱卒非理凌虐、殴伤罪囚，依凡斗伤论，因而致死者，绞监候。司狱官典及提牢官知而不举者，与同罪，致死者，减一等。盖故禁故勘罪在官吏，而提牢、司狱、狱卒次之；凌虐罪囚罪在狱卒，而司狱官典、提牢次之。原以职掌不同，所犯有别也。今以暴行、凌虐统各项而言，语以囹圄，不如定律之清晰，"补助"二字尤觉含混。若致人死伤比较关于杀伤之条处断，虽于罪名无甚出入，然亦不若明示刑罚之为允确也。

第一百四十四条

按：本条所列沿革，皆官吏知有犯法之人而不逮捕、鞫问之罪，但所谓"侵害权利"与"保护处置"文义均有未明，似须审订。

第一百四十五条

按：告状不受理，律有专条，然视其所告之情节，定官吏罪名之等差，如告谋反、叛逆，官司不即受理掩捕者，罪应满徒，以致聚众作乱或攻陷城池、劫掠人民者，则应斩候，余俱问拟杖罪，于惩儆玩误之中，属分别轻重之意也。今不问所控为何如事，凡不受理者，皆处四等以下有期徒刑或拘留、罚金，设有如律文所谓告反逆不理以致作乱者，亦仅以此刑科之耶？似于权衡轻重之义尚须再酌。

第一百四十六条

按：因公科敛，定律虽杖六十，而赃重者坐赃论，入己者，并计赃以枉法论。盖官吏科敛财物，不入己者情轻，入己者则情重。今本案所列两条，于入己之罪视不入己之罪者仅加一等，又不按其赃数多寡而定等差，似难洽当。

第一百四十七条

按：此条文义过于笼统，所谓"行无义务"、"妨害权利"皆不能实举一二事，似难引用。

第一百四十八条、第一百四十九条

按：官吏犯赃溺职，自应罢职褫权，以上两条尚属允洽。

第一百五十条

按：官吏得赃，自应追征入官。

第一百五十一条

按：所指两条系出财行贿之人，究与受贿之官吏不同，若能自首，尚可免罪。

第七章　关于妨害公务之罪

第一百五十二条

按：定律："凡官司差人追征钱粮、勾摄公事，抗拒不服及拒殴差人者，杖八十；若伤重至内损吐血以上及本犯重者，各加二等，罪止杖一百、流三千里；至笃疾者，绞监候；死者，斩监候。"盖止系拒殴，其情轻；至笃疾致死，其情重，寔以分别等差也。今但言吏员施行职务，而不言差人，又但言暴行、胁迫，而不言抗殴及伤重致死，语意过于浑含，且概处四等以下有期徒刑，亦无以分别轻重。至次条谓使吏员为一定处分，或不为一定处分，或使辞职，文义亦有未明。官吏处断罪名，民人何能强使至迫令辞职，尤属罕闻。原章有暴行、胁迫或用伪计三项，果有此事，则民情强悍可知，若仅处四等以下有期徒刑，尚不足以示惩儆。

第一百五十三条

按：官吏查封产或封禁、行使舟车等项，如有损坏印封、示谕，与夫故违禁令者，诚不能谓为无罪，酌予惩罚尚无不可，但宜示以一定之刑，方免参差。

第一百五十四条

按：骂制使及本管长官，律应满杖，但须亲闻乃坐。本条所定之罪较原律相去尚不甚远，惟非当场亦坐，恐有诬陷之弊耳。

第一百五十五条

按：除去封印等事，如尚未成，即可免议，似不必再以未遂罪科罪。

第一百五十六条①

第八章　关于选举之罪

第一百五十七条、第一百五十八条、第一百五十九条、第一百六十条、第一百六十一条、第一百六十二条

按：此章全论关于选举之罪，本为现行律例所无，惟系宪政中之要务，请存之以资参订。

第九章　关于骚扰之罪

第一百六十三条、第一百六十四条

按：现行定例：刁民假地方公事，强行出头，逼勒平民，约会抗粮，聚众联谋，敛钱构讼，及借事罢考罢市，或果有冤抑，不于上司控告，擅自聚众至四五十人，尚无闹堂塞署并无殴官者，照光棍例，为首斩立决，为从拟绞监候。如闹堂塞署，逞凶殴官，为首斩决枭示，其同谋聚众转相纠约、下手殴官者，斩立决，其余从犯俱绞监候，被胁同行者，各杖一百。原以上犯即作乱之渐，不得不从严治罪，所以儆刁横而保治安也。合以暴行、胁迫为首者，仅处无期或二等以上有期徒刑，其余递减，诚恐刁徒弁髦法纪，动辄聚众抗官，民气不驯，乱萌易启，似宜再加审酌。

第一百六十五条

按：聚众抗官，刁横已甚，除附和随行外，其余凡有公权，皆应褫夺。

第一百六十六条

按：此条自指暴行之中有杀伤放火等事而言，然第二十三条至二十五条系俱发罪之例，此则于暴行之中有此情节，搅诸俱发似有未当。释文谓：拥众逼署，首魁指挥于外，附和之人入门，殴打吏员至于废疾，即系犯第一百六十四条第一款及第三款与第三百零一条第二款之罪，似以一事而作两罪科断矣。查暴行只系空言，惟杀伤等事乃为实迹，且杀伤官吏亦未便与杀伤平人同科，似不若现行定律（即前条民之例）之明白切当也。

---

① 该条无按语——编者注。

第十章 关于监禁脱逃之罪

第一百六十七条

按：徒流人逃之律，虽罪止满杖，惟从新拘役，役过月日，并不准理。今以已决、未决之囚人脱逃，悉处四等以下有期徒刑，倘原犯系无期徒刑或一、二等有期徒刑，亦照四等有期徒刑处罚，而不问其原犯之罪耶？抑以四等有期徒刑惩其脱逃，俟限满之后再照原犯之罪处以本刑耶？界限未明，似难科断。

第一百六十八条

按：定律："罪囚脱监，越狱在逃者，于本罪上加二等；反狱在逃者，皆斩监候。"今以越狱、反狱悉处二等至四等有期徒刑，并不于原罪加重，且更于反狱从轻，恐凶顽莫知儆惩，科断难期允协。

第一百六十九条

按：定律："劫囚者，皆斩；私窃放囚人逃走者，与囚同罪；至死，减一等。"今但言盗取而不分劫囚、窃放，悉处二等至四等有期徒刑，未免轻重无别。

第一百七十条

按：与囚金刃，及解脱锁扭之与律应满杖，致囚在逃及自伤、伤人者，杖六十、徒一年；若囚自杀者，杖八十、徒二年；致囚反狱及杀人者，绞监候。若常人与犹以可解脱之物及子孙与祖父母、父母，奴婢、雇工人与家长者，各减一等。等差甚为明晰。今但言易使脱逃而不细为区分，语意不免浑合，引断恐难洽当。况加暴行逼胁迫，似指与囚金刃等物之人而言，此乃行同劫囚，不仅致囚反，似非二、三等有期徒刑所能蔽辜，宜再审酌。

第一百七十一条

按：定律："主守故纵，与囚同罪，至死减一等"。似当视为所纵之囚罪名轻重以为断，若概定二、三等有期徒刑，则似轻重无别。

第一百七十二条①

第一百七十三条

按：第一百六十八条系犯罪在狱之囚徒，应先已褫夺公权，似不待其

---

① 该条无按语——编者注。

越狱、反狱而始褫夺。如有原犯罪轻未尽褫夺者，似应声明加褫方得清晰。至第一百七十一条则主守纵囚逃亡，自应罢职惩处。

第十一章　关于藏匿罪人、淹没证据之罪

第一百七十四条

按：知情藏匿罪人，定律减罪人所犯罪一等。今不问所匿之人系犯何等之罪，悉处四等以下有期徒刑或三百圆以下罚金，仍恐轻重未能悉协。

第一百七十五条

按：他人犯法而销灭证据以图脱其罪，或伪造证据而陷人于刑，虽例无明文而事所或有，设立专条似无不可。

第一百七十六条①

第一百七十七条

按：亲属得相容隐，名例本有专条，实体乎天理、人情而立，为宽大之法，然谋叛以上不用此律，是乃大义灭亲，不能以私情废公义也。今但言亲族为犯罪人或脱逃者利益计，而不言容隐、瞒泄及通报消息，似不如定律之显明且权衡，不若仍用原律较为允当。

第十二章　关于伪证及诬告之罪

第一百七十八条

按：诬人故行诬证，通事示以实对，致罪有出入，律减罪人罪二等。今处二等至四等有期徒刑，是不论罪人所犯之重轻，而虚伪之证佐、通事概问此罪，虽惩伪之意，则一而处罚，无所区分，似仍依原律为宜。

第一百七十九条

按：诬告之律，笞罪加二等，流、徒、杖罪加三等，罪止满流；诬告死罪已决者，及坐以死未决者，满流加役，等差甚为详审。今不问所诬何罪，而概处以二等至四等有期徒刑，亦恐不能无轻重偏畸之病。

第一百八十条

按：未指定犯人而诬告犯罪事实，此等案件甚属罕见，并告多挟嫌，必指仇人而陷以罪。若并无所指，则亦不作此虚伪之告发矣。惟捏报盗情之类则在所难免，似又当究厥根由，视其所捏情节而定也。

---

① 该条无按语——编者注。

第一百八十一条

按：诬告人罪，诪张为幻，褫夺、免职自属应尔。

第十三章　关于放火、决水及水利之罪

第一百八十二条

定律："放火、放烧官民房屋及公廨、仓库、系官积聚之物者，皆斩监候；放烧人空闲房屋及田场积聚之物者，各减一等。"本条所列之罪与定律尚属相等，惟何者处死刑，何者处无期徒刑，何者处一等有期徒刑，不一区分，仍恐不免有所出入。

第一百八十三条

按：故烧人空闲房屋，及田场积聚之物，律减故烧官民房屋及公廨、仓库之罪一等。此条特别列明于前条所记各款之外，而为他人营造物或矿坑，又似与空闲房屋及田场积聚不同，注释系指孤立之房屋及使用少数二人之矿坑等类而言，而第一百八十四条又有他人营造物、矿坑外之物，分晰过于微细，刑律转觉其繁。惟按前条减科，揆诸定律尚属符合。至第二项则如本烧孤立房屋而延烧稠密民居，故特加重，似亦平允，但于轻重等差之中仍为上下无定之法，尚难划一耳。

第一百八十四条

按：此条谓烧毁海岸积货、山林竹木、田野柴草皆是，即与定律之田场积聚相同矣，所拟之罪仍从前条减等，亦与律意无殊。

第一百八十五条

按：放火故烧自己房屋者，律应满杖，延烧官民房屋及积聚之物者，满徒。今本条第一项因烧自己营造物，而致有前条第一项所记损害之危险，即指一百八十四条之他人营造物、矿坑外之物是也，因而致有一百八十三条第一项所记损害之危险，即该条所指之他人营造物与矿坑是也，因而致有第一百八十二条所记损害之危险，即该条所指之在城镇及人烟稠密处所烧毁他人营造物等项是也。然但言危险则延烧未成，断罪者殊费推敲。且定律延烧官民房屋及积聚已成，罪止满徒，今则延烧未成，而罪至二等以上有期，是否稍重，应请核酌。

第一百八十六条

按：失火之律，以延宗庙及宫阙罪至绞候为最重，若于山陵、兆域失火，则徒二年，延烧林木，则流二千里。若于官府公廨及仓库失火，亦徒

二年，在外失火延烧者，各减三等。至延烧官民房屋则仅笞五十，烧自己房屋者笞四十，原其无心之咎也。本条所列各罪虽亦从轻，然不若现行定律之详审。

第一百八十七条

按：此条照放火、失火之例办理，似尚可行。

第一百八十八条

按：定律："故决河防，罪止满徒；故决圩岸、陂塘，减二等；漂失赃重者，准窃盗论。"因而杀伤人者以故杀伤论，较放火故烧之律为轻。然水火均能损伤人命、财产，故决与故烧其情俱属空险，则照故烧之罪从重问拟似不为过，然罪名仍宜划一，方免轻重偏畸。

第一百八十九条、第一百九十条、第一百九十一条

按：此数条俱从一百八十八条减科，与放火、失火各条大致相同，惟罪名等差尚宜审定。

第一百九十二条

按：三百零一条系伤害人身体及因而致死之罪，三百零二条系伤害尊亲属身体及因而致死之罚金，以放火、决水致人死伤比较此二条罪名从重问拟，与放决河防、圩岸因而杀伤人，以放火杀伤论之律意相同。惟定律系按照处断，本条系比较从重，稍有区别。

第一百九十三条

按：水火等灾，不思救护而反阻碍他人防御，立心殊不可问，是宜处以罪罚。

第一百九十四条

按：此条或妨害他人水利，或荒废他人田亩，均属有意损人物业，似应分别科罪。惟图妨害与已妨害有别，仍宜稍示区别。

第一百九十五条

按：自己物业而已被官查封，或典质与人，自应作他人之物，惟租借则仅予人用，而物业仍属诸己，似不能谓他人所有，"负担物权"四字亦欠明白。

第一百九十六条

按：未遂罪是谋而未行之谓，今第一百九十四条内已有"或图妨害"之语，此即谋而未行也。今又并列于未遂罪条内，未免重复，似应将前条

"或图妨害"一句删除。

第一百九十七条

按：此即图谋放火、决水之事，如系自首，乃可免刑，否则仍应问罪，惟必须有确切证据始可处罚。

第一百九十八条①

第十四章　关于危险物罪

第一百九十九条、第二百条

按：定律："私有应禁军器，一件杖八十，每一件加一等；私造者，加私有罪一等，各罪止杖一百、流三千里。"而例载：窝囤、兴贩硫磺，罪至充军，私铸红衣炮位及抬枪，罪干处斩，其中轻重有别。今之军器多用火枪，自与从前不同，但以爆裂之物而为犯罪之用，及供给他人犯罪，非为匪即通贼矣，仅处二、三等有期徒刑，似尚稍涉轻纵。至第二百条以能否证明出于正当宗旨为处罚之等差，而不问其制造、贩运之多寡，亦觉稍欠细密。

第二百零一条、第二百零二条、第二百零三条、第二百零四条、第二百零五条

按：未受公署命令、许可，或制造、或携带、或贩运枪炮等件，即属私造、私有、私贩矣。查此三项，情节已有轻重之别，而件数多寡又有区分，似未可概处以同等之刑。且近日不轨之徒往往私贩外洋军火，潜入内地，蓄谋叵测，若仅以四等以下有期徒刑及三百圆以下罚金科之，恐不足以示惩儆。至警察、关卡委员等明知私造、私有、私贩而不举，法则处三等以上有期徒刑，自不为过。若与犯人通谋，尤非加重不可。至漏逸、间隔煤气等项，似指危险而尚未害人而言，仍宜分别有心、无心以为断罪等差，似较允协。

第十五章　关于往来通信罪

第二百零六条

按：桥梁、道路损坏失修，提调官吏本有应笞之律。今所谓损坏壅塞，似指民人而言，处以四等以下有期徒刑，尚不为重。至电线关乎紧要密报，若有损害，亦当从重处断。

第二百零七条、第二百零八条、第二百零九条、第二百十条

按：此数条皆属现时间有之事，因时定例，亦不可少。惟罪名轻重是

---

① 该条无按语——编者注。

否悉当，仍请法部核定。

第二百十一条

按：暴行、胁迫即属行强，与伪计不同，似宜分别酌定。

第二百十二条第一款

按：邮便专用及其余应用之物，究系何项，似应指明。

第二百十二条第二款、第三款

按：损坏电线近年已有部行章程，大抵剪窃者居多，似宜比勘罪名，酌中审定。

第二百十三条、第二百十四条、第二百十五条

按：管理邮电之人而自行妨害、损坏，自应照常人加重治罪，其余未遂罪及褫夺公权各条，尚属无甚出入。

第十六章　关于秩序罪

第二百十六条

按：煽惑他人犯罪，原注谓与教唆犯罪有别，然每有犯罪由煽惑而成者，纵不与正犯同罪，似亦只可量减一等，未便过于从轻，致助恶长奸者罔知所戒。

第二百十七条

按：暴行、胁迫纯属逞强之事，如注语所谓用暴力以解散学堂听讲之人，则其蛮横举动亦可概见，仅处五等有期徒刑是否稍宽，应请再酌。

第二百十八条

按：以上三项乃农工商务之物业，若用暴力而加以损害，则是妨害民生，似宜视其妨害重轻，以定罪名等差。

第二百十九条

按：联盟罢工即系藉端挟制，自应严惩为首，宽治附和。若聚众行暴，尤属强横，似应比照聚众联谋、借事罢市之例分别酌定。

第二百二十条

按：夜无故入人家，律应杖八十；主家登时杀死者，勿论。因昏夜而入，其情叵测，故格杀免罪，许人防害也。惟白昼擅入亦属不应，若既受要求仍不退去，则尤横恣，似应分别白昼、昏夜及有无要求，以定罪名轻重。

第二百二十一条

按：定律："诈假官、假与人官者，斩监候"，系指伪造凭札而言。若无官而诈称有官、有所求为者，罪应满徒。是伪札为重，空言为轻。今不问其有无伪札，而概处四等以下有期徒刑，未免漫无区别，衡情亦觉轻纵。至僭用官吏服饰与假官相类，而究有不同，彼系僭越，此乃诈伪也。且僭用服饰未必尽属无官之人，凡有违式者皆是，似宜另立专条，较为详审。

第二百二十二条①

第二百二十三条

按：所谓公权既兼军籍及学堂监督等项，则非专指官员而言，何以不将犯二十一条②之罪并列之。且僭用服饰即有官者亦包举在内，若有干犯，即应罢职，似不当独略此条也。

第十七章 关于伪造通用货币之罪

第二百二十四条

按：私铸铜钱，现行律例罪应绞斩；私铸银圆，部章亦比照私铸铜钱问拟。诚以国家币制非民间所得，私擅严治其罪，所以防诈欺而重圜法也。此章原注亦知伪造货币侵碍主权，而乃以小民趋利为言，谓非严刑峻法所能获救。夫法令严则知儆，宽则生玩，若不科以死刑，则将伪造充斥，圜法之坏伊于胡底，间阎亦大受其害，似非更订不可。

第二百二十五条

按：伪造流通中国之外国货币，较伪造中国货币稍轻，自宜量减一等问拟。

第二百二十六条

按：销毁制钱及剪边图利，定例罪至斩决，立法本属从严。今减损金银币分量，虽未至于销毁，而与剪边图利相同，纵不处以死刑，亦只宜酌减一等，若至三、四等有期徒刑，则未免过轻矣。

第二百二十七条

按：知情、买使、私铸铜钱之犯罪，应拟遣。今分别已行、未行，定为无期及三等以上有期徒刑，尚与定例无大出入。

第二百二十八条、第二百二十九条

按：前两条系指收买、减轻分量之中国及外国银币而言，仍分别已

---

① 该条无按语——编者注。

② 似应为第二百二十一条。

行、未行，以定罪名轻重。查知情买使私钱、伪银等项，律减私铸伪造罪一等。今买使减轻分量之银币，亦较自行减轻者量为减科，尚属允当。至买时不知、后仍行使，则又较知情故买者为轻，处以罚金似亦可行。

第二百三十条、第二百三十一条、第二百三十二条

按：私铸例内方造器具尚未铸钱，起意为首并同伙商谋之人，均应满流。今以预备器具、原料为伪造及减损货币之用者，处三等有期徒刑，揆诸现行定例，似尚相去不远，其余各条亦尚平允。

第十八章　关于伪造文书及印文之罪

第二百三十三条

按：定律："诈为制书及增减者，皆斩；未施行者，绞。"诚以纶綍至尊至重，岂容诈欺？自汉、唐、宋、元以迄前明，凡矫诏伪制之罪，无不处死。今乃仅以徒刑，将使奸伪之徒罔知儆畏，侵主权而乱民志，其害孰甚，似非改订不可。

第二百三十四条

按：诈为部院、将军、督抚、提镇等衙门文书，盗用印信者皆绞；诈为司、府、州、县衙门文书者，满流。今不问其伪造何等官署之文书，而统定以二等至四等有期徒刑，惟审判仍分等差而律文并无区别，且于风宪衙署并未从重，似亦不足以昭惩肃。

第二百三十五条

按：诈为制书并诈传诏旨，律内当该官司知而听行，各与同罪。本条所列尚与律意相同，其申告虚伪一节系朦混官司之人，即治以伪造之罪，于义亦当。

第二百三十六条

按：此系伪领文凭、捐照、护照之事，似宜分别轻重。如护照关系较轻，尚可处五等徒刑；若文凭、捐照名器攸关，似须加重。至记载不实，亦视其事如何，若有关军国者，亦未便从宽，以杜捏造谣言、摇惑人心之弊。

第二百三十七条

按：伪造有价证券，如本条注语所谓汇兑票、期票之类，固为有关流通，然究系民间所立，与官立者不同。今处二等至四等有期徒刑，与伪造公文书之罪相等，未免公私无别，轻重失宜。

第二百三十八条、第二百三十九条

按：证明事实，注语谓如日用帐簿之类，目为文书，似有未协，不如直称为伪造他人簿据等项较为切实。至处三等以下有期徒刑，系按伪造证券之罪量减一等，惟前条罪名欠妥，则此条似亦应酌改，且伪造必有所因，如其所因之罪较伪造罪为重，则仍当从重论也。

第二百四十条

按：仵作、行人检验不实、扶同尸状者，律应杖八十，因而罪有增减者，以失出入人罪论；若受财故检验不以实者，以故出入人罪论，赃重者，计赃以枉法各从重论，等差最为明晰。今所指医师检案等类即与仵作检验相同，惟中国医师但知论病，不知检验，则医师、仵作仍须分为两项。至于记载虚伪，应分别其为失误、为故捏，今概无区别，而悉处以四等以下有期徒刑，情罪恐难悉当，似不若原律之详审。

第二百四十一条

按：伪造诸衙门印信，律应处斩，盗及伪造御宝列于十恶"大不敬"条内。诚以御宝所关最重，印信亦钦颁之官符，乃敢为诈欺，实为奸伪之尤、不敬之甚。今照伪造制书及公私文书科断，而伪造制书仅处无期徒刑，伪造公文书仅处二等至四等有期徒刑，恐诈伪日滋，奸徒纵恣，实于国制大有妨碍，似须改行。

第二百四十二条

按：为不正之事而制作公印，则作奸为恶兼而有之，断非四等以下有期徒刑所能蔽辜。若私印非公印可比，今相提并论，亦觉轻重不侔。

第二百四十三条

按：既图行使而收受他人伪造、盗用之制书、公文、印文等项，谓之未遂，似尚未协，比照前轻雕刻尚未行用之从犯，庶乎近之。

第二百四十四条

按：此章全系诈伪之罪，凡有干犯，概应褫夺公权，似不必再分全部、一部。

第十九章　关于伪造度量衡之罪

第二百四十五条

按：私造斛、斗、秤、尺不平，在市行使，及将官降斛、斗、秤、尺作弊增减者，律应拟杖。今之所谓违背定规即属私造不平，变更定规即属私自增减。现当勘定度量衡之制，以收齐一定之效，酌加私造罪名，当无不可。

第二百四十六条

按：持有不平之度量衡并非行用，不过未经销毁，处以五等有期徒刑，似觉稍过，酌拟罚金较为允协。至行使不平之度量衡，而得刑律以诈欺取财之罪，自无可辞。

第二百四十七条

按：此条系指制卖非官饬造、亦无违式之度量衡而言，其情甚轻，酌处罚金已足示儆。

第二百四十八条①

第二百四十九条

按：褫夺公权，专以制作违背定规及变更定规之罪为断，其余概免，亦合。

第二十章　关于祀典及坟墓之罪

按：祀典属之礼律，盗墓属之刑律，纵谓发冢不尽为盗，然殃及枯骨，情殊残忍，实与祀典不同，似仍以分列两章为宜。

第二百五十条

按：毁损大祀邱坛及神御之物者，律应流徒；失误祭祀，律应满杖。今之所谓不敬者，并未指明或毁损或误祭，稍觉含糊。本条注语谓坛庙、寺观指载列祀典及志乘者而言，而墓所是否指古昔帝王陵寝及名贤祀墓而言，抑或泛指常人坟冢，亦未分别清楚。至礼拜所乃回教及外国教堂，非坛庙可比，纵为辑和民教、以敦睦谊起见，似宜另列保护之条，不便与坛庙并列，致使宗教淆混。

第二百五十一条、第二百五十二条、第二百五十三条

按：现行定律："残毁他人死尸者，满流。"又定例："盗未殡、未埋尸柩者，分别次数，定以满徒、充军以至绞候。又发掘常人坟冢，开棺见尸，为首斩决，为从绞候；子孙盗祖父母、父母未殡、未埋尸柩者，斩决；发掘祖父母、父母坟冢，开棺见尸并毁弃尸骸者，皆凌迟处死。"诚以殃及枯骨，忍心害礼，若伤损所亲遗体，尤为蔑伦伤化，法所

必诛也。今乃悉处徒刑，重者极于无期，轻者仅二、三等，将使椎埋之徒愈无畏惧，凶顽之辈益薄天亲。凡人遗骸既不能保，他人之发掘伤损更不能保，子孙之发掘毁伤实足干天地之和、贼人心之害，所关非浅，必须更改。

第二百五十四条①

第二百五十五条

按：发掘坟冢，伤人骸骨，纵非尊亲之体，亦属凶残，似应一律褫夺公权，毋庸再分全部、一部。

第二十一章　关于鸦片烟之罪

第二百五十六条、第二百五十七条、第二百五十八条、第二百五十九条、第二百六十条

按：鸦片烟流毒最深，为害最烈，现奉明诏严禁，自应订立专条。惟定限十年戒除净尽，似应分别先后。如治贩卖、贩运之罪，当行于限满之后，若开灯烟馆供人吸食，则目前即当禁绝，有犯皆应究惩。至吸食之人，尤须区别，如官员、兵丁则须从重，常人较轻，其中轻重等差，皆须详加审酌，未敢以此为定。

第二百六十一条、第二百六十二条、第二百六十三条②

第二百六十四条

按：巡警官吏，职司纠察，知情而不举发，与犯人同罪，亦不为过。既经严禁，则凡于限满之后再有干犯者，均应全褫夺公权，亦不必再分全部或一部矣。

第二十二章　关于赌博彩票之罪

第二百六十五条

按：赌博本为民害，光绪二年经刑部奏定加重罪名，开赌各犯分别拟军。而民之嗜赌者既多，有司亦奉行不力，渐至公款支绌，从而税之，禁令等于具文，赌风愈不可止矣。惟赌为盗媒，欲清盗源，必须禁赌。若只定罚金之罪，犹恐不足以昭惩创。且赌徒皆属下流，贫多富少，罚金非所能胜任，仍须改为监禁，似不若处以徒刑，罚令工作，尚

---

① 该条无按语——编者注。

② 该三条无按语——编者注。

可实行也。

第二百六十六条①

第二百六十七条

按：开场诱赌、放头抽头之犯，部章亦拟满流，今拟三、四等徒刑，尚属相去不远。

第二百六十八条、第二百六十九条

按：彩票亦赌博也，欲期赌风净绝，即不便有公署许可之彩票。然近日或以此为筹办公益之举，应否以公署许可为断，仍请审酌。

第二百七十条、第二百七十一条②

第二十三章　关于奸非、重婚之罪

第二百七十二条、第二百七十三条、第二百七十四条、第二百七十五条

按：现行定律："强奸者，绞监候；未成者，满流；奸幼女十二岁以下者，虽和奸，同强论。"又定例："强奸十二岁幼女、幼童，分别斩决、斩候；轮奸良人妇女已成者，及伙众强行鸡奸良家子弟，均照光棍例分别首从斩决、绞候。"用药迷奸虽无明文，有犯亦比照强奸问拟。或以犯奸乃属淫行，况于行强，况于强奸幼童、幼女，实属罪不容诛。今二百七十二、三两条系指图奸、强奸、迷奸十二岁上下之男女未成而言，其罪名轻重，暂置不论。至二百七十四条则系强奸、迷奸妇女及奸幼女已成矣，既以强暴污人，而仅处二等以上有期徒刑，未免情重法轻，难昭炯戒，纵奸长恶，妨碍实多。至和奸、刁奸，定律虽仅拟杖，然男女皆应的决，所以示辱也。若关乎伦纪名分，则罪至斩绞，其于维名教、儆淫乱之意尤为深切著明。今乃悉行删去（下文虽有和奸有夫之妇一条，而不及媳妇、处女），谓非刑罚所能为力，则不独廉耻道丧，闾巷多歌行露之诗，且恐禽兽其行朋淫于家者，亦以为法令之所不加而罔知畏忌，其有害于人心风俗者实大，似非更订不可。

第二百七十六条

按：强奸妇女已干应死之罪，况因而致人于死，或成笃疾、废疾，或因羞忿自杀以及伤害，其应悉处死刑无疑。今本条当以无期徒刑及一、二

---

① 该两条无按语——编者注。
② 该两条无按语——编者注。

等有期徒刑科之，未免失之轻纵矣。

第二百七十七条

按：卖良为娼，律应满杖；藉充牙人，将领卖妇人逼勒卖奸图利者，例应充军。本条所拟罪名似当，无大出入。

第二百七十八条

按：和奸刁奸，不独有夫之妇，即无夫者亦当问罪。

第二百七十九条

按：婚姻一门情节甚多，断非重婚一条所能赅括，目与犯奸不类□算。另立一门，详载各律各例，俾资遵守。

第二百八十条

按：贩卖淫书、淫画有伤风化，自应惩儆，处五十圆以下罚金，尚觉稍轻。

第二百八十一条①

第二百八十二条

按：捉奸必须亲属，指奸无凭，律得勿论，所以防诬陷也。今第二百八十二条之宗旨尚与律意相符，唯纵容妻妾与人通奸，本夫、奸夫、奸妇均应拟杖，今乃不为审理，使纵奸与犯奸皆无所惩戒，似非善法。

第二百八十三条

按：奸淫乃无耻之事，凡有干犯，皆应褫夺公权，不必再分全部、一部。

第二十四章 关于饮料水之罪

第二百八十四条、第二百八十五条、第二百八十六条、第二百八十七条、第二百八十八条、第二百八十九条、第二百九十条、第二百九十一条、第二百九十二条

按：水泉乃人生日用必需者，从而污秽之，或将有害养生之物置入水中，或因而致死伤，或将水道水源损坏壅塞致令众人绝饮，或杜绝供给众人饮料之水，如自来水之类，均属妨害民生之所为，自应分别治罪。

第二十五章 关于卫生之罪

第二百九十三条

按：须防传染病症，外国禁令甚严。凡轮船内有此种病人，不许登

---

① 该条无按语——编者注。

陆，即其行李、什物亦皆摒绝。倘其人在船病死，则弃尸海中，绝不顾惜。中国法令主于人民爱物，向无此等苛禁，若从而仿效，转失朝廷慎重民命之意。且治罪加刑于何人，亦未声明，若加罪于患病之人，尤所难堪，此条似应再酌。

第二百九十四条、第二百九十五条

按：定律："用毒药杀人者，斩监候；买而未用者，满徒；知情卖者，与犯人同罪。"今所贩卖有害养生之饮食、物用、器具自非毒药可比，而贩卖人身须用之物品，亦与毒药不类。如系毒药，则为人身所忌，断非人身所用；既为人身须用，则似不能目为犯禁之物。此条文义尚欠明晰。倘以贩卖毒药而言，则应如律裁分别有无杀人、已用未用，以定罪名轻重，似非罚金所能蔽辜也。

第二百九十六条

按：外国医生向须由官发给凭照，中国向无此项政令，凡业医者悉听自行其术。今欲概令由官许可方能行医，恐一时尚难办到。

第二百九十七条、第二百九十八条

按：二百九十三条尚须再酌，此两条应从缓议。

第二十六章　关于杀伤之罪

第二百九十九条

按：杀人以谋、故、斗殴、戏、误、过失为六杀，其余采生折割、蛊毒杀人各列专条，而捕亡门内有擅杀，盗贼门内有盗杀，情节各有不同，问罪自当区别。又如谋杀制史及本管长官，杀一家三人与杀子孙、奴婢及妻妾皆逐一条列，所以重名义、惩凶残、辨等威也。今草案除斗杀、过失杀、盗杀另见各条外，其余概归此条，定为普通杀人之罪，而区分死刑、无期徒刑、一等有期徒刑三项，其轻重悉任审判官按情节而定，未免过于笼统。夫死刑诚为极刑，然有斩、绞之分，有立决监候之殊、情实入缓之判，今废斩用绞，停止秋审，已觉轻重无别，缓速同科，而又不列明某项杀人者应死，某项杀人者应徒，直使审判官揽生杀之权，难免意为出入之弊，似非按照现行定律逐条订立，似不足以昭明而垂法戒。

又注语谓：如为父兄复仇，虽非当场，究属情有可原。若因细故逞忿残，虽死者小有不直，亦属法无可贷。此□□处，惟死罪分别实缓，正为情节有可恶、可怨而然，理曲惩凶者入实，理直可原者入缓，实者勾决，缓者得减，诚可谓仁至义尽、详审精密，夫岂纯一以绳之哉？

第三百条

按：定律："谋杀祖父母、父母及期亲尊长、外祖父母，妻妾谋杀夫并夫之祖父母、父母，已行者斩，已杀者，皆凌迟处死。谋杀缌麻以上尊长，已行者流，已伤者绞，已杀者皆斩。"诚以纲常伦纪所关至重，杀害者，尊长弑逆所生，实为人伦之大变，天理所不容，非处极刑不足以昭炯戒。今凌迟罪名虽奉删除，而改为斩决，则万无可易。乃本条不问亲疏、服制，统言曰杀尊亲属，虽处死刑维一之罪，实与谋杀常人殊。窃恐世薄天亲，人恶其本，蔑伦伤化，为害靡穷。似应按照定律，分别服制，详列应斩、应绞之罪，方可维名教而正人心。

第三百零一条

按：定律："斗殴杀人不问手足、他物、金刃，皆绞监候，伤人分别等差，成废疾者满徒，成笃疾者满流。"虽殴杀之犯，秋审多入缓决，然亦视其情伤轻重，难以概论。今以伤人致死者，全不问□，未免失之过宽，诚恐凶徒因事忿争，恃无抵偿之法，而任意戕害，似非慎重人命之道。

第三百零二条

按：定律："子孙殴祖父母、父母，及妻妾殴夫之祖父母、父母者，皆斩；杀者，皆凌迟处死。弟妹殴同胞兄姊，伤者满徒，折伤者满流，及伤及折肢、瞎目者绞，死者斩。侄殴伯叔父母、姑，及外孙殴外祖父母、父母各加一等，故杀者，皆凌迟处死。殴大功以下尊长，分别杖徒，尊属各加一等，折伤以上，各追加凡斗伤一等，笃疾者绞，死者斩。"诚以天伦所在，服制攸关，照定律固当从严，等差亦不能不辨也。今乃浑言曰伤害尊亲属而不问其服制何等，是子孙殴父祖与卑幼殴缌麻尊长相同，未免亲疏无别，且致死者始有死刑，笃疾、废疾仅处徒刑，是以卑幼犯尊、以少凌长，虽重伤父祖亦得免于骈诛，尤非纲纪正人伦、维风化之意，此条必须更订。

第三百零三条①

第三百零四条

按：同谋共殴人致死，律以下手致命伤重者绞监候，原谋满流，余

---

① 该条无按语——编者注。

人各杖一百。例复分三层：一、当时身死，以后下手重者，当其重罪，过后身死，以伤重者坐罪；一、原谋共殴亦有致命重伤，以原谋为首，伤轻则以殴有致命重伤之人拟抵，原谋仍照律拟流；一、乱殴不知先后轻重，有原谋坐原谋，无原谋坐初斗。盖一命无两抵之法，而伤重伤方能致死，故共殴以后下手伤重之犯抵罪，其罪重原谋及初斗□，或共殴伤重，或乱殴难分重轻，故亦以之为首，洵属椎□至当。今本条谓二人同伤一人皆以正犯论，注语又谓不能以伤害轻重为之轩轾，然则共殴之犯毋论伤重伤轻皆属同罪，能勿轻重无别耶？至共伤二人，如系一死一伤，则以下手伤重致死者抵偿，而科共殴以伤人之罪，死伤各有定刑，似亦不能同罪也。注□人引强盗为比例，□甲乙共同抢夺丙财，甲殴丙而未至成伤，乙掠财而未用暴行，尚不能分甲乙为两罪等语。不知盗财贼自有本罪，伤人则应于本罪加重，未成伤则仍按本罪问拟。除强盗不分首从外，其余抢窃均有首从之分，不能无所轩轾。人以甲乙共同致伤于笃疾，甲断丙右手，乙断丙左手，不能因甲乙二人所断仅一肢，而各以废疾断罪为审。然折肢亦有先后，如先折断右手，不过成废，继断左手，则成笃矣。且先断者未至于死，自仅科折肢之罪，后断者若图而致毙，又安能不拟抵乎？至助势乃共殴余人，较之正犯罪名相去甚远，与他项从犯仅降首犯一等者不同也。

第三百零五条

按：子孙殴祖父母、父母，不问成伤与否，皆应问斩，非四等以下徒刑所能蔽辜。

第三百零六条①

第三百零七条

按：注语谓："决斗仅止二人，彼此签押，并会集多人临场以为佐证，与械斗微异"等语。查中国闽、粤、江、楚等省，只有聚众斗械，而无二人决斗之事，既属欧洲盛行，自难保中国之民不无仿效，着为定律未尝不可。然械斗乃现时所有，似未便〔舍〕械斗而专言决斗，仍宜明定械斗专条，以警悍俗。至因人决斗而参列斗场，无解纷排难之心，有乐祸享残之意，处以惩罚亦不为过。

---

① 该条无按语——编者注。

第三百零八条

按：帮助他人使之自杀，如自缢者帮同挂带，服毒者帮同觅药之类，仍属本人自立之意，其情尚觉稍轻。若为之教唆，则是他本人初无此心，他人主唆其死矣，其罪较帮助为尤重。至"受人嘱托、承诺而杀之"是否指本人而言，如指本人，则与下文受本人嘱托、承诺之条重复，而罪名不免参差；若指他人，则系听甲主使以杀乙，直与谋杀加功何异？又非帮助自杀所能同罪。至对于尊亲，迥非常人可比，尔犯当按服制科断，应治以杀害尊亲属之罪，断非三等以上徒刑所能蔽辜。至谋为同死，如奸夫、奸妇同谋，奸妇业已殒命，而奸夫因救医痊例，亦只减斗杀一等，未便免除无刑。倘朋于尊亲，伤害伦理，更无可免之道，此条似宜再酌。

第三百零九条

按：无故自行伤残，律应拟杖；受雇为人伤残，与犯人同罪，因而致死，减斗杀罪一等。本条即受雇伤残之谓也，因而致死仅处四等以下徒刑，似觉稍轻。若对于尊亲属，其情尤重。子孙安有忍死其亲之理？如果犯此，直是蔑伦，当以杀伤尊亲之罪科之，更何以二、三等徒刑之足云。

第三百一十条

按：过失杀伤人，律准斗杀伤罪，依律收赎，给付其家。凡过失杀人者，例只折银十二两四钱二分，过失伤人者分别笃疾、废疾、折伤，上下自十两以至数钱，为数甚轻。今或处一千圆或处五百圆以下罚金，未免为数过重，且未叙明给付死者家属，亦与律意不符。

第三百一十一条

按：子孙过失杀祖父母、父母，及子孙之妇过失杀夫之祖父母、父母，例应问拟绞决。如实系耳目所不及、思虑所不到，准将可原情节夹签声明，恭候钦定，改为绞候。诚以情因过失杀害，虽出于无心，而律重伦常，定罪仍难从宽假。今乃仅处三等以下徒刑，未免过轻，且人犯即属尸亲，无所用其追银营葬，则罚金尤觉未当，似宜再加审订。

第三百一十二条

按：庸医为人用药误不如方，因而加致死律以过失杀论罪。本条所谓怠忽业务致人死亡，自指此类而言，但宜列明何项之人、何等业务方为援引，至处三千圆罚金，毋乃过重。

第三百一十三条①

第三百一十四条

按：第二百九十九条系杀人之律，第三百条系杀尊亲属。夫豫备阴谋以图杀人，其心已属险狠；若豫备阴谋以图杀尊亲，其心尤不可问。春秋之义，律贵诛心，乃仅处五等徒刑，未免过于轻纵。若更免除其罪，更失惩恶之意矣。查谋杀已行未伤，律应满徒。若谋而未行，照已行未伤者量减一等，似较允协。至谋及尊亲，事关伦纪，虽属未行，亦仅能免死，万难再予宽贷之法。其第三百零六条系关于决斗之律，既属谋而未成，尚可酌。

第三百一十五条②

第三百一十六条

按：褫夺公权系指杀尊亲属及伤害致死或成笃疾□□，教唆帮助使之自杀等条，而致伤尊亲及受嘱伤害者尚不□内，此外杀人者亦不在内，宽弛过甚，似不足以重公程而□则宪。

第二十七章　关于堕胎之罪

第三百一十七条、第三百一十八条、第三百一十九条、第三百二十条、第三百二十一条、第三百二十二条、第三百二十三条

按：堕胎之罪，只有奸妇与奸夫商谋用药打胎，以致堕胎身死，奸夫比照以毒药杀人，知情卖药者至死减等满流之例，此外并无专条。盖妇人怀孕，如无暧昧之情，似无自行打胎，更无他人商令打胎者。惟闻欧美各国打胎之风甚盛，既有通例，则中国参酌订正亦无不可。

第二十八章　关于遗弃之罪

第三百二十四条

按：此条文义殊欠明晰。如注语所谓：亲族及各项人等有保护、维持之责者，谓之膺责任，则可似无所谓固律例也。受人薪给之养老院、育婴场、医院监督之类亦是责任，更与契约无涉。不具则应言明有殊废疾不能自行营生者，方能令人一目瞭然，否则文词晦涩而意义彰，恐难援引恰当也。

第三百二十五条

按：悯老慈幼，□不感人，因仁政所宜然。以责之警察、官吏则可，

---

① 该条无按语——编者注。

② 该条无按语——编者注。

若负之途人则过矣。

第三百二十六条、第三百二十七条

按：三百零一条系伤人及致死之罪，三百零二条系伤官、尊亲及致死之罪，今因膺责任之人不能养育、保护老幼残疾以致于死伤，其过究属失职，与下手伤害致死者不同，似未便比较前律从重处断。至对于尊亲亦然。查子贫不能养赡，致父如自尽者，例满流，流亦不能与殴伤致毙同论也。褫夺公权一条，尚可照办。

第二十九章　关于逮捕监禁之罪

第三百二十八条①

按：以威力践踏人，及于私家拷打监禁者，律应拟杖，各条所列即属此律。查民人争纷事理、不告官司而私行逮捕、监禁□□□□，处三等以下有期徒刑尚不为过。至于尊亲迥非常人可比者，今所□岂容倒行□枢□犯尊亲具□即服制□□□□□二、三等徒刑所能概论。查第三项应释不应释，注语谓一□"逮捕"自为逮□□之事，初□为可以逮捕监禁之人，后知错误仍不释放，一知为他□厅逮捕监管，自己应行监禁之任□既经发见，不为释放，□以私擅逮捕监禁论之。查逮捕监禁乃官司之权，除□并捕□亲属捉奸可以当场捕拿，而仍不能私行监禁外，其他皆不应擅捕，尤不应擅禁无待发见错误之后，始为私擅也。至应行监禁是否指家族长老之类而言，似宜明示何项之人，方免歧误。

第三百二十九条

按：此律即系官吏故禁故勘平人之例，现行定律罪应拟杖，今处二、三等有期徒刑，较之定律加重，从严立法，以杜权滥，未为不可。惟对于尊亲，似无逮捕监禁之事。盖官吏所以治民，非治亲族，若亲属有应行逮捕监禁者，在官吏亦须回避，另由他员办理，似不能滥用职权也。至知为滥用职权之逮捕监禁，又未指明何人。若如律文所载之提牢、司狱官、典狱卒则只有举首之责，无释放之权，责以应释不释，亦似未当。

第三百三十条

按：威力制缚人，及于私家拷打监禁者，伤重至内损吐血以上，律应各加凡斗伤二等，因而致死者绞监候。故禁故勘平人因而致死，亦分别

---

① 此条签注原文字迹模糊，有多字未能辨识。

绞、斩监候。本条比较伤害人与伤害尊亲及因而致死之律从重处断，尚与现行定律无甚出入，惟未及伤重加等一节耳。

第三百三十一条

按：私擅及滥行逮捕监禁之事，施及尊亲似应概褫公权，不必再分全部、一部，惟常人方可区别。

第三十章　关于略诱、和诱之罪

第三百三十二条

按：诱拐妇人、子女，被诱之人若不知情，律应满流，例则为首者绞候。和诱者，律应满徒，例则为首者拟军。今以略诱者处二、三等有期徒刑，和诱者处三等以下徒刑，未免稍涉轻纵。且又以诱拐未满二十岁之男女为断，然则所拐已逾二十岁即不治罪耶？查被拐之人，少壮皆有。不能论其年岁，致拐匪得以避就。又暴行、胁迫同于掳捉罪，更浮于诱拐矣。

第三百三十三条、第三百三十四条、第三百三十五条

按：现行定例："内地奸民诱骗愚民，雇与洋人承工，其受雇之人并非情甘出口，不论所拐系男妇子女及良人、奴婢，已卖、未卖，曾否上船出洋，但诱拐已成，为首斩决，为从绞决。"诚以诱拐人口已属不法，况拐卖出洋，离人骨肉，致令被拐者受苦工之磨折，陷异域而殒生，其情尤属可诛，是以从重治罪，以儆奸恶也。今乃仅处无期徒刑或一、二等有期徒刑，而又以诱拐未满二十岁之人为断，失惩恶之意，开避就之端，似非更订不可。至既犯诱拐，不问其是否典卖营利，及自为妻妾子孙，皆厥罪维均，似又不必分别两条，故为轩轾。

第三百三十六条

按：现行定律："受寄所卖人口之窝主及买者，知情并与犯人同罪，至死减一等，牙保各减一等，并追偿入官，不知者俱不坐，追价还主人。"定例："伙众开窑诱取妇人、子女藏匿勒卖，为首照光棍律斩决，为从发黑龙江给披甲人为奴。"本条所谓豫谋者，谋指开窑诱取之类而言，未豫谋者特指随时受寄之窝主而言。夫专为收藏被诱之人，其为勒索图利可知，定例极于骈诛，所以惩奸恶而保妇孺，未便稍涉宽纵。若随时受寄者应减犯人死罪一等，亦不止三等徒刑耳。且所列两项，似指收藏被拐之人以和诱、略诱为三等以下、三等以上徒刑之分，而例文又于两项均将略诱、和诱并列，文义亦欠明晰。

第三百三十七条①

第三百三十八条

按：诱拐妇人子女，毋论或为典卖，或为妻妾子孙，按照定例，均当一体治罪。略诱者，被诱之人本不知情，则可免坐。和诱者，被诱之人本属知情，应按犯人之罪减一等问拟，仍改正给亲，似无诱为婚姻即告诉无效之理。夫匪徒设计诱拐，或强逼为婚，或诈诱为婚，奸诡多端，害为夫女陷阱。若置而不究，将使拐风盛行，奸后成娶，窃人妻女以为妻妾，而妇女之名即难保，婚姻之条亦素。如《礼记》所谓夫妇之道苦，淫辟行多，实为人心风俗之忧。此条似须更订。

第三百三十九条

按：既犯诱拐，即属无耻，无论是否营利，均应全褫夺公权，不必再为区别。

第三十一章　关于名誉信用安全及秘密之罪

第三百四十条

按：定律："将暧昧不明奸赃事情污人名节、报复私仇者，文武官侯革职，军民人等皆发附近充军。"本条尚未指明污人名节之事，惟既已侮辱于人，似应视其所摘事实之轻重，以定侮辱罪名之等差。

第三百四十一条

按：定例："投隐匿姓名文书告言人罪者，绞监候。"诚以计人过恶而不书自己姓名，既欲陷人于罪中，又欲脱身于事外，以殊绘绘，故重其法。今之所谓流布风说及用伪计损人业务信用者，虽未叙明隐匿姓名，而布散谣言诡计，损害其非显为告发可知。此等奸恶之徒，似未便稍从宽纵，所拟四等以下徒刑尚觉稍轻，似宜再酌。

第三百四十二条②

第三百四十三条

按：因事威逼人致死，律虽满杖，而卑幼逼期亲尊长致死则应绞候，大功以下递减一等。今所谓加害胁迫自与威逼相同，惟律文尚欠明晰。且亲族非常人可比，若胁迫尊亲，罪应加重，似未便与常人同

---

① 该条无按语——编者注。

② 该条无按语——编者注。

论。至逼人为非义之事，亦当视其事之轻重，以为定罪之等差，似较允协。

第三百四十四条

按：损坏、沉匿公文及拆动原封者，律应分别杖笞，而无损匿信函之例，盖私函并非公文可比也。本条只言信函，尚不言公文格式，似有未协。惟现当举办邮政，信函亦不能任人损失，似当先公文次信函。损匿、拆动公文者罪较重，信函较轻。至公表他人秘密之文书、图画，亦视其文件之属公属私以为重轻之别，庶足以昭平允而免倒置。

第三百四十五条

按：漏泄他人秘密之事，不必定为僧道等类之人，此系从理想中悬拟而立，或行或否，请法部酌定。

第三百四十六条、第三百四十七条、第三百四十八条

按：以上三条无甚出入。

第三十二章　关于窃盗及强盗之罪

按：盗贼门内条目分明，至为详审，今但将窃盗、强盗两项列于贼盗一类，其余或移至他门，或竟从删节，已去原律远甚，全不与论。惟注语谓：现行律例以赃之价额分罪之重轻，殊与法理未惬。有夺富人万金而罪在可恕，有夺贫人一钱而罪不胜诛等语。夫人之财物，毋论贫富，皆非他人所当取也。贫者固不应夺，其富者岂可攘夺耶？治盗者但问其为盗之罪，断不能问其所盗之为富为贫。倘此法若行，则天下富民皆将为盗贼觊觎而无以自保，似非朝廷弭盗安民之意。

第三百四十九条

按：注语谓："第三者，除盗取人及被害人外，其余之人皆是。"细详本条例意，或为自己得财，或为他人得财，故第三者系指为盗、被盗两项以外之人而言，然文义如此得含，殊令人难于索解。且为盗者，只有为自己图财，似无为他人图财之理，即使听人指使上盗，而自己亦无不分赃。所谓第三者之人，仍属案内起意之犯耳，安有盗取财物以予无干之人者？若以此为宗旨，尤属古今所罕见。至窃盗计赃论罪，因其潜行窃取，有畏人之心，无强暴之行，不得不论赃数之多寡为罪名之等差也。自唐以来莫不皆然，今不论赃数而概处三等以下有期徒刑，亦未免漫无区别。

第三百五十条

按：现行定律："盗大祀神祇御用祭器、帷帐等物者，皆斩。"又定例："盗御宝、乘舆、服御物者，俱作实犯死罪。"诚以御用之物，备极尊严，乃敢盗窃，玩法孰甚，故加以实犯死刑也。今乃仅处无期徒刑，未免轻纵。至侵入有人居住第宅等项，当问其得赃与否，断不能将未得财与已得财者同科。其结伙三人以上，亦须分别首从，或持械或徒手，以定罪名轻重。

第三百五十一条

按：强盗已行但得财者，不分首从皆斩，以药迷人图财者亦同此律，万无可易。夫结伙持械、打家劫舍或用迷药以取□□□□□□□□□□，是不胜悚。今仅处三等以上徒刑，□□□□愈无所畏忌，良懦之受穷日多，妨碍治安，曷可胜道！此条万难照办。

第三百五十二条

按：窃盗临时行强，当以甫至盗所即械禁事主、强略财物者方是。若行窃得财之后被事主人等捕拿，护赃、护伙或图逃免，因而格斗者只可谓之窃盗拒捕，不能与强盗同科。此中分则甚明，似未便稍涉牵混。

第三百五十三条

按：注语谓："第三百五十一条为对于他人所有物之强盗，第三百五十七条为对于自己所有物之强盗，本条则指为自己或第三者得此外财产上不法之利益而言，如以暴行放逐本人而强占其房屋，或使他人居之，或强占其田土而耕种之类"等语。查盗耕他人田土者，律只按亩分别杖笞，强者加一等。又强占官民山场、湖泊、茶园、芦荡，罪应满流。盖田园、山场不同家内财物，强占与强劫情形亦异，难与强盗同科。惟他人居住之屋，强逐其人而占之，较之田园、山场尤为横暴，论罪自应从重。但此皆土豪势恶所为之事，似宜各立专条，亦不必以强盗论断，致滋淆杂。

第三百五十四条

按：既为强盗，则必强入人第宅之内掠取财物，何以三百五十一条则处三等以上有期徒刑，此又列为第一项处无期徒刑及二等以上有期徒刑耶？至强盗结伙多在三人以上，虽一二人行劫未必全无，而究属罕见，似不必论其人数。若于盗所强奸妇女，例应斩枭，今删除枭示之刑，亦应改为斩决。又强盗已属应死之罪，况复伤人？此皆与可从宽者，今概行免死，恐不足以儆强暴而安善良。

第三百五十五条

按：窃取御物已属死罪，况于强取。至在途为抢夺，入室始为行劫，结伙三人以上在途抢夺之例应分首从，与劫盗有别。其在海洋行劫者，为江洋大盗，凡属洋内皆是，似亦不必定指不归中国外国管领之海面而言。至强盗拘捕伤人或因而致毙人命，皆属罪在必死，更无处以徒刑之法。

第三百五十六条

按：既为强盗而又故意杀人，应无疑义，似应仍照现行例章由斩枭改为斩决，不宜再列无期徒刑，致涉纵弛。

第三百五十七条

按：此条所谓共有权者，是否指自己与他人共财，如合伙生理之类而言。质权者，是否指自是已为人担保管理之财物而言，词意在疑似之间，不敢臆断。物权则范围太广，直不知何所指矣。至官署命令他人以善意管有己之共有物、所有物，意者或为自己与他人所共有或为自己所本有，而官署命他人管理或他人以善意经管而自己窃取之律意，是否如此亦未敢强解。总之，文义既有未明，注语亦欠清晰，索解尤为未易，况能引用切当乎？

第三百五十八条

按：禁止私有之物即属违禁而已，电气虽空而无质，既有效用，亦不敢任人窃取。然各有主义，或属之官或属之民皆可，按其盗自何人以罪之，谓为所有物，似欠切合也。

第三百五十九条、第三百六十条、第三百六十一条

按：亲属相盗一门，律例至为详审。同居亲属家其家财，其财无所谓盗。若卑幼盗财，即属私擅用财，亦不以盗论。惟将引他人盗己家财物，按律虽依私擅用财加二等，而照例则有强劫以凡人论斩，奏请定夺之条。盖以卑幼而引他人强劫尊长之财，蔑视尊亲，所行不义，故当从严也。今统言免除其刑，而不将卑幼私擅与引人盗取两节叙明，似涉疏略。至如居亲属窃盗，则按照服制亲疏以为减等，强盗则尊长犯卑幼亦得论减，卑幼犯尊长以凡人论罪，所以笃亲亲之谊也，而仍制强悍之徒也。今于其余亲属犯两项所指之罪，并无分则减等之文，则尊卑长幼所犯概照凡人，亦觉于义未协。若非亲属而与亲属共犯，如系同居卑幼将引者，其他人得减凡盗罪一等。若有杀伤他人，纵不知情，亦依强盗论。倘各居卑幼与他人共盗，则无所谓将引亲属，虽按服制减等，他人仍以凡盗科之。此中分别甚微，似非一言所能尽括耳。

第三十三章　关于诈欺取财之罪

第三百六十二条

按：恐吓取财之律，计赃准窃盗论加一等，诈欺官私财物，亦计赃准窃盗论。其中有亲属自相恐吓、自相诈欺及监临主守诈取所监守之物各节，此两项情节不一，条例尤详，罪名轻重之间，似非一例所能包举。

第三百六十三条

按：为他人理事，但图自己私利而损害其事之利益，如所谓受贿之类，即营私舞弊之谓也。律无正条，似当以枉法赃罪科之。

第三百六十四条

按：此系欺人幼弱及乘人之病，或骗取其财物或占夺其利益，妨害其财产，似亦应计赃科罪。

第三百六十五条

按：三人以上共犯，必有起意及听从之人，似应分别首从。至官员处公务而图私利，甚且背其职务损害国家或御物，其情甚重，似应视其损害重轻为罪名等差，非仅无期徒刑及二、三等有期徒刑所能蔽辜也。

第三百六十六条、第三百六十七条、第三百六十八条

按：第三百五十七条第一项系所谓窃取共有权、质权等项之物，三百五十八条系窃取禁止私有之物及电气，三百六十一条系窃取本支亲属或配偶之物。今谓关于本章之罪亦准用之，当指诈欺以取前项之物而言，惟文义欠明，是否照窃取之例办理，似宜声叙清楚，方能援用。

第三十四章　关于侵占之罪

第三百六十九条

按：费用受寄财产及强占官民山场等项，定律各有专条。然因受寄而扛行费用之与恃强占踞者有别，故受寄费用，坐赃论罪减一等，强占则罪至满流也。今概名曰侵占，而罪名无轻重之分，似不若定律之明当。

第三百七十条

按：侵占公务上之管有物，即属定律之监守自盗。侵占业务上之管有物，并非官物，亦非官负，然管理他人之物而侵占之，亦与监守自盗无

异，汇入本例，原无不可。惟官物较他人之物为重，官员亦较常人为重，罪名宜分重轻，庶公私不致混淆。至所言不在公务、业务之人，而与之共犯，用第三十三条第一项谓因身分成立之罪者，加功者虽无身分，仍以共犯论也。查定律有监守盗仓库钱粮与常人盗仓库钱粮之别，如监守与常人共犯，则监守照自盗之律，常人以常人盗论。盖虽属共犯，而身非监守即不能以监守之罪科之。若如第三十三条以共犯论之，例似与律义未尽符合。

第三百七十一条

按：得遗失，定律限五日送官，限外不送官者，官物坐赃论，私物减二等。今之所谓侵占，即得遗失物而不送官之谓也，物有官私之分，则科罪宜有区别。至自己误认他人之物为己物，或他人误交别人之物于己，其初出于误交、误收，其继则意图吞匿，比照占据遗失之物办理，似尚允洽。

第三百七十二条、第三百七十三条、第三百七十四条

按：三百七十条乃监守自盗之罪，似应全褫夺公权。至第三百五十八条系窃取违禁之物，三百六十一条系窃取本支亲属或配偶之物。所谓关于本章之罪，自指侵占而言，如犯侵占以上各项之物，是否比照窃取办理，文义亦未明晰。

第三十五章　关于赃物之罪

第三百七十五条

按：知情分受盗赃，律准窃盗为从论，故买者坐赃论罪，知而寄藏者减一等。定例则于知情买赃及寄藏销赃之犯，均分别拟从，系洋盗案内者按次加等拟以军遣。本条所订罪名无甚出入，其以牙保、受寄、故买从重问拟亦合。

第三百七十六条、第三百七十七条、第三百七十八条、第三百七十九条

按：此四条尚无可议。惟犯第三百七十五条第一项乃知情收受盗赃之罪，其人之寡廉鲜耻可知，似应全褫夺公权，不必再分全部、一部也。

第三十六章　关于毁弃损坏之罪

第三百八十条

按：毁弃制书，律应斩候。诚以诏、令、旨、敕至尊极重，乃敢弃掷毁坏，胆玩孰甚，故定罪必须从严。今仅处二等有期徒刑，未免过于纵驰。至毁弃官署公文，当视其事之轻重，如律所谓事干军机、钱粮者绞。盖关系既大，失误非轻，亦不能不从严治其罪，似难概论也。至常人文件，非关公事者，自可从宽处罚。

第三百八十一条

按：毁损人器物，照律计赃准窃盗论，官物加二等，并应追偿。本条未分官物、私物，亦未声明追偿物价，似稍疏略。至因损坏器物而致人死伤，自应科以致死致伤之罪。

第三百八十二条

按：此条毁损人寻常器物，及泄漏煤气等项，暨纵放畜产之类，揆诸定律，处罚亦轻。惟损失有多寡之分，则处罚有重轻之别，似宜计赃科罪，追赔物价，较为允洽。

第三百八十三条

按：自己所有物负担他人物权，是否如田屋已按与人而仍自耕自住之类。公署命令他人管有或自身看守者是否自己之物，经公署命令他人管理或仍令自己看守而尚未断还归己之类，此中意义尚有未明，未敢臆断。

第三百八十四条、第三百八十五条、第三百八十六条、第三百八十七条

按：以上四条，似尚无甚出入。

3. 安徽签注清单

皖抚签注总则清单

第十二条第一款

按：精神病即痴疯癫狂，是谓其精神有障碍，行为无观念，故不为罪。查中国现行律例，曾有疯病杀人锁锢之文，推厥原素，乃防其害而非治其罪，正与草案不得为罪、得命以监禁之意相同。惟现例病痊讯实仍治其衅行结果之罪，草律谓其全无责任，必要时可命以监禁，则是病痊后亦不复加以罪，即可置身无过，放任自由，似乎失之太宽，易滋流弊。因夷考各国法规，参以中国今昔刑章，似应将有精神病者狱内设一病院，以痼治之，不愈永禁毋纵，愈则仍宣告衅行之罪而执行之，庶情法两得其平，而狡黠者亦无所施其装饰之术。至犯罪在病发之前或后者，即应执行适当之罪，不能以精神病论，徒监禁而稽时效。原释理由、注意未将此层划清，似应一并增入，期昭完密。

275

第十三条第一款

按：前条无责任者虽犯罪不科刑，此言即有责任之人，其行为非出于故意者亦不治其罪。查故意与过失之区别，中国古有之。《书》曰："误而入罪，出金以赎之。"唐、明、清律亦皆有过失杀伤人等文。《疏义》云："过失者，系耳目所不及，思虑所不到云云。"至不出于故意，即出于故意之对比，词义甚廓，于过失最易混淆。盖过失之理□□□不出于故意之义理未明。分言之，名为两项；合言之，寔则国情。如吸取泰西东西法律中观念、认识、决意、决定、确定、远因等名词，为不出于故意之反比例，一一详解而揭明之，原不难强为区别，以定为罪、不为罪。然语涉影响远近穿凿，必至人民无所适从，司法艰于效用，似不如去此不出于故意之行为不为罪一节，而专存过失论罪之文较为简明。

第十五条第一款

按：此条理由、注意、界说，虽明无虑牵混之弊，惟尚有罅漏者二端：一如自己犯罪为官吏所逮捕，不能有防卫权，如不受治，则当以拒捕加等治罪。盖官吏捕人本其责任，乃正当之行为，亦权利义务之行为，万难放弃；一如不正当之侵害由自己所召者，亦无防卫权。如甲骂乙遂毁甲，是甲之客由自取其刻，乙之防卫，法律上不认为权利行为。草案内未将此两层指明，仅附以逾防卫程度之行为得减本刑一等至三等之词，似嫌笼统，恐司法者不适于执用，似应斟酌补入，更觉妥善。

第十六条第一款

按：此条采用罗马、德意志二国法律原属刑法中不可缺之点，以其紧急状态之行为，因欲保护自己生命、身体、财产、名誉、自由之现实危难，不得已而牵害于他人，法益并非有不正之行为，故特许其略法原情。惟细加研究，似应分知其危急而不能为力不为罪、知其危急而施行侵损者为有罪两项，庶几法律之范围与放任之权利两不背驰。何为知危急而不能为力？例如屋将倾颓，情急从窗跃出致伤窗外人者是。何为知其危急而施行侵损？例如甲乙同舟，遇风被溺，甲获木而浮，乙夺之致甲溺水死者是。夫杀身成仁，原不能责之一般人，而下井投石，究非文明德育家所承认。草案理由、注意内未经议及，故触类旁通而发挥之。

第三十条第一款

按：犯罪之教唆，泛言之谓他人生犯罪行为，细推之则有三种类：一为故意使人决意生犯罪之举动，其犯意之原动力全出于教之者，谓之教唆正犯；一为教唆无能力、缺条件之人犯罪，直如利用动物，可乒纵成立与否之权者，谓之间接正犯；一为他人已生决意犯罪思想，又从而教之以术，致被教者有实行犯罪之决果，谓之教唆助力犯。第一、第二种自应照正犯之例处断，第三种则似不能科以正犯之罪。草案一概例之，理由亦未剖［析］，似欠详备。

第四十八条

按：此条理由，东西各国法律谓之特别没收，与中例全部没收者迥然不同，以罪止身，于他人无兴，不得害及其全家衣食，与中国宽免缘坐新章适相昭合，惟仅止没收右列三项并犯人名下之财产而宽之，似未尽善。盖犯赃之徒，恒工心计，若诳得他人之财而置为私有之产，或盗得他人之物而变为银钱，一转移间便不能复指为因犯罪所得之物，如亦剔归于没收限外，则贪绞者必有甘受没收而不畏罪图利者矣。

第六十三条

按：此条理由：判决后不令入狱，三五年试验其再犯与否，再犯者二罪并决，不再犯者则前罪亦消灭，所以预防其累犯之政策，而益励其悛改之感情者也，用意不为不善，泰东西各国行之久矣。惟事太迂缓曲绕，与法律上性质不甚妥适，故日本虽经冈田博士辈力为主张增入法律，迄未实行。移诸中国更觉扞格，似应删去。

安徽巡抚签注分则清单

第一百条

按：内乱之目的，与大逆事虽有别，情实相通，若果显谋不轨，猝起暴动，则其罪实不容诛。中国旧律，谋反、大逆、谋叛，皆处以同等之重刑。即日本现行刑法，凡首魁及教唆诸犯亦皆处以死刑，其余从犯则罪名轻重有差。今本条所揭各罪，如第二、第三两项，尚觉相当，惟第一项首魁死刑、无期徒刑，未免制限过宽，涉于轻纵，似宜酌量加重，删去无期徒刑一层，而直科以死刑，用遏乱萌而肃法纪。

第一百二十条

按：此条注意，以有中国吏员之资格，受上官之指挥谓之命令，无吏员资格之中外臣民受中国之嘱托谓之委任，均属身膺重寄，乃甘为奸壬以卖国，故意议定不利中国之条约贻害国家，则其心术尚可问乎？中国贫弱之源，大率由此辈为之厉阶。律贵诛心，法在不赦，处以死刑并不为过，即量从宽典，亦当在永禁之列。今本条所规定者为无期徒刑或二等以上有期徒刑，未免太宽，似宜删去二等以上有期徒刑一层，而直科以无期徒刑之罪。其一百二十一条中国臣民欲使藩地及其余领域属于外国，与外国开始商议者，原定罪名与本条相同，亦应照此删改，余条准此量为加重。庶几奸恶知所儆惧，而隐患亦可潜消。

第一百四十六条

按：此条即中国旧律中因公擅自科敛及非因公科敛人财物入己之原资。本条理由言之详矣，除第一项情罪相当、毋庸再议外，其第二项尚有应行斟酌之处。查第　百三十九条吏员或公断人关于其职务要求豫约或收受贿赂，因而为不正之行为或不为正当之行为者，处三等以上有期徒刑等语。今试与本条第二项之假公济私、敛财入己者相比较，一则受人贿赂不惜屈法以纵，一则恃法营私实属贪利忘义，以彼例此，厥罪维均，自应科以同等之罚。拟请将本条第二项酌量加重，改为若系图自己利益者，处三等以上有期徒刑，并科征收正数外同额之罚金，庶与第一百三十九条之例意暗相满合，不致有畸重畸轻之弊矣。

第一百五十二条

按：此条主义，系就人民对于官吏之一方面而言，谓如官吏以其职务执行法律规则，或执行行政、司法官署之命令时，以暴行胁迫抗拒之者，即为此罪之成立，中外刑法皆视此为禁遏人民妨害公务之要点。今就本条例文所定罪名细加察度，复与第一百四十三条凡行裁判等之职务时，对于被告人等为暴行或凌虐之行为者，又第一百六十条对于有关选举之吏员或辅助人员加暴行或胁迫者，各条所揭之罪返观旁证，逐一研究，觉本条所定制限尚嫌轻松。似应酌量加重，改为处三等以下有期徒刑、拘留或三百圆以下罚金，庶于情法两得其平，而司法者亦得有所依据，不致意为出入矣。

第一百五十四条

按：侮辱意义包含甚广，有以言语形容为侮辱，有以文书图画为侮辱，胥足损公职之威权，虽严其法典不为过。然中国现行律内，骂制使及本管长官必亲闻乃坐，昔尚从宽，今反加厉，究非文明国仁政所宜，似不若删去非当场一层，而特科当场为侮辱之罪，庶于减轻刑法之立意不相背戾。

第一百六十八条

按：此条注意云："其他因律例被监禁者，例如战时捕虏之类"，细绎"捕虏"二字，似兼敌国、本国而言。第开战时代，法律上之范围与寻常迥乎不同，其对于本国之犯法律者或从重或从轻，固不能与常囚并论。其对于敌国人之犯本国法律者，或交换或交还或竟杀之，仅载于各国战法者数见不一见，更难以待本国普通时代之罪囚待之。拟请将此条内剔出"及其余按律监禁"一句，参以各国交战条规，特设一独立之罪，以收回治外法权。

第一百七十条

按：此条第一项即中国旧律所载常人或囚犯亲属以可解脱之物与囚，而使逃走者之罪，但中律要素系代囚暗相谋画，出于纯粹和平之举动，无若本条第二项之强迫手段。至于劫狱、劫囚则各有专条，并不属于此条范围之中。今草案分则除盗取监禁人亦另立专条外，而于此条中又区分三项，系较旧律稍为变通，而大致终不外使囚逃走为目的，顾其中罪名不无可议之处，始就第三项以使监禁人脱逃为宗旨而加暴行胁迫因而致监禁人脱逃者，与第一百六十九条之盗取监禁人不分窃取、强取者相比较，系属同一行强，又同一收此使人脱离监狱之结果，似乎两处罪名不必故为歧异。夷考日本现行刑法，劫夺囚徒与暴行胁迫囚犯逃走者处以同一之刑，并不稍分轩轾，即是此意，似可仿行其法，将本条第三项罪名酌量减轻，改为处二等至四等有期徒刑，庶与第一百六十九条罪名相等，不致有同罪异罚之嫌，而司法者亦得便于执行，较为完善。

第一百七十一条

按：本条系指有责任者纵令监禁人脱逃而言，较前条之通常人，罪应加重，中外刑律虽互有异同，而情无二致。兹核本条所揭之罪，系视前条通常人犯罪量加一等，情罪允当，无可訾议。惟本条原定罪名，系准前条第三项为规定，今前条第三项既请量为减轻，则本条亦应照减，改为处二等至四等有期徒刑，俾归一致。又查中国问刑衙门差役管解人犯，率多中途脱逃，虽其中难保无得贿故纵情弊，然依法管解偶致疏脱者，亦往往有之。若因其不出于故意之行为不为罪，则疏脱之案更将层出不穷，流弊伊于胡底。查日本现行刑法中载有因其懈怠不觉囚徒逃走时，分别囚犯罪之重轻处以罚金一条，似可仿行其法而变通之，即于本条例文后另立专条，凡因疏忽不觉失囚者，处五等有期徒刑、拘留或五十圆以下罚金。似此则解役人等稍知儆惕，而疏脱之案亦可渐稀，未始非整顿吏治之一端也。

第十二章

按：关于伪证及诬告之罪，兹就第一百七十八条至第一百八十一条而综核之，似于中国民情习惯不甚适用，尚须斟酌变通，重加厘定，方可推行无阻。试陈其理由如左：

按伪证与诬告之罪，其性质分为二种：一则认为直接对于原告、被告之罪，法典之用此主义者，有民事、刑事之别，其关于刑事一端，更分为曲庇被告、陷害被告两意，又复乎陷害已成者，就其被告所受刑罚之轻重，以为犯人刑罚之差等；一则认为直接对于公署讯问违背陈述真实义务之罪，法典用此主义者，于凡对公署为伪证、为诬告，俱处以同一之刑，但其处分之轻重，一任审判官按其情节而定。今此章后据第二种之说以为规定，原案理由指第一种为有三误，言论非不深切著明，第参看各国刑法，准以中国人民程度，似乎第二种尚不如第一种施行之为合宜。何以言之？盖证人者，为诉讼时所不可缺，中国罪凭供定，外国罪凭证定，今中国既废刑讯，亦不能不借助于证人以补裁判官耳目之所不及。虽判断之权仍操自上，原非证人所能直接而自定之，但情伪万端，以有限之司法机关审理无限之司法事务，欲其纤毫无误，势必不能。况中国民情，习于刁诈，往往假公事以泄私忿，或串通证人搭作讹诈，或凭虚构造陷害善良，弊端百出，防不胜防，稍不留神便坠其术中而不觉，谚所谓：无诳不成状者是也。若如本条所定悬此同一之刑，重则处二等至四等有期徒刑，轻则拘留、罚金，一任审判官临时按情节而定，彼素惯刁讼者，将谓诬人之死罪亦不过受此感化主义之自由刑，逾数年即可释出，而益逞其夸张之术，无所不为，流弊将无纪极，似不如采取第一种之主义，定为曲庇被告、陷害被告，即以所诬罪之轻重为差等，如被诬人死罪已决者即反坐以死，未决者处以无期徒刑或一等有期徒刑，庶于中国民情习惯较为适宜，而于各国及日本刑法亦不相刺缪，尚宜复加审度，斟酌处适，重行厘订，方可推行无阻。管见所及是否有当，幸垂察焉。

第一百八十二条

按：此条主义，系对于公众而为危害他人财产，且危及人之生命身体为本罪成立之要素，此等不法行为，实属穷凶极恶。查中国旧律，如放火烧官民房产及公廨、仓库、系官积聚之物者，不分首从皆斩。例内又分为图财放火、挟仇放火两项，皆罪干斩决、斩枭，其科条之严厉无论矣。即日本现行法律有犯放火烧毁人屋、居住之家产及其他之建造物者，亦皆直科以死刑。今如本条所设，制限似觉太宽，拟请酌量加重，删去"或一等有期徒刑"一层，改为"放火烧毁左列他人所有物一种以上者，处死刑、无期徒刑"较为允洽，并请仿照旧律，于本条下添注"须放火处捕获有显迹、证验明白者乃坐"字样，庶于立法之中兼寓杜弊之意。至第一百八十八条故意溢水例文，亦准本条酌改，以归一律而免参差。

第十七章

按：关于伪造通用货币之罪，今就第二百二十四条至第二百三十二条而综核之，大致均尚可行，惟内有文义不甚明显及尚须斟酌之处，试陈其理由如左：

按第二百二十四条伪造通用货币罪名，其注意内既至已行、未行其刑同等，似不如径将此条第一项改为"凡伪造通用货币，不论已行、未行，但伪造已成者，处无期徒刑或二等以上有期徒刑"，而将第二项首句删去，但留"意图行使而交付于人者，亦同"一语，庶文义较为明显，而司法者亦得便于执行。至第二百二十五条伪造流通中国之外国货币，与本条罪虽不同而例文相似，亦应照此酌改以归一致。又查日本刑法中伪造、变造内外国金银纸币，其处分罪名有已成而未行使者，视已成行使者减一等，未成者减二等，豫备伪造之器械而未著手者各减三等，其余若受雇知情之职工及为职工之补助并知情、给予房屋之人又分别递减有差，似较本案例文尤为明。仅从本章内容各条所定罪名范围较廓，定为裁判官临时酌量取裁之资，究嫌含混，尚宜复加斟酌，方可切实施行。

第十八章

按：关于伪造文书及印文之罪，今就第二百三十三条至第二百四十四条而综核之，其中例文尚嫌欠缺，有宜于酌量添叙者，有宜于加订条例者，试陈其理由如左：

按：本章所谓公私文书、图样、印文、署名及印者，皆有关于律例上权力、权利、义务或事实上证据之信用者而言，关系至巨。本章内容不止一端，而惟伪造制书及公文书二者尤为重□□，考中国宋、唐、元、明迄于今日现行法文，其于伪造制书及伪造公文书句下皆有"增减者"一语，即日本刑法中规定伪造官文书各条，亦连载"又增减变换者"字样，良以纶音颁布公牍往还，一字一句均关紧要，稍有错讹，便误事机，况故意增减者乎？今阅第二百三十三条例文，统言伪造制书而不及增减变换者之罪，揆其用意，谅以为伪造二字已含有增减变换之性质，故从简略。不知性质虽同，而外形究分两种，似宜酌量添入，将二百三十三条改为"凡伪造制书及增减变换者，处无期徒刑或一等有期徒刑"，其第二百三十四条伪造公文书亦一体照改。又查：伪造公私文书等项原因复杂，固不仅图财一端，然大率用以诓骗人财物者居其多数，似宜于本章内另立专条，添设"犯本章之罪因而得利者，以诈欺取财论从重处断"一条，如此则立法之精神较为完密矣。

第二百四十五条

按：度、量、衡三者为工商业等信用之要件，其有自作聪明、扰乱规则、淆混是非者，缘情定罪，固不待言。乃世有一种牟利之徒，稍娴末艺，受意于人而亦踵伪袭讹，效此不法之举动，情虽可原，法究当惩。夷考日本现行法律，有受人之嘱托而伪造度量衡或变造者，照其嘱托之犯人之刑各减一等，于惩创之中仍不涉偏畸之弊，方能并行不悖。草案内似应酌量添入，以备援引。

第二百五十二条

按：中国历代刑章，发掘坟墓皆以已未见棺、见尸及有无残毁尸骸、盗取财物为确定罪名轻重之差等，即日本刑法发掘各条亦以见棺椁或死尸者为一项，因而毁弃死尸者为一项。今查本条，但言发掘坟墓，不言见棺椁或死尸与否，似嫌含混，而于法理上亦多欠缺。尚宜复加体察，酌量增入为是。

第二百六十条

按：鸦片烟为民族消灭之一大毒害，如不严加禁令，非特与个人自治相妨碍，且于国家立宪前途大受影响。故日本诸法律皆参酌各国从轻规定，并有罚金以替代之，独吸食鸦片烟者则处二年以上、三年以下之重禁锢，从无罚金之条。中国人民习染已深，剪除非易，草案仅将吸食之人处五等有期徒刑、拘留或一千圆以下罚金，未免范围大廓，仍无以挽浩劫而拯生灵。应请删去罚金一层或酌量加重，改为四等以下有期徒刑，以收实行禁烟之效果。

第二百六十五条

按：中国自汉迄明，除赌饮食不坐罪外，余皆科以应得之罪，至国朝而赌饮食者亦罪之。诚以赌博一事，虽无加危害于人之行为，实则有损人利己之思想，为国家自治一大障碍，故科罪独臻周密。东西各国法律上对于赌之一部分，其罪名互有轻重，要不外实行禁革之范围。兹草案以供一时娱乐用之物为赌者不在科罪之列，意以为既非真实赌品，又非经年累月，故特设一宽免之条。然设有人平素具一种特别好赌之性质，藉娱乐用之物，而达其赌之目的，司法者又将何以处之？语云：涓涓不塞，将成江河。立法之初不可不详慎也，应请删去"娱乐用之物为赌者，不在此限"一层，以杜流弊。

第二百六十八条

按：彩票性质与赌博相同，易生人侥幸利益之思想。现在中国各省皆有官设彩票，名类不一，无论通都大邑、僻壤偏乡，或专卖或分销，几于无处蔑有。虽各省均因财政困难、入不敷出，为此权宜补苴之方，但以法理上观察之，究非正当行为，殊乖文明政体。查日本前有富笺票，与中国彩票名异实同，后遂停止，改设信业银行。其法惟暂聚多人买票，纠合资本，为其他之营业，过一二年后仍归还各人原本，特其利息不多，虽当签者不能得巨万之利，而不当签者亦不失其母金。于理论未为大谬，而其性质亦实与彩票不同。现在中国江苏省苏、常一带所设之地业公司及夺标会，其内容章程亦略如日本之信业银行相似，人咸乐后公□□□更新之际，似应将各省彩票一律永远禁止，而以信业银行等法代之。即使彩票开行已久，一时骤难禁绝，亦可另订暂行章程，明定年限，依期停止，俾国民咸晓然于卖买彩票皆非正当之行为，则凡类于彩票者，亦可不禁而自绝。拟请将本条内"未得公署许可"及下条"公许"等字样一律删除，以崇国体而遏非行。

第三百二十八条

按：私擅逮捕、监禁，皆以强迫手段夺人之自由，是非有犯必惩不足摧灭其恶思想。然用刑之道，宽猛轻重协中为难，例如甲乙两人同以私擅监禁致犯本条规定之刑章，但甲所犯者阅日已多，乙所犯者历时无几，审判员稍不经意，即涉畸轻畸重之弊，于国家明慎用刑尚多窒碍。似不若仿照日本现行法律之成规，就监禁日数，每过十日加一等科罪，较为直捷了当。

第三十章　关于略诱及和诱之罪

按：今就第三百三十二条至第三百三十九条而综核之，觉其中尚有宜于变通及增订者，试陈其理由如左：

略诱、和诱之罪，中国旧律不限被诱人年岁之大小。今本章各条所揭之罪，除和诱未满十六岁之男女仍以略诱论一项较旧律尤为精当外，其余条例皆仅就诱取身体发育不完全之人而言，例如颠狂者、幼年者、喑哑之类。今就法学上理想而论，此等贼犯既能同行上盗，为此损害他人财产或生命之行为，则其人必非无能动作与毫无智识者可知，在法律上不能认为纯粹之无罪，不过较普通犯罪之责任量为减轻，如日本改正刑律草案内已增订惩治精神病与聋哑者之罪，其明证也。故此条注意内"无责任能力者，不得加为三人之义"一语似可节删，免得执行时反多窒碍。

4. 直隶签注清单

直隶总督签注

第十一条

按：旧律矜恤幼年罪犯，分十五岁以下、十岁以下、七岁以下三项，十五岁以下，仅止流罪收赎，死罪仍照律科断。今统言未满十六岁之行为不为罪，在十岁、七岁以下幼稚无知姑毋具论，若十五岁以下犯罪者多矣，其实犯应死如谋、故杀及有关服制等类，情无可恕，即法无可逭，若亦概不为罪，但置诸感化场施以特别教育，是纯用感化而无惩戒，断非中国所宜。

第四十九条

按：已成丁之犯，无可再宥，若予末减，纵恶实多，应照律全科，方为明允。

第五十条

按：聋哑仅只口耳二官不全，而心思动作仍类常人。此等罪犯，似未便轻议末减。且仅言聋哑亦未赅备，其一切笃疾、废疾情所当矜，及妇女到官攸关名节，似均宜另立专条，量加宥恕。至八十岁以上，按旧律，犯反逆、杀人应死者上请，盗及伤人者收赎，余皆勿论。今云得减本刑一、二等，则减等后仍在囹圄，不若旧律可以收赎勿论。况本案定则得减，非必减之谓，还有侵损于人仍不得减等。新律主宽，独此条较旧律加严，似非矜恤耄年之道。

第十三章　假出狱

按：此章言假出狱，凡二条，系为罪犯改悔而设。惟人情欺诈百出，改过迁善，口与心违，审判官纵使一一诇察，何能尽得其情。且以已判结之犯，刑期未满，忽许出狱，其人是否知悔，及出狱后是否安分，均不可知，转致原告纷纷控讦，枝节丛生，讼狱益繁。

第八十八条、第八十九条

按：大逆无道不论过失，所以严乱臣贼子之防。今草案增入过失一条，仅处以二、三等有期徒刑或三千圆至三百圆之罚金。此条尤为不经，亟应改订。

第二百七十八条

按：分则此章内言和奸之罪仅止此条，而指明有夫之妇，不及处女、孀妇。查新律，不准比附定罪，然则犯奸处女、孀妇将为例所不禁矣。例所不禁，即礼教所不能防范，舆论所不能指摘，将公然犯之而无顾忌。且亲属相奸大悖伦理，此章亦未赅载，均须另行妥定。

第三百零二条

按：尊亲属包括祖父母、父母在内，犯之者除致死或笃疾已有死刑毋庸议外，其致废疾及单纯伤害同一逆伦，非处死刑不足以严伦纪。即三百零五条所载，未至伤害四等以下有期徒刑，如系犯祖父母、父母，亦宜加重。

第三百零八条、第三百零九条

按：以上两条，对于尊亲属不过二、三、四等有期徒刑。设系祖父母、父母，案关逆伦，一体处以死刑。即祖父母、父母与子孙谋为同死，而子孙经救得生者，亦不得免除其刑。

第三十章　关于略诱及和诱之罪

按：此章略诱、和诱未满二十岁之男女均分别科罪，而诱取二十岁以上则无明文，中国犯此者甚多，应明定科罪专条，以惩奸骗。

第三十二章　关于盗窃及强盗之罪

按：三百五十四条强侵入现有人居住或看守之邸宅，及结伙三人以上，及于盗所强奸妇女者，处无期徒刑或二等以上有期徒刑，又三百五十五条强盗结伙三人以上在途行劫者，处死刑、无期徒刑或一等有期徒刑等语。查强盗侵入住宅，其情形重于途劫，至盗所强奸，尤罪不容诛。此两条科罪，轻重似未平允。应将行劫住户之犯，照结伙途抢一体科以死刑、无期徒刑或一等有期徒刑，以昭炯戒。

5. 浙江签注清单

浙江巡抚签注

谨将刑律草案内语涉疑似，及于中国礼教民情不甚合宜各条，择要加具按语，缮单恭呈御览，谨开。

第二十七条

按：本条注意内称，如甲罪为二等以上有期徒刑，而乙罪为三等以上有期徒刑，以乙罪为重。核与本条前半"据最重者定之"之意相反，又与第二十六条未能适合，且甲系二等，乙系三等，一重一轻，本非同等，何舍重而就轻？实未解其命意。

第四十条

按：现行例内，妇人犯死罪，一经奉部覆准，亟应照例处决。因其怀孕宽其日期，此条非更受法部之命令不得执行，是否产后百日限满，仍应报部，俟续奉部之命令再行执行？词意未明，难资遵守。

第四十五条第三款

按：罚金不纳，易以监禁，而监禁不得逾三年。若逾三年，止纳一部，即用按分比例再定处分，是否再予监禁处分，抑或仍以照罚金原案除去四分之一、之二之数，减轻其罪，改为拘留处分？语意实未明晰。

第五十七条注意第二项

按：第五十六条注意：第二项不得加入死刑及无期徒刑，其科一等有期徒刑仍为一等有期徒刑，但加重一等时，可至二十年以下、十年以上，加重二等时，可至二十年以下、十五年以上等语，核与本条两歧，且与本条止加重其最轻之刑之文亦不相合。

第八十八条、第八十九条

按：现行律内，危害乘舆车驾者，惟合和御药及乘舆服御物有失误之文，余无过失宽刑之典，盖欲使知君上尊严凛乎不可侵犯，洵为至当之罪。今草案增设过失一条，治以二、三等有期徒刑及罚金，是使奸民得以藉词卸脱，启其藐玩轻忽之心，而犯者众。

第一百三十一条

按：现行律内，衙门官吏若与内官及近侍人员互相交结，漏泄事情，汇缘作弊，扶同奏启者，皆斩，此就内治而论也。若夫外交，应秘密而漏泄，因漏泄而纷议战争，致伤邦交，致滋祸乱，其情罪更为重大，治罪益当严厉，庶足以惩奸慝而臻治安。今仅处以徒刑，驰法纵奸，国事何堪设想！

第一百五十二条

按：现行例内，不服拘拿、不遵审断，或怀挟私仇及假地方公事挺身闹堂、杀害本官者，不分首从斩立决；已伤者，为首斩决，为从下手者绞候。以其凶暴显著，故治罪特严，今仅处以四等以下有期徒刑及拘留、罚金，情浮于法，将有水懦民玩之虞，处治失权，何能治安？

第一百六十三条

按：结党必先治首，惩一可以儆众。若聚众滋扰，经官理喻仍不解散，其为首纠众之人，法无可贷，必须从严惩治，以儆其余，断非四等以下有期徒刑及拘留、罚金所足蔽辜，且于治安之道大有妨碍，更不得不详审而慎处之。

第一百六十四条

按：现行例内，刁民假地方公事强行出头，逼勒平民、抗粮、聚众、构讼、罢市，为首斩立决；如闹堂塞署、逞凶殴官，为首斩决枭示。今草案以罪之首魁，仅处徒刑，无论有期、无期，均属轻纵，适足以长刁风，断难昭示炯戒。

第一百六十八条、第一百六十九条

按：现行律例：罪囚反狱在逃者皆斩，又劫囚者皆斩，所以严惩不法，重治凶恶，寓刑期无刑、辟以止辟之意。若仅处以二等至四等有期徒刑，不特情重法轻不足以示惩戒，抑且失去治安主权，后患何堪设想！

第二百七十四条

按：现行律例：强奸者绞，轮奸照光棍科断。查妇女以名节为重，今被行凶之徒坏节败名，治罪允宜严重。若仅处以二等以上有期徒刑，是使淫凶肆行，污辱妇女，毫无羞耻，文明礼教固如是乎？

第二百九十九条

按：现行律内，杀死人命分谋、故、斗、戏、误、过失等项，视情节之重轻，定罪名之差等。原定各律足资引断。若不问案情，任审判官随案规定断平允，大失明慎用刑之道。

第三百零二条

按：现行律内，子孙殴祖父母、父母，及妻妾殴夫之祖父母、父母者，皆斩。注云：凡豫殴者，不分首从皆斩，不论有伤、无伤与伤之轻重，所以惩恶逆、重人伦也。今草案伤害尊亲致成残废，贷其死罪，殊不足以惩忤逆而敦伦常。

第三百五十一条

按：现行律例：强盗得财，以药迷人得财，均拟死刑。今草案处以三等以上有期徒刑，一旦限满释放，势必更无忌惮，得以肆行其凶恶，甚非除暴安良之道。

第三百六十二条

按：现行律例"恐吓取财"门内定有提人勒赎之例，节经加重，新章改照强盗律治罪，以其倚强掳捉，肆意凌虐，勒令用财取赎，凶暴情形与强盗无异，故治罪特严。且浙省捉人勒赎之案层见叠出，若仅处以徒刑，其何以惩强暴而望治安？

光绪三十四年十二月三十日奉旨：览，钦此。

6. 两江签注清单

江南、江苏等处提刑按察使司呈：谨将奉发刑律总、分则草案逐条确按理由分晰笺注、拟议录呈究鉴。

计开总则各条：

第一条

按：此条原注理由已甚明晰，自可照行。

第二条

按：世界各国凡居留于何国者，即受何国之法律，今以中外法律不同之故，任由领事裁判权日益侵凌，致吾民种种受损，人心不平，拳匪褫作可为前鉴。现改订刑律，期与各国刑法大致相仿，庶领事裁判可撤，规定此条极为允当。

第三条

按：原文左列各条，其罪名均载分则，另行签注，大抵皆关碍国家及损害人民之事。果能不论国内国外人，犯此者一律适用，本条处断自属平允。惟绎本条文"于在中国外"五字似欠包括上下，意义亦欠明显，应请重加厘订，以期醒目。

第四条

按：原文左列各条，其罪名均载分则，另行签注。既明言犯各罪之中国吏员，则本条"于在中国外"五字似赘。若以外国人或偶犯此，并中国人在国外犯此俱适用本律，应请将条文重加厘订。

第五条

按：原文左列各条，其罪名均载分则，另行签注。既明言犯各罪之中国臣民，似专指中国臣民而言，而左列各条之末又云"其外国人对于中国臣民犯前项各罪款之罪时，亦同"，似又兼外国人言。本条意义似可将前后条文归并，请重加厘订。

第六条

按：本条意义明晰，各国均有此办理法，我国自应援照规定。

第七条

按：本条意义允当。

第八条

按：改订本律原冀各国收回治外法权而言，自应于各律议妥后，即与各国声明改正条约。未改之前仅可暂照旧约办理，则本条"如国际上有特别条约、法规"句可以删除。惟在中国之公使及其家族随员与住宅内及经承认而来之军舰、军队之类，凡此等人及其区域，不待特别条约不受居留国之管辖为今日各国通例，即本条所谓惯例者是也。然既属惯例，我国自可循照通例办理，亦可不必特行规定，应请再加厘定。

第九条

按：本条下文所载理由、注意均属分明，自可遵行。

第十条

按：现行律断罪无正条，援引他律比附定拟。诚以后世人心不古、事变万端，有为法律所不能赅载者，故特设比律行用之法，正以执简驭繁为用法之准绳。虽云比附，要不能越乎法律之范围，仍是司法之性质，固不得讥为司法、立法混而为一。说者谓比附之法肇自汉唐，实则三代已有之，《周书·吕刑》上下比罪，《蔡沈集注》云"罪无正条，则以上下刑而比附其罪"，可见此法由来已久。即考诸日本法学博士冈田朝太郎刑法总论亦有对照比较之语，更可见外国有时亦用参照之法，惟不得强附耳。窃谓"比附"二字，或酌易为比照，于中外法律亦无所不合。若如本条明言"律例无正条者，不论何种行为不得为罪"，恐自此奸狡之徒将百计巧饰为非法之事，殊非防卫治安之道。

第十一条

按：现行律十五岁以下收赎，注云："犯死罪者，不用此律。"又另有十岁、十五岁以下斗殴毙命，确查死者如长于凶犯四岁以下，分别收赎减轻之例。今本条但云未满十六岁之行为不为罪，是无论犯何等行为均不为罪，似嫌无所区别，应请稍加厘订。第尚在童稚，以其无知触犯，置之感化场以资教育，较诸旧律收赎减轻用意尤为周挚，自可照行。

第十二条

按：精神病即颠狂疯病之类，本条因其情节得命以监禁处分，与现行锁锢之例相同，自可照行。文声明醉酒及精神病之间断时，其行为不得适用，此例尤为周密。

第十三条

按：不出于故意之行为，即外国法学家所谓不知犯之事实，亦无犯罪行为之决意，故不出罪。本条所注理由谓确定无犯意即非犯罪之原则，研求固属甚细，但此类颇易出入。以中国旧律论，大抵均在过失之列。至不知律例而犯罪，虽不得为非故意，但因其情节得减本刑一等或二等。中国人民尚不讲习法律，非特乡愚不知律例为何事，即士大夫专事帖括以取科名，虽谈经说史，而能寓目律书者不多。观设以其不知律例原其情节，得减本刑一等或二等，恐现时天下犯法者无不可托为不知律例而得邀末减矣，此项法律似尚须再加厘定或暂行删除，俟法学昌明再行规定。若犯罪之事实与犯人所知有异时，如所犯重于犯人所知或相等时，从其所知者处断；所犯轻于犯人所知时，从其所犯者处断。此即现行律本应重而犯时不知者依凡论，本应轻者听从本律办法，自可照行。

第十四条

按：本条所揭之行为既皆正当，不以为罪，自可适用遵行。

第十五条

按：现行律如夜无故入人家，登时杀死者勿论，已就拘执而擅杀伤者，减斗杀伤罪二等，至死者杖一百、徒三年。他如擅杀奸盗、凶徒等项，亦有勿论减轻各例，与本条之意相合。惟防卫他人权利之行为，在旧法向有区别，然邻佑有守望相助之义，捉奸为本夫及亲属相邀亦得在原情之列。今仿照各国刑法，推广公助之义以奖励义侠，实于闾阎有益，足杜向来各顾己利之弊，似可照行。惟第二项如何逾防卫程度情形得减本刑一等至三等之处，请再声明。

第十六条

按：本条所注理由谓与前条正当防卫情形不同，非由于驱斥他人侵害，乃由于水火雷震及其余自然之灾，或由于自己力所不能抵抗之人力强制，不得已而得为之者，刑律即不加以罚等语。其理由自是平恕，中国遇有此等事件亦必原情办理，故旧律并不规定此种条文，而外国刑法往往于此等处好为著论。今拟仿照载诸明文，以期与各国刑法相类，亦无不可。但本条又声明但加过度之害时得减本刑一等至三等，此中分晰殊非易易，若虚悬此文又待临时酌定，深恐不免上下其手之弊。究竟加过度之害如何情形而得减本刑一等，又如何情形可减二等或三等，似宜明定规则，俾有遵循而杜避就。至于公务上及业务上有特别义务者不得适用前项之规定，原注意义极为周匝，自可遵行。

第十七条

按：本条与旧律谋杀已行未伤及伤而不死、强盗未得财、强奸未成等事项意义相符，自可照行。至"著手"、"结果"，字样虽新却意可共明，无妨取用。

第十八条

按：犯罪中止，旧律虽无明文，然如命盗案临时畏惧不行或因事而止者，其罪名亦准减等，每散见各门。本条用意相同，此予人改过之微权，可以照行。

291

第十九条

按：犯罪后再犯加一等治罪，向惟遇赦典有此明文。若如本条凡已受徒刑之执行更犯罪应宣告有期徒刑者为再犯，亦严惩怙恶不悛之意，似可照行。

第二十条

按：三犯在旧律惟窃盗有此规定，今不论何项行为，凡三犯以上俱依本刑加二等，亦足惩戒累犯，可以遵行。

第二十一条

按：本条审判确定后于执行其刑之时发觉为累犯，似所谓执行其刑之时即是在徒刑期间，如向例徒流人又犯罪，或答杖拟结时又有别犯，故从再犯、三犯之法定之。若以前所犯一时并发，似应从二罪俱发论，与本条立意不同，应再晰详声明，以免混淆。

第二十二条

按：本条因违犯军律与违犯常律不同，故特设规定，不用加重之例，自可照行。

第二十三条

按：确定审判前犯数罪者为俱发罪，即旧律所谓二罪俱发者。但旧律二罪俱发，以重者论；相等者，从一科断。本条则犯数罪一时俱发仍宣告各罪之刑，照所列各项分别定应执行之刑期，法更加密，足以示惩戒，可以遵行，但须熟谙法律从中定执行始能不爽耳。

第二十四条

按：现行律一罪先发已经论决，余罪后发，其轻若等勿论，重者更论之，通计前罪以充后数，是向来均以轻罪不议、从一科断办法。今一罪先发审定，余罪后发仍并计，分别执行宣告，即是前二十一条、二十三条之用意，自应归于一律遵行。

第二十五条

按：本条原注意义周匝，可以遵行。

第二十六条

按：本条系因犯一事而触数项罪名及生他罪者言，与累犯情形不同，故仍从重论，自可遵行。

第二十七条

按：本条自即跟前条犯一事而触数项罪名，从其最重之一罪办法所云，凡犯罪之重轻据各主刑中最重者定之，此语已与前条以复，而语意尚明。至谓最重刑相等，据最轻者定之两句颇觉费解，恐有错字。又轻重相同据犯罪情节定之，可以遵行。似本条中间语意，尚须再加明显或删节归并，一①期周妥。

第二十八条

按：本条系指犯一事接续而为之者言，如窃盗仓库财物连日为之，迨后发觉只能并数科以盗仓库之罪，所谓以一罪论也。若今日盗甲库，明日又盗乙库，则所犯非一地即非一事。又如赌博，偶然聚会与经旬累月，情节亦不同，均当别论，似应再加声明。

第二十九条

按：中律共犯者，以先造意一人为首，随从者减一等，此向来普通之办法。今仿外国法律，将共同实施犯罪之行为者皆为正犯，意义却甚精到。世固有虽非起意之首犯而先时同意设谋、临时共力实施，所谓同恶相济，科以正犯洵不为枉。惟须有精熟法学、能于裁判之人方可无偏无畸，否则易致出入耳。

第三十条

按：旧律教诱人犯法、教诱为乱、教令狱囚诬指及教唆词讼等项亦散见各门，惟未规定教唆犯罪之总律。今将教唆他人实施犯罪之行为者为造意犯，照正犯例科断，其教唆造意者即准造意犯，颇为允当，可以遵行。

第三十一条

按：二十九条实施犯罪之行为者皆为正犯，本条又云实施犯罪之行为以前帮助正犯者为从犯，就"以前"二字意义，似帮助在前为从犯，是否凡临时助力或前后始终帮助实施行为均照正犯科断？此中尚须推敲揭明，以免淆混。至"造意犯亦同"句，自系正犯先有意于恶而在旁赞成者为帮助从犯，若甲未有意而乙特代为设谋决策，是即首先造意即教唆之犯，难与从犯同论，应再声叙明显，庶不至误。其"帮助从犯者，准从犯"句似亦欠明，是否指从犯转邀帮助之人而言？既系听从帮助，似可不论转邀、非转邀，概以从犯论。又从犯之刑得减正犯之刑一等或二等，查从犯减一等系属向例，至减二等应将如何情节得以再减，请于本条添叙或于各分则

---

① 签注原文该处为"一"，应当为"以"。

293

叙明，以便遵循。

第三十二条

按：本条是在前教唆或帮助、在后又共同实施犯罪之行为，照其所实行者科断，即二十九条皆为正犯之意，足补前条所未备。惟遇有在前并无教唆或帮助、惟在后听从实施行为，是否可照从犯论？应再请声明，以期周妥。

第三十三条

按：本条身分成立之罪，系指官员及有职之人犯罪而言。其加功者虽无身分，仍以共犯论，既本注谓：如常人教唆吏员收受贿赂，其教唆与吏员处分相同。"加功"二字是否专指教唆，抑凡帮助为恶者均以共犯论，与官吏一律处分，应请再切实厘订。至囚身分致罪有轻重时，其无身分之人以通常之罪论，自系别于教唆纳贿等类之事，虽系共犯一事，自应官吏照官吏论罪、常人照常人论罪，即旧律所谓本条别有罪名也，自可遵行。

第三十四条

按：本条既云知情共同者，又云本犯虽或不知共同之情者以共犯论，语意似欠明晰，当云知情默许赞成、不知临时施为之情事，仍以共犯论，较为明显。

第三十五条

按：本条所注理由甚当，可以遵行。

第三十六条

按：本条值故犯罪之人因过失而助成之者，此等事殊不多见，似可临时参照办理，不必著于明文，若豫定此条，转恐示人以趋避之径。

第三十七条

按：本条刑分为主刑、从刑。主刑如死罪、无期徒刑、有期徒刑、拘留、罚金，亦犹旧律之斩、绞、遣军、流、徒、枷号等类。从刑中如没收一项，现有各律间亦有之，又褫夺公权，旧律职官犯罪罢职不叙追夺等项亦属近是。惟外国律法有剥夺一切公权，不仅如本条之褫夺公权而已。今规定于正刑之外酌察其犯罪之情由，凡出于无廉耻者加以从刑，褫夺公权，颇足以儆人心而砭末俗，但宜添叙剥字，则有职者褫夺之，无职者亦可剥夺之矣，不至如夙昔之豪强获罪或遇赦得免或发落以后仍干预地方之事，怙恶不悛也。至死刑拟专用绞刑，载于章旨，虽从各国之大同，究于犯死罪之情节较重者不能无所区别，本案原奏亦曾声明如谋反、大逆及谋杀祖父母、父母等条俱属罪大恶极，别辑专例通行，则斩刑之不可废亦明甚矣。况现时法兰西、德意志、瑞典等国，亦有斩刑，而揆以中国民俗之浇漓，纪纲日就颓败，窃谓凌迟、枭首及戮尸三项已奉明诏删除，足征仁德，惟斩刑未可全废，明正刑以弼教，似宜明著各篇。今本条仅云死罪，不列斩、绞名目，各分则亦只浑言死罪，未声明应斩之处似乎概用绞刑，应请重加厘订详晰，以昭法戒而辅教权。其无期徒刑即是永远监禁，以处近于死罪、冥顽不灵之犯，其为允当。其次则有期徒刑分别五等上下年限以及拘留、罚金，悉皆斟酌妥善，与各国刑法亦属相仿，俱可遵行。

第三十八条

按：绞刑于狱内执行，现各国皆同，中国亦可照行，惟判决后应行宣告之法，使人共晓。若用斩刑，应否仍肆诸市朝，请再厘订声叙。

第三十九条、第四十条

按：以上二条与现行律同，俱可遵行。惟死罪是否一律立决，删除监候，总则未言，分则亦无叙及。考外国刑法，死罪并无监候之名，盖罪既确定，即应执行，若情稍有可原者，应入于无期徒刑或一等有期徒刑，此死罪条目之所以较少也。今本案规定谅亦如此，却未明言其故，转致启人疑问。

第四十一条

按：徒刑罪囚，在狱令服法定劳役，其监禁方法及劳役种类从监狱则所定，此均仿照外国处置在狱之罪囚办法，实为优胜，可以遵行。

第四十二条

按：拘留之刑不过一月、数日，以示惩儆，自无须令服劳役，可以遵行。

第四十三条

按：本条易刑为罚金，止在五等有期徒刑或犯拘留之罪用之，指罪之轻者而言，若犯五等以上有期徒刑即不能滥用此律，且所谓实有窒碍时得按日折算罚金。本注载明：例如外国船舶之水手于碇泊地方犯轻微之罪，科以数日之拘留，该船势难久待，一旦起碇归航，在外国既失必需之水手，又失归航之便，而本国反因此增一飘零无业之异国游民，际此情形，则易罚金为宜等语。凡犯轻罪而执行有所窒碍者，可以类推，然须有审判厅并明于裁判人员方见效力。若如现时地方衙门，一经涉讼，往往非累月经年不能完结，即使完结亦尚多种种留难，恐虽有良法亦不能行矣。

第四十四条

按：罚金以分则有明文为限，最是妥洽，免得裁判员任意科罚。至与徒刑或拘留并科之，是否徒刑或拘留中附加罚金，查分则所载亦未甚明晰，究竟并科之义若何办理，请再声叙明晓。

第四十五条

按：罚金裁判确定，限一月内完纳，自宜有此定限，以免藉延逾限不完纳。又有左列各例：

如第一、有资力者强制令完纳之，亦属正办；第二、无资力者以一日折算半圆易监禁处分。查现行章程：笞杖改为罚金，无力完纳者折为作工，应罚银一两折作工四日，今无资力者折算易为监禁自即此意，但以一日折算半圆易监禁处分，是否以半圆合作银两之数再照每两折四日之章程易为监禁之日期，抑另有折算办法，尚不易明，应请再加申说。

第二编监禁处分执行之于监狱，其日数未满二月者，得执行之于警察署拘留场内。为日无多，不必定须入狱，自可照行。又监禁处分日数不得逾三年，诚以罚金因无资力折为监禁，究非本应监禁者可比，是以规定折改日期不得逾三年，可以照行。

又如罚金缴纳一部分者，照前项第二款执行监禁。查罚金止缴纳一部，其余未缴者自应仍折算易为监禁，照前项第二款办法。又罚金总额之比例逾三年之日数时缴纳其一部分者，用于分比例定处分之日数，似此项专为罚金总额比例逾三年之日数，缴纳一部分者而言，亦请再加详晰声明，俾易遵循。至末项易刑处分，除关于脱逃罪外，除法律上以受罚金之执行者论。是否仅止关于脱逃者不准易刑，其余均可易以罚金，请再妥订详明。

第四十六条

按：本条褫夺公权规定以应宣告徒刑以上之刑者为限，似犹旧律杖不满百尚得收赎之意。然考之外国律法，有剥夺公权、停止公权之二种，附刑剥夺公权者终身丧失公权之能力，停止公权者仅停止数月数年，尚可复其公权，而剥夺、停止公权不必限于有职之人，即平民亦可夺其能力。盖人生均有可自由作事之权，既剥夺或停止之，即不能出而任事，此最足以启人羞恶之心，动人警扬之念。今本条仅夺去吏员之资格等五种，似仍不过褫职革名而已，尚不是尽夺权之义。

第四十七条

按：褫夺一部公权亦以徒刑以上之刑为限，与前条意相同，惟一部与全部究竟如何分别，总则既未剖明，分则亦仅言全部或一部。考日本刑法，剥夺公权有九种，非如前条所定仅及官员有职衔并在军籍、学堂及为律师之五种，即民人亦各有其能力之权，故所谓全部、一部应就各人之公权而定，方为圆足。若如前条所列之五种资格，无非就各项之有职任者言之，以近于偏，应请再加考核厘订。至褫夺现时所有之地位，或于一定期限，似即外国暂时停止公权办法，亦即旧法暂行革职撤任之类，俟将全部、一部分晰明定后，自可照行。

第四十八条

按：本条所列应行没收三项物件，自可遵行。又没收概以犯人以外无有权利者之物为限，自系指凡没收物均无关于他人权利，若有关于他人权利在内，即未便没收，立意是否如此，请再声明。

第四十九条

按：幼年犯罪，中国旧律向以十五岁为断，盖世俗谓十六岁为成人，由来已久。然考诸《礼经》，二十曰弱冠，《仪礼》郑康成注："童子任职居士位，年二十而冠"，则未满二十固尚未得为成人也。日本以二十岁为成人原合古法。本条议以二十岁未满之犯罪者减轻一等，初看似于中国习俗浇漓，及秉性桀骜，往往年轻犯罪，若许十五岁以上展至二十岁之犯罪得以减轻，恐不足以示惩儆，既思年轻人之犯罪究由在上者无教化之过，且证诸古法，二十岁加冠为成人，则未满二十岁，在十八九岁犯事得减本罪一等尚近情理。但犯起意谋故杀人、放火、强奸妇女等情节重大者不在此限，再年龄应注明统以现年为定，不以生月日计算，以杜趋避。

第五十条

按：现行律："七十以上及废疾，犯流罪以下，收赎；八十以上及笃疾，杀人应死者，拟议奏闻，取自上裁；盗及伤人，罪不至死，亦收赎，余皆勿论。"所谓废疾者，瞎一目、折一肢之类；所谓笃疾者，瞎二目、折二肢之类；却无注明聋哑在内。惟外国法律有聋哑兼病不治罪之说，瞎者亦然，自指两目俱盲者而言。日本则于聋哑兼病改为减等，较之中律瞎

297

一目、折一肢即为废疾，流罪以下收赎；瞎二目、折二肢，死罪上注，盗及伤人罪不至死亦收赎；余皆勿论，是外律专有严于中律处。然中律废疾、笃疾，律注均指瞎目、折肢而未及聋哑，外律则止言聋哑而不及瞎目、折肢。窃谓人仅瞎一目、折一肢仍可为恶，即以为废疾收赎，本近乎宽，是以后又增订条例，凡瞎一目之人犯军、流、徒、杖等罪俱不准收赎，诚为允当，而折一肢之犯却未计及。今本条删去废疾收赎一层，未为不可，似仍宜用笃疾之律，或添注聋哑兼病者亦包在笃疾之内，庶较周妥。至七十以上为古稀之年，中国本恤老之意，犯罪时从宽恕。外国则谓老者经验、知识较少者为多，不应有犯罪之事，其罚与壮者同。至昏耄不明则精神作用不完全，归之颠狂一门云，所议亦尚近理。此本条所以规定八十以上，岂但人至八十犯罪究不多见，或七十以上得减本刑一等，八十以上减二等，似亦平允。至此项笃疾及年老如犯死罪应如何拟办，未经议及，似亦疏漏，又其中如何得减一等、如何得减二等之处，应请再分别酌定，以免上下其手之弊。

第五十一条

按：现行律："凡犯罪未发而自首者，免其罪，犹征正赃；其轻罪虽发因首重罪者，免其重罪，若因问被告之事而别言余罪者，亦如之；其遣人代首，若于法得相容隐者之亲属为之首，及彼此诘发互相告言，各听如身自首。法若自首不实及不尽，以不实不尽之罪，罪至死者，听减一等；其知人欲告及逃叛而自首者，减罪二等坐之。其损伤于人、于物不可赔偿，事发在逃，若私度关津及奸者并不在自首之列。若强窃诈欺取人财物而于事主处首服，及受人枉法赃、不枉法赃，悔过回付还主者，与经官司自首同，皆得免罪；若知人欲告而于财主处首还者，亦得减罪二等；其强窃盗若捕获同伴解官者，亦得免罪，又依常人一体给赏。又例载：闻拿投首之犯，除律不准首及强盗自首例有正条外，其余一切罪犯俱于本罪上减一等科断"各等语。现行律例于罪犯自首之法，实为仁至义尽。今本案于总则删去自首免罪之文，却于分则第一百十九条、一百二十九条、一百五十一条、一百七十四条、一百七十八等条著有自首免刑明文，是除此数条外，其余犯罪虽于未发觉前悔过投诚自首，均不得免罪，似未免失之太狭，非所以奖劝人也。而自首之中又不分有无损伤于人等项，凡自首者均得减本刑一等，又未免失之太宽，非所以示区别也。且闻拿投首虽较之事未发觉前自首有间，然究有悔罪畏法之心，似亦可稍予原恕，未便竟置不论，应请再行详加厘订。至于亲告罪，而于有告诉权者首服，似即现行律得相容隐之亲属代首及于事主处首服、于财主处首还之意，第文义稍似艰深，亦请再加明显，以便遵循。

第五十二条

按：本条即是现行律轻罪虽发因首重罪者免其重罪，若因问被告之事而别言余罪者亦如之办法，应俟前条订正，一并遵行。

第五十三条

按：本条规定分则之自首免刑，第没收不在此限，即原律自首免罪犹征其赃之意，自可照行。

第五十四条

按：量情原减为向例所不废，今准由裁判官临时酌量犯人之心术与犯罪之事实，核其情节，较轻者减一等，或情节实有可原非止一端、为轻中之又轻者，得减二等，似应将可减一等、可减二等之处确切声明，以免上下其手之弊。

第五十五条

按：本条文词似欠明显。既本注谓法律上加重、法律上之减轻是即原律本条载明加一等或减一等者，仍得从前条之规定量其情节可原处减轻其刑，向来本有此办法，可以遵行。

第五十六条

按：本条不得加入死刑及无期徒刑，与旧律不得加入于死之意相仿。至一等有期徒刑应加一等者为二十年以下、十年以上，应加二等者为二十年以下、十五年以上，亦犹罪已至军只可加遣之意。其余加等减轻，依次序递相加减。惟死罪减等即为有期徒刑，注意已明，而徒刑、拘留不得减入罚金，则又定法之较严处也，似可遵行。

第五十七条

按：本条二种以上之"种"字，谅系"等"字传写错误。至应加减者俱按等加减之，原文及注意尚明。其"徒刑或拘留并科罚金应加减时，亦同"句即不甚明晰。查本案徒刑、拘留、罚金原各为主刑，如科以某刑仍兼处罚金若干，犹现行律例于科某罪外再加枷号或追埋银之类，未为不可。而加减时徒刑固可按等加减，罚金下文规定以四分之一为一等，亦可遵行，独拘留究以若干日为一等，本条并未规定明文，已属无所适从。其第二项若定有死刑、无期徒刑及有期徒刑应加重者，止加重其最轻之刑，而注意则云，例如处死刑、无期徒刑或一等有期徒刑加一等即为死刑或无期徒刑，似亦无所谓止加重其最轻之刑，且与前条不得加入死刑及无期之意不符。又第三项若最轻之刑拘留减轻者，减轻其最重之刑，既拘留为最轻之刑，则已无所谓最重之刑，不知从何而减，殊为费解。

第五十八条

按：本条原文及注意甚明，自可遵行。

第五十九条

按：同时并发，有应加重有应减轻，罪名相等自可抵消。

第六十条

按：本条即是现行律犯罪得累减之意，自可遵行。

第六十一条

按：加减徒刑、拘留及罚金，所生零数即除去之，亦犹旧律笞杖折责除零之意。惟徒刑按等加减，似无未满一日之可除；拘留以若干日为一等，而无规定明文，应请再行考核，庶可定加减所生零数除去之法；罚金加减容有零数，银不及十钱者自可除去，但查分则罚金均以圆计，不知每圆作若干钱核算？是否即作七钱二分？尚须规定，以便遵行。又拘留减尽免除，罚金减尽亦同，自当照办。

第六十二条

按：从刑是褫夺公权及没收二者，自可不随主刑加减。

第六十三条

按：犹豫执行者，谓罪虽确定而行刑则暂为缓之。稽诸中律，惟于死罪拟斩监候、绞监候，入于秋朝审办理者，尚近犹豫执行之义，至军流以下则无之。而外国则重罪类多即时执行，轻罪自四等以下有期徒刑，遇有一时错误、情节可恕者，酌定暂缓执行，不遽投监狱，由其亲戚、故旧监督其品行，并藉警察官默窥其动静。现泰西各国均有此专例，谓自愿悛改十恒八九，则此制之良可知，已详载本章，亦刑罚中教化之微权。本条仿照规定，所列各项亦俱妥洽，可以遵行。

第六十四条

按：本条注销犹豫之宣告，所列各项与前条相辅，自当照行。

第六十五条

按：犹豫已逾期限，并无过犯，所有宣告之刑自可免其执行。今不曰免其执行而曰即无效力，似可不必用此文词，应请再酌。

第六十六条

按：假出狱名目甚新，但王法本乎人情，只求其事理之当否，亦可不计名目之新旧。本条言：凡徒刑之执行有悛悔实据时，无期徒刑逾十年后，有期徒刑逾二分之一后，由监狱官申达法部，得许假出狱。假者于文义为借，本应在狱，因其实在悔过迁善，姑宽假之，准予出狱。现时外办监禁年限，人犯亦有经州县以察看，自出狱后实能悔悟并经亲族吁恳为之禀详请从宽提禁保释，亦即假出狱之意也。现既规定无期徒刑须逾十年后，有期徒刑须逾二分之一后制限，亦属周密，似可遵行。又云：有期徒刑执行之未满三年者不许假出狱，谅指四等以下有期不及三年者言。盖年限较短，应令在狱以驯其性，殆此意也，抑尚有别解，应请再声叙明晰。

第六十七条

按：假出狱在前，在后尚另有所犯罪应拘留以上者自应停止出狱，所有出狱日数自不得并为本罪之刑期。惟本条第四项云犯假出狱管束规则中应停止假出狱之条项者，究系如何管束规则？并如何条项？未经声明，似应请附载本条之后，以便遵循。

第六十八条

按：本条仍现行办法，自当遵办。

第六十九条

按：提起公诉权，即原告诉被告之罪于公庭之谓也；时效者，即告人罪于期限内之权力也。公诉时效之名词，乃外国法律所有，中律向无此成文，骤视之不无骇异，然细考中律，诉讼特立专门告状不受理，律有明禁，非无公诉之权。至时效二字虽属仅见，而如例载各省遣犯脱逃，内有年老者以年逾七十为准，如在逃时年已六十，勒限十年，年已五十勒限二十年，逾限未发即于汇咨通缉册内开除停缉。又如告争家财田产，但系五年之上或虽未及五年，验有亲族写立文书，已定出卖文约是实者，断令照旧管业，不许重分，再赎告词立案不行，此亦类乎时效消灭之意。第于活罪及词讼案件则有之，若死罪在逃，例载凡有关人命应拟斩绞各犯，脱逃二三年后就获，如谋故杀及拒捕杀人等类情重之犯，各依原犯科条，应监候者改为立决，寻常命案仍照本律本例拟以监候等语。今本条规定应死罪者十五年是指寻常应拟死罪者而言，若情重凶犯，本案章旨亦声明遇有元恶大憝、罪无可逭者仍得因第七十二条处分，致起诉权永不消灭，所以杜逃刑之弊也。则此条规定起诉权时效办法，亦有用意所在，可以遵行。至于名词之间，既律法期于大同，字义亦颇简赅，自无妨照用，不必更易，但各项年限似可略为加展，以平起诉者之心，请再酌定。

第七十条

按：本条即二罪俱发从重论之意，自可遵行。

第七十一条

按：本条规定允洽可遵。

第七十二条

按：本条所列起诉时效中断之办法，亦系仿照各国律法规定。盖因裁判官于预审、公判、搜查等事，不免有延长时日或须慎重审办之处，故不在起诉者时效之内，乃谓之中断，必俟中断之行为停止，另行起算公诉权之时效。以素习中律者视之不无诧为新异，并嫌其繁琐，但推究理由，亦犹中国承审官展限之意耳，既有前定起诉权之时效，则此条关于裁判一面亦不可不有，自应照行。惟预审、公判、搜查各名目，应请再酌为声注理由，俾阅者共晓，并免裁判官藉词延宕。

第七十三条

按：精神病即是疯病之类，其他重病必是不能审讯之病，既公判停止，则起诉权之时效自亦即停止。

第七十四条

按：本条颇滋疑义。既云刑之宣告确定，则非如第六十三条四等以下有期徒刑得犹豫执行者可比。况死刑一项，本案并无监候明文，岂此处所谓死刑三十年未执行者即指监候人犯入于秋审缓决者言之乎？至无期徒刑及一、二、三等有期徒刑，虽情节各有不同，究非若四等以下轻罪徒刑之犯，既宣告确定，何以当时不入于监狱执行，犹任其逍遥事外，延长时间，转得消灭执行之权，似非明罚敕法之道，且易滋流弊。应请将各项如何未受执行之理由明著之篇，重加厘订，以杜趋避。

第七十五条

按：本条依律例规定之停止执行，自当遵行。

第七十六条

按：本条执行之中断与上条停止不同。当执行时而逮捕同案犯人，因之中断，自可照行。若本犯本发觉刑，在裁判官本不知之，自应仍就现犯确定之罪执行，无所谓中断也。罚金、没收随同暂时中断，亦通常之办法。

第七十七条

按：本条规定甚允。

第七十八条

按：本条剖晰甚明。

第七十九条

按：本条亦甚明晰，应遵。

第八十条

按：本条规定两项之抵算，可遵。

第八十一条

按：本条与现行律同，惟第二项无"皇太子令"字样，我朝家法择贤不豫立太子，删之亦宜。

第八十二条

按：本条所列各等，均仍旧律服图，应遵行。

第八十三条

按：本条所列各项自可遵行。

第八十四条

按：议会选举为现时新政，自宜有此规定。

第八十五条

按：此项条文语意殊欠明显。细绎似谓分则所列应罚未遂、豫备或阴谋者，如遇别条科罪皆可援照用之，是以又云造意犯及从犯亦同，然与第十七条未遂犯之为罪，以分则各条定有明文即可以为断，又觉抵牾。文太拗晦，宜请再加明晰，以便遵循。

第八十六条

按：本条文义已明，既有数之起迄，自可遵行。

第八十七条

按：本条所列笃疾、废疾各项之伤害，较之现行律似为赅备。议者以视能、听能、语能、机能等名目新奇，非尽人能解，固也。然中国旧律亦非一览便知，所以特设讲读律令条也。夫视能者即两目所视之能力，听能者即两耳所听之能力，语能者即唇舌所语之能力，机能者即一身转侧运动之能力。一经解说，亦无不可共晓，似无损政令之大体。历代名词随时更新，如我朝刑法中名目之易新者亦所时有，此条似可遵办。至笃疾中所列毁坏阴骘之"骘"字恐是"阳"字传写之讹，毁坏人阴阳本是中律旧文，应请将来颁行新律时详细校正可也。

以上均系总则。

计开分则各条：

第八十八条

按：加危害于乘舆、车驾，罪大恶极。今缘坐已废，仅于本犯之罪处以死刑，其知情同谋者如何处置未经载明，似仍应特别规定处以重刑，未便照寻常首从科断。至死刑照总则拟专用绞刑，然于大逆无道、犯上作乱之徒，应定斩决罪名，以重纲纪，请再厘订。

第八十九条

按：君主为神圣不可犯，中外所同，岂可玩忽而出于危害之一途。因过失而生危害，其事究属罕见，考日本刑法亦无此条文，惟有对于天皇、三后、皇太子有不敬之所为者，处以三月以上、五年以下之重禁锢，附加二十圆以上、二百圆以下之罚金。今本条所谓过失者，殆即本此，观原注理由云：偶近来乘舆天威咫尺，进退失其常度，出于过失，究与大逆有间云云，似可谓之过失之不敬，不必仍跟前条所揭危害者言之，应请再加考订。

第九十条

按：帝室缌麻以上亲与乘舆、车驾有间，凡有加危害之事，处以绞刑尚可。至无期徒刑或一等有期徒刑，似应声明如何情节较轻可酌减为无期徒刑，又如何情节更轻可改为一等有期徒刑，以资遵守，而免趋避。

第九十一条

按：此条于帝室缌麻以上亲或因过失而生危害，似尚可言。既系过失，处四等以下有期徒刑、拘留亦可蔽辜。惟云或一千圆以下罚金，想是易刑临时酌定，不处四等以下有期、拘留即专用罚金，抑科徒刑、拘留并附加罚金？请再注明。

第九十二条

按：九十一条于乘舆、车驾因过失而生危害，即是过失之不敬，尚系出于无心。本条则直有不敬之行为，原注指明言语、文书、举动而故意干冒乘舆之尊严，其为不敬实甚。至于太庙、皇陵亦尊严之地，岂可有意施以不敬行为，若仅处二等或三等有期徒刑，似嫌情重罚轻，非所以杜履霜坚冰之断，应请再行酌加修改。

第九十三条

按：本条系对于帝室缌麻以上之亲有不敬之行为，自与乘舆、车驾有间，但不敬之行为既出于故意，似仅处四等以下有期徒刑、拘留亦嫌稍轻。其一千圆以下罚金谅即代徒刑、拘留之意，似尚可行。

第九十四条

按：现行律："无故擅入太庙门及山陵兆域门者杖一百，太社门杖九十，未过门限者各减一等；擅入紫禁城午门、东华、西华、神武门及禁苑者各杖一百；擅入宫殿门，杖六十、徒一年；擅入御膳所及御在所者绞监候，未过门限者各减一等，若无门籍冒名而入者罪亦如之。"缕晰条分，轻重颇为得宜。稽考外国刑法，向无规定此项条文，而揆诸事理，似宜仍准诸旧律，将杖罚改为罚金，徒罪改为四等以下有期徒刑，其擅入御膳所及御在所者仍拟绞候，未过门限者各减一等，较为允当。今本条不云擅入而云侵入，删去未过门限减等之文，添出受命令而不退出者，其罪诚重于仅止擅入者，似应明定加等办法，乃混言侵入或受命令不退处二等至四等有期徒刑，似觉立法未甚明晰。又云或三千圆以下、三百圆以上罚金，似为数相去太觉悬殊，且此等事似亦未便遽许罚金。又羼入离宫，无御膳所及御在所而改为行在所，究系如何理由未注明晰，请再妥细厘订。

第九十五条

按：前条所载各处射箭、放弹、投砖石，其所犯情节自较之仅仅擅入者为重。查现行律，向太庙及宫殿射箭、放弹、投砖石者绞监候，向太社杖一百、流三千里，但伤人者斩监候。诚以宫禁尊严之地，辄射箭、放弹、投掷砖石，实无所忌惮而太为不敬，故太庙宫殿坐绞，太社坐流，但伤人者坐斩。今本条将伤人一层节去，但言在前条所载各处射箭、放弹、投砖石处二等或四等有期徒刑或一千圆以下、一百圆以上罚金，殊觉轻重无所区别。且前条所载各处次序本似近混，然究止擅入科罪，尚可称轻，此则辄向射箭、放弹、投砖石，或致伤人情节较重而科罪转较诸前条处二等至四等有期徒刑或三千圆以下、三百圆以上罚金为轻，是何故欤？又设有伤人之事将何以处之，请再细考更定。

第九十六条

按：犯跸者即冲突仪仗也，其情较诸前二条所犯为轻，故现行律"车驾行处，冲入仪仗内者，杂犯绞，准徒五年，在郊野外辄入仪仗内，杖一百。即条例加严，冲突仪仗、妄行奏诉，亦罪止发近边军。然原律申诉冤抑者止于仪仗外俯伏以听，若冲入仪仗内而所诉事不实者杂犯绞准徒五年，得实者免罪，所以通下情也。今本条斟酌定为四等以下有期徒刑、拘留或三百圆以下罚金，似尚可行。惟窃以圣驾护卫宜严，应即照规定之刑处分，不准折罚或附加尚可，请再厘定。

第九十七条

按：本条规定第九十条及第九十二条至前条之未遂罪罚之，既曰未遂即事尚未成，处以罚金尚无不可，究应如何分别议罚，似亦应酌定数目，以便遵行。以下之未遂罪罚之各条，均请酌定罚数范围。

第九十八条

按：第九十条系加危害于帝室缌麻以上之亲，今谓豫备或阴谋犯第九十条之罪，自必危害尚未实行而谋情已属显著，仅处四等以下有期徒刑、拘留或一千圆以下罚金，似尚嫌稍轻，其罚金或改作附加尚可，请再妥议。

第九十九条

按：本条规定犯本章之罪加以附刑褫夺公权，自可遵行。惟公权之全部、一部，总则所定尚欠周妥，应详加厘订后一律遵照。

第一百条

按：谋反之罪扰乱治安，匪特为害政府，实贻祸于地方不浅。其首魁固宜处以死刑，现凌迟已废，应处斩决之刑，即党同助恶之人亦未便轻恕。今本条规定首魁死刑或无期徒刑，以谋叛逆迹已著之首魁，岂容尚贷其一死？考日本刑法，颠覆政府或潜窃邦土及其他紊乱朝宪为目的而起内乱者，首魁及教唆者处死刑，亦无或予无期徒刑之说。诚以首谋创乱，罪无可逭，教唆者情同首恶，故均处以死刑，似颇允当，可以仿办。其余如第二项执重要之事务处死刑、无期徒刑，尚可照行。其次亦须声明如何情节处一等有期徒刑,又如何情节更轻,处四等以下有期徒刑,请再妥细厘定。

第一百零一条

按:谋叛非寻常罪恶可比,以其行为未遂稍从宽贷则可,似应不准折罚,且下条豫备或阴谋似亦在未遂罪之列,或将两条修并为一,请再酌定。

第一百零二条

按:豫备或阴谋为内乱,自必谋情已属显著,幸而尚未实行即经破获,此等人犯似未宜轻纵,应否改为无期徒刑或一等有期徒刑。惟其中如有随声附和者,事尚未行,酌予轻刑以安反侧。

第一百零三条

按:既知豫备内乱之情而供给兵器、弹药等项,其为甘心从逆可知,事虽未行,罪难宽恕。本条规定处以无期徒刑诚为允当,似可不必再赘"或二等以上有期"之句。

第一百零四条

按:本条所注理由谓:违背战时国际法规、惯例之罪者,如交战之时无故杀戮妇女、老稚,烧毁寺院、美术馆、博物馆,荒废良民之田圃、牧场,掠夺金银及有价物品以自利之类,皆乘内乱而起,不能仅以内乱论,应援用该项条例与内乱罪照俱发例加重其刑也等语,自可查照办理。

第一百零五条

按:此条犯内乱罪在二等有期徒刑以上,自应褫夺公权,其余得褫夺全部或一部,均可照办。

第一百零六条

按:欲起内乱而未至,暴动前自首者即予免罪,既嘉其悔祸之诚,亦系消乱萌之微权,自应遵办。

第一百零七条

按:春秋齐君之母犹晋君之母之义,则凡与中国有条约以敌礼往来者,我国臣民对其君主、皇族或大统领有加危害或将加之事,自应分别故意、过失,即照第八十八条至九十一条之例处断,惟须声明有条约以敌礼往来者为准。

第一百零八条

按:本条与前条意义相同,自可照行。

第一百零九条

按：慎重邦交，外国之使臣自未便轻视。查第三百条及第三百零二条系杀尊亲属及伤害尊亲属身体之例，以之参照处断，尚为允协。

第一百十条

按：本条规定四等以下有期徒刑、拘留，尽足蔽辜，如易为罚金，亦可稍减其数。

第一百十一条

按：滥用红十字记号作为商标处以罚金，此条似应列诸商标律。罚金之数亦尚须妥为酌定，请再厘定。

第一百十二条、一百十三条

按：以上二条所拟各项科罪并罚金，均平允可行。

第一百十四条

按：外国交战之际违背关于局外中立之命令，情节尚轻，处四等以下有期徒刑或拘留，足以蔽辜。至第二项因而得利者并按其所得倍罚之，亦属可行，惟"总额"二字何不易以"总数"字样较为明显。又外国开战应不在中国领土之内者可布告局外中立，若至中国领土之内自当别论。前此日俄之系属创见，非常例也，应否再加声明之处，请细酌。

第一百十五条

按：本条所指各条罪既未遂，无损国交，处以罚金，似可遵行。

第一百十六条

按：本条所指即是前条所列各条，既系豫备或阴谋确凿无疑，而其事究未实行，处四等以下有期徒刑、拘留或一千圆以下罚金似尚可行。至条内第一百十一条之"一"字似属多缮误刊，盖第一百十一条系滥用红十字会作商标，无所谓豫备、阴谋，故前条亦止言第一百十条及第一百十二条，并无言第一百十一条也，应将多刊之"一"字删去，以免淆混。

第一百一十七条

按：此条犯本章之罪既在二等有期徒刑以上，自应褫夺公权，其余得褫夺公权全部或一部，均可遵照。

第一百一十八条

按：本条所定律，请求及告诉而后行之，可以遵照。

第一百一十九条

按：第一百十二条、第一百十三条系犯聚众以暴力潜窃外国领域，及私与外国开战斗之罪，既止豫备或阴谋，于未著手实行前自首者，自应免除其刑。

第一百二十条

按：既受中国之命令委任，身膺重寄，乃甘为金壬以卖国，故意议定不利中国之条约，其心可诛，其贻害亦匪浅，处以无期徒刑不予死罪亦云宽矣，似不必再缀"或二等以上有期徒刑"之句，转启上下其手之弊。

第一百二十一条

按：此条较之前条受命令委任而甘心卖国事已议行者，情稍有间，处以无期徒刑尚足蔽辜，或遇情节较轻者准予酌量减等问拟，亦尚可行。惟于条文似应声明如何情轻得减一、二等，俾有遵循。

第一百二十二条

按：现行律："凡谋叛，但共谋者，不分首从皆斩"，今本条通谋外国使对中国开战端或与敌国抗敌中国，实为谋叛之尤，规定处死刑，自应予以斩决，用昭惩戒。第未言不分首从，似宜仿照第一百条为内乱之首魁及执重要事务者均处死刑，或情重之从犯酌予绞决，其余度其情节稍轻、反情尚可原者酌定无期徒刑或一等有期徒刑，请再细加厘订。

第一百二十三条

按：本条所列五项，凡以利敌国而害中国者均属叛徒之行为，按诸旧律应作奸细论，宜处斩刑，应请订定。其或处无期徒刑或一等有期徒刑，究应如何分别得轻其罪，请再声明。

第一百二十四条

按：与外国交战之际既担任供给之义务，而于缔结契约时用伪计及其余不正当行为，或缔结契约后不从本旨履行义务，必至有误军事，处以无期徒刑诚为允当。又云或二等以上有期徒刑，究应如何分别得两等之轻减，请再声明。至因而得利科以倍罚亦属平允，惟所云"总额"似不如易以"总数"字样，请再酌定。

第一百二十五条

按：本条"依其余行为"五字，似欠明晰。惟注意谓：例如以新闻纸故意传布不实之报告，以阻丧本国士气，或泄露军费不足与敌人以继续之动机等云云，似较之前两条利敌国害本国之行为及担任军事上供给之义务而因用伪计者，情稍有间，定以处二等或三等有期徒刑，似尚可行。

第一百二十六条

按：本章各条关于外患之罪既属未遂，处以罚金似尚可行。

第一百二十七条

按：本条所指各条仅止豫备或阴谋未实行，分别按其原情节之轻重，处以四等以下、三等以上有期徒刑，似尚可行。

第一百二十八条

按：犯本章各条关于外患之罪，固应褫夺公权，惟未声明宣告何等以上之刑褫夺公权。似"其余得褫夺公权全部或一部"句无所依归，是否脱漏字句，请再考正。

第一百二十九条

按：第一百二十七条所指各条之罪既仅豫备或阴谋，能于著手实行前自首，自应免除其刑。

第一百三十条

按：本条自可遵行。

第一百三十一条

按：本条规定系关于漏泄机务之罪。查现行律："闻知机密大事，漏泄于敌人者，罪应斩候；近侍官员漏泄机密重事，亦斩候。"诚以机密要务一经漏泄，关系匪轻，故法令不得不严。即考日本刑法，漏泄本国及同盟国之军情机密于敌国，或通知兵队屯集之要地及道路之险夷于敌国者，处无期徒刑，亦慎重之也。窃以本条所订第一项仅止无心漏泄，酌处二、三等有期徒刑，尚属可行。第二项暗通于外国者即属奸党，应即处以无期徒刑。第三项因犯前项之罪至与外国生纷议或战争者，似应处以死刑。请再厘订。

第一百三十二条

按：本条所犯与漏泄国家内治外交秘密之政务于敌人者，情稍有间，处以三等以下有期徒刑或五百圆以下、五十圆以上罚金，似尚可行。

第一百三十三条

按：本条既身膺职务，知悉或收领军事上秘密之事项或图书、物件，辄泄漏于他人或公表者，较之上条情节为重，似应明定处以一等有期徒刑，请再厘订。

第一百三十四条

按：本条系偶然知悉或收领军事上秘密之事项或图书、物件，漏泄于他人或公表者，较之上条身膺职务者之所犯，情稍有间，处二等或三等有期徒刑，似尚可行。

第一百三十五条

按：本条所犯私将军港、要港、防御港或堡垒、炮台、水雷、卫所、其他因防御而建设之各项营造物，测量、模写、摄影或录取其形状，与第二项用伪计入于堡垒、炮台、水雷、卫所及因防御而建设之各项营造物内，核其情节，虽未明言为敌人所使，而其意何为，实近奸细，仅处以三等以下有期徒刑或五百圆以下、五十圆以上罚金，似尚嫌其轻，应请妥议，略予加重并罚。是否附加，一并声明。

第一百三十六条

按：本条所指第一百三十一条第二项及第一百三十二条至前条之情事，罪既未遂，处以罚金，似尚可行。

第一百三十七条

按：本章所犯关于漏泄机务之罪，情近奸党，酌其情节轻重褫夺公权全部或一部，自可遵行。

第一百三十八条

按：本条自可遵行。

第一百三十九条

按：旧律官吏受财有枉法不枉法、有禄无禄并赃数之多寡，以分罪名之轻重，今本条规定吏员或公断人关于其职务要求、豫约或收受贿赂处三等以下有期徒刑，是不问有禄、无禄及赃数之多寡即处三等以下有期徒刑。殆照日本刑法，官吏及裁判、检事、警察等有收受贿赂或听许之者，分别处一、二、三年之重禁锢办法，初视之似不如中律之区分有禄无禄及赃数多寡较有秩序，殆细加研究，士以廉节为贵，六计尚廉为千古不易之经，岂容稍涉黩货，故一经收受或听许贿赂，不计其数之多寡、人之有禄无禄，即处以三等有期徒刑，亦励人廉耻之深意，法似宽而实严。至因而为不正之行为或不为正当之行为者处三等以上，有期徒刑，即是枉法赃加重之意，然仅云三等以上，似不若即定为二等有期徒刑较为妥切。惟条内要求预约之"预约"两字，初以为即现刑律听许之意，及观后条尚有事后要求预约之文，则非听许可知，想是议定文券之类，请再详细声明厘定。

第一百四十条

按：本条属事后受财，与前条意义相同，应即照行。

第一百四十一条、一百四十二条

按：以上两条系言与财人及说事过钱者之罪，一在事前行贿情略重，一在事后行贿情较轻，故处罪罚金，亦稍分轻重，尚为平允，似可照行。

第一百四十三条

按：旧律官吏于不应禁而禁及故勘平人等项，虽不干议，处分较轻。今本条规定凡裁判、警察、监狱及一切行政佐治有职务者，对于鞫狱、系囚等事有暴行或凌虐之行为，即处三等以下有期徒刑，足以惩戒；因而致人于死伤时，比较第三百零一条至第三百零五条从重处断。查第三百零一条系言伤害人身体之罪，以之比较处断，亦昭平允。至第三百零五条系对伤害尊亲属加暴言之，不知有无舛错，请再查核厘定。

第一百四十四条

按：本条系为责成检察、警察及补助等员，遇有赴告现被侵害权利之犯人，应速为保护处置起见，自可遵行。

第一百四十五条

按：告状不受理，旧律本有处分，惟以所告事情之大小为处分之轻重。今本条规定凡行检察或警察之职务者，于应受理或不应受理之刑事告诉、告发或自首，而不正受理或不受理或不为必要之处分者，处四等以下有期徒刑、拘留或三百圆以下罚金。虽似较旧律处分略严，然其用意则以冀有职务者之各勤政事，庶不致怠荒而贻误民生。其裁判官不正受理或不受理民事或刑事诉讼或不审判者亦同，似均可照行。

第一百四十六条

按：国家租税自有常经，征不及额固非，征而溢额亦非也。况征收于正数外之金谷及其余之物者，曰正数外之金谷，曰其余之物，其为有意苛征可知。纵非营私入己，而违法敛怨，遗误实非浅鲜。无论其征收之多寡，处以三等以下有期徒刑似尚允当。若系图自己利益者，自应加等科断。原定处二等或三等有期徒刑，并科征收正数外同额之罚金。窃谓处以二等有期徒刑庶乎其可，似不必再缀"或三等"字样。至并科征收正数外同额之罚金，自可照行。同额者，谅即指其于正数外所征得之数而言，盖就其征收正数外所得之数目照数科以罚金，其苛征之数目仍应没收，是否如斯，请再声明。

第一百四十七条

按：身为吏员辄滥用其职权，使人行无义务之事，或妨害权利之施行，是即纵容丁胥扰害闾巷之类，最为民害。如官制改后，此等事尚可少见。惟既悬条文，似应重惩，以儆官邪。本条规定处四等以下有期、拘留或三百圆以下罚金，是否妥洽，请再商酌。

第一百四十八条

按：本条所指第一百四十六条系租税图于额外征收，罪既未遂，处罚亦可，惟处罚如何数目，似可酌定。

第一百四十九条

按：本条所指犯第一百三十九条、第一百四十条及第一百四十六条第二项之罪，均事涉贪污，自应褫夺公权。至其余褫夺公权全部或一部，不知"其余"二字何指，请再声明。其犯第一百四十三条至第一百四十七条之罪，查系渎职之行为，尚非贪污，所云"并免现职"，是否仅予革职之意，不再褫夺公权，亦请声叙明晰。

第一百五十条

按：此条自可遵行。

第一百五十一条

按：本条所指犯第一百四十一条及第一百四十二条之罪，系与财人说事过钱者，核与官吏之受贿有间，许其自除免其刑，实予人自新之意，可以照行。

第一百五十二条

按：本条系规定抗拒官吏之罪。观本注，如不服拘系、不遵审断或怀挟私仇及假地方公事挺身闹堂等项，考诸现行律例，却以所犯情节之轻重为罪名之等差，本极详备，今仅言加暴行或胁迫者处四等以下有期徒刑、拘留或三百圆以下罚金。窃谓加暴行、胁迫未至死伤，处以现定之四等以下有期徒刑、拘留或罚金，尚属可行；如至死伤，应比照杀伤尊亲属从重处断，庶以惩刁风而肃法纪，应请再行妥订，添叙至第二项。云其出于使吏员为一定处分或使辞职之意加暴行或胁迫或用伪计者，亦同。细绎文义，使辞职之意尚为明白，惟使为一定处分或不为一定处分二语颇近晦涩，大抵即挟制使官员必须如此或不准如此之意，请再声叙明显，以便遵循。实则此等情形已赅于"胁迫"二字之中，既概处以四等以下有期徒刑，似亦可无须再为明晰。

第一百五十三条

按：此条所谓封印，即是用印信、封条。损坏或除去印信、封条或查封之标示，现行律例并无治罪明文，偶或犯此，不过照弃毁官文封律科以满杖。惟日本刑法有破弃因官署之处分，特别施于家屋、仓库、其物件之封印，处以二月以上、二年以下之重禁锢，若看守者自犯时加一等。今本条规定处四等以下有期徒刑、拘留或三百圆以下罚金，似办法相仿，而较之旧律罪止满杖者已加数等，似觉稍重，应否酌改为五等以下有期徒刑、拘留或酌处百圆以下罚金，请再妥定。再："损坏"二字似亦易混，印封标示，偶然无心损破及被风雨飘零，似未便遂加惩处，或声明不在此限，亦属周妥。附陈以备甄择。

第一百五十四条

按：现行律："骂制使及本管长官，五品以上杖一百，六品以下各减三等，骂佐贰首领官及各递减一等"，科罪甚轻。今本条规定值官吏施行职务时当场为侮辱或虽非当场，而公然对其职务为侮辱者，不分有无事实，处五等有期徒刑、拘留或百圆以下罚金。此仿照外国律法办理，似较之旧律过严，应否酌改为五等以下有期、拘留或五十圆以下罚金，亦足为官吏增重，使士民不敢侮慢。但条文"不分有无事实"句，恐不免启官吏任情诬指之弊。考日本刑法，对于官吏虽非其目前而以刊行之文书或公然演说侮辱之者，亦同。是则非当场侮辱仍必以事实为据，应请再加删订。至对公署公然为侮辱者，亦同，尚可照行。

第一百五十五条

按：本条所指第一百五十三条之罪，系损坏或除去吏员所施之封印，或查封之标志，核其所犯情节尚轻，如仅有此设谋而未遂，既未损坏、除去，似可免其深究，毋庸科罚，以省扰累。此条应请删除。

第一百五十六条

按：本意皆妨害公务之罪，处以褫夺公权全部或一部，自可遵行。

第一百五十七条

按：选举为立宪之首务，岂容变乱黑白？本条所云用伪计，或其余不正之方法，使记载或变更于名簿者，处四等以下有期徒刑、拘留或三百圆以下罚金，似可照行。至知情而为前项记载或更之吏员，情近知法犯法，自应惩罚稍严，处三等或四等有期徒刑或五百圆以下、五十圆以上罚金，尚均可遵。

第一百五十八条

按：本条所列各项，均关于选举有妨碍之行为，酌处五等有期徒刑或三百圆以下罚金，似尚可行。至收受之金额及其他有价物没收之，如已费失者，追征其价额，自当照办。

第一百五十九条

按：选举应出至公，不容稍涉私见，如因选举而用暴行或胁迫，诚不可不示惩戒，处三等以下有期徒刑或三百圆以下、三十圆以上之罚金，似可遵行。

第一百六十条

按：本条所犯各项亦关败坏选举之事，处三等或四等有期徒刑，似可照行。

第一百六十一条

按：本条所列两项虽关选举之事，究属情节尚轻，似处以一月以下拘留或数十圆以下罚金便可，不必定须处五等有期徒刑或百圆以下罚金。至关于选举之吏员或补助之人犯前项之罪，或漏泄被选人之姓名，似较平民稍重，或酌加一等科罪亦可，原定处四等以下有期徒刑、拘留或三百圆以下罚金，亦似稍严，均请再行厘定，以期平允。

第一百六十二条

按：本章各条所记关于选举之罪，有害公益，自应褫夺公权全部或一部，其罪应宣告三等有期徒刑者，于刑消灭后仍丧失十年以下、二年以上选举人及被选举人之资格，亦当遵办。

第一百六十三条

按：此条"欲为"之"欲"字，自系指啸聚谋暴动尚未实行，经官谕令解散，而不即解散者而言之，似处四等以下有期徒刑、拘留，尚属可行。至罚金临时酌行，亦可。

第一百六十四条

按：地方公事果有不平或有冤抑事，仅可于上司控告或由议会秉公详处，如刁民假公出头，辄聚众为暴行或胁迫者，此风渐不可长，科罪自未宽纵。但未至殴官，首魁处以无期徒刑尚足蔽辜，似可不必缀"或二等以上有期徒刑"之文。其执重要之事务者甘心助恶，似应处以一等有期徒刑，或情节略轻者处以二等有期徒刑，原订二等至四等有期徒刑似觉过轻，且等级亦上下太甚，如或改拟一等有期，情罪较重，应不许易以罚金。又仅止附和随行者可从宽办，即处以五等以下有期徒刑、拘留或一百圆以下罚金，自可遵行。仍应声明如殴官至于死伤者，应比照杀伤尊亲属从重科断，如平人被杀，仍照凡斗论。请再妥订。

第一百六十五条

按：此条规定允当，自应遵办。

第一百六十六条

按：此条意义，似形纠纷。第一百六十四条所揭聚众为暴行或胁迫者，虽不必对于公署或吏员有要求，而其为骚扰地方、妨害公务之罪则一；既有特别规定专条，似放火、溢水并别项罪均可赅括其中，首魁及教唆下手者，即可从重科以前条为暴行、胁迫之刑，不必再援照各本条首魁及教唆下手者，照二十三条至二十五条之例处断。盖各本条罪名均不甚重，而第二十三条至第二十五条系俱发罪之办法，亦可免纠缠也。惟殴官至于死伤或平人被杀者，已于前条笺陈，请再妥订，似此条可从节删或另行厘订，声明一条亦可。

第一百六十七条

按：现行律例：徒流人在配、在途脱逃与狱囚在监脱逃，罪名悬殊，且必按其原犯之罪递加科断。今本条规定既决之囚人脱逃者，处四等以下有期徒刑或拘留，观注意云：既决、未决之囚人，于刑事上既受刑事之确定审判，为将受执行而监禁者，及在审判确定前受禁者皆是，是仅指在禁人犯而言，如果非在禁而脱逃是否均置不问，似未免疏漏。至所定处四等以下有期徒刑或拘留，谅即照总则第二十三条至二十五条俱发罪之办法并计论断，虽非按原罪递加，而意向可通，应请详细声明，以便遵循。

第一百六十八条

按：此条系指禁囚损坏械具或以暴行、胁迫或三人以上共同脱逃，较诸寻常乘间脱逃者情形稍重。然窃谓狱囚而欲脱逃，未有不损坏械具者，邀约数人同逃，亦越狱之常情。惟暴行、胁迫而逃者即是反狱之行为，似应分别处之，改暴行、胁迫者为一等有期徒刑，如有杀伤人者处死刑，其纠同三人以上同逃，系穴壁踰垣者二等有期徒刑，损坏监禁械具而逃者三等有期徒刑，庶科罪与所犯轻重稍合，可否请再酌定。至逃囚原犯何罪，仍照总则所定俱发罪办法并计论断。

第一百六十九条

按：盗取监禁人，观注意所云，即劫囚之谓也。惟旧律劫囚统在狱、在途而言，此则云按律监禁人，不知是否转指在狱抑或在途者亦在其内，似应再加声明。至囚犯而敢于劫夺，蔑法已甚，故现行律例罪名甚重。今本条仅处二等至四等有期徒刑，似觉过轻，拟请改为凡劫夺狱囚者处无期徒刑，劫夺在途罪囚者处一等有期徒刑，如有杀人者处斩刑监候，伤人者处绞刑监候，其窃放罪囚者仍各减一等，可否请再酌夺。

第一百七十条

按：现行律："狱卒以金刃及他物可以自杀，及解脱枷锁之具而与囚者，杖一百；因而致囚在逃，及自伤或伤人，并杖六十、徒一年。若囚自杀者，杖八十、徒二年；致囚反狱及杀人者，绞。若常人以可解脱之物与人，及子孙与祖父母、父母，奴婢、雇工人与家长者，各减一等。今本条所云欲使监禁人脱逃而为易使脱逃之各种行为，即处四等以下有期徒刑，因而致脱逃处三等或四等有期徒刑，是科罪已严于旧律。虽无声明致囚自伤、伤人、自杀、杀人之如何处断，然以上情事究非仅欲使脱逃者意料所及。严其意中欲为之罪以慎防闲，宽其意外不及料之罪以昭平恕，似尚可行。至子孙与祖父母、父母，奴婢、雇工人与家长，应行减等之处，仅可临时援总则宥恕减轻条文酌夺办理。惟本条第二款以前项之宗旨而加暴行、胁迫者，处三等或四等有期徒刑；因而致监禁人脱逃者，处二等或三等有期徒刑。细绎现欲使狱囚脱逃、施以易使脱逃之行为而又加以暴行、胁迫，实情近劫夺，惟既列入此条，不以劫囚论，照前项之罪名各酌加一等问拟，或尚允当，似可不必再缀"或四等"、"或三等"字句，应请酌核。

第一百七十一条

按：旧律："主守故纵，与囚同罪。"本条所指看守或护送、补助之人即均有主守之责，辄纵令罪囚脱逃，情近骫法。原定处二等或三等有期徒刑，如所纵系轻罪人犯，固已从严，如所纵之犯重于二等、三等有期徒刑者，又觉过宽，似仍照与囚同罪科断最为允洽，请再妥定。

第一百七十二条

按：本章所定之罪，系关于监禁脱逃，既属未遂，酌罚尚可。

第一百七十三条

按：本条所指各条应褫夺公权全部或一部，并免现职，自当遵行。

第一百七十四条

按：现行律："知情藏匿罪人，及指引道路、资给衣粮、送令隐避或知官司追捕罪人而漏泄其事，致令得以逃避者，各减罪一等"，是须按罪人原犯之轻重以科其罪。今本条但云凡藏匿脱逃之犯罪人及监禁者，处四等以下有期徒刑或三百圆以下罚金，自不论逃者所犯何罪，止科本人藏匿之罪。虽与旧律刑法略殊，而考诸外国律法，于此等罪犯不过处以十一日以上、一年以下之轻禁锢，附加二圆以上、二十圆以下之罚金，若系重罪之囚徒，加一等。现规定处四等以下有期徒刑或三百圆以下罚金，尚系从严办理，或再请于重罪之囚徒亦仿照加一等，似尚可行。其以前项之宗旨而顶替自首者，亦照此办法。

第一百七十五条

按：本条文义明晰，所定处四等以下有期徒刑、拘留足以蔽辜，惟罚金三百圆以下似乎稍多。如非附加，系折罚以代徒刑，尚属可行，临时酌夺。

第一百七十六条

按：本章之罪或隐匿罪人或事涉诈伪，自应褫夺公权全部或一部。

第一百七十七条

按：本条即是旧律亲属得相容隐之意，自可照行。

第一百七十八条

按：现行律："鞫囚而证佐之人不言实情，故行诬证，及化外有罪，通事传译番语不以实对，致罪有出入者，证佐人减罪人罪二等，通事与同罪。"今本条为虚伪之陈述及鉴定、通译者不计罪人原犯如何，概处以二等至四等有期徒刑，亦云从严，似可照行。惟二等至四等，究觉层级较多，可否酌改为二等至三等有期徒刑，请再厘订。至犯前项之罪能于结案前先行自白者，既有悔过之心，案亦得白，自可免除其刑。

第一百七十九条

按：使受刑事系告言常人应得刑事之罪，使受惩戒处分系告言官吏应得惩戒之处分。大抵诬告每牵及官吏，既为虚伪之告诉、告发或报告，此等刁健之徒自未便宽恕。旧律："凡诬告人，笞罪加所诬罪二等；流、徒、杖加所诬罪三；至死罪，所诬之人已决者反坐，已死未决者杖一百、流三千里，加役三年。"此其大较也，其余教唆或受雇诬告人与自诬告同。如诬告人因而致死被诬告之平人，或将案外之人拖累拷禁致死一、二人及三人以上，分别拟绞候、斩候，立法极为明允。今本条均未声叙，止定以处二等至四等有期徒刑，固知二等至四等其中层级甚多，或可按其所告之轻重分别处之。然条文简浑，已否不免启判断高下之弊。设诬告人死罪而已决，或尚未决，或拖累拷禁致死，究应如何反坐，似须明晰规定，以防制于未然。中国妄告、虚诬之风最盛，实足破人身家、坏人心术，应请再加妥议，另订条文。至犯前项之罪，能于该案审判确定前或惩戒处分前先行自白者，得免除其刑，似亦尚须斟酌。诬告而至审判确定前或惩戒处分前始据自白，已不知几经审讯，被告深受拖累，该犯恐将反坐，始见机直陈，似难遽许免除其刑。窃谓诬告而返悔自白，须于到案之前或甫经到案者方准免议，亦请再酌。

第一百八十条

按：本条虽诬告有犯罪事实而并未指定其人，与前条之指人诬告必致受其损害者不同，处以五等有期徒刑、拘留或百圆以下罚金，尚可遵行。

第一百八十一条

按：此条规定甚当，自应遵行。

第一百八十二条

按：放火为害最烈，如烧毁本条所列各款，定以处死刑、无期徒刑或一等有期徒刑，核诸历代律法与现行律及日本刑法，亦大致相仿，但情节如何而处死刑，如何而处无期徒刑，如何而处一等有期徒刑，似可于条文内分别叙明，以便引用，不必含混其词。至所列各项亦不必一二罗陈，转致挂一漏万，止须酌以官私及积聚空闲或贵重军用品等事样冠诸房屋及营造物之上，即可包括一切，是否请再妥订？

第一百八十三条

按：现行例："图财挟仇故烧空地闲房，及场园堆积柴草等物者，首犯枷号两个月，杖一百、流三千里；如系孤村旷野内，并不毗连民居闲房及田场积聚之物者，杖一百、徒三年；为从减一等。"今本条之立意似即本此，所定处二等至四等有期徒刑，科罪亦不甚悬殊。惟条文究觉不甚明显，似不如参以旧例字句，改为："放火烧毁空地闲房，及场园堆积之营造物，或少数二人所处之矿坑者，处二等有期徒刑；如系孤村旷野，并不毗连民居闲房及积聚之营造物，处三等有期徒刑；其仅止听从随行并未下手者，处四等有期徒刑。"似此庶较明切，司法者易于遵循，请再妥定。至第二项所云因而致有前条所记损害之危险者，处二等以上有期徒刑；实有危险时，其刑同前条。初读费解，迨观注意谓放火于孤立之营造物，而有延烧人家稠密处所之危者，故加重二等以上有期徒刑，实有损害时其刑同前条，用意颇为细密，似可照行。但原文"致有前条所记损害之危险"句似可直云"因而延及相距不远之稠密人家，致生危险者，处二等以上有期，实有损害即同前条之刑"，是否亦请酌夺？

第一百八十四条

按：本条注意谓营造物、矿坑以外之物，例如烧毁海岸之积货、山林之竹木、田野之柴草皆是，固轻于地旷野积聚之营造物及少数工人所住之矿坑，故处三等以下有期徒刑，似尚可行。至第二项、第三项所云因而致有损害之危险及实有损害，已于前条笺注，意义相同，所定之刑亦属允当，自可查照办理，并请将条文一律声叙明显。

第一百八十五条

按：旧律："烧毁自己房屋，杖一百，如延烧官民房屋及积聚之物者，杖一百、徒三年。"今观本条原注理由谓自己财物本可自由处分，然因烧毁之故而致危险或损害于他人，不可不以犯罪论。是仅止烧毁自己物不著其罪，故条文止列因而致有损害三项，如延烧前条所记他人所有营造物、矿坑之物者可，如延烧第一百八十三条他人所有空地、孤村之营造物或矿坑者，又如延烧第一百八十二条所记城镇各处各项之营造物者，分别酌其轻重处罚，均属允当，自可照行。惟原文"致有损害之危险"句究觉费解，亦请一律添改明显，以便遵循。

第一百八十六条

按：失火原出于无心，旧律科罪亦轻。本条规定因而延烧之罪如第一百八十二条，又第一百八十三条第一项，又第一百八十四条第一项各款之损害，分别处以徒刑、罚金之等差，尚均允当。惟因失火烧毁自己所有营造物、矿坑及其余之物，致有前三项所记损害之危险者，即处一百圆以下罚金。夫曰损害之危险尚非实受损害，大抵失火之家济近无不有危险之可虞，既不幸烧毁一切己物，于他人尚无损害，似亦可免予处罚，请再商订。

第一百八十七条

按：此条虽近失火，而有意为之，则即与放火无异，查照前条各例处断，尚有遵行。

第一百八十八条

按：决水与放火虽同一为害，然决水情形究不若放火之猛烈，且易受损害也。是以旧律于盗决河防止杖一百，盗决圩岸堤防杖八十；若毁害人家及漂失财物、淹没田禾，计物价，重者坐赃论；因而杀伤人者，各减斗杀一等。若故决河防者，杖一百、徒三年；故决圩岸陂塘，减二等。漂失赃重者，准窃盗论，免杀；因而杀伤人者，以故杀伤论，是以故决而致杀伤人者予死罪。即考诸日本刑法，决溃堤防及毁坏水闸、漂失人之住居家室者，亦不过属无期徒刑。今本条规定故意溢水浸害如第一百八十二条各款所记营造物、矿坑至一种以上，或他人所有田圃、牧场及此外利用之地者，处无期或一等有期徒刑，非特决水与放火同论，似未得其平，且条内复添出田圃、牧场及此外利用之地，均须处以重刑，较之旧时律法与外国律法转为加严，殊觉未协。而死刑、无期或一等有期徒刑究以若何情节分别处之，并未叙明，亦觉淆混，应请再行妥订，以昭平允。

第一百八十九条

按：此条以系仿照放火第一百八十三条办法添出土地二事，处刑则稍轻，并许易以罚金，然究以未甚允当，应请俟第一百八十八条妥订后，再将此条一律修正。

第一百九十条

按：此条亦仿照放火条文办法处罚，稍有不同，应请将第一百八十八条妥订时一律议订。

第一百九十一条

按：此条过失决水致有损害，亦仿照失火致有损害处罚办理，似尚可稍议减轻。至云有前项损害之危险一节，实尚未受损害，已于失火条内笺请免罚，此处亦请议删。

第一百九十二条

按：此条规定允当，自遵照。惟查第三百零一条系伤人身体之罪，固可比较办理。第三百零二条系指伤害尊亲属身体之罪，似有未符。至致人于死之条，却未叙及。

第一百九十三条

按：本条所揭情形，容或有之，但隐匿、损害防御所需之器械，或阻遏从事防御之人，或依此外方法以妨害镇火、防水者，必有所注意而为之，或挟奸趁愿，或欲损他人之便，为以图自己之便益，其中情节不同，而火灾、水灾非伊所肇，则处罚未便过戾，应否将条文酌量添叙，并将可处之刑与罚金之数量为减轻之处，请再妥订。

第一百九十四条

按：本条所揭各款第一项首句"妨害他人灌溉田亩之水利"，固属明显；第二句"或图妨害者"，是否即跟上文图妨害而已行未成者言之，则情即固有不同，处罚似应区别，今概处四等以下有期徒刑、拘留或三百圆以下罚金，徜尚含混，且其情较决水尤轻，似处罚尚可减轻。第二项"故意荒废他人田亩，因而妨害水利"，情节固较重于仅止妨害他人灌溉田亩之水利，则处罪自应稍重，然云处二等至四等有期徒刑，其中层级较多，究系如何分别？第三项"因妨害水利致有前项损害者"语，□□□□□□□，原注云：第二项豫谋荒废他人田亩，其第三项因妨害水利之结果致生荒废之损害，并非豫谋，则处罪自可从轻，但文辞艰涩，何弗直云"因妨害他人水利致令田亩荒废者"较为显易，请再妥细厘订。

第一百九十五条

按：此条系论己物已为他人物之例负担物权，注意甚明，自当遵行。

第一百九十六条

按：本条所指各条各项关于放火、决水罪，既未遂，罚酌亦可。

第一百九十七条

按：此条所揭之豫备或阴谋，其事既未实行，处以五等有期徒刑、拘留或一百圆以下罚金，尽足蔽辜，似决水一类尚可减轻，至于核其情节得免除其刑，亦颇周妥。

第一百九十八条

按：此条规定甚允，自当遵行。

第一百九十九条

按：此条规定甚允，惟"制造"与"持有"似应区别，何弗明定制运者处二等有期徒刑，持有者处三等有期徒刑，请再酌夺。

第二百条

按：此条规定甚允，亦请将制造、持有两项之处罚稍加区别。

第二百零一条

按：军用枪炮及军用之爆裂物，亦须受公署之命令、许可或委任，方可制造、持有，及未受命令、许可或委任辄行制造、持有，即与前条之私自制造、私自持有无异，何以前条处三等以下有期徒刑，此条转减为四等以下有期徒刑、拘留或三百圆以下罚金？岂以其托为军用而宽？未审□定如何用意，请再声明，以便遵循。又条内"或除第一百九十九条外"一句意亦欠明，请一并妥叙。

第二百零二条

按：本条规定甚允，可遵。

第二百零三条

按：此条出于过失处罚，似嫌稍重。"危险"二字照以前条文，系指有损害之虞言，尚非实受损害，此处似近含混，是否危险即是损害在内，可否仍将损害、危险分为两项处罚，亦酌分轻重，请再妥定。至因而致人于死伤，照死伤条处断；□□，照例办法□□过失似亦应从过失杀伤核办。又所引第三百零二条似否舛错，应请查照前载第一百九十二条之注语，再行考核。

第二百零四条

按：本条所指各条关于危险物之罪，既属未遂，酌罚尚可。

第二百零五条

按：此条自可遵行。

第二百零六条

按：现行律："桥梁、道路损坏，不修理、阻碍经行者，提调官吏笞三十"，科罪甚轻，且专属官吏言之，并无订立凡民损坏、壅塞陆路、水路、桥梁之条。惟日本刑法有损坏道路、桥梁、河流、港埠而妨害往来者，处二月以上、二年以下之重禁锢，附加二圆以上、二十圆以下罚金。盖道路最重交通，一经损坏、壅塞，有害社会之发达，故不得不示惩戒。本条规定处四等以下有期徒刑、拘留，似属可行。至云或三百圆以下罚金，系属易刑，并非附加，照"以下"二字临时酌夺亦可。其第二项损害重要之交通线、修复工巨者，情节稍重，处二等或三等有期徒刑，似亦可遵。第三项犯本条之罪因而致有死伤者，自当比较死伤条从重科断。但所引之条似为舛错，请照以前笺注，再加考核厘订。

第二百零七条

按：本条规定自应遵行，惟二等至四等徒刑层级较多，应请声明如何分别轻重，以免高下之弊。

第二百零八条

按：本条规定甚允，可以遵行。

第二百零九条

按：此条自常照办。

第二百一十条

按：本条第一项、第二项事出过失，不必照处刑，仅予罚金，自可遵行。惟罚金之数似乎稍重，尚可稍减。且第一项仅云生危险，尚未实受损害，情更可原。至第三项系从事此项业务之人，即使出于无心，亦难辞疏忽之咎，所定处罚均属允当。惟罚金似稍多，且三千圆以下、一百圆以上似亦相去太殊，请再酌订。其犯本条因而致人死伤者，自当比过失死伤各条，分别核办。

第二百一十一条

按：本条规定甚允可遵。罚金三百圆以下虽似稍重，惟系易刑，并非附加，照定数以下临时酌夺亦可。

第二百一十二条

按：本条规定各项均允当遵办。

第二百一十三条

按：从事于邮便、电信之职务者而犯第二百一十一条或前条第一项、第二项之罪，情节稍重，故本条规定处罚亦稍重，似均平允可遵。

第二百一十四条

按：本条所指各条各项系有碍交通之罪，既属未遂，酌罚自可。

第二百一十五条

按：本条剖晰甚明，可遵。

第二百一十六条

按：本条处罚系因煽惑他人犯罪而定，注意若谓煽惑非教唆可比。教唆条教会人犯此罪，与造意无异；煽惑不论人生否犯意与实行，但其人曾经煽惑，几即应得独立之处罚。然则条内所列其罪，最重之本刑是否指他人已有所犯，按其罪之重轻者言，抑仅就其演说词句中所指事端，如实犯应得之罪最重罪而言，颇滋疑义。盖仅止演说煽惑，则人之是否生起犯意与实行尚未可知，而演说之词究竟能否确有可指犯罪之刑，亦属惝恍难凭，且煽惑情事亦至不一。窃谓此等罪项不必定指其本刑，第规定如演说煽惑已酿事端，情重者即处以若干刑；演说煽惑尚未成事，情轻者处以若干刑或酌令罚金，似此庶较允洽，请再详细妥定。具以报纸等件刊行有犯者，编纂人应得之罪，亦俟前项妥定后一体照办。

第二百一十七条

按：本条规定甚当，可遵。

第二百一十八条

按：本条所列各项规定之处罚可遵，仍临时查照原注核办。

第二百一十九条

按：从事同业之人，同盟拒绝执业，虽要求未必尽属无理，而拒不就业违法纪，将必至起社会之损害，不可不豫为之防。本条所定首谋处罚金，并以余人不过附和、雷同从宽，略予罚金，均尚平允可遵。第二项聚众胁迫或将为者以第一百六十三条至一百六十六条论，亦属可行。惟一百六十六条已笺请另行厘订，请查找重订后，再一体遵照。

第二百二十条

按：中国历代刑法，夜无故入人家原有律禁，惟罪止笞杖，大都冠以"昼夜"字样。惟日本刑法昼间无故入人所居住之邸宅，及人所守看之建造物者，处十一日以上、六月以下之重禁锢，夜间犯者处一月以上、一年以下之重禁锢。若有破坏门户、逾越墙壁或开锁而入，又携带凶器、凡其他可似犯罪用之物品而入，又为暴行而入，又二人以上，各加一等，颇似明备。今本条不分昼夜，凡无故入人所居住或现有看守之邸宅、营造物或船舰，或既受要求而不退去者，处四等以下有期徒刑、拘留或三百圆以下罚金，其中似少区别。且既要求而不退去一层，揆情似重于仅止无故而入者，亦应将处罚略分轻重，方为平允。此安全人生命、财产之制限，各国宪法均揭明不可侵入家宅，则此项律法允宜详加厘订，是否请命再商酌？

第二百二十一条

按：现行律例："无官诈称有官、有所求为或假冒顶戴，自称职官、止图乡里荣光者，均罪止杖徒"，本条规定四等以下有期徒刑、拘留，足以蔽辜。至云或三百圆以下罚金虽似为数稍多，谅系易刑，并非加附，临时照定数"以下"二字酌罚办理，尚可遵行。

第二百二十二条

按：本条所列各条既属未遂，酌罚自可。

第二百二十三条

按：本条规定可遵。

第二百二十四条

按：本条伪造通用货币，大干法纪，仅处无期徒刑似乎稍宽，第恐其心究止为尚利起见，稽之外国刑法并无死刑，处以无期徒刑，未达罪死一间□，而似尚可行。惟云或二等以上有期徒刑，究系指何情节即得以减议，请再声明。至第二项行使之罪，俟前项办法妥定，自可遵办。

第二百二十五条

按：外国货币非本国货币可同，自应减议，似处以三等有期徒刑足以蔽辜，可将"以上"二字节去，仍仿照前条添叙"情节轻者或五等以上有期徒刑"，庶照平允。

第二百二十六条

按：减损金银币，各国名回变造，实即中国唐律所谓磨错令薄小，现行律所谓减边图利之类，究与伪造者有关。本条规定减损中国金银币分量者，处三等或四等有期徒刑；减损外国金银币者，处四等以下有期徒刑，均可遵行。

第二百二十七条

按：此条系为收受他人伪造通用之货币，或伪造外国之货币而规定其罪，故较自己伪造之刑为轻，迨收受之后复图行使而交付于人，或自外国贩运，则其扰乱币制、为害市廛，直与自己伪造无异，故即仿照第二百二十四条、第二百二十五条伪造处断。惟查第二百二十五条伪造流通中国之外国货币，处三等以上有期徒刑，本条系图行使、收受伪造外国货币，何以云处二等至四等有期徒刑？是否二等之"二"字系三等之"三"字错误？请再查改订、订定。

第二百二十八条

按：本条规定甚允，可遵。

第二百二十九条

按：本条亦规仿外国办法，而办法罚金较重，日本刑法于此等事止处其价额二倍之罚金，但不得降至二圆以下，似可将原定罚数酌减。又所云"处其价额三倍以下、价额以上罚金"词句似稍累赘，既云"价额三倍以下"，已甚明晰，似可不必再缀"价额以上"四字，度其须言价额以上者，恐审判时降至价额以下耳，然上文已云处价额三倍以下罚金，亦自可意会矣。至三倍之数未达五十圆时犹可声明五十圆以下、价额以上也，附陈以俟考订。

第二百三十条

按：本条规定可遵。

第二百三十一条

按：本条所指各条之罪既属未遂，酌罚自可。再一百之"一"字必是"二"字，想系错写或误印，应行更正。

第二百三十二条

按：本条规定自当照行。

第二百三十三条

按：现行律："凡诈为制书及增减者，皆斩监候；未施行者，绞候。"诚以制书为君上之诏告，岂可假捏为之？是可为而孰不可为？此系关于国家内政，似应仍处死刑斩候，未施行者绞候，以杜渐防微。为从者，可处一等有期徒刑，使伪造之制书或意图行使而交付于人者均照此办理，其传写错失者，酌处拘留或罚金亦足蔽辜，请再妥定。

第二百三十四条

按：旧律："诈为官文书，以衙门之大小为科罪之等差。"今本条不计何等衙门，统以伪造公文书论罪，尚属可行。惟所云"图样"不知指何项图样而言，应请声明。至处罪二等至四等层级较多，请再叙明如何情节可减一等，又如何情节可减二等，以便遵循。其第二项之罪俟前一项妥定即可照办。

第二百三十五条

按：本条规定二项，一则吏员明知虚伪之情事而犹据以行为，一则申告虚伪之情事而使吏员据以行为，皆照前条处断，甚允可遵。

第二百三十六条

按：本条所揭情节较之前条为轻，处五等有期徒刑、拘留或百圆以下罚金，似可遵行。

第二百三十七条

按：有价证券，本注谓如汇兑票、期票、支票、栈单、船单之类，其便于流通，殆近纸币，然伪造行使前项证券，究较之伪造行使纸币为轻，似处以三等至四等有期徒刑亦足蔽辜。今本条规定二等至四等徒刑，非特二等似嫌稍重，且距四等层级太多，不知其中如何分别情节轻重，请再声明妥订。

第二百三十八条

按：私文书，观注意谓如寻常人所制日用帐簿之类。惟"图样"不知何指，大致不外足以证明他人权利义务之用者，此而伪造必至有损人之事业，其中为患亦非浅鲜。今规定处三等以下有期徒刑，其第二项使伪造私文书及意图行使而交付于人者同罪，似均可遵行，足补旧律所未备。

第二百三十九条

按：此条词意合下条取之，似系指对于他人本可证明权利义务事实之自己私文书，而我为虚伪之记载，转令不能得实，或以之行使或意图行使而交付于人，其情直与伪造私文书无异，故即照前条之例科断，自行遵行。惟本条语句似稍欠明显，请再酌订。

第二百四十条

按：本条注意谓诊断书即病结及脉案，检案书即尸格，死亡证书指定患者因何疾而死之书。外国验尸等事均以医生为之，中国惟治病属之医生，其余验尸及指定因何而死，均仵作听任之事。今本条仅言医师，与现实情形未合，可否于医师下暂添"仵作"二字，庶于事理相符。中国仵作类多文理浅陋、品行卑鄙之人，盖官家所给工食甚薄，视为贱后，而验尸又不免污秽，故人皆不屑为之。如特颁命令饬检验之事均由医学家、讲习任之，厚其廪，给予以出身，非特于民间讼狱有益，及医学经验人之脏脑骨殖亦必更昌明，彼时再革除仵作一役，于律内删去此名目，统称医师便可。至条文所云，医师于诊断书等有为虚伪之记载，处四等以下有期徒刑或三百圆以下罚金，甚允可遵。惟嘱托行使者似情罪亦不轻于医师，应否酌改为处五等以下有期徒刑或一百圆以下罚金，请再商订。

第二百四十一条

按：伪造制书之罪已于二百三十三条笺请加重，伪造御玺、国玺或盗用之者，情事相同，俟彼条妥定，自可照办。其行使公私印文、署名及第二项行使伪造御玺、国玺等项，亦一律请查照前笺核办。

第二百四十二条

按：上条系指伪造公私印文署名，此条言以不正行使之宗旨而制作公印或私印，其情稍轻于前条，处四等以下有期徒刑、拘留或三百圆以下罚金，于未行使前能自破坏或自首者，免除其刑，均可遵行。惟私印究与公印有间，似可酌减科断，应否请再厘订？

第二百四十三条

按：本章所揭各条关于行使、伪造、盗用、滥用制书等项之罪既属未遂，酌罚亦可。

第二百四十四条

按：此条规定应遵。

第二百四十五条

按：中律原有私造斛斗、秤尺之罪，仅止笞杖，虽有官降不如法、失于校勘及不经官司校勘、印烙等之处分，类皆视同具文。其所以成具文之由，以度量衡非特各省不同，及各府、州、县亦各自为风气，已成习惯，至不划一，使官司而必欲请照部颁之式校勘、印烙方准行使，必至舆情多所窒碍，且吏胥藉端需索势必不免，恐骚扰一时，或竟酿成事端。而按诸定律不过笞杖之罪，亦不足以惩儆，故相率因循，转不如听其自然之为愈也。然度量衡为王政之一端，若任人高下，实足滋市廛之弊病。欧美各国及日本，皆政府制作而使民间贩卖，或民间制作，经政府查验之后始许贩卖，法至善也，第非官制改定、宪政颁行恐难遽及此案。本章谓现奉明谕校勘度量之制，则法律亦不能不豫行修订，所云制作违背定章之度量衡或变更真正度量衡之定规者处四等以下有期徒刑，甚为允当。惟并科三百圆以下似嫌过重，既处以实刑而又附加三百圆以下罚金，为各国刑法所无，应否酌减为并科百圆以下、十圆以上罚金，请再妥定。其知情而贩卖不平之度量衡，其情本稍轻于制作之人，今拟与第一项同罪，亦使人知儆而不敢轻犯之意，似可遵行。

第二百四十六条

按：本条甚允可遵。

第二百四十七条

按：制作未违定规，情稍可原，分别处以罚金，似尚可行。

第二百四十八条

按：本条所指第二百四十五条系制作违背定章之度量衡或变更真正度量衡之定规之罪，既属未遂，酌罚亦可。

第二百四十九条

按：此条规定应遵。

第二百五十条

按：现行律：毁损大祀、丘坛或坛门，弃毁大祀神御物，或遗失及误毁者，有流、徒及减二等、三等之分。今本条不复细为区别，凡对坛庙、寺观、墓所、其余礼拜所有公然不敬之行为者，概处五等有期徒刑、拘留或一[百]圆以下罚金。其第二项所揭情形，同罪似尚可遵。

第二百五十一条

按：本条所揭损坏、遗弃或盗取死体等项情形，自系指未成殓之尸身或未殡埋之尸棺而言，凡人处三等以下有期徒刑，尊亲之属处二等以上有期徒刑，与旧律亦不甚悬殊，似均可遵。惟未及见尸、不见尸，似较之旧律稍疏，然在外国律法，惟以毁弃为重，不以尸体之见、不见为区别，本条因仿此订定，而刑已重于外律矣。但窃谓子孙于祖父母、父母究属天亲至重，乃有毁弃死体等项情事，殊觉忍心言理，似宜特别处以无期徒刑，是否请再商酌？

第二百五十二条

按：此条系规定仅止发掘坟墓之罪，并无损坏、遗弃或盗取死体等项情事，可以遵行。

第二百五十三条

按：本条亦不分见尸、不见尸，但犯发掘坟墓而损坏、遗弃或盗取死体、遗骨、遗发或棺内可藏之物者，处二等或三等有期徒刑。若发掘尊亲属坟墓而有损坏、遗弃或盗取死体等项情事，处无期徒刑或二等以上有期徒刑。虽处刑已较各国律法为重，观原注理由亦甚明晰。第中国盗墓之风不绝，似凡人不论见尸、不见尸，处以二等有期徒刑，已属从宽，不必再用"或三等"字样。尊亲属非祖父母、父母，处以无期徒刑，亦尚可行，不必再用"或二等以上"字样。若子孙于祖父母、父母有犯前项情事者，应特别处以死罪、绞候之刑以重伦纪。是否请再厘订？

第二百五十四条

按：第二百五十二条系仅止发掘坟墓罪，既未遂，酌罚亦可。

第二百五十五条

按：此条规定可遵。

第二百五十六条至第二百五十九条

按：以上四条规定处罚均属允当可遵。惟种罂粟为鸦片烟之根，似应专设科条，应否补订，请再商酌。

第二百六十条

按：鸦片烟在未经弛禁之先，无论官民均不准吸食。嗣虽洋药开禁，仍有官员及兵丁吸食洋药，俱以绞监候之例。奈视法令如弁髦，官衙营弁蹈此者尤伙，群然不以为怪，数十年来积习沉疴几至无可收拾。今奉明诏，禁烟章程固甚严切，然仍不免阳奉阴违之弊。本条所定吸食鸦片烟者，处五等有期徒刑、拘留或一千圆以下罚金，施之平民已属近宽，而官员、兵弁并无声明加严之文，似嫌疏略，可否将平民人吸食鸦片烟者，改为处三等以下有期徒刑或一千圆以下罚金，其在官及学校中人有犯者，加一等处断。官员及兵丁有犯者，处无期徒刑，似较平允，请再厘订。

第二百六十一条

按：本条规定甚允，可遵。

第二百六十二条

按：此条规定较严，却是杜弊截流之法，自当遵行。惟罚数似可酌叙为百圆以下、十圆以上。请再酌定。

第二百六十三条

按：本章各条除前条本止罚金外，其余罪既未遂，酌罚亦可。

第二百六十四条

按：此条规定甚允，可遵。

第二百六十五条

按：本条规定罚金及没收当场赌具、犯人持有金钱，均当遵办。惟罚数可否于"一千圆以下"添叙"百圆以上"四字，请酌。

第二百六十六条

按：本条大抵指一人常从事于赌博者言，非如精惯勾串诱赌之流。观该条而有伙聚开设赌场以图利者，处罚重于本条，可以知之。□□□嗜赌不辍，必至废时失业、荡产倾家，处以四等以下有期徒刑，甚允可遵。

第二百六十七条

按：本条规定，亦允当。

第二百六十八条

按：彩票本近于赌，公署因正当之事偶为集款之法，非可援为常例。未得公署许可而擅自为之，宜定以处罚，应遵。

第二百六十九条

按：本条跟上条而来，亦可遵行。

第二百七十条

按：第二百六十七条至前条系聚众开赌及擅行彩票之事，罪既未遂，酌罚尚可。

第二百七十一条

按：本条规定甚允，可遵。

第二百七十二条

按：本条注意谓猥亵行为指违背风纪未成奸之行为，与奸淫犯奸不同。然则"猥亵"二字不过如现行例调奸、图奸之类，告官止予枷杖而已，外国则于此等处防闲甚密，闻欧美各国风俗男女虽不避嫌而相对却极庄重，不得露轻狂之态，故猥亵行为之处罚特严。今规定对未满十二岁之男女为猥亵之行为者，处三等以下有期徒刑或三百圆以下、三十圆以上罚金，第二项若用暴行胁迫或用药及催眠术并其余方法犯前项之罪者，处罚允重。此则仿照外国律法，可补旧例所未备，亦寓教于刑之意，似可遵行。

第二百七十三条

按：本条指十二岁以上男女，用暴行、胁迫或用药及催眠术及其余方法为猥亵之行为，较之对未满十二岁犯前条第二项之罪者稍轻，故处罚亦酌从减议，自可遵照。然无对十二岁以上男女为寻常猥亵行为之罪，虽以仿照外国办法，以为十二岁以上男女知识已开，既为人猥亵，亦所自取，此系关于礼教之事，故不著其刑。惟中国妇女素以嫌疑为重，与外国风气不同，或猝遇狷薄之子加以猥亵，势所难堪，故定例凡调奸未成，经本妇告知亲族邻保，即时禀明地方官审讯。如果有据，酌其情罪之轻重，分别枷号杖责，报明上司存案。如已经投明乡保，该乡保不即禀官及禀官不即审理，致本妇怀忿自尽者，将乡保照甲长不行转报窃盗例杖八十，地方官照例议处。

其中所关匪细，似应仍请酌立科条，第处罚稍轻可耳，请再商订。

第二百七十四条

按：奸非之事，原应自礼教防闲，非刑罚所能遍及，故古代刑法不严于奸犯，唐律世称最善，强奸并未著有死刑。惟元明以来，妇女以节为大，此亦女教昌明之一端，而强奸定有死罪，明律强者绞，国朝因之，人俱视强奸妇女为重大之犯。今本条定为处二等以上有期徒刑，几令闻者哗然，大肆訾议，盖亦由于习惯所致也。然细思此项习惯，究属重妇女之节，有裨风化。窃以为现行律强者绞，原系监候之刑，非立决也，可否将凡以强奸论者酌改为无期徒刑，即是永远监禁，不准原情出狱，与旧律绞候之罪，所差一间。其未满十二岁之幼女者，情节较重，即处以死刑、绞候，似亦平允。请再妥定。

第二百七十五条

按：此条自当照办。惟前条尚有签陈请，俟妥定后一并遵行。

第二百七十六条

按：此条规定甚允。惟前条尚有请再厘订者，应俟一律妥定后，分别遵办。

第二百七十七条

按：此条第一项既系现行律卖良为娼之大意，第二项以为当业者，即是旧例人牙将领卖妇人逼勒卖奸图利，及窝顿流娼土妓，各条例之所犯分别规定处法之，均尚允当，可遵。

第二百七十八条

按：现行律和奸罪并枷杖，今规定处四等以下有期徒刑，较之旧例为严，原系仿照外国刑法，更足示儆。惟和奸无夫妇女及亲属相奸，似亦应分别酌定科条，至外人男女风俗不同，或可声明不在条文之限，请再厘订。

第二百七十九条

按：有妻更娶妻，唐律徒一年，元明罪止笞杖，现行律与明律因。今规定处四等以下有期徒刑，其知为成婚之人而与为婚妇者，亦同。此亦仿照外国法律，似更加严，未始非整齐风俗之道，尚可遵行。

第二百八十条

按：猥亵之书画或物品，即是淫书、淫画等类，最足荡人心志。现行例："凡仿肆市卖一应淫词小说，有造作、刻印，系官革职，军民杖一百、流三千里。市卖者杖一百、徒三年，买看者杖一百"，例禁綦严。在外国虽鲜如何处罚之条，第中国既向有定例，现时此风仍不能绝，既特设专条，似应酌予徒刑并附加罚金，以挽浇风。

第二百八十一条

按：本条所指各条奸非之罪，既属未遂，酌罚自可。

第二百八十二条

按：本条规定甚允。虽第二项本夫事前纵容，或事后得利，而私行和解者，告诉不为审理，似与旧律办法稍异。然细思奸事系男女自蹈逾礼之惩，既本夫纵容在先或事后得利、私行和解已甘心忍辱，而忽又告诉，自可不予审理，亦励人廉耻之法，用意尤深。稽诸外国律法大抵如斯，自可仿照行之。

第二百八十三条

按：本条规定自可遵办。

第二百八十四条

按：此条凡污秽供人饮料之净水，因而致不能饮用者，系指寻常井水等而言，所损尚少，故止规定处五等有期徒刑、拘留或一百圆以下罚金，似可遵行。

第二百八十五条

按：本条原注谓系水道水源，范围较广，故处分加重。所定处三等以下有期徒刑，自可遵行。

第二百八十六条

按：本条系以有害养生之物混入供人饮料之净水内，较诸仅止污秽饮料净水情节为重，故规定为四等以下有期徒刑，平允应遵。

第二百八十七条

按：本条有害公众水道水源，较之仅止污秽水道水源情节更重，故加处三等以下有期徒刑，亦平允应遵。

第二百八十八条

按：犯前四条之罪，致人死伤，自应从重处断，所指第三百零一条系伤害人身体各项之罪，自是相符。惟第三百零二条系伤害尊亲属身体之罪，似难比合，谅系缮写错误，当是比较第二百九十九条及第三百零一条从重处断，庶为符合，请再查核厘订。

第二百八十九条

按：损害或壅塞水道水源以杜绝公众之饮料，其情节较之污秽及以有害养生之物混入水道水源者尤重，规定处二等或三等有期徒刑，自可遵行。

第二百九十条

按：本条虽无前条"损坏、壅塞水道水源"字样，然既同谋杜绝公众饮料之净水至三日以上，似情罪不亚于前条。不知何以仅科首谋四等以下有期徒刑、拘留或三百圆以下罚金，是否在于寻常水井等处，并非水道水源，似宜稍加声明，或添叙注意以便遵循。首谋处罚，既定余人罚金，自可遵照。

第二百九十一条

按：第二百八十八条系致人死伤之罪，其余本章各条所犯未遂，酌罚可行。

第二百九十二条

按：本条规定应遵。

第二百九十三条

按：中国虽无豫防传染病之禁令，然考之《周官·蜡氏》"掌除不蠲"，不蠲即不洁之谓，亦未始无豫防传染病之规则。自古法就湮，执政者遂不于此等处加意防范，而现时各国最重卫生之政，明著科条，既律法期于大同，自当仿照办理。本条第一项规定凡违背豫防传染病之禁令，从进口之船舰登陆，或以物品搬运于陆地者，处五等有期徒刑、拘留或百圆以下罚金，甚为平允；第二项指挥船舰之人或代理人自犯前条之罪或知有人犯罪而不禁止，酌加一等，处四等以下有期徒刑，亦属可行。惟易刑定三千圆以下罚金，似乎稍重。至数至三千圆而无起讫，亦恐易滋弊混，应否酌减罚数，既为若干以下、若干以上，俾有范围可循，请阅订。

第二百九十四条

按：本条规定甚允，可遵。稽诸现行例，止有发卖猪羊肉灌水及米麦等搀和沙土货卖者，比依客商将官盐搀和沙土货卖律，杖八十，与此相近，然不若现定之条赅括靡遗，并足示儆也。

第二百九十五条

按：现行律：用毒药杀人者斩，买而未用者杖一百、徒三年，知情卖药者与同罪，不知者不坐。又定例：诸色铺户人等货卖砒霜、信石，若不究明来历，贪利混卖致人成人命者，杖八十。今既另订新律，本条所云"违背律例"不知违背何项之律例？是否仍指旧时律例？然下文又云"而贩卖人身须用，之药品"，既属人身须用，似贩卖在所不禁，上下语气未甚明显，应请再查核妥协。叙至情节较轻，定以罚金，尚无不可。

第二百九十六条

按：医之为道，本极精深，亦极关重要。是以《周官》："医师掌医之政令，凡邦之有疾病者，使医分治，岁终则稽其臣事，以制其食，十全为十，十失一次之，十失二次之，十失三次之，十失四为下。"可见古之医者，原受上司之命令而始得为常业。辑注云："医者，可无求于病家则心清而业精，病者不必酬医则药之，及者广而活着众矣。自从世民之疾病听之医者，亦听之，绝不关在上之痛养。"于是受庸医之害殊非浅鲜。律虽有庸医杀人之条，亦等于具文耳。其间非无好学深思之士，不以医为业而转著奇功者，然世间行医大率所学肤浅，不能深造者居多。又各州县有名为官医，亦名为医学，专延治监犯疾病，其学尤多浅陋。盖以国家未特设医科，专诚考验之故，果能重视其事，选举医学精深明敏通达者，仿古制命为大医师，再令各省选举学有本原之人赴京详加考验，择其优胜者，赐予出身，用为医官分发各省。凡有习医已成，欲以医为常业者，须由地方官会同医官考验及格给以文凭，方准行医。则此条规定"凡未受公署许可，以医为常业者，处五百圆以下罚金"尚属可行。若不求其本，虚悬此未受公署许可处罚之文，恐仍无益。

第二百九十七条

按：本条所指第二百九十三条系违背豫防传染病禁令之罪，既为未遂，酌罪自可。

第二百九十八条

按：本条规定可遵。

第二百九十九条

按：法律原贵简赅，不在繁琐，汉高入关除秦苛政，约法三章，止云：杀人者死，伤人及盗抵罪。然在大乱初平、与民更始之秋，故立法止

336

取其疏节澜目而已，厥后萧何定律即益为九章，叔孙通复益为十八章，诚以犯事情形不同，太简亦未足御之。古之犯大辟者，虽无立法监候之名，然月令季秋之月，乃趋狱刑，毋留有罪，此节后世秋审所自仿，明律斩绞始分立决、监候，国朝因之，而于秋谳之典，尤慎重周详，为旷古所未有。虽系谋故杀亦或原情邀恩免勾，盖斩绞监候人犯究不便定案即予处决，亦未便审判即改为活罪，如旧律谋故杀人均应斩候，近新章斩候改为绞候，而考之日本刑法，谋杀处死刑，故杀处无期徒刑。若我国将谋杀人之犯一律处死刑即予执行，未免转严于现行之律。若将故杀亦改为无期徒刑，又与旧律太觉出入，非所以示情法之平。似不若谋故杀仍照章俱拟绞候，谋杀后而加功者，亦仍拟绞候。俟秋审时，谋杀首犯照例入实，故杀及谋杀后而加功者，应审其情节如何，凶残者仍入实，尚有可原者酌量入缓，遇查办减等时再改为无期徒刑。至斗杀一项，本章旧入下条因而致死或笃疾等项之内，然斗杀情形实多不同，有情凶近故者，有偶相争殴不期致死，情伤俱轻者，现在新章戏杀、误杀、擅杀三项及斗争，例入可矜准一次减等者，均准即改为流三千里，办法已较简实，其余斗杀情轻者亦准随案声明酌入缓决，或再将此项人犯既改为一等有期徒刑，稍予延长年期。其戏、误、擅杀及准减满流者，改为二等有期徒刑，似亦足照平允。致杀人如有尊卑名分之别，除尊亲属另立专条外，其余虽不必过示区分，亦应酌量规定大纲庶有范围，应请再细加厘订，以期周妥而便遵循。

第三百条

按：本条"尊亲属"三字似近含混。若以子孙而杀其祖父母、父母，子孙之妇杀其夫之祖父母、父母，则凶逆悖伦，无论谋、故、斗，自当时别处以身首异处之斩决，重刑庶足以重纲常而昭炯戒。应请将杀死祖父母、父母与夫之祖父母、父母者，均处以斩决死刑，列为本条第一项；其余杀期亲尊长、尊属及外祖父母均属夫亲至重，应处绞决死刑，列为本条第二项；大功服缌麻尊长、尊属谋故杀者，亦处绞决死刑，斗杀、误杀者均处绞候，俟秋审时分别核办，列为本条第三项。似此较有等差以示区别，是否请再妥订？

第三百零一条

按：本条所列第一项因致死或笃疾者，处无期徒刑或二等以上有期徒刑。查伤人身体因而致死即是斗杀，其称以久，自唐律、明律、现行律，斗杀均处绞刑，而外国则必谋故为杀，因斗杀死谓本无杀意，不列杀人条内，然斗杀实情形不同，已于前二百九十九条签陈大意。似应将情凶近故者仍酌定绞候，入于秋审分别核办，俟查办减等时再改为无期徒刑；其余致成笃疾者，处二等以上有期徒刑；致成废疾者，处三等以上有期徒刑，均为允当。惟单纯伤害一项，"单纯"二字是否指折人一齿及手足一指，眇人一目，或折二齿、二指以上，眇人两目，堕人胎，刃伤人等类，似应酌为声明，情罪有轻重，徒刑亦宜递减，请再厘订。

第三百零二条

按：伤害尊亲属身体因而致死，应归入第三百条杀尊亲属各项内处罪，已于前条签陈大意。全伤祖父母及夫之祖父母，应不论或笃疾、废疾及单纯伤害，均处绞决死刑；伤期亲尊长、尊属、外祖父母，不论笃疾、废疾或刃伤，均无期徒刑，仅止单纯伤害者，处二等有期徒刑；伤功服缌麻尊长、尊属，成笃疾者，处一等有期徒刑，或废疾或刃伤者，处二等有期徒刑，仅止单纯伤害者，处三等以下有期徒刑，是否请再妥订？

第三百零三条

按：以当场助势为从犯，本系中律向来办法。在犯者与被伤害者均是平人或均是尊亲属，固可各照原条科断。若犯平人中有对于被伤害者关于尊亲属或犯尊亲属中有一，对于被伤害者系属平人，自应各科各罪。查总则虽无本条别有罪名之规定，而第十三条第三项声明所犯重于犯人所知时从其所知者处断，所犯轻于犯人所知时从其所犯者处断，似可类推。应否于本条酌添"如所犯遇平人或尊亲属有异时，各从其所知所犯处断"，或直叙"即照第十三条第三项办理"，请再妥订。

第三百零四条

按：旧律：犯罪分首从，以造意为首，此普通之刑法，间有时别著为不分首从者，止强盗或子孙谋杀祖父母、父母，卑幼殴期亲尊长及谋反、谋叛等项类数条而已，其余无不依首从法，首犯止科一人，从犯减一等。惟谋杀虽分首从，而从犯罪名则分加功、不加功，或绞或流，不似常例，视首犯减一等。又同谋共殴人致死，虽系原谋起意，究无欲杀之心，故以下手致命伤重者折抵，原谋以肇祸拟流，余人随从斗满杖，足以蔽辜，亦稍异于首从之法。今本条云"二人以上同时下手伤害一人，皆以共同正犯论"，既揭明伤害二字，似专指未致死者而言。前二十九条凡二人以上共同实施犯罪之行为者皆为正犯，原仿照外国律法，亦在情理。本条盖本此而定，似尚可行，但止可施之伤人之犯罪不致死者，若以共同正犯罪至于死，则与向来寻常斗杀一命一抵之说不符，碍难照行矣，应否再加声明，请酌夺。至条内第二项其当场助势而下手未明者，以前二项之从犯论，自可遵行。

第三百零五条

按：尊亲属服制不同，似难一例同论。现行律：子孙殴祖父母、父母，妻殴夫之祖父母、父母者皆斩，今即不必处以极刑，而此等悖礼干纪之犯究未便宽纵，应请如有加暴行于祖父母、父母及夫之祖父母、父母未致伤害者，处三等以下有期徒刑，功服缌麻尊长、尊属处四等或五等以下有期徒刑、拘留，是否请再厘订？

第三百零六条

按：本条第一项仅曰决斗者，第三项曰聚众豫谋决斗者。是第一项之决斗者，不过偶尔相值争殴，或有声言欲斗之说，既未至伤害，即处四等以下有期徒刑或一百圆以下罚金，毋乃太严。查旧律：斗殴不成，伤罪止笞责，且现已另定违警律载加暴行于人未致成伤者，处十五日以下、十日以上之拘留或十五圆以下、十圆以上之罚金，似本条第一项可以摘删，有犯即可援照违警律惩处，如必须载入刑律亦宜与违警律同法，未便两歧。至第二项因决斗致人死伤，自应照第二百九十九条及第三百零一条处断。第三项聚众豫谋决斗以骚扰罪论，应查照第一百六十三条、第一百六十四条分别办理，均属允当可遵。

第三百零七条

按：本条文初阅似未甚明显，迨读注意谓会同于决斗场，监察其决斗之人。然文曰："为决斗之人而会集于当场，是决斗"，非其起意不得谓之原谋，亦未便谓之威力主使，第为全场监察之人情同助势，此等事实在械斗案中容或有之，处以五等有期徒刑、拘留或一百圆下罚金亦足示惩，可以遵行。

第三百零八条

按：本条系教唆人自杀或帮助之，或人愿自杀受其嘱托承诺而动手杀之者，此等事向来律例并无正条，间有遇案，大都酌量比例科断，并不实抵。今定以三等或四等有期徒刑，尚属可行。惟对于尊亲属犯前项之罪，虽系自愿毙命，究属伦纪有关，未便遽从宽恕。可否将教唆或帮助祖父母、父母，夫之祖父母、父母自杀，及听从命令动手杀之者，处无期徒刑，期亲尊长、尊属处一等有期徒刑，功服处二等有期徒刑，缌麻处三等有期徒刑。至所云前二项之犯人若系谋为同死者，得免除其刑，此亦对于凡人则可，若将尊亲属似止可于应得罪上分别酌减处断，请再妥订。

第三百零九条

按：此条系言受本人嘱托或承诺，仅止伤害之者，处五等有期徒刑、拘留或一百圆以下罚金，因而致死者处四等以下有期徒刑，尚均可行。惟对于尊亲属受嘱托承诺而伤害之，处三等以下有期徒刑，因而致死处二等至四等有期徒刑，究觉含混。窃拟听从祖父母、父母及夫之祖父母、父母命令仅止伤害之者处二等有期徒刑，期亲尊长、尊属、外祖父母处三等有期徒刑，功服缌麻尊长、尊属处四等有期徒刑，因而致死者，祖父母、父母，夫之祖父母、父母处一等有期徒刑，期亲尊长、尊属、外祖父母、父母处二等有期徒刑，功服缌麻处三等及四等有期徒刑，似较明晰，是否请再厘订？

第三百十条

按：过失自古不坐死，现行律：过失杀伤人，各准斗杀斗伤罪，依律收赎。盖以过失致人死伤初无害人之意，而偶致杀伤人实为事出不幸，而人已致死、人体至损伤，又未便竟置不论，故特著准斗杀伤罪收赎之文。收赎银数与寻常赎罪不同，原从轻减，现行过失收赎例按明例钞贯折算，已杀人者定为赎银十二两四钱二分，成笃疾者十两六钱四分五厘，废疾七两九分七厘，折伤上下不过数两。今本条改为罚金，自更□捷与旧律亦不相悖，惟改人死或笃疾处一千圆以下罚金，其条伤害者亦需五百圆以下罚金，核与旧律赎银之数相去悬殊。且查日本刑法，过失致人于死，处二十圆以上、二百圆以下罚金；过失伤人致废疾，处十圆以上、一百圆以下罚金，是外律与中律尚颇相近，何以转为加重？似属非宜，请再妥订。

第三百十一条

按：子孙对于祖父母、父母，妻妾对于夫之祖父母、父母，宜如何倍加谨慎，乃有疏忽而出于过失致死或成笃疾之事，其情虽可原，其罪究虽宽，似应处一等有期徒刑，不得易以罚金；期亲尊长、尊属、外祖父，处二等以下有期徒刑，亦不得易以罚金；功服缌麻，处三等以下及四等有期徒刑，或酌准易以罚金。至第二项过失至伤害者，似可按服制各酌减二等科断。惟祖父母、父母与夫之祖父母、父母及期亲尊长、尊属、外祖父母，仍不得易以罚金。功缌麻亲，恐递减过轻，或酌量附加罚金。所有易刑附加罚金之数均不必过多，是否请再厘订？

第三百十二条①

按：此条原注谓业务上过失致人死伤者，医师误认毒药为普通药致患者身死，或矿师怠于豫防因煤气爆发，致多数工人死伤之□□，其情形近于过失，谓为□律所未□□误似□□□□□□□数□者身危，即是□务杀人。现行庸医杀人□□□□数害□，即以过失杀人论。至矿师岱于豫防，因煤气□误致多数工人死伤，旧律虽无此条文，而如意□处□人。夫于捡□□□杀□人，因实立□□与类，亦多□似合定，急忽业务上必应注意以疑之，亦□简纵，似处四等以下有期徒刑、拘留，亦尚平允。抑或三百圆以下罚金，虽是易刑之法，究属过重，事□过失，各国法律于此等事项，罚金均不甚多，应请再酌。

第三百十三条

按：本条所指其二百九十九条系谋杀人罪，第三百零七条系为决斗之人会无□□之罪，第三百零八条系教唆或帮助人，使之自杀或受人嘱托，承诺而杀之，语此属未遂，酌罚尚可。第三百条谋杀尊亲属之罪，现行律谋杀祖父母、父母及期亲尊长、外祖父、夫之祖父母、父母，已行不问已伤、未伤，豫谋之子孙皆斩。□以伦纪至重，岂容萌弑之心，谋而已行，或因事中止，或□惧中止，情□□有不同，统为□□□阅悖逆，未便近理，以处罚了之此项，应请删除，另订其刑。

第三百十四条

按：前条所揭未遂罪，原指谋已行而中止者。此条系就其尚在豫备或阴谋规定处分，亦杜渐防微之意。惟查第二百九十九条系谋杀平人，第三百条系谋杀尊亲属，似未便一则处以五等有期徒刑、拘留或一百圆以下罚金，应请将第三百条之豫备或阴谋，另行妥定。至第三百零六条系为决斗之豫备、阴谋或帮助者，处拘留或五百圆以下罚金，尚属可行。

---

① 第三百十一条与第三百十三条签注原文，字迹模糊，字数缺失多有。

又前二项之罪，得按其情节免除其刑，似亦须将免除之理由，酌为声明，以便遵守。

第三百一十五条

按：本条所指第三百零二条第三款伤害尊亲属身体仅单纯伤害，第三百零三条系当场未下手而助势者，第三百一十条系过失杀人于死或笃疾并其余伤害者，第三百十一条系过失致尊亲属于死或笃疾并其余伤害者，细核各条所犯，虽或情有可原，既未告诉有司，亦可不必追究，然其中或关伦理或关人命，若明定须待告诉始论其罪之条，转似有意令人隐讳，不如删除此条文较为适宜，请再酌夺。

第三百一十六条

按：本条规定可遵。

第三百一十七条

按：现行律例并无妇女自行打胎如何处罚之刑，第打胎有戾人道而滋奸匿，禁之诚宜。外国均有此律法，今仿照专就妇女一面规定怀胎服药或用其他方法致堕胎者处五等有期徒刑、拘留或一百圆以下罚金，似可遵行。

第三百一十八条

按：本条受妇女嘱托或承诺使之堕胎，其情稍重，处四等以下有期徒刑，亦平允可遵。

第三百一十九条

按：本条所指四项，前三项情形虽稍异，总内于以暴行、胁迫或伪计致令妇女自行堕胎或使之堕胎，似皆出于有意料，罪宜稍重，处三等有期徒刑尚为允当。第四项知为怀胎之妇女而加以暴行、胁迫因致小产者，即是现行斗杀律堕人胎者，处杖八十、徒二年之情罪，照本条处四等有期徒刑，亦尚可行。惟此系出于无心，似"胁迫"两字未甚符合，可以删去，或将"而加以暴行、胁迫者"句酌改"而与争斗"，亦较明晰，请再厘订。

第三百二十条

按：本条第一项犯第三百一十八条之罪，系妇女嘱托或承诺使之堕胎以致于死或笃疾者，处三等或四等有期徒刑，平允可遵。第二项因犯前条之罪致妇女死伤者，比较第三百零一条及第三百条零二条从重科断，亦是普通办法。惟其中或遇亲属因妇女犯奸怀孕迫令堕胎或殴打堕胎致死伤者，似当别论，应如何声叙，或意不以为罪，请再妥订。

第三百二十一条

按：医师、产婆、药材商辄为人打胎或出卖打胎之药，殊属有伤风化，处刑自应加严。本条规定三等或四等有期徒刑，属平允可遵。第二项用伪计令妇女堕胎，情尤难恕，处二等或三等有期徒刑，亦属可行。

第三百二十二条

按：本条所指第二百十九条之罪，既属未遂，酌罚尚可。

第三百二十三条

按：此条规定应遵。

第三百二十四条

按：矜老恤幼本为中国礼教所有之义，况其为残废疾病之老幼。又为律例或契约应有扶助、养育、保护之责任，而乃出于遗弃，实为忍心害理。然此等事尚不多见，一以有司之查举难周，一由乡里之隐匿不报，故旧律未设立科条，至对于尊亲属犯前项之罪者，□□子孙不能养□父母致令自缢，向有杖流之例。其余尊亲亦未载及，而现在各国于老幼之残疾、有疾无不重视，特设遗弃之法律，今本条仿照规定，自可遵办，但刑期似平人及寻常族及尊亲属应量为区别。如遇亲属系父母，应特别声明以昭秩序，请再妥订。

第三百二十五条

按：本条与前条相辅而行，庶免老幼废疾被遗弃者无人领问，意甚周要，处罚虽似较严，似可照行。

第三百二十六条

按：本条系普通办法可遵，惟遇尊亲属系父母或服制有亲疏，应请查照该条笺注所陈再定。

第三百二十七条

按：此条规定应遵。

第三百二十八条

按：现行律："凡经论事理，听经官陈告，著以威力制缚人于私家拷打、监禁者，并杖八十；伤重至内损吐血者以上，各加凡斗伤三等；因而致死者，绞。"夫威力制缚人及于私家拷打、监禁，即是此条私擅逮捕或监禁人之律法。惟旧律有制缚、拷打情形，不过杖八十之罪。本条则一经私擅逮捕或监禁即处三等以下有期徒刑，似科罪大相悬殊。即考之国外，于此等罪犯轻则禁锢二、三月，重则禁锢半年或一年上下，或酌附少数罚金。似所云第一项处三等有期徒刑，可酌为添叙轻重情形，处以四等以下或五等有期徒刑、拘留或酌附罚金，亦足蔽辜。第二项对于尊亲属有犯二等或三等有期徒刑，平允可行。第三项知为私擅之逮捕或监禁应释放而不释放者，亦以前二项之例论。观本条注意，一系自为逮捕、监禁后知为错误而犹不释放，一系他人逮捕、监禁已可监督释放而亦不为释放，应均以私擅逮捕、监禁论，自可遵办。

第三百二十九条

按：凡有足以逮捕、监禁人之职权者，原使之靖闾阎、图治安也。苟滥用其职权则无施不可，小民之被拖累受屈抑者亦多。考旧律，不应禁而禁及不应枷锁杻而锁杻者，各杖八十，官吏怀狭私仇，故勘平人者杖八十，照名例分别公私罪杖六十、杖八十，不过罚俸、降级而已，处分本觉太轻。今本条规定滥用职权逮捕或监禁处二等或三等有期徒刑，虽似稍严，实则正以谨防其滥用，冀官吏之有以循遵，不蹈专制之弊耳，极为允当。至第二项对尊亲属有犯，处二等有期徒刑；第三项知为滥用职权之逮捕或监禁应释放而不释放，以前二项之例论，均应遵行。

第三百三十条、第三百三十一条

按：以上二条均允应遵。

第三百三十二条

按：定律：设方略而诱取良人及略卖良人为奴婢者，皆杖一百、流三千里；为妻妾子孙者，杖一百、徒三年；被诱之人不坐。若和同相诱及相卖良人为奴婢者，杖一百、徒三年；为妻妾子孙者，杖九十、徒二年半；被诱之人减一等；未卖者各减一等；十岁以下虽和亦同。略诱法是拐取、和诱两项，向年罪止流徒，嗣因拐风较炽，加重定例，凡诱拐妇人子女或典或卖或为妻妾子孙者，不分良人、奴婢，已卖、未卖，但诱取者，被诱之人若不知情，为首拟绞监候，为从杖一百、流三千里。若以药饼及一切邪术迷拐幼小子女，为首者绞立决，为从发极边至四千里充军。其和诱知情之人，为首者亦照前拟军，为从及被诱之人俱减等满徒。今本条就诱取规定，其略卖另有条文。所云用暴行、胁迫或伪计拐取未二十岁男女者，为略诱罪，处二等或三等有期徒刑，想系二等处为首之罪，三等处为从之罪。核与旧律诱取罪名尚无甚悬殊，似可遵行。惟以未满二十岁之男女为限，虽系仿照外国律法，意谓年未二十究属知识未定，易于被人拐取之故。然设使有年满二十或在二十岁以上者，被人拐取是否竟置不问，抑酌量得减一等科断，似宜声明。至第二项和诱者，自即指未满二十岁之男女系和诱，非□[1]、非拐取处三等以下有期徒刑，自可遵照。第三项和诱未满十六岁之男女仍以拐取论，亦平允可遵。再诱拐在如将被诱拐之人强行奸污，应仍查照第二百七十四条奸淫妇女，笺请妥订办法，从重处断。

第三百三十三条

按：此条之意，盖以略取之男女特移送于国外，令人势难寻觅，情节较之前条为重，故处无期徒刑或二等以上有期徒刑。若系和诱者，处二等或三等以上有期徒刑，似均可遵。

第三百三十四条

按：第三百三十二条仅言拐取、和诱，大抵为自己之家属或仆婢。此条谓以营利之宗旨，略诱则即旧律所请略卖。就略卖之情论，直以人为货而出于略取，较之诱取为自己之家属或仆婢，其心更狠。本条规定较严，处无期徒刑或二等以上有期徒刑，甚允可遵。至略卖而出于和诱，情节稍轻，处二等或三等有期徒刑，亦尚可行。

第三百三十五条

按：以营利宗旨略取男女移送于国外者，其谋尤狡，其心尤忍，定以处无期徒刑或一等有期徒刑。即系和诱者，亦处无期徒刑或二等有期徒刑，似尚可遵。

第三百三十六条

按：旧律：收寄所卖人口之窝主，与犯人同罪。又条例：虽知拐取情由，并无和同诱、分受赃物，暂容留数日，不分旗民，俱枷号两个月。今本条分豫谋、不豫谋收受藏匿者，即照前四条之例处断，未豫谋收受藏匿者，按各条原犯情节轻重分别处三等以下、三等以上有期徒刑，均甚平允可遵。

第三百三十七条

按：犯本章之罪，既属未遂，酌罚自可。

---

[1]　此处字迹模糊，字形像"两"。

345

第三百三十八条

按：此条以旧时律法论，似第一项所犯在应行拿究之列，第二项虽为婚姻如告诉到官必给还亲属或断离异地，向来办法也。然王道本乎人情，世亦有流离无归之子女，所指第三百三十二条系犯略诱未满二十岁男女为自己之家属或仆婢，第三百三十六条系犯收受藏匿被略诱、和诱之人，虽其罪均无可恕，第既无亲属告诉，或系本无亲属而不相顾恤，男女业已得所，亦遂听之，则官吏可不必追究，此须待告诉始论其罪之理由也。至犯人与被略诱人或被和诱之人已为婚姻在继续之间，或已生有子女或经怀孕则相处日久、无殊家室，何以亲属不早告诉？至此而始经官，有未便为之讯断者，此告诉为无效之理由也。虽系仿照外国律法，尚近情理，似可遵行。

第三百三十九条

按：此条规定应遵。

第三百四十条

按：人之名誉最关重要，虽非诬告到官，实属有害于人，其情尤为阴险。本条规定凡摘事实公然侮辱人，不论事实有无，处四等以下有期徒刑、拘留或三百圆以下罚金。若摘示诬罔死者之事实而侮辱其亲属亲者，亦同。似尚允当可遵。

第三百四十一条

按：此条与前条用情略同，其事稍异。前条系摘事实公然侮辱人，关于人之名誉，此条系流布虚伪之风说，或用其余伪计而损他人，或其业务之信用，如投匿名文书告言人罪之类。近来邮递迅便，奸险之徒往往挟有微嫌，辄捏造虚伪之词罗列他人姓名或并无其人之姓名，邮寄各衙门，以冀耸听倾陷，此风殊为刁恶，非特害人业务之信用而已。查现行律，投隐匿名姓文书告人罪者绞，见者即便烧毁，若将送入官者杖八十，司受而为理者杖一百，被告言者不坐。若能连文书捉获解官者，官给赏银一十两。定律固极严密，而历来获办者甚鲜，亦未始非由立法太密转至于疏。今修订新律，似应声明遇投递此，此风说除被告言者不坐外，仍准查名匿名投告之人处三等有期徒刑，附加二百圆以下、二十圆以上罚金，似稍足示儆。再条文仅言流布虚伪之风说或用伪计，究竟如何流布？未经质言，似尚悬而无薄。至或用伪计似近隐匿姓名投书告言人罪，窃以为不如酌改为捏造虚伪之风说。隐匿姓名在官司或议会、公所等处投递，欲损他人或其业务之信用者，准查明正犯处罚云云，较为切实，是否请再妥订？

第三百四十二条

按：本条胁迫情形，原注理由谓扰害他人安全之罪，实即现行律棍徒扰害之流。惟棍徒扰害情节轻重不同，故科罪亦有等差。今条文反云胁迫，无下条"加暴行"字样，似尚非情凶势恶。然云以加害于生命、身体、自由、名誉或财产之事，则其情亦非甚轻。词意殊近含混，似应再加声叙明显，分别处罚，非可概处以五等有期徒刑或百圆以下罚金也。其以加害于亲族者，亦同，俟第一项妥定并议。

第三百四十三条

本条原注所引沿革，系即旧律威逼人致死之罪，而条文不用"威逼致死"字样，隐约不明，词句累赘。如果因用暴行、胁迫致人自尽，自应加重科罪。如并未致死，又似与前条相仿，殊觉费解，条内不言加暴行于亲属亦似未周。应请再明晰妥订，期于简要切实，以便遵循。

第三百四十四条

现行律止有沉匿及拆动公文之罪，而不及人民之信函，此系专制之法，每重官事而不及民事。今已奉诏立宪，自应官民视同一体，庶与各国宪法不得妄侵信函之秘密用意相符。本条止言他人信函，不及公文亦似未周。况公文之中关系紧要者，亦宜特别声明。所订开拆或藏匿、毁弃他人信函，即处四等以下有期徒刑、拘留或三百圆以下罚金，亦觉稍重，应请酌改为"凡无故开拆寻常公文及他人封固之信函，或藏匿及毁弃他人之信函者，处五等以下有期徒刑、拘留或一百圆以下罚金。如关系紧要公文犯前项之罪者，处四等以下有期徒刑或三百圆以下罚金"，是否请再厘订？至无故公表他人所秘密之文书、图画者，亦同，自可。

第三百四十五条

本条僧道、医师等项，因其执业得知他人之秘密而漏泄者，情尚出于无心，处五等有期徒刑、拘留或一百圆以下罚金，足以蔽辜。或无故而公表者，情节稍重，处四等以下有期徒刑或三百圆以下罚金，似均可行。

第三百四十六条

按：本条所指第三百四十一条系流布虚伪风说之罪，第三百四十三条系用暴行、胁迫致人自尽之罪，既属未遂，酌罚尚可。

第三百四十七条

按：本条所指第三百四十条系摘示事实公然侮辱人，第三百四十二条系加害生命等事相胁迫，第三百四十四系无故开拆或藏匿及毁弃他人信函，第三百四十五条系僧道、医师等项漏泄他人之秘密。以上各项本人既未赴官告诉，或不愿计较，或其中有难言之隐，听之不究，亦息事宁人之道，故特著"须待告诉始论其罪"之文，外国律法往往有之，似可仿行。

第三百四十八条

按：本条规定应遵。

第三百四十九条

按：立法止期简明，辞愈费而转形晦涩。此条首句"凡以自己或第三者之所有为宗旨"，虽有注意，读者究觉茫昧。即考日本刑法，虽亦有论说窃盗二字，然律止云窃取人之所有物者为窃盗之罪，已为明晰。中国现行律仅用窃盗二字，亦人所共明。若此犯外另有别故而取财，自另设专条亦不至淆混。似不如将首句删去，止须云：凡窃取人财物者，为窃盗罪，一"人"字即可包涵宗旨，并"他"字及"所有"字均可不用。至窃盗刑法，中律向系计赃科罪，而现在各国不以赃数多少为重轻，盖以富人视万金若泥沙，贫人视一钱若性命，取富人多数尚无伤，取贫人少数亦窘迫，而其为行窃寡廉耻、扰闾阎，则一故统定以窃盗唯一之刑，不为无理。本系仿照定以三等以下有期徒刑。观下条尚没侵入现有居住房屋及无人看守之一切物价，如庭院木石、田野谷麦或圈阑牲畜，当时并无主守之人者均包在内，一经偷窃，即概处三等以下有期徒刑，亦云严矣。虽与旧律办法不同，而意在惩戒，尚得其中，似可照行。再本案无抢夺之条，考汉唐律亦然，如一二人徒手在途乘间夺取财物者亦然，窃盗相类似，可声明即照此条同科。

第三百五十条

按：本条所列各款，如侵入现有人居住或看守之邸宅、营造物、矿坑或船舰内，其窃情自较诸前条为重，又结伙三人自亦应特著其罪，似可酌添"或虽不及三人，持有凶器者"，以上均处二等或三等有期徒刑。若盗取御物者，处无期徒刑或二等以上有期徒刑，亦尚可行，似应另设专条以示体制，是否请再商酌厘订？

第三百五十一条

按：本条首句与第三百四十九条相同，均觉晦涩，似可节删。至强盗罪，如条内所叙用暴行、胁迫或使人昏迷而强取他人所有之财物，自纯乎强刑，非特以现行律例核之均应骈首，即就条文论之，亦难宽恕。今处三等以上有期徒刑，虽系仿照外国律法，然中国之盗风甚炽，处难从宽，阅者几无不诧为轻纵宜也。

查刑法，自三代以降，论者谓唐律一准乎礼，以为出入得古今之平，此见于钦定四库全书提要所云，非私言也。唐律载诸强盗注谓以威势力而取其财，先强后盗、先盗后强等，若与人药酒及食，使狂乱取财亦是。长孙无忌等《疏义》曰：强盗取人财注云请以威若力，假有以威胁人不加凶力，或者直用凶力不作威胁而劫掠取财者，先强后盗谓先加迫胁，然后取财，先盗后强谓先窃其财，事觉之后始加威力，如此之例，俱为强盗者。饮人药酒或食中加药令其迷谬而取其财，亦后强盗之法。又律云：不得财徒二年，一尺徒三年，二疋加一等，十疋及伤人者绞，杀人者斩。其持杖者，虽不得财流三千里，五疋绞，伤人者斩。《疏义》曰：盗虽不得财，徒二年；若得一尺即徒三年；每二疋加一等，赃满十疋，虽不满十疋及不得财，但伤人者并绞，杀人者并斩。盗人若持杖，虽不得财犹流三千里，赃满五疋合绞，伤人者斩，罪无首从。是唐律无论先强后盗，均谓之强盗，不似今时临时拒捕之说也。又强盗虽亦分得财、不得财而仍以得赃多寡为衡，持杖、不持杖为轻，且以伤人、不伤人为罪犯生死之分，不似今时但属行强即干大辟之刑也，不持杖得赃虽不满十疋及不得财但伤人绞、杀人者斩。若持杖虽不得财犹流三千里，赃满五疋合绞，持杖者虽不得财伤人者即斩，不待杀人，又不似今时强盗得财。本律外又专设杀人之例也，立法本极平允，几与外国刑法隐相吻合。

自五代衰乱之世，盗贼蜂起，始有强盗得财一律处死之令，然犹未著为定法。明太祖鉴于元之亡于盗贼，遂定"强盗已行，但得财者不分首从皆斩"之律，而明之亡仍亡于流贼之手。国初沿用明律，迨康熙五十四年，钦奉谕旨："凡强盗重案，着大学士会同三法司将此内造意为首及杀伤人者于各本案内一二人正法，余俱例减等发遣，钦此。"雍正五年，复经九卿遵旨定"所赦宥及情有可原，于疏内一一开明"之例。嗣咸丰初年，以京城及四方多盗，始删除前例，仍复旧律，并定不准以把风、接赃等词曲为开脱专条，原系因时制宜，除暴正以安良，非残酷也。然数十年来每岁各省处决及就地正法者奚止千计，而盗风仍未少息，可知治盗之方尚须于政教根本上求之，徒事严刑峻法无当也。窃以为现在新订刑法宜将强盗一类仍本唐律略为变通，凡强取人财物者为强盗罪，已行未得财但伤人者处绞候死刑，得财而伤人者处绞决死刑，未得财而杀人者亦处绞决死刑，得财而杀人者或奸淫妇女者处斩决死刑，此为一条。又强盗仅止以威力掠取财并未伤人者，无论先取后强、先强后取，分别情节，处无期徒刑或一等有期徒刑。若用药使人昏迷而取财者，亦同此，另为一条。又共谋为强盗，临时因别故或患病不行，事后分赃者，处三等有期徒刑，不分赃者处四等有期徒刑。临时畏惧不行，事后分赃，处四等有期徒刑，不分赃者免罪，亦为一条。似此分别拟议，庶稍平允，与旧时律例尚非刺缪，亦与各国刑法不甚悬殊，是否请再妥订？

第三百五十二条

按：窃盗临时行强、临时拒捕即是强盗。而强盗应以伤人为重，已于前条笺注请本唐律分别妥定，即可括于无论先取后强之中，如蒙采用此条，似可节删。

第三百五十三条

按：本条所揭情形以强盗论，尚可遵行，请俟各条妥定后再议。

第三百五十四条

按：强盗非窃盗可比，自必公然入人居住及看守之邸宅等处行劫，似不必另行分晰其强奸妇女、伤人、杀人等项，已于第三百五十一条笺请再行分别妥订，实包括强盗之大概，即结伙三人以上亦可在内，似此条可从节删。

第三百五十五条

按：现行律：盗大祀神祇御用等物，盗字原不分强、窃，均谓之盗。前第三百五十条已定有窃取御物之刑，所以复言强取之罪，然以御物而至强取尚复成何世界？此等事本属罕见，似可不必著为科条。如须规定宜特别另立专例，强取御物者斩决死，以尊体制。至在途行劫，现行律例谓为乘间抢夺，实则亦系强取人财物，故唐律并无抢夺条文，前于第三百四十九条笺注请声明，如一二人徒手在途乘间夺取财物，照窃盗同科。则本条结伙三人在途行劫及在海洋行劫者，自可归于强盗之情重者，严定刑，拟请酌添改为"凡犯强盗之罪，关于左列各款之一以上者：一、结伙三人以上并持有器械者；二、在海洋行劫者；三、犯上二项之罪，未伤人者处无期徒刑或一等有期徒刑，伤人者处绞决死刑；四、犯上二项之罪致人于死或伤害至二人以上者，处斩决死刑"，是否妥定？

第三百五十六条

按：强盗杀人，可不问出有意无意，已于前第三百五十一条及上条，凡杀人者均笺请处斩决死刑，如蒙采用，此条可从节删。

第三百五十七条

按：本条窃取、强取之物，既系与人有共有权、质权及物权或官署之命令他人以善意所管有自己之共有物或所有物，与寻常直取全乎他人之物者不同，所定三项处罚轻重尚为合宜，似可遵行。

第三百五十八条

按：本条原注理由以所有物论，似尚可行。

第三百五十九条

按：本所指各条各款罚既未遂，酌罚亦可。

第三百六十条

按：此条规定应遵。

第三百六十一条

按：此条意旨即现行亲属相盗之律，稍变通之。所指第三百四十九条、第三百五十条均系窃盗之罪，第三百五十七条系窃取共有权、质权等项之物，若在尊长犯卑幼，尚可免除其刑。若在卑幼犯尊长，如尊长并未告诉，亦可置之不论。似应将卑幼、尊长一项，与其余亲属有犯者，均待告诉，始论其罪。第本支及同居亲属之卑幼或配偶者与尊长或夫另有犯，究有亲亲之谊，平时亦少教育所致，即使告诉到官，均可酌量递减处罪，与旧律分别减等之义亦不相悖。至非亲属而与亲属共犯，仍各照凡论，不用前二项之例，似属可行，请再酌夺。

第三百六十二条

按：此条"以自己或第三者之所有为宗旨"句似可节删，止须叙"凡用欺罔或恐吓使人以所有之财物交付于己者，为诈欺取财，处三等以下有期徒刑"。本注"欺罔、恐吓"二义甚为明晰，处罪三等以下有期徒刑亦平允可遵。第二款以前项之方法而得财产上不法之利益，或使他人得之者，亦同，亦可照行。

第三百六十三条

按：本条"第三者"似尚适用。盖用外国所谓"第三者"，原指已与对待人外之第三人而言，犹本国与敌国之外，其余之国谓第三国也。此条为他人处理事务以图自己或第三者利益，或盗加害为宗旨，背其义务，而损害本人之财产者，意义尚为明白，所订处三等以下有期徒刑亦平允可遵。惟云"或一千圆以下、一百圆以上"，虽系易刑，非附加可比，且有力、无力情形不同，未便过轻，然以一千圆为起数，似嫌稍重，应酌减，请再厘订。

第三百六十四条

按：本条规定可遵。

第三百六十五条

按：本条规定可遵。惟第二款字句略繁，似稍节简，请再酌夺。

第三百六十六条

按：本条所犯系诈欺取财之罪，既属未遂，酌罚自可。

第三百六十七条

按：本条规定允当，应遵。

第三百六十八条

按：本条所指各条有犯如本章诈欺取财之罪，亦准用之，自当遵办。

第三百六十九条

按：本条第一项侵占之罪，即是现行律费用受寄财物及冒认他人财物等条情形，虽与诈欺有异，实亦类乎窃取，处以三等有期徒刑，自可遵行。第二项虽系自己之所有物或管存物，因官署之命令徕自己看守时而侵占者亦同，亦属平允，可遵。

第三百七十条

按：本条第一项系专指在公务、业务上管有共有之物或他人所有权、抵当权、其余物权之财物而侵占者言之，即旧律监守自盗之罪。业务虽非公务可比，而侵盗之情则一较之窃取、诈欺各条稍重，定以处二等或三等有期徒刑，尚属可行。第二项其不在公务、业务之人而与之为共同者，即适用第三百三十三条①第一项。查第三十三条第一项，凡因身份成立之罪，其加功者虽无身份，仍以共犯论，则犯此条与之为共同者，即以共犯论也，自当遵照。

---

① 应为第三十三条。

第三百七十一条

按：本条所揭侵占各项，即是现行律得遗失物及官私地内埋藏物之类。旧律：凡得遗失之限五日内送官，物还私物旧人认识，于内一半给与得物人充赏，一半给还失物人。如三十日无人认识者，全给。限外不送官，坐赃论，私物减二等。若于官私地内掘得埋藏之物者并敢收用，若有古器、钟鼎、符印异常之物，限三十日送官，违者杖八十，其物入官。定律本极详明平恕。今所云侵占遗失物、漂流物等项，侵占云者，即是得而不送官之意。此等情罪本轻，处以罚金，尚无不可，惟所定处该物价额二倍以上、价额以上罚金，似乎太重，请再妥细厘订。第二项因错误而遂以为己有，以遗失物论，尚属可行。

第三百七十二条

按：本条所指两条之罪，既属未遂，酌罚自可。

第三百七十三条

按：本条规定应遵。

第三百七十四条

按：本条所指第三百五十八条及第三百六十一条关于本章侵占之罪，亦准用之，自应遵照。

第三百七十五条

按：赃物固不止强窃盗所得之物，大抵不离乎是。以此而受人赠与，处四等以下有期徒刑、拘留，甚允可遵。又云"或三百圆以下罚金"，系易刑之数，似可尚行。第二项搬运受寄或故买赃物者，诚如本章旨所云，实为强掠之源、奸盗之本，处罚不可从轻。查现行律例，原有坐赃论罪，及分别军遣、满徒之条，本条改处二等至四等有期徒刑，与旧律亦不甚悬殊。惟二等至四等有期徒刑，其间等级上下较多，似应于条文内酌叙情节轻重，俾有遵循。其犯前项之罪因以获利者，足补旧律所未备，其情尤为可恶，并科罚金，亦颇允当。第附加之罚金为数未便过多，今定按其所得价额以下、价额以上科罚，究嫌过重，外国法律尚不至此，请再厘订。

第三百七十六条

按：本条所指第三百五十七条系窃取与人共权等之物，本处罚金，今如犯前条受人赠与或搬运、受寄及故买等罪，系属共有权等之物，即照第三百五十七条第一项之例处以罚金，自可遵行。惟条内所云"或其余准用之赃物"，似文义近晦，请再声叙明显，以免误会。

第三百七十七条

按：犯本章之罪，既属之未遂罪，酌罚自可。

第三百七十八条、第三百七十九条

按：本条规定应遵。

第三百八十条

按：有关于他人权利义务之文书而有心毁弃之者，其中损碍亦非浅鲜。中律向无处罚明文，遇此等情事，或酌照弃毁器物论断，或从重有其本罪可科。今仿外国法律，明定弃毁关于他人权利义务之文书之罪，处三等以下有期徒刑或三百圆以下、五十圆以上罚金，似可遵行。第二项毁弃制书或官署或吏员所持有之公文，查制书必盖有御宝，宜如何慎重，乃敢出于毁弃，不敬已甚。旧律毁弃制书罪应斩候，照新章应绞候，即使再从宽贷，亦当处以无期徒刑或一等有期徒刑。至毁弃官文书，旧律本止满杖，事关军机钱粮者，绞候。今本条未经叙明轻重情节，仅云处二等至四等有期徒刑，究觉含混，应请再加厘订。

第三百八十一条

按：此条第一项之罪即是现行弃毁器物、稼穑等律意，第本条止言营造物、矿坑、船舰，而不言房屋、墙垣，亦不言树木、稼穑及器用之物。似房屋、墙垣已包在营造物之内，至树木、稼穑观下条尚有"损坏、伤害他人之物"可以赅括各项植物，则本条损坏人营造物、矿坑、船舰者，处三等以下有期徒刑或一千圆以下、一百圆以上罚金，尚属可行。其犯损坏第一百八十二条所揭之矿坑或营造物系由放火所致，较之寻常损坏为重，处以二等或三等或三等①有期徒刑，似亦可遵。至因犯本条之罪致人于死伤者，比较第三百零一条及第三百零二条从重科断，亦普通办法，自当遵照。

第三百八十二条

按：本条所列第一项损坏、伤害他人之物，所包甚广，除前条已揭之营造物、矿坑、船舰之外，其余一切器用之物、树艺之物，并宰杀人马牛等物均在其中。第二项泄露他人所有煤气、蒸气、其余气体及流动物致丧失效用者，如近今轮电机器及钟表等类，一经丧失效用，即多误事。第三

---

① 查原文有误，此处当为"四等"。

项纵逸他人所有之动物致令丧失者，亦即旧律故放官私畜产、损食官私物之类，自应规定处罚。惟物有大小、多寡、贵贱之不同，若概处四等以上有期徒刑、拘留或三百圆以下罚金，似尚未允。可否酌改为四等以下或五等以下有期徒刑或三百圆以下、十圆以上罚金，请再厘订。

第三百八十三条

按：本条损坏、伤害、泄露或丧失之者，原系自己所有之物，因担负他人物权，例如开设行栈，人已定货，尚未取去者，或因涉讼，本于公署之命令，应由他人管有，仍在自己看守之时者，此等物件究与全乎他人之物不同，处以加倍之罚金，似尚可行。惟条文似尚欠明显，现笺释不审，是否符合，请再指示，以便遵循。

第三百八十四条

按：本条所指第三百五十八条系强窃、盗取禁止私有之物件或电气，第三百六十一条系本支亲属或配偶及同居亲属犯窃盗之罪，如犯关于第三百八十条第一项毁弃人权利义务之文书，又第三百八十一条第一项损坏人所有营造物、矿坑、船舰，第二项放火损坏人所有物，亦准用之者。盖因一、虽为禁止私有之物，既被毁弃损坏，亦即以毁弃损坏论；一、由亲属等人盗窃而损坏，亦仍以损坏论，自可临时参照用之。

第三百八十五条

按：本条所指各条项，罪既未遂，酌罪自可。

第三百八十六条

按：本条规定应遵。

第三百八十七条

按：本条所指两条被损之人既未告诉，必情事尚轻，自可毋庸追问。特著须待告诉始论其罪之人，体人情亦杜扰累也。

7. 湖广签注清单

湖广总督签注刑律总则草案

第二章不论罪第十条

谨按：法制有限，情变无穷，故旧律断罪无正条者，援引他律比

355

附。本律以律无正条不得为罪，盖恐比附失当不免出入人罪，故删除此律，而于各刑酌定上下之限，凭审判官临时审定，并设减轻备条以补其缺。惟审判人才现尚缺乏，各条所载罪名颇多，死刑与徒刑并列之处，设审判官程度不及援引失当，即难免罪有出入，恐亦不能无弊。此条似应修订。

第十一条

谨按：幼年犯案，现行律例分别十五岁以下、十岁以下、七岁以下。日本刑法十二岁以下犯罪不论，十二岁以上、十六岁以下则视其有无辨别是非知识，分别减等不论，嗣后改正草案乃定为未满十四岁者皆绝对无责任。中国变法伊始，教育尚未普及，步趋日本犹恐不逮。若未满十六岁概不为罪，是较日律更宽恕，不免失之轻纵，转以长其桀骜之习，似应酌量改订。

第十三条

谨按：本条于矜恤无心过犯之中，仍使损害社会之徒不得幸逃法网，用意至为深远。惟是故意、非故意，辨别甚难，非若现行律载犯时不知，可以就案定断。如以不为罪著为定例，恐刁狡之徒皆将谓有意为无意，冀图幸免刑章。似应再加修订。

第十三条第二节

谨按：例既已颁布，人民即有应知之义务，似未便因其不知律例，曲予末减。

第十五条

谨按：防卫侵害致有杀伤，现行律例：如因奸、因盗主家将其登时杀死勿论，其亲属邻佑帮同捉奸或追捕贼犯致有杀伤，各有应得罪名。诚以侵害之来，事出横逆，在己实难任其所为，一时仓促致有杀伤，则因律得勿论。若他人遇此发见之人，虽得代为执行，究与身受侵害有间，倘有杀伤，似不能与主家相提并论。如不问亲族、知交与否，概不为罪，恐转长擅杀之风，似应酌量区别。

第六章共犯罪第二十九条第二节、第三十条第二节、第三十一条第二节

谨按：准者，以此准彼之谓。现行律例：如窃盗罪由笞、杖、徒流以至于死，准窃盗者，虽其所犯甚重，罪至于流而止，均不入于死罪，以示称准之犯与为所准者各有区别。本条所载正犯、造意犯、从犯三项系属本犯，准正犯、准造意犯、准从犯三项系称准之犯。如本犯罪至于死，其称准之犯是否即与同科？抑仍遵旧律不入于死？似应解释明晰，以便援引。

第七章刑名第三十八条

谨按：死刑用绞，各国多尚密行，意在不示民以残忍，立法良善。中国人民良莠不齐，教育现未普及，桀骜之徒每多越货杀人之案。鄂南民风强悍，刀匪痞盗所在多有，动辄持械抢劫杀人，若不明正国法，仅于狱内执行，恐无以昭炯戒。似应俟教育普及、国民程度渐高，再以密行著为定例。

第八章第四十九条

谨按：自十六岁以上至二十岁，知识已具，已非幼稚可比，且正在血气未定、易于再犯之时。若得减等问拟，未免失之轻纵，似应酌改。

第十三章第六十六条

谨按：本条以使人改过迁善为宗旨，立法甚善。查日本假出狱例，徒刑之囚，虽得许假出狱，仍使居住岛地，又已许假出狱者，本刑期限内仍付以特别所定监视，定例尤较周密。惟无期徒刑，在旧例大率应死之犯，改为终身惩役已属从宽，若再许假出狱，未免轻纵。似应以有期、无期分别许假出狱、不许假出狱，以示限制。其有期徒刑得许假出狱者，亦应参仿日律，不准擅离该管地方，并严定监视官处分，庶免乘间脱逃或另行滋事。

第一章关于帝室之罪第八十九条

谨按：宪法大纲载明君上神圣尊严不可侵犯，现行律例于大逆无道亦不论列过失。本条谓因过失致生危害与大逆有间，仅拟处以二等或三等有期徒刑，已非尊君弥患之意，若再得以罚金处断，尤属轻纵，似应改订。

第二章关于内乱之罪第一百条

谨按：颠覆政府、僭窃土地或紊乱国宪，即现行律例"十恶"之谋反。首魁及执重要之事务者罪大恶极，均应处以死刑，似不必再以无期徒刑或有期徒刑搀入本条，致启援引失当及故出轻纵之弊。

第一百零二条、第一百零三条

谨按：以上两条，豫备或阴谋为内乱者系属主谋，知豫备而供给各项军需品者非仅知情可比，实属同恶相济，二者相较厥罪惟均。若主谋之罪转较知情供给军需者为轻，似欠平允。

第四章第一百二十二条

谨按：本条即现行律之谋叛罪，均应死。今以处死刑或无期徒刑、有期徒刑并列，恐援引时亦启轻纵，第一百二十三条同。

第六章第一百四十五条

谨按：本条规定于应受理或不应受理民、刑诉讼等项，有职务者或不正受理或不受理或不为必要之处分者，处四等以下有期徒刑或拘留、罚金，自系按事理轻重分别定拟。惟查现行律例，告状不受理，如告谋反、谋叛不即受理掩捕以致聚众作乱、攻城劫掠者，处分甚严，所以杜萌乱而儆溺职。现在沿江一带，伏莽甚多，或昌言革命肆无忌惮，设或有以此等情告发，重不即受理捕治，致生厉阶，贻害治安，实非浅鲜。本条罪仅四等徒刑而止，未免轻纵，似应酌量加重。

第九章第一百六十四条

谨按：现行律例：刁民假地方公事强行出头，约会抗粮、敛钱构讼、罢市或聚众闹堂塞署、逞凶殴官等项，即本条所揭暴行、胁迫之行为，罪干斩绞。诚以地方暴动，率由狡黠之徒诱惑煽乱，冀肇巨叛衅。近来民气嚣张，动辄纠约横行，挟制官长，若得减轻其刑，适足鼓其气而益其骄，贻社会之忧，此条似难骤行。

第十章第一百六十七条

谨按：本条既决、未决囚人，自系专指有期徒刑以下人犯而言，设有脱逃，应于原处徒刑期限外，再处以四等以下徒刑或拘留，盖本旧律仍依原犯徒年从新拘役之意酌量变通。此外如应死之犯尚未经法部奏报回复，暂行监禁或所犯系无期徒刑，罪名已无可复议者，自不在此设。惟本律词意不甚明显，似应声明，以便援引。

第一百六十八条

谨按：因人致以暴行、胁迫或三人以上共同脱逃，即旧律罪囚反狱罪名，似应加重。

第一百六十九条

谨按：本条"盗取"两字，系包窃取、强取而言，窃取情节尚轻，强取即系劫囚，现行律例罪应至死，仅处以二等至四等有期徒刑，似涉轻纵。

第一百七十九条

谨按：现行律例：诬告罪名向视所诬事实轻重，并被诬之人已未论决分别坐罪。本条于虚诬之告诉、告发或报告者处二等至四等有期徒刑，如所诬情轻，已足示罚；若诬告人叛逆及他项死罪，业已论决，死者本属无辜，诬告之人仅科以有期徒刑，似非平允。

第二百一十九条

谨按：新律法理，犯罪实行以后已生结果方为其罪成立，如工人同盟拒绝执业，聚众为暴行、胁迫，其已行者固当惩处，若将为者仅有意思表示，危害尚未及于社会，情节较轻，似未可与第一百六十三条至第一百六十六条同其处分。

第二百七十四条

谨按：名节为吾国数千年之积粹，无论贫富贵贱皆知恪守，治化之所以隆，风俗之所以美，权舆于此。现行律例：强奸者处以死刑，故敢用暴行、胁迫、迷药种种强硬手段污辱妇女之案，尚不多见。若遽减其罪，恐大防一决，强暴生心，转为风俗、人心之害。

第二百七十八条

谨按：现行律例犯奸一门，类分条别，而于亲属相奸拟罪尤重，盖以事关内乱，不容稍涉宽纵也。本章和奸仅载此条，于亲属相奸并未论列，而又指明有夫之妇，若奸处女、孀妇，或虽奸亦未赅载。事关风化，中外政教不同，似未便削足就履，强与相合，致长淫乱之风。

第二百八十二条

谨按：旧律纵容妻妾与人通奸，本夫、奸夫、奸妇各杖九十，厥罪维均，所以惩无耻而重风化，似未便因本夫纵容或事后得利和解即不为之审理。

第三百零二条

谨按：尊亲属包括祖父母、父母在内，现行律例殴祖父母、父母者处以斩决，但殴即坐；其期亲以下尊长，乃得按服制远近、已未成伤或至折伤分别轻重定拟。今于伤害尊亲身体，仅以致死或笃疾者处死刑或无期徒刑或一等有期徒刑，其致废疾与致单纯伤害者仅处无期徒刑或二等以上及二等至四等有期徒刑，施之于伤害祖父母、父母之犯，似觉过轻，恐启蔑视伦常之渐。

第三百零八条

谨按：对于尊属乃敢教唆、帮助使之自杀或竟因其嘱托、承诺而杀之，均属蔑视纲常、忍心害理，处以三等以上有期徒刑，殊涉轻纵，似应修订。

第三百一十一条

谨按：现行例：子孙过失杀祖父母、父母者，罪应绞决，如实系耳目所不及、思虑所不到，则夹签请旨改为绞候。非不知过失杀一项，犯者并无欲杀之意，然因过失而杀害及于尊亲殊非寻常过失可比，如仅处以三等以下有期徒刑，似非教民尊亲之义。至罚金之律，吾国卑幼不能私擅用财，尤属不便实行。

第三百三十二条

谨按：本条及三百三十三、三百三十四、三百三十五等条所载略诱、和诱等罪，均指拐取未满二十岁男女而言，盖以幼稚可欺，成人难罔。东西各国妇女与男子同受教育，程度较高，年至二十已不至为人略诱，故不言拐取二十岁以上男女之罪。中国诱拐案件，虽以拐取幼小子女为多，而略卖、和诱二十岁以上妇女之案亦所恒见。若置之不论，恐刁徒因此生心，转使二十岁以上妇女不能安室，似不必以年岁限制。

8. 山东签注清单

山东巡抚签注刑律草案清单

计开

第一编总则签注列后：

第十一条

按：未满十六岁之人，亦有知识、臂力发达之时，若狂悖横行概不为罪，流弊滋甚。宜按现行律七岁、十岁、十六岁为三级，并参以强迫教育法，量年之大小、罪之轻重，首科父兄以不教之罪，其犯者应得之罪仍各有差。若犯者已满十六岁，则父兄得免责任，犯者应受之刑亦不得减等。

第二编分则签注各条列后：

第八十八条、第八十九条

按：德意志刑法，凡对德国皇帝及本国国君有谋杀及谋杀未遂犯罪者为大逆，处死刑。又日本刑法对天皇、太皇太后、皇太后、皇后、皇太子或皇太孙加危害或欲加者，处以死刑。德为欧洲立宪国，日为亚洲立宪国，而刑法对于皇室罪皆严重若此，原以昭尊亲大义、示神圣不可侵犯之特权。草案第八十八条刑法通中外古今而无异，洵为至当。惟次条谓因过失致生前条所揭危害，处二等或三等有期徒刑或三千圆以下、三百圆以上罚金，并注明理由谓为偶近乘舆天威咫尺、进退失度，出于过失，究与大逆有间等语，此则似不能无异议。夫至危害乘舆、车驾，即令真由于过失，此种罪恶亦岂可以轻宥？况将加之过失与未遂之将加，亦恐不易辨别。有此一条，将见故意者亦皆借口于过失矣。

第九十七条

按：罪刑定义必因罪而后刑罚遂之，是以各国专采法定主义，力除擅断之弊，司法者亦惟依律法以构成裁判权。其罚金多少之数，必随罪之实质规定，故逐条须核明若干圆以上、若干圆以下之罚金。查草案每条往往于未遂罪下浑言罚之二字，恐黠吏肆行复蹈擅断惯习，于宪政实大有妨碍，允宜执行法定主义，于"罚之"二字下逐加详注。

第一百条

按：颠覆政府、僭窃土地，毒乱国纪，莫甚于此。草案于死刑外更宽以徒刑，无以维国脉而正人心。

第一百零七条

按：日本新刑律首重对于皇帝罪，其所谓皇室者，专指本国之皇室言，若对于他国之皇族之犯罪不在此范围以内。所以然者，东洋道德富于忠君，故法律不与西洋强同，得收变法之益。草案于第八十八、八十九二条既载臣民加危害于君主之罪，但于友邦君主原应视同一律，然亦必两国用法相准而后施行。彼立法轻重歧异之国当另有主义，仿照日本对于他国皇族之犯罪规定。

第一百二十条条文及注意

按：本条于注意下既载身膺重寄、甘为奸士卖国等语，仅处以无期徒刑或二等以上有期徒刑，实属罪重罚轻。盖既具中国吏员之资格，乃议定不利中国之条约，且出于故意，则凡阴贼险狠之事莫不忍为，直宜科以死刑或无期徒刑，似不得与无吏员资格者混同。

第一百九十七条

按：草案既指为预备、阴谋以图损害他人所有物，且关于放火、炸裂、决水之行为重大危险，其情节必无可恕，本条"但按其情节得免刑"句似可删去。

第二百二十五条

按：伪造货币亦刑法中最要之部分，草案于伪造内国通用货币，既处以无期徒刑或二等以上有期徒刑。至本条所载伪造流通中国之外国货币，较之伪造内国货币，商民尤易被其欺诓，所失权利甚巨，应与伪造内国通用货币一例处断。

第二百五十二条

按：孝子仁人必掩其亲，性善所由葆存也。草案于发掘尊亲属之墓贷其死罪，则悖逆之徒罔知儆畏并牿亡庶民旦旦之心，若仅以徒刑处断，深恐罪重法轻，为害滋甚。

第二十三章说明

按：刑明法立，实以维礼教之衰。犯奸乃名节之大蠹，若徒恃礼教舆论为防闲，早难期诸近世。至谓即无刑罚未必加增，尤易为猾吏所借口，将视本律前后各条皆成赘语无用矣。窃谓婚律一端实乃普行教育、实力自治之要素，于奸非决不可从宽，于早婚尤不可不禁。恒有以十一、二龄幼童娶二十余岁长妇者，殊不伦类，即如山东浇俗，往往因夫幼妻长酿成谋杀重案，实乃奸非之渐也。

第二百九十九条理由

按：刑之所加，必衡于本罪之主体。《礼》："王制刑者，侀也；侀者，成也，一成而不可变。"今草案于凡杀人者悉任审判官规定，然有同一杀人，因所犯之人与事而轻重迥殊者，若不分析条律，一依审判官随案出入，断难平允，固失一成不变之理，亦大乖法定主义。

第三百零二条

按：伤害尊亲因而致死，纲沦法致，在所必诛。草案于死刑外更宽以无期徒刑或一等有期徒刑，似觉罪重法轻。虽笃疾未致死者，亦未可仅以有期徒刑处断。

第三百一十一条

按：凡因过失致尊亲属于死，仅予三等以下有期徒刑，殊嫌宽纵，于中国伦理上大有关系。至罚金一项，亦恐有窒碍。

第三百五十一条

按：旧律于强盗得财及以药迷人得财均拟死罪，草案仅处以三等以上之有期徒刑，则暴掠之徒俟期满益得肆其凶恶，而贻害无穷也。

第三百五十四条

按：旧律于强盗及盗所强奸妇女均拟死罪，草案于两犯死罪者仅处以无期徒刑或有期徒刑，实嫌轻纵。至伤害人虽未及死，已成笃疾，倘以有期徒刑处断，恐犯者已期满释放，复蹈故常，被害者终身抱残疾而待毙矣，殊未公允。

9. 江西签注清单

谨将刑律草案内应行复核重订各条加具按语，缮单恭呈御览，计开：

第十条及注意

谨按：原律赅载不尽事理，若断罪无正条，援引他律比附加减，定拟罪名，议定奏闻定夺者，所以防承审官吏任意轻重，立法不为不严。若概为〔无〕罪，则法制有限而人情变幻无穷，刁诈之徒，择律无专条者犯之，可任其幸逃法网乎？且查第五十四条言同一犯罪情节互异，予裁判官以特权，许其酌量犯人之心术及犯罪之事实减一、二等，核与此条语意相反。而分则多无一定罪名，心术二字不可见，是罪名之轻重皆定于审判官之口，流弊无穷。

第十一条

谨按：原律老小废疾收赎，所以敬老慈幼、矜不成人也。至十五岁已成丁壮，知识已具，犯轻罪尚可置于惩治场，如杀人放火不为罪，恐犯法者必多，似宜分别添改，以昭惩劝。

第十二条

谨按：原律废疾系指折一肢，笃疾系指瞎二目、折二肢而言。因其已成废笃，鲜能犯罪且易于查验。乃所称精神病，虽指定痴与疯狂等字义，究欠清晰，徒启犯人逞刁狡卸之风，开审判官行私宽纵之门，未可为法。

第十三条

谨按：旧律犯时不知者依凡论，此专指卑幼误杀尊长，窃盗误偷大祀神御物之类而言。此条以即犯时不知之条，惟词意未能明显，援引恐多误会，应请参酌旧律明定规条，俾资引拟。

第三十三条

谨按：身分、成立类名词，非中国文法，人民必多费解，似宜改正，俾共晓然。

第三十六条

谨按：本条理由列甲故意放火、乙因过失注之以油，甲谋杀人、乙医师以过失传毒于所谋之人，以明非共犯之性质，但似此奇巧之事，形迹终无可疑。若据为过失之正比例，以后同谋同犯之人均不难阴为助成、阳为无意，如二乙之过失指不胜屈，文义之间宜加妥酌，以杜流弊。

第三十七条第五款

谨按：分则有明文者，罚金以三千圆为最多额，十圆以下为最少额。本条罚金起自一钱以上，是否以现定币制一两银元为准，应加诠释，使众共晓。距最少额十倍言之，似可起于一圆。

第三十八条

谨按：死刑等级历代不同，本朝沿用明律，斩绞之外尚有凌迟、枭首之制，所以惩元恶而儆巨憨也。自光绪三十一年三月钦奉上谕删除凌迟、枭首、戮尸三项，其凌迟、斩枭改为斩决，斩决改为绞决，而现行律例遂以斩为极等之死刑，累月经年，曾不群观。然如谋反、大逆及谋杀祖父母、父母之类，固犹适用重典，明著律中。今草案采用各国多数之制，主用绞刑，而于原奏声明谋反等条均属罪大恶极，仍用斩刑，别辑专例通行等语，是斩刑之不容遽废，亦已见及。但刑律为全国之法典，与其徒骛轻刑之名，而以蔑伦乱纪之条置诸例外，似不若仍存斩刑名目而罗举应行骈首各罪，列诸篇章较为得体。

第五十四条

谨按："心术"二字不能形诸其外，全凭裁判官意为轻重，恐不足以服被害人之心。

第十五章

谨按：唐宋以来刑律，其文字皆切直详明，无非使吏民易于遵守耳。今草案多用日本文法，如本章之提起公诉时效、罹精神病与夫散见各条之犹豫行刑、假出狱，暨笃疾、废疾之视能、听能、语能、机能之类，常人似未易明瞭。夫古语不尽适于今时，方言未必通于异地，必至回惑失据，窒碍多端。窃以为揆时度势，欲保法权，端在参量中外之情，酌定轻平之典，但于各国通例，当采其意而勿袭其文。凡官吏审判悉准新章，而律令体裁无改旧贯，复使宽者不流于纵，简者不失之疏，庶于折衷至当、行之无弊矣。

第八十二条

谨按：尊亲族为祖父母、父母及外祖父母。以祖父母、父母而泛称为族则悖于理，以外祖父母而混称为族则诬其宗。且分则第三百条、第三百二条、第三百十一条皆称尊亲属，无称尊亲族者，此条"族"字当系"属"字之讹。又旧律于服制内有犯者分别本宗、外姻，今以本宗、外姻统称为尊亲族、亲族，亦嫌含混。

第二编分则各条徒刑、罚金加减

谨按：律中罪名加减，务尽其变而底于平。《传》言明慎用刑，不明又乌能慎哉！今分则内除第八十八条及第三百条独处死刑外，余则所处正刑下递减其罪，辄以"或"字递减，或文凡言，或者乃游移不定之间，自古迄今未闻以游移不定之词可据为典要者也。徒刑五等，其时期短长微特本等与上下等有别，即同等亦有别。试问每条制定之等将从等内之长期乎？抑从同等之短期乎？有云：二等至四等、二等或三等、三等至四等，及等虽制定，而句尾复系"以上下"字样者，于法果以何等治之乎？罚金之额又惟约举成数，皆可以意损益，窃恐开裁判官畸重畸轻之渐，易滋流弊。似应将徒刑、罚金加减各则，缕分罪状，昭示理由，使吏易遵，与民共信。

第八十八条

谨按：总则第七章历述各国死刑之同异，以绞为优，拟专用绞刑密行之法。而原奏谓谋反、大逆及谋杀祖父母、父母等条俱属罪大恶极，仍用斩刑，别辑专例通行。此条及第三百条所处死刑，似宜将仍用斩刑缘由明白分注，庶使承用律例者无此轻彼重之疑。

第八十九条

谨按：《周官》谓："人凡过而杀伤者，以民成之。"是则司刺所谓过失列于"三宥"者也，律亦特宽其罪，止科赎锾，以其本无成心，第由一时疏忽耳。然疏忽之情可施之于常人，不可施之于君父。明律于过失杀祖父母、父母者处杖、流，现行例俱拟绞决，所以峻伦纪之防也。而"十恶"所列及《刑律·贼盗门》谋反、大逆不言过失者，良以若辈本憨不畏死，倘更有过失律开其末减之路，则人情险谲不可胜穷，故律文姑从其阙耳。今于反逆重罪下增此一条，既嫌轻纵，又滋窒碍，似不如删削为是。

第一百条

谨按：孔子作《春秋》，于凡据邑以叛者，必书其名而正其罪，所以隆主权、遏乱萌也。旧律叛罪极严，实本此旨。今于谋反之首魁诛止其身，不及其孥，已足昭示宽大矣。乃又以徒刑开其生路，彼狐鸣篝火者，复何所惮而不为耶？且既为首魁，必有党羽，其身虽困徒中，正如槛虎鞲鹰日思博噬。留此祸本，后患方长，尤不可以稍事姑息也。"无期徒刑"句似可从删。

第一百零二条

谨按：此条曰豫备曰阴谋，是尚未定著于事实者，故第处以三等以上有期徒刑，然其谋为不规，仍不外第一百条所揭宗旨。反状有据，乱机已萌，较之已暴动者相去只一间耳。所处过轻，似宜再加审谛。

第一百零三条

谨按：为谋内乱者供给兵器、弹药、船舰、钱粮及其余军需品，一隅暴动，列城戒严，皆其所供者，阶之厉也。近年海外革命往往私运军火接济内匪，其患有不可胜穷者。仅处徒刑未足蔽辜，似宜与第一百条首魁下执重要之事务者从严处治，以昭炯戒。

第一百六十二条第二项

谨按：丧失选举人及被选举资格，起自二年以上，大意系言于刑消灭之后，至少夺取选举权二年以上，多则至十年为止。然文理不甚明晰，似宜申明其说，免致误会。

第一百六十四条第一项

谨按：假如多众闹堂胁迫，首魁之罪本在无期徒刑；若因胁迫而致伤长官，首魁及下手人按照三百零一条伤害人身体因而致死及笃疾者，亦仅如本章第一项之罪，并无加重之法；其伤至废疾及单纯伤害，仅科以三等以下有期徒刑。则是殴官致死同于勿论，废疾以下更自无足轻重。官民不分，等威无辨，实启法轻易犯之渐。虽同为杀伤之罪，尊亲属尚有区分，妨害公务行为及吏员犯罪均有专条。伤害实行公务之吏员，岂可与凡人同论乎？似宜再加斟定，以求确当。

第一百六十七条、第一百六十八条

谨按：以上两条，但定已决、未决囚人脱逃之罪，不问已决者为何项罪名，未决者定案时应得何罪。惟本案主刑有死刑、徒刑、拘留、罚金四种，如已决犯为未执行之死刑或无期徒刑，脱监复获，无改从轻拟之理，似宜诠释，其意始明。

第一百七十五条、第一百七十八条、第一百七十九条

谨按：以上三条，如被告因受伪告、伪证、伪鉴定、伪通缉之害，致于豫审中丧失财产、职业，或因逮系忧瘁及受累而死，并被诬人所诬死罪审判已决，应作何处断均未详及。遇有此等事实，即苦无从援引。若以律无正条不为罪，则被告究因伪告、伪证而失其身命、财产、职业，又不足以昭情法之平，似宜更加酌定。

第二百三十三条

谨按：制书昭示臣庶，号令全国。凡诈伪者律应斩绞，示君权之不可侵犯。今仅处以徒刑实属过于轻纵，非所以惩窃权弄柄者。此条应行酌改。

第二百三十四条

谨按：公文书关于信用，如伪造行使，重则干系军机仓库。今一律处以有期徒刑，与第二百三十七条之伪造民间证券同罪，似觉公私无别、等威不分。此条似应照律酌改。

第二百三十五条

谨按：吏员有办事之权，应负办事之责。如有申告虚伪之事实者，若不察是非制作文书，虽非有意舞弊而制作错误，亦应负其责任。况虚伪之事，所关甚巨。今本案定为吏员不坐，于理尚有未协，此条应行酌改。

第二百四十条

谨按：尸格为检验凭证，死者之如何身故，应以尸格为定。律内受财检验不实者，以故出入人罪论，所以严欺诈而重人命。今虚伪与嘱托或处罚金，是曲法徇私者皆可以财幸免，殊于情法未平。此条应行酌改。

第二百四十一条

谨按：此条与二百三十三及二百三十四之伪造制书、公文两条均为诈欺之尤，治罪太轻，应均酌改。

第二百四十二条

谨按：伪造公印，其罪已载于二百四十一条，今制作公印与伪造公印

367

如何分别，其意未显，应详细注载，以资考查。

第二百五十一条、第二百五十二条

谨按：中国世俗生死并重，事亡如存，载在《礼经》。外人于此事不甚措意，故死后可以剖解验病。习惯不同，未能相提并论。律例于盗未殡、未埋尸枢及发冢见尸治罪甚严，盖恶其所为残忍而又悯死者遭劫之惨也。至于犯尊亲属之死体、坟墓，尤为不孝，今仅处徒刑不足以戢暴行。此数条均应酌改。

第二百七十二条文及注意

谨按：强行鸡奸良人子弟，定例科罪亦与妇女相等，盖情形凶暴，不以男子而宽其罚。今强行鸡奸已成者，作为未成奸论，赅载于秽亵行为，似未允协，应行酌改。

第二百七十四条

谨按：中国妇女以名节为重，常有被辱自尽，若强奸已成而仅处以徒刑，殊不足以戢凶淫而维礼教。此条应行酌改。

第二百七十六条

谨按：强奸之罪已不可宽，其因而致人死伤、自杀或成残废、笃疾，更属罪大恶极。今于死刑之外尚有徒刑，似嫌轻纵。此条应行酌改。

第二百七十七条

谨按：引诱之外，尚有抑勒纵容妻女以卖奸者，此等无耻行为亦与风纪有关，应行添入。

第二百七十八条

谨按：中国以礼教为重，妇女犯奸者无论有夫、无夫，同一渎伦伤化。今无夫者不为罪，殊坏贞女节妇之防，实与社会风俗有碍，且亲属相奸，奴及雇工人奸家长妻女，尤关伦纪名分。此章均略而不论，乃于平人同科，亦非所以明人伦而重廉耻。此节似应添列专条。

第二百九十九条

谨按：杀人者死，自汉以来著为令典。我朝慎重人命，又分立决、监候，情实、缓决应由法司上请，恭候钦裁。今杀人者于死刑之外尚有徒刑，悉听审判官裁决，则生杀之权操之于审判之手。设有意为轻重，是杀人者可以不死，何以明刑弼教？且杀人之中民之于官、卑之于尊、妻之于夫、贱之于良，礼教所系，名分所关，亦应分别亲疏等差治罪，未便均照常人同科。此条应照律例分晰载明，以备查考。

第二百九十九条第五项注意

谨按：父母、尊长、本夫于子孙、奴婢、妻妾，恩义深重，如非理殴故杀，律例本有治罪专条。若惩治不孝子孙而与平人同罪，似属有碍纲常，且失情法之平。拟请纂为专条，以资援引。

第三百零一条

谨按：杀死者已载二百九十九条，虽其中尚有谋、故、斗、殴不同，然律例原有实缓、矜留之分。今斗杀概处徒刑，惩治太轻，恐启仇杀之渐，似非辟以止辟之意，拟请参酌旧律分别增订。

第三百零二条

谨按：中国以纲常立国，所以教忠教孝。伤害父母或成笃疾，实为人伦之变。今死刑之外尚有徒刑，似嫌轻纵。此条拟请酌改。

第三百零四条

谨按：不分首从之罪，惟谋反、大逆、谋祖父母父母等数条，情凶势恶，是以特严其罪。若二人伤害一人，此中轻重应行分别。若皆以正犯论，是从而与首恶同科，似属失之过严。此条应请参酌。

第三百零八条

谨按：教唆或帮助他人使之自杀或受嘱托、承诺而杀之者，其情形与谋杀为从相等，若施之于父母即属逆伦。至与父母谋为同死，虽子孙遇救得生，然其事有乖伦纪，若竟免除其刑，殊于纲常有妨。此两条或处徒刑或得免除其刑，应请再核。

第三百三十二条

谨按：现行律于略诱及和诱之罪，仅以或为奴婢或为妻妾、子孙稍示区别，其间于年龄之规定，则惟有十岁以下虽和同略之文，十岁以上即无制限。今草案本条第三款规定和诱未满十六岁之男女仍以略诱论，固较旧律尤为严密，然第一项定以未满二十岁为断，第二项虽无明文，而细绎文意，亦应准第一项之例。是惟诱拐二十岁以内之男女乃始为法律所绳，而逾此以外者，即可援律无正条不得为罪以自免矣。当此世风不古、民俗日漓，此而稍弛其防，则奸骗之徒不将更无忌惮乎？似宜将本条"未满二十岁"五字及各条类此者一律删节，以免轻纵。

第三百三十八条

谨按：诱拐之流，其术皆极为狡诈，往往乘转徙流离之际，遂施其暴胁、诱骗之行。当时受其害者，虽莫不疾首痛心，然救死不赡，或不得不姑为隐忍。今草案本条第一项规定必待告诉然后论罪，设遇有事如上例，未经告诉而别经发觉者，其将何以待之？至本条第二项情节系指为妻妾者而言，按律固应杖徒，照例且干绞候，而被拐之人亦须给亲完聚。今规定于婚姻继续之间其告诉即为无效，然则诱拐妇女以为妻妾者竟可置之不问，纵恶长奸，关系殊非浅鲜，似宜将此条一并删去，以杜幸逃。

第三百五十四条

谨按：侵入有人居住或看守之邸宅，明知事主守护，然直入全无恐怖，其情节实视在途行劫尤重。至因盗而奸污人之妻女，更属罪无可逭，法应加严。草案本条规定未免轻纵，似宜参酌旧律，详加更订。

10. 山西签注清单

谨将刑律总分各则草案分条签注，缮具清单，恭呈御览。计开：

第十二条

此条规定，痴与疯狂等精神病人虽有触罪行为不加以刑，若于必要之时可命以监禁处分，系仿东西洋各国通例办理。但各国医学发达，其人为精神病与否，医生能鉴定其真伪。中医仅有理想，毫无鉴定能力，施行此条已觉困难，况现今警察制度尚未精备，无安置疯人之善法。设有因疯殴死祖父母、父母、期亲尊长及多命案件，其情节较重，若援照此条办理，殊失尊崇伦纪、保安社会之法意。

第二十条

按：防过累犯为刑事政策上重要问题。数十年来，各国刑事统计犯罪之数岁有增加，而累犯增加之数较他犯尤伙。草案区别再犯加一等，三犯以上加二等，以加重为防过。欧美政策于法理本无不合，然因此区别而与三十七条所规定刑期等差上转生出轻重不平之结果。试依三十七条计算之，假定本刑为三等有期徒刑，则本刑为五年未满，加一等即十年未满，较本刑得一倍；加二等为十五年未满，较本刑得二倍。假定本刑为五等有期徒刑，则本刑为一年未满，加一等为三年未满，较本刑已得三倍；加二等为五年未满，较本刑已得五倍。依此计算，是于重罪加等，其刑期之倍数反少；于轻罪加等，其刑期之倍数反多。既失法律轻重之平，亦失宽严操纵之当。在犯人心理上观之，亦有干犯重罪之意。不如援照各国现行法，不论再犯、三犯，均加一等，似于刑期等差上轻重当不十分悬绝也。

第四十三条、第四十五条

按：第四十三条自由刑易为金刑，以免刑罚执行上之窒碍，原为便利起见。惟一日折算一圆，不论贫富。假定本刑为一年未满之五等有期徒刑，应易为三百数十圆之罚，在富者筹措易，易罚之未便宜。若贫者无力完纳，则当依第四十五条第二款以一日折算半圆易监禁处，是一年未满之徒刑变为二年未满之监禁。徒刑罪犯禁之监狱，监禁罪犯亦禁之监狱，一转算间而刑加一倍矣。自由刑易为金，一日折算一圆；金刑易为自由刑，一日止折算半圆，不独前后两歧，抑且重轻倒置。又第八十条监禁二日只抵罚金半圆，虽理由中叙明未决中之监禁与囚有异，然自由刑之目的在使犯罪失其自由，则未决者与已决者在监禁同为失其自由，毫无区别。一则监禁一日抵罚金半圆，一则监禁二日抵罚金半圆，其所根据之理由，亦未见正确也。

第四十九条

按：十六岁以上、二十岁未满之罪犯，罪者虽有犯罪之意思与行为，究其智识、能力尚未充足，故刑律草案于此等犯罪者减本刑一等科罪，盖即免其智识、能力尚未充足之意也。如社会莠民转恃其罪能减轻，而悍然〔于〕法不顾，查日本从前刑法第八十一条"十六岁以上、二十岁未满之犯罪者，减本刑一等"，其立法与我国刑律草案同，继因司法官于此等事拘留成例诸多困难，于是现行法删除责任减轻时代一层，而以满十四岁以上为刑事丁年。挪威新刑法规定亦然。我国社会情状近于日本，彼其十六岁以上、二十岁未满之人民，男则有执枪为盗者，女则有恋奸毒本夫者，其他作奸犯科一如成年。设施行此条文，流弊必多。不如选择责任年岁表第二种，若英吉利等国，以满十四岁以上为刑事丁年，或第三种若法兰西等国，以满十六岁以上为刑事丁年，较无弊也。

第五十六条条文及注意、第五十七条条文及注意

按：前条不得加入死刑及无期徒刑之规定，适相结合文义，至为明显。而注意中行第二百九十九条之例，谓加一等即为死刑或无期徒刑，既与前条之规定两歧，复与本条止加重最轻刑之意亦不合。注意解释条文似有错误。

第八十七条第七款

按："阴骘"二字见《尚书·洪范》："惟天阴骘下民"；《说文》："阴，闇也"，马注："骘，犹生也，阴骘，闇生之义。"后世假借为好行其德之类称，今草案于视能、听能并列于笃疾事项之内，颇费解释。夫法律名词，须取通俗易晓者用之，将来颁行人易知解。现有律内本有"毁坏人阴骘"之文，草案笃疾条内所列毁坏阴骘之骘字，是否阳字之错误，抑另有所指？请附书说明之。

第一百六十八条、第一百六十九条

按：此二条一系反狱，一系劫囚。查中国现行刑律，罪囚反狱在逃者皆斩，凡劫囚者皆斩。立法如此严重，而越狱之案犹层出不穷。虽取囚人未敢公然为之，然蠢蠢欲动者不知凡几。若骤予减刑，仅科以二等至四等有期徒刑，转恐无以示惩。拟请反狱、劫囚等事提入强盗、抢夺、发冢之内，别辑暂行章程，仍照现行刑律办理。嗣后监狱改良、警察完备，再一体改从新律。

第二百十六条条文及注意

按：此条第二项所规定编辑他人论说之公刊书册煽惑他人犯罪，罪名据小注"其撰述而无公刊之意者，不处罚"之语观之，是以编辑刊布之人为有罪而撰述论说之人为无罪。夫罪重行为固属法理，但论说既为他人编辑刊布，在撰述者即不得谓无煽惑犯罪行为。盖编辑刊布之人即为撰述者之论说煽惑之人，编辑刊布之人得罪，即为撰述论说者之煽惑犯罪。今编辑者煽惑他人犯罪而得罪，撰述者煽惑编辑犯罪而无罪，两两相衡，不过撰述煽惑之人较刊布者为少。即谓刊布非由己意，撰述者未生犯罪之结果，亦应援照未遂犯或中止犯减等罚之。

第十九章

按：东西各国关于度量衡之制造，半由政府主之，即间有由民间制造者，必经官厅检定方准贩卖，故于私造法律上有一定之制裁。中国关于此等事情，皆听民间自为之，其间大小轻重，各省不能一律，相沿既久，视为习惯。近年迭奉明诏，校勘度量之制，刊正筹办，尚无定确规定。本章所拟私造各条罪行，应请俟度量衡颁有定制后再议实行。

第二十一章

按：鸦片烟流于中土垂五十［载］，为害至深且久。近奉明诏禁烟，复与中国立约，限十年内递减。良由吸食者众，非期之十年难以禁绝。刑律草案遵照豫备立宪期限，明年即须颁行。其时禁烟之令初行，吸烟之人尚众，操之过急诚恐激成事端，置之不理亦碍法律施行之效力。本章规定应请俟十年限满后，以另文颁布实行。

第二百七十八条①

按：东西各国凡成年女子、丧偶孀妇均得自由结婚，中国礼俗不同，无论童婚、再醮，皆以父母、媒妁为主。若照本条规定，和奸罪名成立只及有夫之妇，不及孀妇处女，恐不足以维持风化，应请酌量添订。

第三百零二条

按：条文云凡伤害尊亲属之身体者从左列分别处断，是死伤有别、刑罪有别而亲属无别也。中国以礼垂教，而礼莫于辨亲疏，故殴伤之罪服制亲者罪重，服制疏者罪轻，是以亲辨别等差也。草案此条但云尊亲属，不若仍照五服图式明定差以示区别，较为明晰。

第二十七章关于堕胎之罪

按：本章规定原为保全人道起见，但中俗妇女最重名节，因奸有孕，畏人知觉私自堕胎或处不得已之行为，事属秘密，检查不易。况近年生计艰难，各省溺婴之风未熄，其戾人道、伤天彝较堕胎尤为过之，草案竟未议及，似觉疏漏。

第三十二章关于窃盗及强盗之罪

按：此章规定窃盗、强［盗］各罪名，皆采取近世最新之学说，尽改从前计赃科罪及严行禁止之旧规，立法至为仁恕。惟查现行刑法，凡遇窃盗、强盗案件，均应追赃给主，使奸民不能以犯罪得利，良民不至无辜受累，法良意美，中外皆同。查日本关于此等事项，系以单行法宣布，中国则于名例律列有专条。今既未另颁单行法，而刑律总则中亦未列入，此章规定窃盗、强盗各罪名，复未叙及追赃给主一层，窃恐裁判官因无明文，以后遇有上项案件仅科盗罪，不为失主追赃，而良善不堪其累矣。

---

① 签注原文将"第二百七十八条"中的"二"错写为"三"。

11. 闽浙签注清单

闽浙总督签注刑律总则草案

第十条

谨按：现行律凡关断罪无正条者，向准比附援引加减定拟，以昭情法之平，原因人情万变，非科条所能备载。现既删除援引条例，而新律各项所载多有某等至某等及某等以下至某等以上，或减本刑一等或二等，由审判官酌量核定，势必任意轻重，致启高下其手之弊，应请另定划一条例，以资遵守。

第十一条

谨按：现行律例，幼年犯罪本按年岁之大小以为矜宥之等差，是以载明十五岁以下、十岁以上、七岁以下三项，系于矜恤之中仍寓限制之意。今统言未满十六岁之行为不为罪，则无论谋故杀及有关服制等类，皆可幸逃法网。中外礼教不同，办理不能一例，且恐失之过宽，幼年之人恃有宽典，均可肆意横行，冒干法纪，似未便仅命感化教育，致长其犯法之渐。

第十三条

谨按：现行律本有犯时不知一条，注释甚明，引断无虞牵混。本条分别非故意与过失，虽于矜恤之中仍寓惩创之意。第人情狡诈，其故意非故意辨别颇难，似不若仍照旧律办理较为详慎。

第十五条

谨按：现行律例，本夫奸所获奸，贼犯持杖拒捕，登时杀死者均得勿论。此外亲属、邻右遇有杀伤，科罪各有专条。盖本夫事主事关切己，一则迫于义忿，一则切于情势，如有杀伤不得不曲予原宥，至邻右、亲属不过守望相助之谊。本条将现在不正之侵害出于防卫自己者不为罪，似与现行律相符。若将他人一律免议，恐启擅杀之风，应请另行妥订。

第三十八条

谨按：死刑之制原以肆诸市曹，用示儆戒。近年删除凌迟、枭首、戮尸三项，刑制已较前代为轻。今新订草案，嗣后死刑一律用绞，本尚妥恰。惟于狱内密行一层，恐愚民见其犯罪而不见其论决，以为虚拟罪名并未实行处死，必致畏法者愈少、犯法者愈众。现在人民程度未到，所有密行之处，应请缓议。

第四十九条

谨按：现行律例，仅止十五岁以下犯流罪收赎，死罪仍照律科断。原以年逾十六人已长大，非幼稚无识可比，一经犯罪即按其情节分别定拟。本条将十六岁以上、二十岁未满犯罪减等，是无论实犯死罪皆得概从末减，恐法网愈宽、犯罪愈众，似非所宜，应请另行妥订。

第五十条

谨按：现行律例，凡废疾犯流罪以下收赎，八十以上犯杀人应死者议拟奏闻定罪，各有等差。原以聋哑者不过耳不能闻、口不能言，即现行律之废疾是也。人虽成疾，其精力尚能任事，其智虑亦可有为，是以仅准犯流罪以下收赎。至八十以上，精力已衰，即犯杀人应死，例准议拟上请。本条将聋哑者及满八十岁之犯得减本刑一等或二等，是废疾者反较旧律减轻，而八十岁者仍应羁禁狱中，反比旧律加重，似非悯老之意，应请另行妥订。

第五十四条

谨按：犯罪之人，多系桀骜不顺。盖因其性质不纯，故有犯罪之事。若于犯罪后再行审按心术，于本刑上减轻办理，势必外貌乞怜，心存叵测。审判官稍不慎重，适启刁徒狡供幸脱之端而犯罪者愈众，此条似未可举行。

第六十六条

谨按：此条假出狱者，盖以罪囚轮决拘禁狱中，因有改悔之状，故予以出狱，使其改过迁善也。然人情诈伪百出，每于犯罪后无不藉口改悔冀图幸脱，审判官安能察其真伪？况民情凶悍，受害之家因该犯刑期未满即假出狱，无不力与纷争，而该犯以为案经官断许可，又岂肯俯首忍受？彼此逞忿，扭结械斗，掳掠或因此而起，是于矜恤罪囚之中转使地方多事。此条应请暂缓，俟察民俗驯良再行举办。

第八十七条

败毁视能、语能，即现行律之瞎两目及断舌不能说话者是；其毁坏阴骘及一肢以上或终身机能，大约即现行律之毁败阴阳及折人肢体是。此外毁坏听能，现行律文所未载。至第五、六两项或可医药调治，亦不得列入笃疾之内。总之，动袭外国此等拘折文词，虽翻译亦难尽解，而中国民人程度未到，更难悉明其义，似应仍循旧律，删去不解新词，以期妥恰。

闽浙总督签注刑律分则草案

第八十八条

谨按：注意"将加害者"，非第指未遂者而言，凡豫备、阴谋亦赅其中。既系豫备、阴谋，足见出于故意，本条拟以死刑，似属惬当。惟现行律无过失之条，原以君亲至尊不容侵犯，逆天罪大，为天地所不容，理法所当诛。现复于第八十九条添出过失一层处以有期徒刑或罚金，恐刁徒避重就轻，适启犯上之渐，似非所宜。

第一百零二条

谨按：豫备或阴谋内乱即属谋反，现行律内应不分首从处死。今本条于此等谋为不轨之首犯，仅拟有期徒刑，且所定罪名，更较第一百零三条供给军需品之从犯为轻，殊形颠倒。自应一律更订，加重罪名，以惩反逆而昭大法。

第一百六十三条、第一百六十四条

谨按：现行例内刁民假地方公事强行出头，约会抗粮、聚众构讼、罢市及闹堂塞署、逞凶殴官等项，既系本条所指聚众暴行之事。又如闽省兴化府属之乌白旗各竖旗帜，互相劫抢争斗，并上游各府之会匪聚众滋事，应亦以骚扰论。此等行为即属罪干斩绞，自应将首恶分别惩治，以儆不法。若概从轻减，则凶徒更肆无忌惮，势必气焰益张，煽惑群乱，毫无底止，后患不堪设想。实于地方治安大有关系，此二条骤难照办。

第一百六十九条

谨按：现行律，凡劫囚者，不分首从及曾否将囚劫去，但行劫皆斩。诚以此等劫囚人犯，较之盗劫财物更为藐法，故定律从严。若私窃放囚人逃走者，即应分别已、未得囚科罪，且亦罪不至死。今本条既不分窃取强取、已未得囚，概拟二等至四等有期徒刑，轻重均未得当，应请分别更订。

第一百七十九条

谨按：本条凡关诬告之罪，仅定二等至四等有期徒刑。若诬告叛逆、人命、盗贼等项，业已论决，如将诬告之本人亦竟照此拟断，实觉情重法轻。自应将诬告之人分别情节轻重、已决未决，明定治罪专条，以昭明允。

第一百九十九条

谨按：本条所称制造或贩运炸药、棉火药等类，为犯罪之用。查犯罪之事，所包甚广，近来民气不靖，制造或贩运此等军用爆炸物件，其心多不可问，如为寻常犯罪而制造或贩运者，其罪固不妨轻减，倘为作乱之用而出此不法举动，则宜于新律乱章内明白增列，庶免混杂，且杜援引出入之弊。

第二十二章关于赌博彩票之罪

谨按：此章凡关于赌博之分则仅止三条，而不及造卖与贩卖赌具之犯。查现行刑律，造卖赌具首从罪干军、流，贩卖赌具首从亦罪干流、徒，其容留造卖赌具之房主，分别容留久暂及知情与不知情拟以军流、徒杖。是拿获赌博必穷究其牌骰所由来，为正本清源之良法。今新订草案，既于鸦片一章列有制造、贩卖烟具之罪，而奸非一章亦有贩卖猥亵书画之条，何独于此章遗弃造卖赌具与贩卖赌具两项，致滋宽纵。至现行律例赌博一门立有开设花会治罪专条，今此章第二百六十五条所称赌博财物是否将花会包括在内，均应分别明晰增入。请将造卖及贩卖赌具，并容留造卖赌具之房主暨开设花会人犯，参酌旧律，处以相当罪名，勿仅罚金抵罪，以昭法纪。

第二百六十五条

谨按：现行律例，赌博财物者杖枷，赌饮食者坐不应重律，俱拿获牌骰见发有据者方坐。今本条第一款赌博财物拟以罚金，如富豪聚财赌博，自不妨科以重罚。倘贫民偶然聚赌而亦处以千圆之罚，非特力有未逮，亦殊失情法之平，自应将罚金明定等差，以免含混。至第二款所称将犯人持有之金钱没收之，应以在摊场所赌之金钱方可没收。倘虽在摊场处而为其另行执持之金钱，自不应混行搜夺没收。应请酌改声叙明白，并声明见发乃坐，以杜诬指而安民业。

第二百六十七条

谨按：现行律例，开张赌坊之人虽不同赌，与赌博者同罪，赌坊入官。其开场诱赌经旬累月、聚众抽头者，分别初犯、再犯，拟以徒流。今本条既不言及赌坊、棚屋入官者，其为免予入官可知。开设赌场之人，应否再以初犯、再犯分轻重之处，应请再行明定遵行。

第二十三章　关于奸非及重婚之罪

谨按：政治以礼教为先，妇女以名节为重。故现行犯奸条例，因明律而类为一篇，情罪悉宜，巨细毕具，所以维风俗之大纲，抑亦正人心之至意。今编订新律虽亦列为专章，第首言奸非之性质同于泥饮、惰眠，现时并无限制泥饮、惰眠之法，而指为非刑罚所能为力，又云即无刑罚之制裁，此种非行亦未必因是增加。推此而论，是故纵犯奸之罪而刑法转成赘文。此章首篇论列，大非防闲之道，应请更正。

第二百七十二条

谨按：猥亵行为，本条注意指为未成奸以前之行为而言，与奸淫有别。然究其猥亵行为既未成奸，则不过手足勾引、语言调戏之类，其罪固可轻减。若如第二款至暴行、胁迫，则已纯用强硬手段或用药及催眠术，至使幼龄男女不能抗拒，一任奸匪为所欲为，何得谓尚未成奸？词意未明，应请另行更正。

第二百七十三条

谨按：现行律例：强奸十二岁以上男女未成者，满流。本条仅拟三等以下有期徒刑或罚金，似嫌轻纵，余情签注前条。

第二百七十四条

谨按：现行律例强奸者绞，强行鸡奸者亦绞，此均指强奸十二岁以上男女已成而言。其奸幼女幼童十二岁以下者，虽和同强论，亦应拟绞。例意皆男女并论，立法甚严，毫无偏漏。今本条强奸妇女及奸未满十二岁之幼女均不处以死刑，又仅指强奸妇女而不叙及童男。查第二百七十二条及第二百七十三条，既于未成奸者男女并列，岂已成奸者独可遗弃男子鸡奸之罪，并置强奸幼童于不问？前后参差，殊欠画一。且现订奸律又无轮奸诸罪，似宜分别加增条款罪名，庶足以诘奸儆暴。

第二百七十八条

谨按：此条和奸之罪不及处女、孀妇，且于亲属相奸有关"十恶"内乱重罪亦未赅载，实于风俗、人心大有妨碍。似应参酌现行律例，逐项增入，不宜废弛。

第二百九十六条

谨按：此条凡医生未受公署而擅自行医者处以罚金，固所以防庸医而重卫生。然究应如何始能许可，及何项公署许可始准行医，并未载明，应请明白宣示，方可遵办。

第三百零二条

谨按：现行名例首著"十恶"，本条所指伤害尊亲属之身体即关于"十恶"内之"恶逆"一款。盖子孙恶逆至于殴祖父母、父母，妻妾恶逆至于殴夫之祖父母、父母，实人伦之大变，天地所不容。故现行律不论首从及有伤、无伤，但殴皆斩。今草案伤致笃疾，犹不特定死刑，而下添"无期徒刑或一等有期徒刑"字样，使可再从轻减；至若废疾与单纯伤害者，则更以无期徒刑或二、三、四等有期徒刑，聊示薄惩。似此轻纵，实恐灭伦干纪，贻害无穷，应请仍照旧律更订。

第三百零五条

谨按：第三百零二条内遵已援引旧律"子孙殴祖父母、父母，妻妾殴夫之祖父母、父母，不论首从及有伤、无伤，均罪干大辟"，明白签注，请加更订，以重伦纪，所有末条未至伤害之刑应请删除。

第三百零八条

谨按：子孙或子孙之妻妾，如敢教唆或帮助他人使祖父母、父母自杀者，此等人犯实属形同枭獍，理无宽纵，应请一律改为死刑。

第三百零九条

谨按：尊亲属虽有向卑幼嘱托之言欲图伤害，而卑幼岂忍承诺戕害其命？如果敢于承诺而伤害或因而致死者，即属恶逆，罪不容诛，未便仅拟二、三、四等有期徒刑，应请从重议改。

第三百一十一条

谨按：子孙及子孙之妇，如因过失而致尊亲属于死，实非寻常过失可比，应请查照现行律例加重罪名，以昭炯戒。

第三百二十四条

谨按：此条自系专指承认应扶助、养育、保护老幼或疾病之人不能周备，以致遗弃治罪专条。然此等琐屑之事，世所恒有，现行律例并未赅载，即地方官亦向不深求。今为矜老恤幼期间，所拟似尚允恰。又如前项而对于尊亲属所处三等以上有期徒刑，核与现行律例违犯教令及奉养有缺致父母自缢拟流之条，亦尚相近。惟子孙如有犯奸盗邪淫致未纵容及纵容之祖父母、父母忧忿、畏罪自尽或被人殴死及谋故杀害，将犯奸盗之子孙应如何处治并未议及，自应分类增入，以资引用。

第三百三十二条

谨按：本律刑法系仅指处治略诱、和诱未满二十岁男女及和诱未满十六岁男女而言。然近来风气，男子至二十岁以上自不致再被诱骗，而妇女二十岁以上则被诱拐逃走之案层见叠出。如不明立治罪专条，恐奸徒肆无忌惮，局串诱骗无所底止，转致妇女不能保全名节，论情酌量，似不必以年岁为限制。

第三百五十四条、第三百五十五条

谨按：以上两条，同一结伙三人以上，同一恃强行劫，则在途行劫、在洋行劫，与侵入有人居住或者看守之邸宅、营造物、矿坑、船舰内行劫，均属凶暴昭著，法难宽贷，定罪岂可歧异？至于盗所而强奸妇女，其情更重，又如强盗拒捕伤人至笃疾应一并处以死刑，更不必以事主受伤之人数再分盗犯，定罪之等差。现当盗风不靖，陆路海洋及居民人家抢劫之案层见叠出，应请删去宽纵之文，明定治罪专条，参酌现行律例办理，以期辟以止辟。

12. 都察院签注清单

察院计开

第十条

按：案天下之事，情理而已，然亦有出情理之外而为王法所未议及者。若以无正条而宥之，在罪之轻者犹可说也，如罪之重者，何即删除比附，不准比附定拟？亦可仿照九卿议奏之制，令各衙门会议奏请定夺，注□所不论何种行为不得为罪乎？

第十一条、第四十九条

按：此亦宜分别情罪大小轻重，缘未满十六岁者，既能犯罪，即未便概不为罪。至于十六岁以上、二十岁未满之人何事不能作？若概令得减本刑一等，恐幸免者多矣，似不如仍遵现行律内十五岁以下犯罪量加矜恤各条，为得情法之平。

第三十四条

按：注意谓甲谋杀乙，丙虽未与甲谋而心赞成之，乃易□罪防乙脱走，甲不知丙之为助，竟以杀乙云云，丙之相助，甲且不知丙，岂肯认设谓锁罪？另有别情并非为毁乙而杀，恐此律亦具文耳，且适以开株连之风也，似宜再斟。

总则第七章关于死刑

草案云斩绞二者各有短长，然身首异处，非人情所忍见，故拟专用绞刑。又云死刑公行，乃肆诸市朝、与众共弃之义，然按之各国，非惟无惩肃之效力，适养成国民残忍之风，故用绞之国无不密行，本案亦然。窃谓犯身首异处之罪而复有身首异处之刑，若谓非人情所忍见，第不忍于犯罪之人势必忍于被害之人，被害者有何罪孽而应遭凶犯之毒手乎？故哀矜勿喜则可，姑息养奸则不可。且夹谷之会，齐人以兵劫鲁侯，孔子命司马行法，首马、首足异门而出，是斩决之刑，孔子亦尝用之矣。《左传》：鲁杀祭牛，投其首于宁风之棘上，不惟身首异处，且枭示矣。而孔子则曰：叔孙明子之不劳不可能也，然则刑罚之风只论当罪否耳。如果情真罪当轻，固见其不忍重，亦不得议其忍君谓非人情所忍见，固出斩用绞而且暴行之恐亦不忍耳，不足以治中国之天下也，应再酌改。

十二章犹豫行刑、十三章假出狱、十四章时效

按：受刑人狱罪犯之常逃犯，犯谓获活罪亦情理所有□□。犹豫行刑、假出狱、时效三项，设遇狡诈之徒，貌为改悔以邀宽典，因幸免而更存蔑法之心，是官家教之犯法也。至犯法者逃避若干年，使可无再犯法者幸矣。如王法何如，被害者何以，应再议。

第八十九条

按：理由云偶遇乘舆，天威咫尺，进退失其常度者，然亦何主有危害之事免官而可。云过失，则乱贼皆将以过失藉口矣。乘舆尚可云过失，则乘舆以下更可以过失开脱矣。众□则前条所定死刑不过虚设，而大逆不道不难以徒刑、罚金了事矣，似应再酌。

第九十五条

按：敢向宫庙等处射箭、放弹，即非叛逆，亦非善类，况现在时势日棘、匪党横行，更不可不严为之备。若仅处以徒刑、罚金，彼又何惮而不为逆耶？似应再酌。

第一百条

按：谋反之罪，现行律不分首从皆凌迟处死。今分别首从，于死刑外又设徒刑，是以姑息待乱臣贼子，果足以惩今日之革命党耶？似应再酌。

第一百零三条

按：此即现行律内谋反人之从犯，应凌迟处死者。今仅科以无期徒刑或有期徒刑，是教诱人为叛逆也，奚怪贩运军火军械之案时有所闻也？此正所谓水懦民玩也，似应再斟。

［分则］第四章

第四章外患各条节情不一，大半多系勾通外国、图害本国情事。似此背本蔑义，别有肺肠之叛举，死且不足蔽辜，乃或处死刑或仅处徒刑或拘留、罚金，叛逆不将所忌惮乎？似应分按各项情节轻重再行核定。

第一百三十九条、第一百四十条

按：此二条理由云，未有苟且公行而政务能得其宜者，信斯言也。何不仍依现行律分别有禄、无禄，枉法赃、不枉法赃而改重为轻，用有期徒刑耶？似宜再斟。

第一百六十九条

按：注意注：强取、窃取皆为盗取。夫窃取已法无可原，强取更罪不容死。此仅处以徒刑，得毋政宽民慢犯法日众乎？似宜再斟。

第二百三十三条、第二百四十一条

按：制书、御玺之关系，何其重大？人而敢于伪造盗用，则其胆大妄为已至极致。今仅处以无期徒刑或有期徒刑，未免太宽，似应再酌。

第二百五十三条第二项

子孙而发掘其尊亲属之坟墓，较常人尤为忍心害理。此种枭獍行为何所用其姑息？今仅处以无期徒刑、有期徒刑，未免太宽。理由谓徒峻其刑必不能绝此种非行之迹，然如该草案所订即能绝其迹乎？蔑伦伤化，何以治天下？似应再酌。

第二十一章

关于鸦片烟共九条，若在颁发禁烟谕令以前，原不为宽。今当严禁之际，十年期限转瞬就到，非严定繁令如限期何，似应再酌。

第二十三章

草案以泥饮、惰眠例奸非之罪，不知泥饮、惰眠特不利己，即奸非则富及于人矣，害人名节甚于害人性命，此礼义廉耻之所以为四维也。若谓无刑罚之制裁，此种非行未必增加，则现行律之拟绞、拟流者为多事矣！所订强奸各条未免宽纵，似应再酌。且礼义廉耻之防无男女一也，今注意谓鸡奸一项，自唐迄明约无明文，泰西各国亦不认为奸罪。本案采用其意，赅于猥亵行为之内，而不与妇女同论，是以女之失节为可惜，男被强奸为无伤，中国无此风俗也，似鸡奸一项亦应补入。

第二百七十四条

强奸之罪，仅处以徒刑，恐于惩治奸淫、维持风化之道不甚相宜，应请再斟。

第二百九十九条

不分何项杀法，亦不问所杀何人，第浑言之杀人，其罪名则死刑与无期徒刑或有期徒刑三项，理由云其轻重悉任审判官按其情节而定。夫审判而明允如皋陶则可，设意为轻重，竟谓司法独立不容他人之干预，则民冤何由伸，王法何由饬乎？至谓"臣民者，国家之元质，其生命非父母、尊长、本夫所能夺，即有应死之罪，自有审判官在，非常人所能专擅也"，此等议论施之中国，恐于名分纲常之说不甚合式，应请再斟。

第三百零二条

草案所谓死刑已较现行律之拟斩与凌迟者为轻，若更处以徒刑，是子孙竟可不抵祖父母、父母之命而殴辱可任意，几何以正名分而肃法纪？恐非中国所宜，似应再议。

第三百一十一条

三等有期徒刑已较现行例之绞决为轻。若再处以罚金，不轻而又轻乎？且子孙所出之罚金，即其祖父母、父母之财也。祖父母、父母因伤而死，则财归子孙后可以此条罚也。其仅致笃疾者，则尚须以金颐养残年，今从而罚之，罚其子孙，不啻罚其祖父母、父母也，未免冤上加冤，似宜科其子孙以应得之罪，不宜累其尊亲属以罚金之法。

第三百三十二条

现行例略诱问拟绞候，迷拐问拟绞决，而此风犹未稍息，到处皆是。若仅予徒刑，是导之诱拐也，似宜再酌。

第三百三十八条第二项

婚姻之事，须辨其合理与否、犯法与否。果不犯法、不背理，即不在婚姻继续之间，亦不准告诉。若悖理犯法，虽婚姻亦当离异。此云告诉无效，则礼义廉耻荡然矣。似拟太宽，应再改定。

第三百五十一条

案盗以强名，其行强之情形，见者胆落，闻者魂飞，遇者心悸，议者发指。草案独以有期徒刑待之，得毋君子过于厚乎？似应再酌。

第三百五十四条第三项

强盗复于盗所强奸或伤害人，不法已极。若仅处以徒刑，强盗幸矣，如被奸被伤者何？似宜再酌。

第三百五十六条

强盗杀人例应斩枭，业经该大臣等于光绪三十一年三月二十日奏请删除枭首之例。今天又于死刑中参用无期徒刑，是强盗杀人且不偿命，人亦何惮而不为强盗耶？似宜再酌。

13. 河南签注清单

谨将签注刑律总分则各条，敬缮清单，恭呈御览，计开：

第一条

按：现行律自颁降日为始，若犯在以前者，并依新律拟断，系沿用明律条文。盖一代易姓受命之际，非此不足以示更新而昭划一。乾隆四年颁行新例，五年即于本条内加入小注，以示与开创情形不同，现有深意。故律注云，如事犯在未经定例之先，仍依律及已行之例定拟，又云例应轻者照新例行，是明明犯罪在先、颁例在后，仍以旧律为主体，新例轻于旧例方从新例。本条第一项既云颁行后之犯罪者适用之，则颁行前之犯罪者不能适用可知。第二项又谓未经确定审判者俱从本律处断，不惟与律注乖违，与前项文义亦相抵牾。所谓时之效力者，独非以限定年月为断耶？条文如是而理由又言犯罪在新律施行前、审判在施行后，定新旧二例之中孰当引用云云。岐之又岐，益令人无所是从矣。

第二条

按：此条即唐律化外人有犯依律拟断之义，所谓属地主义也。但如理由内揭示之三项，则此条仍属具文。盖修改刑律应以撤去领事裁判权为惟一之目的，中英、中日等条约载明"中国深欲整顿本国法律，以期与各国刑法改同一律，一俟妥善，即允弃其治外法权"，其治外法权即指领事裁判权而言。从前订约大臣不谙公法，辄与领事有此权并会审裁判，几于半主国之体例，今乘修改之际，必万汇群智互相讨论，以臻妥善而期必撤不合作延宕之笔、希望之词。日本改良法律，虽与各国订约，议定五年后裁撤，然亦止形诸约文，未尝载诸律本。理由云无国籍之外国人，无特别条约之外国人，条约改正后之外国人，改正条约虚悬无期，则有籍及有特别条约之外国人，即可援以为不可法律之据。而第八条又谓如国际有特别条约、法规或惯例，仍从条约、法规或惯例办理，直承认其永远享有领事裁判权，尤欠斟酌。拟请规定此条，将第八条删去，并理由亦不必赘列三项，致授人以柄。

第十条

按：比附之法，其制最古，唐律出罪举重明轻、入罪举轻明重，诚不能无弊。明律改为引律比附加减定拟，所以救唐代之弊政。盖舍律比附而加减，难保不以爱憎为加减，就律比附而加减，即不能以加减为爱憎，以其比附处以律为衡，加减确有证据也。我朝沿用明律，益昭慎重，凡援引比附者拟定罪名，仍须请旨遵行，司法者亦不能侵越立法之范围。本条理由直斥之谓无异机阱杀人，似与律意不甚相符。即如日本刑法总论所载，如正条禁止钓鱼，其文未示及禁极网者，而投网者较正条加甚，自可援钓鱼之条以定罪。援条定罪即比附解释之谓，草案分则各条中亦有比较某条科断者，非因各国家之科条有限，人民之情伪无穷，一事一例，孳乳相生，亦滋复杂，故规定此制以补刑法之未备耶。本条采用日法，凡律无正条不论何种行为不得为罪，范围既狭，疏纵必多，施诸中国决其不可。日本变法时改正派与非改正派互相冲突，论者谓律宪之废狭，须视一国之人情风俗及文明程度与裁判之伎俩何如，未可一概论数语最为正当。东西各国，所以能正条之外概不处罚者，实向于文明程度与中国不同，且与刑法之外有民法、商法、海陆军刑法、决斗条例、学堂规则诸类，凡正条所无而别设规则有刑名者可从规则，别法所无可从总则骤给具言，似手禁网疏澜，具实别科核甚精，出手此必入手彼，非故留其隙以纵人之倖逃也。今中国民商诸法未备，将此三百八十七条之新律即欲包括一切，删除比附势所不能。但得宽问官之处分，力祛向来移情就律之弊，以期情真罪当，自系要着，其受病处决不在比附之定拟也。

第十一条

按：现行老小废疾收赎，所以敬老慈幼、矜不成人也。然亦有所限制。流罪以下以七十及十五为限，死罪以九十及七岁为限，分别收赎开释；八十以上、十岁以下杀人应抵之罪，有司不能废法，照例定拟，宽宥之典出自朝廷，情法系为两全。本案第五十条规定老者年至八十始准减等，却较旧律为严；年龄以十六岁为断，较之各国最多之责任年限加长二年，又失之宽。且查现行律例，不加刑于九十及七岁上下者，就智力上言，若至十六岁则足以造杀人之意、具杀人之力，历来成案班班可考，未可概不为罪。即如各国刑制于年龄未及之犯罪行为，亦必觉查其有无辨别心而始区分治罪与否，与中国谋故不宥之意相同。今一概抹煞，猎取最新之学说，定十六岁以下无责任之主义，自以为世界中进步独高，窃所来未谙信。如本条之解释，谓人性有善无恶，虽四五岁童稚无不以杀伤、盗贼为恶事，故幼者可教而不可罚，必以教育涵养其德性、化其恶习。则十六岁非四、五岁童稚可比，自六岁入学计算至于及冠，亦非全未受有教育，万一在此年龄内犯谋杀期亲尊长以上逆伦重案及故杀一家数命之类，尚得曰此等德行堪以教育涵养，概不置法？舆夫犯罪之成立变幻无穷，撮其大要，大都从外界之受惑激刺以致触其杀机，原非生而具有此种性质也。圣人知其然，欲尽举智愚贤不肖纳诸轨物之中，始立法以绳之，犯之者必不能轻恕，此之谓明刑所以弼教。若逮其既犯罪而感化之，则教居刑后，必非律之本义。况我朝停止编审户籍，无稽现时州县清查户口，年龄多不覆实。假如犯罪者知有规避之门，凡年龄在二十岁左右者概狡供未满十六岁，其无可狡供者或雇未满十六岁者顶凶。彼时为审判官者既无册籍之可凭，又不准擅加刑训，留置惩治场，且有实不能容之势，流弊有穷期耶？

第十二条

按：精神病即颠狂白痴之谓，乾隆四十二年始定锁禁之例，然于连毙一家两命之案，秋审时仍入情实。此条情节之重者仅处以监禁，似有未妥。至第二项以酗酒与精神者视同一例，亦属不合。注意云云亦以藉酗酒以逞非行为，法律所不许矣。复又谓若系全无意识之行为而非出于故意者，可援十三条断为无罪，未免矛盾。夫酗酒且为法律所不许，酗酒而至滋事或杀人，其犯罪行为已经成立，情节至重，安得以无意识、非故意等字样欲为开脱？恐此律颁行后，仇杀、故杀之犯皆可恃酒为护符，拘获到案，但供认无意识、非故意六字，即可倖逃法网矣。且酒性易发易散，若疯狂尚有脉理形神可以察验，虽有医生亦无从辨别真伪，尤难杜捏饰之弊。

第十三条

按：现行律例：过失杀伤人，注云过失为耳目所不及、思虑所不到，故律定各准斗杀伤罪依律收赎，谓其犯罪出于意外也。今本条前半规定似与律例之意外犯不符，后半规定又与律例之所谓过失微有区别。因查日本刑法第七十七条，云犯罪本无意之所为不论其罪，但于法律而别已完罪者不在此限。纵于本条文义系改窜，□□意外不成为过失，非至杀伤以上重情不成为犯罪。日法所云非故意之行为不为罪，系寻常过失犯自应确定为无罪。故载则总则过失而致杀伤，不能不别设专条以科其罚。故载则分则又责任条件中非故意分四例，以不知目的物体及手段为区别，与现行律耳目、思虑相符。过失杀伤但科罚金，又与现行律收赎无异，中外固一致也。本案"不出于故意"句去"犯罪"二字即非刑事范围，下文不言法律别已定罪，而言应以过失论，似乎过失犯之成立，非从不出故意发生，殊欠精窍。

第十六条

按：本条所揭之行为，或猝遇水灾雷震，或被强盗迫胁，事变仓促，绝无故意之说，概不为罪是也。但理由又揭明虽出故意亦不为罪，则室碍难行矣。例如援盗入室导致财物所在之处，此等故意之行为岂可不论罪乎？

第十八条

按：本条之规定中止犯之情节，自较未遂犯为轻，然亦未可执定。查现行律例，于各项犯罪行为均以服制为区别，例如亲属相盗较凡人为轻，亲属犯奸又较凡人为重。故亲属相盗，本律得财物者，期亲减凡人五等，以此递推。若系起意盗财，畏罪中止，则以已行得财减凡五等，相衡自应免除其刑。又如调戏缌麻以上亲，其夫与父母亲属及本妇羞怒自尽者，俱拟斩监候，凡人轻一等拟绞监候。照依本条规定，或起意图奸缌麻以上亲之犯于著手未实行之际，但经调戏忍因已意中止，其夫等羞愤自尽，则犯罪者犹是中止也，亦能奖励其自止之意为无罪乎？抑因其中止遂得照凡人减二等或三等之刑乎？此尚须斟酌行之者也。又理由中第二例谓如其人欲待时而动，忽而自止，即无可恕之理云云。待时而动，无迹象及证据可凭，似难执一"欲"字以定谳。

第十九条

按：再犯加重，中外刑法大致略同。惟理由内条谓受法廷之宣告而未在狱中受执行者，此种之犯其为刑法效力所能及与否未易遽决云云，亟应删去改定。刑律果期其为有效乎？无效乎？若法律不能逮一徒刑之囚，虚设法廷空文宣告，甚无谓也，且与时效章可合天下之警察以逮捕之数语尤相矛盾。况再犯加重必系犯同等之罪，若初犯轻罪、再犯重罪已足示惩，不必加重，初犯重罪、再犯轻罪亦不必因犯重罪在先，据最轻之情节概予加等，由其□所犯之事实各不同，定罪即应有区别也。

第二十一条

按：本条之揭示似应列入俱发罪，且确定审判后再议更动，易滋纷扰，不如详鞫予审判未定之先，以期毋纵。若谓审判形式上之尊严不得不尔，尤非立法本意。

第二十七条

按："最重刑同等，据最轻刑者定之"二语颇难解释。注意云云"如甲罪为二等以上有期徒刑，而乙罪为三等以上有期徒刑，以乙罪为重"，二等、三等刑期明明不同，其所以据最轻定罪之理由亦未明白诠注。日本刑法第一百条"刑期之等者，以有定役为重"语，意为分明，本案删除惩役而欲求合于日法，宜乎？晦涩者若此，然则欲人人遂通晓律意，非文意浅显不可。

第三十四条

按：本条即谓"知情共同即不能谓为或不知共同情事"，如注意所云"甲某侵入乙某之室，意图杀乙，邻室之丙虽未与甲同谋而心颇赞成之，乃为自户外锁扉防乙脱走，甲并未知丙为之助，竟以杀乙"。按此情节，甲意图杀乙，丙何从得知，甲入乙室时丙更何从知其为杀乙而去反扣其扉以赞成其事。是必甲先以杀乙之谋向丙宣露，丙未阻止，诺之于心，始有此举。则甲虽为求助于丙，丙实有借刀杀乙之心，即无锁扉防逸之助，亦不能轻恕。例如强盗把风之犯不能轻于入屋搜赃也，凡若此类，但系知情即属共犯，不必别设专条。

第三十六条

按：据本条积极之规定，如甲故意放火，乙因过失而注之以油致火势张盛；又如甲谋杀人，乙医师以过失传毒于所谋之人致毙其命云云。据此情节，乙之过失不能以共犯论。缘原谋系甲，乙但有援手之心，初无下石之意，况事变之际必因恐惧周章至有此失。如利以过失共犯之处分，与宥过无大、刑故无小之旨不符。

第四十四条

按：科罪即不应罚金，二者并科，岂赎刑本旨耶？

第四十五条

按：罚金令一月以内完纳，逾限不完便易监禁处分，其未满二月者，得执行之于警察署拘留场。假如贫民负最轻之罚则无力完纳，其拘留警署必俟逾限不纳再易处分。此未逾限之一月内未规定如何办理明文，是否于裁判所确定后，暂准保释？其监禁处分日数不得逾三年，易刑处分自不能无所限制。惟查日本定制，各等刑期不相抵牾，以轻禁锢刑期与易刑较轻，禁锢最长刑期五年，故处易刑不得二年。本案第三等有期徒刑不过一年未满、一月以上，而罚金之罪转有三年之长期监禁，已不免轻重失宜。且罚金多至三千圆，监禁不得逾三年，以半圆一日折算，负三千圆之罚应处六千日之监禁，乃第二款罚金总额逾三年日数之比例于一部分不缴纳者，并未明定处分。若照三年为限，负罚逾重，处分逾轻，殊欠平允，统请详加厘订。

第五十一条

按：本章与现行律宗旨无异，何妨直录原文。且现行律有以首白为非者，如亲属相为容隐，是有虽许其首白而不能不科罪者，如卑幼告尊长，尊长得依自首律免罪，卑幼仍不得逃干名犯义之条，是所谓情法两尽也。本章未揭斯旨，殊为缺点。又自首本律实以免罪为原则，此但言得减本刑一等，已不免误信东西法理，舍己从人。注意且谓得减云者，悉由审判官之衡鉴，并非必减之谓，直是阻遏人之悔过之心。俾犯罪者情知自首邀减与否尚在未定之天，谁肯首告到官，自罹刑纲耶？

第五十二条

按：此条不如照现行律为无弊。现行律：轻罪发见，因首重罪，免其重罪，若因被告之事而别言余罪者亦如之。是后首之重罪与后白之轻罪皆可免，发觉到官之罪决不可免。此言一罪既发，别首白未发余罪，得减所首白余罪之刑一等，有两层不可解决：若因所首白之余罪而宽其既发之罪，即从余罪上减一等，则凡发觉重罪者皆可提供至轻之余罪，以冀减轻发觉之刑，必无此办法。然犯人首白余罪，大率为解脱前罪计；若因所首白之余罪，但减余罪一等之刑，转令先发觉之罪加重，似非情理，应再妥订。

第五十六条

按：此条不得加入死刑，及有期徒刑以下按等级加减，与现行律大旨相符，可以遵行。惟有期徒刑不得加入无期一节，似嫌拘泥。我国死刑之外罪止于军，尚有加遣之条，假如犯一等有期徒刑加一等为二十年以下徒刑，若其罪应加二等，亦处有期徒刑，将何以示区别乎？至徒刑、拘留均不准减入罚金，亦属过严，均应更议。

第五十七条

按：刑之于罪，如影随形，准情立法，不得参差。前条既言不得加入死刑，此条注意又言有期徒刑加一等即为死刑，是前后矛盾也。若定有死刑及无期徒刑业已无可复加，即有余罪，可在不议之列。至罪应减等者，自可于应科罪名上减等。定拟此条，文义太晦，殊难汇解。

第六十六条

按：日本受无期徒刑者，虽假出狱仍居岛地，不失徒刑本旨，本章亦当采取。又日本被处轻罪、重罪之刑，有悛改时须刑期经四分之三，方许假出狱。本条以二分之一以上为限，未免过宽。至有期徒刑未满三年者，不许假出狱云云，于本案所定三等以下有期徒刑，三年以上、三年及一年未满之犯不相吻合，迨系措词失检之故。且日本于假出狱者付以特别所定之监视，本章亦未揭载。一若假出狱复即为刑之消灭也者，似欠斟酌。

第十五章　时效

按：本章第二节"例如家藏珍宝历传数世，忽有人称此物数世前于伊祖，所持有证据，攫之以去，此岂人情所能甘心？故于一定之时限内有持其珍宝之事实，在法律不可不确定其取得之方法，亦因此故，凡负有义务者若既过履行期限而权利亦已抛弃遗忘，则亦不可无免除之法"云云，此即现行户律内典卖契载不明之产，如在三十年以内，契无绝卖字样者，听其照例分别找赎。若远至三十年以外，即以绝产论，所谓时效者如此。然亦有说，譬如甲侵占乙之产业，乙因远官或外埠经商，未能管业，隔数十年后乙回，向甲理直，将田单、契单呈告到官，甲执定已逾时限，乙无取得之权而又无典卖杜绝契呈验，岂得谓乙不应起诉，将该案断归甲管乎？又按第七节"例如人于二十时受死刑之宣告，乃逃脱后经三十年，是其人年岁已满五十，此其时或已立家室，或已就正业，得有相当之地位。倘于此际以三十年之罪致之大辟，是直破坏三十年间普通生计，关系犯人以外之人，虽未身被其刑而所受恶果或更甚者，是使人忘刑之威严而但觉刑之残酷，实非行政所宜"云云。凡犯人逃避至三十年即因时效消灭其执行权，就犯罪者一方面计，则已立有现家室或就正业，此际致之刑辟，破坏其三十年之生计，关系犯人之外之人，固系面面周到，似乎仁者之言；若就被害者一方面计，则死者苟不被害，此三十年中之生计或与犯罪者相匹并可驾而上之，今以逾限之故即归消灭，俾犯之者逍遥法外，受害者控诉无门，何以慰死者之心，并何以慰死者以外人之心乎？立法不能持平，要岂刑事政策所宜或因事隔三十年不全科其罪，并将其财产给半于被害之家，方为情法俱尽。

第八十八条

按：加危害于乘舆、车驾，大逆不道，罪不容诛，现行律不分首从、已未皆凌迟处死，亲属及同居之人皆斩，妻子缘坐。今凌迟已废，本犯仅处斩刑并免缘坐，已属法外之仁。查总则死刑以绞为止，此条所谓死刑者，仅止于绞而已。以罪大恶极之犯，不设从严惩治之条，殊非重纲纪、儆元恶之道也。至知情故纵、藏匿及知情同谋者，应如何分别治罪，亦未议及，统请另行妥订。

第八十九条

按：因过失致加害，即合和御药误不依本方、造御膳误犯食禁之类，现行律所定罪名至周且审，可以参酌议订。似应将如何过失致犯分别等差拟罪，不必用"加危害"字样，免致与大逆不道者牵混。

第九十四条

按：现行律：擅入太庙门及山陵兆域门者，杖一百；擅入紫禁城及禁苑者，各杖一百；擅入宫殿门杖六十、徒一年；擅入御膳所及御在所者绞，未过门限者各减一等，准情立法，界限甚明。此条言侵入者殆即擅入之意，统言侵入各禁门，未将太庙等各门分断等差，如擅入御处所亦与擅入太庙门同样徒罪，殊不足以重禁卫，其未过门限者是否准予减等亦无明文，似属含混。至受令而不退出，是擅入之后经拦阻而不服矣，其情较擅入尤重，未可与仅止擅入者同论，均应参照现行律分别妥订。

第九十五条

按：现行律：凡向太庙、宫殿射箭、放弹、投砖石者绞，向太社者杖一百、流三千里，但伤人者斩。盖太庙、宫殿乃尊严禁地，若向之射箭、放弹、投掷砖石，毫无忌惮，其不敬较擅入尤大。上条擅入尚科二等以下有期徒刑，今于射箭、放弹等项反仅处三等以下有期徒刑，未免轻重倒置，且亦无以示惩，尚须易议。

第一百一十六条

此条第一百一十一条数字似有错误。缘第一百一十一条滥用红十字记号作为商标，仅处三百圆以下罚金，豫备、阴谋罪未成立，不能较本罪加重，科四等以下徒刑。若准前条之例，谓系第一百一十条之误，则犯第一百一十条之罪仅科四等以下徒刑、拘留或三百圆以下罚金，此条徒刑同等而罚金尤多至千圆以下，亦未符合，应请复加研究。

第一百四十三条

按：现行律：因不应禁而禁，不应锁扭而锁扭者，各杖六十；凡官吏怀挟私仇故禁平人者杖八十，因而致死者绞；若故勘平人者杖八十，折伤以上依凡斗伤论，因而致死者斩。又狱卒非理在禁凌虐殴伤罪囚者，依凡斗伤论，而致死者斩。司狱官典及提牢官知而不举与同罪，致死减一等；□□之官因公事于人虚怯处，非法殴打及亲自以大杖□□□手足殴人至折伤以上者，减凡斗伤罪二等，致死者杖□□徒三年，追埋葬银十两等话。盖凌虐罪犯视乎其是否□□有无挟嫌疑情事以为其获罪之轻重，此条言官吏对于被告人、嫌疑人或关系人为暴行或凌虐之行为，照凡斗伤例处断，尚为近理。惟查第三百零二条及零三条系指对以尊长有犯而言，岂官吏对于人民可以卑幼对于尊长论□□，似未的当，应请参照现行律另行妥订。

第一百七十四条

按：藏匿逃脱人犯应有分别。例如犯人同居亲属有罪得相容隐，皆得弗论。惟军流逃回原籍，亲属不得援容隐之例，此外知情藏匿罪人减罪人所犯一等。若官役奉公缉捕罪犯，故纵囚犯及知情窝藏脱逃，官军均与犯人同罪，止杖一百、附近充军。其有隐藏大逆、反叛之犯者斩，以其罪大恶极，故严之也。此条不论逃者罪名，但藏匿者皆处四等以下有期徒刑或三百圆以下罚金，实未妥恰。

第二百零二条

按：吏员知有私制贩运军火而不掩捕，应以有无受贿故谋为断。若与犯人应谋，应与犯人分别首从科罪，岂三等有期徒刑所能赅之乎？

第二百二十一条

按：现行律：诈假官、假与人官者斩，其知情受假官者杖一百、流三千里。若无官而诈称有官，有所求为，或诈冒假官服及假冒顶戴自称职官，止图乡里光荣各项均拟杖徒。比之诈称官吏与僭用官服同罪，似失其平，应请查照现行律再行分别订定。

第二百三十三条

按：现行律：诈为制书及增减者皆斩，未施行者绞。此条仅处无期徒刑或一等有期徒刑，照启罔上营私、紊乱宪典之渐，应请加厘定拟。

第二百四十一条

按：现行律："伪造印信者斩，伪造关防印记者杖一百、徒二年，为从及知情行用者各减一等。"其 伪 造 之罪与伪造制书相等，而为从知情行使之罪较伪造制书为轻。此条系伪造御玺、印信照伪造制书处无期徒刑等项，既嫌轻纵，其行使之人亦照为首律科罪，又嫌过重，应请参酌现行律另行妥订。

第二百五十一条

按：现行律：残毁他人死尸及弃尸水中者，各杖一百、流三千里；若毁弃缌麻以上尊长死尸者斩，弃而不失及髡发若伤者各减一等；毁弃祖父母、父母死尸，不论残失与否，斩。又盗未殡、未埋尸柩，应分别锯缝、凿孔、是否开棺见尸，以其次数定满徒、充军之等差。此条言盗取棺内所藏物，殆指未殡、未埋尸柩而言，以及损坏、遗弃死尸，常人处三等以下有期徒刑。尊亲属处二等以下有期徒刑，是犹现行律亲属加重之意。惟仅言尊亲属不分祖父母、父母及有服亲属，已失尊亲之义，而毁弃又无失尸、不失尸之分，盗尸柩亦无分别见尸、不见尸及次数多寡，引断难期平允，应请查照现行律另行妥订。

第二百五十二条

按：此条似言仅止发掘坟墓未至棺椁也，规定之刑尚与现行律不背。惟子孙发掘祖父母、父母坟冢已行未见棺椁，现行例不分首从皆斩，此条于祖父母、父母亦照尊亲属一律，并未另著加重罪名，未足为训，应请再行妥订。

第二百五十三条

按：此条言发掘，已开棺见尸也。现行例于此项人犯为首拟斩，为从拟绞。若子孙于祖父母、父母，均不分首从凌迟处死，照章改为斩决。此条仅著二、三等有期徒刑，已属轻纵。子孙于祖父母、父母亦无死刑，更失明刑之道。况发掘已见棺未见尸各节，介在此条与上条之间，现行例规定罪名甚为详细，乃竟阙而不叙，亦嫌疏漏，应请查照现行例另行妥订。

第二百七十二条

按：现行律例：奸十二岁以下幼女，鸡奸十二岁以下幼童，虽和同强论。盖十二岁以下幼稚无知，诱之行奸易欺易制，是以特严其罪。此条所谓猥亵之行为，殆指调奸及图奸未成而言，对于幼童幼女而有猥亵行为，引导邪淫，居心大不可问，处三等以下有期徒刑，尚属允当。惟下条既言十二岁以上男女，则此条似应将"未满十岁"改为"十二岁以下"字样较为周密。第二项言用暴行、胁迫或用药及催眠术并其余方法使之不能抗拒，即轮奸未成、强奸未成、用药迷人之类，此等情节现行例罪名均在军流以上，仅处二等及三等有期徒刑，既嫌轻纵，且如何分等科罪亦未揭明，易滋出入，应请另行妥订。

第二百七十四条

按：刑法之设，非为社会即为国家。本章理由即奸非虽能引起社会、国家之害，然经以社会、国家之故，科以重刑，于刑法之理论未协，故于本条强奸、轮奸不科死刑。然则其他之科重刑者，均不关于社会、国家耶？应请妥订，以维风教。

第二百七十八条

按：现行例：和奸均照军民相奸枷杖。此条仅言有夫之妇，岂奸处女及寡妇可勿论乎？又有服亲属相奸，服制愈亲，罪名愈重。今亦并无罪名，适足开败坏风俗、紊乱伦纪之端，万难取法，应请另行妥订。

第二百九十九条

按：杀人者死古有明训，然人情万变，事理各殊，同一杀人而其所以杀之者不能尽同。有蓄意设计而杀者，谓之谋杀；争斗之际临时逞忿而杀者，谓之故杀；彼此互殴适毙其命者，谓之斗杀；意在杀甲，误行杀乙，谓之误杀；捕获罪人因而杀之，谓之擅杀；因事相戏或事出意外以致杀人者，谓之戏杀、过失杀，等级分明。现行律例定罪极为细密，秋审实缓之分尤为慎重。近年斩决改为绞决，而戏杀、误杀并擅杀情轻，及斗杀例入可矜之犯，又准随案减流，寻常命盗之中，实处死刑已属无多。此条于死刑之下，既缀列无期徒刑及一等有期徒刑，似应仍有谋、故、斗杀等项之别，以杜混弊之端。惟杀一家三人、采生折割之类，仍应处以斩决之刑，图财害命、谋杀制使及本管官之类，亦须规定专条，如有擅杀非死罪人、过失杀人等项，未便处以一等有期徒刑，以及子孙妻妾等项，亦不得与凡人同论。罅漏之处甚多，应请参照现行律例详细妥订。

第三百条

按：草案定杀伤之罪，并未另著杀伤祖父母、父母专条，则此条尊亲属者似包括祖父母、父母及本宗外姻有服尊长、尊属而言。夫子孙于祖父母、父母，天性至亲，如犯杀伤，形同枭獍，罪不容诛，是以现行律殴杀以上皆凌迟处死。现在凌迟已改斩决，然遇此等案件，无不恭请王命，先行正法。其余谋杀本宗期亲尊长，谋、故杀外姻之外祖父母，其罪亦与祖父母、父母相同，谋杀本宗缌麻以上尊亲与殴、故杀期功以下有服尊长，悉处斩决。凡杀伤有服尊长，均照平人加重，若祖父母、父母杀子孙又较平人减轻，所以重伦纪也。今仅言杀尊亲属，既无服制远近及谋、故、斗情节之分，又将祖父母、父母统言在内，所谓死刑者以绞为止，并无特别重刑，似与平人无异，殊失亲亲之义，应请查照现行律例另行妥订。

第三百二十四条

按：膺扶助、养育、保护之义务者，如各处养济院、育婴堂、各善举之经理人皆是，既担义务，将老幼人等遗弃改令失养，其心近于残忍。现行律并无治罪明文，此条规定罪名可为发政施仁之助。第二项言对于尊亲属，现行律子孙奉养祖父母、父母有缺杖一百，例内又有因贫不能养赡，致父母自缢杖一百、流三千里之文，不能周恤亲属并无罪名。此条言尊亲属应著明祖父母、父母，其余亲属亦只以近支同居共爨者为断。惟亲属不能与平人同论，其罪应较平人加重，祖父母、父母尤须较亲属加重。此条两项统定三等有期徒刑，似无区别，且嫌过重，应请详细妥订。

第三百三十二条

按：现行律例：诱拐妇人子女或典卖或为妻妾、子孙者，不分良人奴婢、已卖未卖，但诱取者，被诱之人若不知情，为首拟绞监候，为从杖一百、流三千里，被诱之人不坐。如拐后被逼成奸，亦不坐。若以药饼及一切邪术迷拐幼小子女，为首绞立决，为从发极边充军，其和诱知情之人为首亦照前拟军，为从及被拐之人俱减等满徒。此条第一项言略诱，似包诱拐、迷拐，仅处三等有期徒刑，均属失之过轻，仍应将略诱为首者处以死刑，为从分别诱拐、迷拐处以一等、二等有期徒刑，和诱为首处二等有期徒刑，为从减一等，方为平允。至和诱一等，现行例并不以年岁为限，此条第三项规定未满十六岁者仍以略诱论，尚属可行。按本条之略诱罪以二十岁为限，如被拐之人在二十岁以上，并被拐之后强逼奸污及诱拐有服亲属，应如何分别拟罪，漏未叙及，应请增订。

第三百四十二条

按：此条似言恐吓取财及凶徒扰害等事也。现行律例以是否情凶势恶忿定罪名，此条并无情节轻重之分，引断难免出入，且只以五等徒刑为止，若遇实在凶恶棍徒，又嫌轻纵。至亲属本有周恤之义，现行律于讹诈等事，卑幼犯尊长同凡论，尊长犯卑幼按服制照凡人递减一等。此条应否分别尊长、卑幼科罪，统请细酌妥订。

第三百五十六条

按：强盗杀人，断非无心，应以是否杀伤为断，不能分其有心、无心。强盗案内有此情节，皆属情凶势恶，罪应骈诛，岂可于死刑之外再著无期乎？应请更订。

第三百七十一条

按：此条言得遗失物入己，究与取之于人不同，照物二倍处罚，似与第三百五十七条窃取共有物之类相混，且罚数亦嫌过重，似于返还原物外，罚其物价之半，方为平允。

第三百八十条

按：毁弃关于他人权利义务之文书，特著三等以下有期徒刑之罪，可补旧律之未备。若系误毁者，是否免罪，尚须注明。至毁弃官文书较毁弃他人私文书为重，毁弃制书等项尤较官文书为重。现行律毁弃制书等项罪应斩，毁弃官文书杖一百，有所规避者从重论。事干军机、钱粮者绞，误毁各减三等。此条以官文书与制书同罪，殊不足以崇体制，应请将制书等项另列专条，官文书等项应分其有无规避及有无贻误军机分别定罪。若系误者如何减等，此节亦不可少。统请明晰妥订，理合登明。

14. 湖南签注清单

湘抚签注刑律总则分则草案

计开总则各条

第三条

按：本条第四项系关于妨害公务之罪，查分则第一百五十四条对吏员或公署当场为侮辱之罪，此等罪本国人在国外已有犯者，本项未列此条。若有犯者，是否不论其罪未晰，应请更订。

第六条

按：此条必须外国审判与本律比较为轻或适与相等方能适用。若其事在本律实认许其行为，而外国裁判以为有罪，或已执行之全部或一部者，将何以处之？若无以处之，是本律对于外国裁判轻者有效力而对于外国裁判重者无效力也。

第十条

按：不论何种行为是正当、不正当，均赅其中，质言之，有罪、无罪均不论也，此所规定恐不允当。如谓法律所不赅者，虽有罪亦不为罪，则甲因犯律有正条之罪而服刑，乙因犯律无正条之罪而宽免，何足为天下之平？如谓凡应论罪之行为，无不赅载于法律之内，是数百科条能逆臆万变之人情而无或轶乎其范围之外，恐非立法家所敢自信也。至谓引律比附即为司法而兼立法，恐亦不然，可否准其引律比附是为立法之权，律有引律比附之范围而引律比附者乃司法之事，即如审判官因律有临时审定之文而审定罪名上下不同，亦可谓之司法兼立法耶？窃谓定律果能简以驭繁，比附自属罕见，然法律中断不可无此条以规定律令赅载不尽之事理，此条仍宜更定。

第十一条

按：老者、幼者同一矜恤，此中国刑律仁恕之一大原则也。矜幼者以其知识不备也，恤老者以其精神昏眊也。然而幼者之知识渐长渐备，老者之精神愈老愈昏，是以幼者以七岁、十岁、十五岁为等差，老者以九十、八十、七十为等差。罪不至于死，则十五岁以下、七十以上均在减刑之

列；罪至于死，则非七岁以下、九十以上不得邀宽免之条，此固仁至义尽
之极则，不得以各国有无同例而轻于变易者也。今幼者未满十六岁之行为
不为罪，而老者则第五十条之规定年满八十犯罪者始得减本刑一等或二
等。如是则同一死罪，不惟十六岁以下可以鼓掌逍遥，即二十岁以下均可
减等不死，而七十九岁之老人仍须缧首受戮。有同一矜恤之民，而无同一
矜恤之政，未为执法之平，此条及第四十九条、第五十条似均以不改旧律
为是。

第十三条

按：本条第二项后半之规定，就本律比较殊属不协。不知律例不得为
非故意，即须按律科罪矣。则其情节轻者，在本条已有上下之限，审判官
已可从轻处断，再轻者又有酌量减轻第五十四条之范围，此条何得再减？
假如本犯死罪而本条有三等之限，审判官因其情节而定为最轻之一等有期
徒刑，又因犯罪之事实酌量减轻二等，为三等有期徒刑，再因其不知律例
情节，按照二种应减得以并减之规定，又减二等，则死罪减为一月以上、
一年以下之五等徒刑矣。而溯其理由，不过止为犯罪情轻之故，无论中外
法律，焉有犯一罪之情节而可递减七等之理？此条第二项后半之规定似宜
删除。

第十五条

按：此条所述沿革理由，似专注于贼盗一门，然如本夫奸所获奸，登
时杀死奸夫、奸妇之条，世所恒有，在本律是否适用此条？如用此条，则
通奸可谓之不正之行为而不得为，侵害杀奸可谓气忿而非出于防卫，此条
律文便不赅括，此可议一也。本条言防卫自己或他人而不言亲属，如有出
于防卫亲属之行为，本律允许否耶？此可议二也。对于不正之侵害，所有
防卫行为当以身体为范围，今舍身体而言权利，权利二字包括甚广，有大
有小，有公有私，凡遇侵害均可任自己行为，是法廷无用裁判，人人皆可
杀伤自由，此可议三也。自己及亲属权利出于防卫而任其行为，犹可说
也，若泛言他人而以此条奖励义侠。夫法律者，非奖励义侠之具也。乙营
业而甲与［之］有仇，将加不正之侵害于乙，而损其营业之权利，若以此
条规定，是途人均可执甲而杀之矣。夫防卫行为减非必至于死，然必言至
于死，本律不为罪之适用方为完全。若如本条注意第二项所言，是义侠杀
人均可不论也，此可议四也。至所指逾防卫之程度，即以旧律夜无故入人

家一条而论，登时杀者不逾防卫程度之行为也，已就拘执而杀者逾防卫程度之行为也，然必律有准许登时格杀之程度而后知非登时之为逾也。今本条范围甚宽，何据而知为逾，又何据而知为不逾耶？此可议五也。此条律文似宜改定。

第十六条

按：此条注意第二项所言，无论出于故意与否，殊有语病。夫言不能抗拒，言强制自无所谓故意，设如盗劫甲家，以死伤相胁迫，甲家故意声言乙家之富，导至乙家财物所在之处，甲应论罪否耶？如应以加过度之害论罪，则此律正条自不应允许故意之行为也。

第十七条

按：本条理由，谓危及社会与既遂犯无异，故刑不必减，则其他皆在应减之列可知矣。夫以强盗、强奸、谋杀等未遂，其罪犹轻也，而查分则第九十条系加危害于帝室之亲，第一百条又系关于内乱之罪，是皆不轨之举。谋逆之匪幸而所谋未遂，犹为社稷之福。若竟以未遂罪而处以罚金，将何以逞凶暴而服中外臣民？至［第］三百条及［第］三百零八条皆系对于尊亲属有犯，伦纪攸关，亦未便仅科罚金，应请分别更订，以正纲常而重礼教。

第十九条

按：累犯加重，中外律同，本条规定累犯不限犯罪之种类。例如初犯奸再犯盗，奸之种类不同，但其罪皆为有期徒刑者，则当以加等律惩之，于义允当。惟累犯之罪，轻重或有不同，如初犯者为一等或二等之有期徒刑，再犯者为三等或四等之有期徒刑，是前犯重而后犯轻也，其情似较轻。若初犯者为三等或四等之有期徒刑，再犯者为一等或二等之有期徒刑，是前犯轻而后犯重也，其情似较重。若俱依本律加一等治罪，则轻重反失其平矣，其应如何分析之处，应更详定。

第二十三条

按：查律者累也，累之以法，所以使民不得放肆，而审判者亦得有所适从也。故凡旧律之应并科者，有受赃之并计赃数，抢窃之并计次数，然皆有一定不易之罪名，并无临时决定之规制。其他二罪俱发，多系从重科断办理，极为划一。今本条注意所指两条，一则以所并之罪较轻而从重科断，一则以所并之罪相等而并计全科。今设有甲罪应科五年以上有期徒刑，乙罪应科三月以上之有期徒刑，又甲罪应科一年以上之有期徒刑，乙罪应科三月以上之有期徒刑，则重罪较十年之有期徒刑大相径庭，轻罪应否并计，抑仍从重科断，条内并未指定，若使审判官临时决定，岂不仍参官吏之意见，将何以取信于中外？此条似宜再行更正一归一律。

第三十条

按：教唆适造意犯即包括于教唆他人之内，不必另列一条。若教唆者又另有教唆之人，则是听唆犯而非造意犯矣。

第三十一条

按：帮助从犯之犯，其为帮助正犯一也，不必另列一条。

第三十四条

按：知情共同者，以共犯论。如注意所释，丙知甲之图杀乙而暗助甲致乙于死，科以共犯，至为允当。若不知共同之情事，则锁扉杀人之事，甲之杀乙为丙所不及料，岂能谓之共犯杀人之罪？假如甲登乙之舟意图杀乙，邻舟之丙并不知甲之情事，代撤乙舟跳板而乙竟以落河，此丙与甲岂能同科共犯乎？若科丙以过失助成结果，则凡不知情者均应以第三十六条规定，此条似应再加核订。

第七章节目总叙

按：此章刑名为$\boxed{本}$律全体所关，比较中西分别主刑、从刑，较旧律整齐，无可妄参末议。惟死刑专用绞，密行刑。别辑斩刑专例，窃以为未宜。斩、绞二刑，固归于死者并无分别，而以惩戒生民，则犯死罪之情节有轻重，受死刑之执行亦有差等。前此凌迟、枭首、戮尸三项，所以惩治极恶大罪者，已奉仁诏删除，减而为斩矣。此等逆犯，若竟使保全首领，又减而为绞，则纲纪日驰，名义失防，殊非弼教明刑之道。即如分则第一章第八十八条之罪，缘坐之律已废，若仅加以绞刑，何以示惩于叛逆之徒？若均别斩刑专例，则凡新律颁行以后有不适用之时，均可别辑一例以为变通，是仍蹈旧律例案之故辙，何以收司法统一之效？窃以为死罪仍宜分别斩、绞二刑，凡犯旧律凌迟、枭首罪名者均用斩公行，明著于篇，以示肆诸市朝之义。其余死罪，均用绞密行，以昭刑期无刑之政，应请再加厘订。

第四十五条

按：此条规定，监禁处分日数不得逾三年，以一日折算半圆计之，是罚金总额凡五百圆以上、三千圆以下，其易刑处分皆为监禁三年，其总额之比例皆为逾三年之日数。依此条之规定，缴纳其一部分者，用按分比例定处分之日数，核计日数皆非一日抵半圆之常例。故本条第二项所列乃罚金总额在五百圆以下规定，应请详为申明。

第五十条

按：现行律：凡废疾犯流罪以下者，收赎。此条不用废疾而改为聋哑，文义颇不赅括。因盲者、痴者其犯罪情形亦与平人不同，即不能与平人一例科断。观沿革条内，谓唐以后有笃疾、废疾，盖聋哑亦括于内之语。是本律亦不以笃疾专指聋哑，惟其所以废去笃疾中他项之故，未尝详叙理由，律意无从揣测。且聋哑之人亦有不尽痴昏者，似未可一律谓之精神不完备，而概使得邀宽典也。此条应更厘订，并见第十一条签注。

第五十一条

按：此条第二项，凡关于亲告罪首服于有告诉权之人者，亦以自首论，则是第一项所规定者皆为非亲告罪，但律文不明著之，似为疏漏。考亲告罪与非亲告罪，日本刑法中有此区别，刑律中非亲告罪居最多数，其亲告罪仅十余条，居最少数。然二者之名称，皆非中国律例之所有。本律既引用之，则宜详列细目著于总则之中，或附于本条之后以为准则，庶便研求。今全案中未经详定亲告罪之条，自似未完密，应请补列为是。

第五十四条

按：犯罪事实其情轻者，本刑已减矣。人藏其心，不可测度，心术有何凭准，若再拟减，恐多流弊。

第五十六条

按：据此则二十年以下、十五年以上已为有期徒刑之一等矣，与〔第〕三十七条参差。

第五十七条

按：此条按等加减之法为旧律所无，以其今计数刑为一等，非若前第三十七条所揭各以一刑为一等也。盖分则所定罪名，每条多详列数刑以为上下之限，遇有当加、当减之时，颇滋疑惑，故此条为必不可少之规定。惟详推事理，尚有未公允者。例如分则处二等或三等至四等有期徒刑者，加重一等则为处一等或二等至三等有期徒刑，减轻一等则为处三等或四等至五等有期徒刑。夫变二等为一等、三等为二等、四等为三等，谓三加重，变二等为三等、三等为四等、四等为五等，谓之减轻，于理固当。然此特加重一等或减轻一等者为然。若遇有加重二等或减轻二等，依加重不至于无期，减轻不至于罚金之律，则加重仍为一等或二等有期徒刑，减轻仍为四等或五等有期徒刑，是本罪二等者加重二等、加重一等者同科，本罪四等者减轻一等与减轻二等者并罚也。一失之轻，一失之重，是否仍依其最长期与最短期判之，或加重、减轻其附加刑以剂其平，应请声明。

第五十八条

按：所规定罚金之等次凡八，曰三千圆、一千圆、五百圆、三百圆、一百圆、五十圆、三十圆、十圆，与死刑及自由刑之等次适合。则三千圆与一千圆之罚金，即可比照死刑及无期徒刑，不必加重、减轻。而以五百圆比一等有期徒刑，三百圆比二等有期徒刑，一百圆比三等有期徒刑，五十圆比四等有期徒刑，三十圆比五等有期徒刑，十圆比拘留，区分六等以为加重、减轻之限。但依分别所定多寡之四分之一为一等，则所加减之数尚微，以为劝惩恐无效力。惟与徒刑或拘留并科者，其金额既无一定确数，自不能豫分等第，应如此条规定，以应罚额数四分之一或二分之一为一等，以为加重、减轻之准，庶失之过轻，此条应请厘订。

第六十条

按：刑法加减至二等以上，其规定与加减一等者事实上当有区别。日本律于二等以上之加减，其规定之法有二：一曰通加减，一曰递加减。通加减者，如律文规定以刑期全额四分之一为一等，则于律定之刑期全额折之为四分，而直加减共二分或三分；递加减者，先加减其律定刑期全额四分之一为一等，次再加减其四分之三之四分之一为二等，如是递推。两者相权，通加减法常加重而减轻，递加减法常加轻而减重，一适于劝惩，一适于原宥，故两者可并用也。今草案中有拘留、罚金减四等即得全部免除之文，则是专用通加减之一法，不如两法兼用之尤为完密也，请再核定。

第六十六条

按：此条仍取感化主义，重在有悛悔实据一层。惟有期徒刑执行未满三年不许假出狱，是四等以下[1]有期徒刑均不得邀假出狱之宽典，重罪许其悛悔，轻罪转不许悛悔，似未允当。且罪犯悛悔亦殊难得实据，恐适开上下因缘之弊。日本刑法，假出狱本刑期内仍付特定监视，中国现时警察

---

① 签注原文似有误，应为四等以上。

尚未完备，即云监视亦等虚文，不过仍同提禁保释之办法，是假出狱即真出狱，徒启罪人侥幸之心，难收悔过迁善之效，此条似宜缓行。

第七十四条

按：此条规定刑罚权之消灭，谓罪犯逃逸历时既久，已过规定之年限者，即不复究治其罪。此乃东西洋各国公认之学说，为中国旧律之所未有者。其立法似觉宽纵，然以事实论之，中国逃犯就获者十中不过三、四，或有事隔数年率能捕得，亦持千百中之一二。至若犯罪于数十年前，缉获于数十年后，则各省之中数年之间概乎无闻。是刑罚权之消灭，中国与列洋实同，不过有无规定明文之分耳，案中既采取此制，以求与列国齐同，要无不可。惟宜将刑期展长以合中国人情习惯，否则是导人犯罪而又为之开一幸逃显戮之门也。拟死刑期限或展为五十年，无期徒刑期限或展为四十年，以下递推，务令奸恶虽有幸免刑章之事，而人民仍不至生轻于犯法之心，方为允当。又罚金项虽与徒刑不同，然其差等既多，情罪各有轻重，今概以一年为刑罚执行权消灭之限，亦太宽纵，并请再为厘订。

又按：凡刑罚执行权之消灭，其计算时期之法须为声明，以其有关于罪名之出入也。考德、意等国，有所谓继续时期者，凡二例：一、自罪犯逃走之日起折算，一、自罪名宣告之日起算；有所谓中断时期者，则逃犯已获复逃，即自其复逃之日起算。又有所谓令状时期者，盖对于逃走之要犯命逮捕时，对以所出最后之令状时起算。若每年发令状一次，则罪犯终身刑罚执行权无消灭之时期也。现今日本制与此同，今案是否采用此制，未及申明，应请补入，方为周匝。

第八十二条

按：新律既与旧律不相沿袭，此条所指服图似无根据。

第八十七条

按：法律所以范围天下，必须臣民共喻，然后知所遵守。今此条所指视能、听能、语能、机能、阴鸷之类，皆系东瀛文义，未必尽人能解，似不若循旧律较为明晰赅备。

计开分则各条

第二编分则总叙

按：大清律首重"十恶"之条，其间害及国家者十之四，谋反、谋大逆、谋叛、大不敬是也；害及家族者亦十之四，恶逆、不孝、不睦、内乱是也；其害社会而间接以害国家者，仅不道、不义二者而已。君亲并重、礼法相维，如同日月之经天，万古不可磨灭。今分则次序指明害国家、害社会、害个人，而害及家族者并未指明，亦未将恶逆之罪辑为专章，如杀祖父母、父母及期亲尊长，仅见于［第］二十六章杀伤条内，殊非尊重伦常、防维礼教之道，此为大经大法所关，数千年教化所维系，不能以他国有无同例稍事变更。所有关于"十恶"中恶逆、不孝、不睦、内乱害及家族之罪，似应辑为一章，次于帝室罪后，方足以维国俗而民心，应请再行厘订。

第八十八条

按：此条应著明斩刑，已于总则第七章内笺注。至本条律文简括，其共谋之从犯，应否照原律不分首从？知情之父祖、子孙、兄弟及同屋之人，应否照通刑缘坐？似宜添著明晰，以免援引窒碍。

第八十九条

按：对于乘舆、车驾既已揭明"危害"二字，岂能因过失而原恕？若本条理由所指失威咫尺，进退失其常度，则进退失度并无危害之可言，与前条所揭轻重悬殊，应请再加厘订。至本条罚金一节，日本刑法对于天皇、三后、皇太子有不敬之行为者，附加二十圆以上、二百圆以下之罚金。此与我国政教礼俗大相违背，断难强合，此节应请更改。

第九十一条

按：此条罚金单指帝王缌麻以上之亲而言，然以皇族之尊崇，几蹈危害之不测而转科罪人以罚金，于理亦殊不顺，请再核定。

第九十二条

按：就本条理由指明不敬之行为与现行律迥异，且于冒舆之尊严而出于故意，是较第八十九条之过失为重，而科罪则与［第］八十九条相等，仅以不处罚金为之区别，似尚未能见洽。至于冒尊严由于言语文书之举动，举九十六条犯跸之罪，殊难分晰。若谓既系叩关等项罪由，则现行律例原有冲突仪仗之条，并非法无所备，应请再行指明厘订。

第九十四条

按：本条"侵"字名义似有未协。"侵"字有侵夺、侵害、侵占之义，似不如仍依旧律用"擅"字为是。

第九十五条

按：前条罪止擅入，此条结果可生危害，而科罪较前条为轻，且未分晰杀伤人与否，似未允协，应请更定。

第一百条

按：此等内乱之首魁，在旧律应凌迟，现行律应斩决，今于死刑之外尚或予以无期徒刑，不惟于中国现在情形不合，即日本刑法亦不如此宽纵，此条应请更订。

第一百零九条

按：此条似可指明处斩之罪，不必以［第］三百条及［第］三百零二条比照，盖以杀伤外国代表与杀伤尊亲属为比例，似于国体失之卑胁，殊不顺也。

第一百一十六条

按：条内第一百十一条当为第一百十条，一字衍文。

第一百二十二条

按：此条应与第一百条之首魁科同一之罪，方足以儆叛逆。

第一百二十三条

按：此条应与前条科同一之罪。

第一百三十一条

按：本条第二项应与［第］一百二十三条第三项同罪，本条第三项应与［第］一百二十三条第四、五项同罪。

第一百四十三条

按：本条罪名较旧律为重，自出于矜恤罪囚之意，足以儆暴官污吏之横虐。惟第三百零五条系对尊亲伤害加暴行之罪，与此条比较殊属不伦，恐有错误。其本条云从重处断，查第三百零一条系伤害平人致死或笃疾、废疾之罪，本条比较处断已属从重，为再加从重转失其平矣，应请核订。

第一百四十六条

按：图国库之利益，征收正数外之金谷及其余之物，仍处三等有期徒刑，深合《大学》"以义为利"之旨。图他人利益，无论何人均属为私，与图自己利益同科，应较图国库利益之罪加重方是，分别公私，以昭平允，应请核定。

第一百四十七条

按：使人行无义务之事，应以有无妨害为断。否则行无义务之事，其罪轻，妨害权利之施行，其罪重。同处一刑，似未允当，应请酌核。

第一百五十二条

按：第一百四十三条致死伤时比较处断，则此条加暴行、胁迫致死伤时，亦应比较处断，方得其平，应请核定。

第一百五十三条

按：本条之罪，旧律不过满杖，此条所定罪名未免过重，应请再加厘订。

第一百五十四条

按：公然对其职务为侮辱，所为之侮辱即侮辱之事实，又云"不分有无事实"，则无事实者何得指为侮辱，"不分有无事实"一语似宜删去。

第一百六十一条

按：既云无故则干涉刺探，不过多事而已，处五等有期徒刑、拘留或一百圆以下罚金，似觉太重。将来有不变，有□□不行之时，应请核订。

第一百六十四条

按：本条第一项首惑众殴官，则非无期徒刑所足蔽辜，殴官至死伤，更宜从重科断，请再核定。

第一百六十九条

按：本条系劫囚之罪，处二等至四等有期徒刑，未免太轻。唐律明律伤人者绞、杀人者斩，较有等差，此条请再核定。

第一百七十一条

按：此条罪名，应就囚罪比较处断。若一律处二等或三等有期徒刑，设所纵囚罪轻于二等、三等有期徒刑时，转失其平矣。

第一百七十七条

按：旧律亲属得相容隐有一定之范围，亲疏罪有等差，犯谋叛以上不用其律。本条泛言亲族，查总则第八十二条凡称尊亲族者有三等，称亲族者有六等，本条未言尊亲族，是否泽括"亲族"二字之内，应请明晰解释，以免误会。至尊亲族与亲族犯本章之罪，一律免除其刑，并无差等，似非教民亲亲之道。则一族之人均得容隐，其妨害官之搜索逮捕，滋弊更多，应请再加厘订。

第一百七十九条

按：诬告人死罪已决者，非二等有期徒刑所能蔽辜。按明律死罪所诬之人已决者反坐以死，未决者杖一百、流三千里。现行律同此条，应再厘订。

第一百八十二条

按：本条律文，如第一项之营造物，似觉范围太宽，官府廨舍、私家合家财物畜产积聚固为营造物，即他人所有营造一草一木均不得谓之非营造物。其大者处死刑并不为过，小者处以一等有期徒刑，失之太重，似须将"营造物"三字之范围明晰解释，方免误会。又如第二项指明多数，则少数者应如何处断？指明贵重，则不贵重者应如何处断？似未赅括。又如第四、五、六项均缀"其余营造物"一语，所指其余未识何解？即如第四项指明仓库，则仓库以内之营造物均括于仓库之中，不必另赘一语。如系仓库以外之营造物，则应入第一百八十四条之范围。应请再加厘订。

第一百八十九条

按：前条言浸害，是浸而受害者。此条止言浸，则尚未有害，处以三等以下有期徒刑或一千圆以下、一百圆以上罚金，殊觉太重。

第二百一十六条

按：本条注意所释，煽惑不分是否生起人之犯意与实行，但以其人曾煽惑他人犯罪者，即应以独立之罪处罚。设使被煽惑之人均不生起犯意，则第一项与第二项本刑均无可比较，公然煽惑之罪从何科断，应请明晰解释。

第二百二十条

按：此条定罪，昼夜应有区别，请再核定。至格杀无罪之例大有附会出入，是否准行，亦应指出。

第二百三十三条

按：第十七章关于伪造通用货币之罪，本律不科死刑，究其犯罪之由，仅为趋利起见，虽较旧律为宽，尚可参照外国刑法改定。至本条之伪造制书及第二百四十一条之伪造御玺国玺，无死罪之规定，是启犯上作乱之萌，何以杜履霜坚冰之渐，此条及二百四十一条均请再加妥订。

第二百四十一条

按：此条已于二百三十三条签注。

第十九章关于伪造度量衡罪的说明

按：此章关于伪造度量衡罪，须俟农工商部奏定画一度量权衡章程，十年旧章全废之后方能实行。惟本律言度量衡而未言□□，宜增入。

第二百五十条

按：坛庙与寺观、墓所、礼拜所科同一之罪，非所以辨□□也，似宜酌加区别。

第二百五十一条、第二百五十二条、第二百五十三条

按：中律开棺见尸者死，此第言见尸非毁尸也，且系寻常人之尸，非尊亲属之尸也。尊之一字所包者广，即就家庭之尊祖父母、父母言之，令子孙而发其冢、毁其尸且盗取遗骨遗发，此种枭獍，最重之刑仅处以无期徒刑，非所以教孝也。本律所定之刑，虽较各国立法例为重，实大背旧律无持伦纪之旨。虽废剥夺生命之刑，仍无感化之可言。凡发掘坟墓者均可以吉壤早□，流弊何可胜言！此三条应请重加厘订。

第二十一章之说明

按：此章关于鸦片烟之罪名，似宜查照现行律禁烟章程重加核订。

第二百六十五条、第二百六十六条、第二百六十七条

按：赌博一项，国内□□□□□□□广犯，皆不外开场局诱渔利抽头以致良民废时失业，流为盗匪，而其间之男女混杂、良莠不齐，尤为社会一大患害。即如广东、浙江等省花会，每有聚众逞凶拒杀差勇情事，决非泛泛典型，所能得其观感，似宜仍照旧律，酌量分别加重，庶期匪徒知儆。

第二百七十二条

按：猥亵行为指未成奸以前之行为，照鸡奸一项既赅其内，则对男子已成奸之行为亦赅在内，是猥亵行为不仅如现行例之调奸、图奸矣。且"猥亵"二字，字义太泛，似不如调奸、图奸之易晓，应请再加厘订。

第二百七十三条

按：此条加"不能抗拒"一语，则猥亵行为与奸淫更涉嫌疑，如男子拒奸杀人及本妇坏自尽，均应如何科断，似应特别规定。

第二百七十四条

按：法律缘于风俗，中国素重视妇女之节，即不能不重科强奸之罪。此系礼教所系，不能以他国法律变易者也，本条之罪即不科以死刑，亦不应仅处二等以上有期徒刑，应请更定。

第二百七十八条

按：此条和奸，仅及有夫之妇，至处女、孀妇、亲属相奸均无规定，此于中国礼俗防闲大有妨碍，应请再行妥定。

第二百九十五条

按：本条沿革所载，是贩卖毒药归于此条之范围，然如此砒霜、信石等不可设为人身须用之药品，又如违背律例之律例，不知指何项之律例？如指旧，旧律则与本律不相沿袭，如指本律，则有律无例，请再更定。

第二百九十六条

按：本条应俟通国医学昌明后方可实行。否则，精于医者显①以为常业而受公署之许可，其受公署之许可者□，如□时之官医，殊有窒碍，而无裨益。

第二百九十九条

按：本律普通杀人罪，均惟此条规定，其刑为死刑、无期徒刑或一等有期徒刑三种，其轻重悉任审判官按情节而定。然则杀人者不必死，死者不死于法而死于裁判官之意，以杀人者万变之情形，刑而止科以可轻可重之一条之律，是较汉高之约尚觉宽之又宽。且律文活动，则慈祥者率从轻典，严酷者悉按重律，恐欲求执法之平难矣。事不论谋，故人不论造意、加功情形，不论尊卑、长幼、良贱均统于一条之内，简则简矣，窃恐于实行窒碍之时，又为至繁之例所从出也。至本律实行之后，秋审制度如何办法未见解释，若就本条死罪再行分别实缓、矜疑，则恐杀人者几无抵罪之事矣，应再加厘订。

第三百条

按：凡本律对尊亲属犯罪之条，均应别辑一章，已于编首笺注，仍应按严制分别等差，凡恶逆之罪在旧律斩决以上者，均应明著斩刑，方足以厚风俗而敦伦化，应请再加厘定。

第三百零一条

按：本条第一项之致死，即旧律之斗杀也。斗杀实抵者诚属十不适一，然其情形亦有情凶近故者，若直无死罪，适启好勇斗狠之风，恐非弭乱之道，应请再加酌定。

第三百零二条

按：本条罪名太轻，凡伤及祖父母、父母者，无论何项之罪均应处以死刑。理由所指并无杀意，此在平人或可原恕，至侵犯尊亲断难宽假，应请再加厘订。

---

① 签注原文为"显"，但应为"鲜"。

第三百零四条

按：二人以上同时下手伤害一人，皆以共同正犯论，此在伤害未致死者，似较强分首从为允当；若致死者，同为正犯罪至死者，是一命二抵矣！是仍以伤害之轻重为轩轾较得其平，应请再加厘订。

第三百零五条

按：对尊亲属加暴行，如系子孙殴祖父母、父母，妻妾殴夫之祖父母、父母者，旧律皆干斩罪。本条仅科四等以下有期徒刑，悬殊太甚，仍应按服制分别等差，加重罪名，已于〔第〕三百条内笺注。

第三百零八条

按：对于尊亲属一项罪名太轻，应请更加厘订。

第三百零九条

按：本条第二项与前条同宜加重罪名。

第三百一十条

按：耳目所不及、思虑所不到者，是为过失，较之误杀、斗杀尤为无心之过，故旧律杀人者仅追收赎银十二两四钱二分，伤人者照斗伤定罪收赎。今若处一千圆以下，五百圆以下罚金，不特较旧律悬殊特甚，且有心之杀伤尚比旧律量减，而无心之杀伤转视旧律加重，轻重倒置，似非立法之平允，应再行更订。

第三百十一条

按：因过失致尊亲属于死或笃疾，乃科以罚金，其至为不顺，仍宜照例问拟罪名，夹签恭候钦定，删除罚金为是，请再核定。

第三百二十四条

按：对尊亲属犯本条之罪，若与普通遗弃罪等大无区别，凡子孙违犯教令供养有缺之罪，仍应另辑专章之内。

第三百三十二条

按：年未二十，知识未定，固易被诱。然年在二十以上，如有被诱者亦宜处以相当之刑，岂能竟置不问？应请再加厘订。如有略诱二十岁以上之男女移送外国者，亦宜处以相当罪名。

第三百四十条

按：本条"不论事实之有无"似有语病。其事实之无者，公然侮辱，情正可恶，罪之当不为过；若事实之有者，一面认为责备，一面认为侮辱，即据以科徒刑，未免失之太重。查第二十三章本律法奸非之性质，惟礼教与舆论足以防闲之，即无刑罚之制裁，此种非行亦未必因是增加。若侮辱则更轻于奸非，岂不可以道德与舆论为防闲而必重加刑罚之制裁，窃恐转长怙恶之纵，未为情理之平，请再加核定。

第三百四十四条

按：本条沿革所引沉匿公文书罪，律文仅言信函未及公文，似未赅括，宜照现行律添入，此情节再核订。

第三百四十九条

按："凡以自己或第三者之所有"为宗旨句，殊觉欠解。查日本刑法，此条律文云"窃取他人之所有物者，为窃盗罪"，至为明晰，应请改订。

第三百五十一条

按：本条首句费解，已见三百四十九条笺注。按强盗罪名自明以降逐渐加重，然盗风日炽，并不因此少息，其故不在无严峻之法，而在无补助之政。本律减轻盗罪尚在可行，惟持杖伤人者似须处以稍重之刑，方有所区别。

第三百五十四条

按：本条所列各款，情形甚重，均须以死刑方足以惩凶暴。即如第三强盗而兼强奸，若仅处以无期徒刑，盗亦无惧矣，应请重加厘订。

第三百五十五条

按：此条各举，应处以唯一之死刑，并明著斩刑方足示儆。

第三百五十六条

按：强盗故意杀人，岂能稍存实假，或处无期徒刑，殊未允当，应并前条一律加重。

第三百七十一条

按：旧律于此项罪名，定明送官日限，本律宜似定酌量规定，以示论罪不论罪之准则。

第三百八十条

按：本条第二项毁弃制书重于公文书，同科一刑，似无差别。且毁弃制书无论因何起见，总属不敬之行为，处以二等至四等有期徒刑，亦觉太轻，应请再行妥订。

第三百八十二条

按：损坏、伤害他人之物，物有大小、贵贱之迥别，而统名为物则无所分晰。设使损害仅及微物，即科以四等以下有期徒刑，未免过重，应请再加核订。

15. 云贵签注清单

滇督签注总则清单

第一编总则

按现行名例为诸例之纲，兹以总则名编，较名例二字犹为名实相符。

第九条

此系固当。但无论规定何项律例，总宜通盘参酌，不可各行其是，过于轩轾。

第十条

查律例无正条不得为罪，本各国之通例。特情幻百出，律所难赅。设有准情酌理、确为有罪之行为，只以律无正条，遽尔判为无罪，似亦难昭允协，应请再酌。

第十一条

此条允当可行。惟成年与否，似宜别有规定，不宜以临时之犯供为断。

第十二条

酗酒为法所应禁。酒醉之行为，不宜与他项精神病同论。若将酗酒标出，则犯事者与司狱者均将藉酒醉二字而上下其手矣，应请再酌。

第十四条

按：正当事业之行为不为罪。如注意所谓医师诊外科之病，断人手足不得谓为伤害之类，洵属正当。然亦有庸医妄逞手段，以致杀伤人者，似不得谓为无罪。不如以临时考察其行为之当否，以定有罪无罪之分，似较周密，应请再酌。

第二十条①

此条允协可行。惟前条规定逾五年而再犯者，不在加重之限。若三犯

---

① 签注原文为第十九条，实为第二十条。

者亦在再犯执行五年之后，是否仍作三犯论？似应明予规定。

第二十七条

此条最重刑同等，据最轻者定之一层，与第一层相抵牾，是何理由？未准阐发，确难签注，并请再酌。

第二十八条

此条照一罪处分之说，自系并连续之案为一罪可行，仍应明白规定。

第三十一条

此条语义是不分首从。譬如十人共殴一人致死，若照旧律应拟绞抵，岂将十人一并拟绞乎？又如十人共窃，计赃满贯，亦将十人均拟绞罪乎？似嫌过重，并请再酌。

第五十四条

酌量减轻一事，审判官得以上下其手，殊有未宜，应请再酌。

第十二章

犹豫行刑各条，行之目前必多弊，实宜再酌。

16. 广西签注清单

广西巡抚签注

第一百零七条第一款

谨案：君臣之义，天秩之理，元首威严尊无二上，无论主观客体，不容有所比隆。查第八十八条，凡加危害于乘舆、车驾及将加者，处死刑。此惟一之死刑，本案惟谋杀尊亲属有此特例。非以杜将加之萌，盖以凛纲常之义也。五洲交通，国交固重，春秋之义，内国尊王。今以危害外国君主罪以危害乘舆之罪，虽罪质不同，而处分均等，于国民之心理深有未安，且施行原则乃杜国际之发生重害，较之明伦饬纪，自必有殊。夫人臣无将之义，施诸他国之君，凡在受治不能无惑，谋反大逆别辑专例。倘于外国君主，不仅危害竟至戕殊宣告死刑，从何加重？近世无君之党，所在横行，如美前统领之弑，乃非其国之人，至于谋加危害不择恩仇，尤属多有。脱有他国凶党于我境内犯前项之罪，倘第三国出而干涉，转召施行之阻碍，至于皇族亦当从杀。循此原理，无待费词。

第一百零八条

谨案：列国交通，礼重宾主，断不能以外国君主及大统领与乘舆同一名义。上海《苏报》一案，以本国臣民指斥乘舆，事在租界，外人科以轻刑。若于租界犯本条之罪，外人或执我律科断。是指斥乘舆或得从轻，不敬外国之君转置重典，则本国臣民不能受本国法律之保护也，如豫备立宪政体何？本条第二项中国臣民于外国犯前条之罪，有治外法权之人固依本律处断，余人论属地主义，恐此项法律终无效也。查关于国交之律，如日本旧无此规定，本案为慎重国交，特定此律，自有深心。特法权独立巩固之术，非止一端，律即从严，于国际感情无甚关系。若故峻其防，壹似我国臣民有特别排外之性质，尤失造律之初意。惟当于根本解决，期合于事理之经，则外国君主不得比于乘舆，其义审矣。

第一百零九条第一款

谨案：本案唯一死刑，惟危害乘舆、谋杀尊亲属二条，恩义之重，特异寻常。若于外国君主等于乘舆，外国代表等于祖父，是唯一之死刑，顿增其二。虽云罪质有别，与以论者不同，然望文生义，不独见笑外文，于国民视听深有所损。如《马关之约》，中国代表李鸿章被日人铳伤，其国仅科以短期之禁锢，知其非国民政府之同意，我国亦无责言，此前事之可见者也。

17. 四川签注清单

川督签注总则清单

第二章第十条

谨按：窃以人心诈伪百出，案情变化万殊，断非律例数百条所能赅载。若其行为实有损害于社会而律例并无规定之刑法，例如现行律内米麦搀和沙土比依官盐搀和沙土，及弃毁祖宗神主比依弃毁父母死尸，情罪俱各相若，而律例均未载及，故特立比引律条以补其阙如，此等类更仆难数。宥之则罪不可逭，罚之则律无正条。虽本案各刑中定有上下之限暨酌量减轻、宥恕减轻各例，可以临时审定，然所犯之罪与各刑相同者，自可审其情节之轻重，按其制限之上下酌量加减以定之。倘与各刑绝不相侔者，取舍从违，殊难折衷至当。蒙谓凡酷似有罪之行为而律无正条者，其拘留以下刑罚较轻，似可置诸勿论；其徒刑以上情罪较重者，由审判官附所当比律以闻，非奉法部覆奏回报，不得宣告执行。斯立法之权，仍不致为司法所侵。是否之处，拟请咨部衡定。

第七章罚金

谨按：因人之贫富不同，审判官当查勘其境遇而定。例如过失伤，贫人宣告百圆亦觉力有未逮；若在富人，则五百圆犹太仓之一粟。酌理准情，诚为精确至当。顾律为一代之大法，即本案所谓与民共信之物，若律外参以官吏之意见，则民将无所适从，故按律执法，必须画一不二，方足以资遵守。矧人之贫富情形不一，有本贫穷而性近挥霍者，有本富厚而心存吝啬，有日进一金而用之有余，有日进十金而用之不足，此乃人之家资，不易调查。人之境遇，不能执一而论。更恐人心有宽刻，人情有爱憎，或其贫者逞其溪刻而谬以为富，或本富者因其所爱而目以为贫，其中流弊何可胜言？且罪同罚异，民智未开，将毋疑贰，可否将各项罚金按其罪犯轻重分别定以额数，如实无力措缴，则易以监禁处分。庶贫者可无幸免之虞，富者可杜苛罚之扰，拟请咨部衡定。

第七章第四十三条

谨按：凡受有期徒刑或拘留之宣告者，其执行上实有窒碍时，以一日折算一圆，易以罚金。又第四十五条应罚金无资力者，以一日折算半圆易以监禁处分。窃以狱贵持平，法宜不二。执行有碍者，如外国水手偶犯拘留，恐其归航有误不免飘零，输金一圆准抵拘留一日，情法可谓至当。当其无力罚金者，则一日止算半圆易以监禁。夫既曰无力，则家计贫难可知，一人拘留全家饮泣，多一日拘留即少一日生机。是一日折算一圆，有资者可省其累；半圆折监一日，贫苦者似嫌其多。可否将无力罚金者亦以一圆折监一日，以昭矜恤而示均平。拟请咨部衡定。

第十章第五十四条

谨按：因同一犯罪情节互异，若株守一致，则律例之范围过狭，反致有伤苛刻，故予裁判官以特权临时酌量减轻。又第五十六条"凡死刑、徒刑、拘留，从第三十七条所揭次序加重减轻，不得加入死刑及无期徒刑"。诚以死刑与无期徒刑具有特别性质，故明定规则以示限制而昭郑重。然死刑与无期徒刑依次递减则可全其生命，不致缧绁终身。加减之间，出入甚巨。对镜参观，于加重既有制限，于减轻似宜有权衡。应否分别有期徒刑以下应减者，裁判官临时酌量办理；其死刑与无期徒刑应减者，由裁判官议俟法部覆奏回报，方许执行。拟请咨部衡定。

18. 邮传部签注清单

邮传部签注总则清单

第八条

按：本条规定，在立案者本意，系为防止本律与国际法之冲突而设。不知刑法与国际法本自截然两物，各有独立性质，牵此入彼，实为大谬。譬如国法论上至尊，神圣不可侵，不闻有何国刑法定主权者不受本法适用条文，因国法与刑法各有界限故也。国际法与刑法之关系亦可以此隅反，故照普通国际法，外国主权者、代表者均不受内国刑法制裁，然各国不以此种条文加入刑法，即如日本新颁刑法，其第一条、第二条、第三条正与我国刑律之第二条、第三条、第五条相当，然并无与本律第八条相当之条文。日本裁判官岂得执"刑法适用于帝国内犯罪者，不论何人"之词而审判有治外法权之外国人乎？观此，则本条之设，不诚为多事乎？且以国际条约与法规、惯例并举，在学理上亦有未妥。夫国际上舍条约惯例即无所谓法规，盖条约惯例为国际法之大源故也。不宁惟是，此条若作为正文颁出，于中国国权体面大有损伤，何则？领事裁判、混合裁判等特别条约，只成为国际条约上之权利，与内国法律上之权利，固自有间。若为内国法律付与之权利，则不因开战而消灭，若仅为条约上之权利，则开战时可以失效，今将变条约上之权利而以刑律规定之，于我国所损滋多，是亦不可以已乎？至于"惯例"二字，尤属荒谬。外人对于中国刑律之惯例，容有一视焉。我为国家之举动，立案者乃欲定诸律中而直认之为权利行为乎？往者定《上海会审条约》时，略闻外人有加入"会堂成规不可变之意"之字样者。成规者，惯例也。此二字即使外人要求，犹难加入，况定诸刑律中乎？要是此条为各国所无之条文，流弊甚大，非削去不可。

第十条

按：唐律断罪无正条，其应出罪者，则举重以明轻；其应入罪者，则举轻以明重。明律凡律令赅载不尽事理，若断罪无正条者，引律比附，应加应减，定拟罪名，议定奏闻。现行律同。查此条以律无正条，唯恐奸臣侮法，随意爱憎执法，固已杜绝其弊。然迩来人心不古，犯罪者择律例无正条者故意犯之，以难执法之人自离于罪，俾执法者无所措施，其流弊亦不堪设想。且以一人之心思才力对付千万人之心思才力，非以定法治之不足以为治。孔子曰："民可使由之，不可使知之"，又曰："道之以政，齐之以刑，民免而无耻"，此古人刑期无刑、辟以止辟之意。苏文忠曰："古人之用法，如医者之用药。盖法有定而罪无定，药有定而病无定也。"后世人心，巧诈以致任意枉法，实非治法之过，乃不得治人之过也。按此条不如仍遵旧律引律比附，应加应减，定拟罪名，议定奏闻为妥。

第十二条

按：本条规定在学理说明上本极稳当，但揆诸实用，颇觉危险，何则同为精神有异状者而强分以轻重？如日本刑法规定为心神丧失者与心神耗弱者，异其处置。标准漠然，难于立说。但在实际则全无知觉之狂人与精神略有障碍而惩忿窒欲之力薄弱者，其间相去实难以道里计。概以精神病目之而定以不罚为原则，不免有奖励为恶、害及社会之恐。似宜改本条"精神病"字为"心神丧失"，而改［第］五十条之"满八十"字样为"心神耗弱者"较为稳妥。盖立法虽或困难，而实际利益颇大也。

第十三条

按：本条规定凡不出于故意之行为不为罪。按此条，设如故意行为佯为不知，罪者其将何以处之？且知罪而犯例加一等，其不知而犯者应不能免其罪。

第十四条

按：本条规定后半在外国立法曾未经见。盖刑法所以惩反于公序善俗之行为，而其行为已于分则中列举之，无庸用此包括条文。至于"习惯"二字尤为欠安，国家制定刑法将以矫正习惯，其可以容者，法廷得以为习惯而认容之。此又为法律与惯习之关系之问题，不必列入刑法条文者也。即如所举市集爆竹两例，如为可存之习惯自不成为问题也。譬如练习柔术，彼此微伤，不必成为创伤罪，各国皆良有。然如他种恶习惯为不可存者，则国自应干涉之，以期改良风俗而达刑罚法律之目的，不必认容各种习惯皆有法律以上之效力，反至多生流弊也。

第二十二条

按：在中国因特别条约有设内外法官混合裁判者，此种法廷由各国之暴力，多适用外国法律，甚至有任意裁判并不适用法律者。但情形虽属如此，又不能竟目为外国法廷。此种事实，未便疏漏。似应于本条增加一项云：在因特别条约所设立之中外混合裁判所受有罪审判者，亦同。

第四十九条

按：本条规定凡十六岁以上、二十岁未满之犯罪者，得减本刑一等。按唐律，年七十以上、十五以下及废疾犯流罪以下，收赎；八十以上、十岁以下及笃疾犯反逆、杀人应死者上请，盗及伤人者亦收赎，余者皆勿论；九十以上、七岁以下，虽有死罪不加刑。即有人教令，坐其教令者，若有赃，应备受赃者储之。明律及现行律同。《曲礼》曰："八十、九十曰耄，七十曰悼。悼与耄，虽有罪不加刑焉。"吕氏注："耄，惽忘也；悼，怜爱也。耄者老而知已衰，悼者幼而知未及。虽或有罪，情不出于故，故不加刑。"此古人立法之意。岂有十六岁以上、二十岁未满者尚属幼而知未及耶？如此年龄减等治罪，则犯罪者将不一而足，流弊甚多，非削去不可。

邮传部签注刑律分则草案

第八十九条、第九十一条

按：罚金似过多，文明各国罚金在五百圆以下。

第九十二条

按：日本法定此罪云：处以三年以上、五年以下之重禁锢，附加二十圆以上、二百圆以下之罚金。前［第］八十九、九十一条皆有罚金之条，重罪可赎，岂轻罪转不可赎乎？

第九十三条

按：处分与九十一条同而罪名异。日本于此条则定为：二月以上、四年以下之重禁锢，附加十圆以上、百圆以下之罚金。今以不敬罪与过失危害罪相等，似欠惬当。

第九十七条

按："罪之"二字无一定，则恐易使人上下其手。

第九十八条

按：此条似可附入于［第］九十条之下。

第二章第一百条

按：首魁处死刑为不易之理，乃加"或无期徒刑"五字则与各文明国法律相背，又教唆者律无专条，亦觉稍疏。

第一百零一条

按：与［第］九十七条同。

第三章第一百一十二条

按：中国臣民下须加入"无故"二字或加"未得国家之同意"数字似较妥当。

第四章

按：此篇条文中有载为"中国"者，似应改为"本国"较妥。

第一百二十二条

按："与敌国抗敌中国者"句下应加入"及战时中国所同盟之国家"一句，较为明晰。

第五章

按：此章规定似较过轻，文义亦欠分明。漏泄者，本国人乎，外国人乎？他人者，敌国人乎，抑本国人乎？日本刑法亦恐其不完备，特设军机保护法以补之，所以防留本国之外国人之所为也，似宜加意斟酌为要。昔居东瀛时读新闻报，凡我国上及宫闱政府、下及民社一切秘密，本国民不知之者无不悉载，此可为太息者也。

第六章第一百四十一条

按：此条规定似亦未为完备。认允交付者出自本意乎？出自官吏之要求乎？官吏要求而许之是从犯罪也，官吏未要求而自干进之是唆犯罪也。定为一律，似失其平。

第七章第一百五十四条

按："不分有无事实"句宜注明。

第八章

按：此章所订未能详尽，似宜另订选举法于他法中较为完备。

第十章

按：此章宜加入过失罪及再犯罪二条方为完备。

第十一章第一百七十四条

按：此条文义有欠圆满处。藏匿脱逃之犯罪人有罪，然则藏匿法律所定之犯罪人当如何？此条之罪，其被害者在官吏之搜索权，必改为知为犯罪人而藏匿隐避之处以某刑方妥。

第一百七十六条

按：关于褫夺公权，与总则第四十六条及分则第八章第一百六十二条第二项有关系，此属于本案全部应讨论之问题，以不在分则各条之范围内，故仅论其大恶如左：

关于公权，各国之立法例多于总则列举项下明定，如日本刑法所谓参政权者即包含选举、被选举之两种权在内。本案总则既不以此两种权列入第四十六条各项中，故特于第一百六十二条置其规定，而分则中所谓褫夺公权云者，即不得使丧失其选举人与被选举人之资格，如此则虽以刑余之人，苟不犯第一百六十二条之罪，皆得选举及被选举，于选举上之结果必有不堪设想者，且于选举法上亦无如此之规定。倘以第一百六十二条第二项为补明关于全部刑律褫夺公权之语，亦可生解释之疑，而失法文之体裁。然绎一百六十二条二项之意义，则决然为第八章关于选举之罪而设者甚明，不得为关于全部普通规定之解释。是不惟与本律总则上有关系，且与宪法上有至要之关系。是或立法者苦心，特为如此之规定，然豫料其实行后可生选举上之种种弊端，于刑律施行法不可不郑重分明、专条揭示以补救其缺点。凡立法之事，关系甚多，非可枝枝节节为之者。如此问题即非仅可于刑律上解决之，亦其一端也。

第二百一十九条

按："聚众为暴行、胁迫或将为者"，"为"下当加"之"字，文义始备。本案中如此类文义未备者当不少，须一一追补之。

第二百二十条

按：本条有船舰而无气车、电车，则似已包含之于营造物中，然解释上易生争论，似亦当明定之为妥。

第二百二十四条

按：通用货币系有法律强制者，若无法律强制，虽与货币有同一之信用，得任意行使之者，不过为一种货物。中国旧有之国宝制钱及新铸之银圆、铜圆皆得称为货币，其他银锭、银块等皆货物也。现时币制未统一，则货物于市面上尚有最大之流通力，事实上伪造之者亦不少，是关于信用者甚大，不能不论罪，即不能不规定之，否则使用假银锭、银块者反得逍遥法外，为害滋多。国情不同，不能纯拘于法律之体裁而竟遗漏之也。且本条无货物之规定，则于二百二十五条亦因之可生最大之争议，故本条似当明定货物为当也。

货物与货币之分，亦从学术上用语而来。学问上既以区别之为要，则当此货物、货币两者通行之时，于法律上尤不得不区别之，既无背于学理又适合于国情，故两者尤当使其分明也。

第二百二十五条

按：外国通用货币在中国本无强制力，惟［事］实上已经流通即有不得不认之势，故本条亦从外国之立法例，乃系以本国法律为救济事实上困难之规定，自属应当。惟流通于中国之外国通用货币，亦不能不使之与外国货物有区别，其在外国法律上现有效力者流通于中国时，中国法律得从而认之为货币；若在外国法律上现已失效力或尚未发生效力者流通于中国时，中国法律不得认之为货币，仍当认之为货物较为合理。如日本银圆等是也，中国人民之所以信用此等货物，亦不过为物质上之信用，故国家立法关于此等，亦当纯从其物质上著眼，认之为货物者当然也。严正言之，外国通用货币虽在中国流通，亦不过一种之货物，以其在中国法律上不应与中国货币得有同一之效力，惟在国交上，在外国法律既属有效，则中国法律亦可信用其国之法律而使之有效，是亦不得已者，况在外国待之已纯然为一种之货物乎？若中国亦认此等货物为货币，既无满足之理由，且中国之货物与货币尚不得不分为二，已如第二百二十四条所注，若流通中国之外国通用货币，任其混合为一，颇觉不公。再有进者，中国人民于货物、货币区别之界向来无此思想，将来改定币值即不能不使之严其界限，以尊国币。然因于外国通用货币与货物之混合无别，即可以启国民之误解，否则仍其混合之故，使其影响及于中国之货币、货物。一守从来漫无区别之思想，不惟不能尊重国币，甚或足以破坏改定之币制，而市面之纷扰更以能免，是于中国信用政策上大有妨害，即于本条立法之初意亦大相矛盾。若因之而起争讼，审判官适用法文时亦有种种之不便。是以于第二百二十四条既宜加入"货物"，本条亦不得不随之而加入也。

本条尚有可议者，即令已加入"货币"字样，然外国货币或货物之未流通于中国者，苟可以博人民之信用，亦未尝不可创造而流通于中国。则甲国行之于前，乙国亦可仿之于后，丙、丁、戊、己接踵而起，中国之市面将成为外国货物、货币行使之场矣。故但就条文之文字上观之，可以生出漫无限制之解释。欲其界限明确，当于"流通"上加入"曾经流通"二字，庶以后他种之外国货币与货物不得继起，可免充塞之患矣，此用意于外国货物限制上为尤要。盖外国货币如有伪造，其国家法律尚得而干涉，中国法律亦可以其国币为准而鉴别真伪。若外国货物不在外国法律干涉之范围内，而近世制造之术，盖中国人民鉴别之知识，今尚未见真灼，倘外国新造一种货物流通中国，一旦滥博信用，即可售其奸伪于斯之时，既无别项之真货物为比较，即不能以之入于诈伪之范围内，而本条第二项之规定亦归于不能适用，中国刑律终无可以处置之。如须中国国家时之为之调查，既属难行，亦无此种政体，故为豫防计，不如以"曾经"二字明其限制，则倘有欲于此外创造而流通之者，不受本律之保护，则其信用自无从而生。盖有法律之规定以后之情形又与从前不同，凡信用多根据法律而始生，是又必然之势也。本条第三项流通中国之外国银行券亦不可不加入"曾经"二字，是与上述关于外国货物为同一之理由也。而银行券之制造，欲鉴别真伪，尤属难事。且以后外国银行发生不已，中国国家不得而监督之一面，不得而干涉之者一面，即无从保护，故不得不仅以现在已经确有信用之外国银行券为断也。

按理言之，外国银行券，中国以不令其得而流通为最善，然事实上不得禁止。而外国银行信用，无论其如何之厚，难保无失势之一日，虽外国国家亦不能终久保证之，故惟有严行监督之一法。中国于发行流通中国银行券之外国银行，不可不求所以监督之法，是在外交政策上及银行法上急当研究者，惟不入本律之范围，兹特附著之。

第十九章 伪造度量衡罪

按：本章屡用"不平"字样，系袭用旧名称，然案原案所称"不平"之处，其意皆与"不法"相当，而不平与不法，两者意义迥异。盖法者包含公平之意，国家制定法律，所许事项未有不平者。故若不法（如度量衡法）而处罚，则不惟不平者当科以罪，即平而非法律所许者，亦刑律上必加以制裁者也。盖此等之物于国家行政之统一上及一国之公安上大有关系，凡私人未得许可而制造之，不问其为公平与否，皆在所不容也，故仅曰不平，嫌其不能包括。且就"不平"字面反观之，则凡依各处习惯之所见为公平者皆非不平，亦解释上可生之疑惑。盖不法云者，其观念以基于法律为主，不平云者，其观念或可趋于习惯。此等习惯，中国国地互异，有不容不破除之势，故法文上不如改为"不法"之尤为明了正确也。

第二百七十七条

本条但云引诱，不及强迫，岂强迫可包含于引诱中乎？引诱、强迫两者各异，是宜分别明定。

第二百八十四条

按：本条处分分重轻三等，重者外五等有期徒刑，轻者拘留，再轻者一百圆以下罚金，意在随裁判官酌量处分之也。然罚金高至百圆之际，其结果有逾于拘留者，拘留之终数为未满一月，而本条罚金之终数为一百圆。设使无力完纳易以监禁处分，以一日折算半圆，则当拘留至五十日矣，是则罚金之结果反重于拘留。拘留有未满一月者，而罚金变为拘留反处以五十日，甚失刑罚施行轻重之序，而大为裁判官随时酌量适用之障碍也，此其弊在罚金之数太重。日本于此种刑罚处十一日以上、一月以下之重禁锢，只附加罚金二圆以上、五圆以下。盖罚金之数较少，则于轻重间之适用遂大有便利矣。

本案一切罚金俱失太重，与中国目前社会生计不宜。穷其弊，必多变罚金为拘留，而拘留囚徒又皆不服定役，是则徒收养罪人于监狱中，于个人有失业之忧，于国家增耗无穷之监狱费耳。

据草案总则［第］四十三条，如是则易五等有期徒刑为罚金，其罚额有及三百圆者，今本条以百圆以下定之，又未免失之过少。故依正当之解释必曰"重者五等徒刑，轻者拘留，再轻者一百圆以下罚金"，然如是解释，则显形本条罚金之过重，故曰不合于裁判官之适用也。

第二十五章

按：民政部非立法衙门，其所定规则应归修律大臣吸收。若有意推诿之，甚非立法维一之原则。

第二百九十三条

按：此条之弊，与［第］二百八十四条同，至第二项之罚金三千圆以下尤为过当。据草案总则［第］四十五条之规定，罚金总款之比例逾三年之日数时，缴纳其一部分者，用按分比例定处分之日数。然则罚三千圆者，如已缴纳一千圆，其两千圆易刑处分，不几当监禁四千日乎？此与"不得逾三年之日数"句已大相矛盾。三年之日数计之不过一千零八十日也，况罚金易刑只能拘留，而拘留刑期明定为一月未满、一月以上，如是将何所适从乎？日本法于此等只照前条加一等，其处罚金不及二百圆，盖有深意也。

第二百九十六条

按：罚金太重。若使无力完纳，则国家将耗一人二百五十日或若干日之监狱费。日本法只定罚金十圆以上、百圆以下，转为适用也。

第三百至三百零五各条

按：此数条已有人奏驳，兹不赘。惟骂詈已入违警律，而骂詈尊亲属者应与违警不同，若两无规定，未免遗漏，应即酌拟添入。

第三百一十条

按：罚〔金〕太重。日本只二百圆以下罚金，中国旧律载亦只十三两，且给与茔葬，不入罚库。

第三百一十一条

按：此二项不应用罚金，不合于财产刑之原理。

第三百一十二条

按：此条所定罚金额，查草案总则第七章所言，即立法者亦已自疑失之过巨，似应重定罚额为妥。盖三千圆之数，若在拥数百万巨富之子，并不足以苦之，刑罚既失其效力；而在贫穷者，则此额无所适用，刑罚又失其效力。

本案与罚金一项，应细细酌改方合。

第三百五十条

按："营造物"三字似未能赅括贸场、局厂，如此处不添入，或于注意内注明亦可。

第三百五十五条第四款

按：拟改"于盗所强奸妇女，或因奸而死与伤害人而死或未死而笃疾者"。

19. 热河签注清单

热河都统签注刑律草案

第十一条

按：中国十五岁以下、十二岁以上子弟犯法甚多，若因其年未成丁而概不为罪，势必肆无忌惮、无恶不为。似应仿照旧律，参以新法，凡犯反逆及谋故杀人者处以死刑，其死刑以下无期徒刑量予罚金，余皆无论，庶于惩戒之中仍寓矜恤之意。

第四十九条

按：二十岁以下、十六岁以上人犯年已成丁，法无可贷，若不照律全科而予以末减，是纵恶也。恶不可纵！

第十二章犹豫行刑、第十三章假出狱

按：此二章重在感化，使以改过迁善为宗旨，立法具有深意。然我国人民程度尚浅，骤行此制流弊滋多。俟数年后教育改良、立法机关完善再行采用，期收实效。

第十五章时效

按：三十年为一世，我国民人负重罪脱逃至三十年未经捕获者，照章免缉。下此轻罪人犯未经三十年，早经赦免。有以赦前事告者，以其罪罪之，向办如是。今此章所言时效者，名词新异，语复拗折，虽洋洋二三千言，愈诠愈晦，令人不易索解，不如暂行删除或另订简明章程，以资遵守。

第八十八条、八十九条

按：旧律危害乘舆、车马，不问过失与否概处死刑，所以严名分、重纲常也。今草案增设过失一条，处二、三等有期徒刑，以贷其死，诚不经之甚者，亟应改订，以严乱臣贼子之防。

第一百零三条

按：人臣无将，将则必诛，而况明白内乱之情而供给各项军需要品，是反形已见矣！现在人心浮动，此等助乱之徒不处以死刑，何以惩匪党而遏乱萌？

第一百二十条

按：此等身膺重寄之员，不思力图报效，甘为奸士以卖国，处以死刑亦不为过。今草案仅处徒刑，立法过轻，更不足以惩奸慝。

第一百三十一条

按：泄漏秘密政务于外人，大不利于本国，仅处二、三、四等有期徒刑，已属轻纵。甚因泄漏而与外国纷议战争，亦只无期徒刑而不处以死刑，纪纲废弛一至于此。窃虑金壬益无顾忌，大贻君父之忧，非所以安上而全下也。

第二百五十二条、二百五十三条

按：发掘常人坟墓见尸不处死刑，纵弛已极。甚至子孙发尊亲属冢并因发冢而损体弃尸，尚复不治以死罪，仅处无期徒刑或二等有期徒刑，是使不肖子孙残忍蔑伦，大非明刑弼教之道。

第二百七十四条

按：现行律例：强奸者绞，轮奸照光棍拟斩，以其行为凶暴、污人名节，故治罪特严。今仅处二等以上有期徒刑，殊不足以惩淫凶而重廉耻。

第二百七十八条

按：妇女以名节为重，一经犯奸，不论有夫、无夫，概宜科罪。今草案仅罪有夫之妇，则凡无夫之孀妇、处女即可任其自由而不禁，与［第］三百三十二条所载略诱、和诱未满二十岁男女分别科罪而不罪诱取二十岁以上同为一偏之见，应一律改订，以惩奸骗。

第三百零二条

按：尊亲属系指祖父母、父母而言，一经伤害即属逆伦，宜处死刑。量有伤至成废，尚止无期徒刑，实不足以惩奸逆。应与［第］三百零五、三百零八、三百零九、三百十一、三百二十四、三百二十八、三百二十九各条所载，对尊亲属有犯者处二、三、四等有期徒刑逐一加严，以重伦纪。

第三百五十四条

按：中国近时盗贼横行，虽处一死刑而劫掠之风未戢。今强盗侵入住宅或结伙三人以上行劫，仅处徒刑，甚因盗劫而奸淫妇女并拒捕伤人，犹复免死从轻。窃虞水懦民玩、群思蠢动，取乱之道也，似不得不因地因时而填处之。

第三百五十五条

按：此条罪列三等，虽与现行律例不甚相悬，然无首要协从、持械徒手、伤人不伤人之分，究竟若何应重、若何应轻，迥非斠若画一。在立法者，故悬此无定之法，以凭地方有司临时审判，期无枉纵，殊不知人之严酷、慈祥各随禀赋而异，因法无一定任其临时取裁，轻重偏畸，转使审判不能统一，殊非一道同风之治。各条如此类者甚多，若不参考《大清律例》，分别情节轻重，科一定之罪，其何以昭平允而免纷歧？至一二人在途行劫应治何罪未见明文，亦应一律补订，以备援引。

20. 度支部签注清单①

度支部笺注刑律分则草案

第二百二十四条

按：此条以伪造、行使各自独立，伪造者以伪造罪罚之，行使者以行使罪罚之，法固甚善。然所以处罚之道，可否稍示区别？盖刑罚轻重之故，一面以犯意之大小为衡，一面仍以受害之轻重为准。是条第一项伪造货币未行使遂发觉，第二项伪造货币行使后始发觉，虽同一犯意成立，而信用被害之结果不无稍异。查〔第〕二百二十七条行使他人伪造货币与行使自己伪造货币，害无别故罚无别，是即趋从受害方面。此条伪造而未行使及伪造而已行使，害既有别，罚似宜分。应如何分别之处，希酌。

第二百二十五条、第二百二十六条

按：此条应如何分别之处，与前条同。

第二百二十九条

按：若三倍之数未达五十圆时处五十圆以下、价额以上罚金，是殆以行使少数伪造货币为社会最易蹈犯之事，固宜增加罚金以严防范。然五十圆以下云云，其限度未免过高。假甲行使伪造货币二十圆，充其量可处以五十九圆之罚金；乙行使伪造货币十圆，充其量可处以四十九圆之罚金。以二十圆与五十九圆为比例及以十圆与四十九圆为比例，其数悬殊，可否稍减之处，希酌。

21. 陆军部签注清单②

陆军部笺注刑律草案总分则各条

第一百一十条

按：侮辱及污秽外国之国旗，此为侮辱名誉罪，与第三十一章侮辱人

---

① 《刑律草案签注》原稿未附条文。
② 《刑律草案签注》原稿未附条文。

之名誉罪相同，所不同者一系国家，一系个人。似本条应添国旗章，以堪为国家代表者所揭之旗章为限，并须外国政府请求然后论罪。

[举例一] 日本刑法一百零九条关国交罪，以侮辱外国为目的者处末刑，但须待外国政府之请求而后论罪。

[举例二] 国际公法上论侮辱国旗以堪为国家代表者，即公使馆、领事馆、军舰等为限。

第一百一十二条

凡中国臣民潜窃外国领域者云云，此条为吾国现行刑律所无，亦为各国刑律所不载。考各国现行刑律，纯以属地主义为准，不同内外国人在所在国犯罪即受治于所在国之法律，故中国法律无论改订与否，不能实施于外国之领土，实可断言。既不能如欧美、日本行领事裁判权于外国，则本条有同虚设，且恐适招外交上之结①责，似宜删除。

[举例] 英人以东方公司墟印度，即得印度然后归诸英国。国家虽非暴力，其为潜窃外国领域无疑，固无人从而罪之也。

第一百二十二条

按：通谋外国抗敌本国，刑分三等，范围太广，应专处死刑。将本条所揭之"或无期徒刑或一等有期徒刑"等十二字删去。

[举例] 日本刑法关于外患罪第九十六及九十七条均处死刑。

第一百二十三条

按：除本条第三项本部已有规定应请删除并另纸笺注外，其一项、二项、三项、四项、五项均应处死刑，宜将本条所揭之"或无期徒刑或一等有期徒刑"等十二字删去。

[举例] 日本《改正刑法》以要塞、军港、船舰交付敌国者，均处死刑。

第一百二十三条

按：第三项与本部于光绪三十四年九月初二日奏定之《惩治漏泄军事机密章程》相混，应请删去。

第一百三十二条

按：本条与本部于光绪三十四年九月初二日奏定之《惩治漏泄军事机

---

① 签注原文为"结"，似应为"诘"。

密章程》相混，应请删去。

第一百三十三条

按：本条与本部于光绪三十四年九月初二日奏定之《惩治漏泄军事机密章程》相混，应请删去。

第一百三十四条

按：本条与本部于光绪三十四年九月初二日奏定之《惩治漏泄军事机密章程》相混，应请删去。

第一百三十五条

按：本条与本部于光绪三十四年九月初二日奏定之《惩治漏泄军事机密章程》相混，应请删除。

22. 甘肃新疆签注清单

甘肃新疆巡抚签注刑律草案

谨开

第十一条

按：童年教育为终身教育成败所关，初基一坏，后来之穷凶极恶皆出于此，新律以幼者可教而不可罚，用意良厚。然以未满十六岁之行为，不问大小轻重，均无刑事上之一切责任，予限太宽，其流弊甚大。中国子弟，既无家庭之教育，兼之风浇薄人情变诈，故凡子弟至十二三岁靡所不知，即靡所不为。设以未满十六岁而概为宽容，恐效尤者层见迭出，而年少无识者流，遂自此啧啧多故矣！今于未满十六岁者，虽有触罪行为不置诸监禁而置诸特别学校，恐触法者既毫无惩戒于前而施教者亦万难补救于后，弊端百出，莫可究诘，此万不可行于今日者也。似宜参用旧律老小废疾收赎之条，将幼年罪犯仍照十五岁以下、十岁以上、七岁以下分别办理。

第八十八条、第八十九条

按：君父为大伦所关，杜渐防微，所以遏乱贼之萌。新律凡加害于乘舆、车驾及将加者处死刑，与君主宪国天皇神圣不可侵犯之旨合。惟危害乘舆，大逆不道，与寻常死刑不同，应处特别死刑以为悖逆戒。至如第八十九条所载"凡因过失致生前条所揭危害者，处以二、三等有期徒刑及三千圆以下、三百圆以上罚金"，夫危害尚有谋故、过失之分，未免曲为开脱，使逆党有所藉口。原拟处以二、三等有期徒刑已极轻纵，况以罚金了事，尤为不伦。

第二百五十一条、第二百五十二条、第二百五十三条

按：发冢之罪，旧律甚严。平人之家且不可发，况为尊亲属乎？虽发掘先茔与伤害生存之尊亲属有别，然揆以事死如事生、事亡如〔事〕存之义，则发掘尊亲属坟墓即为狂暴之尤，是可忍孰不可忍！其于死亡者如此，则所以事生存者可知。旧律例于丧葬之礼极为郑重，至发掘尊亲属坟墓之事罕见希闻，偶一有之，未有不立置重典以快人心者。今〔第〕二百五十一条以至〔第〕二百五十三各条于损坏、遗弃或盗取尊亲属之死体、遗骨、遗发或棺内所藏之物及发掘尊亲属坟墓诸罪，处以无期徒刑或二等以上有期徒刑，尚觉情重法轻，似应尽法严惩，方足以昭炯戒！

第二百七十四条

按：中国礼教，最严男女之别，旧律强奸论死，法至重也。今此条于暴行、胁迫强奸妇女及强奸未满十二岁幼女之罪，仅处以有期徒刑，甚至如第三百五十四条强盗入室强奸妇女，亦不论死，则其余和奸诸罪，更可肆行无忌矣！查新律所载，并不问所奸者为何如人，是亲属相奸得以凡论，渎伦伤化，何以垂戒将来！又况杀奸、捉奸为中国常发之事，亦为本夫特有之权，而新律第二百九十九条①理由第五项所载反谓"臣民者，国家之元气，妻妾即有应死之罪，自有审判官在，其生命非本夫所能夺"等语。此项新律当行强奸者既无论死之条，杀奸者反有应得之罪，是纵奸而导淫也！似此大溃防闲，将来礼法止然何所不至！

第三百零八条、第三百零九条

按：此条无论自杀者有无自杀之心，第由教唆帮助而使之自杀，是虽其人之自杀，不啻教唆者杀之、帮助者杀之也。此等行为施之行路，已为法所难容，况对于尊亲属乎？至于或受人之嘱托、承诺而杀之者，此"人"字系指主使之人而言，天下岂有受人之嘱托、承诺而自杀其尊亲属者？万一有之，真所谓率其子弟攻其父母，罪大恶极，莫此为甚！此等逆

---

① 签注原文为第二百九十条，经查有误。

伦重案处以三等以上有期徒刑，未免宽纵。又第三百零九条凡受本人之嘱托或承诺而伤害人致死者，若系尊亲属时处二等至四等有期徒刑，亦未允当，均宜从严定拟，以正伦常。

第三百五十一条、第三百五十二条、第三百五十四条、第三百五十五条、第三百五十六条

按：中国民俗强悍，重货财而轻性命，盗风之盛已成积习。历年办理盗案，于情节重大者，虽遵照变通章程讯明就地正法，而各省结伙抢劫、盗伤事主之案尚复层见迭出，莫之能禁。若再予以宽纵，势必肆无忌惮，为害闾阎，酿成巨祸。新律第三百五十一、三百五十二条于强盗用暴行胁迫而取财者、于窃盗临时行强者处三等以上有期徒刑，已轻纵矣！第三百五十四条第三项于盗所强奸妇女者处以无期徒刑、二等以上有期徒刑，查旧律强盗论死，强奸亦论死，今两罪俱发而仅科徒刑，岂谓立法之平？第三百五十五条强盗强取御物及致人于死者，既曰处死刑又曰无期徒刑或一等有期徒刑，第三百五十六条强盗故意杀人者，既曰处死刑又或曰无期徒刑。夫强盗致人于死及故意杀人者，其罪亦万无可原矣，而于死刑之外又复拟以徒刑，均未允协。

23. 东三省签注清单

谨将签注刑律总则草案各条开具清单恭呈御览[①]
计开：

第一条

按：本条第一项系规定刑律关于时之效力，刑律以不溯既往为原则，故本律之适用限于颁行后之犯罪者，洵为至当之规定。第二项前段系采不分新旧二法概从新法处断主义，解决固属简单，惟推究法理，其不便有五：犯罪既在颁行以前，犯人当时只知照旧律应科甲罪，及依新律审判乃科乙罪，非犯人始料所及，不便一；新旧律规定不同，刑之轻重自异，依此规定不失于轻即失于重，轻犹不失于宽大，重则使犯人生不平之感，不便二；因旧律轻重不同而犯人受利害之影响，是以确定审判之先后而有幸

---

① 原签注每条后皆有草案条文，现均略。

免不幸免之分，不便三；新律颁行前未经确定审判之案，其迟滞原因设由于犯人或因事实上之不得已，犹可说也，如因裁判官之延搁所致，而科以重刑则犯人必更不平，不便四；刑律以不溯既往为原则，新律原为惩戒颁行后之犯罪者，若以之处断颁行以前之犯罪者，是与不溯既往之原则背，不便五。有此五者，似不如采比较新旧二法从其轻者处断主义较为公允，且世界各国刑法最完备者莫如德、日两国，查德、日刑法皆采比较从轻办法，本项似可仿照改定。再：同项后段系与前段相辅而行，若采比较从轻主义即可删削，以审判既从其轻者处断，颁行以前之律不认为罪者自在不论之列。

第二条、第三条、第四条、第五条

按：第二、第三、第四、第五等条采折衷主义，现在条约未经改正，对于外国人多半受领事裁判权之限制，其实依此规定暗中收回法权已多，从前对于无国籍之外国人及无特别条约之外国人，现行律无处断之明文，只得照洋人治洋人之通例，或致外国从而干涉保护，损我法权。今有第二条之规定，则无国籍之外国人与无特别条约之外国人已受我法权统治，亦先收回之一端也。至第三条对于中国事物，无论内外国人犯所列各条之罪者，及第五条中国臣民在国外犯所列各条之罪者，及外国人对于中国人民犯本条所列各项之罪者，又第四条在国外之中国吏员犯所列各罪者均采国外犯罪，适用本律之主义。在外国一方面，各国本无引渡，本国人民之犯罪则须视犯罪人引渡条约而定，然中国臣民在外国犯本律所列各项之罪者，已不受外国刑法支配，此又扩张法权之一方也。以上四条均足补旧律之未备，惟第二条字句间尚有宜斟酌者，如"中国"二字似应改为"大清国"或"大清帝国"，以中国乃历代相沿之通称，非国号也。又第二条内字上、第三条外字上均应加"领域"二字较为周密。

第六条

按：本条规定，其不便有四：一、本国人在外国犯罪，既经外国判决，而照本国法律尚不足以蔽其辜，得依本律处断。此专就一方面而言，设本国人受外国确定审判，其执行之刑核与本律较重，又将何以补救之？如因此而更设规定，恐外国之法权不能任我侵犯也，故本条之效用只能补外国审判所不及，不能救济其过者，揆诸情理，殊欠持平。二、一次犯罪而须经两次处断，未免过事烦琐，果案情重大尚可不惮其烦，而第三、第五两条概已将对于本国重罪赅括殆尽，是因内外国刑法轻重之差异而多此周折也。三、犯罪人经两次处断，其结果必不免多受拖累，且因执行刑而令犯人回国，于犯人业务上亦有妨碍。四、本国人受外国审判，如刑之执行既毕，自不必论。若经宣告而未执行，或只执行其一部尚未终了，非先结订犯罪人引渡条约，外国必不肯将犯人交还，特订条约又须多费手续也。有此四者，本条似宜删除。

第八条

按：本条纯然为本律之限制，于刑法上似为赘瘰，如特别条约对于有领事裁判权各国，本法受其限制本不待言，有各条解释及默认为已足，不必于条文上明示也，且改正条约撤去领事裁判权后删改本条似多一番周折。至国际法规、惯例，则尤为各国通例，当在注解中类及，似亦不必明示于条文也，本条拟请删除。

第十条

按：本条规定盖所以废比附之例，为本律中最有精神之处。颁发刑律，原以晓示人民应为不应为，凡律例所不许者即按律科罪，此正办也。唐、明以来相沿用比附之法，所谓出罪举重以明轻，入罪举轻以明重，现行律亦同。不知此制既有侵立法之权，而又可使裁判官肆意出入，人民无所适从也。现今改正刑律，意在修明法典，使内国臣民遵循无弊，外国人民信守不疑。此种不完全之制，在欧美各国早经引为禁例，即我国近今学者亦知其非，本律不采此制，最为完善。说者谓法制有限，情变无穷，参酌比附以定之，乃以有限待无穷之道，不知自有比附之条，人民既无所避罪，断者亦难于适从。故往往拟办一案，有自州县而干府驳，自府而干司驳，由司而干部驳者，办案者意见不同、心得互异，罪案之延宕、用款之靡费均由于此。其黠者或上下刑幕通同一气，师徒授受，改稿易供，以致强案就律，是皆由于比附、刑难统一之故。若本条则无正条者不得处罪，一以成文律为标准，犯罪者之条件完成，司法官即可据律以定其罪，对下则用宣告其情罪必符，对上则据律文而驳诘。无自新律改正，可称尽善。若谓人情万变，非科条数百所能赅载，然使引律比附，法亦有穷，断难一事一例适相吻合也。若本律虽以成文法为断罪之标准，而审判官于本律内有上下伸缩之权限，并设酌量减轻、宥恕减轻各例以补其缺，较之现行律例更无遗漏矣！

第十一条

按：现行律分为三级：一、年十五以下，犯流罪以下收赎；二、十岁以下，犯杀人应死者，议拟奏闻，取自上裁，盗及伤人者亦收赎，余皆勿论；三、七岁以下，虽有死罪不加刑。以上犯反逆者不用此律。律文分年龄宥罪为三级，对于幼年犯罪，施法中之恩也。然其弊在于宥恕之后则放任之，无以警其将来，适酿成后日再犯之性质，且分为十五岁以下、十岁以下、七岁以下，无非于年龄、智识辨别上分罪之轻重，然于事实上有十五岁之知识不及十岁、七岁者。故本律不从辨别上定责任年龄，而采取十六岁以下无责任之主义，盖注重感化教育也。夫刑者，为出于不得已，乃最后之制裁，幼者恶习未深，感化易入，且或智识、身体均未发达，不教而诛既非防制犯罪之法，且失扶植幼年之道。此感化教育之主义，所以较现行律为善也。

第十二条

按：现行律：疯病杀人，从犯人名下追取埋葬银十二两四钱二分给付死者之家，是准过失杀办理，至乾隆二十七年定锁锢之例。若陡患疯病以致杀人，旋经痊愈，讯取尸亲切结，拟以斗杀，如无尸亲切结，仍按谋故各本律定拟，连杀平人拟绞候、斩候俱入情实，如系卑幼致死尊长、妻致死夫，永远监禁，不准查办、释放。又装捏疯迷者仍照各本律例问拟，又责成亲属、邻佑、乡约、地方族长人等报明地方官看守，地方官对于疯症杀人者有严行锁锢之责。律例分晰亦甚详细，惟其误在认病人与常人同负犯罪责任，而犯罪中又专指杀人一项，夫人既有精神病，是其病中所行之作为皆病之驱使，非本人之意思作为也，若按照犯罪之轻重问拟，是犹对土人木偶而加之以罪，此实古代报复抵偿主义。现在文明各国，法律所采主义渐异矣，至疯病断罪专指杀人一项，是杀人之外之犯罪概未免挂漏，此亦缺点。本律草案则采精神病者无责任之主义，无论何种行为不论罪，而为保护社会治安，防制再酿祸患，故因其情节得为监禁处分，盖为监护疯人起见，一面为保护安宁，非加刑也，似此亲属、邻佑、乡约、地方族长人等可免无辜拖累，对于疯人亦得防其再犯。惟精神病者监禁之所，总以隔别为宜，不可与普通犯人一同监禁，恐紊乱监狱之秩序，酿成危险也。又鉴定有精神病与否即为定罪之标准，其权尽操之于医官。今中国医学未能发明，鉴定之时殊难为准，现当刑法改正时期，亟宜养成法医，以备应用。第二项酗酒者犯罪之行为不得援第一项之例不论罪，恐藉酗酒以逞其非行也，若系全无意识之行为而非出于故意者，可援第十三条断为无罪。本项之要件在全无意识与非出故意，然酗酒者无意识之程度与非故意之实据究从何推究，此实极难问题也。现行律酒醉杀人仍照律处断，则嫌其重，谓对于酒醉无意识之人使与常人同负犯罪责任，若新律断为无罪，则又嫌太轻，酒醉无意识究属可以人力自制之事，而犯之者不得谓全无过失也，似宜采减轻之律，不采不论罪之主义为当。

第十三条

按：现行律故杀条内注云"虽无预谋，而临时有意欲杀之者，谓之故杀"，与本条故意之行为意义相同，惟现行律则专指故杀，本条之故意则各条皆能适用，而①限于故杀一端，且豫谋故意亦包含在内。又过失杀伤条内注云"谓耳目所不及、思虑所不到，凡初无害人之意而偶致杀伤人者"，是与本条稍有不同，盖现行律之所谓过失犯者，重在无害人之意，故不论罪，但追给烧埋银两。本条之过失犯则著眼在应留意而竟不留意以致生出犯罪之结果，故应处以过失之罪，亦适用于刑法各条，不限于过失杀之一端，规定甚为允当。但本条"非故意"三字界限最难分别，稍不注意则罪有出入之关系，注释家与司法官最宜讨论者也。第三项一、二两号以所知所犯为处断之标准，意存宽大，于法理最合，惟此项非只限于单独罪，即共犯罪亦得适用一旨，似应明定于条之内较为完密。

第十四条

按：现行律无此规定，本条所以保护正当行为者，正当行为有时依本律似为犯罪，而实际并非犯罪，以他项律例或习惯许其有此行为也。若不设此规定，则本律必与他律例相冲突，且不足以保护正当行为者。惟我国人民程度尚浅，对于正当业务之行为，似应略加制限，免滋流弊。例如医者治病，断人手足、伤人身体固不为罪，以其为正当业务也。但欧西医无不出自学校，且须得政府之免许状方能营业，固足征信于人。我国医学素不发达，无业之徒略涉医书即以之为营利之具，视人生命轻于鸿毛，若法律再从而保护之，则将更无忌惮，其患何堪设想！拟请略设制限，于本条附加一项：凡正当营业非经官许，不得适用前项之规定，如医生必须由官

---

① "而"字似应为"不"字。

考验方许营业之类。

第十五条

按：本条与现行律擅杀伤及夜入人家条内颇有相同之点，而法理较密。正当防卫者，凡对于不正之侵害，自己及他人皆有防卫权，谓以一人之腕力抵御目前之暴行，所以佐公权威力所不逮，故为法律所保护。在主观固不限于家主、捕者被者之本夫与子及亲族，在客观不止于奸盗及逃犯，而手段之程度不必皆至于杀伤也，故较现行律更为赅括。现行律夜无故入人家及擅杀伤各条，虽含有正当防卫之意，其实遗漏甚多，社会之情形与官吏之执法，尤多流弊。如贼犯携赃逃遁，直前追捕或贼势强横，登时仓猝殴毙，当杖一百、徒三年；又如凶徒挟仇放火及棍徒无故生事行凶并强奸未成，被害之人及本妇有服亲属登时忿激致死，杖一百、徒三年，其外散见各条，殊失正当防卫之旨。盖既受不正之侵害，又受国法之制裁，查各省案件，因遭横逆致死伤凶徒而反被处刑者不知凡几，殊非保护社会、私人权利之道，本条所以为救济私权之要点，为现时最适用之法条也。

第十六条

按：此条为基于紧急状态，是曰放任行为，亦足补现行律之缺。

第十九条、第二十条、第二十一条

按：[第]十九、二十、二十一三条采累犯加重主义，法理最为完密，较日本现行刑法更进，于中国尤为适用。现行律除死刑一部分外，流徒以下窃贼积棍累犯累出，廉耻道丧，几视犯罪为故常，甚至以会犯罪为讹诈之护符，因此而酿成他种之巨案，不知凡几！推原其故，实由对累犯者，刑法无加重之条，而监狱又未改良，犯罪性质因熏陶而益深，监视机关亦未完备。对于不良少年预防犯罪之方法，如惩治场、感化院等亦未创设，故刑法虽具，禁网疏阔，而累犯者不一而足。得此数条以补救之，加以改良监狱，并研究各种预防犯罪之方法，则累犯者当能减少也。

第二十三条

按：现行律：二罪俱发，以重者论；相等者，从一科断。若两罪俱发皆系应科徒刑一年，只从一科断未免失之太轻。本条数罪俱发必宣告各罪之刑，然后从左列各项分别定应执行之刑期，既可免裁判官任意重轻之嫌，又可使犯罪者帖服，不特法理严密，即事实上亦较现行律为优，最为适用。

第二十四条

按：现行律一罪先发已经论决，余罪后发，其轻若等勿论，重者更论之，通计前罪，以充后数。其轻若等即得勿论，系采吸收主义，于犯罪人未免侥幸，且实以奖励再犯者，用意失之过轻；至重者更论之，通计前罪以充后数，此节甚似采用限制加重主义，然规定太宽，沾滞于适用之时，通前充后扣算甚难。不若本条之规定，于细密之中仍寓灵敏之意，乃纯用限制加重主义也。

第二十九条

按：现行律以先造意一人为首，随从者减一等，是无论多人共犯，均须分别首从。其强盗及共殴之案，则有不分首从者，然不如此条普通之规定。且细味"共同"二字，其必造意、实施均系共同，方可皆作为正犯，若有一事不共同者，仍分首从无疑。

第三十条

按：现行律教诱人犯法、教诱为乱、教令狱囚诬指及教唆词讼等项，亦散见各门，惟无总律，其于共犯罪中要领似未完备。本律特定专条较为优胜，且各国成法大抵如此，乃新法最有精神之处，不能不遵从也。

第三十一条

按：此条规定实系补前二条之不足，惟别以以前帮助正犯者为从犯，若临时帮助是否即照第二十九条第二项办理，不能无疑。

第三十二条

按：第二十九条：凡二人以上共同实施犯罪之行为者，皆为正犯，加功于实施犯罪之行为中者准正犯；［第］三十一条：凡于实施犯罪行为以前帮助正犯者为从犯，是规定正犯、从犯以是否实施为断，本条既经加入实施犯罪之行为，自系属于第二十九条准正犯之范围内，似无庸另立专条，致滋纷议。

第四十条

按：死刑必受法部命令而后执行，固是定理，但以孕妇之故必须两次命令，则羁延时日难保不有他虞。窃思既已宣告又受有法部命令，万无变更之理，何必更受命令，徒繁文牍？此条似应再酌。

437

第四十一条

按：现行律：徒刑人犯发至配所，照应杖之数折责，依该徒年限令其服役，与新律办法相同。惟新律劳役既系法定，其劳役之工事更可使犯人增长技能，为将来图谋生计，自较现行律为优也。

第四十三条

按：现行律：赎刑分纳赎、收赎、赎罪三种，五刑中俱有应赎之款，惟因其情节而有准赎、不准赎之别，若纳赎无力仍依律决配，与新律规定稍异。现行律则以犯人资格上之差异而有赎刑之设，本律则以执行上之窒碍而易罚金，相提而论，本律似较平允。盖执行刑窒碍乃事实上之万不得已，非为有力者设宽免之法也，惟本条易刑处分，设犯罪者无此资力，是否依〔第〕四十五条第二款办理？但既云执行上实有窒碍，则监禁处分亦难执行，此一缺点也，究应如何补救之处，请再酌订。

第四十六条、第四十七条

按：外国刑法于丧失公权，多分剥夺、停止两种，本律第四十六条暨第四十七条即系剥夺公权、停止公权之意，惟未分别程度，均以褫夺二字赅之，稍次①明晰。且所列资格仅止五项，现在《选举议员章程》及《地方自治选举章程》均已颁行，一切选举及被选举资格皆系公权，亦应加入。查日本刑法亦列此项，称曰国民之特权，其意即指参政之权。惟中国议院制度尚未成立，而人民参政之权尚无一定之范围，所以只宜将选举及被选举资格加入，即将来议院之制已行亦可赅括。再："得褫夺现时所有之地位"句，如现充某校某科教员，只褫夺其充某校某科教员之权，并未不许充别校某科教员，是一停止之一种；下云或于一定期限内云云，即系有期停止，意甚细密。惟未以剥夺、停止字样分之，殊为歉耳。

第五十条

按：聋哑者既得减本刑一等或二等，聋哑系精神不完备，且必生而聋哑者乃得援此例。查第八十七条毁败听能者、毁败语能者与于精神或身体有不治之疾病者并列，精神有不治之疾病即系精神不完备，此项既与毁败听能者同列，则此条似可适用于第八十七条内列之二项、三项，似凡称笃疾者，犯罪均可援例议减，而本条又未声明笃疾各项议减之例，似欠周

---

① "次"字似应为"欠"。

密，应再酌定。

第五十一条

按：现行律：凡罪未发而自首者免其罪，犹征正赃，其轻罪虽发，因首重罪者免其重罪，若因问被告之事而别言余罪者亦如之，其遣人代首，若于法得相容隐者之亲属为之首及彼此讦发、互相告言，各听如罪人身自首法，若自首不实及不尽，以不实、不尽之罪罪之，至死者听减一等，其知人欲告及逃叛而自首者减二等坐之。其损伤于人于物不可赔偿，事发在逃，若私渡关津及奸者，并不在自首之列，若强窃、诈欺取人财物而于事主处首服，及受人枉法赃、不枉法赃悔过回付还主者，与经官司自首同，皆得免罪，若知人欲告而于财主处首还者亦得减罪二等。其强窃盗如捕获同伴解官者亦得免罪，又依常人一体给赏，又例载闻拿投首之犯除律不准首及强盗自首例有正条外，其余一切罪犯俱于本罪上减一等科罪，似觉太宽。本条只云得减本刑一等，其所限又未免太狭，可否采取折衷主义，改为得酌量情节减一等或二等，应再酌核。

第六十一条

按：本律罚金既以圆计，应均从圆，以免纷歧。

第六十三条

按：犹豫执行为刑法最良制度，现行律无此规定，日本改正案采此制度，本律特为专条又设种种制限，不惟绝少流弊，并可奖励社会之进步，可以遵行。

第六十六条

按：现行律无此制，监狱官申达法部一节似欠周妥。如监狱官直属于部者，自应如此办理，若京外监狱官本属于行省之提法司，于例不能直接法部，似应由监狱官申达提法司，由司汇案，再转报法部较为统一，应请酌改。

第六十九条

按：应提起公诉之人，有因事实上之障碍或过失致逾左列期限者，应分别予以保护，方为完善，或将期限加展，应再厘定。

第八十二条

按：本条系全案之文例，则所称名词自应全案一致，方免纷歧，乃查分则中所谓尊亲族、亲族者竟不多见，往往以尊亲属、亲属字样当之，致令阅者不知何指，竟有疑尊亲属系自祖父母以至功缌尊长、尊属皆是，坐此弊也，应请更正，以归一律。

又按：本条以外祖父母与祖父母、父母同等，以夫与妻同等，骤观之似未免令人骇异。中国数千年来皆系家庭专制，故古者父在且为母期，而况母之父母，所以尊父也！女子子适人父母且降而为期，舅姑亦无斩服，所以尊夫也！原以一家之中，尊无二统，唐议加外祖父母为大功，宋定舅姑三年齐斩，一从其夫，后之议礼者颇非之。今复进小功之外祖父母与齐斩之服同科，屈斩衰三年之夫与期亲以下并论，无怪举世为之哗然。不知礼者名教之大防，往往抑情以定分，法者公理之准则，往往略分以原情，二者本交相为用，不必累黍皆同。故诸侯绝期，大夫绝缌，以尊而降，女子子适人子为人后义而降，嫡继母党情本不亲服以属从而定，兄弟之妻情亦不疏服，以厚别而除，凡此之类皆礼之所以定分也。至于立法则不然，即以旧律论之，外祖父母本小功，有犯以期亲论；妻之母本缌麻，有犯比依从母科断；嫡继慈养持服虽同亲母，有犯则各异；其科同居继父虽有期服，有犯仍同凡论。凡若此者，礼应重而法或轻，礼应轻而法或重，此法之原情而与礼本难一致也，执礼议法乌可得哉？此在家庭专制时代且然，而况实行立宪、尊重人格、男女平等之时代乎！男女既须平等，则不能尊父而卑母、伸夫而抑妻，父母同为一等亲，则父之父母与母之父母自亦同为二等亲，妻视夫为同等，则夫自亦不能视妻为降等。此本案所以将外祖父母与祖父母、父母同列于尊亲族，将夫与妻同列于亲族也，世之不察，犹鳃鳃焉！虑新律行而服制废，特亦不明于礼法之殊途，与时代之相异耳！

以上总则草案各条，凡有未完备及应酌改暨声叙理由者，均已分别签注。其分则草案，除与总则签注各条有关联者应请再行酌量厘订外，其余各条均极完密，可以遵行，合并声明。

宣统元年三月十六日奉朱批："览，钦此。"

24. 陕西签注清单

谨将刑律草案总则、分则逐条签注，省录原文，缮具清单，恭呈御览。计开：

总则

第一章

第一条

谨案：现行名律中亦载"凡律自颁降日为始，并依拟断"，惟近日新章多系豫为颁行，限以实行之期，俾人人得而研习之，颇为至便。本律刊定后似亦应然。

第二条至第八条

谨案：此七条俟各国认可条约修改之后自可适行，然所行者即分则三百条之律。三百条中关系风俗礼教应再审议者似尚不少，须俟各条审定，然后此七条始可定议。若专为此七条之故而令一切刑章俯而就之，则或适于外交而不适于内政，适于国际而不适于民俗，似亦不可不慎。故分则未定，此七条难以下议。

第九条

谨案：此条示本律之范围，应遵照。

第二章

第十条

谨案：比附增减之弊自古已然，本律为免此弊，故于分则各罪概用浑括之词，而不实其名目，则范围者广，遇事可举而属之，自无所用其比附。然范围广，则情之轻重不一等，不能限以一定之刑，故每条之刑必限数等，许审判官权衡上下于其间。其同意虽深，惟恐一有不当，弊将甚于比附，亦不可不慎者。

第十一条

谨案：十六岁以下有犯，置之感化场加以教育，原与古人移郊移遂之意相近。然径称十六岁之行为不为罪，则流弊至多。夫十五、六童子血气未定、膂力日刚，再知例不科罪之文，则胆气必横。三者有一足以致罪，兼而有之则倒行逆施，将无所不至。即本人无恶意，奈教唆者何？《后汉书》载张成善风角，推知当赦，教其子杀人，如其有此，是保全十六以下之凶人而枉害十六以上之良善，似不可不虑也，应请再议。

第十二条

谨案：此条与现行律无大异，应遵行。

第十三条

谨案："不出于故意之行为"一语范围甚广，应再明示其限，以防失出。

第十四条至第十六条

谨案：此三条揭明不为罪之端，极是，应遵行。

<h2 style="text-align:center">第三章</h2>

第十七条

谨案：此条与现行律意相合。

第十八条

谨案：此条至平允，应遵行。

<h2 style="text-align:center">第四章</h2>

第十九条至第二十二条

谨案：此四条与现行律意相合，而所包较广亦较密，应遵行。

<h2 style="text-align:center">第五章</h2>

第二十三条至第二十八条

谨案：此六条较现行律犹加密，应遵行。

<h2 style="text-align:center">第六章</h2>

第二十九条至第三十六条

谨案：此八条与现行律意相合，应遵行。

<h2 style="text-align:center">第七章</h2>

总说

专用绞刑

谨案：斩绞以上，旧有凌迟、枭示、戮尸之刑，近已去之，仁之至矣。今并斩而亦去之，只留绞刑，则杀平人与杀尊长无所区别，斗杀之犯与叛逆之犯亦无区别。古者适用斩刑，而特留凌迟、枭示、戮尸之刑，以惩叛逆，今既适用绞刑，似不妨仍留斩为特别之刑，以惩叛逆，应请再议。

密行刑

谨案：刑人于市，正以示儆，谓无惩肃之效力，殊不尽然。况以煌煌国典行于密室，似于辟以止辟之意相背，应请再议。

自由刑

谨案：此条之刑，实系左徒与拘留，不过禁其自由而已，似不必袭用外国之名词，应请更议。

无期徒刑第二项

注详第六十六条下。

有期徒刑

谨案：此条五等期限，比较各国为适中之数，与旧律各等刑之程度亦相副，应遵照。

不采无定役自由刑

谨案：与现行之罪犯习艺所意正相合，应遵照。惟徒囚中有精神病及羸弱之人，不能任劳役者，似应分别。

废止流刑

谨案：近已改为收所习艺，与此意正合，应遵照。

罚金

注详第四十四条、第四十五条下。

褫夺公权

谨案：此为不可少之刑，应遵行。

没收

谨案：此为现行律所有而加以限制，应遵行。

第三十七条

谨案：此条分主从等级，应遵照。

第三十八条

注详本章总说密行刑下。

第三十九条至第四十条

谨案：此二条与现行律同，应遵照。

第四十一条

注详本章总说不采无定役自由刑下。

第四十二条

谨案：拘留不服劳役，理法均合，应遵照。

第四十三条

谨案：此专为实有窒碍、不便拘禁者而设，然既计人之窒碍，而专能为富者计，不能为贫者计，仍难得情法之平，似应更有补救之法。

第四十四条至第四十五条

谨案：此二条规定罚金之制，盖刑之甚轻者也。然其难有二：一则富者恃财而试法，有出千万圆而无损者，则法不足以儆恶而反为所凭恃；一则贫者无财而犯法，有出一二圆而不能者，则人将因法而穷，法亦因人而穷。窃谓金作赎刑，自古不废，而止可于一二相当之罪适用之，俾所罚适当其罪，则情与法相副而无弊。如分则各条之科以罚金者，十殆三四用之不当，其弊百出，似应再为审裁。

第四十六条至第四十八条

谨案：此三条应遵行。

第八章

第四十九条

谨案：此条采取责任年龄表第一种之法而岁限稍宽，十六岁至二十岁之人杀人至死而无抵律，为奸、为盗而各无重罪，则年少浮暴者无所不至，其弊正与第十一条同，似应少缩其限。

第五十条

谨案：此条与现行律意相同，应遵行。

第九章

第五十一条至第五十三条

谨案：此三条皆于情理适当，应遵行。

第十章

第五十四条至第五十五条

谨案：此二条可以酌量减轻，亦现行律意所有。但以酌量减轻之特权界之审判官，似宜酌定等级，断自某等刑以为限制，其某等刑以上宜由法部请旨，然后实减。此章总说谓：不问所犯何罪审判官俱得以其职权减轻，其刑似觉范围太广。

第十一章

第五十六条至六十二条

谨案：此章七条加减之法，俱各平允周密，亦与现行律意相合，应遵行。

第十二章

第六十三条至六十五条

谨案：此章三条用意甚厚，惟现在教育未普及、警察未完备，应俟警察完备之日再议实行。

第十三章

第六十六条至第六十七条

谨案：此二条亦须俟警察完备再议实行。

第十四章

第六十八条

谨案：此条应遵照。

第十五章

第六十九条至第七十六条

谨案：此章八条即期限之说，言诉告与执行皆有期限，过期限则诉告与执行之权即销减也。又虑元恶大憝因而逃刑，则定有第七十二条至第七十四条法，以接展其诉告、执行之期，其律意与人情相协，允宜遵行。惟各条中种种名词多用东文，似宜以中国习惯之文词编之，较为醒豁。

第十六章

第七十七条

谨案：年十二月、月三十日，旧律亦然。惟遇闰则须减日，遇小建则须加日，颇觉繁畸。似不如易繁为简，易畸为整，以年计者不扣闰月，以月计者不扣小建，较为了捷。

第七十八条至第八十条

谨案：此三条应遵照。

第十七章

第八十一条

谨案：此条与现行名律同，应遵照。

第八十二条

谨案：现行律如伯叔父母及兄等均称为尊长者，似应列入尊亲族中。

第八十三条至第八十七条

谨案：此条应遵照。

分则

第一章关于帝室之罪

第八十八条

谨案：君主之尊，中国拟以帝天，外国亦尊为神圣。君主之义，中外皆同，于此而敢加危害，此人伦之大变、天理所不容，处以极刑自属公允。今草案于正犯仅处死刑，与平人无别，纲常何在？其知情、同谋、隐匿故纵概不议及，似较现行律于平人等相杀者反觉为轻。以此载在刑书，何以寒奸逆之胆而杜履霜之渐？应请再议。其正犯家属，现时既免缘坐，亦未便全不置议，究应作何安置，应一并议增。

第八十九条

谨案：君父至尊也，危害大逆也，于此而悍然为之，自属罪大恶极，岂可借过失为之解免？注引旧律大不敬条之御幸舟船不坚固及御膳误犯食禁、御药不依本方，皆指为过失，皆为轻罪，但令罚金三千圆便脱然事外，何以严天泽之分？本条理由下亦觉其太宽，乃称引偶近乘舆进退失其常度，以实之夫恐惧失常、恭谨而过者也，事属己身咎止失礼，与危害及于乘舆者迥乎不同，似不得相提并论，应请再议。

第九十条、第九十一条

谨案：此二条由君主而推及懿亲，然缌麻以上亲非止一等，其亲疏不同，则拟罪亦应各别，本案既有死刑、徒刑之殊，似宜分晰详定。

第九十二条

谨案：现行律"大不敬"列在"十恶"，本条注既称故意干冒矣，仍仅处二、三等有期徒刑，冒似觉失当。我中国以纲常名教为立国之本，臣民服习视为固然，今虽立行宪法，然实君主宪体，不得仿民主共和之例轻视彝伦。俾束身名教者失固有之良，昌言破坏者肆无穷之毒，故他项不妨权一时之通变，惟此事不敢背千古之常经，应请再议。

第九十三条

注见［第］九十条下。

第九十四条

谨案：太庙、皇陵及宫殿门，地极尊严，但平民偶或侵入，审无他图，拟罪稍轻，尚属可行。至离宫、行在所为至尊临幸之地，任意阑入何为者？故现行律擅入御膳所及御在所者绞，防患未然，具有深意，应请再议。

第九十五条

谨案：此条承前条所载各处而言，箭弹、砖石皆可以伤人之物，较之前条仅止侵入者所犯尤重，而处刑反比前降一等，轻重不伦，应再核议。

第九十六条

谨案：汉律：犯跸罚金四两，现行律拟绞。世风愈降，奸民寖多，万乘之尊，防闲不得不谨，本条减至四等以下徒刑，似太宽。

第九十七条、[第]九十八条

谨案：此二条应遵行。

第九十九条

谨案：此条褫夺公权视罪名轻重为率，应遵行。

又案：草案于开宗明义，首揭关于帝室之罪，立义正大，卓乎不磨。惟中国数千年相传经典，皆以君亲并重，似应补关于尊亲伦理一门列之关于帝室之后，以符经典君亲并重之义，请酌。

第二章　关于内乱之罪

第一百条

谨案：此条即旧律"十恶"之谋叛，而范围较广。首魁及执重要之事务者定为死刑，视谋反、大逆降一等，已属无可再宽，不宜再议减徒，以纵元恶，而启乱民侥幸之心。

第一百零一条

谨案：此条应遵行。

第一百零二条

谨案：谋叛之人幸而事前破获，审有豫备、阴谋确据，其不至紊乱国宪、荼毒生灵者一间耳，处以二、三等徒刑，不过数年仍复外出。前刑既非所畏，后患或未可知！此辈若以第一百条之无期徒刑处之，似觉允当，应请再议。

第一百零三条

谨案：此条明知他人豫备谋叛，不遵律告发而助以作乱之要需，衡情拟罪，不当在执重要事务之下。且谋叛者无各种兵需，其叛不成，其谋亦或中止，此等长恶助乱似难轻纵，应再议。

第一百零四条

谨案：此条应遵行。

第一百零五条

谨案：此条应遵行。

第一百零六条

谨案：此条未至暴力前自首，应予从宽，以劝改悔。但现行律有不准首及自首减等免罪之分，应俟本门各条罪名核定，再行酌定此条。

第三章　关于国交之罪

第一百零七条至一百零九条

谨案：此条应俟第八十八条至九十一条关于本国者拟定后，再议本条。

第一百十条至一百十五条

谨案：诸条应遵行。

第一百十六条

谨案：一百十一条滥用商标，众目共见，该条处置已允，似毋庸科及豫备、阴谋，以开影响告讦之门。一百十二条之豫备、阴谋事涉聚众盗土，易得实据，应照本条施行。其一百零九条之一项、二项，应随本罪为轻重之差，俟一百七、八、九条比照定议，再议此项，较易适宜。

第一百十七条

谨案：此条应遵行。

第一百十八条

谨案：改订新律，本以预备立宪、收治外法权为宗旨。宪章既布，中外大同，外人有犯，裁判官得毅然执新法以断之。本条谓犯一百零八条，待外国政府请求或同意然后论之，似太牵就。窃谓定律时宜删去此条，通示外国，得其认可然后颁行，应请酌核。

第一百十九条

谨案：此条应遵行。

第四章　关于外患之罪

第一百二十条、一百二十一条

谨案：此二条应遵行。

第一百二十二条

谨案：此条似应与第八十八条之罪同。

第一百二十三条至一百二十六条

谨案：此四条应遵行。

第一百二十七条至一百三十条

谨案：奸人卖国以图己利，实兼"十恶"内之谋危社稷、谋叛二条，历稽古事，未有原而赦之者。即敌国之主，亦莫不赏其功而疑其心，终加显戮以惩奸慝，况在本国，何宜轻宥？窃谓此门除未行自首及为徒量予宽免外，凡首魁及执重要之事者应皆处以极刑，使奸人有所畏惧惮，以折逆乱之萌。

第五章　关于漏泄机务之罪

第一百三十一条至一百三十八条

谨案：此章漏泄军情大事，如一百三十一条之肇启战争、一百三十四条之漏泄公表诸项，与前章卖国谋利实相表里。及一百三十五条之第二项，皆处心积虑不利本国，前章既应加重，此项亦不得不量增，请再议。

第六章　关于渎职之罪

第一百三十九条、一百四十条

谨案：此等罪现行律极严，本条似宽。

第一百四十一条、一百四十二条

谨案：此二条应遵行。

第一百四十三条

谨案：此条儆戒残虐无伤于重，应遵行。

第一百四十四条

谨案："侵害权利"之范围过宽，其应为保护之处置，亦缓急不一，仅限以四、五两等之徒刑，似不足以尽之。

第一百四十五条

谨案：此条第一项应遵行，第二项不受民事之诉讼或不审判，其似与刑事有别。民事诉讼之类甚多，实有事极细微可不受理者，若为此例所限，恐裁判宜为顾处分，遇讼即受，转滋拖累之害。似应稍为区别，并于诉讼例中示其限制。

第一百四十六条

谨案：此条第一项应遵行，第二项图自己之利益，是苛敛以自肥也，应请加重。

第一百四十七条至一百五十一条

谨案：此五条应遵行。

第七章　关于妨害公务之罪

第一百五十二条

谨案：暴行、迫胁同一犯上，然为此者亦自有轻重之殊。如殴击吏员与抗殴使者情事不同，更有进于此者，其等差尤甚，似不得笼统以一二罪名赅之。

第一百五十三条至一百五十六条

谨案：此四条应遵行。

第八章　关于选举之罪

第一百五十七条

谨案：此条严惩选举之伪弊，如旧律中关于科场关节之罪者，不得不严，至无资格而为投票，其情节似乎较轻。譬如五千圆之资产因物估值率出约计，倘以不满五千圆之产从宽定为五千圆因而投票，似应末减，未便与伪计不正者同科，应请再议。

第一百五十八条

谨案：此条防弊綦严，应遵行。

第一百五十九条

谨案：此条第一款范围过宽，如对于选举人之亲族加暴行、胁迫，其事不与选举相涉者，似应依凡论科其本罪。第二款应遵行。

第一百六十条

谨案：此条应遵行，惟第三款内抑留损坏如系出于过失，似应另议。

第一百六十一条、一百六十二条

谨案：此二条应遵行。

第九章　关于骚扰之罪

第一百六十三条至一百六十六条

谨案：奸民聚众迫胁，必借事为由，如要求免粮及释放罪囚之类，下以市德于众，而上强官吏以所不能为。盖先有作乱之心而后借词以要众，迨所求不遂又以胁上者转而胁下，愚民方感其德已也，乃相聚不散，而一方之乱以作。历观前代之乱，未有不由此者，旧律例于刁徒胁制官吏、联谋聚众处以斩决、斩枭，非务刻也，知作乱之出于犯上也。本律于暴行、迫胁及不受解散之命，统以徒罪科之，虽略分重轻而同一宽纵，恐非止乱之道，应请于旧律所拟以下、本律以上，酌中再议。

第十章　关于监禁者脱逃罪

第一百六十七条

谨案：此条应遵行。

第一百六十八条

谨案：损坏械具与暴行、胁迫，其情节悬殊。械具者，约束囚人之物，不损坏则不能逃，前条囚人脱逃罪内即含有损坏械具之性质，惟乘间暗为损坏与公然损坏不同耳。此条之损坏，应揭明为公然损坏，方与暴行、胁迫相类，惟暴行、胁迫即现行律所谓反狱也，现行律反狱逃者斩，而此仅科以二、三、四等之有期徒刑，似觉太宽。况如一百七十一条看守护送之人纵令囚人脱逃者处二、三等徒刑，而暴行、胁迫脱逃者反较之宽降一等，似尤失平。

第一百六十九条

谨案：此条注意揭明不分强取、窃取，是劫囚即在其中。凡劫囚者，皆囚之党也，劫囚较之反狱，其情尤重，现行律凡劫囚者皆斩，是不分首从处以死刑矣，遽减为二、三、四等之有期徒刑，则王法何足以示畏？况劫囚与劫财孰重？第三百五十五条第二款在途行劫者处最重之刑，而劫取囚人者乃降等，似亦失平。

第一百七十条、一百七十一条

谨案：首条为常人纵囚而设，事属可行。次条所揭则主守也，主守不觉失囚，旧律尚有减囚二等之罪，况于故纵，岂得太宽？本律不依罪囚之轻重为失囚、纵囚之等差，而约略拟一罪名，故往往失当。假如二人同犯故纵，一人所纵为死罪囚，一人所纵为四等以下罪囚，而一律坐以二等、三等徒刑，岂得为允？宜比照旧律酌改，使详而得中。

第一百七十二条

注见九十五条下。

第一百七十三条

谨案：此条应遵行。

第十一章　关于藏匿罪人及湮没证据之罪

第一百七十四条

谨案：此条亦应以罪犯之轻重为藏匿之等差，否则藏匿轻罪与重罪无别，未为平允。

第一百七十五条、一百七十六条

谨案：此二条应遵行。

第一百七十七条

谨案：亲属相容隐，例得勿论，可遵行。

第十二章　关于伪证及诬告之罪

第一百七十八条

谨案：伪证之事，其轻重等级甚多，如概限以二、三、四等徒刑，恐不免有情轻法重者，应再议。

第一百七十九条

谨案：报告之情罪似应轻于告诉，余注详前。

第一百八十条

谨案：未指犯人而诬告犯罪之事实，如捏报盗案者是，捏报盗案非独使吏员为无益之搜查，将欲使吏员因而获咎，是在前条欲使人受惩戒处分范围之内，不应减等。

第一百八十一条

谨案：此条应遵行。

第十三章　关于放火、决水及水利罪

第一百八十二条

谨案：此条处刑适当，惟六款所列似有挂漏，如宗庙、宫阙可以在城镇赅之，而官府局所仓廒，不必尽在城镇，不必尽在人烟稠密之处，亦不必皆有多人之集会，似非此六款所能包赅。又如森林亦贵重之业产，其价值巨者不减于第二款，似亦应列入。

第一百八十三条、一百八十四条

谨案：此二条应遵行。

第一百八十五条

谨案：现行律：故烧自己房屋者，杖一百，所以重民产也。盖虽己业，暴殄亦非所宜，用意正深，此条仅科延烧之罪而不议本罪，似应再酌。

第一百八十六条

谨案：此条即过失之罪，正宜从轻。惟第一项所记致有第一百八十二条之损害，则延烧宗庙、宫阙亦在其中，处以最轻之五等徒刑，视现行律之拟绞大悬绝矣！似应酌中更议，余三项皆适当。

第一百八十七条

谨案：此条应遵行。

第一百八十八条

谨案：此律较现行律加重，所云侵害亦范围过广，如决大水致被其冲没，荡然无存，与火灾无异者，固谓之侵害。倘水小不致于冲没而仅受泥淤浸湿之害，亦不能不谓之侵害，二者之间相悬若绝，似未便用同一之刑，此当区别者一也。又如他人一亩之地、数亩之广，不能不谓之田圃、牧场，数尺之道路、一席之占场，不能不谓之利用之地。倘泄小忿决水灌之使受其侵害，似未便处以重刑，此又当区别者一也。现行律有决河防、决圩岸陂塘之别，又有计物坐赃之限制，亦正为此，应再审酌。

第一百八十九条

谨案：此条第一项言浸而不言害，比前后侵害二字之义更宽，若仅以小水浸灌之而无大害，罪何至此？似应加"损害"字以明之，又他人土地与前条之他人田圃相等，物同而罪不同，亦应再审。

第一百九十条、一百九十一条

谨案：此二条与前二条互相维系，如前二条已审定，此二条应遵行。

第一百九十二条

谨案：炸裂与溢水，似应分别故意、过失。

第一百九十三条

谨案：此条应遵行。

第一百九十四条

谨案：此条辨别极细，应遵照。

第一百九十五条至一百九十八条

谨案：此四条应遵行。

第十四章　关于危险物罪

第一百九十九条至二百零一条

谨案：贩运炸弹等物供犯罪之用，奸谋难测，伤害尤重，首条之二等徒及次条之三等徒似嫌略轻，余应遵行。

第二百零二条

谨案：此等重情，知而不与正当处分，非常疏忽处徒可也。至吏员与犯人通谋，情罪较重，同一处分似未尽协。

第二百零三条

谨案：此条似已在一百八十七条及一百九十二条范围之内。

第二百零四条、二百零五条

谨案：此二条应遵行。

第十五章　关于往来通信罪

第二百零六条至二百零十条

谨案：此五条应遵行，惟或出过失或实系故意，亦宜分别科断。

第二百十一条至二百十三条

谨案：此三条应遵行。

第二百十四条

谨案：此条所列二百零八条第二项系因而致之之罪，非犯意之本位，似不能有未遂罪。此罪未遂即该条第一项之本罪矣，亦如二百零六条之第三项与二百零九条俱不在此列可为比例，应再审。

第二百十五条

谨案：此条应遵行。

第十六章　关于秩序罪

第二百十六条

谨案：依文书、图画、演说煽惑他人，小言之则坊肆造卖不经之小说、图画，均足诱人犯法，理宜严禁，有犯则依例科造者、卖者之罪可也；大言之则造作谶纬，妄言灾祥，皆属文书类，又如例禁之推背图等，皆属图画类。本条所揭实包旧律造妖书、妖言全条在内，分等定刑，皆应遵照。惟近今奇邪诸书，宗旨悖谬，足以惑世诬民者，不必待被惑之人已至犯法，但有造作实据者即当徒严究办，应请议增。

第二百十七条

谨案：此条应遵行。

第二百十八条

谨案：此条罪刑相当，惟第一二款限制稍宽，若只对于个人、对于少数之贩运，不在此列。注意已为声明，似应于该款上再加"多数"字样以明之。

第二百十九条

谨案：同盟罢工究与一百六十三条之乱民不同，本条酌惩首谋、附和者，各予轻罚，处置最当，应遵行。

第二百二十条

谨案：此条与现行律夜无故入人家者不同，自难用主人登时杀死勿论之例，处以四等以下徒刑亦相当。

第二百二十一条

谨案：此条应遵行。

第二百二十二条、二百二十三条

谨案：此二条应遵行。

第十七章 关于伪造通用货币之罪

第二百二十四条至二百三十二条

谨案：此章九条科罪比旧律从减，持议极正，衡情亦平。其分别本国与外国之等差、自造与收受之等差、伪造与减损之等差，并各周密，应遵行。

第十八章 关于伪造文书及印之罪

第二百三十三条

谨案：旧律增减制书者亦定斩刑，况于伪造，岂宜宽纵？应请议予死刑，以重王言而遵国制。

第二百三十四条

谨案：上条既定为特别重罪，此条统合大小官署而一律科之，以其同一作伪，故同一罪名，事属可行。惟须声明已行而关系尤重者，按所犯之罪名与本条合并从重科断。

第二百三十五条

谨案：文书、图样，本专员之所掌，是文书、图样并非伪，特所据以制作此文书、图样者出于伪耳！较之伪造公文书、图样者，其罪应殊，似未便科以前条之刑。第二项以虚伪之申告使吏员制作文书、图样，亦与伪造者有别。

第二百三十六条

谨案：此条似应归入前条第二项范围之内，而并轻该项之刑。

第二百三十七条、二百三十八条

谨案：此二条应遵行。

第二百三十九条

谨案：此条应遵行。

第二百四十条

谨案：此医师似与一百七十八条之鉴定人相类，而科刑较该条为轻，似应再酌。再：此等记载于刑律上大有关系，如因而致人罪有出入，亦应另科。

第二百四十一条、二百四十二条

谨案：此二条中，有应另为专条者，有应并入他条者。伪造御玺、国玺之罪，似应列为专条。

第二百四十三条、二百四十四条

谨案：此二条应遵行。

第十九章　关于伪造度量衡罪

第二百四十五条至二百四十九条

谨案：此章五条应遵行。

第二十章　关于祀典及坟墓罪

第二百五十条

谨案：此条应遵行。

第二百五十一条至二百五十三条

谨案：此条第一项①，按之现行律罪应徒二年半，新律科以三等徒，尚不相远；第二项②为发冢总纲，包发而未见棺徒三年、见棺者流三千里在内，新律不分三项，统拟以三、四等徒，似欠明晰；第三项③犯发冢之全罪加以毁弃，仅拟二、三等徒，似觉太轻。应比照现行律，分级定罪。

第二百五十四条、二百五十五条

谨案：此二条应遵行。

第二十一章　关于鸦片烟之罪

第二百五十六条至二百六十四条

谨案：此章九条，罪刑俱当。其关于贩卖者，俟实行禁卖后施行；关于外国者，俟条约修改后施行；关于吸食者，俟年限届满后施行。惟制卖烟具、开设馆舍，现时已在禁例，即应遵行。此外如种烟之刑为本章所无，禁卖、禁食而不禁种是治标而不治本也，应请添入，俟实行禁种后行之。

第二十二章　关于赌博彩票之罪

第二百六十五条至二百七十一条

谨案：此章七条罪刑相当，应遵行。

---

① 应指第二百五十一条。

② 应指第二百五十二条。

③ 应指第二百五十三条。

第二十三章　关于奸非及重婚之罪

谨案：此章与中国礼教似多相背，故持论、立法不无乖舛。如引泥饮、惰眠以譬奸非，未免不伦；谓科奸以重罪于刑法之理论未协，亦非事实；且于旧律科奸各条，章内删除殆尽。其关于人心世道、风俗礼教殊非浅鲜，应请再订。

第二百七十二条、二百七十三条

谨案：此二条猥亵之行为，虽未成奸而行迹已与奸近，其出暴行、胁迫者，情尤难恕。本律拟刑均轻，应请更议。

第二百七十四条

谨案：暴行、胁迫，正现行律所谓强奸者绞，即拟改轻，不应相去太远。至用药及催眠术并其余方法使人不能抗拒，旧律无明文核其情罪，与现行强盗律内老瓜贼用药迷人者同，彼劫人财物，此坏人名节似为尤重，应分别成奸、不成奸从重科罪，非徒刑及罚金所足示惩。

第二百七十五条

谨案：此条亦应以强论，而比〔第〕二百七十二条第二项及〔第〕二百七十三条之情节稍轻，应俟该条既定，比照末减。

第二百七十六条

谨案：因奸致人死伤，现行律甚严。今即减轻其致死刑，笃疾者无期徒刑，废疾者一等有期徒刑，无可再减，应更正。第二项可行。

第二百七十七条

谨案：此条可行。

第二百七十八条

谨案：此条标明有夫之妇，其余奸孀妇、处女应科何罪，自宜增入，未便置之不论，应请增订。

第二百七十九条至二百八十一条

谨案：此三条应遵行。

第二百八十二条

谨案：此条第一项用意正深，一则防旁人之嫉妒磕诈；一则本人、本家有顾声名而不愿告诉者，不妨将顺其意。惟〔第〕二百七十六条第一款关系人命，倘尸亲受贿而私和，亦法之所不容，似应在此限之外。第二项和奸之罪必待本夫之告诉而始理，亦有取意，但如本夫客行于外不能亲告，或痴呆无知受奸妇之制而不敢告，其为亲族父兄者难于管束又不得告诉，恐有因之激而成杀伤之祸者。又如有本夫不告诉，奸妇悔而自首者，又将何以处之？是此法不足以防弊，而适足以长淫也。又云本夫事前纵容或事后得利私和者虽告诉亦不审理，果如是，则当科本夫以纵容私和之罪，而仍科奸夫、奸妇之本罪，始得情法之平。若因其纵容私和之故而即不准理，则似男女通奸、本夫纵奸俱为法律之所许者，恐匹夫匹妇相率而为无耻，其关于风俗者甚大，似不可不慎。

第二百八十三条

谨案：此条应遵行。

第二十四章　关于饮料水之罪

第二百八十四条

谨案：此条应遵行。惟本章总说言专供特定之一人或数人用者不在此列，则此条供人饮料之净水似应揭明为供几人以上之水以示限制，则审判者始有把握。再：本条至二百八十九条之罪均有由过失而成者，自不用该条之刑，则该条之中似应各加"故意"字以明之。

第二百八十五条至二百八十八条

谨案：此四条应遵行，均须以故意者为限。

第二百八十九条、二百九十条

谨案：此二条之罪似后重前轻，而刑则后轻前重，应再审订。

第二百九十一条、二百九十二条

谨案：此二条应遵行。

第二十五章　关于卫生之罪

第二百九十三条、二百九十四条

谨案：此二条应遵行。

第二百九十五条

谨案：此条既曰人生须用之药品又云违背律例，似欠明晰。

第二百九十六条

谨案：此条宜俟医学大明、领毕业凭照者多，再议实行。

第二百九十七条、二百九十八条

谨案：此二条应遵行。

第二十六章　关于杀伤之罪

谨案：本章杀伤之罪可包括一切，如本夫捉奸杀伤奸夫奸妇、妇女拒奸杀伤奸夫、强盗拒捕之格杀，虽本章所无，而可属于总则第十五条、十六条之内。惟杀子孙、杀卑幼、杀奴婢、杀妻妾之刑未有明文，然如期亲尊长之杀卑幼、家主之杀奴婢、夫之杀妻，依凡论则可，如父母、祖父母之杀子孙，亦依凡论则不可。现行律于祖父杀子孙之刑，力从轻减，自有深意，似未可轻改。

第二百九十九条

谨案：旧律七杀之分难知易误，近人颇有言之者，本律取其意，欲以唯一之刑施唯一之罪，自是画一之法。惟是前人厘定七门，自有精意，即本条注语亦明言情变万端非二三十条之例可以赅载，夫二三十例所不能赅者，今以一例括之，似非慎重刑章之意。窃谓可销融者，七杀加减之等级；不可变灭者，七杀区分之情事。似宜精审七杀之同异，详加解说，明著于律，使之讲明切究，仍著令"非精通律意不得为裁判官"。既经研究于平日，自不至张皇于临事，然后诸犯到堂，裁判官得以量其轻重予以相当之刑，庶几变古而无弊乎！又如凶徒杀人至一家数命以上，仅定本犯以实绞，似亦轻纵，其不及数命者，自不能与数命者同科，于是降而为徒，而徒犯之在监者，广宫疏室，足食丰衣，俯仰有资，游息有所，似非惩奸禁暴之意，应请酌议。

第三百条

谨案：此条所害尊亲，如系祖父母、父母，应照八十八条同加为斩，余依服属酌减。并应统合前后关于尊亲诸条，勒为专章，列于分则第一章之后，说见九十九条下。

第三百零一条

谨案：此条兼现行律斗殴、斗杀合为一条，其第一款之首刑盖无心致死而适死者，即斗殴也。现行律：斗杀拟绞，而情轻之案审入缓决，久则减等，亦与无期徒刑无异。本条直以无期徒刑为断，其成笃疾、废疾及单纯伤害者，比较现行律虽各从轻，无大轩轾，应遵行。

第三百零二条

谨案：现行例：但殴祖父母、父母者，无论伤轻重皆斩决，因而致死者锉尸示众，是不必谋杀、故杀皆处以极刑，不待其致死即立决也。此条第一款因而致死者固不待言，即笃疾、废疾、单纯伤害亦在现例斩决之例，乃由无期徒刑而限至四等有期徒刑，其与殴伤平人之刑相去无几，似嫌轻纵。又如本条与第三百条内均无期亲尊长，考之总则第八十二条，盖并妻之与夫同属亲族之中，而杀伤亲族者无明文，是必依凡论矣！夫父兄并称列于五纪，妻子同等并隶三纲，而刑名不别于凡人，实为风俗礼教之忧，应请别列专章。

第三百零三条、三百零四条

谨案：此二条应遵行。

第三百零五条

谨案：此条之罪，在现行律即处死刑，未便减至最轻，注详第三百零二条下。

第三百零六条、三百零七条

谨案：此二条应遵行。

第三百零八条

谨案：此条教唆人自杀，较帮助自杀及受嘱承诺而杀之者，其情为重。常有本人无意于自尽，经人之教唆而始决意者，不能不罪坐所由，则处刑自应有别。第二项对于尊亲尤应再审。

第三百零九条

谨案：此条第一项应比照前条，科以伤罪；第二项对于尊亲，注见上条；第三项应以斗杀论。

第三百十条

谨案：此条与现行律同，应遵行。

第三百十一条

谨案：此条之罪在旧律较轻，而现行例则甚重。本条视旧律更减数等，似非教孝之道，应请再议。

第三百十二条、三百十三条

谨案：此二条应遵行，惟应添入"尊亲"而加重之。

第三百十四条

谨案：此条第一项之豫备、阴谋，有杀人之心并有杀尊长之心，王法诛心，岂可轻恕？处以五等徒刑与拘留，似嫌轻纵。第二项应遵行。

第三百十五条

谨案：此条用意正深，应遵照。

第三百十六条

谨案：此条应遵行。

第二十七章　关于堕胎之罪

谨案：本章堕胎之罪，应酌定几个月以上之胎确有形象者以为限制。如月分过少、形象全无，真假难以分明，恐起争讼之端。

第三百十七条

谨案：此条应俟本夫或父母之告诉始为审理，至因筋骨疾病而堕胎者，应另议。

第三百十八条

谨案：此条堕胎之意出自本妇，其受嘱承诺者之情至轻，在人受其求者偶然失意而为之，则情更有可恕，似应再宽其刑。

第三百十九条

谨案：此条一、二、三款应遵行。惟第四款之暴行、胁迫，非为堕胎而然，其因而小产者，意外事也。类如夫之对妻，明知其怀胎而因职业勤惰上加以暴行、胁迫，亦非过甚，倘因而小产，遽处以三、四等徒刑，则重矣！应请再议。

第三百二十条

谨案：此条应遵行，惟因前后之第四款而致死伤者，似应区别。

第三百二十一条

谨案：此条第一项有出于过失者，似应有别。

第三百二十二条、三百二十三条

谨案：此二条应遵行。

第二十八章　关于遗弃之罪

第三百二十四条、三百二十五条

谨案：此条第一项①应遵行。第二项②相当之处分、保护，亦实有力，不能到之时处以三等以下徒刑，宜与遗弃者同罪，未免过矣！似可照本条第一项之刑加一等，照前条第一项遗弃者之刑减一等，为四等以下有期徒刑，适得其平。

第三百二十六条

谨案：此条因遗弃而致死伤者，照三百零一条、三百零二条从重处

---

① 应指第三百二十四条。
② 应指第三百二十五条。

断，似觉其过。现行律：子贫不能养父母，致父母自缢者，杖一百、流三千里，对尊亲如此，对平人可知。即就理法论之，以此条与第三百零一条及三百零二条较，应养不养与不应殴而殴，其情更有间也，应再议。

第三百二十七条

谨案：此条应遵行。

第二十九章　关于逮捕监禁之罪

第三百二十八条至三百三十一条

谨案：此章四条严私擅滥权之罪，应遵行。

第三十章　关于略诱及和诱之罪

第三百三十二条至三百三十九条

谨案：诸条和诱、略诱之罪，俱以未满二十岁为限。是诱二十岁以上之男女不为罪矣！男子二十而自立犹可说也，女子，从人者也，似不应以年岁为限。

又案：第三百三十八条第二项犯人与被略诱、和诱之人为婚姻，果而虽略亦和矣！情同奸占，应重科其罪，而以被诱之人给亲，始与婚律内诸不正之婚均断离异相合，若听其为婚，是长奸也。本条乃谓在婚姻继续之间其告诉为无效，似不可行。且本门于营利诱拐处分均重，而此独不听告诉，是严于营利，恕于科奸，应请改定。

又案：其余各项酌拟罪名增入，移送外国各项，比旧律赅备，可遵行。

第三十一章　关于名誉信用安全及秘密之罪

第三百四十条、三百四十一条

谨案：此二条应遵行。

第三百四十二条

谨案：此条之罪，若因胁迫而害已成，则刑似失轻；若只有胁迫之势而害未成，则刑似失重。

第三百四十三条

谨案：此者使人为无义务之事，注谓即使辞雇佣之类；使人妨害权利之实施，注谓即妨害正当诉讼之类。此等情罪似较前条之情罪为轻，而情转加重，应请再议。

第三百四十四条、三百四十五条

谨案：此二条相较，似乎前条之情稍轻，后条之情较重，而刑则如一，似应再酌。

第三百四十六条至三百四十八条

谨案：此三条应遵行。

第三十二章　关于窃盗及强盗之罪

第三百四十九条

谨案：现行律计赃坐罪，实有赃虽微而情极重，失之宽纵者。本律处刑之等差，不以赃之多寡为衡，其理极是，本条之刑亦适合，应遵行。

第三百五十条

谨案：第一、二项应遵行。惟窃取御物，现行律应拟斩，今减至无期徒刑，实无可再宽。不宜更拟二、三等徒，致御物与常人物无别。

第三百五十一条

谨案：前条窃盗之刑有至二、三等有期徒刑者，本条强盗之刑亦用至三等有期徒刑，则强盗无分矣！夫窃者之取人物，惟恐人觉，古人譬之以鼠行，若强盗则豺狼之行也，二者相去不可以道里计。而处刑无甚悬绝，似不足禁奸惩暴。现行例：强盗得财者，不分首从皆死刑，又有就地正法之章，风会所迫，非此不足以惩之。今一旦以应死之刑减至有期徒刑，似太轻纵，应请更议。

第三百五十二条

谨案：此即现行律临时行强之罪，应遵行。

第三百五十三条

谨案：此条应遵行，但须强盗本罪议定，然后诸条之以强盗论者始能适当。

第三百五十四条

谨案：第一款侵入人室，第四款杀伤事主，情势凶恶，法无可贷，应仍照旧处死方足以昭炯戒。至第三款则盗所强奸，情罪尤重，按旧律强盗而不强奸、强奸而不强盗均问斩，今合二死之犯而无一死之刑，似太宽纵，宜改定斩刑。

第三百五十五条

谨案：窃取御物，旧律拟斩，强取自应加重。第二项在途行劫，处死宜矣！然与上条之侵入人室相较，则彼重于此，此不可宽而彼乃拟以徒刑，轻重颇觉倒置。第四项致人于死拟徒亦未为允当，均应再订。

第三百五十六条

谨案：故杀人死罪也，强盗亦死罪也，犯二死者不死，则犯一罪或故杀或强盗者又将何如？律注于三百五十四条引俱发罪为据，此条命意殆亦相同。不知现行律二罪俱发条注中引证皆指窃贼、受赃二事言之，无一字及奸盗，以非常大罪不在通常犯事中也。此条亟应改定。

第三百五十七条

谨案：此条应遵行。

第三百五十八条至三百六十条

谨案：诸条均应遵行。

第三百六十一条

谨案：亲属相盗，减等则可，若一律免除，则窃有多寡、害有轻重，恐未尽允协，应酌定。

第三十三章　关于欺诈取财罪

第三百六十二条至三百六十八条

谨案：此章七条均应遵行。惟如捉人勒赎及类于捉人勒赎者，应照强盗律科断，似可于本章中声明之。

第三十四章　关于侵占罪

第三百六十九条至三百七十四条

谨案：侵占固有罪，然究比欺诈取财之罪轻，本章六条与前章欺诈之刑相等，似失平。

第三十五章　关于赃物罪

第三百七十五条至三百七十九条

谨案：受赃之罪应比窃罪减一、二等，其不知者不坐，本章刑条与窃罪刑相等，似稍过。其第三百七十五条第一项应系明知故受者，亦未著明。

第三十六章　关于毁弃损坏罪

第三百八十条

谨案：现行律：毁弃官文书者，杖一百，此条第一项系私文书，应较官文书减等，乃限以四等徒刑，则反加重矣！第二项之刑毁弃制书者似

464

轻，余似稍重，应再酌。

第三百八十一条

谨案：此条第一项前半之罪，似比第一百八十九条决水侵害之罪轻，其处刑与该条同，似稍重；后半所揭第一百八十二条之矿坑、营造物，一则为多众执业止宿之所，一则为人烟稠密之处，火灾险猛，动伤多命，故该条特别之。若在本条系以人力损坏，非甚危险，似不必为特别。第二项应遵行。

第三百八十二条、三百八十三条

谨案：此二条似可归民事诉讼类，偿其价足矣，竟科以罪，似稍过。

第三百八十四条

谨案：此条无大关系，似可删。

第三百八十五条

谨案：此条所列第三百八十一条之第二项系因而致之之罪，非犯意之本位，似不能有未遂罪。此罪未遂即该条第一项之本罪矣，应再审。

第三百八十六条、三百八十七条

谨案：此二条应遵行。

宣统元年三月十六日奉朱批："览，钦此。"

第三部分

1910 年修正刑律草案

一　上谕

1. 凡旧律义关伦常诸条不可率行变革谕
（宣统元年正月二十七日，1909年2月17日）

前据修订法律大臣奏呈刑律草案，当经宪政编查馆分咨内外各衙门讨论参考，以期至当。嗣据学部及直隶、两广、安徽各督抚先后奏，请将中国旧律与新律详慎互校，再行妥定，以维伦纪而保治安。复经谕命修订法律大臣会同法部详慎斟酌，修改删并，奏明办理。上年所颁立宪筹备事宜，新刑律限本年核定，来年颁布，事关宪政，不容稍事缓图。著修订法律大臣会同法部迅遵前旨，修改删并，克日进呈，以期不误核定颁布之限。

惟是刑法之源，本乎礼教，中外各国礼教不同，故刑法亦因之而异。中国素重纲常，故于干犯名义之条，立法特为严重。良以三纲五常，阐自唐虞，圣帝明王，兢兢保守，实为数千年相传之国粹，立国之大本。今寰海大通，国际每多交涉，固不宜墨守故常，致失通变宜民之意，但只可采彼所长，益我所短。凡我旧律义关伦常诸条，不可率行变革，庶以维天理民彝于不敝。该大臣等务本此意，以为修改宗旨，是为至要。

至该大臣前奏，请编订现行刑律，已由宪政编查馆核议，著一并从速编订，请旨颁行，以示朝廷变通法律、循序渐进之至意。钦此。

二　奏折

1. 法部、修订法律馆为修正刑律草案告成
敬缮具清单折

（宣统元年十二月二十三日，1910 年 2 月 2 日）

　　法部尚书、臣廷杰等跪奏：为修正刑律草案告成，敬缮具清单，恭折
会陈，仰祈圣鉴事。

　　窃本年正月二十六日，臣等会奏请旨饬催京外各衙门签注新刑律草
案，从速咨送以凭核订等因。奉上谕："法律为宪政始基，亟应修改以备
颁布。所有新订刑律草案，着京外各衙门照章签注，分别咨送，毋稍延
缓，以凭核定而昭画一。钦此。"复于是月二十七日内阁奉上谕："前据修
订法律大臣奏呈刑律草案，当经宪政编查馆分咨内外各衙门讨论参考，以
期至当。嗣据学部及直隶、两广、安徽各督抚先后奏，请将中国旧律与新
律详慎互校，再行妥定，以维伦纪而保治安。复经谕命修订法律大臣会同
法部详慎斟酌，修改删并，奏明办理。上年所颁立宪筹备事宜，新刑律限
本年核定，来年颁布，事关宪政，不容稍事缓图。著修订法律大臣会同法
部迅遵前旨，修改删并，克日进呈，以期不误核定颁布之限。惟是刑法之
源，本乎礼教，中外各国礼教不同，故刑法亦因之而异。中国素重纲常，

故于干犯名义之条,立法特为严重。良以三纲五常,阐自唐虞,圣帝明王,兢兢保守,实为数千年相传之国粹,立国之大本。今寰海大通,国际每多交涉,固不宜墨守故常,致失通变宜民之意,但只可采彼所长,益我所短。凡我旧律义关伦常诸条,不可率行变革,庶以维天理民彝于不敝,该大臣等务本此意,以为修改宗旨,是为至要等因。钦此。"仰见我皇上明刑弼教之至意,钦佩莫名。臣等一面分咨京外各衙门催收签注,一面派人彼此协商以专责成。八月间臣馆先将修辑现行刑律赶缮黄册进呈。维时京外各签注陆续到齐,其中如农工商部、奉天、山东、两江、热河均在赞成之列,其余可否参半,亦间有持论稍偏、未尽允协者。

窃维法律之用,与时消息。昔唐太宗改旧令,绞刑之属五十为断右趾,继改加役流;宋咸平时删太宗诏令,十存一二;即我朝雍乾之际修改律例,亦于康熙旧例多所删汰。此在平时尚应通其圮滞,而处今日不宜墨守旧日之范围者,更有数端:

海禁大开,商埠林立,各国商民、牧师侨居内地者,实繁有徒。治外法权之说,初本限于君主、公使、军舰、军队等项,因法律不同之故,推而齐民亦享其利,并改其名曰"领事裁判权",同居率土之中而法权则互分彼我,同列讼庭之上而惩戒则显判重轻,损失国威,莫此为甚。今幸续订商约,英、美、日、葡等国均允于改良刑律之后,侨民悉归我审判,歃血未寒,时机讵容坐失!此鉴于国际条约之必应变通者一也。

立宪之国,专以保护臣民权利为主。现行律中于阶级之间,如品官、制使、良贱、奴仆,区判最深,殊不知富贵贫贱品类不能强之使齐,第同隶牂蒙权由天畀,于法律实不应有厚薄之殊。又伏读《钦定宪法大纲》,臣民非法律所定不加以逮捕、监禁处罚。煌煌诏诰,中外同钦,而现行律例比附之制,实与抵触。凡此之类,均应按照立宪国成规逐加厘正,以植宪政始基。此关于筹备事宜之必应变通者一也。

三典之职创自周官,即所谓重典、中典、轻典是也。良以理乱不同,宜循时尚,初非制定法规即悬为一成不变之策也。教育与刑罚本有消长对待之机,绎鲁论耻格之良箴,益可见导齐之至理。昔秦法峻密,乃揭竿僭窃之徒并未能禁,汉兴扫除烦苛几于刑厝,移风易俗并非全凭刑禁。即从前各国刑法,咸从武健严酷而来,迨后改从轻刑、专事教育,颛蒙知识日臻进步,中国人民同此禀赋,不应独异。况草案施行尚需时日,届时教育普及、犯罪自少，尤不宜以目前之情形，永远限制其将来。此推诸国民之程度必应变通者又一也。

臣等督饬派出各员汇集中外签注，分类编辑，折衷甄采，并懔遵谕旨，将关于伦常各款加重一等，其余文词亦酌加修改，务归雅训以期明晰，仍厘为总则、分则两编，共四十三章，凡四百零九条。为中外礼教不同，为收回治外法权起见，自应采取各国通行常例，其有施之外国不能再为加严致背修订本旨，然揆诸中国名教必宜永远奉行勿替者，亦不宜因此致令纲纪荡然，均拟别辑单行法，藉示保存。是以增入附则五条，庶几沟通新旧，彼此遵守，不致有扞格之虞也。每条仍加具按语，而于各签注质疑之处分别答复。

再法部：查此次修律大臣所改草案，既据折内声明"中国名教必宜永远奉行勿替者，不宜因此致令纲纪荡然"等语，臣部权衡，律法只期与礼教无违，该大臣等所拟尚与臣部意见相同。至前经奉旨并交礼部核议，自系专为礼教起见，应俟奉旨后由臣部知照礼部钦遵办理，理合缮具清单，恭呈御览，伏祈饬下宪政编查馆照章考核，请旨施行。又此折系法律馆主稿，会同法部办理，合并声明。

所有进呈修正刑律草案缘由，谨恭折合陈，伏乞皇上圣鉴。谨奏。

法部尚书	臣	廷　杰
花翎头品顶戴、左侍郎	臣	觉罗绍昌
署右侍郎、内阁学士	臣	王　埥
修订法律大臣、法部右侍郎	臣	沈　家本
修订法律大臣、头品顶戴、仓场侍郎	臣	俞　廉　三

宣统元年十二月二十三日具奏，本日军机大臣钦奉谕旨："修订法律大臣会同法部具奏修订刑律草案告成缮单呈览一折，著宪政编查馆查核覆奏。钦此。"

三　修正刑律草案

（附按语）

目　录

附 则

第一编 总则

第一章 法例

第一条

凡犯罪在本律颁行以后者，俱以本律处断。

其在颁行以前，未经确定审判者，亦同。但颁行以前之律例不为罪者，不在此限。

谨按：此条文词酌加修正。两广签注以为尚属斟酌画一之义，似犹未尽本条之要旨。夫改旧从新，本因旧律有未当之处，质言之，即新律之重正所以救旧律之轻，新律之轻亦有鉴于旧律之重，知其未当而后改，自无仍从旧律之理，此立法之本旨也。河南签注内称现行律自颁降日为始，若犯罪在新律以前者并依新律处断，盖一代易姓受命之际，非此不足以示更新等语。查草案本意，一则根据《大清律例》示刑法不溯既往之原则，一则因将来新刑律颁布之时，如以犯罪在前，科拟在后，必欲仍从旧律之轻典，于嬗递之间，仍须另撰新旧刑法对照表，既涉纷更，且新旧刑制不同，钩稽轻重，究难适当。原签以为歧之又歧，系属误会。至牵及易姓受命，措词尤属不伦，应请毋庸置议。

参照原案第一条。

第二条

凡在中国内犯罪者，不论何人，俱依本律处断。

其在中国外之中国船舰内犯罪者，亦同。

谨按：此条文词酌加修正。河南签注以为理由揭指三项外国人可援为不守法律之据。查原案理由所列三项：一、无国籍之外国人；二、无特别条约之外国人，此指未收回治外法权之时而言；三、条约改正后之外国人，此指既收回治外法权之时而言。疏解明显，正所以示外人必应遵守之据，原签故作背驰之论，系属有意吹求，应请毋庸置议。

参照原案第二条。

第三条

凡在中国外，不论何人，对于中国犯左列各罪，俱依本律处断：

一、第八十八条至第九十二条第一项、第九十三条、第九十四条第二项及第九十五条第二项之罪；

二、第一百条及第一百零三条之罪；

三、第一百十六条之罪；

四、第一百二十六条及第一百二十八条至一百三十一条之罪；

五、第一百五十六条及第一百五十八条之罪；

六、第二百三十一条及第二百三十三条第一项之罪；

七、第二百四十条，第二百四十一条第一款、第二款，第二百四十二条及第二百四十三条之罪；

八、第四百条及第四百零一条之罪。

谨按：本条各款依重定次叙修正，并依湖南签注增入第一百五十四条对吏员或公署当场侮辱之罪，以资赅备。两江签注以此条及后二条"在中国外"数字似欠包括明显。查本条所指之范围，含有外国所属之地及未有所属之地在内，故必须用此数字以示区别。

参照原案第三条。

第四条

凡中国臣民在中国外犯左列各罪，俱依本律处断：

一、第一百零七条及第一百十五条之罪；

二、第一百三十六条及第一百三十八条之罪；

三、第一百四十三条及第一百四十四条之罪；

四、第一百四十七条及第一百五十一条之罪；

五、第一百七十五条之罪；

六、第二百十九条之罪；

七、第二百二十八条之罪；

八、第二百四十一条第三款之罪。

谨按：本条各款依重定次叙修正。两江签注欲删除"在中国外"一语。查本条为惩治在中国外犯法之臣民而设，"在中国外"数字并非赘文应仍其旧。

参照原案第四条。

第五条

凡中国臣民在中国外犯左列各罪者，俱依本律处断：

一、第一百八十四条及第一百八十五条之罪；

二、第一百八十八条至一百九十条、第一百九十四条及第一百九十五条之罪；

三、第二百十四条至二百十八条之罪；

四、第二百四十一条第四款、第二百四十二条、第二百四十四条及第二百四十五条之罪；

五、第二百五十八条至二百六十三条之罪；

六、第二百八十三条至第二百八十七条及第二百九十条之罪；

七、第三百一十条至第三百十三条及第三百十九条至第三百二十五条之罪；

八、第三百三十三条、第三百三十四条及第三百三十六条第一项之罪；

九、第三百三十八条及第三百三十九条之罪；

十、第三百四十三条至第三百四十六条之罪；

十一、第三百四十九条至第三百五十三条之罪；

十二、第三百五十七条至第三百六十条之罪；

十三、第三百六十六条至第三百七十六条之罪；

十四、第三百八十一条至第三百八十五条之罪；

十五、第三百八十九条至第三百九十一条之罪；

十六、第三百九十五条之罪；

十七、第四百零二条及第四百零三条之罪。

外国人对于中国臣民犯前项各款之罪者，亦同。

谨按：本条各款依重定次叙修正。两江签注拟将第一、第二两项修并为一。查第一项乃中国臣民在外国对于中国或外国有犯而言，第二项系外国人对于中国臣民有犯而言，二者迥不相同，仍应分别，免致挂漏。

参照原案第五条。

第六条

凡在外国犯罪者，虽经审判后，仍得依本律处断。

但在外国受刑之宣告，而得免除执行，或已执行刑之全部或一分者，得免除或减轻本律之刑。

谨按：此条文词酌加修正。两广签注以或再断罪，或免除，或减等，非一定之法。查世界之大，法律至繁，既未目击犯人在外所受之刑，自不能豫定其应再断或应减免，故仍应宽其范围，以俟审判官详查事实，分别酌定。本条所谓得者，乃可以如此办理并非必得之谓。各条称得者俱准此。至谓审判是否指本籍之审判官，抑指外国之领事，此乃审判管辖之问题，应由诉讼法规定，与刑律无涉。

参照原案第六条。

第七条

凡犯罪行为或结局之一端，在中国领地或船舰内者，以在中国犯罪论。

谨按：此条文词酌加修正。

参照原案第七条。

第八条

第二条、第三条及第五条至前条之规定，如国际上有特别成例，仍从成例办理。

谨按：原文"特别条约、法规或惯例"一语内，法规系指海牙决议书中陆战法规等项而言。邮传部签注以为舍条约、惯例即无法规，系属错误。惟原文第一百零四条定为国际成例，亦足赅括一切，自应照改以归一律。原签又谓刑法与国际法截然两物，牵彼如此，实为大谬。查刑律与国际法冲突之时，则刑律不免受国际法之限制。本条即为声明此项限制而设，并非牵国际法入于刑律之内。至原签谓"此条若作正文，于国权体面大有伤害。条约上之权利开战可以失效，今将变条约上之权利而以刑律定之于我国，所损滋多"等语。查本条所定不专关乎条约，凡国际法规、惯例均包括在内。仅就条约一端言之，已失原案之旨，且条约亦不仅因战时而失效，更有因战时而效力始发生者，故此条之规定万不可少。今特定此例，于国权国体并不损伤也。

参照原案第八条。

第九条

凡他项法令定有刑名者，均援用本律总则，但该法令有特别规定者，不在此限。

谨按：此条文词酌加修正。两广签注以为既立一定之例，他项反对规定之一切罚则即应改为一律。查本条所谓"他项律例有特别规定"者，指将来制定他种罚则有不得用刑律"自首"、"减免"及"宥恕减轻"、"俱发罪"处分等例而言。此项情形即揆诸旧律，亦所恒有，例如现行律例二罪俱发从重论处，分则例则系并科。盖国家定制贵在因时，断不能以一隅之见限制全体，致贻胶柱鼓瑟之讥也。

参照原案第九条。

第二章　不论罪

第十条

凡律例无正条者，不论何种行为不为罪。

谨按：此条即为不准比附援引而设。原奏理由并臣馆原奏业经剀切言之，乃邮传部并四川、两广、云南、贵州、湖广、湖南、江西、河南、两江等省签注，独于此条驳诘尤力。立论虽互有不同，大致以人情万变，非比附援引不足以资惩创，此盖狃于旧习所致。殊不知于今日情形，比附之制实有不必存、不宜存者。

旧律毛举细端几于一事一例，综计《大清律例》全书不下一千八百余条，然比附定案，时有所闻，诚以条文有限，人事无穷，纵极繁密，挂漏实多。草案正条一以赅括为主，实无斯弊。例如修正案第三百十条"犯杀人者，处死刑、无期徒刑或一等有期徒刑"，初不必问其为谋故杀、毒药而杀，是以一条已足赅旧律之数十百条，各门以此类推，人之犯罪之计虽工，断不能轶此范围。昔日本旧刑法采用法国，即以此条牟于篇首，行之数十年。惟窃引电气一案颇滋议，卒以电气具有流质亦物体之一，仍当窃盗之罪。初未闻有巨奸大憨优游法外，何至行之我国反有不便之虞？况草

479

案每条刑名均设数刑，即每等亦有上下之限，司谳者尽可酌情节之重轻，予以相当之惩处，是无比附之名而有加减之实，不过略示制限，不似旧日可以恣意出入于其间耳！此揆诸新制，比附之可不必存者，一也。

刑法与宪法相为表里，立宪国非据定律不处罚其臣民，此为近世东西各国之通例，故有明定于宪法者，兼有备载于刑法者。光绪三十四年 八 月《钦定宪法大纲》业经载入，昭示中外，我皇上寅绍丕基，复叠次儆告廷臣，克成先志。则旧律中之违与宪法者，亟应一体删汰，庶上副缵述之至意。乃于刑律一端忽生异议，实与历次明诏显有背驰。此鉴于立宪，比附之不宜存者，又一也。

此条为刑律注重之要端，而关系筹备前途尤非鲜浅，是以臣等敬谨统筹全体引申前说，不敢与众论为苟同也。

参照原案第十条。

第十一条

凡未满十五岁者之行为不为罪，但因其情节，得命以感化教育。

谨按：此条学部并安徽、两广、云南、湖广、湖南、江西、山东、直隶、两江等省签注佥不为然，撮其大要约分四说：一、未满十六岁为无责任，教唆之事日出；二、感化主义于我国尚早；三、幼年犯重大之罪不可不罚；四、户口清查不易，适启规避之阶。查教唆无责任者属于刑法学上所谓之间接正犯，当与亲身下手者受同一之处分，法理上毫无流弊，然则第一说可无足虑。感化教育乃减少犯罪之良策，各国行之其效卓著，不论何时何国俱可采用，从未闻有以民智未睿为口实而避之者，则第二说亦非通论。幼年犯重大之罪，科之以刑，实无惩戒之效。以教育感化或可冀其改悔，此东西各国多年考验之实情。本条采用感化教育，初非置犯罪于不问，为第三说者，殆未即道德齐礼之哲言而寻绎之也。清查户口，警政初基，现值整饬庶务亟应实力奉行，乃以册籍未明不咎有司奉行之不力，而反藉不力以为阻挠朝廷维新之张本，因循自误，是诚何心！则第四之说更不足深论也。惟原律所定年龄以十六岁为断，不无过宽。然如那威《新刑法》暨日本《改正刑法》酌减为十四岁，亦为各国学习者所訾议。兹酌定为十五岁，庶于新旧之间，亦两得其平也。

参照原案第十一条。

第十二条

凡精神病者之行为不为罪，但因其情节，得命以监禁处分。

酗酒及精神病者之间断时，其行为不得适用前项之规定。

谨按：邮传部及江西签注拟易"精神病"为"心神丧失"，殊不知精神病之种类有心神丧失者，有决非丧失智觉精神或全具记忆力及推理力，故改用心神丧失，则精神病有科罪、有不科罪者矣，于医学、法理均未得当，自以仍用"精神病"较有依据。晋省签注以中国医学未进步，警察制度未完善，无安置疯人之善法，此理亦为未足。又云贵、江南两省签注于第二项似解作"酗酒时之行为不为罪"，系属误会本条之意，所以声明酗酒与精神病不同，仍应科罪，并非据以为无罪之理由也。

参照原案第十二条。

第十三条

凡非故意之行为不为罪，但应以过失论［者］，不在此限。

不知律例不得为非故意，但因其情节，得减本刑一等或二等。

犯罪之事实与犯人所知有异时，依左例：

第一、所犯重于犯人所知或相等时，从其所知者处断；

第二、所犯轻于犯人所知时，从其所犯者处断。

谨按：此条文词酌加修改。邮传部、两广、安徽、湖广及热河等省大致以讳饰之弊为虑。查法律与事实系属二事，如牵事实于法律之内，则现行之《大清律例》亦何尝无过失及不知不坐之文？宁不虑其讳饰耶！听讼之要，无非辨别真伪，果有讳饰，不妨执证佐以折服之，是在审判官之悉心研究矣。又湖广、湖南签注不以第二项减轻之例为然。查刑律所定命盗各项重情，虽不可减，然其余轻微事件及将来新定各项罚则，不知而犯者不无可原之处，故此项规定决不可删节也。

参照原案第十三条。

第十四条

凡依律例或正当业务之行为，或不背于公共秩序及善良风俗、习惯之行为，不为罪。

谨按：云贵签注所举庸医杀伤人之例，如系藉医术故意杀伤人则应以故杀、故伤论，如系出于过失则应以过失杀伤论。本条之定为无罪者，则仅属于正当义务范围内之行为而言。邮传部签注谓刑法所以惩反于公序善俗之行为，其行为已于分则列举之，无庸包括条文，并以习惯不必列入刑法。查刑律分则不过揭示行为之外形，必视其具本条之普通要件与否，然后可决其罪之有无，不得谓包括条文为无用。若习惯出于相沿，本非随法律而发生焉、变化焉、消亡焉者，法律不过保护其不反乎公序善俗者，或直放任之而已。行政法、民法、商法均有此规定，亦不得谓制定刑法将以矫正习惯。且既谓习惯之可认容者，法廷得以认容之。若无本条之规定，法廷将何所据以决其取舍？细绎原签之意，与前驳诘第八条同由于不解本条定律之旨。本条非规定习惯之起灭变更，实因分则列举之行为偶有与习惯冲突者，故示以刑法上应据之准绳，并非轶出于刑法范围之外。诚如所言则行政法、民法、商法中，亦不能置关系习惯之规定，有是理乎？

参照原案第十四条。

第十五条

凡对于现在不正之侵害，出于防卫自己或他人权利之行为，不为罪。

逾防卫程度之行为，得减本刑一等至三等。

谨按：本条各省签注所持论，俱牵法律于事实之中。查本条之规定，与现定律例无甚差别，不过现行律例散见各门，本条总括其词，以简驭繁耳。既曰不正之侵害，则自己之不正者，即不在此例。凡一切拒捕行为不得藉为口实。若他人权利，例如旧例关于贼盗之邻佑，关于捉奸之亲属皆是。至逾防卫之程度如何，是在审判者按其实际之情节而定，法律不能豫为限制也。

参照原案第十五条。

第十六条

凡避不能抗拒之危难、强制，而有不得已之行为者，不为罪。但加过分之损害者，得减本刑一等至三等。

于公务上或业务上有特别义务者，不得用前项之规定。

谨按：本条文词酌加修正。两广签注谓虽有自然力之强制，若有毙命仍当以过失杀论。此说之罅漏有二：本条出于故意之行为，于法理不可以过失论，其失一；本条系关于不能抗拒之规定，非有过失之性质，其失二。至因他人强制而犯重大罪恶者，则应处罚，然既入于不能抗拒之范围内，无论情形如何重大，在法理自无可罚之理。所宜注意者，他人强制之程度尚未达于不能抗拒而甘自顺从，此则仍应受共犯之处分，乃当然之办法也。过分之害指所欲救护之利益，与其所捐弃之法益，轻重之间失其权衡者而言，非原签所揭之意。

参照原案第十六条。

第三章　未遂罪

第十七条

凡谋犯罪已著手，因意外之障碍不遂者，为未遂犯。其不能生结局之情形时，亦同。

未遂犯之为罪，以分则各条定有明文为断。

未遂罪之刑，得减既遂罪之刑一等或二等。

谨按：原案第三款有"褫夺公权及没收，不在减等之限"二语，惟第十一章加减例内第六十二条有从刑不随主刑加重减轻之例，此处系属重复，应即节删。湖南签注谓未遂罪仅处罚金则系误解。查未遂罪之刑得减既遂之刑一等或二等，并无仅科罚金之理。且系得减而非必减，仍在临时斟酌情形也。

参照原案第十七条。

第十八条

凡谋犯罪已著手，而因己意中止者，得免除或减轻本刑。

谨按：本条文词酌加修正。河南签注举调奸缌麻以上亲，但经调戏忽而中止，致其夫等羞忿自尽以相质难。查判决案件必须临时审察情节如何，况本条系得免除或减轻，并非必应免除或减轻也。至原签所驳原注，查原注所谓待时而动忽而自止，系指证据既备者而言，初非凭莫须有即成定谳者也。

参照原案第十八条。

第四章　累犯罪

第十九条

凡已受徒刑之执行，更犯罪应宣告有期徒刑者，为再犯，依本刑加一等。

若系左列各款者，不在加重之限：

一、有期徒刑之执行既终，逾五年而再犯者；

二、无期徒刑或有期徒刑之执行一分免除后，逾五年而再犯者。

谨按：本条原案但书拟改为第二项，分列两款以期明晰。两广签注以每等之中分为上下年限似难画一。查刑之设有等差，使审判官按各情节而为适宜之宣告，乃各国之通例，原案主义根据于此，未宜轻改。至湖南签注以前犯重而后犯轻，情节似轻；前犯轻而后犯重，情节较重。并河南签注之必以再犯同等为断，均系墨守日本旧刑法之见，非定论也。

参照原案第十九条。

第二十条

凡三犯以上者，依本刑加二等，仍用前条第二项之限制。

谨按：前条第二项俱以五年之内为断，则三犯以上限制之法亦应从同，故照云贵之签注增入。山西签注以三犯上者，依本刑加二等，恐致轻重不平，宜改为三犯均加一等。然累犯者之处分，与以防遏犯罪刑期无刑为宗旨，非锱铢计较刑之分量，诚如所言三犯以上均止加一等，亦仍不免有轻重不平之弊也。

参照原案第二十条。

第二十一条

凡审判确定后，于执行其刑之时发觉为累犯者，依前二条之分别以定刑期。

谨按：两广签注谓未经究问明白似不能谓之确定，并疑原注未能明晰。查审判既经确定即不复能变更，此诉讼法之原则，本条系一例外，于审判确定后发见其罪系累犯之时，许从前二条之例加重变更既宣告之刑期。原注语意并非暧昧，签注者未深究也。两江及河南签注均欲引入俱发罪中，不知此条乃判决确定后，执行徒刑中发见累犯之例，若与俱发罪并发，自有第二十五条处分之法也。

参照原案第二十一条。

第二十二条

凡依军律或外国审判庭受有罪审判者，不得用加重之例。

谨按：邮传部签注拟增混合裁判所一项，查此系一时特别条约，不宜规定之于刑律中。如以为必不可少，则规定之于刑律施行法可也。

参照原案第二十二条。

第五章　俱发罪

第二十三条

凡确定审判前犯数罪者，为俱发罪，宣告各罪之刑名、刑期、金额，并依左列分别定应执行者：

第一、俱发罪中宣告死刑者，不执行他刑；如有宣告多数之死刑，于其中定应执行之一者；

第二、俱发罪中如有宣告无期徒刑者，不执行他刑；如宣告多数之无期徒刑，于其中定应执行之一者；

第三、如宣告俱系有期徒刑者，于合并各刑之刑期以下、其中最长之刑期以上，定应执行之刑期，但不得逾二十年；

第四、如所宣告各罪之刑俱系拘役者，依前款之例，定应执行之刑期；

第五、如所宣告各罪之刑俱系罚金者，于合并各刑之金额以下、其中最多金额以上，定应执行之金额；

第六、依第三款应执行之有期徒刑，与第四款之拘役、第五款之罚金并执行之。有期徒刑、拘役及罚金各一罪者，亦同；

第七、褫夺公权及没收，并执行之。

谨按：本条文词酌加修正，并将第一款内之无期徒刑析出作为一款。湖南签注以为原案注意中所举二例为未画一。查原案俱发罪本采用折衷主义，质言之，一即吸收主义，一即并科主义，二者之中任其审择也。良以犯罪之情节不同，宜凭审判者权衡而定。虽宽严容有不齐，然既纂为正条，即同在法定范围之内，可无虞操纵之弊也。

参照原案第二十三条。

第二十四条

凡一罪先发，既经确定审判，余罪后发，及数罪各别经确定审判者，依前条之分别，定应执行之罪名、刑期及金额宣告之。其应执行最重之刑消灭，仍余数罪者，亦同。

若对于有期徒刑、拘役或罚金既受执行者，援用前条第二款至第五款通算之。

谨按：本条文词酌加修正。两广签注以原案异于现行律为未宜，不知俱发罪处分其主义既与现行律不同，则其归宿自不得不异，此当然之事，无足怪者。至谓因赦而免，重罪既邀宽宥，轻罪亦应援免，此指各罪并在赦前者而言。若本条所定系重罪在赦前、轻罪在赦后，故一免一不免，其情形固自不同，当分别观之。

参照原案第二十四条。

第二十五条

凡俱发罪与累犯互合者，其俱发罪援用前二条处断，与累犯之刑并执行之。

谨按：本条文词酌加修正。两广签注持论与前条大致相似，坐未解原案所采用之主义，至谓应待法部覆核，亦与立宪国司法官权限之说未符。

参照原案第二十五条。

第二十六条

凡一行为而关数项罪名，或犯一罪之方法及结果而生他罪者，以其最重之一罪论。但于分则有特别规定者，不在此限。

参照原案第二十六条。

第二十七条

凡定犯罪之重轻，如主刑重轻不同者，比较各主刑中最重者而定之。最重刑同等者，比较最轻主刑之重者定之。

主刑重轻俱同者，据犯罪情节定之。

谨按：此条文义，据云贵、浙江、河南等省签注修改明晰。

参照原案第二十七条。

第二十八条

凡继续犯罪者，以一罪论。

谨按：云贵签注以连续犯罪果何所指，此应归于解释律文之范围内，据学说定之。两广签注谓连犯多次而仅科一罪之刑为过轻，然虽系连犯多次，其罪质则一，于法理不得以之为数罪。现行律盗二家财物，以一主为重，正是此意。如以其罪情，实较一次之犯为重，审判官宜于法定限制内科以重刑可也。江苏签注所举累日赌博情形应入原案第二百六十六条范围，其未以为常业者仍应以连续犯一罪论。

参照原案第二十八条。

第六章　共犯罪

第二十九条

凡二人以上共同实施犯罪之行为者，皆为正犯，各科其刑。

于实施犯罪之行为中帮助正犯者，准正犯论。

谨按：本条文词酌加修正。湖广签注以此条第二项并第三十条第二项、第三十一条第二项所用"准"字与现行律意义不同。查现行律"准"

字为定处分用之，含有限制之意。原案则为定其罪质及处分之故，例如正犯应科死刑，准正犯亦科死刑是也。

参照原案第二十九条。

第三十条

凡教唆他人使之实施犯罪之行为者，为造意犯，依正犯之例处断。

教唆造意犯者，准造意犯论。

谨按：安徽签注似谓原案关乎教唆助力者之规定为欠明晰，然教唆实施犯罪中之助力者，应据第三十条及第二十九条第二项，照正犯之刑处断，教唆实施前之助力者，应据第三十一条第一项处断，毫无疑义。湖南签注以第二项教唆者复有教唆之人，是听教唆而非造意欲行删除。查教唆犯乃直接之造意犯，例如甲教唆乙杀人，甲乙应处第三百零一条之刑，是教唆造意犯乃间接之造意犯，例如甲教唆乙转教唆丙杀人，是按第二项之规定，甲乙丙俱应同论。若以为乙系听教唆者，不著其定名，则乙之为正犯为从犯转生疑义，设据第十条律无正条之例且恐有悻逃法网者矣，则第二项万不可少之规定也。

参照原案第三十条。

第三十一条

凡于实施犯罪之行为以前帮助正犯者，为从犯。

从犯之教唆者及帮助者，准从犯论。

从犯之刑得减正犯之刑一等或二等。

谨按：本条文词酌加修正。两江、两广、云贵等省签注所举皆以现行律为标准，本案所采乃实施本位主义。实施之中初无首从之别，全体刑罚之轻重皆据此而定，如以新律之刑罚绳以旧律之首从，则误解之甚也。

参照原案第三十一条。

第三十二条

凡于前教唆或帮助，其后加入实施犯罪之行为者，依其所实施者处断。

参照原案第三十二条。

第三十三条

凡因身分成立之罪，其教唆及帮助者虽无身分，仍以共犯论。

因身分致刑有轻重时，其无身分者仍依常律。

谨按：本条文词酌加修正。

参照原案第三十三条。

第三十四条

凡知情共同者，本犯虽或不知共同之情事，仍以共犯论。

谨按：本条原案但书节删。河南签注驳原注所举之例，并谓既系知情即属共犯。查原注所举之例系明示适用法律之意，并未牵及事实证据，且此条非临时共犯之规定，乃指本犯虽未与谋而帮助之犯实有心赞成之，亦谓一方共犯，略如现行律各自起意，各以为首论相似，若无专条必致疑议百出也。

参照原案第三十四条。

第三十五条

凡关于过失犯，有共同过失者，以共犯论。

参照原案第三十五条。

第三十六条

凡值犯人故意犯罪之际，因过失而助成其结果时，如按本条应以过失论者，则过失帮助之人，准过失犯论。

谨按：本条文词酌加修正。两广签注驳释文内所举误以油为水、以毒为药二例，以为事理所必无；江西签注谓恐启阴为助成阳为无意之弊，凡此皆牵事实入法律之论。因过失而助成，有心故犯事所恒有，至藉词诡避审判者，宜以明察斥其诈伪，如以此立论，即易而为现行律，亦难杜斯弊端。两江签注以此项情形可临时参酌办理。查凡事所成可以豫见者，法律即应明定其处分，若临时科刑，是仍用旧律比附之制，非立宪国所应有。

参照原案第三十六条。

第七章 刑名

第三十七条

凡刑分为主刑及从刑。

主刑之种类及重轻之次序如左：

第一、死刑。

第二、无期徒刑。

第三、有期徒刑。

一、一等有期徒刑：十五年以下、十年以上；

二、二等有期徒刑：十年未满、五年以上；

三、三等有期徒刑：五年未满、三年以上；

四、四等有期徒刑：三年未满、一年以上；

五、五等有期徒刑：一年未满、二月以上。

第四、拘役：二月未满、一日以上。

第五、罚金：银一圆以上。

从刑之种类如左：

第一、褫夺公权。

第二、没收。

谨按：本条第二项第三款第二号之但书与第二十三条第三款新增但书重复，应节删。又第四款之"拘留一月未满"改为"拘役二月未满"，并将第五款之"一钱"改为"一圆"，以与颁行之违警律相接。四川签注以金额宜豫定多寡，两广签注意在保存斩刑。查刑之限域俱设高下，所以便审判者权情节之重轻施适当之惩罚，此本全体一贯之主义。且近今新定各律如集会结社之类，业经采用并无窒碍，不宜再事更张。至斩刑暂留以待旧律枭獍之徒，臣馆原奏亦声明在案，于新陈行替之交，作此权宜之办法未为不可，似毋须明著于律启人口实也。

参照原案第三十七条。

第三十八条

凡死刑用绞，于狱内执行。

受死刑之宣告者，迄至其执行，与他因人分别监禁。

谨按：江西、湖广、湖南、江南等省签注均欲保存斩刑，已详前条兹不赘及。又两广、江南签注并欲公行死刑，查公行之制有害无益，各国皆由经验得之。且光绪三十三年五月业经法部于请拨常年经费折内，奏明建设行刑场改为密行，奉旨允准钦遵，于是年实行在案，未便再事纷更也。

参照原案第三十八条。

第三十九条

凡死刑非经法部覆奏回报，不得执行。

参照原案第三十九条。

第四十条

凡孕妇受死刑之宣告者，产后逾一百天，非经法部覆奏回报，不得执行。

谨按：两广、浙江签注均以更受法部命令虑其稽诛。查执行死刑乃司法行政之责，况自定谳之时，逮产后百日时期相距甚久，其间难保无恩赦宽典，自应经法部覆奏回报为宜。

参照原案第四十条。

第四十一条

凡宣告徒刑及拘役不得在一日以下，罚金不得在一圆以下。

谨按：第三十七条第四款拘役短期为一日，第五款罚金寡额为一圆，则因减轻而至一日或一圆以下者，若即免除不足以昭惩创，是以增补入律俾资引用，理合声明。

第四十二条

凡徒刑囚徒，监禁之于监狱，令服法定劳役。

监禁方法及劳役种类，依监狱则所定。

参照原案第四十一条。

第四十三条

凡拘役囚徒，监禁之于监狱或巡警署内拘役所，令服劳役，但因其情节得免劳役。

谨按：此条依两广签注增入令服劳役一层。

参照原案第四十二条。

第四十四条

凡受五等有期徒刑或拘役之宣告者，其执行上实有窒碍时，得以一日折算一圆，易以罚金。

依前项规定受易刑处分者，法律上以受徒刑或拘役之执行者论。

谨按：本条文词酌加修正。

参照原案第四十三条，此条之下原案第四十四条删除。

第四十五条

罚金于裁判确定后，令一月以内完纳。逾期不完纳者，依左例：

第一、有资力者，强制令完纳之。

第二、无资力者，以一日折算一圆，易监禁处分。

第三、监禁处分执行之于监狱，其日数未满二月者，得执行之于警察署内拘役所。监禁处分日数不得逾三年。

罚金缴纳一部分者，依前项第二款之例，执行监禁处分。

罚金总额之比例，逾三年之日数时，缴纳其一部分者，用按分比例，定处分之日数。

依本条之规定受易刑处分者，除关于逃脱罪外，余法律上以受罚金之执行者论。

谨按：本条文词酌加修正，并将第二项半圆改为一圆。两广签注以第一款仍不纳封产监追是否于政体所宜。查财产刑与自由刑各有所长，故分则各条俱察其情形科之，罚金易为监禁，本不得已之办法，遇有资力者必有强制执行之法，此乃必然之理。两江签注以第二款是否以圆作两，然后再照新章办理。查本条折算之法既已明定，无须再照向章办理，银圆之应否改为银两，应俟将来圜法本位确定后再行修正。原签又以第四项宜加详晰，查本条第四项条文明言，仅以罚金总额之比例逾三年之日数时为限，可以适用。例如受五千圆罚金之宣告，已纳二千五百圆，得免一年半监禁之类是，不必再行详订。至本条第五项据易刑处分，系监禁中者逃脱时为第一百六十七条之罪，然除该罪之关系外，易刑处分之监禁在法律上均无自由刑之性质也。河南签注谓此未逾限之一月内未规定如何办法。查执行刑罚之法细目宜载刑诉等法，不宜置于刑律之内，至以易刑之监禁与第五等之徒刑比挈重轻，不知各条所定罚金，均视其所犯之情节如何。故罚金于徒刑各不相蒙，既不能互为加减，自不能执罚金与徒刑较量轻重也。

参照原案第四十五条。

第四十六条

凡褫夺公权，以应宣告徒刑以上之刑者为限，依各分则所定，终身褫夺左列资格之全分或一分：

一、为吏员之资格；

二、为选举人之资格；

三、膺封锡、勋章、职衔、出身之资格；

四、入军籍之资格；

五、为学堂监督、提调、教习之资格；

六、为律师之资格。

谨按：本条文词酌加修正，并照选举章程增入第二款。两广签注因中国尚无律师，拟暂不用。查律师之职，法部奏定新章已列其名，现虽尚未实行，将来必不可少，第六款亦不宜废。两江签注以褫夺公权不必限于有职之人，即平民亦可夺权之义。此论非是人民自出生时，民法即畀以享有私权即行使私权之能力，此等能力之不能剥夺乃民法上大原则，故刑律只以公权为限。至"吏员"二字，范围甚广，详本案第十七章文例、第八十三条，原签殆疑吏员即为官吏，故有是说。

参照原案第四十六条。

第四十七条

凡于分则有得褫夺公权之规定者，以应宣告徒刑以上之刑为限，得褫夺现时所有之地位，或于一定期限内，褫夺前条所揭资格一款以上。

谨按：两江签注以公权之全部或一部总则既未剖明，分则亦仅言全部或一部，拟请厘订。查全部者，前条所称资格之谓，一部者各种资格内之一二种之谓，应如何夺之处，仍应予审判官临时核夺之权。至一定期限之内褫夺者，即外国所谓停止公权是也。

参照原案第四十七条。

第四十八条

凡没收之物，如左：

一、违禁私造或私有之物；

二、供犯罪所用及豫备之物；

三、因犯罪所得之物。

谨按：原案第二项应析出作为第四十九条。安徽签注所指转移变换之法，不能复指为因犯罪所得之物。查此类情形可依同私诉退还赃物之法及其余赔偿损害之法以补救之，不足虑也。

第四十九条

凡没收以犯人以外无有权利者之物为限。

谨按：此条由前条第二项析出，合并声明，均参照原案第四十八条。

第八章　宥恕减轻

谨按：第四十九条为十六至二十岁未满之犯罪，得减本条一等。学部及热河、邮传部、直隶、安徽、两广、两江、山西、湖广等省签注，恐滋流弊，是以删除。

第五十条

凡聋哑者及八十岁之犯罪者，得减本刑一等或二等。

谨按：直隶签注以聋哑仅止口耳不具，不宜轻减并推及笃疾、妇女。

查东西各国之刑律俱定有聋哑减免之例，盖因其聪明缺失，智力不逮常人并悯其不具也，故不得与他项笃疾并论。聋哑以外不具者，其中未尝无智力不及常人者，第在法律不必设减免之特例，按其情节与以酌量减轻足矣。现行律为妇女定有特别之处分法，然妇女除公法上限制其为官吏、公吏或议员，私法上限制既婚者之能力，此外于各国法律俱应与男子无异。关乎刑事法之规定，不宜如现行律设特别之处分法也。原签又以新律主宽，独满八十岁之犯罪者，据本条受一二等之得减处分，并非收赎勿论，较旧律加严，似非矜恤耄年之道。查新律不主宽，亦不主严，期于适当而已。本案之规定，其处分较现行律重者其例不甚少。夫老人阅世较深，善恶之道辨之宜审，原案之设有得减之法全为中国历代之风俗成例起见，即令与常人所受同等之处分，于法理亦决不得为不当，焉可与以减轻以上之特典耶？若八九十之老人精神昏聩，罹医学上之所谓耄狂者，依第十二条全无责任，又岂特减轻而已耶？两广签注谓笃疾年老之人惩以劳役之事，恐其不能任受。不知今日东西各国之监狱，并非强老幼男女，令同服一劳役也，虽属壮年亦因其贵贱强弱分别施行。此论殆由于不察实际之过也。

参照原案第五十条。

第九章　自首减免

谨按：原作减轻，惟第五十三条尚有免除之例，自应改为减免以资赅括。

第五十一条

凡犯罪于未发觉前，于官自首、就受审判者，得减本刑一等。

关于亲告罪，而于有告诉权者首服，就受官之审判者，亦同。

参照原案第五十一条。

第五十二条

凡一罪既发，别首未发余罪者，得减所首余罪之刑一等。

谨按：以上二条，两广签注以现行律损伤事发在逃、越关犯奸无自首之例。查旧律犯罪自首免罪，草案仅得减一等，宗旨已不相同，则此项罪名自应一并准其自首，况所邀系减轻之宽典，并非免罪之宽典也。原签又称赃物还主等情，亦宜减轻以示奖劝。夫赔偿损害乃法律上当然之事，不得以之为法律上特种减轻之理由。果其情节可悯，则可于本刑范围内从轻处分，如仍以为未足时，亦尚有酌减之法在也。

参照原案第五十二条。

第五十三条

凡为分则特定各罪之豫备行为或阴谋者，于未实行之前于官自首、就受审判者，得免除或减轻其刑，但没收不在免除之限。

谨按：此条文词酌加修正。

参照原案第五十三条。

第十章　酌量减轻

第五十四条

凡审按犯人之心术或犯罪之事实，其情轻者，得减本刑一等或二等。

谨按：云贵签注谓酌量减轻审判官得以上下其手。查律设大法，礼顺人情，即行用现行律之时，据律而量予末减者，并非无之。向来秋审之案，原情而酌入可矜者，每年必有多起，与本条之意旨初无二致。若如所虑，即在现行律中亦难杜绝斯弊，此用人不当之过，非立法者之咎也。四川签注谓宜受法部之决定，第审判官之审判权限不宜受行政官指挥，是论实与立宪国之宗旨不符。江西、湖南签注谓人心莫可测度，两江签注谓宜将一等、二等之处确切声明。查犯人之心术须调查各种证据定之，若无可原之情，本可无须减轻。至一等、二等之区别，宜临时权衡情节之重轻，法律不能豫定也。

参照原案第五十四条。

第五十五条

凡于法律虽有加重或减轻之时，仍依前条得减轻其刑。

谨按：本条文词酌加修正。两广签注谓仍须上请不得擅自处断，与四川签注前条之意见相同，皆未谙审判独立之义也。

参照原案第五十五条。

第十一章　加减刑

第五十六条

凡死刑、徒刑、拘役，依第三十七条所揭次序加重、减轻。

徒刑不得加入死刑。

拘役不得减入罚金及免除之。

罚金不得加入拘役及徒刑。

谨按：本条原案，死刑之外亦不得加入无期徒刑，故定一等徒刑加一等或二等之法。河南签注以不得加入无期徒刑似嫌拘泥，旧律尚有加遣之条，其说近理，是以遵照订正。至谓拘役不得减入罚金为过严，则属非是。自由刑与罚金非程度有重轻，乃性质有不同也，其说并见第四十五条。

参照原案第五十六条。

第五十七条

凡分则定有二种以上主刑，应加减者，依第三十七条所揭次序，俱按其等加减之。

最重主刑系死刑，如应加重者，止加重其徒刑；系无期徒刑应加重者，止加重其有期徒刑。

若最轻主刑系拘役，如应减轻者，止减轻其徒刑；徒刑减尽者，止处拘役。

谨按：本条文词酌加修正。河南签注以原案注意内有加一等即为死刑，与前条矛盾。查前条所定系分则各条未定有死刑者而言，不得因加变为死刑。本条则反，是系指分则各条定有死刑、无期徒刑、一等有期徒刑之三项者，遇有加等之时，自应除去一等有期徒刑一层，变而为死刑或无期徒刑。前后情形迥不相同，并非自相矛盾也。

参照原案第五十七条。

第五十八条

凡罚金，依分则所定多寡，以加减各四分之一为一等。

其止定有最多额，如应减轻者，亦以四分之一为一等。

谨按：本条文词酌加修正，并将第三项为罚金与徒刑、拘役并科加减之法析出另为一条。湖南签注主张罚金额数二分之一为一等，其差过甚，未便采用。

第五十九条

凡分则所定并科之罚金，如本刑应加减者，亦加减之。

其易科之罚金如应减轻，徒刑亦减轻之。

谨按：此条即由前条第三项析出并增第二项。

以上二条均参照原案第五十八条。

第六十条

凡同时刑有加重、减轻者，相互抵之。

参照原案第五十九条。

第六十一条

凡有二种之应得减者，得累减之。

谨按：本条文词酌加修正。

参照原案第六十条，此下原有第六十一条删除。

第六十二条

凡从刑不随主刑加重、减轻。

谨按：两广签注论从刑内之褫夺公权，牵及降罚系属误会。草案之褫夺公权皆以重大之罪为限，与官吏惩戒处分不同，且所褫夺乃法定之资格，并非限定官吏一项也。

参照原案第六十二条。

第十二章　缓刑

谨按：原案篇目为犹豫行刑，考犹豫之义略与缓刑相同，是以改从今名。安徽、云贵签注以为今日尚非采用此等制度之时，第新刑律之实行尚在数年之后，设此规定亦无不可。

第六十三条

凡具备左列要件者，而受四等以下有期徒刑者或拘役之宣告时，自审判确定日起，于五年以下、三年以上期限内，得宣告缓刑：

　　一、未曾受拘役以上之刑者；

　　二、前受三等至五等有期徒刑之宣告，执行既终或得免除执行后，经过七年；或前受拘役之宣告，其执行既终或免除后，经过三年者；

　　三、有一定之住所及职业者；

　　四、有亲族或故旧监督缓刑中之品行者。

罚金不在缓刑之限。

谨按：本条文词酌加修正。安徽签注谓用意虽善，事太纡缓，以日本尚未实行为解。查日本新刑法二十五条至二十七条已有明文，且新刑法未颁行以前业已单行法实施之矣。此等法制皆泰西各国经验而来，杜罪恶之传播即所以免再犯之萌孽，中外同此一理，不宜诿谓于我国扞格难行也。

参照原案第六十三条。

第六十四条

凡受宣告缓刑者，如有左列情形之一者，应注销缓刑之宣告：

　　一、缓刑中更犯罪，受拘役以上之宣告者；

　　二、因缓刑前所犯罪，受拘役以上之宣告者；

　　三、前条第二款所揭要件，有不备之事实，后经发觉者；

四、丧失住所、职业者；

五、监督者请求刑之执行，其言有理由者。

谨按：本条文词酌加修正。

参照原案第六十四条。

第六十五条

凡未注销缓刑之宣告，而逾缓刑期限者，刑之宣告失其效力。

谨按：本条文词酌加修正。两江签注以无效力句可改为免其执行。查免刑者，有刑而不执行之谓；无效力者，无刑故不执行之谓，其文义自有区别。

参照原案第六十五条。

第十三章　暂释

谨按：原案篇目作假出狱，略与暂释相似，是以该从今名。直隶签注谓人情欺诈百出，在狱之知悔与出狱之安分，审判官无从洞察。查此项制度在司狱官昼夜留心监督囚人一举一动，察其情状，听法部指挥以决其可否，审判官不得干预之。且无不便于实行之处，东西各国之行皆著有成效，似无独不适于中国之理。

第六十六条

凡受徒刑之执行者，有悛悔实据时，无期徒刑逾十年后，有期徒刑逾刑期二分之一后，由监狱官申达法部，得许暂释。但有期徒刑之执行未满三年者，不在许暂释之限。

谨按：本条文词酌加修正。河南签注谓宜仿日本刑法出狱仍居岛地，并谓所定逾刑期二分之一及未满三年限制，宽严失宜。查仍居岛地之法有害无益，该国久经废止，至所定之年限皆由实验而来，未可以以空论驳诘。两广签注谓宜凭司法官之考验，殊不知执行刑罚为法部、检察厅等官署之职，与司法官无涉。若虑其贿嘱运动，此人之弊，非法之弊。此等弊端如不能杜绝，无论何种法律，皆属无益，不得专斤斤以此为虑也。

第六十七条

凡暂释者，如有左列情节之一，即停止出狱，出狱中日数不算入刑期之内。

一、因暂释中所犯罪，受宣告拘役以上者；

二、因暂释前所犯罪，受宣告拘役以上者；

三、因暂释前所受宣告，应执行拘役以上者；

四、犯暂释人管束规则中应停止出狱之条项者。

若非因前项之规定而停止出狱者，出狱中日数算入刑期之内。

谨按：本条文词酌加修正，并增入第二项。两江及两广签注均以管束规则是何条款，查管束规则乃关乎行刑之细则，当于刑律外另行纂辑。

参照原案第六十七条。

第十四章　恩赦

第六十八条

凡恩赦，依恩赦条款临时分别行之。

参照原案第六十八条。

第十五章　时效

谨按：江西签注不以"时效"二字为然。查"时效"之义与期限似同而实异，期限就官署一面言之，含有命令之意。时效，则被告人逾此定限而有取得丧失之效力，将来民商等律常宜引用，既无适当之语可易，似应仍旧。凡时效，不论民事刑事均有中断及停止之规定，各省签注于此义多未了解，兹举例以明之。中断时效者，谓值法定原因生起之际，不将以往之月日算入于时效之内也。例如第七十二条所揭应处死刑人犯逃亡十四年，一朝就缚则非自再逃亡之日起算，更经十五年其公诉不得因时效而消灭。停止时效者，谓值法定原因生起之际，不将其原因延续之月日算入于时效之内也。例如第七十三条所揭被告因罹心疾停止公判，不论长短，其间均不得计算时效期间。至行刑之时效亦以此类推，例如因依缓刑之例停止执行，此不执行刑罚之间，照第七十五条时效期间，亦一并停算。如受逮捕，照第七十六条，则凡已经过之月日，概不算于时效期间之内也。

第六十九条

凡提起公诉权，自犯罪行为既终之日起算，于左列期限不行者，则因时效消灭：

一、最重主刑系死刑者，十五年；

二、最重主刑系无期徒刑或一等有期徒刑者，十年；

三、最重主刑系二等有期徒刑者，七年；

四、最重主刑系三等有期徒刑者，三年；

五、最重主刑系四等有期徒刑者，一年；

六、最重主刑系五等有期徒刑以下刑者，六月。

谨按：两江签注以本条所定期过短，第有第七十二条之例足资补救，无须加长年限。河南签注谓时效制度犯人逍遥法外，被害者控诉无门，宜仍将犯人财产断给一半等语。此论以公益、私益，刑罚、赔偿牵混为一，殊无足取，即在旧律中以断产非古法，业已删除殆尽矣。

参照原案第六十九条。

第七十条

凡二罪以上之提起公诉权，据最重刑，依前条之分别定其时效期限。

谨按：本条文词酌加修正。

参照原案第七十条。

第七十一条

凡本刑虽应加重或减轻者，提起公诉权之时效期限仍据本刑计算。

谨按：本条因在审判以前，故以未行加减之本刑以定时效期限。两广签注谓罪名既难豫定，期限无从作准，殆未悉草案之意义。

参照原案第七十一条。

第七十二条

凡提起公诉权之时效，因左列之一行为中断，俟行为停止，另行起算：

一、搜索及豫审上强制处分；

二、公判上诉讼行为。

前项行为，对于一切共犯者有同一之效力。

谨按：本条文词酌加修正，原列三款并省并为二款。两江签注以豫审公判搜查各名目，拟请再为声注理由。查此类名词现在法部所定章程均已采用，俟诉讼等律告成自能理解。

参照原案第七十二条。

第七十三条

凡被告人因罹精神病、其他重病停止公判间，提起公诉权之时效即行停止。

参照原案第七十三条。

第七十四条

凡刑之宣告确定后，于左列期限内未受执行者，则因时效消灭其执行权：

一、死刑，三十年；

二、无期徒刑，二十五年；

三、一等有期徒刑，二十年；

四、二等有期徒刑，十五年；

五、三等有期徒刑，十年；

六、四等无期徒刑，五年；

七、五等有期徒刑，三年；

八、拘役、罚金，一年。

谨按：两广签注以时效制度为助长犯人幸免之心，此诚过虑，东西各国并无此弊。

参照原案第七十四条。

第七十五条

凡执行权之时效，依律例停止执行间，即行停止。

谨按：两广签注以本条系犯已到案停止刑罚之谓，前条系犯未到案停止逮捕之谓，均属误解。前条俱规定既定刑罚执行权之消减，本条为时效停止，次条为时效中断也。

参照原案第七十五条。

第七十六条

凡执行权之时效，因执行而逮捕犯人即行中断，但余未发觉刑不在此限。

罚金及没收之时效，因执行权为即行中断。

谨按：两广签注误解执行权为执行逮捕权。执行权者，指执行刑罚权而言。至签注又以发觉为疑，其实前条及本条皆系刑罚宣告确定以后之事，与发觉等项无涉，殆未悉时效之停止与中断之意义也。

参照原案第七十六条。

第十六章　时期计算

第七十七条

凡时期以日计者，阅二十四时；以月计者，阅三十日；以年计者，阅十二月。

参照原案第七十七条。

第七十八条

凡时期之初日，不论时刻，以一日论；最终之日，阅全一日。

放免有期徒刑因人，于期限既满之次日午前行之。

谨案：本条文词酌加修正。

参照原案第七十八条。

第七十九条

凡刑期自审判确定之日起算。

审判虽经确定，尚未受拘置之日数不算入刑期。

谨按：两广签注谓审判确定未受拘置，有所未喻。查诉讼事件轻重不同，未必概行拘置。例如极轻之案本可许被告之代理人到堂，又如被告人之受保释责付者，亦可暂时在外，凡此皆应适用第二项之规定。

参照原案第七十九条。

第八十条

凡未决中监禁之日，依左例算入刑期：

　　一、监禁三日抵徒刑、拘役一日。

　　二、监禁二日抵罚金一圆。

参照原案第八十条。

第十七章　文例

第八十一条

凡称乘舆、车驾、御及跸者，太皇太后、皇太后、皇后同。

称制者，太皇太后、皇太后同。

参照原案第八十一条。

第八十二条

凡称尊亲族者，为左列各等：

　　一、祖父母，高、曾同；

　　二、父母。

妻于夫之尊亲族，与夫同。

　　三、外祖父母。

称亲族者，为尊亲族及左列各等：

　　一、夫妻；

　　二、本宗服图期服以下者；

　　三、妻为夫族服图大功以下者；

　　四、出嫁女为本宗服图大功以下者；

五、外姻服图小功以下者；

六、妻亲服图缌麻以下者。

谨按：学部、两广、江西、湖南各签注拟以现行服制图置诸刑律。查此条本据现行律服制图而定，并无增省于其间，将来并拟详列于民律亲族法中。

参照原案第八十二条。

第八十三条

凡称吏员者，官吏、公吏、依律例从事于公务之议员、委员、其他职员皆是。

称公署者，吏员奉行职务之衙署、局所皆是。

称公文书者，吏员及公署应制成之文书皆是。

谨按：两广签注以绅商局所及文书宜与官有别。查绅商局所非从事公务者，并不在内，观第一项吏员之定义及第二〔项〕吏员等字，自能了解。

〔参照原案第八十三条。〕

第八十四条

凡称议员及选举者，依律例所设立中央及地方参政上议会及其议员之选举是。

参照原案第八十四条。

第八十五条

凡援用别条所揭之罪，其罪罚应未遂、豫备或阴谋者，本条并援用之。

造意犯及从犯，亦同。

谨按：两江签注以本条意未明显。兹查此条指分则各本条内依某条处断或以某罪论而言。正犯既援用别条，若为未遂或共犯等均无不援用别条也。

参照原案第八十五条。

第八十六条

凡本律称以下、以上、以内者，其起讫俱以本数为限。

参照原案第八十六条。

第八十七条

凡称笃疾者，谓左列伤害：

一、毁败视能者；

二、毁败听能者；

三、毁败语能者；

四、毁败一肢以上或终身毁败其机能者；

五、于精神、身体有重大不治之病者；

六、变更容貌且有重大不治之伤害者；

七、毁败阴阳者。

称废疾者，谓左列伤害：

一、减衰视能者；

二、减衰听能者；

三、减衰语能者；

四、减衰一肢以上之机能者；

五、于精神或身体有至三十日以上之疾病者；

六、三十日以上可致废业务之疾病者。

称轻微伤害者，除前二项所皆揭外，其余之疾病、损伤皆是。

谨按：两广、湖南签注均以各词新异，宜照中国旧有名词改正。窃谓世界交通日广，理想日富，以新语表之未为非宜。两江签注谓较旧律赅备，且谓议者以视能、听能、语能、机能等名目新奇，非尽人所能解。第中国旧律亦非一览便知，所以特设讲读律令之条，此等名目一经解说即无不可共晓，且历代名词随时更新，我朝刑法亦时有新名等语，诚笃论也。

参照原案第八十七条。

第二编　分　则

第一章　关于帝室之罪

第八十八条

凡加危害于乘舆、车驾或将加者，处死刑。

谨按：学部签注谓大逆之罪应别辑专例，酌量加重。窃维危害乘舆、车驾罪大恶极，故将加亦处唯一之死刑。揆诸人臣无将，将则必诛之意，已属符合，如欲加至枭、磔，不知此等重刑，已奉先朝谕旨永远停止，未便于改良刑律之时，昌言规复。两江、江西、湖南等省签注则谓宜用斩决，两广签注谓应明示骈首，此乃总则刑例中应决之问题，非分则内所应驳论者也。至江苏、湖南签注谓共谋之犯应否照律处断，两广签注又谓知情故纵、隐匿不首之罪均应列明，仍定捕狱、授官、给赏之条。查共谋、知情故纵及隐匿不首等罪，可照总则第六章及分则第十章、第十二章分别处断，无庸于本章特设规定。至捕狱、授官、给赏，则其事尤与刑律无关，可置不论。

参照原案第八十八条。

第八十九条

凡因过失致生危害于乘舆、车驾者，处二等或三等有期徒刑。

谨按：本条酌加修正。原案设罚金之例，学部、湖广、两广签注均以为过轻，今节删。惟邮传部签注谓文明诸国之罚金皆在五百圆以下，则语殊武断。今各国所采罚金，最多之额几无不在五百圆以上，法典具在可覆按也。至直隶、甘肃、浙江等省签注谓现行律中大逆无道，由于过失者亦处死刑。查现行大逆律，并无过失之文，殆以事非常有，故律文不及揆诸。过失之义，大抵出于轻忽，未可直与大逆无道同科，现今东西各国皆无此例，法理所在，大势所趋，不可不慎。山东签注谓将加之过失与未遂之将加，恐亦不易辨。夫过失罪中无所谓将加，亦无所谓未遂，至故意犯罪，未遂之定义已于总则详论，无庸赘述。至谓有此一条，将见故意者亦皆藉口过失，是则于举证问题与成罪问题之剖析尚未研求，更不足辨。江苏签注谓日本刑法无此条文，殊不知日本刑法乃与普通过失杀伤同科，非与故意危害同罚也。又谓本条之罪似可谓为过失之不敬，然危害罪与不敬罪其性质迥异，不容牵涉。浙江签注谓过失宽刑将使奸民得以藉词卸脱，启其玩忽之心而犯者众，则现今东西各国以此种犯罪与普通过失杀伤同等处罚，亦初不见犯者之日增，况过失云者无故意之犯罪也，以无故意之犯罪而谓犯人必视法之宽严以定其行止，更无是理矣。若照江西签注之意竟将此条删除，则不得不援用各国刑法通例，以此举普通过失杀伤同一处罚，意在求而适以减轻，当非签注者之本旨。然如湖广签注必欲处过失者以死刑，是徒使朝廷得暴虐之名耳，岂良法哉！

参照原案第八十九条。

第九十条

凡加危害于帝室缌麻以上之亲者，处死刑、无期徒刑或一等有期徒刑。

参照原案第九十条。

第九十一条

凡因过失致生危害于皇帝缌麻以上之亲者，处四等以下有期徒刑、拘役或一千圆以下罚金。

谨按：本条文词酌加修正。

参照原案第九十一条。

第九十二条

凡对于乘舆、车驾有不敬之行为者，处二等或三等有期徒刑。

对于太庙、皇陵有不敬之行为者，亦同。

参照原案第九十二条。

第九十三条

凡对于帝室缌麻以上之亲有不敬之行为者，处三等至五等有期徒刑。

谨按：原案本条处四等以下有期徒刑、拘留或一千圆以下罚金，今改为三等至五等有期徒刑，而删去拘留及罚金。

参照原案第九十三条。

第九十四条

凡侵入太庙、皇陵、宫殿、离宫，或受命令而不退出者，处二等至四等有期徒刑或二千圆以下、二百圆以上罚金。

其于行在所有前项所揭行为者，亦同。

谨按：本条"侵入"二字，湖南签注谓宜改为"擅入"。"侵"之与"擅"在法理上意义大略相同，应无庸改。又本条之罪，学部签注谓非止于窥伺殆将有所图谋也，将则必诛，不宜仅科以罚金，此则以事实与法律相为混淆之故，非正当之见解也。

参照原案第九十四条。

第九十五条

凡于前条第一项所揭各处，或在距离能到之地，自外向内射箭、放弹、投砖石者，处三等至五等有期徒刑或一千圆以下、一百圆以上罚金。

其于行在所有前项所揭行为者，亦同。

谨按：湖南签注谓本条是否包括杀伤，又两广签注谓本条无伤人之别，稍觉疏略。查条文仅言射箭等行为，其不包括杀伤，自无待言，如有杀伤行为应据俱发罪之规定处断。学部签注谓不逞之徒将恃此法律以阴行逆谋不可不慎，此与前条签注同一误解。果如签注所云之阴行逆谋者，则当据第八十八条处以死刑，不得援用本条也。

参照原案第九十五条。

第九十六条

凡犯衅者，处四等以下有期徒刑、拘役或三百圆以下罚金。

参照原案第九十六条。

第九十七条

第九十条及第九十二条至第九十六条之未遂罪，罪之。

谨按：邮传部、山东、江苏等省签注均不解本条之意义，试详阅总则第十七条第二项及第三项，其意义自明，以下各章仿此。

参照原案第九十七条。

第九十八条

预备或阴谋犯第九十条之罪者，处四等以下有期徒刑或拘役。

谨按：原案本条有罚金之刑，江苏、两广签注皆以此处分过轻，今节删。邮传部签注谓此条应附入第九十条之下，惟草案体例凡未遂罪、预备罪、阴谋罪之规定，均附见于各章之末，未便独于本条有异例也。

参照原案第九十八条。

第九十九条

因犯本章之罪，而应宣告二等有期徒刑以上之刑者，褫夺公权，其余得褫夺公权全分或一分。

谨按：两广签注谓本章之犯概宜剥夺公权。查公权之应否褫夺，应据罪情之轻重，并宜察犯人之性质而决定之，签注所言与草案所采主义不合。

参照原案第九十九条。

第二章　关于内乱之罪

第一百条

凡意图颠覆政府、僭窃土地及其余紊乱国宪而起暴动者，为内乱罪，依左列分别处断：

一、首魁：死刑或无期徒刑；

二、执重要之事务者：死刑、无期徒刑或一等有期徒刑；

三、附和随行者：二等至四等有期徒刑。

因前项所揭宗旨，伙众掠夺公署之兵器、弹药、船舰、钱粮、其余军需品，及携带兵器公然占据都府、城寨、其余军用之地者，均以内乱既遂论。

谨按：学部、邮传部、山东、江苏、安徽、江西、湖广、湖南、两广签注均以本条处首魁以死刑或无期徒刑为过轻。查内乱之犯谋危社稷，情无可原，然现今东西各国处分之法均无应用死刑之例。盖内乱之犯多因政治而起，政治上之见解，昨非今是无一定，如日本当锁国排外之时，凡倡开港通商之说者皆蒙国贼之名，宪政未施以前倡开国会设责任内阁者，亦为庙堂所不容，至于下狱以死。自今日观之，何一非先见之人、爱国之士，不独日本如是，各国亦莫不然，故内乱犯人之不应处死刑几成定论。中国对于内乱之罪，自古处以死刑，一时固难骤改。然改良刑律决不能与世界之大势相反，则一面留死刑，一面加以无期徒刑，正为今日折衷之制。若谓内乱之罪不死无以禁革命之风，殊不知宪政既定，中央地方各设议会，臣民权利得所保障而下情亦得上达，革命之风自熄。若漫行死刑轻视民命，适有煽动革命之虞，此近世各国历史显著之事实，不可诬也。或又引日本刑法首魁及教唆者皆处死刑以证本条处分之不当，不知此乃已废之律。今日本所行刑法实处首魁以死刑或无期禁锢，且无教唆者字样。签注者不加深考，漫引旧律以相诘难，未免疏漏。至内乱犯人中有兼犯杀伤、掠夺、奸淫等事者，可用第一百零四条处俱发罪中最重之刑，亦不足为本条处分过轻之病也。

参照原案第一百条。

第一百零一条

第一百条之未遂罪，罪之。

参照原案第一百零一条。

第一百零二条

豫备、阴谋犯内乱者，处一等至三等有期徒刑。

参照原案第一百零二条。

第一百零三条

知豫备内乱之情，而供给兵器、弹药、船舰、钱粮及其余军需品者，处无期徒刑或二等以上有期徒刑。

谨按：两广签注以为本条之犯应按军法处斩，查今东西各国通例，对内乱犯人均用普通刑律处断，无用军法者。又按本条犯人若处死刑，较诸

第一百条第一款、第二款所定处分，失轻重之平矣。

参照原案第一百零三条。

第一百零四条

暴动者，违背战斗上国际成例，犯杀伤、放火、决水、掠夺及其余罪者，援用所犯各条，依第二十三条处断。

谨按：两广签注谓国际成例如何处罪，并未列明，殊觉律意不显。查本条之意，以内乱之际多有因暴动而实施杀掠等种种行为者，此等行为何者当吸收于内乱罪之中，何者当于内乱罪之外另照俱发罪处断，不可不定一标准。本条所定即以国际成例为其标准也。若所施行为，按诸国际公法为交战者于战时例得实施之行为，则与内乱并为一罪，否则成为数罪而应照俱发罪之例科断。至交战时一切行为何者为国际成例所许，何者为所不许，此乃国际公法上之问题，本非刑律所应列举者也。

参照原案第一百零四条。

第一百零五条

因犯本章之罪，而应宣告二等有期徒刑以上之刑者，褫夺公权，其余得褫夺公权全分或一分。

谨按：本条处分与第九十九条同意，见该条案语。

参照原案第一百零五条。

第一百零六条

犯第一百零一条至一百零三条之罪，未至暴动而自首者，免除其刑。

参照原案第一百零六条。

第三章　关于国交之罪

第一百零七条

凡加危害于外国君主、大统领或将加者，处死刑。

谨按：本条文词酌加修正。两广签注谓以外国君主、大统领同于乘舆，外国皇族同于帝亲，非特国民心理有所未安，即稽诸列代典章亦无此律。况第八十八条至第九十三条并无揭明外国臣民对于中国之例，今特立中国臣民对于外国之律，尤非造律之初心。查第八十八条等条所定以第二条及第三条法例求之自系兼赅外国臣民而言，今谓并未揭明殊属失考。外国臣民对中国有犯既当分别处刑，则中国臣民对外国有犯自不得不处相当之罚，以全平等敌体之礼，且第八十八条等条之罪固属直接害及国家，而犯本章各条之罪者，若使他国藉端报复其害惟均，处以同一之刑，岂得谓为过当。至原案所谓照第八十八条之例处断者，特系准用他条刑名之文例，并非以两罪性质视为同一。兹因恐有误解，特变其例改为直书刑名，以下并同。

参照原案第一百零七条。

第一百零八条

凡因过失致生危害于外国君主、大统领者，处二等至四等有期徒刑或二千圆以下、二百圆以上罚金。

谨按：本条文词酌加修正。

参照原案第一百零七条。

第一百零九条

凡加危害于外国皇族者，处死刑、无期徒刑或一等有期徒刑。

谨按：本条文词酌加修正。

参照原案第一百零七条。

第一百一十条

凡因过失致生危害于外国皇族者，处四等以下有期徒刑、拘役或一千圆以下罚金。

谨按：本条文词酌加修正。

参照原案第一百零七条。

第一百十一条

凡对于外国君主、太庙、皇陵、大统领有不敬之行为者，处二等至四等有期徒刑或二千圆以下、二百圆以上罚金。

谨按：本条文词酌加修正。

参照原案第一百零八条。

第一百十二条

凡对于外国皇族有不敬之行为者，处三等至五等有期徒刑或一千圆以下、一百圆以上罚金。

谨按：本条文词酌加修正。

参照原案第一百零八条。

第一百十三条

凡杀外国代表者，处死刑。

谨按：本条文词酌加修正。

参照原案第一百零九条。

第一百十四条

凡伤害外国代表者之身体者，依左列分别处断：

一、因而致死、笃疾者，死刑或无期徒刑；

二、因而致废疾者，死刑、无期徒刑或一等有期徒刑；

三、因而致轻微伤害者，一等至三等有期徒刑。

参照原案第一百零九条。

第一百十五条

凡对于外国代表者，有左列各款之行为者，处三等至五等有期徒刑或一千圆以下、一百圆以上罚金：

一、加暴行未知伤害者；

二、以加害生命、身体、自由、名誉、财产之事相胁迫者，以加害外国代表者之亲属相胁迫者，亦同；

三、公然侮辱者。

散布流言或其余伪计损外国代表者之信用者亦同。

谨按：本条系就原案第一百零九条第三项增改而成。

参照原案第一百零九条。

第一百十六条

凡对于派遣外国之中国代表者，有杀伤、暴行、胁迫、侮辱之行为者，依第一百十三条至第一百十五条之例，分别处断。

谨按：本条系就原案第一百零九条第二项及第四项合并修改而成。

参照原案第一百零九条。

第一百十七条

凡意图侮辱外国而损坏、除去、污秽外国之国旗及其余国章者，处四等以下有期徒刑、拘役或三百圆以下罚金。

谨按：陆军部签注谓本条国旗、国章应以国家代表所揭者为限，并须外国请求然后论罪。查各国风俗，对国旗及国章均拘特别之敬意，即系私人所揭之旗章，苟加以侮辱行为，往往起其国民之愤牵动外交，故本条不加制限。至国际公法所认为代表国家之旗章诚有一定制限，系为施行礼式等之便宜赴见，本条规定乃为豫防牵动外交而设，彼此各有取义，无庸强同也。

参照原案第一百一十条。

第一百十八条

凡滥用红十字记号作为商标者，处三百圆以下罚金。

谨按：两江签注谓本条似应列诸商律，罚金之数亦尚须厘订。查本条之罪，系属有碍国交，其性质与商业行为不同，不得移入商律。至罚金之数应如何厘订，签注未经明言，不知其意所在，应无庸议。

参照原案第一百一十一条。

第一百十九条

凡中国臣民伙众以暴力僭窃外国领域者，依左例分别处断：

　　一、首魁：无期或一等有期徒刑；

　　二、执重要之事务者：一等或二等有期徒刑；

　　三、余人：三等至五等有期徒刑或一千圆以下、一百圆以上罚金。

谨按：陆军部签注谓此条为中外刑律所不载，又各国刑律纯以属地主义为准，中国法律不能实施于外国之领土。查关于国交之罪名，系属最近发达之理，不能纯以中外成例为言。至谓各国现行刑律纯用属地主义，则殊不然。今东西各国对于国外犯罪常有因其所犯之性质适用己国法律之例，原案亦采用其义。试详考第三条以下法例自明，惟适用之方须参照本案第三条之注意，并非与他国领土内实施己国法律之谓也。

参照原案第一百十二条。

第一百二十条

凡私与外国开战斗者，依前条之例分别处断。

参照原案第一百一十三条。

第一百二十一条

凡外国交战之际，违背关于局外中立之命令者，处四等以下有期徒刑或拘役。

因而得利者，并科所得总额二倍以下、总额以上罚金，如二倍之数未达三百圆时，并科三百圆以下、所得总额以上罚金。

谨按：两江签注谓外国开战须不在中国境内者方可布告中立。查局外中立之布告，但须战争之事中国全未加入即可发表，不必论其战场之在内在外也。

参照原案第一百十四条。

第一百二十二条

第一百零九条、第一百十一条至第一百十三条、第一百十七条及第一百十九条至第一百二十一条之未遂罪，罪之。

谨按：本条依重定次叙修正。两江签注谓未遂罪宜科以罚金。查此论与总则第十七条第三项相背驰，应无庸置议。

参照原案第一百一十五条。

第一百二十三条

豫备、阴谋犯第一百零九条、第一百十三条、第一百十四条、第一百十九条及第一百二十条之罪者，处四等以下有期徒刑、拘役或一千圆以下罚金。

若豫备、阴谋犯第一百十九条、第一百二十条之罪，于未著手实行前自首者，免除其刑。

谨按：本条依重定次叙修正。第二项原案列第一百一十九条，今移植本条。

参照原案第一百十六条及第一百十九条。

第一百二十四条

因犯本章之罪，应宣告二等有期徒刑以上之刑者，褫夺公权，其余得褫夺公权全分或一分。

参照原案第一百十七条。

第一百二十五条

第一百十一条及第一百十二条之罪，待外国政府之请求或同意然后论之。

第一百十五条之罪，待被害者之告诉然后论之。

谨按：本条依重定次序修正。

参照原案第一百一十八条。

<h3 style="text-align:center">第四章　关于外患之罪</h3>

第一百二十六条

凡受中国之命令、委任与外国商议，若图自己或他人或外国之利益，故意议定不利中国之条约者，不问批准与否，处无期徒刑或二等以上有期徒刑。

谨按：山东、两江、安徽、两广、热河等省均以处分为过轻。查此条系因贪贿而致所定条约暗蒙亏损，在现行律中不过赃罪，如兼科死刑，未免与以下各条无所区别，应仍照原案第一百二十条。

第一百二十七条

凡中国臣民意图使中国领域属于外国，而与外国开始商议者，处死刑、无期徒刑或一等有期徒刑。

谨按：本条文词酌加修正，并采用安徽、两广等省签注，加重其刑一等。

参照原案第一百二十一条。

第一百二十八条

凡通谋于外国，使对中国开战端，或与敌国抗敌中国者，处死刑、无期徒刑或一等有期徒刑。

参照原案第一百二十二条。

第一百二十九条

凡意图利敌国或害中国，而有左列各款之行为者，处死刑、无期徒刑或一等有期徒刑：

一、以要塞、军港、军队、船舰、兵器、弹药、钱粮、往来通信之材料及供军用之处所、营造物或物件交付敌国，或烧毁、损坏及设方法致全分或一分不能使用者；

二、用伪计及设方法于中国之陆军或海军内煽令不和、反乱或逃脱者；

三、以中国军事上设备计划之文书、图画交付敌国者；

四、为敌国之间谍或帮助敌国之间谍者；

五、诱导敌国之军队、船舰，使侵入或接近帝国之领域者。

谨按：本条原案"一等有期徒刑"一层，陆军部、湖广、湖南、两广签注谓应删去。查本条各款所列行为中有情节较轻者，未便删去，致滋法重情轻之弊。

参照原案第一百二十三条。

第一百三十条

凡与外国交战之际，负担中国军事上必应供给之义务者，当缔结契约时用伪计及其余不正行为，或缔结契约后不照本旨履行义务者，处无期徒刑或二等以上有期徒刑。

因而得利者，并科所得总额二倍以下、总额以上罚金；如二倍之数未达三百圆时，并科三百圆以下、所得总额以上罚金。

参照原案第一百二十四条。

第一百三十一条

凡除前二条所揭行为之外，依其余行为，以军事上之利益与敌国，或酿成军事上之不利益于中国者，处二等或三等有期徒刑。

参照原案第一百二十五条。

第一百三十二条

本章之未遂罪，罪之。

参照原案第一百二十六条。

第一百三十三条

豫备或阴谋犯第一百二十六条、第一百二十七条或第一百三十一条之罪者，处四等以下有期徒刑、拘役或一千圆以下罚金。

其系第一百二十八条或第一百二十九条之罪者，处一等至三等有期徒刑。

犯本条之罪，于未著手实行前自首者，免除其刑。

谨按：本条依重定次序修正。第三项原案列第一百二十九条，今移植本条。

参照原案第一百二十七条及第一百二十九条。

第一百三十四条

中国臣民犯本章之罪者，褫夺公权，其余得褫夺公权全分或一分。

谨按：两广签注谓薄海之人均属中国臣民，无所区分。查本条不仅适用于中国臣民犯本章之罪者，虽外国臣民亦应处罚。本条所称“其余”即指中国臣民以外之犯罪者而言，非于中国臣民内有所区分也。

参照原案第［一百］二十八条。

第一百三十五条

本章之规定，对于战时同盟国之行为，亦援用之。

谨按：本条文词酌加修正。两广签注以为同盟之国当指友邦而言，查同盟国与友邦不同，本章之规定仅适用同盟国，而友邦不在此限。

参照原案第一百三十条。

第五章　关于漏泄机务之罪

第一百三十六条

凡关于中国内治、外交应秘密之政务而漏泄者，处三等至五等有期徒刑。

若潜通于外国时，处二等或三等有期徒刑。

因犯前项之罪，致与外国生纷议、战争者，处无期徒刑或一等有期徒刑。

谨按：邮传部签注以为此章规定似嫌过轻，漏泄者为本国人、为外国人亦欠明晰。查原案分则各条多包括一切在中国之外国人而言。详考总则第二条以下法例，自当明瞭，无庸赘辨。

参照原案第一百三十一条。

第一百三十七条

凡知为军事上秘密之事项、图书物件，而刺探收集者，处三等至五等有期徒刑或五百圆以下、五十圆以上罚金。

谨按：本条文词酌加修正。

参照原案第一百三十二条。

第一百三十八条

凡知悉、收领军事上秘密之事项、图书、物件，漏泄于他人或公表者，处二等或三等有期徒刑。

其系因职务而得知悉、收领者，处一等或二等有期徒刑。

谨按：本条第一项系原案第一百三十四条，其第二项系原案第一百三十三条，今酌加修正移易。

参照原案第一百三十三条及第一百三十四两条。

第一百三十九条

凡未得许可，将军港、要港、防御港、堡垒、炮台、水雷、卫所、其余因防御而建设之营造物，测量、模写、摄照、录取其形状者，处三等至五等有期徒刑或五百圆以下、五十圆以上罚金。

未得许可，或用伪计而得许可入于堡垒、炮台、水雷、卫所、其余因防御而建设之营造物内者，亦同。

谨按：本条文词酌加修正。

参照原文第一百三十五条。

第一百四十条

第一百三十六条第一项及第一百三十七条至第一百三十九条之未遂罪，罪之。

谨按：本条依重定次叙修正。两江签注谓宜处未遂罪以罚金，查此论与总则第十七条相背驰，说见第一百二十二条按语。

参照原案第一百三十六条。

第一百四十一条

犯本章之罪者，得褫夺公权之全分或一分。

参照原案第一百三十七条。

第一百四十二条

犯本章之罪，因而得利者，没收之。如已费失者，追征其价额。

参照原案第一百三十八条。

第六章　关于渎职之罪

第一百四十三条

凡吏员、公断人，关于其职务要求贿赂或约定或收受者，处三等至五等有期徒刑。

因而为不正之行为，或不为正当之行为者，处一等至三等有期徒刑。

谨按：本条文词酌加修正。原案所谓豫约贿赂，两江签注谓是否议定文券之类。查豫约云者，指凡承诺收受他人所纳贿赂而言，不问其有无文券也，今改称"约定"，其义并同。

参照原案第一百三十九条。

第一百四十四条

凡吏员、公断人，关于其职务而事后要求贿赂，或约定，或收受者，处四等以下有期徒刑或拘役。

因为不正之行为，或不为正当之行为，而事后要求贿赂，或约定，或收受者，处二等至四等有期徒刑。

谨按：本条文词酌加修正。

参照原案第一百四十条。

第一百四十五条

凡于第一百四十三条所揭情形，行求贿赂或约定，或交付于吏员、公断人者，处四等以下有期徒刑、拘役或三百圆以下罚金。

谨按：本条依重定次叙修正。

参照原案第一百四十一条。

第一百四十六条

凡于第一百四十四条所揭情形，行求贿赂或约定，或交付于吏员及公断人者，处五等有期徒刑、拘役或一百圆以下罚金。

谨按：本条依重定次序修正。以上四条，据两广签注以为，官员收贿照现行律罪至死刑，草案处分太轻。又收贿、纳贿均应区别赃额多寡以定刑之轻重，又纳贿之刑较收贿为过轻。查收贿之刑过重，徒为具文。现行律收贿处死刑，按诸实际几同虚设，东西各国亦无此苛法。草案所拟虽较现行律为轻，果能执法实行毫无假借，已足杜此恶习。至赃额多寡不必与罪情轻重相应，往往有赃额不多而情极可恶者，亦有赃额虽巨而情尚可原者，执一以定必不能得审判之平。至纳贿者较之收贿者，无渎职之事，其罪稍轻，自不能加以同等之罚，应仍照原案规定，无庸议改。

参照原案第一百四十二条。

第一百四十七条

凡膺审判、检察、警察、监狱及其余行政之职务，或为其佐理者，当行其职务时，对于被告人、嫌疑人或关系人有暴行、凌虐之行为者，处三等至五等有期徒刑。

因而致人死伤者，援用伤害人身各条，依第二十三条处断。

谨按：本条文词酌加修正。

参照原案第一百四十三条。

第一百四十八条

凡行检察、警察之职务，或为其佐理者，经人告有现被侵害权利之犯人，而不速为保护之处置者，处四等以下有期徒刑或拘役。

谨按：本条文词酌加修正并增拘役一层。两广签注谓"侵害权利"等字义未明。查"侵害权利"及"保护处置"乃法学上常用之语，意义明晰，如另易他语，转致艰晦。

参照原案第一百四十四条。

第一百四十九条

凡行检察、警察之职务者，于刑事告诉、告发、自首，不应受理而受理、应受理而不受理或不为必要之处分者，处四等以下有期徒刑、拘役或三百圆以下罚金。

其审判官于民事刑事诉讼，不应受理而受理、应受理而不受理或不行审判者，亦同。

谨按：本条文词酌加修正。湖广、两广签注以为本条处分宜加重情节、宜细分。查本条现定所以维持检察及警察之官纪然，今后社会交通日臻便利，检察、警察官吏亦当上下相资以举其同功一体之实，纵偶有犯本条之罪者，其害决不甚大，无庸更科重刑。至若遇有告内乱故不受理意在助成犯罪者，可据总则共犯之例处断，亦不足为本条病也。

参照原案第一百四十五条。

第一百五十条

凡征收租税及各项入款之吏员，图国库或他人之利益，浮收正数以外金谷物件者，处三等至五等有期徒刑。

若系图自己利益者，处二等或三等有期徒刑，并科与浮收同额之罚金。

谨按：本条文词酌加修正。

参照原案第一百四十六条。

第一百五十一条

凡吏员于前四条所揭情形外，滥用其职权，使人行无义务之事，或妨害人施行权利者，处四等以下有期徒刑、拘役或三百圆以下罚金。

谨按：本条文词酌加修正。

参照原案第一百四十七条。

第一百五十二条

第一百五十条之未遂罪，罪之。

谨按：本条依重定次叙修正。

参照原案第一百四十八条。

第一百五十三条

犯第一百四十三条、第一百四十四条及第一百五十条第二项之罪者，褫夺公权，其余得褫夺公权全分或一分。

犯第一百四十七条至第一百五十一条之罪者，并免现职。

谨按：本条依重定次叙修正。

参照原案第一百五十三条。

第一百五十四条

犯第一百四十三条及第一百四十四条之罪，所收受之贿赂没收之。如已费失者，追征其价额。

谨按：本条依重定次序修正。

参照原案第一百五十条。

第一百五十五条

犯第一百四十五条及第一百四十六条之罪自首者，得免除其刑。

谨按：本条依重定次序修正。

参照原案第一百五十一条。

第七章　关于妨害公务之罪

第一百五十六条

凡当吏员施行职务时，加暴行、胁迫或用伪计者，处四等以下有期徒刑、拘役或三百圆以下罚金。

其意图使吏员为一定之处分或不为一定之处分及使吏员辞职，而加暴行、胁迫或用伪计者，亦同。

犯本条之罪因而致人死伤者，援用伤害人身各条，依第二十三条处断。

谨按：本条第三项规定系原案所无。两江、湖南签注谓犯本罪致吏员死伤者，应援用死伤各条处断，其说甚是，今照加。

参照原案第一百五十二条。

第一百五十七条

凡损坏、除去、污秽吏员所施之封印及查封之标示，或为违背其封印、查封效力之行为者，处四等以下有期徒刑、拘役或三百圆以下罚金。

谨按：本条"损坏"字样，两江签注谓易与无心之失相混。查总则第十三条"凡非故意之行为不为罪，但应以过失论者不在此限"，是分则所揭各种行为，除有过失处罚之明文者外，必系指有心故犯而言，自不致与过失相混也。

参照原案第一百五十三条。

第一百五十八条

凡当吏员施行职务时，当场侮辱，或虽非当场而对其职务公然侮辱者，不论有无事实，处四等以下有期徒刑、拘役或三百圆以下罚金。

其对公署公然为侮辱者，亦同。

谨按：两江、安徽签注均以本条所定处分为过重，误会立宪国言论自由之真义。而侮辱官吏者，将来日甚一日，今拟酌加四等有期徒刑以资豫防。邮传部签注谓"不论有无事实"其义未明，查此指犯人所援用以侮辱官吏之语，如系诬妄其成立本罪自不待言，即事属确实，亦应处罚也。

参照原案第一百五十四条。

第一百五十九条

第一百五十七条之未遂罪，罪之。

谨按：本条依重定次序修正。

参照原案第一百五十五条。

第一百六十条

犯本章之罪者，得褫夺公权全分或一分。

参照原案第一百五十六条。

第八章　关于选举之罪

第一百六十一条

凡于选举人、被选举人资格所必要之事项，用伪计或其余不正方法使登载名簿，或于名簿内变更者，处四等以下有期徒刑、拘役或三百圆以下罚金。无资格而投票者，亦同。

吏员知情而为前项之登载或变更者，处三等至五等有期徒刑或五百圆以下、五十圆以上罚金。

谨按：本条文词酌加修正。

参照原案第一百五十七条。

第一百六十二条

凡关于选举，有左列各款之行为者，处五等有期徒刑、拘役或一百圆以下罚金：

一、意图自己或他人得票，或减少他人得票而流布谣言、施用伪计及其余损坏候补议员之名誉者；

二、不论选举之前后，对于选举人、选举关系人行求、约定、交付川资及其余贿赂为之媒介，或选举人、选举关系人要求、约定或收受之者；

三、以对于选举人、选举人之亲族，或与选举人有关系之寺院、学堂、公司、公所、城镇乡之债权债务及其余利害，诱导选举人为之媒介，或选举人应其诱导者。

犯右列各款之罪，所收受之金额及其余有价物品，没收之。如已销费者，追征其价额。

谨按：本条文词酌加修正。

参照原案第一百五十八条。

第一百六十三条

凡关于选举，有左列各款之行为者，处三等至五等有期徒刑或三百圆以下、三十圆以上罚金：

一、对于选举人、选举人之亲族或选举关系人加暴行、胁迫者；

二、对于选举人以暴行、胁迫，妨害其于选举会场之往来及其余选举权之行使者。

谨按：本条文词酌加修正。

参照原案第一百五十九条。

第一百六十四条

凡有左列各款之行为者，处三等至五等有期徒刑：

一、对于有关选举之吏员或佐理人加暴行、胁迫者；

二、骚扰选举会场、投票所、开票所者；

三、阻留、损坏、夺取选举票、投票瓯或关于选举之公文书者。

谨按：本条文词酌加修正。

参照原案第一百六十条。

第一百六十五条

凡无故于投票所干涉选举人之投票或于投票所、开票所刺探被选举人姓名者，处五等有期徒刑、刑拘役或一百圆以下罚金。

关于选举之吏员或佐理人犯前项之罪，或漏泄被选举人之姓名者，处四等以下有期徒刑、拘役或三百圆以下罚金。

谨按：本条文词酌加修正。

参照原案第一百六十一条。

第一百六十六条

犯本章之罪者，得褫夺公权全分或一分。

其应宣告三等有期徒刑以上之刑者，于本刑消灭后，仍十年以下、二年以上丧失选举人及被选举人之资格。

谨按：本条文词酌加修正。邮传部签注谓本章规定未能详尽，应析出另定为单行法。查该部于原案不详不尽之处并未切实指明，笼统评议，无从置答。况值新定刑律之际，多设特别罚则殊与编纂法典之义不合，应毋庸议。

参照原案第一百六十二条。

第九章　关于骚扰之罪

第一百六十七条

凡伙众意图为暴行、胁迫，已受当该吏员解散之命令而仍不解散者，处四等以下有期徒刑、拘役或三百圆以下罚金。

附和随行，仅止助势者，处拘役或五十圆以下罚金。

谨按：浙江签注以本条处分过轻。查本条所揭犯罪系指不服解散命令，尚未实施暴动之罚，相差无几，不可不察也。

参照原案第一百六十三条。

第一百六十八条

凡伙众为暴行、胁迫者，依左列分别处断：

一、首魁：无期徒刑或二等以上有期徒刑；

二、执重要之事务者：一等至三等有期徒刑或一千圆以下、一百圆以上罚金；

三、附和随行，仅止助势者：四等以下有期徒刑、拘役或三百圆以下罚金。

谨按：本条第三款原案处分，徒刑止五等、罚金止一百圆，今酌量修正。据两江、浙江、江西、湖广、湖南、两广签注均以本条处分为过轻。查本条所揭系指伙众暴动未至有杀伤、放火、决水、损坏等行为者而言，其有此等行为者，照原案第一百六十六条之规定，虽处以重刑，未为不可。至本罪处分即此已足，更无所用其加重。又各省签注多以本条所揭犯罪情节必系刁民强抗官府之类，殊不知本条范围所包甚广，凡多数之人加暴行、胁迫于一私人者，固在其内，即有为冤抑所迫聚众为暴者，亦在本条所揭犯罪之列。原案分别轻重之微义实在于此，固不容执一以论也。

参照原案第一百六十四条。

第一百六十九条

于前条所揭情形，如犯杀伤、放火、决水、损坏及其余罪者，援用所犯各条，分别首魁、教唆及实施，依第二十三条处断。

谨按：两江签注误以本条所揭犯罪与妨害公务之罪视为同一，并谓不必再援杀伤、放火等条。查犯本条之罪者，有时与妨害公务决不相涉，故不能不特著专条。又伙众暴动者，虽未至有杀伤、放火、决水、损坏等行为，已不免前条之罪。若有犯此者，即系兼犯数罪，既须照俱发罪办理，自不得不援用各本条以为处断之准。至两广签注以为暴行未至有杀伤等行为者，系属空言，则语益武断，不足辩也。

参照原案第一百六十六条。

第一百七十条

犯第一百六十八条之罪，应宣告二等有期徒刑以上之刑者，褫夺公权。其余得褫夺全分或一分。

谨按：原案本条依重定次序修正，原列上条之前，今移易先后。

参照原案第一百六十五条。

第十章　关于监禁者脱逃之罪

第一百七十一条

凡既决、未决之囚及其余按律逮捕监禁之人逃脱者，处四等以下有期徒刑或拘役。

谨按：本条文词酌加修正。湖广签注谓既决、未决之囚人自系专指有期徒刑以下人犯而言，此外如应死之犯尚未经法部奏报回复暂行监禁，或所犯系无期徒刑，罪名已无可复议者自不在此限，似应声明以便援引。查此论实为误解，本条所揭囚人，包括一切囚人而言。既决而脱逃是为累犯，当照第十九条处断；未决而脱逃，若原犯审系无罪，止处脱逃之罚，若系有罪便成俱发，当照第二十三条处断，其本应死刑及无期徒刑者，罪虽无可再加，而脱逃之罪仍不能不论。纵令原犯之刑一旦免除或得减轻其因脱逃而应得之罪，不能一并减免也。

参照原案第一百六十七条。

第一百七十二条

凡既决、未决之囚及其余按律逮捕、监禁之人，损坏监禁处所、械具，或以暴行、胁迫脱逃者，处二等至四等有期徒刑。

其伙众以暴行、胁迫脱逃者，首魁及教唆者处死刑、无期徒刑，其余处无期徒刑或二等以上有期徒刑。

谨按：本条第二项为原案所无，今增。安徽签注以为战时捕掳宜在本条以外。查待遇捕虏之法固与处置囚人不同，然为豫防脱逃计，则彼此未便有所区别也。

参照原案第一百六十八条。

第一百七十三条

凡盗取既决、未决之囚及其余按律逮捕、监禁之人者，处四等以下有期徒刑或拘役。

其有损坏情形或以暴行、胁迫者，依前条分别处断。

谨按：本条第一项刑名酌加修正，其第二项系原案所无，今增。山西签注以为前条及本条所揭犯罪，在警察、监狱尚未整顿以前，应暂据现行律处分。查新刑律施行期限尚在数年以后，固不能以今日之情势，悬断其施行之难易也。

参照原案第一百六十九条。

第一百七十四条

凡为便利脱逃之行为，因而致既决、未决之囚及其余按律逮捕、监禁之人脱逃者，处三等至五等有期徒刑。

其有损坏情形或以暴行、胁迫者，依第一百七十二条分别处断。

谨按：本条第二项系就原案第一百七十条第二项及第三项修并而成，惟处分视原案加重。

参照原案第一百七十条。

第一百七十五条

凡看守或护送吏员或其佐理人，纵令既决、未决之囚及其余按律逮捕、监禁之人脱逃者，处二等或四等有期徒刑。

谨按：本条文词及刑名酌加修正。

参照原案第一百七十一条。

第一百七十六条

本章之未遂罪，罪之

谨按：本条依重定次序修正。

参照原案第一百七十二条。

第一百七十七条

豫备或阴谋犯第一百七十二条第二项之罪，或应依该项之例处断之罪者，处四等以下有期徒刑或拘役。

谨按：本条系原案所无，今增。

第一百七十八条

犯第一百七十二条至第一百七十四条之罪，因而致人死伤者，援用伤害人身各条，依第二十三条处断。

谨按：本条系原案所无，今增。

第一百七十九条

犯第一百七十二条至第一百七十五条之罪者，得褫夺公权全分或一分。

犯第一百七十五条之罪者，并免现职。其情节重者，得褫夺其余之公权全分或一分。

谨按：本条依重定次序修正。

参照原案第一百七十三条。

第十一章　关于藏匿罪人及湮灭证据之罪

第一百八十条

凡藏匿追摄人或脱逃之逮捕、监禁人者，处四等以下有期徒刑、拘役或三百圆以下罚金。

以前项之宗旨而顶替自首者，亦同。

谨按：本条文词酌加修正。两江、两广、河南签注谓被藏匿人所犯之罪有轻重，似藏匿重罪者亦加重一等。查此论乃未就犯罪之情节审察之耳，有藏匿轻罪犯而情节可恶者，亦有藏匿重罪犯而情节可恕者，非法律可以豫为断定。苟行政制度悉臻美备，检察果能完密确实，原案所定之刑并非过轻也。

参照原案第一百七十四条。

第一百八十一条

凡湮灭关于他人刑事被告事件之证据，或伪造、或行使伪造之证据者，处四等以下有期徒刑、拘役或三百圆以下罚金。

参照原案第一百七十五条。

第一百八十二条

犯本章之罪者，得褫夺公权全分或一分。

谨按：邮传部签注谓公权中宜明示包括选举、被选举之义。查原案第四十六条已增入为选举人之资格一项，至被选举权则应包括于为吏员资格之意义中。总则第八十三条既显有明文规定，本条即可无庸揭出。

参照原案第一百七十六条。

第一百八十三条

犯罪人或脱逃人之亲族，为犯罪人或脱逃者利益计，而犯本章之罪者，免除其刑。

谨按：湖南、两广签注谓亲疏宜加区别，重罪不容宽恕。查本案所称亲族，其范围已明揭于第八十二条，本条似不应更加区别。亲族容隐本为现行律所许，所犯之罪愈重，隐匿之情愈切，此人情所不容自已者也。

参照原案第一百七十七条。

第十二章　关于伪证及诬告之罪

第一百八十四条

凡因律例于司法或行政之公署为证人，而为虚伪之陈述者，处二等至四等有期徒刑。

因律例于司法或行政官署为鉴定人、通译人，而为虚伪之鉴定、通译者，亦同。

犯前二项之罪，能于结案前先行自白者，得免除其刑。

谨按：安徽签注谓中国系罪凭供定，外国则罪凭证定。今中国既废刑讯亦不能不借助证人，但恐情伪万端，欲其纤毫无误，势必不能。况中国民情刁诈，证人等亦难免无串通讹诈情弊。查本案施行期限，应在新订诉讼律全部告成以后。今东西各国诉讼律皆采自由心证主义，由审判官断定证言确实与否，其认为确实者然后据以审判，非尽恃证言为据也。中国诉讼各律亦拟采此主义。至谓刁民借端讹诈、故为伪证等情，贤有司果能明辨案件之是非曲直，岂于证言之真伪而反不能洞察耶？两江签注谓宜删四等有期徒刑，查本条情节，其重轻亦有大相悬绝者，如为良友利益计或为酬恩，故致犯本条之罪而其事件所关不至重大者，似亦未尝无宽恕之情也。

参照原案第一百七十八条。

第一百八十五条

凡意图他人受刑事处分、惩戒处分，而为虚伪之告诉、告发、报告者，处二等至四等有期徒刑。

犯前项之罪，能于该案审判确定或惩戒处分之前先行自白者，得免除其刑。

谨按：本条文词酌加修正。

参照原案第一百七十九条。

第一百八十六条

凡未指定犯人而诬告有犯罪事实者，处五等有期徒刑或拘役或一百圆以下罚金。

参照原案第一百八十条。

第一百八十七条

凡犯第一八十四条至第一百八十五条之罪者，得褫夺公权全分或一分。吏员犯此者，并免现职。

谨按：本条依重定次序修正。

参照原案第一百八十一条。

第十三章 关于放火、决水及水利之罪

第一百八十八条

凡放火烧毁左列他人所有物一种以上者，处死刑、无期徒刑或一等有期徒刑：

一、在城镇及其余人烟稠密处所之营造物；

二、陈列、储藏多数宗教、科学、美术、工艺之贵重图书、物品营造物；

三、宗教或历史之贵重营造物；

四、储藏硝磺、弹药或军需品之仓库及其余营造物；

五、伙众执业或止宿之矿坑、兵营、学堂、病院、救济所、工场、寄宿舍、狱舍及其余营造物；

六、现有多人集会之寺院、戏场、旅店及其余营造物。

谨按：安徽签注谓日本刑律凡放火有人居住之房屋建造物皆直科死刑，拟删本条一等有期徒刑，并仿旧律于本条之下添注"须于放火处捕猎有显迹证验明白者，乃坐"字样。查日本科放火罪以死刑乃旧刑法，现行刑法第一百零八条系科死刑、无期惩役或五年以上、十五年以下之惩役，较本案所定刑期已推广至二等有期徒刑，是本律已较日本刑法为严。若删一等有期徒刑，恐于罪情较轻者不免过酷，亦失平允之道。本条科罪原不能以现行犯为限，无论何时何地发掘捕猎皆当据律处罚，其无显迹证验

明白者当作为无罪，是为刑律诉讼之原则。签注所谓"添注"一语，应毋庸议。

参照原案第一百八十二条。

第一百八十九条

凡放火烧毁前条各款所揭外他人所有营造物、矿坑者，处二等至四等有期徒刑。

因而致有前条所揭损害人之危险者，处一等或二等有期徒刑。实有损害时，其刑与前条同。

谨按：本条文词酌加修正。

参照原案第一百八十三条。

第一百九十条

凡放火烧毁他人所有营造物、矿坑外之物者，处三等至五等有期徒刑拘役或一千圆以下、一百圆以上罚金。

因而致有前条第一项所揭损害之危险者，处三等至五等有期徒刑。实有损害时，其刑与该项同。

因而致有第一百八十八条所揭损害之危险者，处一等或二等有期徒刑。实有损害时，其刑与该条同。

参照原案第一百八十四条。

第一百九十一条

凡放火烧毁自己所有营造物、矿坑及其余之物者，依左列分别处断：

一、因而致有前条第一项所揭损害之危险者，处五等有期徒刑、拘役或一百圆以下罚金。实有损害时，其刑与该项同。

二、因而致有第一百八十九条第一项所揭损害之危险者，处三等至五等有期徒刑。实有损害时，其刑与该项同。

三、因而致有第一百八十八条之损害之危险者，处一等或二等有期徒刑。实有损害时，其刑与该条同。

谨按：本条文词酌加修正。

参照原案第一百八十五条。

第一百九十二条

凡失火因而致有第一百八十八条所揭之损害者，处五等有期徒刑、拘役或一千圆以下罚金。

因而致有第一百八十九条第一项所揭之损害者，处拘役或五百圆以下罚金。

因而致有第一百九十条第一项所揭损害者，处三百圆以下罚金。

失火烧毁自己所有营造物、矿坑及其余之物，因而致有前三项所揭损害之危险者，处一百圆以下罚金。

谨按：本条系重定次序修正。两广签注谓不若现行律之详审，查过失罪科以死刑，东西各国之法皆无其例，本罪处分乃视其危害及于公共之大小而决。故其刑有轻重之不同，现行律仅称官府、公廨、仓库、民房屋、自己房屋而不问其价值如何及有人居住与否。且本案第一百八十八条之情节现行律中皆无明文，相衡之下，已较现行律为详审矣。

参照原案第一百八十六条。

第一百九十三条

凡依火药、煤气、电气、蒸汽之作用或此外方法，致营造物、矿坑及其余之物炸裂者，分别其损害、危险，依前数条所揭放火、失火之例处断。

谨按：本条文词酌加修正。

参照原案第一百八十七条。

第一百九十四条

凡决水浸害第一百八十八条各款所揭营造物、矿坑至一种以上，或他人所有田圃、牧场及此外利用之地者，处死刑、无期徒刑或一等有期徒刑。

谨按：本条系重定次序修正。两江签注谓决水宜较放火从轻处断，并引证日本刑法仅处无期徒刑。查决水之害较诸放火未必有所悬绝，两广签注论之甚详，日本刑法现已改定，现行刑法系处死刑、无期徒刑惩役或三年以上、十五年以下惩役。

参照原案第一百八十八条。

第一百九十五条

凡决水浸害前条所揭外之他人营造物、矿坑或土地者，处三等至五等有期徒刑或一千圆以下、一百圆以上罚金。

因而致有前条所揭损害之危险者，处二等至四等有期徒刑。实有损害时，其刑与前条同。

谨按：本条文词酌加修正。

参照原案第一百八十九条。

第一百九十六条

凡决水浸害自己所有之地，因而致有前条第一项所揭损害之危险者，处五等有期徒刑、拘役或一百圆以下罚金。实有损害时，其刑与该项同。

因而致有第一百九十四条所揭损害之危险者，处二等至四等有期徒刑。实有损害时，其刑与该条同。

谨按：本条文词酌加修正。

参照原案第一百九十条。

第一百九十七条

凡因过失决水，致有第一百九十四条所揭损害者，处五等有期徒刑、拘役或一千圆以下罚金。

因而致有第一百九十五条所揭损害者，处拘役或五百圆以下罚金。

若因过失决水，致有前二项所揭损害之危险者，处一百圆以下之罚金。

谨按：本条依重定次序修正。

参照原案第一百九十一条。

第一百九十八条

凡当火灾、水灾时隐匿、损坏防御所需之器械，或阻遏从事防御之人，或依此外方法妨害镇火、防水者，处三等至五等有期徒刑或一千圆以下、一百圆以上罚金。其关于第一百九十三条灾害妨害防御者，亦同。

谨按：本条依重定次序修正。

参照原案第一百九十三条。

第一百九十九条

凡妨害他人灌溉田亩之水利者，处四等以下有期徒刑、拘役或三百圆以下罚金。决水时，仍用决水罪之例。

故意妨害水利，荒废他人田亩者，处二等至四等有期徒刑。

因妨害水利，致令他人田亩荒废者，处三等至五等有期徒刑。

谨按：本条文词酌加修正。原案第一项有"或图妨害"四字，惟此意应包含于第二百零一条所引本条第一项之未遂罪中，今拟节删。

参照原案第一百九十四条。

第二百条

凡自己之所有物，若已受查封、或负担物权、或租贷于人者，其关于本章之罪，仍以他人之所有物论。

参照原案第一百九十五条。

第二百零一条

第一百八十八条、第一百八十九条第一项、第一百九十条第一项、第一百九十四条、第一百九十五条第一项、第一九十八条及第一百九十九条第一项、第二项之未遂罪，罪之。

谨按：本条依重定次序修正。

参照原案第一百九十六条。

第二百零二条

关于他人所有物，为放火、炸裂或决水之豫备或阴谋者，处五等有期徒刑、拘役或一百圆以下罚金。但按其情节，得免除其刑。

谨按：山东、两广签注拟删免刑一层。查豫备、阴谋之行为以其能迫近于实行，故设处罚之例。本条所定得免其刑，乃指情节可恕者而言，其情节较重者则不妨竟据本条处罚之，并非必须免除也。

参照原案第一百九十七条。

第二百零三条

犯放火、炸裂、决水罪，因而致人死伤者，援用伤害人身罪各条，依第二十三条处断。

其因过失致生火灾、炸裂、水害因而致人死伤者，援用过失死伤各条，依第二十三条处断。

谨按：本条原案列第一百九十二条，今移改。两江签注谓致人于死之条并未叙及，似不免遗漏。查本条原案所用比较第三百零一条及第三百零二条从重处断之文，本嫌过狭且语意亦颇含糊，今特一律改正并增入过失一项，以期完密。

参照原案第一百九十二条。

第二百零四条

犯第一百八十八条及第一百九十四条之罪者，褫夺公权。其余以故意犯本章之罪者，得褫夺公权全分或一分。

谨按：本条依重定次序修正。

参照原案第一百九十八条。

第十四章　关于危险物之罪

第二百零五条

凡为犯罪之用而制造、持有炸药、绵火药、雷汞及其余类此之爆裂物，或自外国贩运者，处二等或三等有期徒刑。

其以供给他人犯罪为宗旨者，亦同。

谨按：两广签注谓处刑稍嫌过轻，情节亦应分别。查本条范围以就阴谋不轨以外者而言，如系心存叵测，则应据俱发罪规定从重处罚，故本条之刑不患过轻。至犯罪情节不宜细分，其详已见分则总叙第四、第五，无庸赘叙。

参照原案第一百九十九条。

第二百零六条

凡未受公署之命令、许可或委任，而制造、持有前条所揭之爆裂物，及自外国贩运之人，不能证明出于正当之宗旨者，处三等至五等有期徒刑。

其能证明出于正当之宗旨者，处拘役或五十圆以下之罚金。

参照原案第二百条。

第二百零七条

凡未受公署之命令、许可、委任，而制造、持有军用枪炮，除第二百零五条所揭以外之军用爆裂物，或自外国贩运者，处四等以下有期徒刑、拘役或三百圆以下罚金。

谨按：本条文词酌加修正。

参照原案第二百零一条。

第二百零八条

凡警察、税关吏员知有未受公署之命令、许可、委任，而制造、持有、贩运第二百零五条所揭爆裂物，或自外国贩运之人，而不即与相当处分者，处一等至三等有期徒刑。

其与犯人同谋者，亦同。

谨按：河南签注谓吏员应以贿从为断，若与犯人同谋应分别首从科罪。查此项情节若系受贿，应比较本条及第一百四十三条，依第二十六条处断。若系同谋，则自有总则之共犯处分也。

参照原案第二百零二条。

第二百零九条

凡漏逸、间隔煤气、电气、蒸汽，因而致生危险于他人身体、财产者，处四等以下有期徒刑、拘役或三百圆以下罚金

因而致人死伤者，援用伤害人身各条，依第二十三条处断。

谨按：本条文词酌加修正。两江签注谓本条应系出于过失且"危险"二字似近含混。查本分则各罪，凡未揭明过失者皆指有心故犯而言（参看本案第十三条），本条之罪其非处于过失可知。至"危险"二字乃与实害相对峙者，刑法学理上有一定界限，决无含混之弊。

参照原案第二百零三条。

第二百一十条

第二百零五条、第二百零六条第一项、第二百零七条及第二百零九条第一项之未遂罪，罪之。

谨按：本条依重定次序修正。今增入第二百零九条第一项之未遂罪，庶较完密。

参照原案第二百零四条。

第二百十一条

犯第二百零五条之罪者，褫夺公权。犯二百零六条第一项及第二百零八条之罪者，得褫夺公权全分或一分。

谨按：本条依重定次序修正。

参照原案第二百零五条。

第十五章　关于往来通信之罪

第二百十二条

凡损坏、壅塞陆路、水路、桥梁，因而致有往来之危险者，处四等以下有期徒刑、拘役或三百圆以下罚金。

若损害重要之交通线、修复工巨者，处二等或三等有期徒刑。

犯本条之罪，因而致人死伤者，援用伤害人身各条，依第二十三条处断。

谨按：本条文词酌加修正。

参照原案第二百零六条。

第二百十三条

凡损坏轨道、灯塔、标识及其余于汽车、电车、船舰往来上为危险之

行为者，处二等至四等有期徒刑。

参照原案第二百零七条。

第二百十四条

凡冲撞、颠覆、破坏、沉搁载人之汽车、电车、船舰者，处无期徒刑或二等以上有期徒刑。

因而致人于死或多数受伤者，处死刑、无期徒刑或一等有期徒刑。

参照原案第二百零八条。

第二百十五条

凡犯第二百十三条之罪，因而致载人之汽车、电车、船舰冲撞、颠覆、破坏、沉搁者，依前条之例分别处断。

谨按：本条文词酌加修正。

参照原案第二百零九条。

第二百十六条

凡因过失致载人之汽车、电车、船舰生往来之危险者，处三百圆以下罚金。

因过失冲撞、颠覆、破坏、沉搁载人之汽车、电车、船舰者，处五百圆以下罚金。

其从事此项业务之人犯本条第一项之罪，处四等以下有期徒刑、拘役或一千圆以下罚金；犯第二项之罪，处三等至五等有期徒刑或二千圆以下、一百圆以上罚金。

犯本条之罪因而致人死伤者，援用过失致死伤各条，依第二十三条处断。

谨按：本条文词酌加修正。

参照原案第二百一十条。

第二百十七条

凡以加暴行、胁迫或用伪计妨害邮便物、电报之递送收发者，处四等以下有期徒刑、拘役或三百圆以下罚金。

参照原案第二百十一条。

第二百十八条

凡损坏邮便专用及其余应用之物件者，处五等以下有期徒刑、拘役或一百圆以下罚金。

损坏电信线、电话线，电信、电话之机器、营造物，或依此外方法，以妨害其交通者，处三等至五等有期徒刑或五百圆以下、五十圆以上罚金。

因过失犯本条之罪者，处一百圆以下罚金。

谨按：两广签注谓损坏电线大抵剪窃者居多，似宜比勘罪名、酌中审定。查此种情形，应据第二十六条比较损坏电线、窃盗两罪，从重处断，不必更定罪名。

参照原案第二百十二条。

第二百十九条

凡从事于邮便、电信之职务者，犯第二百十七条或第二百十八第一项之罪，处三等至五等有期徒刑。犯第二百十八条第二项之罪，处二等或三等有期徒刑。

其因过失者，处三百圆以下罚金。

谨按：本条依重定次序修正。

参照原案第二百十三条。

第二百二十条

第二百十二条第一项、第二项，第二百十三条、第二百十四条第一项、第二百十七条、第二百十八条及第二百十九条第一项之未遂罪，罪之。

谨按：本条依重定次序修正。

参照原案第二百十四条。

第二百二十一条

凡豫备或阴谋犯第二百十四条之罪者，处四等以下有期徒刑、拘役或三百圆以下罚金。

谨按：第二百十四条之罪，虽系豫备、阴谋而其危险及于人之身体性命者，关系匪轻，故特增入本条以期完密。

第二百二十二条

犯第二百十四条之罪者，褫夺公权。其余以故意犯本章之罪者，得褫夺公权全分或一分。

第十六章　关于秩序之罪

第二百二十三条

凡依文书、图画、演说或其余方法公然煽惑他人犯罪者，依左列分别处断：

一、其罪最重之本刑为死刑或无期徒刑者，三等至五等有期徒刑或三百圆以下、三十圆以上罚金；

二、其罪最重之本刑为有期徒刑者，五等有期徒刑、拘役或一百圆以下罚金。

若以报纸及其余定期刊行之件，或以编纂他人论说之公刊书册而犯本条之罪者，编辑人亦依前项处断。

谨按：此条文词酌加修正。各省签注，山西谓撰述煽惑犯罪之文者亦宜处罚；两广谓处分过轻；两江谓其罪最重之本刑应改用"情重情轻"字样，或较简便等语。查文书若不刊行，于公共之秩序、善良之风俗为害较少，尚无必应科刑之理。惟受刊行人之托知情而为之撰文，或撰述人自使他人编纂刊行，含有共犯性质者，应依共犯处断，自不待言。若本罪并无共犯性质，但因使人生起犯意则按律治罪已足示惩，未便科以较原案更重之刑，转涉枉滥。至最重之本刑系指文书演说中所揭情事，实犯应得之法定最重刑而言，改用"情重情轻"字样似亦可行，然究不如就本案分别重轻更为简便。湖南以为被煽惑之人均不生起犯意，则第一款、第二款均无可比较，似未细绎原案之意义。譬如公刊文书中谓当起内乱，即不问其人之应之与否，应科以第一款之刑。又如演说中谓当为窃盗，即不问其人之为窃盗与否，应科以第二款之刑，按内乱最重刑为死刑、无期徒刑，窃盗罪为有期徒刑，准此为据，不得谓为无比较也。

参照原案第二百十六条。

第二百二十四条

凡加暴行、胁迫或用伪计妨害正当之集会者，处五等有期徒刑、拘役或一百圆以下罚金。

谨按：此条文词酌加修正。两广签注以暴行、胁迫仅处五等有期徒刑稍宽。查处刑不宜加重之理由，业于分则总叙第四声明，无庸复叙。

参照原案第二百十七条。

第二百二十五条

凡加暴行、胁迫或用伪计为左列各款之行为者，处四等有期徒刑、拘役或三百圆以下罚金：

一、妨害贩运谷类及其余公共所需之饮食品者；

二、妨害贩运种子、肥料、原料，及其余农业、工业所需之物品者；

三、妨害使用多数工人之工厂、矿坑之执业者。

谨按：本条文词酌加修正。两广签注谓以上三项乃农工商务之物业，似宜视其妨害重轻以定罪各差等。查此项理由，业于分则总叙第五声明，无庸复叙。

参照原案第二百十八条。

第二百二十六条

凡从事同一业务之工人，同盟拒绝执业者，其首谋处四等以下有期徒刑、拘役或三百圆以下罚金。余人处拘役或三十圆以下罚金。

伙众为暴行、胁迫或将为者，依第一百六十七条至第一百七十条分别处断。

谨按：此条文词酌加修正。两广签注为第二项将行暴行、胁迫而未行者，似未可罚。查伙众谋为暴行、胁迫，固应科以骚扰之刑。若在未为暴行、胁迫以前服从吏员命令解散，依第一百六十七条解释上应不受罚，条文分晰甚明似不至于疑误。邮传部签注谓本条第二项"将为"下宜加"之"字，他处并须一一追补。夫"之"字有无，于律义文法均无关系，别条文义未备之处原签未经指出，系属泛论，无从追补。至两广签注于本条之适用与否，初未议及，但谓聚众行暴应比照联谋罢市之例分别酌定，似于原案尚未体会，应请无庸置议。

参照原案第二百十九条。

第二百二十七条

凡无故入人所居住或现有看守之邸宅、营造物、船舰，或既受要求而不退去者，处四等以下有期徒刑、拘役或三百圆以下罚金。

谨按：此条文词酌加修正。各省签注，两江、湖南、两广等省皆谓宜细分情节，惟订律宗旨于概括，若逐事区分转形挂漏；又两江所援日本刑法现在已经废止，现行刑法仅定为三年以下惩役或五十圆以下罚金；又湖南、两广所谓格杀侵入者之有罪与否，应依总则第十五条或第十六条解决，似不必特设专条，而两广又称似应分别有无要求以定罪名轻重等语，文法既未完备，意义亦涉含糊。夫所谓要求者，如系出于被害之人则原案意义已明，如系由侵入者作不正之要求，则应视其行为如何各援用本律处断，如第三百五十八条之类，本条并无不备之处；至邮传部签注内称本条有船舰而无汽车、电车，似已包于营造物中，然解释上易生争论，亦当明定等语。查营造物系指定著土地之房屋等建筑而言，汽车、电车等系可以移动之物并不在内。东西法学家解释从未有目之为营造物者，不至易生争论，且刑律规定侵入汽车、电车之罪亦为各国所未有，应请无庸置议。

参照原案第二百二十条。

第二百二十八条

凡诈称吏员之资格、僭用吏员之服饰、徽章、内外国勋章者，处四等以下有期徒刑、拘役或三百圆以下罚金。

谨按：此条文词酌加修正。两广签注谓伪诈为重，空言为轻，不问其有无，伪诈概处四等有期徒刑，未免漫无区别。且僭用服饰非必尽属无官之人，凡有违式者皆是。河南签注用意相同并谓宜照现行律例分别订正。查此次定律宗旨意在挈中外而从同，似未便执旧制以相绳，致启畸重畸轻之弊。且原案意义系指诈称、僭用者而言，若造有伪札应依第二十六条从重处断，并非漫无区别。其有官之人服饰违式，则关于官吏之惩戒，初不属于刑律之范围。至罚金规定条文有"或"字者，皆系易刑也。

参照原案第二百二十一条。

第二百二十九条

第二百二十三条至第二百二十五条及第二百二十七条之未遂罪，罚之。

谨按：此条依重定次序修正。

参照原案第二百二十二条。

第二百三十条

犯第二百二十三条至第二百二十五条、第二百二十七条及第二百二十八条之罪者，得褫夺公权全分或一分。

谨按：此条条文次序及文词酌加修正，并照两广签注将犯第二百二十八条之罪增入。至前条所揭之未遂罪，据第八十五条不必援用，原案"前条"二字，应即节删。

参照原案第二百二十三条。

第十七章　关于伪造货币之罪

第二百三十一条

凡伪造通用货币者，处无期徒刑或二等以上有期徒刑。

行使自己伪造通用货币及意图行使而交付于人者，亦同。

经政府许可发行之银行券，以通用货币论。

谨按：此条各部省签注，邮传部谓银锭、银块皆为货物，伪造如不论罪，恐致逍遥法外，宜明定"伪造货物"一层。查银锭、银块并非货币，实为货物，签注亦既知之本条以下罪名系言伪造内外货币之事，未便以此阑入致乖体例。使用假银锭、银块系属诈欺取财，或因诈欺而得财产上之利益，可照第三百八十一条分别处断，并非不论其罪。如谓现时我国银锭、银块在市面上与货币有同一之效用，则伪造、使用之治罪，两者亦应从同。不知新刑律施行之期尚需数年，而改定币制之议，今日已在研究。刑律贵于永久遵行，锭块不过适用一时，似不必特立专条。且"伪造货物"字样包括甚广，若于本条加入，是伪造别项货物者，亦当同处本条之刑，按之情法，殊有未协。安徽谓应改为"凡伪造通用货币，不论已行、未行，但伪造既成者，处无期徒刑或二等以上有期徒刑"，而删去第二项，首句核与原案意义相同，惟依第十七条未遂罪处罚时，若用此文恐伪造既遂与行使未遂之关系，稍难分别，似不如仍用原案较为明显。至所引日本刑法现在已经废止，不得援以为据。两广谓应科死刑，查无期徒刑去死刑止差一间，可不必再行加重，原案注语业已声明理由，毋庸复叙。又此条至第二百三十三条，度支部谓宜轻罚伪造，重罚行使。两江谓二等以上有期徒刑究系如何情节。查两者刑罚之不应分轻重，约而言之，其理有二：一、本罪之性质系侵害政府专有之造币权，伪造与行使实无所异，处断即应从同；二、伪造之额数多而制法精者，与既经行使之额数少而制法粗者，危险更大。故不能谓伪造情节较行使为轻也。

参照原案第二百二十四条。

第二百三十二条

凡伪造流通中国之外国通用货币者，处一等至三等有期徒刑。

行使自己所伪造流通中国之外国通用货币，及意图行使而交付于人者，亦同。

流通中国之外国银行券，以外国通用货币论。

谨按：此条文词酌加修正。江苏、山东签注，前者以为刑罚过重，后者以为刑罚过轻，不知原案于中外之分轻重之际实已斟酌再四，俾情法两得其平，初非漫无区别也。邮传部签注为本条仍宜加以"货物"字样，并称"流通"字上宜加"曾经"二字。查"货物"二字不宜加入之理由，前条业经声明。原案所称流通者系专指当时流通之货币而言,至货币以外之物按照本条并无保其信用之必要,"曾经"二字无须加入。至所称中国于发行流通中国银行券之外国银行,不可不求所以监督执法,此则关于外交政策及银行法之研究,并不属于刑律之范围,应请毋庸置议。

参照原案第二百二十五条。

第二百三十三条

凡意图行使而减损金银币之分量者,处三等至五等有期徒刑。其行使及意图行使而交付于人者,亦同。

减损流通中国之外国金银币之分量者,处四等以下有期徒刑或拘役。其行使及意图行使而交付于人者,亦同。

谨按:此条文词酌加修正。两广签注以处三、四等有期徒刑为过轻。查此项理由业于分则总叙第四声明,无庸复叙。且旧律原文将时用铜钱翦错薄小取铜以求利者,杖一百,与此相衡已加重矣。

参照原案第二百二十六条。

第二百三十四条

凡意图行使,收受他人所伪造通用之货币者,处一等至三等有期徒刑。其收受后行使及意图行使而交付于人,或自外国贩运之者,处无期徒刑或二等以上有期徒刑。

其所收受系伪造流通中国之外国货币者,处二等至四等有期徒刑。其收受后行使及意图行使而交付于人,或自外国贩运之者,处一等至三等有期徒刑。

谨按:此条文词酌加修正。两江签注疑第二项"二等"系"三等"之误,此因原案第二百二十五条系"三等以上有期徒刑",遂致误会。本条固无误也。

参照原案第二百二十七条。

第二百三十五条

凡意图行使收受他人所减损分量之金银币者,处四等以下有期徒刑或拘役。其收受后行使及意图行使而交付于人或自外国贩运之者,处三等至五等有期徒刑。

其所收受系减损分量流通中国之外国金银币者,处五等有期徒刑或拘役。其收受后行使及意图行使而交付于人,或自外国贩运者,处四等以下有期徒刑或拘役。

谨按：此条文词酌加修正。

参照原案第二百二十八条。

第二百三十六条

凡收受后方知为他人伪造之货币，或减损分量之金银币，而仍行使或意图行使而交付于人者，处其价额三倍以下、价额以上罚金。若三倍之数未满五十圆时，处五十圆以下、价额以上罚金。

谨按：度支部签注以末段所定五十圆额数为过高。查本条之规定，系于五十圆以下、一圆以上之范围内宣告与罪名相当之额数，判决其罪似不必拘泥算数谓为过高。两江签注谓宜删去"价额以上"四字，不知删此四字，则凡行使伪货一千圆者亦得宣告一圆之罚金矣，刑之轻重未能平允，应请仍循其旧。

参照原案第二百二十九条。

第二百三十七条

第二百三十一条至第二百三十五条之未遂罪，罪之。

谨按：此条依重定次序修正，并移列后条之前以昭顺序。

参照原案第二百三十一条。

第二百三十八条

意图伪造通用货币、减损金银币分量，而豫备各项器械或原料者，处三等至五等有期徒刑。

谨按：此条文词酌加修正。

参照原案第二百三十条。

第二百三十九条

因犯本章之罪，应宣告二等有期徒刑以上之刑者，褫夺公权。其余褫夺公权全分或一分。

谨按：此条文词酌加修正，并将"但犯第二百二十九条之罪者，不在此限"二句节删。

参照原案第二百三十二条。

第十八章　关于伪造文书及印文之罪

第二百四十条

凡伪造制书者，处无期徒刑或一等有期徒刑。

行使伪造之制书或意图行使而交付于人者，亦同。

谨按：此条各省签注，江苏、江西、湖南、河南均谓应科死刑。查伪造制书及行使者情节固重，然较之犯内乱、外患等罪宜稍有区别，处以无期徒刑或一等有期徒刑已足示惩，似不必再行加重。安徽欲于"伪造"之下加"增减"二字，并设行使伪造文书因而诈取财物之例。查增减文字即伪造中之一事，二字无关紧要，可不加入。至行使伪造文书因而诈取财物，有犯应援用第三百八十一条，依总则第二十六条从重处断，毋庸另立专条。

参照原案第二百三十三条。

第二百四十一条

凡有左列各款之行为者，处二等至四等有期徒刑：

一、伪造公文书或图样者；

二、行使伪造之公文书或图样，或意图行使而交付于人者；

三、吏员明知虚伪之事实，而据以制作所掌之书、图样，并行使此种文书图样或意图行使而交付于人者；

四、申告虚伪之事实，而使吏员制作所掌之文书、图样，并行使此种文书、图样或意图行使而交付于人者。

谨按：本条原案本系二条，今并为一，并将文词酌加修正。原案第二百三十四条，两广签注以诈为部院等衙门文书、盗用印信者皆绞，诈为司府州县文书者满流，今统定以二等至四等有期徒刑；且未因风宪衙署而从重，此项理由业于分则总叙第四声明，无庸复叙。原案第二百三十五条，江西签注谓吏员有办事之权应负办事之责，本案定为吏员不坐，于理未协。查吏员如系知情制作文书，应依本条第一项处断自不待言。原注所指乃系不知情者，按律本不应加刑，惟可视其情节之重轻予以惩戒之处分。本条初无不协之处，拟请仍循其旧。

参照原案第二百三十四条、第二百三十五条。

第二百四十二条

凡以虚伪之事实申告于吏员，而使交付文凭、执照、护照，及使为不实之登载者，处五等有期徒刑、拘役或一百圆以下罚金。

谨按：此条文词酌加修正。两广签注谓文凭、执照名器攸关，似须加重。至记载不实，若有关军国者未便从宽，以杜捏造谣言、摇惑人心之弊等语。查文凭、执照虽为名器所关，惟伪领究与伪造不同，情节较轻，未便再行加重。若捏造谣言、摇惑人心，自各有本律可循，并不在此条范围之内，应请毋庸置议。

参照原案第二百三十六条。

第二百四十三条

凡伪造有价证券者，处二等至四等有期徒刑。

行使伪造之有价证券，或意图行使而交付于人及自外国贩运者，亦同。

谨按：两广签注谓有价证券究系民间所立，与官立者不同，今处二等至四等有期徒刑，与伪造文书之罪相等，未免公私无别、轻重失宜。查制定刑律应以贻害社会之大小为断，不当以公私分别重轻，久为东西各国之通例，故科以同一之刑，实为折衷定制。两江签注以为宜改"二等"为"三等"，不知此条系为维护社会起见，若改为三等有期徒不足以惩儆也。

参照原案第二百三十七条。

第二百四十四条

凡伪造私文书、图样，足以证明他人权利义务事实者，处三等至五等有期徒刑。

行使伪造他人之私文书、图样，及意图行使而交付于人者，亦同。

对于他人足以证明权利义务事实之自己私文书、图样为虚伪之登载，行使此种文书、图样，及意图行使而交付于人者，皆依前二项之例处断。

谨按：此三项，原案本系二条，今并为一，并将文词酌加修正。两广签注谓日用账簿之类且为文书似有未协，不如直称为伪造他人账簿项较为切实。查账簿字据依法理解释皆可且为文书，故加一"私"字以示与官书有别。至原签所拟修正意见似于原案意义有所误解，应请毋庸置议。

参照原案第二百三十八条、第二百三十九条。

第二百四十五条

凡医师、检验吏于提示他人之诊断书、检案书、死亡证书为虚伪之记载者，处四等以下有期徒刑、拘役或三百圆以下罚金。

其嘱托或行使，及意图行使而交付于人者，处拘役或五十圆以下罚金。

谨按：此条文词酌加修正。各省签注，两广谓应分别为失误、为故捏，江西谓应按现行律以故出入人罪论。查本条所揭之罪系指为虚伪之登载及嘱托或行使者而言，若系失误当依总则第十三条处断，且并非规定虚伪鉴定，罪名较故出入人罪者稍有不同，然已包有故出入人罪之义。两江以为第二项之罪宜加五等有期徒刑一层，惟嘱托行使及意图行使，究较自为虚伪者情节为轻，处以拘役、罚金已足以示惩，似不必再行加重。至两广、两江均谓宜加仵作一项，查前经法部奏准各省设立检验吏优予出身，是仵作名目已须更易，兹查照增入"检验吏"一项以资引用。

参照原案第二百四十条。

第二百四十六条

凡伪造御玺、国玺之文，公私印文、署名，或盗用之者，依伪造制书、公私文书之例处断。

其行使伪造御玺、国玺之文，公私印文、署名，或滥用真正之物者，依行使伪造之制书或公私文书之例处断。

谨按：此条文词酌加修正。两江、江西、湖南、两广、河南签注均以为伪造御玺、国玺者应科死刑，查本条所犯之罪情节固重，然较之犯内乱、外患者似宜稍有区别，可不必再行加严。

参照原案第二百四十一条。

第二百四十七条

凡伪造御玺、国玺者，处一等至三等有期徒刑。

谨按：前条系定伪造御玺、国玺之文及盗用滥用者之罪，若伪造御玺、国玺有犯，碍难援引，是以续纂此条以资遵守。

第二百四十八条

凡伪造公印者，处三等至五等有期徒刑。

谨按：此条刑名酌加修正，并照两江、两广签注将私印剔出另立一条，以示区别，而将原案"制作"二字改为"伪造"，俾免疑误。

第二百四十九条

凡伪造私印者，处四等以下有期徒刑、拘役或三百圆以下罚金。

若于未行使前能自破坏或自首者，免除其刑。

谨按：此条系从原案第二百四十二条分出。

以上两条参照原案第二百四十二条。

第二百五十条

本章之未遂罪，罪之。

意图行使、收受本章所揭伪造、盗用、滥用之制书、御玺、国玺之文,公私文书印文,署名,御玺、国玺、公私印者,各依本条,以未遂罪论。

谨按:此条第二项文词酌加修正。两广签注内称本条第二项之罪宜以前条之从犯论,系误解原案意义。查本条第二项并非共犯之规定,乃因豫备与未遂有稍涉疑似之处,故设此规定以明其为未遂也。

参照原案第二百四十三条。

第二百五十一条

因犯本章之罪,应宣告二等有期徒刑以上之刑者,褫夺公权。其余得褫夺公权全分或一分。

谨按:两广签注以此章全系诈伪概应被褫夺公权,似不必再分全部、一部。查公权之被夺与否,应据罪案轻重规定之外,并宜审查犯人之性质以为决定。若概予褫夺与原案之主义不合,且非持平之道也。

参照原案第二百四十四条。

第十九章 关于伪造度量衡之罪

第二百五十二条

凡意图行使、贩卖而制作违背定规之度量衡,或变更真正度量衡之定规者,处四等以下有期徒刑、拘役,并科三百圆以下罚金。

知情而贩卖不平之度量衡者,亦同。

谨按:此条文词酌加修正。各部省签注,邮传部谓原案所称不平之处其意旨与不法相当,而"不平"与"不法"两者意义迥异。查"不平"与"不法"两者意义迥不相同,原案所称"不平"即系违背定规之意,并未与"不法"同规;两江谓他国未有并科罚金之例,其额数亦过多,安徽谓亦设受人嘱托而伪造之明文。查原案并科罚金之罪系对于意图收受不法利益之人而设,故并科罚金豫为儆戒令不敢犯,不宜以他国所无为比例,且有以下各条额数亦不虑过多。至此种人犯属本罪之共同正犯,尽可据本条及第二十九条处断,毋庸设立专条;山西以为本章规定俟度量衡有定制后再议实行。夫斛斗秤尺旧制应由官降,因循既久,遂等具文,是盖缘于奉行之不力,初非制度之不定。现在度量权衡局已由度支部奏准开办,则本章之规定自不可少。湖南谓宜加入"权"字,不知"权"本附丽于"衡",故一言"衡"而"权"已在其中,且《书》言:同律度量衡准之,于古尤非无征，似不必更加"权"字也。

参照原案第二百四十五条。

第二百五十三条

凡业务上常用度量衡之人，知其不平而持有者，处拘役或五十圆以下罚金。

其行使不平之度量衡而得利者，以诈欺取财论。

谨按：本条第一项文词酌加修正，并照两广签注删去五等有期徒刑。

参照原案第二百四十六条。

第二百五十四条

凡意图行使、贩卖，未受公署之委任或许可而制作度量衡，倘未违背定规者，处三十圆以下罚金。

若贩卖者，处卖价二倍以下、卖价以上罚金。若二倍之数未满五十圆时，处五十圆以下、卖价以上罚金。

谨按：此条文词酌加修正并增入第二项。

参照原案第二百四十七条。

第二百五十五条

第二百五十二条之未遂罪，罪之。

谨按：此条依重定次序修正。

参照原案第二百四十八条。

第二百五十六条

犯第二百五十二条之罪者，得褫夺公权全分或一分。

谨按：此条依重定次序修正。

参照原案第二百四十九条。

第二十章　关于祀典及坟墓之罪

谨按：此章两广签注以现行律祀典属之礼律，盗墓属之刑律，仍须分别两章。查祀典为崇奉神明之礼，坟墓为安藏体魄之区，事实固有不同而属于宗教之信仰，初无二致。现行律例承明之旧，分列六曹，故祀典与盗墓隶于礼刑二门，本届修订六律之名业已奏准删除，自难仍循旧制。本章之规定系为保护宗教之信仰而设，关于祀典之罪与关于坟墓之罪，行为虽异，损害则同，合为一章，似无窒碍。即如放火、决水本系两事，而对于公共之危险无殊，不分两章，亦其例也。

第二百五十七条

凡对坛庙、寺观、墓所、其余礼拜所有公然不敬之行为者,处五等有期徒刑、拘役或一百圆以下罚金。

其妨害葬礼、说教礼拜、其余宗教上之会合者,亦同。

谨按:此条文词酌加修正。各省签注,湖南、两广均以为坛庵、寺观、墓所、礼拜所科罪宜有区别,此项理由业于分则总叙第五声明,无庸复叙。两广又谓墓所是否指古昔帝王陵寝及名贤祠墓而言,或泛指常人坟冢,至礼拜所乃回教及外国教堂,非坛庵可比,似宜别列保护之条。查"墓所"二字意义至广,除有特例外,一切皆包括在内,至其余礼拜所系指祭祀行礼之地,初不专指教堂。且立宪国政体民人信教应听其便,苟其宗教为法律所不禁,即当与以同等之保护,似毋庸别立专条,以示一视同仁之意。

参照原案第二百五十条。

第二百五十八条

凡损坏、遗弃、盗取死体者,处二等至四等有期徒刑。

若损坏、遗弃、盗取遗骨、遗发、其余棺内所藏之物者,处三等至五等有期徒刑。

第二百五十九条

凡损坏、遗弃、盗取尊亲属之死体者,处无期徒刑或二等以上有期徒刑。

若损坏、遗弃、盗取尊亲属之遗骨、遗发、其余棺内所藏之物者,处一等至三等有期徒刑。

第二百六十条

凡发掘坟墓者,处四等以下有期徒刑、拘役或三百圆以下罚金。

第二百六十一条

凡发掘尊亲属之坟墓者,处二等至四等有期徒刑。

第二百六十二条

凡发掘坟墓,而损坏、遗弃、盗取死体者,处一等至三等有期徒刑。

若发掘坟墓,而损坏、遗弃、盗取遗骨、遗发、其余棺内所藏之物者,处二等至四等有期徒刑。

第二百六十三条

凡发掘坟墓,而损坏、遗弃、盗取尊亲属死体之者,处死刑、无期徒刑或一等有期徒刑。

若发掘坟墓，而损坏、遗弃、盗取尊亲属之遗骨、遗发、其余棺内所藏之物者，处无期徒刑或二等以上有期徒刑。

谨按：以上六条，原案本系三条，今析分为六，文词均酌加修正。各部省签注，学部、热河、山东、两江、河南、江西、湖南、两广均以原案之规定为过轻，并以发掘尊亲属坟墓、毁伤死体之罪为应科死刑。查原案所拟刑名，实系斟酌现行律例，按照近日情形始行规定，较之东西各国刑法已属从严。现在正议减轻刑律之时，未便再为加重。重溯查从前旧例，发掘坟冢案件只开棺见尸，为首并为从三次以外者始拟绞候，为从不及三次者罪止拟军，锯缝凿孔抽取衣饰，首从各犯均系分别次数拟以军从，并无死罪。嗣于同治年间，近京一带此风日炽，逐渐加至斩绞立决、监候，迄今四十余年而此风未尝少息且加厉焉，则知严刑峻法不足以为治，而正本清源之道当于教养加之，意也故彰彰矣。兹采取各签注之意，将死体与遗骨等类析为两项，对于死体及尊亲属之罪处刑从重，用示区分，而于第二百六十三条加入死刑一层以重大伦而惩不孝，无期徒刑及一等有期徒刑仍行存留，其所以存留之故，理由有五：一、尊亲属之称不仅限于父母，凡服制稍杀者亦包括在内，处刑故不能一律；二、损坏、遗弃、盗取行为互有不同，即情节亦有轻重之别，自应分别处断以辨等差；三、事死如事生，固为教孝之大义，然刑律之制裁则务在持情法之平允。现行律例子孙之于祖父母、父母，卑幼之于尊长有犯，俱视其罪之大小以定刑之轻重，初非概同死罪；四、以原案为轻者，只学部及山东等省，其余皆未议及，当从多数取决；五、将来与各国改正条约，依原案第二条于居留之外人犯罪亦用此律。若科以唯一之死刑未必能使心服，是以留此两项徒刑较为适宜。安徽谓宜分别已未见棺、见尸，不知此种行为业已赅于条文之内，可不显为揭示，至所引日本刑律刻已废止，现行刑法于本罪之最重者系处五年惩役，尤不得执彼例此也。

以上六条参照原案第二百五十一条、第二百五十二条、第二百五十三条。

第二百六十四条

第二百五十八条至第二百六十一条之未遂罪，罪之。

谨按：此条依重定次序修正。

参照原案第二百五十四条。

第二百六十五条

犯第二百五十九条、第二百六十一条及第二百六十三条之罪者，褫夺公权。其余得褫夺公权全分或一分。

谨按：此条依重定次序修正。两广签注谓应一律剥夺公权，此项理由业于第二百五十一条按语内声明，无庸重叙。

参照原案第二百五十五条。

第二十一章　关于鸦片烟之罪

第二百六十六条

凡制造鸦片烟，或贩卖，或意图贩卖而持有，或自外国贩运之者，处三等至五等有期徒刑。

谨按：此条文词酌加修正。

参照原案第二百五十六条。

第二百六十七条

凡制造吸食鸦片烟之器具，或贩卖，或意图贩卖而持有，或自外国贩运之者，处四等以下有期徒刑或拘役。

谨按：此条文词酌加修正，并增入拘役之刑。

参照原案第二百五十七条。

第二百六十八条

凡税关吏员及佐理之人，自外国贩运鸦片烟或吸食鸦片烟之器具，或纵令他人贩运者，处二等或三等有期徒刑。

谨按：此条文词酌加修正。

参照原案第二百五十八条。

第二百六十九条

凡开设馆舍供人吸食鸦片烟者，处四等以下有期徒刑或拘役，并科三百圆以下罚金。

谨按：此条文词酌加修正，并增入拘役之刑。

参照原案第二百五十九条。

第二百七十条

凡意图制造鸦片烟而播种罂粟者，处四等以下有期徒刑、拘役或三百圆以下罚金。

谨按：此条为原案所无，为正本清源起见，故照两江签注增入。

第二百七十一条

凡吸食鸦片烟者，处五等有期徒刑、拘役或一千圆以下罚金。

谨按：此条各省签注，安徽拟改五等为四等并去罚金一层，不知此风之难于杜绝，不在用刑之过轻而在举发之不严、惩治之不公。苟能认真举发，秉公惩治，此条所定之刑，不患其不能奏效。至于罚金一层本为易刑之用，尤不宜去，使沾染嗜好者，一律予以监禁，则监狱将尽化为病院矣。罚金额之所以较巨，则因有此嗜好者，富人居其多数故也。两江、两广谓本罪之刑应严于官弁、宽于平民。夫现行禁烟条例之所以重罚官弁而轻责平民，盖以官弁为平民表率，惩此即以警彼之意，于目前情形固属斟酌尽善，然以此罪之本质而论，受其害者实为社会、国家，官民之间不宜显分等差。本律将垂为永久之法，用意自与现行章程微有不同。

参照原案第二百六十条。

第二百七十二条

凡警察、吏员及佐理之人，当执行职务时，有知前六条之犯人，故意不即与相当处分者，亦依前六条之例分别处断。

谨按：此条文词酌加修正。两江签注谓宜加"十圆以上"四字，但犯罪情节各殊，以不加入最寡额为是。

参照原案第二百六十一条。

第二百七十三条

凡持有专供吸食鸦片烟之器具者，处一百圆以下罚金。

参照原案第二百六十二条。

第二百七十四条

第二百六十六条至第二百七十一条之未遂罪，罪之。

谨按：此条文词酌加修正。

参照原案第二百六十三条。

第二百七十五条

犯第二百六十六条至第二百七十二条之罪者，得褫夺公权全分或一分。若系吏员，并免现职。

谨按：本条依重定次序修正。两广签注谓再犯必须褫夺公权，但犯罪情节各殊，以委之审判官酌定为是。

参照原案第二百六十四条。

第二十二章　关于赌博彩票之罪

第二百七十六条

凡赌博财物者，处一千圆以下罚金。但以供人暂时娱乐之物为赌者，不在此限。

当场赌博之器具及犯人所有之金钱，以供犯罪之物论。

谨按：此条文词酌加修正。

参照原案第二百六十五条。

第二百七十七条

凡以赌博为常业者，处三等至五等有期徒刑。

谨按：此条文词酌加修正。

参照原案第二百六十六条。

第二百七十八条

凡聚众开设赌场以图利者，处三等至五等有期徒刑，并科五百圆以下罚金。

谨按：湖南签注谓以上三条原案所定处分过轻，宜照旧例酌量分别加重。不知原案处分实较旧例为重，于再犯尤显而易见。且防遏犯罪不能专恃刑罚，此理散见分则各条案语内，兹不赘述。

参照原案第二百六十七条。

第二百七十九条

凡未得公署之许可而发行彩票者，处四等以下有期徒刑、拘役，并科二千圆以下罚金。

为买卖前项所揭彩票之媒介者，处五等有期徒刑、拘役，并科一千元以下罚金。

谨按：此条文词酌加修正。

参照原案第二百六十八条。

第二百八十条

凡知情购入未得公许发行之彩票者，处一百圆以下罚金。

因而得利者，处其价额二倍以下、价额以上罚金。若二倍之数未达一百圆时，处一百圆以下、价额以上罚金。

谨按：此条两广、安徽签注谓彩票似不宜公许，然以上两条不拘彩票之属于公许与否皆宜规定，如政府禁止一切彩票，则凡发行彩票者皆可按此处断。若分别情形许可，则未得许可而发行彩票者，当按此处断。况彩票目前并未概行禁止，将来禁止与否尚不可知，仍照原案规定为是。

参照原案第二百六十九条。

第二百八十一条

第二百七十八条至二百八十之未遂罪，罪之。

谨按：本条依重定次序修正。

参照原案第二百七十条。

第二百八十二条

犯第二百七十七条及第二百七十八条之罪者，褫夺公权。犯第二百七十六条及第二百七十九条之罪者，得褫夺公权全分或一分。

谨按：本条依重定次序修正。

参照原案第二百七十一条。

第二十三章　关于奸非及重婚之罪

第二百八十三条

凡对于未满十二岁之男女为猥亵之行为者，处三等至五等有期徒刑或三百圆以下、三十圆以上罚金。

若以暴行、胁迫、药剂、催眠术及其余方法，致使不能抵抗而犯前项之罪者，处二等或三等有期徒刑，或五百圆以下、五十圆以上罚金。

谨按：此条文词酌加修正。学部及两湖、两广签注谓鸡奸应与奸淫同罚，然刑律所谓奸淫以男女之间为限，故草案不认为奸罪分别情节按本条或第二百八十四条处罚。河南签注谓二等或三等徒刑过轻，且如何分等并未揭明。查原案之刑无过不及，断定等差宜由审判官按情节而行之也。

参照原案第二百七十二条。

第二百八十四条

凡对于十二岁以上男女以暴行、胁迫、药剂、催眠术及其余方法，致使不能抗拒而为猥亵之行为者，处三等至五等有期徒刑或三百圆以下、三十圆以上罚金。

谨按：此条文词酌加修正。

参照原案第二百七十三条。

第二百八十五条

凡以暴行、胁迫、药剂、催眠术及其余方法，致使不能抗拒而奸淫妇女者，为强奸罪，处一等或二等有期徒刑。

奸未满十二岁之幼女者，以强奸论。

谨按：此条文词酌加修正。各部省签注，学部、两湖、两广、浙江、两江、湖南均以所定之刑过轻，兹斟酌现行律及各签注更加重一等。至两江谓第二项之罪宜专科死刑，窃维奸淫之徒固宜重惩，第究系无关人命，如遽科死刑，非惟与东西各国难期合辙，即征诸唐律亦并无斯例也。

参照原案第二百七十四条。

第二百八十六条

凡乘人精神丧失或不能抵抗，而为猥亵之行为或奸淫者，依第二百八十三条第二项、第二百八十四条及第二百八十五条之例分别处断。

谨按：本条依重定次序修正。

参照原案第二百七十五条。

第二百八十七条

凡犯前四条之罪因而致人死伤者，依左例分别处断：

　　一、致死、笃疾者，死刑、无期徒刑或一等有期徒刑；

　　二、致废疾者，无期徒刑或二等以上有期徒刑。

其被害者羞忿自杀或意图自杀而伤害，依前项致死伤之例分别处断。

谨按：此条文词酌加修正。学部签注谓第一项宜专科死刑，其说之不当，见第二百八十五条案语，兹不赘及。

参照原案第二百七十六条。

第二百八十八条

凡引诱良家妇女卖奸以盈利者，处五等有期徒刑、拘役或一百圆以下罚金。

若以前项之犯罪为常业者，处三等至五等有期徒刑，并科五百圆以下罚金。

谨按：邮传部签注谓宜加“强迫”字样，然出于暴行胁迫即为强奸之共犯罪。凡程度未至用暴行胁迫者，“引诱”二字皆可包括，故仍以原案为当。江西签注谓应增入抑勒纵容妻女卖奸，然此种行为即不添入，亦得分别情节据本条处断。

参照原案第二百七十七条。

第二百八十九条

凡和奸有夫之妇者，处三等至五等有期徒刑。其相奸者，亦同。

谨按：本条原案系四等以下有期徒刑，兹加重为三等至五等有期徒刑，以备情节较重者足资援引。各部省签注，学部、直隶、两湖、两广、两江、江西、广西、湖南、山东、山西各省悉谓和奸孀妇、处女概宜科刑，以维风化，立论固正，然此种意见实浑道德法律为一。原案非不知其为伤风败俗之事，特以定之刑章无益有损，故敢于犯天下之不韪，毅然舍之，其说有二：国家立法期于令行禁止，有法而不能行，转使民玩法而肆无忌惮。和奸之事，几于禁之无可禁、诛之不胜诛，即刑章具在，亦只为具文，必教育普及、家庭严正、舆论之力盛、廉耻之心生，然后淫靡之风可以少衰。其说一；修订刑律所以为收回领事裁判权地步，故斯律非独我国人当遵奉之，即在我国之外国人亦当遵奉之也。有夫之妇以外之和奸，外国不禁而我国禁之，刑律中有一二条为外国人所不遵奉，即无收回领事裁判权之实，其说二。京外各署签注关于此议概从道德一面立言，不复一一驳辩，原案之议尽于此两说矣。又直隶、两湖、两广、两江、江西、湖南各省均谓亲属相奸宜设专条，然防遏此种丑行尤不在法律而在教化，即列为专条亦毫无实际，适足以污此刑典而已。又江西谓奴及雇工人奸家长妻女一层应添列专条，然本条之罪分别主从，究与立宪时代国民齐等之真意不合，况文明国以置奴隶为厉禁耶。

参照原案第二百七十八条。

第二百九十条

凡成婚之人重为婚姻者，处三等至五等有期徒刑。其知为成婚之人与为婚姻者，亦同。

谨按：本条原案系四等以下有期徒刑，惟重婚关系风教，尚涉轻纵，兹拟加重其刑一等。两广签注谓婚姻一门情节甚多，非重婚一条所能赅括，必另立一门乃可改。签注所谓情节甚多者，恐指现行户律内婚姻一十七条而言，果如所云则除本条之罪外概属民法范围。至有夫奸、亲属相奸已见前说。

参照原案第二百九十九条。

第二百九十一条

凡贩卖猥亵之书画、物品或意图贩卖而持有者，处拘役或五十圆以下罚金。其公然陈列之者，亦同。

因而得利者，处其价额二倍以下、价额以上罚金。若二倍之数未达五十圆时，处五十圆以下、价额以上罚金。

谨按：本条文词酌加修正。两广、两江签注谓应添入拘役，此议尚是，故第一项增入。

参照原案第二百八十条。

第二百九十二条

第二百八十三条至第二百八十六条之未遂罪，罪之。

谨按：本条依重定次序修正。

参照原案第二百八十一条。

第二百九十三条

第二百八十三条至第二百八十六条之罪，待被害者或其亲族之告诉，始论其罪。

第二百八十九条之罪，待其本夫之告诉，始论其罪。若本夫事前纵容，或事后得利而私行和解者，虽告诉，不为审理。

谨按：本条依重定次序修正。两湖及两广签注谓本条宜删去第二项末段之限制。查设此限制之理，两江签注内论之极详，兹不赘及。

参照原案第二百八十二条。

第二百九十四条

犯本章之罪，应宣告二等有期徒刑以上之刑者，褫夺公权。其余得褫夺全分或一分。

谨按：两广签注谓犯本章之罪者应一律褫夺公权一层，宜参看第九十九条签注案语。

参照原案第二百八十三条。

第二十四章　关于饮料水之罪

第二百九十五条

凡污秽供人饮料之净水，因而致不能饮用者，处五等有期徒刑、拘役或一百圆以下罚金。

谨按：邮传部签注谓重者五等有期徒刑，轻者拘役，再轻者一百圆以下罚金，一百圆之换刑日数为一百日，较诸拘役最长期三十日轻重失当。不知原案并无科情节最轻者以罚金之义，特罪有科以财产刑而可以奏效者，故以罚金科之。至自由刑之日数与财产刑之额数，原案固未以按分比例求之。至谓日本刑法之处十一日以上、一月以下之重禁锢，附加二圆以上、五圆以下罚金较为便利，查此系旧刑法，今已废去，现行刑法定本罪之刑为六月以下惩役或五十圆以下罚金，而原案所定之刑重逾一倍，则因我国饮料水较日本为难得，故犯斯罪者不能仿日本律例处断。原签注又谓我国生计程度不高，罚金多变拘役徒消耗国帑，其实此条内并无易罚金以拘役之说。原签注又谓原案第四十三条易五等有期徒刑为罚金，其多额逾三百元，今本条以一百圆以下定之，又未免失之过少，不知第四十三条所定者为宣告徒刑、拘役后，始可施行之换刑。本条所定者，仍宣告以前应由审判官取舍之易刑，如有签注所虑情节，由审判官临时斟酌可也。要之，该签注所论，宜置诸分则科刑总注中，不能专为本条而设。

参照原案第二百八十四条。

第二百九十六条

凡污秽由水道以供公众饮料之净水或其水源，因而致不能饮用者，处三等至五等有期徒刑。

谨按：此条文词酌加修正。

参照原案第二百八十五条。

第二百九十七条

凡以有害卫生之物，混入供人饮料之净水内者，处四等以下有期徒刑或拘役。

谨按：此条文词酌加修正。

参照原案第二百八十六条。

第二百九十八条

凡以有害养生之物，混入由水道以供公众饮料之净水内或其水源者，处一等至三等有期徒刑。

谨按：此条文词酌加修正。

参照原案第二百八十七条。

第二百九十九条

凡损坏、壅塞水道或水源，以杜绝公众之饮料至二日以上者，处二等或三等有期徒刑。

谨按：此条文词酌加修正。

参照原案第二百八十九条。

第三百条

凡同谋杜绝供给公众饮料之净水至二日以上者，首谋处四等以下有期徒刑、拘役或三百圆以下罚金，余人处拘役或三十圆以下罚金。

谨按：两江签注谓处分较轻，其理未明。查此条规定，例如水夫同盟罢工之类，其情节不逮前条之重大，故科刑亦较轻。

参照原案第二百九十条。

第三百零一条

第二百九十五条至第三百条之未遂罪，罪之。

谨按：此条文词酌加修正。

参照原案第二百九十一条。

第三百零二条

犯第二百九十五条至第二百九十八条之罪，因而致人死伤者，援用伤害人身各条，依第二十三条处断。

谨按：本条文词酌加修正。原列第二百九十九条之前，今移列此。

参照原案第二百八十八条。

第三百零三条

犯本章之罪，应宣告二等有期徒刑以上之刑者，褫夺公权，其余得褫夺公权全分或一分。

参照原案第二百九十二条。

第二十五章　关于卫生之罪

第三百零四条

凡违背预防传染病之禁令，而从进口之船舰登陆，或以物品搬运于陆地者，处五等有期徒刑、拘役或一百圆以下罚金。

其指挥船舰之人或代理人，自犯前项之罪，或知有人犯罪而不禁止者，处四等以下有期徒刑、拘役或二千圆以下罚金。

谨按：本条原案第二项罚金为三千圆，兹酌减为二千圆。各省部签注，两江谓第二项之罚金多额、寡额应均施限制，不知船舰之大小悬殊，资本至钜之船虽科以二千圆不为多，资本极微之船即科以数圆亦不为少；邮传部谓民政部非立法衙门，其所定规则应归修律大臣吸收，若有意推诿，甚非立法唯一之原则，此实误会。不惟民政部有自行制定该衙门行政法规之权限，即各行政官厅亦何莫不然？修订法律馆非能编纂一切法案也！民政部之定卫生条例，犹夫邮传部之定铁路、电线诸条例耳；两广谓中国法令主于仁民爱物，向无此种苛禁，若从而仿效，转失朝廷慎重民命之意。不知此条正为慎重民命而设，签注盖未理解立法之义。

参照原案第二百九十三条。

第三百零五条

凡知情贩卖有害养生之饮食物、饮食用之器具或孩童之玩具者，处卖价二倍以下、卖价以上之罚金。若二倍之数未达五十圆时，处五十圆以下、卖价以上罚金。

谨按：此条文词酌加修正。

参照原案第二百九十四条。

第三百零六条

凡违背律例贩卖药品者，处卖价二倍以下、卖价以上罚金。若二倍之数未达五十圆时，处五十圆以下、卖价以上罚金。

谨按：此条文词酌加修正。各省签注，两江、湖南未悉本条之所谓违背律例，查本条所谓律例即指行政官署条所定卖药章程及贩卖剧药、毒药章程之类。两广谓本条所定系毒药亦系非毒药，如系毒药应分别供杀伤之用与否，如系非毒药则不应加刑。按本条所定毒药与非毒药均包括在内，如售卖毒药故意供杀伤之用即为杀伤之从犯，不必另列专条。又非毒药之药品于人命亦至有关系，违背章程贩卖，亦非据本条处断不可。

参照原案第二百九十五条。

第三百零七条

凡未受公署之许可，以医为常业者，处五百圆以下罚金。

谨按：邮传部签注以五百圆过重，使无力完纳则大耗国家之监狱费，不如照日本刑法罚金定为十圆以上、一百圆以下。然监狱费一项应如何撙节，非本条应有之问题，况所引之法律日本现已废止。两江签注谓未受公署许可即应处罚恐成具文，不知本条自当俟制定医业章程颁布后始能施行也。

参照原案第二百九十六条。

第三百零八条

第三百零四条之未遂罪，罪之。

谨按：本条依重定次序修正。

参照原案第二百九十七条。

第三百零九条

犯第三百零四条第二项之罪者，得褫夺公权之全分或一分。

谨按：本条依重定次序修正。

参照原案第二百九十八条。

第二十六章　关于杀伤之罪

第三百一十条

凡杀人者，处死刑、无期徒刑或一等有期徒刑。

谨按：各部省签注，学部及两广、两江、浙江、江西、山东、湖南、贵州、河南均以本条规定未免过于简括，应细别情节，豫定轻重。不知修订刑律宜以简括为主，细别情节以明原案不宜改订之理如下：学部谓杀人之罪，轻重因其所犯之为何人而定，山东谓刑之所加必衡本罪之主体，江西谓应分别亲属差等，两广、湖南谓应分别尊卑长幼良贱，用意大略相同。不知犯人之身分只可为分别罪情之一端，固不能以此一端抹杀一切犯罪情节，何以言之？身分之外，犯罪之原因，与夫犯罪时所用之手段均分别犯罪所宜审察之事，乌得因身分一端而置各种情节于不问？况尊卑、长幼、良贱在伦理固有等差，然臣民齐等、生命均贵，实为宪政所不可少之义，此原案之不宜改订者一。

山东谓："刑者，俐也；俐者，成也，一成而不可变。"今杀人者之刑，由审判官自定，随案出入断难平允，此论实误解立法、司法、行政彼此权限不相侵轶之意。刑律一成，审判官不能变更，此一成不变之第一义。法定限制内，审判官有加减刑罚之权限，固不背一成不变之理，又由审判官宣告刑罚，行刑官不能变更，此为一成不变之第二义。审判官熟察罪情，宣告与罪情相当之刑，尤不背一成不变之理。审查罪情与故意枉断不宜混视，此原案之不宜改订者二。

浙江谓若不问案情，大失明慎用刑之道，不知罪情无穷，如豫设一确定之刑，不许审判官临时斟酌，既无异于抑勒审判官宣告与罪情不相当之刑，转与明慎用刑之道不合，此原案之不宜改订者三。

江西谓杀人者可以不死何以明刑弼教，然现行刑律杀人者，亦非盖科死刑，即科死刑而秋审时仍有实缓及予勾、免勾之分。良以情节各有轻重也，若不顾情理，凡杀人者盖科死刑，转失明刑弼教之旨，此原案之不宜改订者四。

湖南谓杀人者不必死，死者不死于法而死于裁判官之手。又谓原案不论造意加功情形。签注前半只就枉断之弊而言，与原案之意不合，后半宜参看总则第六章条文。此原案之不宜改订者五。

两广谓原案规定难免意为出入之弊，不知此非法之过、乃人之过也，宜参看分则案语总叙第五。此原案之不宜改订者六。

贵州谓谋故仍应推勘，如漫无区别，则平日之挟有仇怨者，皆得肆其狠毒，犹可幸逃法纲，并谓若情节非刑律所能豫定，则人民何所适从。然谋故重轻不定之理，原注已详言之，如杀人者幸逃法网，则非原案之罪，实为行法者之罪。况刑律虽不细别罪情，亦无人民昧于适从之患，以人民应知法之不可违、罪之不可犯故也。此原案之不宜改订者七。

学部、江西谓原案父母、尊长、本夫与凡人一例，失人伦之义。不知父母、尊长、本夫以慈爱其子孙、卑幼、妻女为人情之自然，乃从而杀之，则较诸凡人，尚有何可恕之理？优待虎狼之说，国家不可行也。此原案之不宜改订者八。

湖南质问本律实行之后，秋审制度如何办法，此事属刑事诉讼法，与刑律无涉。此原案之不宜改订者九。

江西谓惩治不孝子孙而与平人同罪，似属确有悖纲常，然惩戒与刑罚性质各殊，杀伤等罪不可纳入惩戒权范围。此原案之不宜改订者十。

谨分别胪举以释群疑。

参照原案第二百九十九条。

第三百十一条

凡杀尊亲属者，处死刑。

谨按：各省签注，两广、两江、河南各省均谓本条之罪应科斩刑，此宜参看分则案语总叙第二；两江谓"尊亲属"三字，似近含混，此宜参照第八十二条；两广谓尊亲属应分等差，第原案为整饬纲常名教起见，不分等差，故一律科以死刑。

参照原案第三百条。

第三百十二条

凡伤害他人身体者，依左列分别处断：

一、因而致死、笃疾者，无期徒刑或二等以上有期徒刑；

二、因而致废疾者，一等至三等有期徒刑；

三、因而致轻微伤害者，三等至五等有期徒刑。

谨按：各省签注，两江谓伤害致死情凶近故，仍酌定绞候，俟查办减等时再改为无期徒刑。然有杀意之故杀与无杀意之伤害致死不宜并论，如认为应处无期徒刑不若即以此刑科之，得以省去无益之办法。况实行立宪之后，司法独立，死刑减少，则秋审之制亦在应行废止之列也。江西谓斗杀处徒刑，非辟以止辟之意，考"辟以止辟"之语，犹言"刑期于无刑"，并非舍重刑不能防遏犯罪之义。湖南谓刑罚过轻，增加本罪，此亦空论，未闻东西各国因处本罪以徒刑，而犯人因以增加之事。两广谓本罪处徒刑似非慎重人命之道，不知无杀意之斗杀，俗谓之假死罪，法部因引渡新刑律起见，已奏请改为随案办理缓决，亦正所以慎重人命也。

参照原案第三百零一条。

第三百十三条

凡伤害尊亲属之身体者，依左列分别处断：

一、因而致死、笃疾者，死刑或无期徒刑。

二、因而致废疾者，死刑、无期徒刑或一等有期徒刑。

三、因而致轻微伤害者，一等至三等有期徒刑。

谨按：学部、直隶、两湖、两广、山东、山西、浙江、两江、江西、湖南各省签注，概以为处分过轻。然原案所定之刑，已较东西各国刑律为重，且现行律例内此等案件亦大有分别，不尽坐以死刑。兹特斟酌现行律例所定处分及各签注所持意见，将原案加重一等。惟本条既经改订，则原案第三百零五条、第三百零八条、第三百零九条及第三百十一条亦应分别加重，以昭画一。

参照原案第三百零二条。

第三百十四条

凡犯前二条之罪，当场助势而未下手者，以从犯论。

谨按：两江签注质问被害者如有尊亲属在内如何处分，按知情者据第三十三条分别科以杀伤尊亲属之刑，不知情者据第十三条第三项科以平人之刑。

参照原案第三百零三条。

第三百十五条

凡二人以上同时下手伤害一人者，皆以共同正犯论。

若同时伤害二人以上者，以最重之伤害为标准，皆以共同正犯论。

其当场助势而下手未明者，以前二项之从犯论。

谨按：两江签注谓"伤害"二字似专指未致死者而言。查原案之意包括一切伤害身体之行为，故伤害致死亦在其内。湖广、湖南、江西签注均谓同行伤害者中宜分首从，第原案以所施之行为为处罚之本位，故于实施者中不更分首从，事具第二十九条。若第三百一十四条之情形，为第二十九条第二项之例外。

参照原案第三百零四条。

第三百十六条

凡对尊亲属加暴行未至伤害者，处三等至五等有期徒刑或五百圆以下、五十圆以上罚金。

谨按：本条之刑加重一等，并增罚金。

参照原案第三百零五条。

第三百十七条

凡决斗者，处四等以下有期徒刑、拘役或三百圆以下罚金。

因而杀伤人者，依故意杀伤之例分别处断。

若伙众以决斗者，以骚扰罪论。

谨按：此条文词酌加修正。两江签注谓宜删去本条第一项，或与违警律同罚。此项不宜删去之理，见原注及两广签注，如与违警律同罚，则刑过轻。

参照原案第三百零六条。

第三百十八条

凡为决斗之人而到场聚会者，不论何种资格，处五等有期徒刑、拘役或一百圆以下罚金。知情而供人以决斗之会场者，亦同。

谨按：此条文词酌加修正。

参照原案第三百零七条。

第三百十九条

凡教唆他人使之自杀，或受人之承诺而杀之者，处二等至四等有期徒刑。

帮助他人使之自杀，或受人之嘱托而杀之者，处三等至五等有期徒刑。

本条之犯人，若系谋为同死者，得免除其刑。

谨按：此条文词酌加修正，并将第一项"帮助"析出作为一项，以示区别。

参照原案第三百零八条。

第三百二十条

凡教唆尊亲属使之自杀，或受尊亲属之承诺而杀之者，处无期徒刑或二等以上有期徒刑。

帮助尊亲属使之自杀，或受尊亲属之嘱托而杀之者，处一等至三等有期徒刑。

［本条之犯人，若系谋为同死者，得免除其刑］。

谨按：本条之犯人，若系谋为同死者，得免除其刑。本条系原案第三百零八条第二项，兹析出列为专条并将刑加重一等。两江、江西签注谓本条不宜免除其刑。查此条所谓同死，即刑法学所谓两重自杀是也，无杀伤他人之性质，虽系尊亲属较常人不同，仍应适用前条第三项之例。

参照原案第三百零八条。

第三百二十一条

凡教唆他人使之自伤，或受人之承诺而伤之者，依左列分别处断：

一、因而致死或笃疾者，三等至五等有期徒刑；

二、因而致废疾者，四等以下有期徒刑、拘役或三百圆以下罚金；

三、因而致轻微伤害者，五等有期徒刑、拘役或一百圆以下罚金。

帮助他人使之自伤，或受人之嘱托而伤之者，依左列分别处断：

一、因而致死、笃疾者，四等以下有期徒刑、拘役或三百圆以下罚金；

二、因而致废疾者，五等有期徒刑、拘役或一百圆以下罚金；

三、因而致轻微伤害者，拘役或五十圆以下罚金。

谨按：此条文词酌加修正。

参照原案第三百零九条。

第三百二十二条

凡教唆尊亲属使之自伤，或受尊亲属之承诺而伤之者，依左列分别处断：

一、因而致死、笃疾者，一等至三等有期徒刑；

二、因而致废疾者，二等至四等有期徒刑；

三、因而致轻微伤害者，三等至五等有期徒刑。

帮助尊亲属使之自伤，或受尊亲属之嘱托而伤之者，依左列分别处断：

一、因而致死、笃疾者，二等至三等有期徒刑；

二、因而致废疾者，三等至五等有期徒刑；

三、因而致轻微伤害者，四等以下有期徒刑、拘役或三百圆以下罚金。

谨按：本条系原案第三百零九条第二项，兹析出列为专条，并将刑加重一等。

第三百二十三条

凡因过失致人死伤者，依左列分别处断：

一、因而致死、笃疾者，五百圆以下罚金；

二、因而致废疾者，三百圆以下罚金；

三、因而致轻微伤害者，一百圆以下罚金。

谨按：此条文词酌加修正。邮传部、两广、两江、湖南签注均以原案所定罚金为数过多，兹特改为五百圆以下、三百圆以下、一百圆以下凡三等。

参照原案第三百一十条。

第三百二十四条

凡因过失致尊亲属死伤者，依左列分别处断：

一、因而致死、笃疾者，三等至五等有期徒刑或一千圆以下、一百圆以上罚金；

二、因而致废疾者，四等以下有期徒刑、拘役或五百圆以下罚金；

三、因而致轻微伤害者，五等有期徒刑、拘役或三百圆以下罚金。

谨按：此条文词酌加修正。各部省签注，邮传部、湖广、两广、两江、湖南均谓宜删去罚金一层，然本条系科过失罪以罚金，此法断不可废。邮传部谓不合于财产刑之原理，不知所指。湖广又以为吾国卑幼不能私擅用财，此论墨守旧律。若立宪而后首重人权，虽属卑幼亦应享有私权之能力。

参照原案第三百一十一条。

第三百二十五条

凡因怠忽业务上必应注意，致人死伤者，处四等以下有期徒刑、拘役或二千圆以下罚金。

谨按：邮传部、两广、两江签注均以罚金为数过多，兹酌改为二千圆以下。

参照原案第三百一十二条。

第三百二十六条

第三百一十条、第三百十一条、第三百十七条第一项、第三百十八条、第三百十九条及第三百二十条之未遂罪，罪之。

谨按：本条依重定次序修正。两江签注谓未遂杀伤罪不宜减刑，凡未遂罪之刑皆系得减，并非必减，是在审判官权衡情节之轻重而定。

参照原案第三百十三条。

第三百二十七条

豫备或阴谋犯第三百一十条之罪者，处五等有期徒刑、拘役或一百圆以下罚金。

豫备或阴谋犯第三百十七条之罪者，处拘役或五十圆以下罚金。

前二项之罪，得按情节免除其刑。

谨按：此条文词酌加修正。

参照原案第三百十四条。

第三百二十八条

豫备或阴谋犯第三百十一条之罪者，处三等至五等有期徒刑。

谨按：本条原案列于第三百十四条第一项之内，处分之法与平人同等。为整饬伦纪起见，亦应从严惩罚，兹拟析出列为专条，并加重其刑一等。

参照原案第三百十四条。

第三百二十九条

第三百十三条第三款、第三百十六条及第三百二十四条之罪，须待告诉始论其罪。

谨按：本条依重定次序修正。两江签注谓第三百十三条第三项及第三百二十四条不应定为亲告罪，不知尊亲属不忍其子孙之受罚，亦人情所必有，此种限制不宜删去。

参照原案第三百十五条。

第三百三十条

犯第三百十一条，第三百十三条第一款、第二款及第三百二十条之罪者，褫夺公权。除第三百二十一条及第三百二十三条外，犯其余各条之罪者，得褫夺公权全分或一分。

谨按：本条依重定次序修正。

参照原案第三百十六条。

第二十七章　关于堕胎之罪

第三百三十一条

凡怀胎妇女服药或用其他方法致堕胎者，处五等有期徒刑、拘役或一百圆以下罚金。

谨按：江西签注谓因犯奸有孕，私自堕胎或出于不得已，并谓溺婴一项竟未议及，似觉疏漏。查犯奸之后又复堕胎是为二罪俱发，揆诸法律难以不得已为解，至溺婴则杀人之罪，并非堕胎。

参照原案第三百十七条。

第三百三十二条

凡受妇女嘱托或得承诺，使之堕胎者，处四等以下有期徒刑。

谨按：本条之刑酌增拘役一层。

参照原案第三百十八条。

第三百三十三条

凡犯左列各款之罪者，处三等至五等有期徒刑：

一、加暴行、胁迫或用伪计使妇女自行堕胎者；

二、加暴行、胁迫或用伪计而受妇女嘱托或得承诺，使之堕胎者；

三、未得妇女之承诺，加暴行、胁迫或用伪计使之堕胎者；

四、知为怀胎妇女，而加以暴行、胁迫，致小产者。

谨按：两江签注拟改"胁迫"为"争殴"，然争殴之意较胁迫稍狭，仍以原案为宜。

参照原案第三百十九条。

第三百三十四条

凡医师、产婆、药剂师、药材商犯第三百三十二条之罪者，处三等至五等有期徒刑。

其用伪计犯第三百三十三条之罪者，处二等或三等有期徒刑。

参照原案第三百二十一条。

第三百三十五条

第三百三十三条第一款、第二款之未遂罪，罪之。

谨按：本条依重定次序修正。

参照原案第三百二十二条。

第三百三十六条

因犯第三百三十二条之罪，因而致妇女死、笃疾者，处三等至五等有期徒刑。

因犯第三百三十三条之罪，因而致妇女死伤者，援用伤害人身各条，依第二十三条处断。

谨按：本条文词酌加修正。两江签注谓亲属迫令堕胎等项应设专条，然亲属之行为亦在本条包括之内，应毋庸议。

参照原案第三百二十条。

第三百三十七条

犯本章之罪者，得褫夺公权之全分或一分。

参照原案第三百二十三条。

第二十八章　关于遗弃之罪

第三百三十八条

凡因律例、契约负担扶助、养育、保护老幼、残废疾病者义务之人，而遗弃者，处三等至五等有期徒刑。

谨按：两江签注谓平人及寻常亲属与尊亲属应量为区别，如系父母应特别声明。查平人与寻常亲属，本罪不应加以区别，若尊亲属一层原案本已分别。至尊亲属之内不宜更设等差，因其情节有不能豫定故也。

参照原案第三百二十四条。

第三百三十九条

凡遗弃尊亲属者，处无期徒刑或二等以上有期徒刑。

谨按：本条原案第三百二十四条第二项本三等以上有期徒刑，兹从湖南签注之意，析为专条并加重其刑一等。

参照原案第三百二十四条第二项。

第三百四十条

凡发见被遗弃之老幼、残废、疾病者于自己经管地内，而不与以相当之保护，不报明警察、官吏、其余该管吏员者，处五等有期徒刑、拘役或一百圆以下罚金。

若警察、官吏、其余该管吏员当执行职务时，不即与相当之处分或保护者，处三等至五等有期徒刑。

谨按：此条文词酌加修正。第一项增入"于自己经管地内"一句，第二项增入"于执行职务之时"一句，以示限制。

参照原案第三百二十五条。

第三百四十一条

犯第三百三十八条或第三百三十九条之罪，因而致人死伤者，援用伤害人身各条，依第二十三条处断。

谨按：本条依重定次序修正。两广签注谓子不能养父母自尽与殴杀不同，不知新律并不责人以所不能。签注所引情形本不在刑律范围之内，然原案所记载之人因被遗弃而致有死伤，系属意料之事，故所定处分如此。

参照原案第三百二十六条。

第三百四十二条

犯第三百三十九条之罪者，褫夺公权，其余得褫夺公权全分或一分。

谨按：本条依重定次序修正。

参照原案第三百二十七条。

第二十九章　关于逮捕监禁之罪

第三百四十三条

凡私擅逮捕或监禁人者，处三等至五等有期徒刑。

谨按：本条文词酌加修正，并删除第三项。

参照原案第三百二十八条。

第三百四十四条

凡私擅逮捕或监禁尊亲属者，处一等至三等有期徒刑。

谨按：本条原案列前条第二项，系二、三等有期徒刑。兹从两广签注之意，析为专条并加重其刑一等。

参照原案第三百二十八条。

第三百四十五条

凡行审判或检察、警察、司狱、其余行政之职务，或其佐理之人，滥用其职权逮捕或监禁人者，处二等或三等有期徒刑。

谨按：本条原案第三项，今拟删除。

参照原案第三百二十九条。

第三百四十六条

凡前条所揭之人滥用其职权逮捕或监禁尊亲属者，处无期徒刑或二等以上有期徒刑。

谨按：本条原案列前条第二项。兹准第三百四十四条之例，析出作为专条并加重其刑一等。

参照原案第三百二十九条。

第三百四十七条

犯本章之罪致人死伤者，援用伤害人身各条，依第二十三条处断。

谨按：此条文词酌加修正。

参照原案第三百三十条。

第三百四十八条

犯本章之罪者，得褫夺公权全分或一分。

谨按：两广签注谓原案第三百二十八条第二项及第三百二十九条第二项应一律褫夺公权，然签注所指之罪今已各加重一等，此种罪情时轻时重，未便一律褫夺。

参照原案第三百三十一条。

第三十章　关于略诱及和诱之罪

第三百四十九条

凡加暴行、胁迫或用伪计拐取女子，或未满二十岁男子者，为略诱罪，处二等或三等有期徒刑。

若系和诱者，处三等至五等有期徒刑。

和诱未满十六岁之男女者，仍以略诱论。

谨按：此条文词酌加修正。两广、两江签注质问被害者为二十岁以上男女是否处罚，湖南签注疑原案不罚此种犯罪。不知被害者为二十岁以上男女，原案并非置诸不问，此种犯罪应据第三百四十三条第一项处断。盖诱拐罪与逮捕罪有别，既逾二十岁，则有独立之资格，可为逮捕罪之被害者，而不能为诱取罪之被害者。第中国妇女与外国之妇女地位略有不同，兹从多数签注之意见，删去女子年龄之限制。

参照原案第三百三十二条。

第三百五十条

凡移送自己所略诱之女子、未满二十男子于国外者，处无期徒刑或二等以上有期徒刑。

若系和诱者，处二等或三等有期徒刑。

谨按：两广签注以此条宜科死刑。查本章之罪在外国颇少，盖外国警察制度完备，户籍等法周密，检举犯罪自易，故不必科以重刑。新律实施之日，中国各种制度当亦渐臻完备，科以原案所定之刑并非过轻。

参照原案第三百三十三条。

第三百五十一条

凡意图营利，略诱女子、未满二十岁之男子者，处无期徒刑或二等以上有期徒刑。

若系和诱者，处二等或三等有期徒刑。

谨按：此条文词酌加修正。

参照原案第三百三十四条。

第三百五十二条

凡意图营利，移送自己所略诱之女子、未满二十之男子于外国者，处死刑、无期徒刑或一等有期徒刑。

若系和诱者，处无期徒刑或二等以上有期徒刑。

谨按：此条文词酌加修正，并从两广签注之意见于第一项增入死刑。

参照原案第三百三十五条。

第三百五十三条

凡豫谋收受、藏匿被略诱、和诱之人者，依前四条之例分别处断。

若未豫谋者，依左列分别处断：

一、收受、藏匿第三百四十九条、第三百五十条第二项及第三百五十一条第二项所揭被略诱、和诱之人者，三等至五等有期徒刑。

二、收受、藏匿第三百五十条第一项、第三百五十一条第一项及第三百五十二条所揭被略诱、和诱之人者，一等至三等有期徒刑。

谨按：本条依重定次序修正。

参照原案第三百三十六条。

第三百五十四条

本章之未遂罪，罪之。

参照原案第三百三十七条。

第三百五十五条

第三百四十九条及第三百五十三条之罪，须待告诉始论其罪。

犯人与被略诱人、被和诱人为婚姻者，非离婚后，其告诉为无效。

谨按：本条依重定次序修正。两广签注请删去第二项。查本案定此限制之意，因民律告成、户籍等法完备之时，如遵照法律所定办法正式成婚者，刑律不忍追究既往，致乖妇女从一而终之义。至收为婢妾，乃非正式成婚者，固不得援以为例也。

参照原案第三百三十八条。

第三百五十六条

意图营利犯本章之罪者，褫夺公权，其余得褫夺公权全分或一分。

谨按：两广签注谓宜一律褫夺公权，第犯罪情节轻重不等，未便采用。

参照原案第三百三十九条。

第三十一章　关于安全、信用、名誉及秘密之罪

第三百五十七条

凡以害人生命、身体、自由、名誉、财产之事相胁迫者，处五等有期徒刑、拘役或一百圆以下罚金。

其以害人亲族相胁迫者，亦同。

谨按：两江签注谓无下条"加暴行"字样，又"胁迫"二字词意殊近含混，刑罚亦觉稍轻。查下条即刑法学之所谓强制罪，故有"加暴行"字样，本条乃胁迫罪，故无此二字。"胁迫"在刑法学有一定意义，何至含混，若处分改五等为四等亦嫌过重。至两广签注谓此条及下条所称胁迫尊亲属之罪应从重处罚，则未便采用，何则？原案所谓以害人尊亲相胁迫者不过以此为胁迫人之一法，并非直接胁迫人尊亲之意，仍以原案所定处分为是。

参照原案第三百四十二条。

第三百五十八条

凡以暴行、胁迫，而使人行无义务之事，或妨害一人施行权利者，处四等以下有期徒刑、拘役或三百圆以下罚金。

谨按：本条文词酌加修正。两江签注谓条内不言加暴行于亲族似尚未安，不知以加暴行于亲族为恫吓之词，即为胁迫被害者之罪。若实际加暴行于亲族即在本条首句加暴行之中，此本条所以不言及加暴行于亲族也。

参照原案第三百四十三条。

第三百五十九条

凡散布流言或用其余伪计，损害他人或其业务之信用者，处五等有期

徒刑、拘役或一百圆以下罚金。

谨按：此条文词酌加修正。两广、江苏签注谓投隐匿姓名文书者，应设专条从重处罚。查所引之例，大致规定于第一百八十五条，应处二等至五等有期徒刑，较此条为重。至其余情节，科以此条所定之刑，足矣。

参照原案第三百四十一条。

第三百六十条

凡指摘事实，公然侮辱人者，不论其事实之有无，处五等有期徒刑、拘役或一百圆以下罚金。

谨按：此条文词酌加修正。湖南签注谓如意在责善，科以徒刑未免过重，且情节较之奸非更轻，似道德舆论亦足以防闲，不知诚意之责善与恶意之侮辱，其性质固自不同，且道德舆论较之法律孰能收防闲之效，当以其行为之性质为断，并不能以科刑之轻重为断。两广签注谓本条宜视其所指摘事实之轻重，以定侮辱罪之等差，查此论仅足为分别罪情之一端，不足为全体之标准。

参照原案第三百四十条。

第三百六十一条

凡无故开拆、藏匿、毁弃他人封固之信函者，处五等有期徒刑、拘役或一百圆以下罚金。

无故公表他人秘密之文书、图画者，亦同。

谨按：此条文词酌加修正，并减轻其刑一等。两广、两江、湖南签注谓公文须另列专条并应分别情节。查本条第一项系仿立宪国之常例，所以保信函之秘密，除第二百四十条、第二百四十一条、第二百四十二条、第二百五十条、第四百条、第四百零一条等外，文书无分别公私之要。若开拆公文信函而侦探机务或有意漏泄者，分则第五章自有专条，原案并无轻重倒置之处。

参照原案第三百四十四条。

第三百六十二条

凡为僧道、医师、药剂师、药材商、产婆、律师、公证人或曾居此等地位之人，因其职业得知他人之秘密，无故漏泄者，处五等有期徒刑、拘役或一百圆以下罚金。

其无故公表者，处四等以下有期徒刑、拘役或三百圆以下罚金。

谨按：此条文词酌加修正，并分列两项。两广签注谓漏泄他人秘密之事不必定为僧道等类之人，不知此条系定刑法学所谓漏泄职务上应守秘密事宜之罪，与寻常人之漏泄他人秘密者有别。

参照原案第三百四十五条。

第三百六十三条

第三百五十八条及第三百五十九条之未遂罪，罪之。

谨按：本条依重定次序修正。

参照原案第三百四十六条。

第三百六十四条

除第三百五十八条外，本章之罪，须待告诉始论其罪。

谨按：此条文词酌加修正。

参照原案第三百四十七条。

第三百六十五条

犯本章之罪者，得褫夺公权全分或一分。

参照原案第三百四十八条。

第三十二章　关于窃盗及强盗之罪

第三百六十六条

凡意图为自己或第三人之所有，而窃取他人所有物者，为窃盗罪，处三等至五等有期徒刑。

谨按：本条文词酌加修正。各省签注，两江、湖南谓此条定义过于冗长，宜止云：窃取他人财物者，为窃盗罪。此论由于不察财产权性质与盗罪要件之故，中国将来民律思想发达，深明财产权种类之日，如无原案所揭定义，势必疑义百出。两江又谓抢夺之罪似应声明，查抢夺之律定于前明，其情节本甚轻，若现行例之抢夺，则与强盗何殊，各国刑法并不如此区分，即征之唐律亦然，无须另设专条。两广驳第三人一层，此种情节固所罕见，亦不能保其必无。至谓原注有言，有夺富人万金而罪在可恕，有夺贫人一钱而罪不胜诛，此法若行，则天下富民皆为盗贼觊觎而无以自保，此实以词害意。原注所云罪在可恕，不过谓有时赃重而罪情则轻，不能以赃额之多寡定罪之轻重，非谓夺富人之财，全属无罪也。江西谓刑律内无追赃给主之法，并未见制定单行法，不知此事与刑律无涉。至于应定单行法否，刑律内亦毋须声明。

573

参照原案第三百四十九条。

第三百六十七条

凡窃盗该当左列各款者，处二等或三等有期徒刑：

一、侵入现有人居住或看守之第宅、营造物、矿坑、船舰内者；

二、结伙三人以上者。

谨按：此条文词酌加修正。两江签注谓应添入持凶器窃盗一层，此论虽是，第原案之未声明，其故有二：一、凶器范围太泛。东西各国学者之说迄无一定，于审判颇有不便之处；一、古来各国实例，持凶器取财大概具有强盗情节，无此情节则不妨加以寻常处分。且日本新颁刑律已删去持凶器窃盗罪名，亦可资参考。至两广签注谓侵入第宅等项应分别是否得财，结伙多三人以上者亦须分别首从及持械与否。按窃盗得财与否并实施犯罪行为者应如何处分之处，宜据总则规定判断，至持械、徒手此条一并包括，上文已详述之。

参照原案第三百五十条。

第三百六十八条

凡窃取御物者，处无期徒刑或二等以上有期徒刑。

谨按：本条原案列前条第二项，兹析列为专条。两广签注谓此罪宜科死刑，查窃取御物情节固重，第因财物之故而遽处死刑，究非重视民命之道。各国并无立此苛例，即在旧律盗内府财物，仅科杂犯斩，实即五年之徒刑也。

参照原案第三百五十条。

第三百六十九条

凡意图为自己或第三人之所有，而以暴行、胁迫强取他人所有物者，为强盗，处一等至三等有期徒刑。

其以药剂、催眠术、其余方法，至使不能抗拒而强取者，亦同。

谨按：本条文词酌加修正，并增第二项。两广、浙江、山东签注谓强盗已行得财者均应处死，第新律采用改过迁善之主义，除第三百七十二条及第三百七十三条之情节外，处以三年以上、十五年以下不为过轻。行刑中，如能奏感化之效，自无出狱后再犯之患；即不奏感化之效，再犯加重一等科以无期徒刑，累犯之害亦可杜绝。湖南签注谓持杖伤人者似须重罚，不知强盗伤人，不问持杖与否，均据第三百七十二条第三款或第三百七十三条第三款分别处断。签注所虑，原案业经声明。

参照原案第三百五十一条。

第三百七十条

凡窃盗为防护赃物、图免逮捕、湮灭罪证之故，当场加暴行、胁迫者，以强盗论。

谨按：本条文词酌加修正。两广签注谓窃盗拒捕不宜在本条内，然窃盗拒捕所谓先盗后强也，唐律本以强盗论，现行律亦在强盗律内，其罪情与强盗无异，故其处分亦同。

参照原案第三百五十二条。

第三百七十一条

除第三百六十九条、第三百七十四条及第三百七十六条所揭情形外，凡以暴行、胁迫得其余财产上不法之利益，或使他人得之者，以强盗论。

其以药剂、催眠术、其余方法，至使不能抗拒，而为前项之行为者，亦同。

谨按：此条文词酌加修正，并增第二项。两广签注谓强占他人田宅等项宜设专例，第此类情形原案已包括，毋庸另设专条。

参照原案第三百五十三条。

第三百七十二条

凡强盗该当左列各款者，处无期徒刑或二等以上有期徒刑：

一、侵入现有人居住或看守之第宅、营造物、矿坑、船舰内者；

二、结伙三人以上者；

三、伤害人而未至死及笃疾者。

谨按：此条文词酌加修正。学部、邮传部、直隶、两广、两江、湖南、山东、江西签注，均以原案本条第三款"于盗所强奸妇女"应从重处罚，其说颇是，兹特将此款移植下条。至直隶、两广、两江、山东、江西签注又谓强盗强奸外，其余情形亦应科以重罚，则未采用，以原案所定之最重刑为无期徒刑，又另有下条规定，已不为过轻也。

参照原案第三百五十四条。

第三百七十三条

凡强盗该当左列各款者，处死刑、无期徒刑或一等有期徒刑：

一、结伙三人以上在途行劫者；

二、在海洋行劫者；

三、因而致人死、笃疾，或伤害至二人以上者；

四、于盗所强奸妇女者。

谨按：此条文词酌加修正。热河签注以一二人在途行劫如何治罪。查本条第二款因系三人而加重，若不及三人，自有第三百六十九条之例。两广、湖南签注以本条及下条之罪应专科死刑，此议未允，因专科死刑于一切情形不能适合也。

参照原案第三百五十五条。

第三百七十四条

凡强取御物者，处死刑、无期徒刑或一等有期徒刑。

谨按：本条原案列前条第一项，析出列为专条。热河签注质问本罪无首从、持械徒手及伤人不伤人之别。查首从之法已详总则第六章，若有持械及伤人情形，不妨直科以本条最重之死刑也。

参照原案第三百五十五条。

第三百七十五条

凡犯强盗之罪故意杀人者，处死刑或无期徒刑。

谨按：两江签注谓前条已规定致人于死之例，此条宜删。查本条所定强盗蓄有杀人之意，前条所定系因伤致死者，与旧例强盗杀人有杀与伤之分别也。

参照原案第三百五十六条。

第三百七十七条

凡窃取因共有权、质权、其余物权，或奉官署之命，他人以善意所管有自己之共有物或所有物者，处该物价额二倍以下、价额以上之罚金。如二倍之数未达五十圆时，处五十圆以下、价额以上罚金。

侵入现有人居住或看守之第宅、营造物、矿坑、船舰内犯前项之罪者，处五等有期徒刑或拘役，依前项之例并科罚金。

若强取之者，处四等以下有期徒刑或拘役，依第一项之例并科罚金。

谨按：此条文词酌加修正。

参照原案第三百五十七条。

第三百七十七条

关于本章之罪，若为禁止私有之物及电气，以所有物论。

参照原案第三百五十八条。

第三百七十八条

除第三百七十二条第三款及第三百七十三条第三款外，本章之未遂罪，罪之。

谨按：本条依重定次序修正。

参照原案第三百五十九条。

第三百七十九条

犯第三百六十七条至第三百七十五条之罪者，褫夺公权。其余得褫夺公权全分或一分。

谨按：此条依重定次序修正。

参照原案第三百七十九条。

第三百八十条

于本支亲属、配偶、同居亲属之间犯第三百六十六条及第三百七十六条之罪者，免除其刑。

于其余亲属间犯前项所揭各条之罪者，须待告诉始论其罪。

非亲属而与亲属为共同之犯，不得依前二项之例论。

谨按：本条依重定次序修正。两广签注谓应细分情节一层，宜参照分则案语总叙第五。

参照原案第三百六十一条。

第三十三章　关于诈欺取财之罪

第三百八十一条

凡意图为自己或为第三人之所有，以欺罔、恐吓使人以所有之财物交付于己者，为诈欺取财罪，处三等至五等有期徒刑。

以前项之方法而得财产上不法之利益或使他人得之者，亦同。

谨按：本条文词酌加修正。浙江签注谓现行法恐吓取财门内有掠人勒赎之例，本条之刑施此罪过轻。然掠人为质以图取财须视其取财之际有无胁迫之事，当分别情节或照强盗罪或照略诱罪处断，固可以从重治罪。

参照原案第三百六十二条。

第三百八十二条

凡为他人处理事务，以图自己或第三人利益，或意图加害，背其义务而损害他人之财产者，处三等至五等有期徒刑或一千圆以下、一百圆以上罚金。

谨按：两江签注谓罚金之额最多者至一千圆，似嫌过重，然犯罪情节不一，有时非如此不足惩创。两广签注谓本条所定如系受贿之类，当以枉法赃科之。查本条所定乃刑法学上之所谓背信罪，并非收贿罪，且原案无枉法赃罪名。

参照原案第三百六十三条。

第三百八十三条

凡乘未满十六岁之幼者或他人精神错乱之际，使其以本人或第三人所有财物交付于己，或得财产上不法之利益，或使他人得之，及加本人以财产上之损害者，依前二条之例分别处断。

参照原案第三百六十四条。

第三百八十四条

凡三人以上共犯本章之罪者，处二等或三等有期徒刑。

吏员当处理公务时，以图自己或他人之利益，或害国家、公所而背其职务，损害国家、公所者，亦同。

谨按：两江签注拟节删第二项文句，然删节之则成罪要件不能明晰，故仍其旧。

参照原案第三百六十五条。

第三百八十五条

凡关于御物，犯第三百八十一条至第三百八十四条之罪者，处无期徒刑或二等以上有期徒刑。

谨按：本条原案列前条第三项，析出作为专条。

参照原案第三百六十五条。

第三百八十六条

本章之未遂罪，罪之。

参照原案第三百六十六条。

第三百八十七条

犯第三百八十四条及第三百八十五条之罪者，褫夺公权，其余得褫夺公权全分或一分。

谨按：此条依重定次序修正。

参照原案第三百六十七条。

第三百八十八条

第三百七十六条第一项、第三百七十七条及第三百八十条关于本章之罪，亦准用之。

谨按：本条依重定次序修正。两广签注以"准用"之意为欠明晰，准用之意即将所举各条移用于诈欺取财罪之谓也，例如诈取自己已典之物或他人电力者之仍以诈欺取财论之类。

参照原案第三百六十八条。

第三十四章 关于侵占之罪

第三百八十九条

凡侵占因律例、契约照料他人事务之管有物、共有物，属于他人所有权、抵当权，其余物权之财物者，处三等至五等有期徒刑。

虽系自己之所有物、管有物，其受官署之命归自己看守时而侵占之者，亦同。

谨按：两关签注谓费用受寄财物与强占官民山场等项未有分别，查强占一项已见前，仍宜参阅原注。

参照原案第三百六十九条。

第三百九十条

凡侵占公务或业务之管有物、共有物，属于他人所有权、抵当权，其余物权之财物者，处二等或三等有期徒刑。

其不在公务、业务之人，与之共犯者，即依第三十三条第一项处断。

谨按：此条文词酌加修正。两广签注谓吏员与私人、公财与私财概应细立分别，然此等情节如细加分别，审判不能适与情理相合。

参照原案第三百七十条。

第三百九十一条

凡侵占遗失物、漂流物，或属于他人物权而离其管有之财物者，处该物价额二倍以下、价额以上罚金。若二倍之数未达五十圆时，处五十圆以下、价额以上罚金。

因自己错误而以善意取得管有之他人所有物，及因他人错误而交付于自己之他人所有物，以遗失物论。

谨按：各省签注，两江以罚金标准过巨，然不如此以为标准有时不足惩创。湖南谓宜呈报期限，然此事属行政法规，与刑律无涉。两广谓财物应分公私，第二项之行为不应处罚，然财分公私不合本罪之性质，第二项之行为其性质罪情均与前项之行为无异，故不可不处罚也。

参照原案第三百七十一条。

第三百九十二条

第三百八十九条及第三百九十条之未遂罪，罪之。

谨按：本条依重定次序修正。

参照原案第三百七十二条。

第三百九十三条

犯第三百八十九条及第三百九十条之罪者，得褫夺公权全分或一分。

谨按：本条依重定次序修正。

参照原案第三百七十三条。

第三百九十四条

第三百七十七条及第三百八十条关于本章之罪，亦准用之。

谨按：本条依重定次序修正。

参照原案第三百七十四条。

第三十五章　关于赃物之罪

第三百九十五条

凡受人赠与赃物者，处四等以下有期徒刑、拘役或三百圆以下罚金。

搬运、受寄、牙保、故买赃物者，处二等至四等有期徒刑。

犯前项之罪因以获利者，并科其所得价额二倍以下、价额以上罚金。如二倍之数未达五十圆时，并科五十圆以下、价额以上罚金。

谨按：两江签注谓情节宜加细别，并科罚金过多，此两层宜参阅分则案语总叙第四及第五。

参照原案第三百七十五条。

第三百九十六条

关于第三百七十六条或其余准用之赃物，犯前条之罪者，依第三百七十六条第一项之例，处以罚金。

谨按：本条依重定次序修正。两江签注谓其余准用之罪词意未明，查此句所指即第三百八十八条及第三百九十四条等罪是也。

参照原案第三百七十六条。

第三百九十七条

本章之未遂罪，罪之。

参照原案第三百七十七条。

第三百九十八条

以第三百九十五条第二项之罪为常业者，褫夺公权。其余犯本章之罪者，得褫夺公权全分或一分。

谨按：本条依重定次序修正。两广签注谓第三百九十五条第一项之犯人必褫夺公权，持论稍激，未便采用。

参照原案第三百七十八条。

第三百九十九条

第三百七十七条及第三百八十条第一项并第三项关于本章之罪，亦准用之。

谨按：本条依重定次序修正。

参照原案第三百七十九条。

第三十六章　关于毁弃损坏之罪

第四百条

凡毁弃制书者，处一等至三等有期徒刑。

谨按：本条系采两广、两江、湖南签注之议，另列专条，较原案第三百八十条第二项加重一等。

第四百零一条

凡毁弃公署或吏员所管有之公文书者，处二等至四等有期徒刑。

谨按：本条原案列第三百八十条第二项，为毁弃制书一层已另列专条，故此条专规定毁弃制书以外之公文书。

参照原案第三百八十条。

第四百零二条

凡毁弃关于他人权利义务之文书者，处三等至五等有期徒刑或三百圆以下、三十圆以上罚金。

参照原案第三百八十条。

第四百零三条

凡损坏他人所有营造物、矿坑、船舰者，处三等至五等有期徒刑或一千圆以下、一百圆以上罚金。

若损坏第一百八十八条所揭之营造物、矿坑者，处二等或三等有期徒刑。

犯本条之罪致人死伤者，援用伤害人身罪各条，依第二十三条处断。

谨按：本条文词酌加修正。两广、湖南签注谓财产应分公私，数赃科罪，此议已详前数章案语，兹不赘及。

参照原案第三百八十一条。

第四百零四条

凡犯左列各款之一者，处四等以下有期徒刑、拘役或三百圆以下罚金：

一、除前条所揭外，损坏、伤害他人之物者；

二、泄漏他人所有之煤气、蒸汽、其余气体及流动物，或以其他方法致令丧失效用者；

三、纵逸他人所有之动物，致令丧失者。

谨按：本条文词酌加修正。两江签注谓此条宜处四等或五等有期徒刑，罚金宜增"十圆以上"四字。然此条包括俱极轻微之物件，未便删去拘役及定罚金最少限制。

参照原案第三百八十二条。

第四百零五条

凡损坏、伤害、泄露、丧失担负他人物权之自己所有物，或奉公署之命由他人管有或自己看守之物者，处该物价额二倍以下、价额以上之罚金。若二倍之数未满五十圆时，处五十圆以下、价额以上之罚金。

谨按：本条文词酌加修正。

参照原案第三百八十三条。

第四百零六条

第三百七十七条及第三百八十条，关于第四百零二条，第四百零三条第一项、第二项及前条之罪，亦准用之。

谨按：本条依重定次序修正。

参照原案第三百八十四条。

第四百零七条

第四百条至第四百零二条，第四百零三条第一项、第二项，第四百零四条及第四百零六条之未遂罪，罪之。

谨按：本条依重定次序修正。

参照原案第三百八十五条。

第四百零八条

犯本章之罪，因宣告二等以上有期徒刑者，褫夺公权，其余得褫夺公权全部或一部。

参照原案第三百八十六条。

第四百零九条

第四百零四条及第四百零五条之罪，须待告诉始论其罪。

谨按：本条依重定次序修正。

参照原案第三百八十七条。

附 则

第一条

本律因犯罪之情节轻重不同，故每条仿照各国兼举数刑，以求适合之审判。但实行之前，仍酌照旧律略分详细等差，另辑判决例以资援引而免歧误。

第二条

中国宗教尊孔，向以纲常礼教为重，况奉上谕再三告诫，自应恪为遵守。如大清律中"十恶"、"亲属容隐"、"干名犯义"、"存留养亲"以及"亲属相奸、相盗、相殴"，并"发冢"、"犯奸"各条均有关于伦纪礼教，未便蔑弃。如中国人有犯以上各罪，应仍照旧律办法，另辑单行法以昭惩创。

第三条

应处死刑，如系危害乘舆、内乱、外患及对于尊亲属有犯者，仍照臣馆第一次原奏代以斩刑，俾昭炯戒。

第四条

强盗之罪，于警察及监狱未普设以前，仍照臣馆第一次原奏，另辑单行法酌量从重办理。

第五条

中国人，卑幼对于尊亲属不得援用正当防卫之例。

第四部分

资政院审议

一　奏折

1. 宪政编查馆核订新刑律告竣敬谨分别缮具
清单请旨交议折

（宣统二年十月初四日，1910 年 11 月 5 日）

宪政编查馆大臣、和硕庆亲王、臣奕劻等跪奏：为核订新刑律告竣，敬谨分别缮具清单，请旨交议，恭折仰祈圣鉴事。

宣统元年十二月二十三日准军机大臣片交本日钦奉谕旨："修订法律大臣会同法部具奏修正刑律草案告成缮单呈览一折，著宪政编查馆查核复奏，钦此。"旋经修订法律馆将修正草案排印成书，咨送前来。臣等查阅原奏，沥陈关于国际条约、筹备宪政及将来国民程度必应变通各项，言之剀切。而于草案中详列中外各衙门签注，持平抉择，以定从违，并于有关伦纪各条，恪遵谕旨加重一等。

窃维议律之与议礼，皆为历代朝野聚讼大端，而当创改之初，新旧异同，尤难期议论之一致。惟法律所以维持政治、规范人民，其文野进退之机，皆视乎此。尧舜之民歌咏康衢，叔季之世桁杨比户，盖用法者之仁暴殊也。是以本乎德礼者，民罔不治，三代是也；尚乎酷烈者，民罔不乱，嬴秦及十六国、五季、宋明之末皆是也。今各国刑律皆除其旧日惨酷之习，以进于大同，则刑律之是非，但当论收效之治乱为何如，不必以中外而区畛域。且必上折折衷于唐虞夏商刑错之盛，而不容指秦汉以后之刑律为周孔之教所存，则是非得失乃可断言，治忽盛衰由兹一决。谨将新刑律亟宜颁行之故，为我皇上披沥陈之：

一曰根本经义。诸经首重四书，治平则传于大学絜矩之道，使上下先后左右均平方正如一。诂训家曰："刑者，平也。平之如水"，《尧典》、《吕刑》屡言赎赦，《周礼》详列三宥三赦之法，亦皆重人命、人格之意。《论语》曰"齐之以刑，民免而无耻"，又曰"善人为邦百年，可以胜残去杀"。至圣垂训尤为深切，著明准春秋三世之说，今已去剧乱而为升平，断不能仍用重典，至乖大司寇刑平国用中典、刑乱国用重典之义。此新律之所本者一也。

一曰推原祖制。伏维列圣抚有中原，蠲除前代苛法，一尚仁厚。入关之始，即除锦衣卫、镇抚司诸刑，废廷杖诸法，停句减等，无代无之。而于刑律，有比照逆案减轻之旨、有祖父惑于后妻爱子因荫袭财产捏告子孙更正之条、有卑幼据非礼致伤尊长夹签声叙不句之案。光绪三十一年钦奉先朝特旨，除凌迟、缘坐、枭示诸刑，举秦汉以后相沿惨酷之法扫而去之，更为历代所无。此新律之所本者又一也。

一曰揆度时宜。今学校教授已不用科举旧法，且兴办女学，凡所谓国民教育者皆力行之，军队则用外国编制战术，交通则用铁轨、轮船，凡此之类，不胜枚举，亦如夏葛冬裘，因时而变。现在朝廷博采各国成法预备立宪，其要旨重在保卫人权，《钦定宪法大纲》所有臣民权利义务，均逐一规定。旧律之与立宪制度背驰之处，亦应逐加增损，上年臣馆奏定禁止买卖奴婢之律，即本此意。盖必用宪政同一之法律，而后可保臣民之权利、以尽义务。刑律不改，则国民主义无由赞助，练兵、兴学阻碍多端，是欲北辙而南其辕，与吏书而掣其肘，非特无成，且将生患。此新律之宜行者一也。

一曰裨益外交。英、日、美、葡商约皆以中国改用各国刑律著之条约，为撤去领事裁判权之本。日本以修改刑律收回法权，暹罗亦然。而土耳其等国不能改者，各国名曰半权之国，韩、越、印度、西域诸回部之用旧律者，则尽亡矣。得失如斯，从违宜决。且各国商约订后，于改刑律收法权之约，未有疑贰之辞，盟府昭然，必应力践。今果用同一之法律以收法权，则将来各邦领事所驻不致尽为其法权所及之地。此新律之当行者又一也。

臣等此次核定，谨以四者为指归。议者或谓新律一行，古谊寖失，而不知学案语类所录，汉唐以后之法律，何一当于濂洛关闽之心？如程子曰"唐及我代，皆细目张而大纲不举"，又曰"道不行，百世无善治"，朱子曰"汉唐之得天下无异仆区"，此又其灼然可证者也。总之，时无古今，地无中外，惟以合乎公理、见乎治乱者为定衡。近来京外问刑衙门自贼盗、人命、斗殴三律外，率多存而不用，否则官商士庶将无不罹文网之人，此旧律虽有而未概实用之情事也。当此时局孔艰，迭奉谕旨，尚忠尚实更宜示大同之法，用黜文崇实之意，以挽大局而利推行。

惟草案中有应据各国通例改正者：总则于不论之罪推及十五岁，年龄过长，恐滋流弊，兹拟照德意志等国刑法缩为十二岁，并修复宥恕减轻之例；又国交之罪，凡对外国君主、大统领有犯，用相互担保主义，与侵犯皇室之罪从同，此泰西最近学说，各国刑法尚无成例，中国未便独异，此章应与第四章互易，依次修正；又和奸有夫之妇，原案定为三等以下有期徒刑，较旧律加至六、七等，立法之意本含亲属相奸在内，然词旨隐晦，易滋疑问。兹参仿德国刑法，增入本支亲属相奸一条，定为二等至四等有期徒刑，而将原案和奸罪名减轻一等，以昭平允。此其应改正者也。

有应据全书体例增辑者：原案于卑幼对尊亲属有犯，如杀伤、暴行、遗弃、逮捕、监禁及残毁尸体等项，均有专条，而犯威逼、触忤、诬告者，并无治罪名文。盖原案"加暴行未至伤害"一语，已包括威逼、触忤在内，而诬告之罪则就本条最重之刑处断。惟暴行指直接于身体者而言，若威逼则应以胁迫论，触忤则与侮辱相近，均非"暴行"二字所能赅括。至误告有告轻、告重之殊，概科本条最重之刑，未为允洽，兹拟于第三十一章增入对尊亲属有犯胁迫、侮辱并损害信用加等治罪之法，于诬告条下增入诬告尊亲属加等治罪之法，庶体例较为完密，且与旧律干名犯义之意相符。此其应增辑者也。

臣等督饬馆员逐一修正核订藏事，仍分总则、分则，共四十三章，增辑删除凡存四百零五条。其余文词虽经修改，尚未全归雅饬，兹并逐条润饰，务求简明而免疑误。至内外各衙门签注，于未列子孙违反教令及和奸无夫妇女两条争之尤力，诚维持名教之苦心。查旧律所谓违反教令，本与"十恶"之不孝有别，故罪止十等罚。历来呈控违反之案，大抵因游荡荒废、不务正业而起，现行之违警律，与游荡、不事正业本有明条，足资引用。如有殴詈父母或奉养有缺情形，则新刑律原案之暴行、胁迫、遗弃尊亲属，此次拟增之侮辱尊亲属各条，皆可援引，无虞疏漏。其和奸无夫妇女一项，旧律罪止八等罚，历年成案，此项罪名因他案牵及则有之，因本案告发者绝少。各国刑法不设此例者，良以易俗移风，宜端教育，初非任其放佚。如谓中菁之争，久悬令甲，未宜遽事屏除，则不妨另辑《暂行章程》，以示郑重维持之意。盖家庭之际，全恃道德以涵养其慈孝贞洁之风，不宜毛举细故，动绳国宪。汉桓宽有言，"闻礼义行而后刑罚中，未闻刑罚行而孝悌兴也"。原案之不立专条，似非无见。

至草案附则各条，其第一条因刑之范围较宽，拟另辑判决例以资援引，系各国通行之例，亭比所资实为重要。惟新律未实行以前，无适当之成案以为标准，应由该大臣按照原奏暂行悬拟辑为判决例，迅速奏交臣馆核订。其第二条列举各项仍用旧律，几致全体效力尽失，殊乖朝廷修订本意。且所列如亲属容隐、亲属相盗，原案已有专条；亲属相奸，此次业经增入正文；干名犯义，即原案之诬告、侮辱，此次亦经加重；亲属相殴，可于判决例中就各本条所定范围酌量情节，定上附下附之差；至存留养亲，本为遣配之制而设，现在改习工艺，除徒罪外，流遣人犯非常赦所不原，并不实发，无须查办留养。若系常赦不原之犯，本不在准留之列，其应拟死罪人犯，情节俱较旧律为重，更不待言，均请毋庸置议。仍应照该大臣第一次原奏，将危害乘舆、内乱、外患、对尊亲属有犯、强盗、发冢各项及和奸无夫妇女之罪并附则第五条，酌拟《暂行章程》五条，藉以沟通新旧而利推行。将来体察全国教育、警察、监狱周备之时，再行酌量变通，请旨办理。

谨将刑律正文并此次修改与原案有出入者，加具案语暨《暂行章程》，分别缮单，恭呈御览，伏乞敕下资政院归入议案，于议决后奏请钦定，遵照筹备清单年限颁布施行。

所有核定新刑律告竣缘由理合恭折具陈，伏乞皇上圣鉴训示。谨奏。

宪政编查馆大臣、和硕庆亲王、臣　　奕　劻
宪政编查馆大臣、多罗贝勒、　臣　　毓　朗
宪政编查馆大臣、署大学士、　臣　　那　桐
宪政编查馆大臣、大学士、　　臣　　徐世昌

宣统二年十月初四日具奏，本日军机大臣钦奉谕旨："宪政编查馆奏核订新刑律告竣缮单呈览一折，著依议，钦此。"

二 初读

1. 宣统二年十一月初一日下午一点三十分钟开议①：

议事日表第二十一号：

第一、新刑律议案，政府提出，初读……

议长：现在开议议事日表。第一是新刑律议案，有劳议员乃宣提起倡议，已经印刷分送各议员，如有赞成劳议员倡议者请起立。

（众议员起立赞成。）

议长：多数。

八七号（沈议员林一）：本议员对于劳议员之倡议，当要声明一句话，提起修正刑律之案，既议在股员会先议，则开法典股股员会时应通知全院议员，因为从前开股员会，只通知本股而全院议员并不知道，无从到会。此次提议以后，务请通知全院议员才好。

议长：可以照此办理。

议长：新刑律条文很多，拟省略朗读。

（众呼"赞成"。）

---

① 资政院第一次常年会第二十三号议场速记录。

议长：请政府特派员说明新刑律之主旨。

政府特派员（杨度）：现在说明新刑律之主旨。此次宪政编查馆提出来全部刑律的条文，共是四十三章四百零五条，另外《暂行章程》五条，附在新律正条之后，一并提出。今于说明主旨之时，不能不分别说明。刑律正条的主旨与《暂行章程》的主旨各有不同。先说明正条的主旨，然后再说《暂行章程》的主旨。欲知新刑律四百零五条的主旨，不可不先说改定刑律之理由。此次国家改定新刑律，其理由有两种：一种是国内，一种是国际。所谓国内之理由者何也？向来旧刑律，因历唐宋以至于今日，有数千年之沿革，现在必须改变，是什么缘故？因为旧律与现在预备立宪之宗旨有不相符合之地，而其不符合宪政的地方很多，不能详说。就其大概言之，凡判断案件，旧律用援引比附。所谓援引比附，是律文所不载的，而裁判官临时援引前例以判断这件案子。因为这件案子［是］刑律上所不载的，所以不能不援引比附，然而这个办法与立宪原则有不合的地方。因为立宪的原则，立法、司法，是分开独立的。大凡判断案件，要按照律文去判断，不能参杂自己的意见，以为裁判之据。假使不然，便是司法之时而有立法之意。司法、立法不独立不分开，是与宪政原则最相违反的。就这个地方看起来，旧律于司法包含立法。凡法律无正条者，可以援引比附，揆诸立宪各国通例，实有不合，所以不能不改。现在我国宪政日日进行，立宪国体既许人民之自由，即不可不有一种正当的法律以防范之。其所以防范者，使其自由于法律之中，不得自由于法律之外，而正当的法律必须有正当的条文，因此国内宪政进行之时，必须使一切法律都与宪政相符合。所以旧律既不适用，不能不改用新刑律。然而旧刑律与新刑律相异之点实在很多，即援引比附不过举其一端而已，这是国内的原因。第二，就是国际的原因。世界各国的法学，自十七世纪以来日以进步，世界文明各国的法典都有法学共同的原理原则。无论何国的法律，都不能出乎此原理原则之外。如同此原理原则者，国际上人民裁判事情，彼此互相尊重国权。如那一国法律与各国原理原则相违背，则外国人在其国中，不能遵守本国之法律。以各国通例而论，外国人在本国土地之内，本来有治外法权为各国所共认者，只有君主、大统领、外交官、军队、战舰数种而已，此外，则治外法权之外还有一种领事裁判权，不是各国所都有的。文明之国对于他国，其法律与原则原理不合，就用领事裁判权，如朝鲜、安南、印度及中国皆有此外国领事裁判权，而对于中国之领事裁判，为条约所规定者，有原、被告之分别。如原告系中国人，被告系外国人，必到领事处诉讼；如原告系外国人，被告系中国人，就到中国官厅起诉。条约虽是如此规定，而损失国权的地方更不止此。按条约，外国人与本国起诉，如外国人为原告，中国人为被告，本应该归中国官厅审判的，现在此种情事，往往不归本国官厅，而亦归领事裁判。可见领事裁判，即如上海会审公堂制度，已为条约所无。这是各国扩张领事裁判权的进一步的办法。还有一种是中国人与中国人诉讼，比如，平民与教民诉讼，教民原来有入外国籍的，有不入外国籍的。入外国籍的归领事裁判，尚与条约相符；未入外国籍的，虽说与外国有宗教上之关系，究竟应归中国官厅审判，而外国领事也来干涉，以为教民既与彼有关系，即不应受我国不完全法律。所以我国数十年来，教案层见叠出，此理由全在自己法律与世界共同法律原理原则不相符合，以致如此。现在与各国立的商约，就如中英、中美、中葡、中日之商约，载有明文，说中国如果改良法律，与各国一律之后，就可以撤去领事裁判权。据此条文，是各国已经公认的，现在我们也不必问将来各国之承认与否，总要力尽人事，先由自己改良法律与审判制度，然后可以根据条约使他撤去领事裁判权。所以此次编订之新刑律，采取各国共同法律之原理原则，将来无论何国人民到中国，都得遵守中国法律，以为撤去领事裁判权之豫备，此关于国际的原因。因此两原因，所以才有新刑律之编制。而新刑律之编制已有几年，从前修律馆编制一次，因各省督抚都有驳文，且发生无穷异议，所以重用改定，又经宪政编查馆厘订一次，始行提交到资政院，以此新刑律与旧刑律比较起来，其内容不同之点很多，举其大者，则有五种。第一种是更定刑名，中国刑名自开皇定律分为笞、杖、徒、流、死五刑，自唐朝至今，相沿未改，即各国古昔，亦不出此范围。迄今交通日便，流刑渐失其效力，现在惟法、俄二国尚行之。至笞、杖，惟英、丹二国留为惩戒儿童之具。按各国刑法，以死刑为重，次为自由刑，再其次为罚金。所谓自由刑者，大概分惩役、禁锢、拘留三种，中国三流之外有充军、外遣二项，近数十年来，此等人犯逃亡者十居八九，而逃逸之人犯安置毫无生计，隐匿又恐滋生事端，历来议者，百计图维，并无良策。势穷则变，亦情势之自然，所以不能不改。现在新刑律分为死刑、徒刑、拘留、罚金四种，其中徒刑分为有期徒刑、无期徒刑。无期徒刑禁锢终身，以当旧律外遣、充军的意思；有期徒刑三等以上者，以当旧律之三等流刑之罪，四等及五等以当旧律五等徒刑之罪；拘留专科轻微之犯，以当旧律笞、杖；至于罚金性质之轻重，介在有期徒刑与拘留之间，亦与中国赎金旧制相合。此新旧不同之点一。第二是删除比附。法律之用，贵在范围一切，所以法律条文以概括为主义，力能适用。中国旧律往往于正条没有规定的，审判官临时加入自己的意见，《大清律例》全书不下一千八百余条，然尚须援引比附，实为条文不足之故，不得已出以己见，勉强牵合。如此看来，恐怕再加几千条，也还是不足的。天下之事变无穷，而条文有限，若必一事一例，是断乎办不到的。所以援引比附，不仅与宪政宗旨相违背，就是以刑律而论，也不是一种适宜之办法，所以新刑法以概括为主义，而必分清界限，如罚金在何数以上何数以下，有期徒刑在多少年月以上多少年月以下，至于死刑，就是杀人应处死刑及无期徒刑，因其情节不同，审判官得于限制之中以定罪之轻重，究竟都在法律正条之中，并不是法律无正条而必援引以处人之罪。如此则援行比附一扫而空，此新旧不同之点二。第三是死刑减少。以中国历史而论，死刑增减，代有不同。唐沿隋制，太宗时减绞刑之属五十，改加役流，史志称之。明律斩绞并用，分斩立决、斩监候、绞立决、绞监候，死刑阶级自此益多。现在欧美各国刑法备极简单，除意大利、荷兰、瑞士等国废止死刑外，其余如法、德、英、比等国，死刑尽限于大逆、内乱、外患、谋杀等项，其余大概不用死刑。日本承用中国刑法最久，而参以西洋法理，死刑也不过二十余条。中国向来死刑条目很多，然以实际而论，历年实决人犯，以命、盗两案为最多，秋审制度详核实缓，倍形慎重，每年实与勾决者不过十分之一二。可见，中国有死刑之名而无死刑之实，较之各国相差不远。新刑律根据唐律及国初之办法并各国通例，将死刑酌量减少，此新旧不同之点三。第四是死刑惟一。中国历代处死刑之法，有腰斩、斩首、绞死种种分别，虽方法不同，而其致人于死则一。盖法者，所以示警于将来，其种种方法所措施的，对于既死之凶故无所关系，而对于未来之犯，正所以表示其罪与刑有相当之处决，不独可以使未来之犯有所鉴戒，亦可以使社会之耳而目之者，皆得准其罪而服人心，此旧律之本旨也。至于新律，以为犯死罪之人，留之则有害，于我社会不能不去之，以保社会之安宁。既然处之以死，则处之以死而已，何必再分轻重？中国向来以绞为轻，斩首为重，腰斩更重，就是分别。究竟同一处死，而必于处死之方法上分别轻重，亦实无甚理由。以各国刑法而论，德、法、瑞典俱用斩刑，奥大利、匈牙利、西班牙、英、俄、美俱用绞刑，都是以一方法以处死罪，惟军律所科死刑或用铳杀，此另外办法，并非普通的。可见各国死刑只用一种办法，并不在处死方法上分别轻重。现在新刑律草案也是采取一种，就是用绞刑，并且于特定之行刑场所密行之。古来所定枭首弃市，并非有特定之行刑场，又云"枭首示众"，可见不是密行之办法，此新旧不同之点四。第五是惩治教育。犯罪之有无，与年龄有关。小儿年龄未到成丁者，教育之能力所不及，处以国家刑法，未免太苛。各国法律都定有责任之能力，我国从前所定的幼年犯罪分七岁、十岁、十五岁三等，现在仿照各国办法，以十二岁为责任年龄，如在责任年龄以内犯罪，不施以刑法，而施以惩治教育。惩治教育始兴于德国，管理办法与监狱相同，德国谓之强迫教育，各国仿而行之，英国颇著成效。如果系幼年犯罪，置于监狱之中，与成年人犯相聚，受其传染，适养成其犯罪之性质，反不能改过自新。此应在教育范围之内，不在刑法范围之内，新刑律一并采入，而为旧律所无，此新旧不同之点五。五种以外，还有一种不同之点，是新刑律、旧刑律精神上、主义上之分别。所谓分别者如何？国家要成一个完全法制之国，必经一种阶级进化而来，其所经之阶级就是家族制度，必经过此阶级，方能够可以言进化，此是世界各国进化之通例。但在进化阶级之中，现象不同，一切国家政治法律，都得经此阶级，皆受家族主义之支配。世界各国法律之原则，无不由此而来，中国亦然。所以然者，都是因国家制度没有发达，不能不如此。如无家族制度，社会不能维持，即国家亦不能维持。中国自秦以来，二千年之法律，均本于秦，而秦之律又最严酷，盖国家制度尚未完全之时，一切教育制度未及发达，全仗法律以范围之，而当时之法律又无民法、商法之别，一切都在刑法之中，故古时刑法，如人犯大恶，动辄诛九族、夷三族，此是因其所犯之人而对于其家族施以极端的刑法，可见家族制度的时代，不是以个人为本位，直以家族为本位。对于家族的犯罪，就是对于国家的犯罪。国家须维持家族的制度，才能有所凭藉以维持社会，故必严定家族阶级。即其刑律亦必准此精神，所以一人犯罪，诛及父母，连坐族长，家族责任由此发生。国家为维持家族制度，即不能不使家长对于朝廷负其责任，其诛九族、夷三族就是使他对于朝廷负责任的意思。既是负此责任，在法律上就不能不与之特别权利，并将立法权、司法权均付其家族，以使其责任益为完全，所以有家法之说。所谓家法者，即家长所立之法，此即国家与家长以立法之权；家长可以擅杀人，即国家与家长以司法之权，（拍手）何以故？国家因为要恃家族制度以保护国家与治安，故并立司法之权以付与家长，故家长对于一家之中，可以行其专制之手段，有无上之权柄，此数千年来精神之所在，即维持社会安宁政策之所在。所以其结果，无论四五十岁之儿子对于七八十岁之父母，丝毫不敢违犯，这都是由法律上发生的。而此种法律，中国可以行之者，何也？因为向来无所谓国际，就是以其国家名之为天下，只要维持社会，即足以保国家之治安，并无世界竞争之必要。所以，此种制度在从前为适宜之制度。现在各国法律之精神，全不在家族而在国家。国家对于人民有教之之法，有养之之法，即人民对于国家亦不能不负责任，其对于外，则当举国皆兵以御外侮；对于内，则保全安宁之秩序，必使人人生计发达，能力发达，然后国家日臻发达，而社会也相安于无事。人民对于国家负担责任，国家即与之以自由之权利，因之，各国法律对于人民有成年、不成年之别。未成年以前，对于国家一切权利义务都归家长替代；到成年以后，就非家长所能替代的。这是国家的主义，与家族主义大不相同的。主义不同，则法律亦随之而异，所以中国向来法律与各国不同之点。现在我国国家制度还未完全，但现在系豫备立宪的时代，即是豫备国家法制完全的时代。当此国家主义进行之时，与向来家族主义有无冲突之处，实是一个疑问。如有冲突之处，则对于新订法律，应以何种主义为其精神，亦是重大的问题。若使家族主义与国家主义并行不悖，一方面增长国家制度之进行，一方面保全家族制度之存在，如此办法，可乎不可？假使可行，岂非两全之道！无如两主义相冲突，实无并行之理，可以事实证明之。中国现在号称四万万人，就是四万万国民。既有四万万国民，比较各国人，也算很多了。如以四万万兵力对外，孰能相抗？（拍手）而实在考究起来，只能算四万万人，不能算四万万国民。因为此四万万人都是对于家族负责任，并非对于国家负责任。此四万万人大别分为两种，一为家长，一为家人。家长对于家人有特别权利义务。家人又有二种，一为男子，一为附属之女子，不仅对于国家不负责任，即对于家庭亦不负责任。故家庭之义务，由家长一人担负。由此看来，虽有四万万人，然自国家观之，所与国家直接者不过是少数之家长而已，其余家人概与国家无关系也。家长之中，有为工的，有为商的，都是有妻子之累负，一家生计之义务，所谋之利，以供仰事俯畜之资。其对于国家关系较多矣，更进则有一种为官吏者。既为官吏，则对于国家不能说不负责任，但是，实在考究起来，今之为官吏者，与其说对国家负责任，无宁说对家族负责任。现在责备官吏者，每曰贪官污吏，然推求其贪污之故，无非是有妻子之累、内顾之忧耳。本来作官的宗旨，就因为家族之义务，不能不作官，以求事畜之资。既以此为宗旨而来，故其结果无论如何，只要得几文钱以之养家足矣，与国家本无关系也。若以家族主义为前提，则此种人尚不能十分责备，因为他对于国家虽是贪官污吏，而对于家族都是个慈父孝子、贤兄悌弟。所以中国之坏，就由于慈父孝子、贤兄悌弟之太多，而忠臣之太少。因为家族主义发达，国家主义不发达，所以孝子慈父如此之多，而忠臣如此其少，（拍手）致"国家"二字几乎不能成立，而何有于国家主义？现在国家改定法制，总以国家主义为宗旨。既然以国家主义为宗旨，则必要使全国的孝子慈父、贤兄悌弟都变为忠臣，（拍手）于国家前途庶乎有豸。但要使孝子慈父、贤兄悌弟都变为忠臣，不可不使他的家人都有独立之生计与独立之能力。既然要他有独立之生计、独立之能力，国家就不能不与他以营业、居处、言论等等之自由，使其对于国家担负责任。既对于国家担负责任，始可称为国民。若其如此，则是与家族主义相去日远，与国家制度相去日近，此二主义是相冲突的，不是相连合的。近乎此则远乎彼，此系根本上之精神所在，亦即新刑律、旧刑律根本上之区别所在也。如不以此国家主义之精神为然，则与其改用新律，反不如仍用旧律。现在家族主义虽不能废止，然既有妨于国家制度，就不能不使他退后，所以现在新刑律乃采用国家主义，对于家族制度以减少为宗旨。而所谓减少者，不过比旧刑律减少，其存留者正复不少也。以上关乎新刑律主旨已经说明，再说《暂行章程》之主旨。《暂行章程》共有五条，说到此处，就有个疑问，为何于正条之外另有《暂行章程》？此《暂行章程》如以为必要，何以不加入正条？如以为不必要，何以不废止？此中消息，不能不分别说明。现在先说明不加入正条之理由，一言以蔽之曰：不加入正条者，因为与新刑律主旨不相符合故也。今将此五条分别说明。第一条，与死刑惟一之旨不符。各国处死之法，无斩、绞并用的。新刑律全部用绞，而《暂行章程》第一条中处一死刑者仍用斩，此是与新刑律相异之点。如果将这条加入新刑律中，与死刑惟一之宗旨即生冲突，所以万不能加入。第二、三条是与死刑减少之旨不符。新刑律所规定的某一种用有期徒刑，某一种用无期徒刑，某一种用死刑，全有规定，而《暂行章程》的第二条、第三条，凡犯某条之刑者，仍处死刑，是比新刑律加重。既要加重，则死罪不能减少，而反加多，若以此编入正条，即与减少之旨相违反，所以规定在《暂行章程》之内。又第四条对于无夫妇女和奸之罪，应处以何等之刑，这条本是新刑律所没有的，如果把这条加入新刑律草案，体例本没有什么不合，但与编制刑律的原因，与对于国内国际有最大的冲突，所以没有加上去。新刑律于有夫之妇女与人通奸或被人强奸均有罪，而于无夫妇女与人和奸，新刑律中无规定者，因为有种种之不便。第一，于立法上不便。国家对于国内女子犯奸之事，不外三个办法：有夫之妇，无论和奸、强奸，都在禁止之列，因为维持风化起见，此是第一种办法；然欲全国妇女都是坚贞节操，即国家亦有所不能，即如娼妓一途，各国都无禁止之法，非不知与风化有关，而事实上不能断绝，因此不仅不禁止而且为法律所允许，此是第二种办法；至于无夫妇女与人和奸，国家对此既不禁止也不允许，全采放任，此是第三种办法。如不如此，必不公平。此关于立法上的事情，不能不区别。第二，于司法上不便。和奸必须搜求证据，而搜求证据非常费力，于审判上实有不便。第三，于外交上不便。刑律改良，原为撤去领事裁判权之豫备，若与各国原理原则不同，不能得各国之赞成，则事交涉必多阻力，因为各国刑法没有此条，如将此条加入正条，将来如中国男子女子与外国人和奸，中国要按法律办理，外国人势必不受裁判，则于撤去领事裁判权有所藉口，不如现在不加入新刑律之中，以为外交地步。第四，于礼教上不便。管子云：礼义廉耻，是为四维，四维不张，国乃灭亡。礼义廉耻是礼教的条目，但就"耻"字、"慈孝"二字而论，无夫妇女与人和奸是最可耻的事。因为可耻，所以一家人对于社会，都有名誉之关系，恐为社会所诟病。女子如有此事，其父母必深以为耻。父母既以为耻，必于平日教育上格外加意，就可以使其子女无与人和奸之事。即因教育不善，发生如此丑事，其父母引以为耻，必不肯送至审判厅判决，以致口说流传，报纸登载。假使其父母不以为耻，必欲宣布于外，使众人耳而目之，此种父母，与无耻之子女，其贤不肖之相去其间不能以寸。如真以为耻，必秘而不宣，决不欲以国家之刑法审判之。所以，此条不加入正条，正所以养社会之廉耻，欲以维持礼教也。对于家庭父慈子孝之间，也是一种维持的方法。父母对于子女，决不欲蒙以耻辱之名，使其终身无婚嫁之望。刑律虽有此条，亦同虚设，所以国家对于此种事并不是不理，因为在教育之范围，而非在法律之范围。即不与父母以制裁之权，亦不过恐其伤父子之恩，而所以养社会之耻，因其于宗族的名誉、本身之名誉、子女之名誉均有关系。父母若有此制裁之权，恐其耻愤之时，不及计较事后，悔之不及，反以伤父子之恩。不如不与以此权，使其秘密不宣，反于礼教不悖，所以不加入正条。第五条，凡对尊亲属有犯，不得适用正当防卫之例。此条本属平常，无甚奇异，何以不加入正条内？因为刑律本有正当防卫之例，今既对尊亲属不得适用，是谓防卫为不正当，而尊亲属无论何种行为皆为正当。究竟天下事不能一概而论，编制新刑律的人，对于社会上人类种种的情形，不能不面面想到。父子之间虽以父慈子孝为常，然天下非无不慈之父、不孝之子，断不能说，父可不必正当，子不能不正当。若照此条解释，有三层的意思：第一层、父不必慈，子不能不孝；第二层、父无不慈，子不能不孝；第三层、父不慈也是慈，子不能不孝。由此三种推论，是坐定父之一面必正当，子之一面必不正当。即是宋儒学说天下无不是的父母意思，这一条更是根本。这种学说定的，亦其所以不放在正条内者，就国家眼光看起来，此学说不是完全的根据国家刑法，是君主对于全国人民一种之限制。父杀其子，君主治以不慈之罪；子杀其父，君主治以不孝之罪。既此不偏为为人子者，立法亦不偏为为人之父者，立法必要面面俱到，始为公平。［此］条不甚公平，所以也未加入正条之内。以上是《暂行章程》所有五条未编入新刑律的原故。这样看来，是《暂行章程》与新刑律实相冲突。既有冲突，何以不废止之？但是有为难情形。当编定法律的时候，按照誊黄清单，办理宪政编查馆编订新刑律时，是在十月初三日缩短国会期限上谕以前，彼时按照誊黄清单，新刑律核订在今年，实行在宣统五年。由刑律实行到立宪之时，尚隔三四年之久。所有主张人民程度不足之说者，此种议论，在讨论刑律之时，极有势力。人民程度无标准，只好以誊黄清单为标准。国家既认全国人民必至宣统九年始有奉行宪法之能力，亦必至宣统九年始有奉行新刑律之能力。所以，九年以前，刑律即不能过于完全，所以复加此不完全《暂行章程》，宣统五年实行时起，暂行至宣统九年而止。现在时殊事异，朝廷因为全国人民程度，可以有宣统五年遵守宪法之能力，何以宣统五年就没有遵守新刑律之能力？（拍手拍手）这个问题可以得正常解释，然而在宪政编查馆编定草案实行在十月初三以前，这个草案不能一时更改，况且资政院已经成立，不能不赶未闭会以前交议，更无更改之余暇，所以这个《暂行章程》就没有能废止他。现在所谓人民程度之说，早有贵院诸君子请开国会之时，已经说明白了。政府对于人民程度，虽无确实把握的，然而资政院议员是全国人民的代表，对于人民程度，较之政府观察，必能深切著明。究竟应该适用何种刑律，人民有何种程度，不能不凭诸君之论断。资政院是立法机关，协赞立法的时候，对于政府提出新刑律，何者宜存，何者宜去，都有独立之权限，算是中国有历史以来，是第一法典之改良，是资政院协赞法典之第一次，为从来未有之盛典。现在政府所最希望的是国内则于宪政无丝毫之妨碍，国际则于外交无丝毫之妨碍，必使国家主义圆满发达。这是政府所最希望于诸君的，本员所说明者如此。

一二三号（江议员辛）：对于特派员所说的意思颇有质问，特派员所说的主旨，不过把个人自由破坏，就可以提倡国家主义。据本员看起来，人民程度不齐，一由于教育没有普及，一由于民法没有颁出来。若把新刑律颁出来，可以提倡国家主义。本议员颇不赞成，请特派员说明。

政府特派员（杨度）：人民程度是以教育使之进行，不能以法律使之进行的。然而法律也可以强迫使人民进步。譬如就日本而论，该国从前的人民程度迥不如中国之现在，因为该国是取法中国，断没有程度在中国之上的，然彼时日本政府毅然决然颁布一种完全新法律，其意在藉法律强迫人民程度之进步，这是法律可强迫人民进步之凭证，亦是国家使人民进步之一种的方法。本员原未说法律一行，人民可以进步，因贵议员之问特别说明。

一八二号（万议员慎）：特派员所说的中国程度不足是因孝子慈父太多，照如此说，是提倡中国不慈不孝的意思。我们中国以孝治天下，如此说来，中国不成为中国，而求忠臣于不孝子之门，得乎？特派员之言，不敢赞成。又云妇女须受教育，使之有耻，不在用刑，此是道德的话，然今之士大夫犹有无耻者，何况妇女？

一〇九号（籍议员忠寅）：今天对于新刑律是初读，只要特派员说明主旨，我们议员对于议案有疑议可以质问的，这个时候不应该论到草案之内容，更不该说到本题以外。

一三七号（邵议员羲）：请议长把这个付审查，不必讨论。

八十号（劳议员乃宣）：本员请发言。

议长：劳议员是否质疑？

八十号（劳议员乃宣）：本员倡议已经全体赞成，第一次可以讨论大体。如不以为然，前此倡议可以作废。

议长：劳议员既是质疑，可以发言。

八十号（劳议员乃宣）：如果第一次不能讨论大体，可以作废。若待提出修正案来，还到审查之后，再行讨论就不对了。总要经第一回讨论之后，然后有修正案。

议长：劳议员倡议，已经表决过了，现在可以依这个倡议办理。

议长：劳议员若是讨论大体，可以发言。

一〇九号（籍议员忠寅）：劳议员倡议初读时候，可以讨论大体。可是初读时候不是今天，如果审查以后再到议场，可以讨论劳议员意见。就事实上看来，是不错的。可是新刑律才发出来，大家必须细细研究，方可以讨论。

四八号（陈议员懋鼎）：按《议事细则》二十八条，应俟审查以后，方可讨论大体。

一一〇号（于议员邦华）：各议员如有讨论，总得看过之后再行讨论。

一四八号（陶议员峻）：劳议员同政府两下冲突的意见，各有说帖，众人都看见了，待到大家细心研究之后，再行斟酌。

八十号（劳议员乃宣）：本员不是讨论大体，是质问疑义。

一五三号（易议员宗夔）：本议员有发言表，议长已看见否？

议长：发言表已知道了，按表，劳议员名次在前，请劳议员发言。

八十号（劳议员乃宣）：今天是质问疑义，不是讨论。宪政编查馆的原奏，有请旨交法律大臣辑判决例，这个判决例是法律、是命令？且今日这个判决例，将来法律大臣定出之后，还是交院协议，不交院协议？这是第一层要质问的；第二层，新刑律有誊黄清单，规定哪年修订、哪年颁布、哪年实行，这个判决例，到底是哪年修订、哪年颁布、哪年实行？这是第二层要质问的；第三层疑义，所谓《暂行章程》的五条，"暂行"二字，总是暂而不久，总要废的，是哪一天废止？必须问个明白。就宪政编查馆原奏也说得含混不清，若说是《暂行章程》五条藉以疏通新旧而利推行，将来体察全国教育、警察、监狱周备之时，再行酌量变通，请旨办理。这个"酌量变通，请旨办理"八个字也不晓得废不废，这个"体察全国教育、警察、监狱周备"，在何日是教育、警察、监狱周备的时候？也没有说得明白。《暂行章程》第四条（读第四条），照这个说法，中国现在教育没有普及，待到教育普及的时候再废。现在各国新订刑律，都没有处罚的明文，自然是照各国教育已经普及，无夫的妇女个个贞洁，无须用刑法禁。中国教育还没有普及，无夫的妇女不免还有淫行，不得不用刑法防禁。本员没有出过洋，不敢说外国无夫妇女贞淫如何，看编查馆原奏，大约外国妇女个个是贞洁的。但是外国无夫妇女不用法律以防闲，可是外国有夫妇女还必因法律为之防闲。试问外国教育何以不普及于有夫的妇女？本员没到过外洋，也不敢说中国现在教育还没有普及，所以无夫、有夫的妇女都不免犯奸，都还要用刑罚防禁；等将来教育普及之后，何以只能教育无夫妇女，可以把刑罚废除，可不能教育有夫的妇女，还要用刑法防禁？而且在室的女子受了教育，已经成了贞洁的德性了，等到出嫁之后，变成了有夫妇女，他的贞洁之本质忽然消灭了，等到其夫已死，又变成无夫妇女，他的贞洁之本质又忽然回来了。（语未毕）

　　一一七号（雷议员奋）：本议员对于劳议员有要紧的质问，请劳议员直接答辩。请问劳议员是否对于刑法草案发表意见？

　　八十号（劳议员乃宣）：是的。

　　一一七号（雷议员奋）：请问劳议员刑法草案是否宪政编查馆交议的？

　　八十号（劳议员乃宣）：是的。

　　一一七号（雷议员奋）：请问劳议员是否宪政编查馆的人员？

　　八十号（劳议员乃宣）：本议员是宪政编查馆的人员。

　　一一七号（雷议员奋）：劳议员所质问的，是否对于宪政编查馆人员质问，抑是对于资政院全体质问？若是对于宪政编查馆质问，而本议员鄙见以为劳议员系该馆的人员，当初编订刑律草案时，想劳议员必定已先参议，如此看来，则劳议员今天可以不必发表意见。请问除了今天以外，以后还有讨论的时候没有？请问除了讨论刑律以外，以后还有讨论别项案件的时候没有？

八十号（劳议员乃宣）：雷议员说的不错，本员私心被人窥破，可笑之至！不过有非质问不可的地方，这个附则与正案同一效力、不同一效力？将来要废的那一天，要通过资政院、不通过资政院？宪政编查馆没有说明，请特派员答复。还有一个疑问，条文里头有"对尊亲属加强暴未至伤害"一条，原草案是"暴行"二字，后改作"强暴"，（读原奏）这个"强暴"二字，不晓得强暴的范围如何？殴打在内不在内？平人伤害人的身体，殴而未伤，只问违警，所以刑律里没有；若是打了尊亲属，虽然未伤，也应办罪，不能只问违警的小罪。这刑律上"强暴"二字，想是指殴打而言，然不大清楚是否在殴打之列也？请明白答复。

政府特派员（章宗祥）：劳议员质问几层，本员请简单答复。第一层，劳议员所问判决例究竟是法律是命令，本员以为既非法律，又非命令。不过案件判决以后，其所记载判决的事情，可以作后来标准，是谓之判决例。譬如大理院审判官遇有这么样的案，怎么样定，将来遇有同一的案子，审判官就可拿这个为标准定犯人的罪。所以这判决例，在各国也不能作为法律，也不能作为命令，中国也是如此。还有一层说是《暂行章程》行到几时为止。方才杨特派员已经说过了，原来的意见，在行到宣统八年开国会的时候。现在国会既已提前，自然《暂行章程》亦可早止。至于这个《暂行章程》究竟到什么时候为止，劳议员可以不必问的。何以故？现在新刑律已经交到资政院，议员是国民代表，应该看得到人民到什么时候是什么程度，就可以适用什么刑律。这是资政院议员可以看得到的。至于《暂行章程》第四条，方才杨特派员已经说过了，在这一条说是各国新订刑律均无无夫妇女犯奸处［罚］之明文，诚以防闲。此种行为在教育不在刑罚，但中国现在教育尚未普及，故参照旧律暂定罚例。劳议员的意见，各国妇女全是贞洁的；我们中国教育没有普及，所以不是贞洁的。这却不然，在各国通例，无夫妇女全用教育，并不是用刑法。杨特派员的意见并不是说外国妇女全是贞洁的。我们并没有说到这一层。劳议员的话是由理想上推出来的，至于重要的问题，应该要、不应该要，要到讨论时候再提。

八十号（劳议员乃宣）：将来废止的时候，要通过议院、不通过议院？

政府特派员（章宗祥）：本员意见，凡有法律交议的时候，都要通过议院。将来废止的时候，也要议院通过的。

一三七号（邵议员羲）：此种《暂行章程》究竟是新刑律，抑是旧刑律？刑律只有一种，断不能于刑律之外又有一种《暂行章程》。特派员既说明与新刑律相冲突，为什么编查馆不删去而要交议？

政府特派员（杨度）：《暂行章程》之附设，本来与刑律主旨不相符合，为什么不删去的缘故，因为预备立宪时代，人民程度不齐，所以要这《暂行章程》。这《暂行章程》，是在十月初三国会未缩短年限以前办理的，现在国会既然缩短，这个《暂行章程》是否可废，请诸议员议决。

八十号（劳议员乃宣）：我不是不会说，我是不说。因我的话很多，我若说了，又说我犯讨论的界限了。

政府特派员（杨度）：在宪政编查馆时，劳议员已经讨论过了，这个话都是劳议员说过了的话。

一一二号（陈议员树楷）：对于特派员有几句话。以前讨论是宪政编查馆的讨论，与资政院不相干。今天劳议员是以资政院议员的资格，在资政院讨论，这个权限须得划分清楚。就如我们资政院在审查会特任股员审查时，意见被股员多数驳倒，到大会犹可再发表其意见。况编查馆机关原与资政院不同，在编查馆不能自申其说，正好到资政院来说，万无抑劳议员不许质问之理。由此是一定的道理，现在可以不必提了。不过刑律关系全国财产、性命、风俗习惯，须得细细讨论，这个题目没有不赞成的。今天就是质疑，也是没有什么可疑的。照特派员所说的，是很正常的。不过，不可不详细讨论。就如日本，日本当时是请德国、法国人定的法典，还是不适用，后来又派学生出洋回来，体察本国情形，定出法典来。此等重要议案，岂可轻易放过？总以先付审查为是。

八十号（劳议员乃宣）："强暴"二字，殴打在内、是不在内？

一一〇号（于议员邦华）：请大家不必讨论，即付审查。

议长：发言表上还有人要发言，这也不是一时可以表决的，须得详细讨论。

政府特派员（章宗祥）："强暴"二字包括殴打在内。

一七八号（高议员凌霄）：本员对特派员有个质问，本员没有到过东西洋，不知道东西洋各国风土人情如何，方才特派员说中国社会习惯向来崇尚礼义廉耻，即如家庭中有无夫妇女发生这种和奸的羞耻事情出来，其家亲属必不能够送审判厅，自伤体面，必另有一个特别秘密处理之法。此话本议员大惑不解，这种事实既不能禁止全不发生，又不能忍辱含垢，又不能送审判厅，请问贵特派员，所谓"特别秘密处理之法"是一种什么法子？请特派员明白规定，宣告天下，咸使闻知。

议长：请简单发言。

一七八号（高议员凌霄）：方才特派员说社会习惯，中国向来讲廉耻，这是特派员所知道的。特派员说是家庭发生这种羞耻的事情，不是由国家发生出来的，不知这种羞耻不能送到审判厅，又不能禁止，则社会自然不发生这种事情。试问特派员既说有一种特别的主旨，到底有什么法子可以禁止？

七四号（陆议员宗舆）：这个新刑律今天刚才分送，总得大家熟诵一过，方可讨论。这是极重大之新法典，修订已非一日，所有条文自有一贯之主义，不是随便抽出一条来，便可评论是非的，还是请议长先付审查为佳。

议长：请简单发言。

七四号（陆议员宗舆）：所以愿诸位细细研究，我们资政院总要把条文细细看清才好。

一五三号（易议员宗夔）：请问议长是按发言表发言否？

议长：现在按发言表，请易议员发言。

一五三号（易议员宗夔）：本员对于这《暂行章程》［是］不赞成的，因为这个法律总是要统一的，怎么于全部法律之后又有这种《暂行章程》？本议员看来这《暂行章程》一条都不适用的。第一条是犯第八十九条、第一百零一条、第一百十条、第一百十一条、第三百零六条、第三百零八条，处以死刑者仍用斩。同一死刑，怎么分轻重？这一条是应该取消的。第二条是凡犯第二百五十二条第一项、第二百五十三条、第二百五十五条、第二百五十七条之罪，应处二等以上徒刑者，得因其情节仍处死刑。这是中国从前尊重死体之法律，现在立宪时代是用不着的，这一条应该取消。第三条凡犯第三百六十四条应处一等有期徒刑以上及三百六十五条至三百六十七条之刑者，得因其情节仍处死刑。这个盗窃罪是很轻的，轻罪而处以死刑，未免与减少死罪宗旨不合，这也是要取消的。第四条凡犯

〔罪〕第二百八十三条之罪，为无夫妇女者，处五等有期徒刑、拘役或一百圆以下之罚金，其相奸者亦同。这个无夫妇女犯奸定罪的，各国很少，俄国亦只指明师保及奴仆，足见普通人和奸尚无罪名。据本员看来，此事是以教育普及为范围。教育普及，此种事自然少了，不必规定于刑律之上。况且妇女晓得刑律很少很少，我国妇女贞洁关系于礼教之维持，并非畏旧律上杖八十之条文，是这一条应该取消的。第五条凡对尊亲属有犯不得适用正常防卫之例，是与尊重人权的主旨不合，这一条也要取消的。（拍手拍手）

四八号（陈议员懋鼎）：本员赞成陆议员倡议，须等到审查后再行讨论大体。法典是很要紧的，不但不是几个人可以讨论的了，而且不是多数人可以讨论的了。总要全体议员都看明白，到审查之后才能讨论，方才易议员所说的话，还是讨论的话。

一五三号（易议员宗夔）：本议员并不是讨论的话，是质问特派员，何以不删除这五条？

一一二号（陈议员树楷）：现在不必讨论这五条取消与否，资政院审查时自有〔这〕个权力的。现在新刑律所主持者，系由家族主义一变为国家主义，事体重大，非以后研究不可。

议长：现在讨论终局，应付法典股审查，拟休息十五分钟，请各位议员稍为留座，本议长有请诸位议员注意之语，就是休息后请诸位务回议场。现在打算休会几天，今天有许多事情都要议有结果，若是休息时候随意散去，人数必不能足三分之二，即不能开会，所以要请大家注意。还有向来于休息时就走了的那几位，更要注意。

（下午四点四十五分钟，议事中止。）

（下午五点钟，续行开议。）……

2. 宣统二年十一月二十三日下午二点三十五分钟开议①

议事日表第二十七号：

第一、试办宣统三年岁入岁出总预算案，股员长报告，会议；

第二、大清新刑律议案，股员长报告，续初读；…

---

① 资政院第一次常年会第二十九号议场速记录。

议长：陈请股审查江苏拔贡杨钟钰陈请修改新刑律说帖，认为应交法典股审查，但是现在新刑律审查已毕，咨询本院应否交法典股再行审查。

（议员有呼赞成再行审查者。）

一三七号（邵议员羲）：现在是二三少数之人口称"赞成"，不能作为成立，请付表决才好。

议长：这个说帖现在还没有印刷出来，似乎可以送法典股审查，就不必付表决了。

七三号（汪议员荣宝）：本员系法典股副股员长，新刑律审查已经完竣了，似乎不必再送交法典股审查。

议长：《新刑律》虽审查完竣，然尚未报告。此说帖到会议时作为参考就是了。

一一〇号（于议员邦华）：可否印刷出来，附入修正案一同分布作为参考？

一五三号（易议员宗夒）：这个说帖是什么说帖，请议长说明大旨。

议长：还是江苏拔贡生杨钟钰陈请修改新刑律的说帖，现由秘书官将陈请股审查报告再读一遍，就可以说明了。

（秘书官曾彝进承命再读陈请股审查杨钟钰说帖报告书。）

一三五号（易议员宗夒）：这个说帖不能交法典股审查，照章没有陈请修改法典的事情，应请作废。

一二一号（方议员还）：这个不能作废，刑律是关于全国利害的事情，既有陈请书来院，应作为参考。

一五三号（易议员宗夒）：陈请修改法典是章程上所无的。

一〇九号（籍议员忠寅）：此说帖虽经陈请股审查以为关系全国利害，然既经大会认为无庸会议，这个议案就不能成立。因为新刑律本院已经有修正案了，此说帖应作废。

一七六号（罗议员其光）：这是关系全国风化的问题，可以交法典股作为参考，如将此修正新刑律的陈请案作废，则新刑律亦可作废。试问新刑律能作废否？

一二一号（方议员还）：这个陈请书断断不能作废的。

一三零号（刘议员景烈）：这个陈请书，还是请议长咨询本院表决一下。

议长：此陈请书既关全国利害，不妨于会议时作为参考。现在开议。……

3 宣统二年十二月初六日下午一点钟开议①

议事日表：

第一、大清新刑律议案，股员长报告。

……

副议长现在开议。议事日表第一、《大清新刑律》议案续初读，请法典股员长说明审查之结果及其理由。

七三号（汪议员荣宝）：现在报告这个新刑律草案审查的情形与审查的结果。这部新刑律草案从上月初一日就提出议场，初读之后就交法典股审查，法典股从上月初二日起开会审查，一直到上月十六日全部审查完毕。这几天连日开会，没有一天不审查，就是正式股员会亦开了三次，政府特派员也曾到会，彼此协商之后，全部审查告竣，现在审查的结果与修正的地方虽不十分详细说明，亦不可过于简单，由本员略为报告。本议员报告之顺序，照刑律草案之次序，应先报告总则，再报告分则。总则修正的地方比较分则多一点，总则修正案已由法典股印刷分送，这修正草案后来又经好几回修正，统共是四次，除了改文字与无关宏旨者不必报告外，至于关系重大的地方，应该分类报告一遍。刑律总则本来是八十八条，里边删去二条，加增一条，共八十七条。然而现在还是八十八条，为什么呢？因为原案里头有一条本来是两项，现在将此两项分为两条，照这样删去两条，又增加两条，还是八十八条。现在先把删去的二条略为说明。所删去的就是第四十条、第五十条。第四十条为什么要删去呢？因为这一条是执行刑罚的一种规定，以列入《刑事诉讼律》内为宜。当编订刑律之时，《刑事诉讼律》草案尚未着手，所以规定在刑律草案内，后来修订法律大臣又奏订《刑事诉讼律》，凡是关系执行手续，通同归入该律之内，而刑律上第四十条亦是执行的事体，刑诉律内有许多执行的方法之规定，于是以类相从，把这第四十条的规定亦编入该律草案之内，既是刑诉律内

---

① 资政院第一次常年会第三十七号议场速记录。

另有规定，这刑律内的规定自然可以删去，这是第四十条删去之理由。至于第五十条删去的理由，看刑律草案第十一条修正草案可以明白。刑律草案第十一条规定责任年龄是十六岁，来政府提出草案，责任年龄变为十二岁，因为改成十二岁之后，所以又生出第五十条减轻责任之规定。就责任年龄讨论起来，大概从前的旧学说与现在的新学说解释不同。旧说以为责任年龄之制是根据人的辨别心而设的，犯罪人能辨别所犯的是一种罪名，这就是有责任，不能辨别就无责任，有责任的就照刑律去处罚，没有责任的就不照刑律去处罚。而辨别心的有无，以年龄的长幼为分别的标准，从来解释责任年龄者是如此。后来学者研究的结果，以为此说不妥，因为人之智识不同，不能专以这个辨别心去定责任。比如杀人、放火、做强盗的事体，虽七八岁的小孩子亦知道是犯罪；若是政治上的犯罪，就是年纪再大的人亦不一定晓得。是刑法上的罪名，若因为他不能辨别，就不处他罪，东西各国都没有这样的刑法，所以用辨别心定责任年龄者是旧学说，现在的学说以为责任年龄并不是以辨别心为根据，是以教育能力为根据。犯罪的人若是估量教育的能力可以变更其气质的时候，便不一定处以刑罚，还可以处以相当之教育，这一种是近来东西各国最新的学说，亦是我们古来明刑弼教的格言。但究竟教育能力所能够及得到的，当以几岁为断，我们不能凭空臆造，必要比较历年统计，查明实在的凭据，方能确定。照各国普通统计上比较起来，大概以十五岁、十六岁为断，并不是在这个时候一定可以受教育，不过比较起来容易一点。现在各国最新的刑律，以十五六岁为断的甚多，而我们中国的《违警律》第十六条亦是以十五岁为责任年龄，凡十五岁人犯罪，照《违警律》是不罚的，是《违警律》的责任年龄已经定为十五岁。就学说言之则如此，就中国已定之法言之则如彼，何以这个新刑律责任年龄独独以十二岁为断？本股员会讨论之结果，大家全体赞成将新刑律草案第十一条责任年龄参酌第一次草案改为未满十五岁，既与我国《违警律》适合，亦与各国的新学说相符。责任年龄既经改过，所以第五十条减轻责任主义可以不必采用。第五十条删去之理由如此。至于增加的，就是把第三十六条分为两条，这三十（八）〔六〕条是规定死刑执行之方法，本来是有两项，第一项是规定处死的方法，第二项是规定执行以前的处置。现在把他分析为二条，原没有必要的理由，不过因为既有删去的条文，所有别条次序均须更改，颇觉不便，故将这一条分析为二，以下条文数目便可适合，不过省事的办法而已。还有增添的一条，在八十五条之后、八十六条之前，这一条却有必要增添的理由。分则内各种犯罪，有因人的身分成立的，僧道亦是一种身分，中国旧律例有为僧道而设的特别的规定，这草案分则内亦有之，旧律内所称僧道是包括尼姑、女道士等而言，律内定有明文，这草案内却未有规定，恐怕将来有误会的地方，所以添了一条，把女尼、女冠及其余宗教师等均包入僧道二字之内，这是从旧律上移来的。在总则上增删的地方，共增一条，删去两条，又分出一条，所以现在的数目还是八十八条。这个理由已经报告明白。至于除了删去条文之外，还有删去条内的一项的，在什么地方呢？就是第二十四条的第二项，删去第二十四条第二项的理由，与删去第四十条的理由相同，现在法律大臣拟订《刑事诉讼律》草案第五百零八条已经有了此项规定，这一条是重复的，所以删去。还有删去条项内重要的字句的，在什么地方呢？在第二十六条，这第二十六条原来是一行为而触数罪者，以最重一罪论，现在把一行为触数罪这几个字删去，是什么理由呢？凡法律上有普通规定，有特别规定，犯特别规定之罪者，一定兼犯普通规定之罪，但特别规定之罪有时比普通规定的重，亦有时比普通规定的轻，比方犯了刑律第三百零六条杀尊亲属之罪者，便是同时犯了第三百零五条杀人之罪，第三百零五条是普通规定，第三百零六条是特别规定，特别规定的罪比普通规定的重，万一有犯第三百零六条之罪者，刑律上便不再问他杀人之罪，这固然是以最重一罪论。又如犯了窃取他人园圃花卉。同是窃取他人所有物，而刑律上窃取他人所有物者，处三等至五等有期徒刑，至于窃取他人园圃花卉者，《违警律》上虽有处罚，然不过罚以一圆或几角之罚金，这便是特别规定罪比普通规定罪轻的地方，从这个地方看起来，并不是以最重一罪论。总而言之，有特别规定的地方，不照普通规定办理，并不是一行为触数罪者，一定以最重一罪论，所以这几个字必要删去。统计起来所有增删的地方大概如此。有删除的，有删项的，有删条项内重要字句的。至于字句的修正，其中无关闳旨的，今天打算不再报告，而关系重大的应略为说明。原来这部刑律上"中国"字样很多，本股员会修正案，凡原案"中国"字样统改为"帝国"二字，虽没有十分必要的理由，亦不能说全无意义，何以言之？比如从现在我们中国人看起来，这中国与帝国似乎没有什么分别，但是译为洋文的时候，中国与帝国意义不同，中国两个字翻出洋文来，他们只知道是专指中国本部十八省而言，其余如蒙古、青海、西藏、东三省地方都不在其内；若改为帝国，翻译出来，凡中国范围以内的地方，为我们中国所有的，统都在其内，所以"帝国"二字范围比"中国"二字广，这是一层。第二层，凡国家对内的法律，不必拿自己的国名表明出来，各国法律上亦是如此。比如荷兰，他自称为王国；如日本、德意志等国，他们自称为帝国，其余各国亦都是如此。就各国法规上看起来，并不见日本自称为日本国，荷兰自称为荷兰国，所以法律上称自国的地方不必将国名表明，这是改"中国"二字为"帝国"之理由。至于体裁上不一律的地方，亦已改为一律。比如第十五条的第二项，与第十六条的但书，同是例外的规定，性质相同，何以一为但书，一为另项，比较起来颇不一律。现在将第十五条的第二项增入本条之末，加一"但"字，以归一律。其余先后不一律的地方，通通改正，使成一律。就是一个字的关系，也费许多斟酌方才改正的。还有原案的意义甚好，而就文理上看起来有非常难解的地方，股员会照原来的意思，于文字上加以修正，使其易于明白。现在试举一二条以显明之。如原案第二十七条定犯罪之轻重，比较各主刑中之最重者定之；最重刑同等者，比较主刑之最轻者定之；轻重俱同者，据犯罪之情节定之云云。现在修正案改为犯罪之重轻，比较各罪最重主刑之重轻定之；最重刑相等者，比较其最轻主刑之重轻定之；主刑重轻俱等者，据犯罪情节定之。这怎么讲？比如某人犯甲罪应处死刑或无期徒刑，或一等有期徒刑，同时又犯乙罪，应处无期徒刑，或一等、二等有期徒刑，由此看来甲罪之刑最重者为死刑，乙罪之刑最重者为无期徒刑，两相比较则甲罪为重，乙罪为轻。又如果某人犯甲乙两罪，甲罪是一等至三等有期徒刑，乙罪是一等或二等有期徒刑，最重的都是一等有期徒刑，而甲罪的最轻刑为三等有期徒刑，乙罪的最轻刑为二等有期徒刑，则甲罪为轻，乙罪为重。原案字句之间有点不明白的地方，股员会的修正似觉显明，并且于原来的意思却一点也没有变更。法典股对于总则的修正大要如此，其余可以类推。本院各位议员对于总则有提出许多修正案的，而法典股没有照各位议员修正案通同修正上去，其中也有一个道理，不能不说一说。比如第三十三条规定身分成立的罪名，身分成立之罪，其教唆或帮助者虽无身分，仍以共犯论。第二项因身分致刑有轻重者，其无身分之人仍科通常之刑。杨议员锡田对于这条，主张将"身分"二字改为"权势"，但是"身分"与"权势"解释颇不相同，因为"身分"不是"权势"的意思，是法律上人的地位。法律上的地位有公法上的地位，有私法上的地位，私法上的地位如夫、妻、亲子等是也，公法上的地位如臣民、官吏、选民、居民等是也。所以"身分"二字专指个人在法律上的地位而言，不是"权势"的意思，此条还是照原文用"身分"二字为妥。若要想一个比"身分"二字更妥当的名词，实在是无从探索，稍为相近的就是"名分"二字，而"名分"二字有时候又不足以赅括其义，所以仍照原文所定的名词。还有魏议员联奎主张删去第三十二条，在魏议员的意见，以为刑律以简明为主，既有二十九条共同犯的规定，又有第三十条造意犯依正犯处断的规定，则第三十二条所谓于前教唆后来成为共犯的情形，就是两件事情并合起来的，应该如何处断，执行刑律的人自然知道，何必再设此条，等于赘疣？其实不然，因此条不止教唆，还有帮助，帮助是从犯，不必定照正犯科罪，还可以减一等或二等，所以把这条存留，也没有妨碍，而且可以明白，故未删去。股员会对于总则修正的要旨大概如此。第二报告分则。分则修正的地方不甚多，不过将其中与现在情形最不相合的地方删去了些。但是这一部草案此种地方尚不甚多，因为这部刑律虽仿照各国最新的刑法起草，而其内容凡是中国特别的国粹可以保存的地方，大概都保存的。那天政府特派员说这个刑律是想提倡国家主义，减轻家族主义，但是股员会审查之后，以为这个草案于家族主义保存的地方很多，何以知之？试观草案内对于尊亲属的犯罪非常之多，各国法律都没有这样详细的规定。这就是保存中国立国的特色之处。又如各国刑法对于尊亲属用男女平等主义，自己的尊亲属与配偶人的尊亲属是一样看待，本草案内妻对夫的尊亲属与夫同，而夫对妻的尊亲属则不然，亦是有保存中国家族制度的意思。原来各国立国各有各的风俗，各有各的历史，不是一时能够变更得来的，股员会的意思，凡是可以保存的地方都以保存为是，所以对于这部草案，有主义上很好而实行上有窒碍的地方，应删去的便删去，应改正的便改正。比如原案第三百一十一条，即修正案第三百一十六条，凡对于尊亲属加强暴未至伤害，处三等至五等有期徒刑或五百圆以下、五十圆以上之罚金，此条有罚金规定，于中国社会情形大家心里有所未安，揣原案的意思，因为本律所称尊亲属范围甚广，不专指父母、祖父母而言，还有外祖父母在内，以继母如母之义推之，则继母之继母亦是外祖母，亦在本律所称尊亲属之内，此等尊亲属自与自己直系尊亲属大不相同，没有强暴举动，情节较轻，有时不妨处以罚金。但是股员会的意思，以为我国习惯，尊亲属多指祖父母、父母而言，一见本条规定，以为从此以后殴父母者可以罚金了事，此等误会必不能免，故讨论数回，议决将本条罚金删去，一面再将尊亲属范围缩小。原案尊亲属包括外祖父母在内，股员会意见以为，中国既然不采男女平等主义，而外祖父母与祖父母服制轻重不同，自不能相提并论。外祖父母就是父之外舅外姑，父对于外舅外姑并不与自己父母视同一体，以此类推，则子对于外祖父母亦不能与祖父母视同一体，所以从尊亲属中将外祖父母删去，归于亲属之内。这是根据中国习惯礼制修正的。其余对于尊亲属特别规定，如诬告尊亲属、发掘尊亲属坟墓与遗弃尊亲属等项，均照原案一一保存，没有更动，这是修正分则第一种说明。第二种说明就是第四章妨害国交罪，从前第一草案、第二草案关于妨害国交罪的规定非常详细，而现在政府提出第三草案很简略的，这部刑律照总则第二、第三、第四、第五各条，也不是属人主义，也不是属地主义，是最新的法益主义。无论本国人在本国犯罪，即本国人在外国犯罪，或外国人在外国犯罪，但是有害帝国法益，即要用帝国法律处断。妨害国交之罪多是极有害于帝国法益的，所以第一、第二草案详细规定，与从来各国刑法大不相同，草案出来之后，各省督抚有许多签注，议论不以为然，所以此次政府提出修正案，将许多的规定删去。股员会讨论的结果，斟酌第一、第二草案与第三草案之间，不取第一、第二草案详细主义，也不取第三草案简略主义，今将修正案与第一、第二草案不同之处分别说明。第一层是第一、第二草案，凡对外国君主、大统领犯罪，与对本国君上犯罪处同一的刑罚，修正案却加以分别，对于外国君主、大统领实加危害者处以死刑，比较对于中国乘舆、车驾有不同的地方，原来对于中国乘舆、车驾就是将加危害的时候，也处以死刑，究竟对于外国君主、大统领不能如此，必定到实加危害的时候方能处以死刑，若是将加危害者就不在此限，所以比较的稍为减轻，此其一。第二层就是第一草案、第二草案，对于外国皇族太庙、山陵有侮辱行为，与对于帝国皇族太庙、山陵有侮辱行为用同一之处分，本股员会不甚赞成。因为本国人对于皇上非常尊重，故推及皇族陵庙，一一加以特别保护。若对于外国则当以妨害法益之程度为标准，不必处处照中国皇族太庙、山陵一例看待，所以股员会将此等规定酌量删去，此其二。第三层是第一、第二草案杀害外国代表处以何等刑，对于外国代表有不敬行为处以何等刑云云。现在将"代表"二字改为"使节"，因为代表者，非大使、公使及特别专使等代表国家者不能滥称，故范围甚狭，此外奉有国书而游历或考察者就不在代表之列，而在公法上称为使节，所以"使节"二字较"代表"二字范围为宽。何以要使他的范围宽一点呢？因为第一、第二草案于代表之外另有对于外国皇族犯罪规定，现在既经删除，假如有外国皇族到中国游历或考察，有人将他杀伤、侮辱，法律上既无特别处分，便应照杀伤侮辱普通人治罪，此于交涉上有许多窒碍，就如日本可为前车之鉴。从前俄国皇太子到日本被刺，虽未成交涉，而问题非常之大，当时俄国到日本交涉，一定要照伤害皇族处分，而且日本据他的法律没有此条规定，只能照平人处办。当此之时，欲顾全国交就破坏自己的法律，欲保守自己的法律于国交上未免有窒碍，当时对日本司法独立专主保护自己的法律，所以照伤害平人办罪，对于俄国非常抱歉。当时事处两难，也没有法子，从此两国交涉非常难办，所以近来日本改订刑法采用新主义，欲将此种罪名在刑法上明白规定，以后遇有此种事情发生，就可免许多交涉。可惜日本虽有此议，未能实行，现在我们刑律却正好采用此种主义，但修正案已将对于外国皇族的规定删去，故不得不将代表的范围略为放宽。大凡外国皇族来中国者，无论如何总有国书，有国书者即是使节，万一有人对之犯罪，我们可以使节的资格去保护他，这便是改"代表"二字为"使节"的理由，此其三。第四层是第一、第二草案杀伤侮辱代表者处罚甚重，与对尊亲属有犯几乎相同，所以当时各省签注大为反对。现在酌减一等，比对普通人犯罪重，比对尊亲属犯罪轻，似较得中，此其四。因为有此四层不同之处，所以第四章修正的地方，较别章较多，当时另外刷印一本，分送各位，想大家必定赞成的。除第四章以外，其余各章大概都是文字上的修正多，而内容上的修正少。内容修正的地方，计算起来大概有十余处，现在依次说明。第一、就是分则第一章侵犯皇室罪，因过失致生危害于乘舆、车驾者，第一草案、第二草案有三千圆以下、三百圆以上之罚金。第三草案削去，但是此次刑律凡过失罪都有罚金的规定，为全体一律起见，只能将罚金加重，若竟删去，则于体例不符，所以规复第一、第二草案，加入罚金一项，此修正内容之一。此外关于文字上修正的地方，请问大家可否省略报告？（众呼可以省略）第二、就是第十章第一百六十六条、第一百六十七条，两相比较，第一百六十六条，凡盗取既决、未决之囚，及其余按律逮捕监禁人者，处四等以下有期徒刑或拘役，第一百六十七条，凡为便利脱逃之行为，因而致既决、未决之囚及其余按律逮捕监禁人脱逃者，处三等至五等有期徒刑，这样比较起来，盗取情节重，便利脱逃情节轻，原案于盗取一条，处四等以下有期徒刑，比便利脱逃罪轻，似欠允妥，现在改成一律，此修正内容之二。第三、就是第十二章第一百七十九条与第一百七十八条的比较，原来第一百七十八条是普通规定，第一百七十九条是对于尊亲属的特别规定，第一百七十八条凡意图使他人受刑事处分、惩戒处分而为虚伪之告诉、告发、报告者，处二等或四等有期徒刑，据文义求之，告诉、告发当指刑事处分而言，报告当指惩戒处分而言，原案第一百七十九条凡意图使尊亲属受刑事处分而为虚伪之告诉、告发、报告者，处一等、二等有期徒刑，单有“刑事处分”字样而无“惩戒处分”字样，现在按照第一百七十八条之例，于“刑事处分”之下加“惩戒处分”四字，以归一律，股员会修正之要点此其三。第四、第十三章第一百八十四条第一项凡放火烧毁他人所有营造物、矿坑以外之物者，处三等至五等有期徒刑或一千圆以下、一百圆以上罚金，与第二项因而致有前条第一项损害之危险者科罪轻重相同，似未允洽，现在按照本律体裁，将本条第一项徒刑改轻，股员会修正之点此其四。第五、就是第二百三十五条，该条原列四款而其性质不同，就中第一款、第二款是对于普通人的规定，第三款是对于官吏的规定，第四款是对于普通人对官吏有犯的规定，按本律全部体例，应分为两条，现在改以原案第一、第二两款为一条，以第三、第四两款另为一条，本股员会修正之要点此其五。第六、就是第二百三十八条第三项，对于他人足以证明权利义务事实之自己私文书、图样为虚伪之记载云云，在自己的私文书、图样内为虚伪之记载，与伪造他人私文书、图样究竟性质不同，本股员会以为应分两条方为妥当，股员会修正之要点此其六。第七、就是第二十一章鸦片烟的犯罪，原案定罪本不算轻，依本股员会的意见，现在是废禁鸦片烟的时候，不妨从重。第二百六十条凡制造鸦片烟或贩卖或意图贩卖而私藏或自外国贩运者，处三等［至］五等有期徒刑，本股员会以为三等至五等有期徒刑外应加以财产上之刑罚，所以照原案规定外应并科五百圆以下之罚金。又第二百六十二条是对于官吏的规定，普通人有犯既并科五百圆以下之罚金，则官吏有犯自不能不格外加重，本股员会以为处以二等或三等有期徒刑外，应并科一千圆以下之罚金，本股员会修正之要点此其七。第八、就是第二十一章第二百六十七条，这一条经本股员会多数议决，以为可以删除，因为私藏鸦片烟器具处一百圆以下之罚金，此条恐怕于将来实行时生出种种困难，比如从前吃鸦片的人家现在虽经戒绝，或者器具尚有存留，若加之以罪，未免烦苛，并其警察到人家去搜查，亦多不便，所以大家主张将此条删去，本股员会修正之要点此其八。第九、是第二十二章第二百七十三条，发行彩票与赌博无异，从前京城及各省为兴业起见，对于彩票批准发行，然立宪时代使全国人民以赌博为风气，这本是不良的政策。去年各省谘议局成立，纷纷之建议，请止发行彩票，京城地方亦经民政部奏准禁止发行，将来官吏于彩票一项，断断不能批准发行的了，原案所谓"未经公署之允许"这几个字，可以不要。第二百七十三条既经删去此数字，则第二百七十四条自应一律删节，本股员会修正之要点此其九。第十、就是第二十三章原来第二百八十三条，凡引诱良［家］妇女卖奸以营利者，处五等有期徒刑、拘役或一百圆以下罚金，第二项以前项犯罪为常业者，处三等至五等有期徒刑，并科五百圆以下罚金。本股员会多数的意见以为，第一项科罪太轻，所以改为处五等有期徒刑、拘役，并科一百圆以下之罚金，又二百八十四条凡相奸本支亲属妇女者处二等至四等有期徒刑，其相奸者以同本支亲属，范围若何，原案未曾规定。本股员会审查本律以服制为范围，故改本支亲属为本宗缌麻以上之亲属，似较原来文理略为确实。又第二百八十八条第三项是对于第二百八十四条之罪之告诉的规定，这个规定是对于亲属之告诉权的限制，原案第三项云纵容或得利私和者适用前条之规定，照此办理，若有亲属相奸，其直系尊亲属得利私和便不准告诉，岂不可笑？不惟于家庭伦纪有乖，即于地方风俗亦大有妨碍，所以将"适用"以下数字删去。又原案第二百八十八条第三项尊亲属上有"直系"字样，现在将"直系"二字删去，何以故？因为原案尊亲属并外祖父母在内，今外祖父母已经删去，所谓尊亲属者就专指父母、祖父母而言，直系二字便是多出来的，所以删去，股员会修正之要点此其十。第十一、就是第三十二章第三百七十五条窃盗罪内对于本支亲属相窃盗者免除其罪，其余亲属，非亲告不论。原来条文以本支亲属为范围，股员会意见以为范围太宽，现在改为直系，就是上对于曾祖父母、祖父母、父母，下对于子孙犯窃盗者，可以免除其罪，其余旁支亲属不在此限。这个范围比原来狭小一点，股员会修正之要点此其十一。第十二、就是第三百九十六条与第三百九十七条，这两条规定毁弃制书及毁弃公文书之罪，而对于损坏公印之罪，没有规定，本股员会讨论以为损坏公印与毁弃制书、毁弃公文书之性质相同，所以加入此一层，较为完密，股员会修正之要点此其十二。以上系对于分则而言，此外对于《暂行章程》尚有一言应行声明。这《暂行章程》存在的理由，据当时政府委员的演说就不十分充足，其后股员会讨论，以为此《暂行章程》可以不要，曾具理由书送秘书厅刷印，分送各位，所有详细理由，书中已经说明，各位已都看见，本议员不必再行报告。本议员所报告审查新刑律的结果大概如此，务请各位赞成，早早通过才好。

一三四号（余议员镜清）：劳议员的倡议已经大家认可，可否今天变通议事细则，不必讨论大体即付再读？

一九〇号（吴议员赐龄）：请问审查长，这个《新刑律》的罚金与一等至五等有期徒刑有一定的比例没有？

七三号（汪议员荣宝）：请政府特派员答复。

一九〇号（吴议员赐龄）：请问政府特派员，这个新刑律的罚金［与］一等至五等有期徒刑有一定的比例没有？

宪政编查馆特派员（董康）：没有一定的比例。

一九〇号（吴议员赐龄）：何以没有比例呢？

宪政编查馆特派员（董康）：罚金刑性质与自由刑不同，刑律各条之应否科以罚金，视其情节而定，不能按照徒刑划分等级，即征诸各国立法例亦然。

宪政编查馆特派员（许同莘）：本馆按照《议事细则》第六十六条，对于新刑律提出修正案同奏交新刑律议案时，《刑事诉讼律》、《监狱法》两种正在编纂，现在此两种法律大致就绪，遂发见与新刑律有抵触之处，故须修正，但与刑律原理原则并无变更，所修正者不过文字而已，共计须修正者有六项：第一、股员会修正案［第］四十三条拘役之因，于监狱或巡警官署拘役所监禁之，现本馆修正，将"或巡警官署拘役所"八字删去，因《监狱法》中有巡警官署拘役所得以之代作监狱之规定，故删［此］项。拘役所有时便可看做监狱，不必特别声明。第二、股员会修正案第四十五条第二项，监禁于监狱执行之，其日数未满二月者，得于巡警官署拘役所之执行之，现本馆修正，将"于监狱执行之"六字改为"于附设于监狱之监［禁］所执行之"，因此种监禁之犯，本无处自由刑之必要，故于监狱内划出一部分作为监禁所，以监禁此种犯人，此亦定于《监狱法》者，"至日数未满二月以下"都要删除，其理由与第一项相同。（语未毕）

一三〇号（刘议员景烈）：请特派员声音放大些，因为有许多听不清楚的地方。

七三号（汪议员荣宝）：本员对于特派员有句话说，如果是文字的修正，今天可以不必提出。

四八号（陈议员懋鼎）：修正文字在三读的时候，如果特派员对于文字有修正的地方，可以到三读时候再说。（拍手）

宪政编查馆特派员（许同莘）：本馆还有修正，即股员会修正案第四十一条中"宣告"二字现改为"谕知"，因《刑事诉讼律》内凡宣告刑名有二种方法，一法是口头宣告，一法是文书送达，两法合称，谓之谕知，以下各条凡有这等字样，均以此类推，此是修正之第三次。

七三号（汪议员荣宝）：本员代为说明，新刑律案文内所有"宣告"二字通通改为"谕知"，谕是晓谕之谕，言旁的谕字，知就是知道的知字，就是日本所谓"言渡"二字，将"谕知"替代"言渡"二字，但是本员看这个字样可以到三读的时候再讨论。（拍手）

（众议员均请到三读的时候再讨论，议场哗然。）

副议长：凡关于修正文字之讨论，均请到三读时再说。

宪政编查馆特派员（许同莘）：此上三项之外，本馆还有修正，即股员会修正案第六十六条从一项至六项，所有"最重主刑"字样，都要删除，因与下文重复之故。

一五三号（易议员宗夔）：请问特派员，对于修正案的大旨到底是同意不同意？如果同意，只要修正文字，就可以到三读时逐条讨论。（拍手）

（众呼"赞成"。）

宪政编查馆特派员（许同莘）：本员对于修正案并无意见，甚为赞成。

一三十号（刘议员景烈）：既是赞成，现在就可以不必说。

一九〇号（吴议员赐龄）：请问审查长，九十条增加罚金；三百一十六条删去罚金，这是什么道理？

七三号（汪议员荣宝）：这很容易答复，因为九十条是过失罪，所以将罚金删去；三百一十六条是故意罪，所以将罚金加上。

一三四号（余议员镜清）：劳议员的倡议今天本员已经说过，那天提起来的时候，已经多数议员认可，请议长咨询本院，今天可否即付再读？

一五三号（易议员宗夔）：既没有讨论，就可以付表决。

一一〇号（于议员邦华）：请登台发言，讨论大体。

副议长：请发言。

一一〇号（于议员邦华）：新刑律条文，方才审查长报告很明白，本员对于新刑律有几项注意的地方，可以说一说。新刑律大家讨论的时候，第一就是名义上要注意，既说是新刑律就不能照旧刑律，说新刑律不但是中国有之，即英国、日本等国均有之。既是中国的刑律，就不能按照外国的刑律说。第二层是性质上注意，特派员说是礼教补足，这是不然，这个新刑律本是法律一种，这个法律不能替礼教的。礼教是主和平性质，全是以道德宗旨；法律不然，法律所讲的都是权利义务的问题，所以审查长报告说这里头对于尊亲属及对于皇室皆有特别之规定，这是中国旧日礼教的问题，以本议员看之，还是权利义务的问题。怎么着呢？因为君主负全国政治责任，是特别的义务，所以总得享受特别的权利。如有对于君主犯罪，即应以特别法制裁之。尊亲属之于子，若无尊亲属数十年扶养之劳，子焉能得以生活？所以尊亲属对于子负特别的义务，即应当享受特别的权利。子对于尊亲属有犯罪，即应以特别法律制裁之，这皆是权利义务的问题，就是国家的主义。然特派员说什么国家主义，是家族主义，而其实家族主义是民法上的问题，不是刑法上的问题。刑法问题遇有一个人犯了罪，国家即拿法律来制裁，因为犯罪者侵害人的权利之故，这是从权利、义务生出来的关系，确是国家的主义。凡刑法没有不是国家主义的。要之，刑法是刑法，礼教是礼教，两不相涉，这是第三层。第四层是效力减轻，何以要效力减轻呢？刑法效力使之减轻，是使犯罪的一天少一天，本有教育的力量使他不能犯罪，所以不能叫他增多。减轻犯罪从哪儿生来呢？因为维持社会安宁，必看社会现状、社会程度怎么样，刑律亦就因之高下，看出社会程度高一步就进一步来，高十步就进十步来。不能高一步而所进竟十步，那就要跌倒了。刑法主义就是维持社会安宁主义，以社会程度为高下，以减轻犯罪为目的，这是刑法之定义。本议员意见如此。

一一七号（雷议员奋）：本员对于议员的话有一个质问，于议员所说的四层到底对于新刑律是赞成的还是反对的？

一一〇号（于议员邦华）：是赞成的。

一五三号（易议员宗夔）：都是赞成的，没有什么讨论。

一四八号（陶议员峻）：既是讨论大体，本员对于方才报告的有意见。方才汪议员报告说是第二百六十七条把他删了，本员不以为然，若是把他删了，于事实上有种种弊病，据本员的意见还是不删为妥。

三　再读

1. 宣统二年十二月初六日下午[①]

八一号（章议员宗元）：要按次序讨论，不然都是空谈无补，这个时光很可惜了。

一二九号（汪议员龙光）：请付再读，讨论大体都是洞洞空空，毫无着实，还是请逐条朗读，即逐条讨论，付诸表决，免得耽误时光。

副议长：可付再读。

一五三号（易议员宗夔）：赞成再读。

（众议员赞成付再读。）

（一三七号、一一〇号、一三三号同时发言，议场嘈杂。）

一五三号（易议员宗夔）：如不要再读，是中国不要新刑律吗？

一一〇号（于议员邦华）：是修正，不是反对。

一五三号（易议员宗夔）：［已］经议决再读了，按照《议事细则》第三十条之规定，可否就付再读，请咨询本院。可否今天付再读？

一三〇号（刘议员景烈）：请议长付再读。

---

① 资政院第一次常年会第三十七号议场速记录。

副议长：现付再读，请逐条讨论。

八一号（章议员宗元）：请命秘书官逐条朗读。

一三十号（刘议员景烈）：再读本来是逐条讨论，但是现在闭会只有几天了，看看还有省略的法子没有？（语未毕）

一三七号（邵议员羲）：请议长维持议场秩序，不要三四人同时说话。

一五三号（易议员宗夔）：劳议员曾提出一个倡议说，这个刑律修正案应该要在股员会提出来，股员会不赞成的，大会不能讨论。（语未终）

（众议员同时发言，议场大哗。）

（秘书官曾彝进承命朗读总则第一条。）

一七八号（高议员凌霄）：本律于犯罪在本律颁行以后者适用之，字面不十分妥当。底下都是"帝国"，应该第一条都要一律，本员以为第一条本律"于凡犯罪在本律颁行以后者适用之"应该改为"凡在帝国内犯罪者"云云。

七三号（汪议员荣宝）：在未颁行之前是地之效力，在颁行以后是时之效力。

（秘书官曾彝进朗读魏联奎修正案。）

四八号（陈议员懋鼎）：股员会已经通过了。

一一〇号（于议员邦华）：原案已经表决了，怎么又读修正案？

八一号（章议员宗元）：讨论刑律如有修正的地方，早些提出，由印刷分送大家看看明白，不能临时提出修正案。

七三号（汪议员荣宝）：这是当时本议员在议台上没有报告过的，是本员疏漏的地方，不能不自任其咎。这一条为什么不采用魏议员的主义，当时没有说出来，魏议员因为本案第二项不用旧日比较新旧从轻处断之例，是以提出修正案，拟规复旧制。魏议员之意诚善，关于这一层的各国立法例，本来取比较新旧从轻处断之主义者居多，我国从前唐律、明律、大清律亦然，凡犯罪在刑律未颁行以前者，应比较新旧从轻处断，但律之本文仍有"犯在已前，依新律拟断"之规定。现在东西各国大都是用这个主义，但是新刑律何以不采用这个主义呢？因为国家定了刑律就是一代的大宪章，无论何人都要遵守。为什么在新刑律颁行以前的犯罪的人就要减轻，把一代的宪章消灭呢？有人说刑罚与其失之于严，毋宁失之于宽，故所以应当采用比较新旧从轻处断的主义，不知刑法不是沽恩的物件，不可忽严忽宽，故此本股员会不用多数之立法例而用最新之学理，不分新旧二法，概从新法处断。这个主义，外国也有采用的，例如英国，是股员会不采用魏议员之说在此。

一五三号（易议员宗夔）：请接续朗读第二条。

一一〇号（于议员邦华）：请议长注意先读修正案。（语未毕）

一五三号（易议员宗夔）：不能这样提出修正案。

（秘书官曾彝进朗读修正案第二条。）

副议长：有无异议？

（众呼"无异议"。）

一六八号（李议员素）：一二人无异议，这叫作什么通过？

一三三号（陈议员敬第）：请一条一条起立表决。

副议长：要是一条一条起立，当起立四百多回。

（众议员请起立表决。）

副议长：已经朗读过了，现在由第一条起从新表决。

一二三号（江议员辛）：从前通过《报律》时，只要无异议就算表决，不用起立，先例可以援照办理，应请议长咨询本院。

九九号（陈议员瀛洲）：请逐条表决。

八六号（喻议员长霖）：新刑律是非常重大，请议长还是一条一条的表决。

一五一号（黎议员尚雯）：新刑律经法律馆研究数年，又经法典股审查数月，句斟字酌，毫无疑义，如必逐条起立表决，则请反对者起立，我们赞成的回回起立，是起不了怎们①多的。

一一〇号（于议员邦华）：请议长注意，起立表决要看得清清楚楚的，方是的确。

一二九号（汪议员龙光）：请议长付表决。

（众呼"请付表决"。）

副议长：从第一条念起。

（秘书官曾彝进承命朗读第一条修正案。）

副议长：请赞成者起立。

---

① "怎们"作"这么"解。

（众议员起立赞成。）

副议长：多数。

（秘书官曾彝进承命朗读修正案第二条。）

一五三号（易议员宗夔）：一、二、三项各项可以省略。

八一号（章议员宗元）：这条条文改动了。

七三号（汪议员荣宝）：这个里头因为条文有变动，所以不同了，但是他这个结果与原来的条文没有多大的关系。

秘书长：承命报告一声，各位议员座位都备有天然墨，有水有笔，如果有错的地方，各位议员就可以在本位改正过来，写在原本子上，因为朗读的很慢，可以照这个办法稍为快些。

一四〇号（康议员咏）：有不对的地方。

副议长：第三条请赞成者起立。

（众议员起立赞成。）

副议长：多数。

（秘书官曾彝进承命朗读第四条。）

副议长：第四条有无异议？

一三六号（王议员廷扬）：照原草案是"中国官吏"，何以改作"臣民"？

七三号（汪议员荣宝）：原来草案是"官吏"，后因这个意思对于中国有许多是官吏犯，有许多不是官吏犯，性质不同，不能概括。第四条是官人犯罪，第五条是私人犯罪。如果本国人在外国犯罪也要处罚的，即令外国人在中国犯罪也要处罚的，这两条性质不同，不能归并，所以将"官吏"改作"臣民"，有可以包括一切。

一三六号（王议员廷扬）：第六项也是官吏，第五项也是官吏，何以此条独改作"臣民"呢？

七三号（汪议员荣宝）：如果有诈伪称官吏的又怎么样呢？

副议长：第四条有无讨论？

（众呼"无讨论"。）

副议长：第四条既无讨论，可付表决，如有赞成第四条者请起立。

（各议员起立赞成。）

副议长：多数。

一三七号（邵议员羲）：请查点人数。

一六八号（李议员素）：人数不够，我们不议也可以的。

（秘书官曾彝进承命朗读第五条。）

副议长：第五条有无异议？

一六八号（李议员素）：人数不够，不能表决。

七三号（汪议员荣宝）：秘书官朗读第五条有错的地方，第十七项应该是三百零四条，不是三百零三条。

（秘书官曾彝进再读第五条。）

（众呼"请付表决"。）

（一六八号李议员素大呼"人数不够"。）

七三号（汪议员荣宝）：何以见得人数不够？

（声浪错杂，议场骚然。）

一五三号（易议员宗夔）：李议员又不是秘书官，何以晓得人数不够呢？

一二九号（汪议员龙光）：看看议场外还有人没有？

七四号（陆议员宗舆）：也不过差一二个人，没有什么关系。

一六八号（李议员素）：差一二个人也不妨什么？

一一七号（雷议员奋）：今天到会人数多少？

副议长：百二十人。

一一七号（雷议员奋）：一百二十人有六十几人赞成，就是多数。

一一〇号（于议员邦华）：恐怕照这样办了，就是开了先例，对于本院前途很危险的。

一五三号（易议员宗夔）：各议员中有暂时出去的，不能说不教他出去，不能因出去就算人数不够，贵议员是很热心的，试问一部新刑律是要通过、不要通过？

七四号（陆议员宗舆）：差一二个人用不着数。

副议长：第五条已经朗读过了，可以付表决，赞成者请起立。

（众议员起立赞成。）

一三七号（邵议员羲）：请议长还要维持秩序，议场秩序太乱了。

（秘书官曾彝进承命朗读修正案第六条。）

副议长：有无讨论？

（众呼"无讨论"。）

副议长：请赞成第六条者起立。

（众议员起立赞成。）

副议长：多数。

（秘书官曾彝进承命朗读修正案第七条。）

副议长：有无讨论？

（众呼"无讨论"。）

副议长：请赞成第七条者起立。

（众议员起立赞成。）

副议长：多数。

七三号（汪议员荣宝）：现在讨论第八条，未讨论之前本员有个报告。因为在议台上没有报告，现在要报告一下子。第八条原案是第二项、三项、五项、六项，股员会修正是如此，与原案没有大分别，后来有高议员凌霄提出修正案说"特别成例"，"特别"二字有毛病，恐其与将来收回领事裁判权有窒碍，不如改作"普通"二字，高议员修正我们没有采用，高议员的意思，否则将"成例"改为"通例"也可以行的。

一七八号（高议员凌霄）："通例"也很好，不过"普通成例"是直截了当、分清界说的。

一一七号（雷议员奋）："普通"二字不好，刑律是国内法不是国际法，在我们中国，国内法出来就是"特别"，而在国际上没有一个不承认的。

一七八号（高议员凌霄）：本员对于雷议员的话有一个解释，贵议员说特别成例就是国际上的普通成例，然则第八条条文国际上特别成例，何以不就说是国内的特别成例呢？

四八号（陈议员懋鼎）：本员赞成雷议员，国际上有特别成例。既是国际特别，就是我的普通成例亦算特别者，如这一国、那一国实在是在国际上特别成例。要说国际上特别成例，不能由国内法规定。虽所谓国际上特别成例，然由内国看出是没有分别的。

一五三号（易议员宗夔）：还是以股员会修正案付表决。因为高议员的修正没有一个人赞成的。

一三七号（邵议员羲）：本员赞成。

一七八号（高议员凌霄）：还是以本员修正案先付表决，现在既未表决，贵议员何以知道无一人赞成？

八七号（沈议员林一）：简直把"特别"二字去掉。

（众议员赞成。）

七四号（陆议员宗舆）："特别"二字有包含无数的意思，诸位要明白修正案的意思。

四八号（陈议员懋鼎）：赞成陆议员的话。

一三七号（邵议员羲）：把"普通"二字删去也可以。

七四号（陆议员宗舆）：各国没有这个成例。

八七号（沈议员林一）：因为把领事裁判权包在其内，我们现在没有将领事裁判权收回，外国人在中国犯罪也须有别的成例，而现在要明白连中外人都在其内，倒是用"国际成例"就没有毛病了。

一五三号（易议员宗夔）：为两个字，何必如此讨论？

一二七号（闵议员荷生）：总研究清楚为是。

一一二号（陈议员树楷）：原案的意思似乎领事裁判权在内，所以这两个字不能删去了。

一三七号（邵议员羲）：要分两层付表决。

一七八号（高议员凌霄）：照院章先表决修正案。

一一七号（雷议员奋）：删去"特别"二字。

一三三号（陈议员敬第）：请议长把"特别"二字付表决。

（秘书官曾彝进承命朗读第八条，删去"特别"二字。）

副议长：众议员有无讨论？如无讨论，以为可者请起立。

（众议员起立赞成。）

副议长：多数。

（秘书官曾彝进承命朗读第九条。）

副议长：第九条有无讨论？如无讨论，以为可者请起立。

（众议员起立赞成。）

副议长：多数。

（秘书官曾彝进承命朗读第二章不为罪第十条。）

副议长：第十条有无讨论？如无讨论，以为可者请起立。

（众议员起立赞成。）

副议长：多数。

（秘书官曾彝进承命朗读［第］十一条。）

副议长：第十一条有无讨论？

一一二号（陈议员树楷）：责任年龄各国不同，有二期的，有三期的，亦有四期的，股员会修正案把五十条删去，是纯乎用一期年龄制限，不妥当。十五岁以前就全不负责任，十五岁以后就全负责任，这是说不下去的。譬如十五岁腊月二十几日犯了罪就完全不负责任，而十六岁正月初几日犯了罪就负完全责任，有罪无罪相差仅几天。以本员意见，不能说十五岁以前没有完全教育能力，十五岁以后就有完全教育能力，不如用两期年龄似乎妥当。

七四号（陆议员宗舆）：以陈议员所说，比如十九岁与二十岁总是差一岁，就说二十岁为成年之期，不到这年，而十九岁还是不算的。

一一二号（陈议员树楷）：陆议员所说也是不错，但法律案件想应该研究过。各国所讲的责任年龄，八岁或十二岁应该如何，十六岁或二十岁应该如何，皆有区别，本员主张责任年龄不应仅规定以十五岁为绝对的责任年龄，应当酌量情形，以二期或三期规定之，以为用刑之区别。

一二三号（江议员辛）：陈议员说我们中国程度够不上，诚然，但理由不甚充足。凡刑责丁年以十五岁为断，最为折衷办法，若改十三岁以下为一级，十四岁至十五岁为一级，那是将中国人民程度看得高了。本议员以为两级必以十五岁以下为完全不负刑责之年，十六岁至二十岁为减轻时代方可。

八七号（沈议员林一）：本员赞成原案，在各国也是绝对无责任、减轻，分两层的，股员会报告说是不能以辨别性为准，本员是不赞成的。十五岁作强盗也是很多，要是以十五岁为断，则强盗者皆不死，未免太轻。

一三七号（邵议员羲）：请沈议员举出十五岁作强盗一个例来。

五九号（顾议员栋臣）：可见辨别心亦是刑律上所不可少的，以他的行为而言，则是个罪名，然罪名之轻重，要不能不分别的。据本员看起来，还是用原案妥当一点。

一一二号（陈议员树楷）：这个责任年龄亦是要分两期的，至于所规定的年龄，按照日本新刑律，十四岁以前是没有罪，至十六岁以前酌量减轻。

七三号（汪议员荣宝）：方才本员说明的时候，还遗漏几句，现在补足几句。绝对无责任与相对无责任，在各国的法律采用者甚多，在古时候多以为九岁、十岁之时还没有辨别心，所以没有罪。然现在各国不采用辨别心，即采用教育主义，日本的刑法亦是如此。曾在会议通过的新刑律，未满十四岁的为不负刑事责任，年龄在十四岁以上统统作为责任年龄，这是日本议会上通过的刑法。现在改正新刑律，十四岁以上有责任，未满十四岁没有责任，本员是采这个主义。然所以不用十四岁，而用十五岁，是什么缘故？因为现在《违警律》是定为十五岁负责任，我们定刑律是不能两歧的，所以现在修正新刑律亦定为十五岁，这一层可以不必讨论。

一二二号（江议员谦）：对于汪议员的话还有解释的地方，这一条便是教育作用与刑法作用的交代。（拍手）刑法作用何以要自十五岁以上呢？因为现在各国定强迫教育的义务年龄大概是七岁到十四岁，以前的儿童一定要用强迫教育，就是他有了罪，还要用教育来感化他，不必加以刑法。到十五岁以上，这义务教育的年龄已满了，没有强迫他受教育的性质，这个时候他犯了罪，就应归入刑法里头去。以义务教育时期之终为刑法作用之始，这理很通。

一五三号（易议员宗夔）：请议长付表决。

八七号（沈议员林一）：教育一层还有一个解释，这个感化教育原来是很好的，然看我们中国现在的情形，能施、不能施呢？我们这个刑律一二年就要施行，而这个教育岂一时遂能完吗？况十六岁与十五岁的人很容易混的，而将来这个登记法又不十分靠得住，将来十六岁、十七岁的人犯了罪之后都变为十五岁，这是很难分的事情，所以将来这个登记法若再靠不住，这一层那是很危险的。

四八号（陈议员懋鼎）：沈议员说的话不是这个问题。

（声浪大作。）

一三七号（邵议员羲）：一人不得发言二次。

一一二号（陈议员树楷）：讨论的时候可不在此限。

八七号（沈议员林一）：诸位没有办过案子，是不知道这里头的情形，现在十五岁犯罪的很多很多。

（声浪大作。）

一一二号（陈议员树楷）：比方一个说话那一位驳了，这个人还许发言、不许发言呢？

某议员：一人不得发言二次，《议事细则》上是有的。

一一二号（陈议员树楷）：《议事细则》上有"彼此互相讨论，不在此限"，若在议场上不准说话，那没有这个道理。

（声浪大作。）

副议长：请缓发言。

一一二号（陈议员树楷）：教育的目的是国家使人民养成一个完全的人格，若是刑法取教育主义，则全国人民犯了罪都不责人民不好，而皆归咎于国家之教育不充足，所以人民犯了罪后收入监狱，仍欲补足其教育，此说与现在所定的这一条无甚关碍。若谓十五岁以前的人就算完全没有教育，十五岁以后的人就算有教育，这个理由是说不过去的。

一一五号（许议员鼎霖）：照陈议员的意思是反对十五岁，究竟定十四岁、十五岁，总要说出定数才好表决。

一一二号（陈议员树楷）：本员的意思要分为二项的。

某议员：请议长付表决。

一一七号（雷议员奋）：照《议事细则》，应先以修正案付表决，若得少数赞成，则再以原案表决。

一一二号（陈议员树楷）：本员主张的第一期以十四岁为限。

一一七号（雷议员奋）：大家不要讨论了，陈议员的意思大家亦明白了，请议长先拿十四岁付表决。

四八号（陈议员懋鼎）：议题成立之后才能付表决，陈议员不过是倡议，还没有成为议题。

一五三号（易议员宗夔）：有三十人以上之赞成，方可作为议题。

一一〇号（于议员邦华）：现在不过是原案是分二期，而修正案是一期的。

副议长：陈议员倡议，众议员以为何如？

一一二号（陈议员树楷）：表决分二期或一期，然后再表决岁数。

（声浪大作。）

四八号（陈议员懋鼎）：陈议员倡议大家没有赞成的，这个议题就不能成立。

七三号（汪议员荣宝）：陈议员还没有明白这个意思，股员会是取绝对无责任的办法，不是取相对无责任的办法。现在陈议员的意思采用减轻责任主义，然必要议题成立之后，方可付表决。

副议长：请赞成陈议员倡议〔者〕起立。

副议长：足三十人以上，可以作为议题。

四八号（陈议员懋鼎）：请议长将议题付表决。

百十号（于议员邦华）：陈议员倡议亦是原案的意思。

一九〇号（吴议员赐龄）：原案是十二岁，与陈议员意思是不一样的。

一一七号（雷议员奋）：关于法律事体，不能随便说的，陈议员倡议是十三岁与十四岁，不能随便说的。

七三号（汪议员荣宝）：请将陈议员倡议议题付表决。

四八号（陈议员懋鼎）：照陈议员意思，《违警律》还是要修正，还是怎么样？

一四九号（罗议员杰）：请议长付表决。

七四号（陆议员宗舆）：本员反对陈议员的话，因为第二章不为罪，既然是不为罪，照现在陈议员意思要减轻，则这个法律是不是要全体改过？（拍手拍手）

（声浪大作。）

（众议员请付表决。）

副议长：现在由秘书官朗读陈议员修正案。

（秘书官曾彝进承命朗读陈议员修正案。）

一一七号（雷议员奋）：请议长斟酌《议事细则》，陈议员修正案是修正原案，并不是修正股员会修正案。

一一二号（陈议员树楷）：年岁先可以不必表决，请先表决分为二期抑为一期？

一五四号（陈议员命官）：陈议员修正不能这样修正，自己还弄不清楚，怎么样表决呢？（拍手）

五九号（顾议员栋臣）：现在分为三次表决，先表决十五岁，再表决十四岁，是陈议员修正的，然后再表决原案十二岁。

一一七号（雷议员奋）：现在三个数目是十五岁、十四岁、十二岁，议长就可以拿这三个数目表决，况陈议员意思大家已经知道，可以不必再说。

一三〇号（刘议员景烈）：应当先以股员会修正案付表决。

七四号（陆议员宗舆）：股员会修正案应当先付表决。

四八号（陈议员懋鼎）：照章应先以股员会修正案付表决。

副议长：请问众位，应就何项先行表决？

一五三号（易议员宗夔）：请议长看《议事细则》六十九条。

四八号（陈议员懋鼎）：请议长先以股员会修正案付表决。

一一二号（陈议员树楷）：应照第六十八条办理。

一一七号（雷议员奋）：现在有两个主义，一个是分二期，一个是不分二期。股员会修正案是不分二期，而原案是分二期，陈议员是修正原案，并不是修正股员会的修正案，大家要明白这个意思。况且陈议员是赞成原案分二期，可是对于原案十二岁又有点疑问，有点不同，应当先以股员会修正案付表决，陈议员修正案是因原案生出来的。（拍手）

四八号（陈议员懋鼎）：照《议事细则》第六十九条云云，应先以股员会修正案付表决。（拍手）

一一二号（陈议员树楷）：请先付表决原案。

一五三号（易议员宗夔）：照章程没有表决原案的条文。

副议长：先表决股员会修正案。

一一二号（陈议员树楷）：若是表决股员会修正案，是表决一期。

一一七号（雷议员奋）：与不分二期是一个样子的。

副议长：由秘书官朗读股员会修正案。

（秘书官曾彝进朗读股员会修正案第十一条。）

副议长：股员会修正案第十一条已经朗读，以为可者请起立。

（众议员起立，赞成者六十四人。）

副议长：六十四人，多数。（拍手）

（秘书官曾彝进朗读第十二条。）

［副议长：］众议员有无讨论？

（众议员"无讨论"。）

副议长：既无讨论，请赞成者起立。

（众议员起立赞成。）

副议长：多数。

（秘书官曾彝进承命朗读［第］十三条。）

副议长：[第]十三条有无讨论？

（众议员无讨论。）

副议长：无讨论即付表决，请赞成者起立。

（众议员起立赞成。）

副议长：多数。

（秘书官曾彝进朗读[第]十四条。）

副议长：[第]十四条有无讨论？

（众议员无讨论。）

副议长：无讨论即付表决，请赞成者起立。

（众议员起立赞成。）

副议长：多数。

（秘书官曾彝进朗读[第]十五条。）

副议长：此案有劳议员乃宣修正案，请法典股员长说明不采用之理由。

八十号（劳议员乃宣）：本员提出来的修正案十一日交到秘书厅，十六日法典股就审查完了，或者秘书厅未交到。

十三号（汪议员荣宝）：股员会多数议决《暂行章程》作废，已经提出不采用之理由书。

八十号（劳议员乃宣）：《暂行章程》第五条，本员以为此条理由很充足。比如他打他一拳，他也还他一拳，他砍他一刀，他也还他一刀，既是正当防卫，就应当防卫，就应当不加罪。可是对于尊亲属，小杖则受，大杖则走，子孙不可有正当之防卫以防卫其尊亲属，政府提出《暂行章程》，是本日本旧刑律原文，然日本新刑律就把这条删去了。不过本员意见，把《暂行章程》第[十]五条应该加入正文正当防卫之后。

一一七号（雷议员奋）：劳议员讲完没有？

八十号（劳议员乃宣）：完了。

一一七号（雷议员奋）：尊亲管束卑幼，因为子弟在幼稚时代，尊亲得干涉其行为，而干涉不应谓之侵害。侵害是平常人对平常人而言，至于尊亲对于卑幼应当干涉，不是侵害，可见侵害是平常人对于平常人，并不是尊亲对于卑幼，"侵害"二字已经很有界限了。试问尊亲属有不正之侵害，或是打或是骂，皆谓之"侵害"，可以不可以？谓之不正当之侵害，可以不可以？此条可以不必加入尊亲属对于卑幼之行为，不应用第五条来解释。

七三号（汪议员荣宝）：尊亲属对于子弟，万不能谓之不正之侵害。

八七号（沈议员林一）：雷议员、汪议员意思相同，解说都是很好的，但是在外国法律，生命、财产必须经尊亲属之管束，方是正当办法。

一一七号（雷议员奋）：沈议员所讲的不是对于劳议员意见，是对于股员会修正案有意见。这个问题既不是对于劳议员的修正案，就请先表决劳议员修正案。

一一二号（陈议员树楷）：试问法典股股员，比如尊亲属杀伤子弟，可以适用正当之防卫否？

一一七号（雷议员奋）：请问陈议员，本员要问主张对于尊亲属不应当用正当防卫，然而尊亲属有杀伤子弟没有？

八十号（劳议员乃宣）：瞽瞍杀舜就是不正之侵害，如果舜因为防卫自己把瞽瞍杀了或伤了，那就是不孝。

七三号（汪议员荣宝）：舜用正当防卫没有？

八七号（沈议员林一）：正当办法，本员意思［第］十六条应补足［第］十五条。

七三号（汪议员荣宝）：方才沈议员说各国法律权利都是保护生命、财产，现在刑律，本员都已对过的，不过此时只有日本新刑律在，照日本新刑律第二十六条规定亦是如此。

八七号（沈议员林一）：本员所举的是德国的刑法。就是日本的刑法，亦是从德国而来的。现在定的太宽，恐怕将来有流弊。

一三六号（王议员廷扬）：沈议员所说根据德国刑法究竟何条，请将原文一并见示，不能空论。

一一七号（雷议员奋）：尊亲属对于卑幼之行为，卑幼就不应有正当的防卫，无论如何，尊亲属对于卑幼，万不至有不正当之侵害，请问国家能定此种法律不能？

一三七号（邵议员羲）：劳议员所说的是民法上的问题，不是刑法上的问题。

七三号（汪议员荣宝）：总而言之，无论如何尊亲属万不至侵害子弟。

副议长：先表决劳议员的修正案。

四八号（陈议员懋鼎）：劳议员修正案究竟成立没有？

七四号（陆议员宗舆）：劳议员倡议，本员不大明白。

八十号（劳议员乃宣）：本员的意见是《暂行章程》第五条，改到正文里头去。

一三七号（邵议员羲）：劳议员倡议，并没有三十人以上之赞成。

七四号（陆议员宗舆）：劳议员主张的是不是应当有正当的防卫？

八十号（劳议员乃宣）：本员主张的是不应当有正当的防卫。

一一二号（陈议员树楷）：劳议员说的话不明瞭，比方爷爷打孙子，他孙子用正当的防卫把爷爷打死了。（语未毕）

一一七号（雷议员奋）：陈议员要把全案看明白。

一零九号（籍议员忠寅）：这件事情用不着这派讨论。劳议员与陈议员的意思都是好意，不愿中国有子弟杀伤父兄之事，但是劳议员主张的是伦理上的，不是法律上的。（拍手）至所谓瞽叟杀人，舜既未被瞽叟杀死，则不能援以为事实上之例。法律订定之后，子弟有不法行为，国家有法律代为管束，用不着尊亲属杀之也，奉劝劳议员不必过虑。

八六号（喻议员长霖）：劳议员主张的是中国伦常，关系很正大的，大家亦很注意。但无论如何，父兄万不至无故杀死子弟，且劳议员所虑的，就是将来民法亲族必有规定的。

副议长：现由秘书官朗读劳议员修正案。

（秘书官曾彝进承命朗读劳议员修正案第十五条二项。）

一零七号（李议员榘）：劳议员修正案不能付表决，要按照劳议员的修正案就坏了。

九号（议员铠公）：请议长付表决。

一七八号（高议员凌霄）：劳议员倡议我们虽不赞成，却不能说不付表决。

八一号（章议员宗元）：请付表决。

副议长：现在就先表决股员会修正案。

一三七号（雷议员奋）：表决者不是赞成之谓，劳议员修正案应付表决。

七三号（汪议员荣宝）：劳议员的意思大家都已明白，可以表决。

副议长：劳议员修正案现付表决，请赞成者起立。

（众议员起立赞成。）

副议长：少数。（拍手）

九四号（王议员佐良）：现在议场表决是很可笑的，倡议的赞成人有三十人以上，表决赞成人倒只二十人。

副议长：现由秘书官朗读股员会修正案第十五条。

（秘书官曾彝进承命朗读。）

副议长：现在表决股员会修正案第十五条，请赞成者起立。

（众议员起立赞成。）

副议长：多数。

副议长：现由秘书官朗读修正案第十六条。

（秘书官曾彝进承命朗读修正案第十六条。）

八七号（沈议员林一）：对于第二项修正，照总则应加"身分"二字。

一一七号（雷议员奋）：请问沈议员有修正案没有？

八七号（沈议员林一）：这就是修正案。

一一七号（雷议员奋）：本员不是说不准修正，凡在议场的议员都可以提出修正案，但为这本新刑律审查了一个多月，若有意见可以早些提出修正案，不能说随便改几个字就是一个修正案，这也是为慎重法律起见。

八七号（沈议员林一）：已经是从第一条修到第十六条，并不是我从十六条修正起的。

（众议员呼"请议长付表决"。）

副议长：如无讨论，请赞成第十六条者起立。

（众议员起立赞成。）

副议长：多数。

一三七号（邵议员羲）：时候不早了，人数也不够，本议员提起倡议，请议长宣告展会。

副议长：现在展会。

秘书长：明日仍开大会，议事日表现已分送，请诸位议员务必准时到会。

（下午十点二十分钟散会。）

2　宣统二年十二月初七日下午一点钟开议①

议事日表第三十六号：

第一、大清《新刑律》议案，再读；

---

① 资政院第一次常年会第三十八号议场速记录。

第二、统一国库章程议案，股员长报告，续初读；

第三、试办宣统三年追加预算案，股员长报告，会议。

副议长：今天到会者共一百二十一人。

一二三号（江议员辛）：本员倡议以为新刑律是很要紧的，虽明年不能颁行，必到宣统五年才实行，然不把条文早修正妥当，于人民生命、财产上是很危险的。如果逐条讨论，恐又耽误时光，不如命秘书官逐条读一遍，分章表决，不必逐条表决。

副议长：江议员倡议，众议员是否赞成？

一二七号（闵议员荷生）：这个新刑律应该讨论条文不应该讨论条文？新刑律比《报律》怎么样呢？《报律》都讨论条文，新刑律不讨论条文是何意思？如果今年议不过去，明年再议亦可。

八六号（喻议员长霖）：新刑律统共三十六章，一章一章表决，也不甚耽搁工夫。

九四号（王议员佐良）：这个事情大家尽可以各抒所见，不必故意滋闹。

一二三号（江议员辛）：请把本员倡议付表决。

副议长：赞成江议员倡议者请起立。

（众议员起立赞成。）

副议长：多数。……

副议长：现在开议大清新刑律议案，由秘书官朗读大清新刑律第三章第十七条。

一三四号（余议员镜清）：先头江议员对于《新刑律》表决的方法有个倡议，现在可以说明理由。

一二三号（江议员辛）：本议员的倡议，以为新刑律关系很要紧的，虽要到宣统五年开国会的时候才能实行，然现在不将条文修正妥当，于人民生命、财产是很危险的，但是逐条讨论恐又耽搁时光，不如请秘书官逐条朗读一遍，然后分章表决就是。

七三号（汪议员荣宝）：逐条读下去，读至一章完了之后，看有无讨论。如有讨论就请讨论，如无讨论就请表决。

五二号（毓议员善）：江议员既知道新刑律的关系最为重要，自然不可分章表决，草草通过。本议员意思还是逐条表决为是。

一〇九号（籍议员忠寅）：新刑律既经法典股审查过了，错处想必甚少，何必逐条表决，空费时间？

一一五号（许议员鼎霖）：与其大家争论耽误功夫不如逐条读去，有反对的再请讨论。

副议长：逐条朗读。有反对的就讨论，没有反对的就表决。

一〇九号（籍议员忠寅）：方才江议员的倡议是请秘书官逐条朗读，有异议的就讨论，无异议的就不必讨论。这分章表决的方法很好，似不必逐条表决。

一一五号（许议员鼎霖）：仍请逐条。读完一条稍为停顿，如无疑议，再读下去。

（秘书官曾彝进朗读大清新刑律第三章未遂罪第十七条毕。）

（议员有呼"表决后再读"者。）

副议长：方才所说是逐章表决。

七三号（汪议员荣宝）：请议长说明分章表决或逐条，先表决一下。

百三九号（汪议员龙光）：这个不必付表决，因为分章表决与逐条表决无异，比如分章表决，到异议多的地方还是得一一表决，岂不是一样吗？

七五号（长议员福）：本议员看无论分章或逐条表决，均可不用。比如秘书官读毕一条，请议长问诸位有无异议，如无异议，即请秘书官接续朗读就是。

副议长：［第］十七条有无异议？

（众议员无异议。）

（秘书官曾彝进接续朗读［第］十八条至第四章［第］二十二条。）

（副议长逐条问有无异议。）

（众呼"无异议"。）

（秘书官曾彝进接续朗读第五章第二十三条。）

副议长：有无异议？

众议员：无异议。

（秘书官曾彝进朗读［第］二十四条。）

七三号（汪议员荣宝）：这一条要声明，因为规定刑事诉讼五百零八条，所以没有删去。

副议长：有无异议？

（众呼"无异议"。）

（秘书官曾彝进朗读［第］二十五条至［第］三十六条。）

（副议长逐条问有无异议。）

（众呼"无异议"。）

秘书官（曾彝进）朗读第七①章［第］三十七条。

副议长：有无异议？

（众呼"无异议"。）

一一五号（许议员鼎霖）："十年未满"与"十年以下"有无分别？

七三号（汪议员荣宝）："十年未满"是不到十年，"十年以下"九年、八年都是。比如九年十二月二十九日亦算十年未满，到正月初一日连十年都在里头。

一七八号（高议员凌霄）：本员要质问一句，几年以上几年以下，多少圆以上多少圆以下，判决例是否已有规定一定不易之程度？若判决例没有规定，审判官以何为标准？

一三十号（刘议员景烈）：几年以上几年以下，多少圆以上多少圆以下，系审判官自由伸缩之范围，自与从前大清律有不同的地方。

一七八号（高议员凌霄）：判决例要是没有规定，怕是处断时有轻重不同。

一三十号（刘议员景烈）：刑律条文上已有规定的。

一一七号（雷议员奋）：刘议员、高议员所讨论的不在三十七条范围之内，暂时可以不必讨论。

副议长：三十七条有无异议？

（众呼"无异议"。）

（秘书官曾彝进朗读三十八条。）

副议长：有无异议？

（众呼"无异议"。）

（秘书官曾彝进朗读三十九条。）

宪政编查馆特派员（许同莘）：刑事诉讼法上载宣告法有两种，一种是文书宣告，一种是口头宣告，但是刑法上用"回报"字样较妥，不必用

---

① 原文为"二"。

"宣告"字样。

七三号（汪议员荣宝）：本来改成一律是好的，不过这个"宣告"所用是很习惯的，"回报"是分外的难懂，宣告是口头的宣告，送达是文书送达，这差不多的文理。现在刑事诉讼法没有颁布，所以用此种名词亦无所不可。

一三六号（王议员廷扬）：宣告后罪乃确定，在法庭公开，所以必须宣告，大家都知，非特谕知犯罪者而已。

一五一号（黎议员尚雯）：请议长付表决。

（秘书官曾彝进再朗读第三十九条。）

副议长：有无异议？

（众呼"无异议"。）

（秘书官曾彝进朗读第四十条。）

副议长：有无异议？

（众呼"无异议"。）

（秘书官曾彝进朗读［第］四十一条。）

副议长：有无异议？

（众呼"无异议"。）

一九〇号（吴议员赐龄）：拘役不得在一日以下，罚金不得在一圆以下，与第七章拘役二日未满一日以上、罚金银一圆以上复赘。

七三号（汪议员荣宝）：这是沈议员林一提出来的，如果屡次犯罪，罚金不到一圆、拘役不到一天，不能宣告是半天、是半圆，恐怕有九毛钱之罚金的时候，那到《违警律》里头去了。

（秘书官曾彝进朗读［第］四十二条。）

副议长：有无异议？

（众呼"无异议"。）

（秘书官曾彝进朗读［第］四十三条。）

副议长：有无异议？

（众呼"无异议"。）

宪政编查馆特派员（许同莘）：有声明的话，这"或巡警官署拘役所"八个字，拟删去，因为刑事诉讼［律］没有规定，可以不必加这八个字，请议长咨询本院可否删去？

（众呼"赞成"。）

（秘书官曾彝进朗读［第］四十四条。）

副议长：有无异议？

（众呼"无异议"。）

（秘书官曾彝进朗读［第］四十五条。）

副议长：有无异议？

（众呼"无异议"。）

（秘书官曾彝进朗读［第］四十六条。）

副议长：有无异议？

（众呼"无异议"。）

（秘书官曾彝进朗读［第］四十七条。）

七三号（汪议员荣宝）：要声明一句，这个四十七条与四十六条有分别。

副议长：有无异议？

（众呼"无异议"。）

（秘书官曾彝进朗读［第］四十八条。）

副议长：有无异议？

（众呼"无异议"。）

（秘书官曾彝进朗读［第］四十九条。）

副议长：有无异议？

（众呼"无异议"。）

副议长：今天晚上拟开夜会，众议员赞成否？

（众呼"赞成"。）

（秘书官曾彝进朗读第五十条。）

八六号（喻议员长霖）："喑哑"不如"聋哑"，因为"聋哑"本是两种性质。

七三号（汪议员荣宝）：声明因为"喑哑"是天生的一种人，所以不能受教育；要是"聋哑"，是有病生出来的，不见得没有受过教育，所以改为"喑哑"，限制严一点。

副议长：有无异议？

（众呼"无异议"。）

（秘书官曾彝进朗读第九章第五十一条。）

七三号（汪议员荣宝）：魏议员有修正案改为"代［首］"，可是没有采用。

六三号（魏议员联奎）：因为代首旁人也行，所以本议员有这个修正案。

宪政编查馆特派员（许同莘）：旁人代首还是本人的意见，究没有区别。

副议长：有无异议？

（众呼"无异议"。）

（秘书官曾彝进朗读第五十二条至［第］五十五条。）

副议长逐条问有无异议。

（众呼"无异议"。）

（秘书官曾彝进朗读第十一章第五十六条。）

副议长：有无异议？

（众呼"无异议"。）

一三六号（王议员廷扬）：草案褫夺公权之条文何以删去？

七三号（汪议员荣宝）：本来是这回草案没有用这个主义，法典股第二次议决按第一次草案，后来从新讨论，从新请特派员到会，因为这个主义采用有不方便的地方，若是三犯就没有法可加重，岂不变成空文了？

（秘书官曾彝进朗读第五十七条至［第］六十二条。）

（副议长逐条问有无异议。）

（众呼"无异议"。）

（秘书官曾彝进朗读第十二章缓刑第六十三条。）

副议长：有无异议？

一三六号（王议员廷扬）：还有罚金不在缓刑之例一项，何以缘故？

七三号（汪议员荣宝）：因为犯了罪既定了罚金，就是受了处分了，所以没有在缓刑之列。

（众呼"无异议"。）

（秘书官曾彝进朗读第六十四条。）

副议长：有无异议？

一三六号（王议员廷扬）：这个第一项缓刑期内，似应更犯罪受徒刑以上之宣告者，今止定拘役以上，似乎太刻。

宪政编查馆特派员（许同莘）：这个更犯是从前犯过罪的人，因他在缓刑之列，所以无须宣告。

（众呼"无异议"。）

（秘书官曾彝进朗读第六十五条至［第］六十八条。）

（副议长逐条问有无异议。）

（众呼"无异议"。）

（秘书官曾彝进朗读第十五章时效第六十九条。）

七三号（汪议员荣宝）：本员要声明一句，这个地方虽于原案稍有修正，然而其意思与期限，还是同原案一样，昨天政府特派员已经报告了，不过声音太小，诸位没有听清楚，所以本员再报告一声。

副议长：有无异议？

（众呼"无异议"。）

（秘书官曾彝进朗读第七十条。）

副议长：有无异议？

（众呼"无异议"。）

（秘书官曾彝进朗读第七十一条。）

副议长：有无异议？

（众呼"无异议"。）

（秘书官曾彝进朗读第七十二条。）

一零九号（籍议员忠寅）：请再念一遍。

七三号（汪议员荣宝）：本员再声明一句，原来是"搜索"，后来政府特派员说在刑事诉讼［律］上都是用"侦查"，所以于刑律上也改用"侦查"。

一三〇号（刘议员景烈）："侦查"两个字意义相同，倒不如用"搜索"两字似为妥当。

宪政编查馆特派员（许同莘）："侦查"二字包括两件事情，因为罪人逃亡不肯到案，就须用侦查的方法；若既已到案，就得查办，所以是两件事情。

一〇九号（籍议员忠寅）："侦查"两字不如"搜索"两字明显，据本员的意见，还是用"搜索"两字为妥。

（宪政编查馆特派员与一零九号、七三号同时发言，声浪嘈杂。）

一零九号（籍议员忠寅）：请议长付表决。

一三四号（余议员镜清）：本议员以为无须表决。

一〇九号（籍议员忠寅）：不付表决，如何知道赞成、反对的人数呢？

副议长：赞成第七十二条者起立。

（众起立赞成。）

一〇九号（籍议员忠寅）：方才表决起立的是少数。

副议长：请反对者起立。

七三号（汪议员荣宝）："搜索"同"侦查"是两件事情。

宪政编查馆特派员（许同莘）：本来是两件事情。

副议长：朗读政府修正案第七十二条改"搜索"为"侦查"。

（秘书官曾彝进朗读政府修正案第七十二条。）

副议长：请反对者起立。

五二号（毓议员善）：今天在场人数总共多少，请议长宣告。

副议长：九十五位。

五二号（毓议员善）：九十五位，不到三分之二怎么能开会？《资政院院章》不到三分之二不能开会，既不能开会，怎么能表决？如果议场之外的人可以算数，则资政院以外的人也可以算数。

一七六号（罗议员其光）：请议长命秘书官将各议员在股员室的请来。

五二号（毓议员善）：新刑律非常重大，若人数不足，万不可即付表决，草草通过。

七三号（汪议员荣宝）：今天是初七，距闭会期还有三天，能否议完？要照这样可是一定不行的，应当有甚么法子维持一下子？再者各位议员到了三点钟才到，过了三点人又走了，人数不够三分之二，不能开会，一天所能开会时候不过一二点钟，真是可惜。

八六号（喻议员长霖）：汪议员所说的请大家注意就是。

一三五号（郑议员际平）：现在开议已久，各位议员纷纷出场，不如请议长宣告休息。

一一七号（雷议员奋）：请议长宣告休息三十分钟，但是现在人数不足三分之二，休息后人数恐仍不足三分之二，不如请议长命秘书官到股员室先查一查人数看，如果两处合计人数还不足，今天不能开议了。

一三〇（刘议员景烈）：本议员很赞成雷议员的话，若是人数不及三分之二，休息后仍是不能开议。

副议长：现在休息一点钟。

（下午六点零三分钟议事中止。）

（七点四十五分钟接续开议。）

秘书长承命报告：方才查点人数，本日到会共有一百一十一位，在场人数有一百零六位，还有五位在预算股员室赶编预算总报告，俟表决时就到议场。现在将近闭会，所有请假议员多半不能再来，现计丁忧回籍、请病假辞职共计三十七位，除三十七位外，现在场人数已足三分之二。

法部特派员（邵从恩）：法部前奏请交议之《承发吏职务章程》，现各省审判厅开庭在即，此项章程急于要用，请议长知会法典股，提前审查，总望于本会期内成立才好。亦知闭会在即，法典股颇忙，然此项章程甚简单，审查较易。

副议长：可以提前审查。

副议长：现在开议。

（秘书官曾彝进朗读第七十二条。）

副议长：此案先已表决，因人数不足，现在是否应再付表决？

（众呼"请再表决"。）

（秘书官曾彝进再读第七十二条，改"搜索"为"侦查"。）

（众呼"无异议"。）

（秘书官曾彝进朗读第七十三条至〔第〕八十二条。）

（副议长逐条问有无异议。）

（众呼"无异议"。）

（秘书官曾彝进朗读第八十三条。）

七三号（汪议员荣宝）：头一回改为"官署"，后来因为官署就是公署，且公署可以包括官署，故改作"公署"。

（秘书官曾彝进朗读第八十四条至〔第〕八十五条。）

（副议长逐条问有无异议。）

（众呼"无异议"。）

（秘书官曾彝进朗读第八十六、八十七条。）

（副议长逐条问有无异议。）

（众呼"无异议"。）

（秘书官曾彝进朗读第八十八条。）

六三号（魏议员联奎）：第八十八条笃疾内毁败视能、听能云云，是毁败两眼两耳，抑毁败一眼一耳？如指一眼一耳，科罪未免太重。又一肢本是废疾，未便列入笃疾内，其废疾内减衰视能、语能、听能，以何为标准？又废业务至三十日亦为废疾，至少须科三年徒罪，亦未免过重，可否仍照中国旧律及各国普通法文，笃疾、废疾以一事、二事为断，废业务至三十日一层亦以轻微伤论？

七三号（汪议员荣宝）：魏议员提出的意思也是很好，这个是有区别的。瞎两眼、聋两耳是毁败视能、听能，瞎一眼、聋一耳是减衰视能、听能，毁败是全失其能力，减衰是减少其能力，刑律草案上亦不是一样。

六三号（魏议员联奎）：毁败是不是全然毁败？

七三号（汪议员荣宝）：全毁败了是毁败两耳两眼，至于说有甚么区别没有，也是有的，这个第五款、第六款是有区别的，第五款是内伤，第六款是外面变更容貌，这是有区别的。至于说处分太轻，他已毁败、衰减一切，生计都没有了，若加重处分，似乎不当。

六三号（魏议员联奎）：这第五、第六款都是说三十日以上，何以知其为三十日以上呢？三十以上有何标准？

七三号（汪议员荣宝）：所谓三十日以上，是以医师诊断证书为凭，是有标准的。

副议长：有无异议？

（众呼"无异议"。）

（秘书官曾彝进朗读第八十九条至［第］九十条。）

（副议长逐条问有无异议。）

（众呼"无异议"。）

（秘书官曾彝进朗读第九十一条。）

一三〇号（刘议员景烈）：这个范围太宽了，要修正一下。

七三号（汪议员荣宝）：这一条是为尊重皇室起见，所以有这个规定。

副议长：有无异议？

（众呼"无异议"。）

（秘书官曾彝进朗读第九十二条至［第］九十四条。）

（副议长逐条问有无异议。）

（众呼"无异议"。）

（秘书官曾彝进朗读第九十五条。）

一九〇号（吴议员赐龄）：请问审查长，这一条所指是故意犯还是过失犯？

七三号（汪议员荣宝）：是过失犯。

一九〇号（吴议员赐龄）：既是过失犯，何以有罚金？

七三号（汪议员荣宝）：凡是过失犯、故意犯，都有罚金。

副议长：有无异议？

（众呼"无异议"。）

（秘书官曾彝进朗读第九十六条至百十七条。）

（副议长逐条问有无异议。）

（众呼"无异议"。）

（秘书官曾彝进朗读第百十八条。）

六一号（陈议员善同）：原案的规定在中国内尚属可行，若是在外国范围内，恐现在我们的权力还达不到。

七三号（汪议员荣宝）：因为帝国臣民在外犯罪者得适用帝国法律，虽在外国受处断，而在名义上还是受本律处断。

副议长：有无异议？

（众呼"无异议"。）

（秘书官曾彝进朗读第百十九条。）

七三号（汪议员荣宝）：照第十九条减轻一等，所以将徒刑一等减去。

副议长：有无异议？

（众呼"无异议"。）

（秘书官曾彝进朗读［第］百二十条。）

一六〇号（王议员绍勋）：不敬之行为是怎么样？

七三号（汪议员荣宝）：九十条与九十三条都是一个样子。（读原案）

副议长：有无异议？

（众呼"无异议"。）

（秘书官曾彝进朗读［第］百二十一条。）

副议长：有无异议？

（众呼"无异议"。）

（秘书官曾彝进朗读［第］百二十二条。）

七三号（汪议员荣宝）：这个照三百零七条加重，三百零七条是对于平人的，这是对使节者。

副议长：有无异议？

（众呼"无异议"。）

（秘书官曾彝进朗读第百二十三条至［第］百二十五条。）

（副议长逐条问有无异议。）

（众呼"无异议"。）

（秘书官曾彝进朗读［第］百二十六条。）

一三〇号（刘议员景烈）：其他国章，比如他们外国徽章赠与中国者算不算？

宪政编查馆特派员（许同莘）：这个是不能算的。

七三号（汪议员荣宝）：国章、徽章不同，国章是代表外国的意思。

（秘书官曾彝进朗读［第］百二十七条。）

副议长：有无异议？

（众呼"无异议"。）

（秘书官曾彝进朗读［第］百二十八条。）

一七八号（高议员凌霄）：照日本刑法一百三十四条，他的规定是因为违背本国局外中立之命令，现在这条到底是本国局外中立还是外国局外中立？

七三号（汪议员荣宝）：外国命令不能到我们中国来，这个自然是本国的局外中立。

副议长：有无异议？

（众呼"无异议"。）

（秘书官曾彝进朗读第百二十九条至［第］百五十四条。）

副议长逐条问有无异议。

（众呼"无异议"。）

（秘书官曾彝进朗读第一百五十五条。）

副议长：有无异议？

（众呼"无异议"。）

一三七号（邵议员羲）：这第一百五十五条修正案四等有期徒刑定得太重，应该还是照原案为是，处五等有期徒刑、拘役或一百圆以下罚金。

副议长：现在邵议员倡议要把四等有期徒刑减轻一等，改为五等有期徒刑。众议员赞成否？

宪政编查馆特派员（许同莘）：减轻一等本属可行，但这一条若减轻一等，下一条亦应减轻。

一三七号（邵议员羲）：本员的倡议有人赞成，请议长把这个倡议付表决。

副议长：现在由秘书官朗读邵议员的修正案。

（秘书官曾彝进承命朗读邵议员羲的修正案，改四等以下为五等以下，三百圆为一百圆。）

副议长：邵议员修正案已由秘书官朗读过了，现付表决，请赞成者起立。

（众议员起立赞成。）

副议长：多数。

一六四号（陶议员毓瑞）："不论有无事实"这一句可以删去。

（秘书官曾彝进朗读第一百五十六条至［第］一百八十条。）

（副议长逐条问有无异议。）

（众呼"无异议"。）

（秘书官曾彝进朗读第一百八十一条。）

副议长：有无异议？

（众呼"无异议"。）

九二号（林议员绍箕）：请问宪政编查馆特派员，减轻徒刑这所指三等人有轻重没有？

宪政编查馆特派员（许同莘）：请贵议员再说一说，听不清楚。

九二号（林议员绍箕）：请问减轻徒刑这三等人之中，有轻重分别没有？

宪政编查馆特派员（许同莘）：照刑事诉讼与民事诉讼律，其中有点分别。

副议长：有无异议？

（众呼"无异议"。）

（秘书官曾彝进朗读第一百八十二条。）

副议长：有无异议？

（众呼"无异议"。）

六八号（文议员溥）：这一条有既决、未决之分，则所定之罪是指已决而言还是未决而言呢？

七三号（汪议员荣宝）：这一条是指已决而言的。

六八号（文议员溥）：既指已决而言，则现在合同一起，审判官将何从而定？

宪政编查馆特派员（许同莘）：已决是处二等有期徒刑，未决是处四等有期徒刑，可以这么解释。

（秘书官曾彝进朗读第一百八十三条。）

副议长：有无异议？

（众呼"无异议"。）

（秘书官曾彝进朗读第一百八十四条。）

副议长：有无异议？

（众呼"无异议"。）

副议长：第一百八十五条有无异议？

（众呼"无异议"。）

（秘书官曾彝进朗读第一百八十六条第一项第一款毕。）

一七八号（高议员凌霄）：这一项仅指在城镇人烟稠密之处放火而言，范围太小，不能概括，比如在乡村偏僻之处，其放火事亦尝有的，岂可无罪？据宪法大纲法文，不规定之行为不为罪，本员意见，此第一款"城镇之下"宜加入"乡村"二字，方不遗漏。

七三号（汪议员荣宝）：因为乡村地方亦有人烟稠密之处，所以还有这一句"偏僻之地不在此例"，这么一来，凡乡村人烟稠密的意思已包括其中了。

副议长：还有异议否？

（众呼"无异议"。）

（秘书官曾彝进朗读第一百八十六条第二款至第六款。）

副议长：有无异议？

一〇九号（籍议员忠寅）：请问法典股审查长，这"营造物"三个字有根据、没有根据？本员意思，这个地方所谓营造物，即寺院、戏场、旅店等都是人烟稠密之处，包含在内，但是日本所谓营造物，在法律上有定义的，有界限的，不是随随便便都可指为营造物的，如以戏场、寺院、旅店等等名目都指为营造物，将来恐有窒碍的地方。

七三号（汪议员荣宝）：因为《违警律》上是营造物，所以这里亦用"营造物"三字。

一〇九号（籍议员忠寅）：本议员以为"营造物"三字是日本的名词，传入我国已久，以我们脑子里头觉得这"营造物"三字很熟，遂不仔细辨别他了，[现]在本员有个倡议，拟改为"建筑物"三字，诸位以为何如？

宪政编查馆派员（许同莘）：所谓"营造物"因有营造的意思在内。

一〇九号（籍议员忠寅）：日本所谓"营造物"者，因在行政法上有行政权的，这个范围甚窄。现在照特派员的意思是包括建筑而言，所以"营造物"三字必须改正。

宪政编查馆特派员（许同莘）：凡公所、学堂、宿舍都可称为营造物，可是这个都是从日本习惯上来的。

一三七号（邵议员羲）：本员的意见，中国所谓"营造物"三字，与日本所称"营造物"之性质不同。

一〇九号（籍议员忠寅）：本员倡议"营造物"为"建筑物"，诸位议员是否赞成？

一三七号（邵议员羲）：日本所谓营造物有一种行政权的，而我们现在以戏场等指为营造物，则此营造物之性质全然不同。

七三号（汪议员荣宝）：本员已经说过这三个字因《违警律》上亦如此，所以本股员会亦用此三字，免得两歧。

一〇九号（籍议员忠寅）：《违警律》上虽有这三字，然新刑律不必强同，并且《违警律》将来亦可以改的。

一三七号（邵议员羲）：营造物可以包括建筑物，而建筑物不能包括营造物。

（某议员）：营造物范围小，在法律上解释，凡有权利的不能算营造物，现在照我们中国解释是不对的，将来恐有许多争议，何如把它改为"建筑物"？

一三〇号（刘议员景烈）：籍议员要将"营造物"改为"建筑物"，是三读时候修正字句的事。

一〇九号（籍议员忠寅）：不过现在改正之后，将来免得再行讨论了。

七三号（汪议员荣宝）：这个营造物即是建筑物。

一〇九号（籍议员忠寅）：本议员的倡议大家是否赞成，请议长付表决。

副议长：籍议员的倡议要把"营造物"三字改为"建筑物"，倘有三十人以上之赞成即作为议题。

（议员有呼赞成者。）

一〇九号（籍议员忠寅）：请议长再付表决，看到底有三十人以上没有？

一七八号（高议员凌霄）：本员还有个质问，这第一百八十六条第五项里头，学堂、工厂等名目都列入，独汽车、船舰等反不规定，照日本的刑法，凡防火条文之中，车船等等都一一规定，因在车船中放火等事很多，关系生命、财产很大，所以都规定条文之内。现在宪政编查馆编订法律之时，何独车、船等名目不规定在内呢？抑还是否以"营造物"三字即包括船舰、汽车等在内也？

七三号（汪议员荣宝）：这一百八十六条原文亦作为营造物，且这营造物就是建筑物的意思。

副议长："营造物"改为"建筑物"，请赞成者起立。

（众议员起立赞成。）

副议长：多数。

七三号（汪议员荣宝）：本员要声明一句，既然"营造物"改为"建筑物"，凡法律上所有"营造物"字样要一律改为"建筑物"才好。

一七八号（高议员凌霄）："营造物"既改为"建筑物"，凡轮船、汽车等亦应该在此处规定，因为这个关系很大，请议长咨询本院有无赞成本议员的倡议。

副议长：此节请股员长修正字句时再行斟酌。

一七八号（高议员凌霄）：本议员倡议加入轮船、汽车，不是字句的关系，现在一百八十六条第五项"营造物"既改为"建筑物"，这个轮船、汽车自应载在里头，请议长咨询本院决定之。

七三号（汪议员荣宝）：请贵议员注意，"放火"岂不是有"破坏"的意思么？

一七八号（高议员凌霄）："放火"有时还要伤人，岂"破坏"二字即能包括吗？

一二三号（江议员辛）：请议长付表决。

七三号（汪议员荣宝）：放火亦是破坏行为之一，请贵议员注意。

一九三号（顾议员视高）："破坏"二字已经包括放火在内。

一三七号（邵议员羲）：高议员的倡议是注重在交通的，然于交通未便之时，定罪未免太重。

一七八号（高议员凌霄）：长江一带的情形，想诸位亦都知道的，这个拔手放火把轮船烧起来的事情是很有的，现在是交通时代，所以本员有这个倡议。

宪政编查馆特派员（许同莘）："营造物"既改为"建筑物"，则轮船、汽车自应加入。

一七八号（高议员凌霄）：政府特派员既赞成本员的倡议，请议长咨询本院第五项里头应加入"船舰、汽车"字样，日本刑法第四百零五条亦是专规定此项之罪。

一三〇号（刘议员景烈）：本员不赞成如此规定，我们虽仿照日本，然不能一概抄袭日本的。

一〇九号（籍议员忠寅）：本议员再四思维，说句平心静气的话，这破坏与放火是两件事情，比如放火有时伤人，而破坏不过财产上之丧失，纵或有伤人命，而罪仍有轻重。因放火难免不连累别人，而破坏未必有这样的事，所以是两样的。既是这个样子，高议员的倡议，本议员也赞成加上，不过本议员以为不应当加入第五项，应另设一项，诸位以为如何？

（秘书官曾彝进朗读籍议员倡议增补［第］一百八十六条之第七项毕，问籍议员是否加此一项。）

一〇九号（籍议员忠寅）：大旨如此，其文字俟三读时再行修正。

副议长：籍议员倡议，众议员赞成否？

（众呼"赞成"。）

副议长：现在表决籍议员倡议加一项，赞成者请起立。

（众议员起立。）

副议长：多数。现由秘书官朗读［第］一百八十七条。

（秘书官曾彝进朗读［第］一百八十七条。）

副议长：有无异议？

（众呼"无异议"。）

（秘书官曾彝进朗读第一百八十八条。）

一三七号（邵议员羲）：此条"所有"两字是否应删去？

一三〇号（刘议员景烈）："所有"两个字已经删去了。

七三号（汪议员荣宝）：没有删去。

一三七号（邵议员羲）：如未删去，则"所有"两字包括太广，而此条刑法未免太重。

宪政编查馆特派员（许同莘）："所有"二字系民法上所有权范围，亦未见得太宽。

一一七号（雷议员奋）：邵议员的倡议，因为原案所载放火毁他人所有建筑物、矿坑，可以包括在内，今修正作为所有物，似乎没有范围。

七三号（汪议员荣宝）：请雷议员再说明两样的理由。

一三七号（邵议员羲）：原案称"物"，修正案称"所有物"，所有物是所有之物，原案没有"所有"两字，而修正案有"所有"两字。总之，此两条皆无标准，譬如缩小言之，一张纸、一管笔都是所有物，若被焚去而即处以刑，有是理乎？

七三号（汪议员荣宝）：查［第］三百六十一条所规定的，也是处以三等有期徒刑，如果说这条重，那条也是重。

一三七号（邵议员羲）：本员倡议这条请议长再付股员会审查，定出一个确实标准。

宪政编查馆特派员（许同莘）：此条重在一等或二等有期徒刑，并不重在"所有"二字。

一三七号（邵议员羲）：问所有物是否指矿坑以外之物而言，抑与矿坑相连带之物而言？

七三号（汪议员荣宝）：看［第］一百八十五条就明白。

一三七号（邵议员羲）：看这条文，矿坑总是一个物，不能与寻常物相比。

副议长：此条所指之物，一张纸、一管笔都在内。

七三号（汪议员荣宝）：请看［第］一百八十三条所指的物是矿坑以外之物，所以不是处三等有期徒刑，是处四等有期徒刑或拘役。

宪政编查馆特派员（许同莘）：放火的罪很重，无论烧毁什么东西，都是最危险的，所以这条定四等以下有期徒刑或千圆以下罚金，却并不重。

一三七号（邵议员羲）：放火烧矿坑与本员所说放火烧他人所有物这

个意思是两样。

七三号（汪议员荣宝）：不是的。这条所有物是专指矿坑以内之物，一张纸、一管笔是别的事情，不在此限。

一二九号（汪议员龙光）：这条把"百圆以上"四字删去就可以了。

一〇九号（籍议员忠寅）：本议员有个倡议，这条应改为"凡放火烧毁一百八十六条各项所规定他人所有物"，看大家意思如何？

（众呼"赞成"。）

一三四号（余议员镜清）：这条关系重大，请议长再付表决。

副议长：此条异议既多，只好再付审查。

（众呼"赞成"。）

（秘书官曾彝进朗读［第］一百八十九条至［第］二百零四条毕。）

（副议长逐条问有无异议。）

（众呼"无异议"。）

一三五号（郑议员际平）：现在人数不够，大家讨论粗心得很，新刑律关系重大，岂能草草通过？（拍手）

一二九号（汪议员龙光）：今天再读已到二百余条，不为不多，若从此念下就念完，这点钟也还是念不完，请议长宣布展会。

副议长：现在展会，明天仍照常开会，请各位早到。

（下午十点半钟散会。）

3. 宣统二年十二月初八日下午一点三十分钟开议①

议事日表第三十七号：

第一、大清新刑律议案，再读；

……

议长：现在开议。

七三号（汪议员荣宝）：昨天会议新刑律第一百八十八条，公决再付审查，现在审查已毕，可以先行报告。

……

---

① 资政院第一次常年会第三十九号议场速记录。

议长：请汪议员报告。

七三号（汪议员荣宝）：现在是对于新刑律草案续行报告。昨天议场议决的结果有再付审查事件，今天上午十点钟开法典股股员会，再行审查，审查议决结果现在报告。昨天再付审查事件就是第一百八十六条加第七款，还有第一百八十八条究竟范围与刑名怎么样两件事情。审查多数议决以为，会场所加第七款是正常增加，应该增加，不过议场提出问题全在"船舰、汽车"字样，所以再付审查，法典股多数议决以为"汽车"二字可以删去，为什么呢？因为这个问题重要之点就在多众乘坐这几个字，重要在人民乘坐的关系，并不是一种闲车、闲船的关系，所以空车、空船不在其内，有多数乘客才成为罪，况船舰的范围非常之大的，乘坐的人不一定一乘坐即丧失性命的，而泊在码头之时，乘客已经多上，那时才放火，有种种的危险，长江一带是常常有的，空船、空车除了之外，汽车、电车多数乘客而自己放火，断没有这个情形，因为车很快，很不容易下手的，且在行驶的时候，自己放火危害自己，于事实上亦不大明白。现在股员会议决这第七款有"船舰"字样，现在多数议决第一百八十七条、第一百八十八条及第一百八十九条"矿坑"二字之下多要加"船舰"二字，至于第一百九十条第四项"矿坑"下亦应加"船舰"二字，一直到四百零四条，原来第三百九十九条第二项规定，现在亦应该加上，而与第一百八十六条"建筑物"、"矿坑"、"船舰"相连的条文，统统加上"船舰"二字，这是报告之一。还有第二层，昨天付审查，这第一百八十八条他人所有物虽极小的东西，好比如一枝笔、一个帽子，万一有了火烧的情形，处之以三等有期徒刑，原来法典股修正的刑名改为四等以下有期徒刑、拘役或一千圆以下之罚金，极少到一圆，这个问题可以不生。况且所有这条的范围，大概仿照日本旧刑法上有比类的地方，这条所有物若并不值几何的东西，烧了之后，亦是可照原案的样子，此宜报告者二。昨天就是这二条付审查，所以报告如此。

一二九号（汪议员龙光）：昨天放火章程内高议员请添入"船舰"，经众赞成很是，但还有一遗漏的地方，则山上材木是也。本议员住在景德镇，因为该镇烧瓷，数百里内，山材非常珍重，每一号山上材木动值千金，仇家放火一烧便干干净净，此种案情不时辄有；且山上材木举国皆认为材产大宗，不独地亩为然。且日本刑律，凡山上竹木、田中谷麦皆规定在内，彼国刑律也是概括，不是列举，何以我国定律独不列入条文？汪议员谓矿坑外之物便包括在里，本议员窃以为山山有材木，不能山山有矿坑，设附近数百里无矿坑，则此条便穷于援引，看来似不能包括在内，仍请改订为是。

七三号（汪议员荣宝）：不是这个样子讲的，本律上所谓"以外"二字，照论理讲起来，凡天下之所有物都包括在内，不仅是建筑物，不仅是矿坑，不仅是学堂宿舍，凡天下之物都包括在内，不是列举规定的，是包括规定的，就是这个森林亦在其内。

一二九号（汪议员龙光）：矿坑以外之物决不能包括的，应当另外规定方好。

七三号（汪议员荣宝）：请大家讨论罢。

一三四号（余议员镜清）：这个没有什么讨论的地方。

七三号（汪议员荣宝）：本员报告如此，请诸位再行讨论。

议长：现在可以付表决，先由秘书官朗读法典股修正的条文。

（秘书官曾彝进朗读法典股再行审查第一百八十六条修正案。）

议长：再行审查之修正案第一百八十六条有无异议？

（众议员无异议。）

（秘书官曾彝进朗读第一百八十八条再行修正案。）

议长：第一百八十八条有无异议？

（众议员无异议。）

七三号（汪议员荣宝）：声明一句，第一百八十六条加第七款有"船舰"字样，而第一百八十七条、第一百八十八条、第一百八十九条、第一百九十条第四项、第一百九十一条以上几条，统统"矿坑"之下都加"船舰"二字，这是当然生出来的。

议长：现在按照议事日表，接续开议大清新刑律。

（秘书官曾彝进朗读［第］二百零四条至［第］二百五十六条。）

（议长逐条问有无异议。）

（众议员无异议。）

（秘书官曾彝进朗读［第］二百五十七条。）

副议长：第二百五十七条，众议员有无异议？

五二号（毓议员善）：此谓坛庙、寺观，此庙系指何庙？是否系载祀典者？

一〇六号（齐议员树楷）：应添入"载在祀典"四字，方有区别。

七三号（汪议员荣宝）：这条系指太庙以外之庙而言，有分别的。无所谓载在祀典不载在祀典，至于太庙，九十三条已有规定。

五二号（毓议员善）：这个坛字自然是指天坛、地坛了，这个庙字似乎含混。

一〇六号（齐议员树楷）：坛庙、寺观要不分出载在祀典与否，现在各处多有以寺庙改为学堂的，如果将来自治会、巡警局无款修筑房屋，大概多用寺庙为便，若加以罪名，又叫人怎么办呢？

七三号（汪议员荣宝）：若是改为学堂，那是正当的用处。

五二号（毓议员善）：本员有个修正案，以为天坛、地坛应与太庙并重。

四八号（陈议员懋鼎）：这个坛字不是专指天坛、地坛而言，就如各省已有所谓坛社。

宪政编查馆特派员（许同莘）：坛庙本可分广、狭二义，解释狭义，自系指载在祀典者言；若其广义，亦可兼包外省各处祭祀坛庙在内。

五二号（毓议员善）：因为天坛、地坛都是关于国家大典，须与太庙、陵寝并重。

一九〇号（吴议员赐龄）：乡间每有用庙寺改为学堂、公所，若不分出载在祀典与否，彼用庙祀改为学堂，必要移神像，岂不是大不敬的？凡载在祀典与否，似乎非分出来不可。

七四号（陆议员宗舆）：庙字改为学堂，须先由官允许，不能随便准个人毁损，方是正办。

一九〇号（吴议员赐龄）：凡载在祀典，就应归国家保护；若不载在祀典者亦加保护，是教人迷信神权，殊非国家立宪政体。

一三〇号（刘议员景烈）：不能指定哪一种庙轻，哪一种庙重，若说人民信教自由，只可视人民之信仰而已。

一九〇号（吴议员赐龄）：究竟可否借用庙产？

七三号（汪议员荣宝）：当用就可以用，但不可有不敬的行为。

一九〇号（吴议员赐龄）：当用就用也是不敬的行为。设遇一边为兴学派，一边为阻学派，同引用此条法律，裁判官如何判决？

七三号（汪议员荣宝）：庙改为学堂，神像仍是应当孝敬的，凡合于习惯者，皆不为罪。

一一五号（许议员鼎霖）：改学堂又是一个问题，此时不必议，但就寺观、坟墓、礼拜所论之，当有两层规定，一层是载在祀典、志乘者，一层是载在条约及为国家所许者。

一三〇号（刘议员景烈）：按信教自由，尊拜神像将来是宪法所应规定的。

一一五号（许议员鼎霖）：但以人民信仰为断，若八卦教、白莲教等，国家亦可许其信仰自由耶？

七三号（汪议员荣宝）：上自太庙下至礼拜堂，无一不应尊崇者。

一一五号（许议员鼎霖）：要解释清楚才好。

五五号（崇议员芳）：我们中国都知坛庙是大祀，要不分别清楚，将来恐不免有大不敬的事。

五二号（毓议员善）：这个坛字若指天坛、地坛，就应与太庙并列，不能与寻常寺观、坟墓毫无分别。

七三号（汪议员荣宝）：太庙、陵寝是关系皇室的，天坛、地坛是关系全国的。

四八号（陈议员懋鼎）：太庙直接关系皇室，天坛、地坛是关系全国的祀典，并不是直接关系皇室。

一三四号（余议员镜清）：这并没有什么可讨论的地方，这个二百五十七条对于庙坛、寺观不必改条文，若改条文是很危险的，刑律草案上有注意的地方可以解释。

一一五号（许议员鼎霖）：审查长方才报告说"无论载在祀典、不载在祀典"，所以才生出这许多讨论，仍以草案载在祀典为界限最妥。

一九〇号（吴议员赐龄）："坟墓"二字不定界限，亦是不好。两广签注亦有询及墓所是否指帝王陵寝及名贤祠墓而言，似应揭明祀典坟墓，若徒指常人坟墓，则东南各省遍野皆坟墓，樵牧行人踯躅憩息，种种亵渎，所在皆是。恐以此为罪案，未免忙煞裁判官了。

七四号（陆议员宗舆）：现在中国的庙宇，无论哪一处地方都有的，至于小庙也很多的，虽然不载在祀典，然而这一方百姓既已公然信仰，若是一个人公然有不敬之行为，恐百姓也是不能答应，万一双方争执，岂不是有害公安？故法律上就应有相当之保护，因为有这一层，所以不能定要说到载在祀典，至于人家坟墓不能侵害，旧律上亦是有的，所以不能不加上这一层。

一四八号（陶议员峻）：现在办学堂多因经费不足，假用庙地，其改造布置等件，动可加以不敬之行为，就是办学堂的大大的阻力。且人民对于普通坟墓并不负致敬的责任，也没有所谓不敬之行为。本员的意见，"坟墓"二字可以去掉，庙可定为载在祀典的，请议长付表决。还有一层，议场之上，往往两三个人同时吵嚷，殊属不成事体，请议长禁止。

一三〇号（刘议员景烈）：本员所谓信教自由，并不是无根据的，请许议员将宪法大纲与宪法的原理研究，是否如此规定？

一一五号（许议员鼎霖）：虽是如此规定，而对于庙宇不能说这个话。还有一层大家要注意，这个新刑律是为收回领事裁判权起见，要从信仰自由而没有范围，就如南方敬狐，北方敬猬，假如有外国人于此等事情有所误犯，就要处以法律，恐怕他们不能承认。

七三号（汪议员荣宝）：贵议员所说此等事情，也是很少的。

一一五号（许议员鼎霖）：若说刑律是为收回领事裁判权起见，本员不能无疑意，新刑律规定对于庙宇不敬处五等徒刑，若南方敬狐、北方敬猬，皆以瓦缸草庵为信仰之所，如有洋人经过误犯，偶以其杖挑破此缸庵，就要处以徒刑，恐怕做不到，岂不是失刑律之效力？

一一二号（陈议员树楷）：信教自由各国都有，而必须成一教派，方能使人信仰，譬如天主教、耶稣教，都是自成一派的，但中国所信仰的太多，寺院、庙宇杂列纷陈，若在其随意信仰，迷信邪说之事，将日多一日矣。

（语言嘈杂，议场骚然。）

一三四号（余议员镜清）：这个事情不用争执了，今天看诸位所争执的不过以为不规定在祀典，现在庙宇内设学堂的很多，恐将来有许多不便的地方，这是不难解决的，办学务的人都是明白道谊的人，应没有公然不敬之行为，请诸位不必争执。

（一三二号、一二三号、一三三号、四八号、七三号同时发言，〔音〕声浪大作。）

一二九号（汪议员龙光）：不敬之行为施于坛庙、寺观，容或有之，然都稀罕之至，为此事而举发人罪，更稀罕之至，不过聊备一条而已。至于不敬之行为施于坟墓，不知从何施起？此万无之事，据本员看起来，"坟墓"二字可以不要。

一五九号（蒋议员鸿斌）：本员有个修正，可以分作两项。第一项对于载在祀典坛庙、坟墓，公然有不敬之行为者，处五等有期徒刑或拘役或一百圆以下罚金；第二项对于坟墓及其他礼拜所公然有不敬之行为者，处拘役或一百圆以下罚金。

一四九号（罗议员杰）：据本员意见，本章题目已标"祀典"字样，可以不必增加"祀典"字样，只将第一项"坟墓"二字移增第二项"妨害"字下就可以了。

宪政编查馆特派员（杨度）：此章各条都是关于坟墓之规定，惟这一条"坟墓"二字是指有祀典的，至于庙宇、寺院更是指载在祀典者而言。

七七号（吴议员纬炳）：本员有个修正，这句可改为"对于坛庙及先圣先贤坟墓"云云，大家以为何如？

宪政编查馆特派员（许同莘）：此条立法之意有两大原则，其一为人民宪法上信教自由之原则，信教自由宪法上原有限制，必在法律范围内方许自由，并非无论何教皆许信仰。本条坛庙、寺观、礼拜所之范围即根据于宪法，若白莲、八卦等教不在本条范围之内，自不待言。本条之所谓坛者，大则天坛，小则各州县之社坛、历坛，均包在内；所谓庙者，大则历代帝王庙至圣庙，小则各州县之庙宇，凡载在祀典及历史流传，经国家允许者，皆包在内，此一原则也。其二为中国数千年来尊祖敬宗之原则，此乃中国礼教之本原，子孙对于其祖父母应敬重，则对于他人之祖父母亦应敬重，若谓他人祖宗坟墓可以公然不敬，实与中国礼教不合。国民所敬重者，国家即应予以保护，此本条之意也。"坟墓"二字，大则历代帝王陵寝及先圣先贤忠臣烈士坟墓，小则寻常墓冢，均包在内。此等罪名旧律及《违警律》均有规定，唐律毁人碑碣石兽者徒一年，《违警律》三十二条毁人墓碑者处十日以下五日以上之拘留，二十圆以下五圆以上之罚金，本条所定罪名轻于旧律，如尚以为情轻罚重，则按照最少额监禁数天，或罚一二圆并无不可，自无骚扰之患，此又一原则也。

（五二号、特派员、一四八号、六八号、七三号、八一号同时发言，声浪大作。）

宪政编查馆特派员（杨度）：可以加上"载在祀典"四字，凡载在祀典的，本是应该尊敬的。

一一八号（夏议员寅官）：这一条讨论已久，可否请议长再付审查？

一四八号（陶议员峻）：方才本员倡议请议长付表决，不然各持一说，到明天也不能解决。

一七八号（高议员凌霄）：方才各位有主张不要载在祀典就可以包括一切，以保护宗教，但是现在多数心里都以为范围太宽，标准太大，恐怕将来生出无穷的流弊。现在本议员倡议修正条文，凡对于载在祀典之坛庙、寺院、坟墓及礼拜堂，有不敬之行为，处以何刑，因为要没有"祀典"二字，恐怕将来另外生出一种解释，如此规定，似少流弊。

七三号（汪议员荣宝）："坟墓"二字要是规定载在祀典，比如对于普通的坟墓有公然不敬之行为，其子孙必不甘心，若是因法律上没有规定就不准人告诉，这也是情理上下不去的。

一七八号（高议员凌霄）：普通坟墓用不着说不敬之行为，比如在田野放牧牛羊因而践踏普通坟墓之时甚多，若以公然不敬之行为解释，岂不生出无穷的讼事？

一九三号（顾议员视高）：高议员的话是很不对的，普通的坟墓就应当任人作践，国家即不必设法为之保护么？

一七八号（高议员凌霄）：我们西南各省牧场甚少，放牧牛羊往往在人家墓所，若皆指为有罪，则人人多会受罚，岂不骚扰？

一九三号（顾议员视高）：这刑律是通行全国的，决不是专行于某处一省的。

一三三号（陈议员敬第）：照高议员的意见，这个坟墓除发掘以外，无论如何作践都不能过问了。

五二号（毓议员善）：本员提起讨论终局，有赞成再付审查的没有？因为讨论的时候过多，特派员对于这条解释也不大相符，所以请议长咨询本院，大家如赞成再付审查，即行表决。

议长：毓议员倡议再付审查，众赞成否？

（众赞成。）

议长：接续议修正案。

（秘书官曾彝进朗读［第］二百五十八条至［第］二百七十二条。）

（议长逐条问有无异议。）

（众议员无异议。）

（秘书官曾彝进朗读［第］二百七十三条。）

一四八号（陶议员峻）：［第］二百六十七条万不可删去，原案上本有的，因为股员会修正的时候怕巡警骚扰，所以删去这条，本员都不以为然。现在既实行禁烟，烟具还留着作什么呢？如果留此一条，警察不必去骚扰、去搜索，而藏烟具之人家不得不防备，自可立时毁弃，如删去此条，则吃烟之人可以不毁烟具，随时可以偷吃，还要禁烟作什么呢？所以这条是万万不能去的。

一七八号（高议员凌霄）：陶议员这句话本员很赞成的。因为怕巡警骚扰，就不搜索？如果不能搜索，人家就可以私藏烟具、私购烟具，又何必实行禁烟呢？

一四八号（陶议员峻）：为贩卖而私藏与私藏器具稍有分别，若删去这条，恐怕二百六十一条不能包括二百六十七条。

一九三号（顾议员视高）：本员对于此条有数语说明，大凡国家立法总要期其能行，若立法太严，恐推行不去，转损法律威信。即如鸦片器具，设有人家因其先人吸烟，为子孙者以为先人遗物不忍抛弃，而亦要处以相当之罚，似觉太扰。在贵议员对于吸食鸦片烟一事深恶痛绝，并器具亦欲扫除净尽，用意固善，但鄙意以为两面均宜周到，然后法令方能推行无阻。

一一五号（许议员鼎霖）：本员对于顾议员的意见很不赞成，若说儿孙收藏祖父的烟具以为纪念，决无此事。盖祖父口泽手泽可作纪念者甚多，当此禁烟时代，凡吸食鸦片之人，即在九泉之下方且引以为耻，为子孙者应速消灭烟具，以盖前愆，断无收藏烟具，更增祖父之痛。本员甚赞成陶议员的倡议，请付表决。

一三四号（余议员镜清）：这个二百六十七条所载私藏鸦片烟器具归警察搜查，实在困难，以本员看不要这条却没有关系，并且收藏这个东西也有留得作别的用处的。

一四八号（陶议员峻）：余议员的意见本员不甚赞成，因为鸦片烟器具如灯盘子尚可作别的用，而鸦片烟棰子及枪专为吸食鸦片烟之具，留得作什么呢？条文上"专"字，请余议员注意。

一一二号（陈议员树楷）：鸦片烟流毒中国数十百年矣，现在既实行禁烟，删去这条，还要留得这个东西作什么用呢？

一一五号（许议员鼎霖）：鸦片烟已经本院议定，明年腊月底禁绝吸食，新刑律宣统五年实行，已在禁绝之后，何可再留此器具，以遗后患？

宪政编查馆特派员（杨度）：这个犯罪已在刑律总则上规定，股员会修正的时候，以为总则既有规定之条文，所以把这条删去。政府特派员也以总则上既有规定，这个地方就可以不必细举了。

一一三号（李议员搢荣）：请问特派员，加上这条还是同意不同意？

一一五号（许议员鼎霖）：留得这条有什么不合，请特派员答复。

宪政编查馆特派员（杨度）：没有别的。因为总则上有的，分则上就可以不必另行规定。吸食鸦片烟现在定为有罪，收藏烟具即是豫备犯罪之具，比如放火本是有罪，放火之具亦是豫备犯罪之具，都是总则规定的，分则不必再说了。

一四八号（陶议员峻）：特派员答复的话不甚明了。因为鸦片烟器具是专为食鸦［片］烟用的，绝对不可私藏；火具不是专为放火用的，不能禁其私藏。特派员必过于崇拜股员会的修正案。

一七八号（高议员凌霄）：贵特派员谓总则四十八条供犯罪之物适用于二百六十一条，因制造贩卖烟具即总则所谓供犯罪之用也，如此说来，前条就可以删去了。

一一五号（许议员鼎霖）：请议长付表决。

议长：陶议员倡议留原案第二百六十七条，先看有人赞成没有？若有，始能作为议题。

（众议员有起立者。）

四八号（陈议员懋鼎）：请议长命秘书官数人数，若不够三十人之赞成，这个议题就不能成立。

议长：请赞成陶议员倡议者再行起立。

（众议员有起立者。）

（秘书官承命数人数，起立者已三十四人。）

议长：过三十人以上，成为议题。

七四号（陆议员宗舆）：现在作为议题，就须讨论。这个新刑律我们不必争意见，总要平心静气仔细想一想。凡立法的宗旨，一面要严紧，一面还要不骚扰地方。若从禁止范围以上还要加一层骚扰，恐不是国家立法的宗旨，所以股员会把这条删去。据本员看来，似不必再争意见了。

四八号（陈议员懋鼎）：删去这条并不是保护吃鸦片烟的，不过留得这条，恐怕警察有骚扰情事。

一一五号（许议员鼎霖）：请诸位注意，警察必举发或访实而后搜查，断无平空到人家去搜查的。如怕骚扰，则凡警章所定，何在不可骚扰？（声浪大作）

一一二号（陈议员树楷）：如果怕骚扰，其余各条也不必规定了。

一一五号（许议员鼎霖）：我看特派员与议员提起鸦片烟，没有一个不痛心疾首的。既是这样，私藏器具还怕警察骚扰吗？

一三三号（陈议员敬第）：方才陆议员的话，本员以为理不充足，但是本员主张删去这条，以为总则可以规定，分则不必规定。而许议员说这条要在分则上规定，试问赌博一条，何以总则有，分则没有？如果私藏烟具这条要在分则规定，赌博也要规定。

一一五号（许议员鼎霖）：鸦片烟为害中国，是大家最痛心的，比赌博规定还要宜严。如果总则可以包括，分则必可以删，本员不以为然。

一三三号（陈议员敬第）：吃烟的固然是犯罪，赌博的还是一样犯罪，试问赌博一层要不要规定？

一七八号（高议员凌霄）：贵议员谓这条于总则上既有规定，于分则上就不必规定，如果以为不必规定，就无须禁烟。

一一五号（许议员鼎霖）：请议长付表决。

宪政编查馆特派员（杨度）：股员会删去这条，其所以与政府同意者，因为总则上既有规定故也。方才某议员说政府不必对于股员会审查以为神圣不可侵犯一语，本员不能不声明一句，股员会所审查如果与政府有不合的地方，也必与之争辩，并未有视为神圣之意。至于这条政府提出案本是有的，后来股员会删去这条，特派员也以为总则上有的，分则上可以不要，所以于股员会表同情，并非视为神圣。

一四八号（陶议员峻）：本员以为删去这条，恐怕有制造、贩卖的流弊，若说是总则可以包括，那现在《禁烟暂行章程》均可不必要了。

（声浪大作。）

一七八号（高议员凌霄）：有二百六十一条而后有二百六十七条，若以为私藏器具不要紧，而这个新刑律所规定的各条均可不要了。

七三号（汪议员荣宝）：删去这条是股员会与特派员协商出来的，并经股员会十八人多数之认可才审查出，并不是说审查之时必要政府特派员随声附和，审查之后必要大会人尽赞成。至若说政府特派员不要以股员会为神圣不可侵犯一语，请少说一句。

一一五号（许议员鼎霖）：讨论了许久，请议长付表决。

议长：按《议事细则》，应先表决股员会修正案，请赞成股员会删去二百六十七条者起立。

（众议员起立赞成。）

议长：已经起立者不要坐下。

四一号（定议员秀）：本员是不赞成删去这条的，表决时没有听得清楚，所以坐下。

（秘书官承命数人数。）

议长：起立赞成者四十位，少数。

四八号（陈议员懋鼎）：请再数人数。

一四八号（陶议员峻）：数了又要数，然则这样永远表决不了的。

一五一号（黎议员尚雯）：人数不够。

一一五号（许议员鼎霖）：人数不够，今天就可以散会，加上这条有什么妨害？大家何必意气呢！

一三三号（陈议员敬第）：这个要规定，试问禁赌也规定否？

一一五号（许议员鼎霖）：规定也好。

一四八号（陶议员峻）：按照《议事细则》，表决时候不得再发言，请议长将本员倡议付表决。

七三号（汪议员荣宝）：把政府提出原案付表决就是。

议长：现在表决陶议员的倡议，赞成陶议员倡议不删去二百六十七条者请起立。

（众议员起立赞成。）

（秘书官承命数人数。）

议长：赞成者六十四位，多数。现在休息十五分钟。

（下午四点四十五分钟议事中止。）

（下午五点钟续行开议。）

议长：现在接续开议。

（秘书官曾彝进朗读［第］二百七十三条。）

一四〇号（康议员咏）：第二十一章表决时增入一条，可否改为［第］二百六十五条第二项？不然，则全部条文均宜变更。

议长：修正字句时候还可以改的。

一六五号（王议员绍勋）：请议长将劳议员修正案付表决。

众议员：没有这条修正案。

议长：有无异议？

（众呼"无异议"。）

（秘书官曾彝进朗读［第］二百七十四条。）

议长：有无异议？

（众呼"无异议"。）

（秘书官曾彝进朗读［第］二百七十五条。）

五二号（毓议员善）：这一条规定暂时是乐娱，什么分别？

七三号（汪议员荣宝）：如同赌个东道，输了的作东道。

议长：有无异议？

（众呼"无异议"。）

（秘书官曾彝进朗读［第］二百七十六条至［第］二百八十一条。）

（议长逐条问有无异议。）

（众呼"无异议"。）

（秘书官曾彝进朗读［第］二百八十二条。）

一七六号（罗议员其光）：这条罚金可以删去。

一五九号（蒋议员鸿斌）：未满十五岁为未成年，即无有责任，害人既享其权利，被害亦当享其权利，这个未满十二岁之男女，也当改为未满十五岁之男女。

议长：现在表决［第］二百八十二条，请赞成删去罚金者起立。

（众议员起立。）

议长：不足三十人。

一七六号（罗议员其光）：到底是三十人以上不是？

秘书官（曾彝进）：二十七人。

议长：有无异议？

（众呼"无异议"。）

（秘书官曾彝进朗读［第］二百八十三条。）

一七六号（罗议员其光）：本员按照《议事细则》二十三条得了赞成的，可以作为议题，请将二百八十二条罚金一项删去。

议长：请看《细则》［第］二十三条就明白了。

议长：有无异议？

（众呼"无异议"。）

（秘书官曾彝进朗读［第］二百八十四条至［第］二百八十七条。）

议长：有无异议？

（众呼"无异议"。）

（秘书官曾彝进朗读［第］二百八十八条。）

一七六号（罗议员其光）：劳议员有倡议，请议长付表决。

八二号（陈议员宝琛）：杨钟钰有个陈请书，就是为这件事情，当时议决说是将此项作参考。

（秘书官曾彝进朗读劳议员乃宣修正案与高议员凌霄修正案，及杨议员锡田修正案。）

一三七号（邵议员羲）：请提出修正案者说明理由。

议长：这个里头还有陈请书，是豫备参考的。

五五号（崇议员芳）：可以朗读一遍。

议长：应先说明主旨，抑先朗读陈请书？

一一七号（雷议员奋）：陈请书不应在此时拿出来，还是请提出修正案的说明主旨。

议长：当初表决的就是议到此条豫备参考。

一一七号（雷议员奋）：已经送到法典股审查没有？

议长：没有送去，但当初表决时候说明议到此条时，作为参考，众议员既都知道，就请劳议员说明主旨。

八十号（劳议员乃宣）：无夫奸，中国社会普通的心理都以为应当有罪的，这个道理极平常，没有什么深微奥妙。请议长问问大家以为可则可，以为否则否。本员并无成见，不过我们是四万万国民的代表，总得详细斟酌，看大家意见如何。

一五一号（黎议员尚雯）：这一条万不能加入正文，现在中国民法未定，到民法规定时候，这个自然明白了。

一三二号（文议员龢）：现在民法尚未规定有妾无妾，然按之立宪通则，则断乎不应有妾，而却为我国事实上之所必不能免，譬如民法不认有妾，而纳妾是妾，即等于无夫妇女，而非正式之婚姻，即等于相奸。若刑律定入无夫奸有罪一条，则将来纳妾也应有罪了。

议长：请高议员说明主旨。

一七八号（高议员凌霄）：本员简单发言，此和奸无夫妇女事，两方面争点相差太远，主张有罪的也有理由，主张无罪的也有理由，此事再讨论三天三夜也说不完，今天是初八日，闭会只有二日了，这一条就是两天都讨论这个，也万万不能解决。据本员意思，请议长现在先数人数，如果够了请即宣告表决。不过这个事情与社会关系很大，有主张有罪的，有主张无罪的，我们资政院是取决多数，用投票法表决，如多数人主张无罪，就从原案；多数主张有罪，就应修正。本员主张就是这个意思。

一一七号（雷议员奋）：高议员说的没有一定的主旨，何以叫大家表决呢？（声浪大作）

五五号（崇议员芳）：劳议员对于无夫奸的修正案，本议员是极赞成的，人家无夫妇女，谁肯听他与人和奸？国家要是没有法律保护，本议员也决不甘心，所以赞成劳议员的修正案，请议长付表决罢。

七三号（汪议员荣宝）：无夫奸有有罪的，有无罪的。这是有道德上的罪，有法律上的罪。因为这个事是亲告罪，告诉乃坐，事甚暧昧，检事提起公诉是很难的。比如和奸的两个人，这两个人都没有尊亲属，是叫谁去告诉呢？既无尊亲属，法律上没有法子使之提起公诉来，所以法律上不问。若是定了有罪，国家立法上就不得其平了，所以在道德上是天然的罪名。中国旧例无夫奸是杖八十，然而这一条刑律从来也没有行过的。

（众议员同时发言，声浪大作。）

议长：发言要报号数，不能同时发言。

一五九号（蒋议员鸿斌）：本议员也是法典股员之一，但是这条，本议员不敢赞成，当议决时以少数服从多数。这条是规定在《暂行章程》第四条，就是和奸无夫妇女，表决时候，本议员没有赞成。本议员以为当加在二百八十三条以下。当时不赞成的多，今天议到这一条，所以不能不声明。这一条，大家说是关乎教育，不关乎刑法，假使关乎教育，男女都可和奸，和奸以后生下儿女来又可以和奸。要是以此为家庭教育，无论什么事，杀人放火都可以为教育了？

一三二号（文议员穌）：现在新刑律尚未颁行，照现行律无夫奸却定为有罪，而私生子固是不少，若谓私生子多秉戾气，将来必不是好人，此说未免过于迂谬。请历观传记，古来私生子为贤哲者，亦属不少，未必非私生子即尽是好人也。此可不必深论，且周礼尝云"仲春之月，会男女之无夫家"者，于是时也，奔者不禁，可见当时并不认为有罪。若谓不定无夫奸之罪，便悖于礼教，则将何以解于《周礼》之所云？

一五九号（蒋议员鸿斌）：本议员还没有说完呢，关于伦理，关于礼教，是刑法上的根本。舍伦理教育而讲刑法，还算什么刑法呢？这一条亦是在五伦之一，男女怎么在五伦之内呢？孔子的话，有阴阳而后有男女，有男女而后有夫妇，有夫妇而后有父子，有父子而后有君臣，这个就是五伦，这个就是根本。

一三三号（陈议员敬第）：这个事大家不要闹意见，总须平心静气的辩论，劳议员提出修正案，请问劳议员到底是个什么办法？

七三号（汪议员荣宝）：到了二百九十三条第三项，本员有个意见。

一一二号（陈议员树楷）：刑法上不规定无夫妇女和奸罪一条，本是各国通例。详考各国立法之意，强奸、诱奸有罪而和奸之条不规定者，正所以尊重女权、视如平等的意思，更本于民法上之自由结婚，以此为前提，则必女子平素多不与人交通，阅历既不娴熟，教育又未普及，其所以尊重女权者，转不足以保护女权。本议员以为，凡规定法律，必先本于社会情状，若以最高的法律施之于社会情状不合之国民，其危险更有甚于法律不完全之弊者。以上等社会看待国民，本员很赞成，不过对于中国现在的社会情状不合，非所以保持秩序之本意也，此条还要稍为斟酌一下。

一三三号（陈议员敬第）：家长注意一点，自然没有这个和奸事情。（声浪大作）

一四〇号（康议员咏）：政体无论专制、立宪，教育无论发达与否，断不能使全国人皆为圣贤。倘全国皆圣贤，则自无犯罪之人，不必定此法律矣。

一一二号（陈议员树楷）：刑法规定是为犯罪者设的，非为不犯罪者设的，不怕百年无此事实，社会上有此一种可以犯罪情状，法律即可以规定之。若但就上等社会人之程度规定法律，则法律可以不用，方才说尊重女权，就不应该有这个规定，不过用于现在社会情状，不甚相宜，所以说还要斟酌一下。

宪政编查馆特派员（杨度）：政府提出来的议案，刑律全部之后又有《暂行章程》，无夫妇女和奸之罪载在《暂行章程》之内，并非不以为罪。前次法典股审查后报告的时候说要废《暂行章程》，议场上于此问题没有讨论，没有表决，特派员所以没有说话。在政府的意思，因为新刑律对于本国人民社会风俗习惯可以认为有罪，既认为有罪，似应即规定在正条里。其所以没有规定在正条而规定在《暂行章程》者，是什么意思呢？因为国家定这个法律，是要与各国法律一律，可以使外国人通通遵守，将来易于撤去领事裁判权。我国与英、美、日、葡所立商约，都载定将来中国法律改良，与各国法律［一律］之后，各国允许裁撤领事裁判权。无夫妇女和奸之罪，各国刑律都没有这一条，而中国刑律偏要规定这一条，就是与各国刑律不能一律，将来就不能撤去领事裁判权，所以政府不肯加入正条之内。但是以中国风俗礼教而论，似乎不能不认无夫妇女和奸为罪，政府因此很觉踌躇，但因国家改良法律，其宗旨系要与各国刑律一律，使外国人民都能遵守，为撤去领事裁判权之豫备，便不宜把这条载在正条里，生出交涉时之困难，故载在《暂行章程》。这个《暂行章程》与刑律有同一之效力，则在国内可借此以维持本国礼教，不过从外国一方面看来，中国刑律总是完全的，以救刑律之不济，而为新旧刑律交替之媒介，所以《暂行章程》是断断不可少的。且俟实行数年，若各国不以此条为然，即可废去《暂行章程》，却无受人干涉而改刑律正条之名。若各国以为此条可存，则现在虽不加入，俟将来刑律改良，领事裁判权收回之后，再加入正条亦不为迟。至于现在贵议员有两派，一派谓无夫妇女和奸无罪，不应列于《暂行章程》之内；一派谓为有罪，应移入于正条之中。都主张要《暂行章程》废去，实非两全之法，都是政府不能同意的。

（一九〇号吴议员赐龄大呼请发言。）

（声浪大作）。

议长：请百十七号先发言。

一一七号（雷议员奋）：本院对于无夫奸一层还没有说到，政府所以要修改新刑律的宗旨，并没有国家的主义。对于新刑律之修改究系一个什么主义？方才特派员所说的这个刑律与将来收回领事裁判权有密切之关系，可是这一层又是一个问题。我们现在所讨论的，应把无夫奸这一条来讨论。国家定这个法律是国家的一种公法，不是私法。什么叫做公法呢？因国家以所定的法律来颁行出去，要使人人共守的，所以国家对于这个法律有两种目的，一种是要保全国家的治安，一种是要保全个人之自由。因欲保全国家治安，所以凡有国家以内的人，有骚扰妨碍国家之治安者，必以刑罚处之；若有侵害个人之自由者，国家亦必要定出刑罚来治他。国家有这两个目的，必定要等原告来告，然后处之以罚，为什么呢？比方有人侵害个人之自由，必先有被侵害之原告，而后有被告，有被告然后可定以罪。好比有人妨害国家的治安，必由被害的人可以为原告，虽没有原告，而国家有原告之机关，如审判厅检察官可以作原告，这为什么？国家恐怕有犯罪之人而被犯者不出来起诉，这个罪无从惩治，所以规定由检察官以职权起诉之，这是公告罪之手续。若亲告罪则不然，国家所以想出一个法子，不有原告而这个罪可以不问，这非亲告不可，因原告自己愿意去告，方可罚被告的人，比方自己本人不出来告，而与本人有关系的人，亦可以出来告，所谓尊亲属代为起诉。至于国家对于百姓，比方百姓犯罪，一定要有见证的人，然后可以罚他；若是没有见证的人，国家不能自己出来去办这件事。这个无夫奸还是公告的罪呢？没有一人说不是亲告罪。既是亲告罪，与国家治安何关系呢？实是关系个人之自由，是法律上之自由。所以对于无夫奸一层，若有因这个行为恐妨害我们的自由，要定他的罪。然在国家一方面必等他的人来告，然后可处之以罪。若是没有原告，在国家一方面亦是默认的，所以要拿这一条放在刑律里头，亦没有什么关系的。现在大家所争议的不是刑律里头的问题，且这一条不但外国如是，就是中国亦是这个样子。所以要定刑罚，一定有原告，然后可以罪他；若没有原告，亦没有法子的。这一层不是国家定法律之时有意使百姓可以相奸，不过因既有各种的法律，想种种都在那里了，且国家要管这个百姓，要使百姓不许做不好的事，这不是专靠刑律之作用。而作百姓的无不是专靠国家之刑律而有以防范的，若因国家法律里头没有这几个字，而自己遂去做不好的事，那是百姓对不起国家，而非国家对不起百姓。

——二号（陈议员树楷）：本员对于特派员与雷议员的话有点儿疑问。本员现在先把对于特派员的话说一说，方才特派员所说的，本员很表同情。据特派员所说的有两方面，一方面是对于社会程度，一方面是为收回领事裁判权。现在我们中国因刑律未经改良，欲为收回领事裁判权之交涉很不容易，那是不移之道理，不过因为收回领事裁判权才定出这个《暂行章程》，一俟收回裁判权，那时无夫奸这一条，俟各国承认后即行加入正条，如不承认，再行删去。特派员所说的，一面是为顾全支那，一面是为社会程度，是非常之赞成，不过其中有疑意。收回领事裁判权之问题，非仅刑律改良即可办到，且非刑律内无夫奸一条之规定可办到，据事实上说，必须各种法律如民法、商法、民刑诉讼法、裁判法等，一切修订妥当后，始能议收领事裁判权。果如是，则本员想，这个事件非一二年所能办到的。若谓仅刑法上无夫和奸无罪一条定好，当下即能收回领事裁判权，此说实不敢信。

宪政编查馆特派员（杨度）：政府的意思打算，早日撤去领事裁判权，所以不能不变更法律，刑律亦是法律最要之一种，所以刑律的内容条件不能不同各国一律，明知有不合于中国今日社会情形者，但因急欲撤去领事裁判权，有不得不委曲从权之处。政府不愿意十年八年才与各国办交涉，如果办交涉时，各国刑律皆无这一条，彼时又非删去此条不可。与其将来删去，不如现在不加入正条，（拍手）股员会意见亦甚相同，所以此条列在《暂行章程》甚为相宜。

一二九号（汪议员龙光）：此条只有想个法子表决，无须讨论。两方面之人一主无罪，一主有罪，不独院内之人各持一说，不能相下，即院外一般舆论对于此条，纷纭聚讼，已经闹了好久，终不能彼此通融。座中百数十名议员，虽不人人皆有法律知识，独对于此条两方面所持之理由，皆彻底明白，而各有其专主。凡主张无罪者，任是如何演说决不能动，此一方面之心；凡主张有罪者，任是如何演说亦决不能动彼一方面之心。岂非徒费口舌么？这样看起来，只有速付表决为是。只将有罪、无罪两面付诸表决，本议员却又不赞成。因为这一件条文，主张不要，则显背中国礼教；主张载入正条，则又与外国法律不能合辙，恐为收回领事裁判权之障碍。原案将此条订作《暂行章程》，颇是煞费苦心。今法（点）［典］股员会将《暂行章程》一概删除，于是主张保全礼教一面之人争执尤力，而人数亦加多。本议员意见以为，应先将《暂行章程》主张存留，请议长付诸表决。如得多数可决，则既有《暂行章程》，此一项条文自然可不订入正条之内，这是保护新刑律〔的〕一种手段，而亦不与中国礼教显相背驰；至于"暂行"二字到何时为止，后来再说。

一一二号（陈议员树楷）：政府特派员的意思，本员并没有什么很不同意的，不过稍有点参差的意思。本员以为于事实上有办不到的，且交涉亦恐怕一时万办不完全。本员又有答复雷议员的话，若谓保全治安、保全自由，保全治安以保全善良风俗为重要之点，自由这一层必平等才能自由。我们中国女人之程度，法律若不加以维持，试问果能保全治安不能？果能保全自由不能呢？

四八号（陈议员懋鼎）：陈议员所谓程度不齐，本员绝不赞成的。程度不齐就不能开资政院；就刑律而言，无夫奸何以犯的很少，可见不能算程度不齐。

七三号（汪议员荣宝）：仁者见之谓之仁，智者见之谓之智，程度够者谓之够，程度不够者谓之不够。（拍手）

一零九号（籍议员忠寅）：现在各位争论这个问题，仿佛闹起意见来，很没有利益，因为在意气上来争论，就不在真理讨论，而把真理全都失了。法律若是这么争论起来，于法律要义实在不合。方才已经有人说过，本员再说一说，凡事要在事实上注意，所以加无夫奸罪，在事实上想来，恐怕作不到。若说将来不规定在里头，恐淫风流行，靡所底止。从前男女防闲甚严，后来因为没有法律管束，遂至一败不可收拾，以至有明目张胆、白昼宣淫这些事情。本员想事实上一定没有的，此条可以不必论。第一、就说没有妨碍地方，向来放荡不道的人要想奸人妇女，然有所忌惮而不敢公然去行的，是什么缘故呢？并不是因为法律上有杖八十的刑法，是一则怕于社会上名誉有关系，一则是因为所奸妇女他家里有男人，一定要忿恨，忿恨之极就有杀伤种种事情，所以有所忌惮。可是不逐条载明，也不至风俗一败不可收拾；就是法律定了这条，而奸无夫妇女之事也是仍然有的。而社会上终少这种事情的原因，就是因名誉有所妨碍，这是实实在在的情形，当议员的可以不必虑到这层，况且当议员的就是全国人民代表，各省的人大概于各省情形没有不晓得的，这个无夫奸的事各省发现的也不多，就是法律上载这一条能够办得到吗？一定办不到的。况且社会上习惯人人都有保全名誉的心，所以对于这等种种行为，不必虑到的。这是第一层。第二层，无夫奸罪去行的时候，又有困难地方。既是相奸，女人与男人一定同意的，如果审判官问口供一定是一样口供，就说妇女口供不同，然也没有真正证据可以作凭据的。且男女和奸加罪，这是加男的罪，还是加女的罪？若说加男的罪，不加女的罪，则其初本是一样，未免不平不均。所以规定这条，必定生出多少扰乱来，有种种困难，本员主张可以不必加上。

一一二号（陈议员树楷）：方才籍议员说有名誉与忿恨二者，自然不敢轻举。不知若无法律上之保护，将来有名誉不顾者，将何如？忿恨之极，必至杀伤，不用法律保护，使人民至于杀伤，何如国家有这条法律明定罪名，可以保全社会秩序呢？

一○九号（籍议员忠寅）：陈议员与本议员所争的不同，陈议员认定国家法律为维持道德一种东西，现在是讨论法律，不是说维持道德。

一一二号（陈议员树楷）：这个法律里头是讲权利义务的。

一○九号（籍议员忠寅）：这个刑律是济政策之穷。

一一二号（陈议员树楷）：本员亦以为是济政策之穷。

一三○号（刘议员景烈）：请付表决。

一一五号（许议员鼎霖）：本员以为特派员所说列在《暂行章程》甚妥，将来或添入或删去，均易办理。若说此条专为收回领事裁判权起见，本员却不以为然。窃谓洋人必不愿无夫妇女与中国人相奸，何至以此条有罪为非！亦不至利与中国妇女相奸，以此条有罪为不便！请议长即将特派员所说付表决。

（声浪大作）。

一二九号（汪议员龙光）：方才本议员请将留在《暂行章程》先付表决，倒是绝好解决方法，两面均顾得住。如不从此下手，坐令两面相持不了，一方面是主张迎合外国法律，一方面是主张保全中国礼教，然二者不可得兼，得失利害，两两相冲，自然是舍外国法律而保中国礼教，本议员即其一也。

一三二号（文议员龢）：本员绝对不赞成汪议员的话，因为以无夫奸为有罪，就应归入正条；若以为无罪，《暂行章程》应作废。如现在有这条刑律而将来又没有这条刑律，是很不对的。

（声浪大作）。

议长：请缓发言。

一一五号（许议员鼎霖）：这个法律不知诸位研究过没有，据本员想，无夫奸这层，人家虽然没有这条法律，亦是很以为耻的。如西班牙、非洲等处，很以无夫奸为耻；至于法国，虽没有这条法律，而无夫奸者亦非常之少。可见外国也是不能免的，假若我们中国规定这一条法律，外国人看见，要照我们中国改良他的，亦未可知。

七三号（汪议员荣宝）：许议员说的话不是的，东西洋各国，凡基督最盛之时代，男女犯奸都是死罪，非常之重。后来道德、宗教、法律分晰以后，才渐渐改良，所以到现在这个样子。可见无夫奸，外国中古时代有之，并不是没有。

一一五号（许议员鼎霖）：质问汪议员，本员未学法律，但在外国看见自治会，遇有男子与无夫妇女有不规则行为，即可警戒，不得在此往来，致碍风俗。可知外国虽没有这条法律，亦未尝不重风化。如果男女不依警戒，即可公告巡警干涉，似亦为国家刑律所许，不知法典股是否参考各国刑律一致否？

一一七号（雷议员奋）：本员打算趁着还有几分钟的时候，平心静气说几句话，请问议长可否登台发言？

议长：可以登台发言。

一一七号（雷议员奋）：本员现在声明一句，本员说话的时候，请各位不要存一个心说本员是赞成法典股的意思。不过现在我们大家所讨论的是新刑律无夫奸这一层，刑律上是应当有不应当有，我们大家总要从这个上头看，想总要以公平之眼光看待这件事，仔细想一想，这个法律实行之后，事实上应当如何，至于那些客气的话都可以不说，大家总要讲这确实的理论。比方现在我们大家讨论到这新刑律之内坛庙这几条，许议员说假若外国人到了我们中国地方，不知道我们中国的风俗，要是把这一条去掉，是与收回领事裁判权有妨碍的。现在许议员自己倡一个议论，又是反对收回领事裁判权，缘这种事似乎都是由客气上生出来，至于两边都可以说的话，现在我们可以不说的。方才陈议员说无夫奸这层是根于程度，程度高犹可以不要这条，程度不高是不能除去的。陈议员的意思，以为这种行为是以程度为转移的，又说必要男女平权方可自由，这一层亦不大对。比方主张男女平权，而有夫之妇和奸则有罪，无夫之妇和奸则无罪，可见分明男女还是不平权的。（拍手）不但我们中国男女不能平权，就是现在外国男女也是不平权的，不过比我们中国稍强一点。至于无夫奸这层，国家定在法律上头或是不定在法律上头，是因为他的历史、国情上生出来的，并不是因为程度不程度，平权不平权。（拍手）从前旧律上头无夫奸这层是杖八十，而天下无夫奸的不知多少，就是外国亦有的，并不是外国程度比我们高就应当没有这样的事情。不过外国实在比我中国好一点，然而奸无夫之妇亦不知多少。所以〔其〕他国家法律上没有这一条，可见程度之说与无夫奸这一条究竟应当定在法律上或是不应当定在法律上，是毫无关系的。不过国家定一个法律，必定有一个宗旨，计算将来作到什么地方，无夫奸这层是不是因为这件事妨害风俗，与风化攸关，国家为保全风化起见，以保全风俗为宗旨，所以定这条法律。然而无夫奸这一层可以定亲告罪，而不能定公告罪的，国家虽然以保全风化为宗旨，然而要是无夫之妇与人和奸，就是国家知道了，要是没有人告发，也是不能管的，一定要等尊亲属出来告方能去管，是什么意思呢？因为非尊亲属不能告，正是国家保全风化的宗旨。然还恐有作不到的地方，比方无夫之妇他没有尊亲属，他与人和奸虽然是与风化有关，然而这个无夫之妇，他既没有尊亲属，不能提起控告，国家是不能知道他与风化有关的，就不能管他，一定是要有人提起控告，然后才能知道他与风化有关。但是以一个人而论，他的名誉与他的体面，一定要顾惜的，这亦是国家保全风化的一种作用。比方一个人他奸无夫之妇，今天有这件事，明天亦有这件事，彰明较著，若是大家知道，这个人名誉、体面就没有了，而于国家保全风化的意思到底没有完全，所以必要尊亲属控告。若是尊亲属不告，国家亦没有法子管他。至于国家这一条法律，是要实行的呢，还是为国家壮观瞻的呢？在国家定这个法律，以为在人家没有作这件事以前，法律上有了这种规定，使他有所警戒；他若是已经作了以后，国家就拿法律去办，教人时时刻刻知道国家法律上有这种规定，不应该作的，所以诸位都要主张无夫奸定罪，并不是一定希望将来有无夫奸的案子，国家法律就要办他的罪，因为刑律上头大家都知道有这一条规定的，虽有人要想和奸无夫之妇，是一定不敢作的，这正是国家保全风化上得了一点帮助。是不是这个意思呢？但是本议员可就拿这个意思申而言之，比方一家人，他的祖父母、父母、兄弟对于他的子女，以国家的刑律与他尊亲属管束力相比较，到底哪一边效力更大呢？无夫奸这一件事，与其以国家法律禁止他，实不如他的父兄以教训子弟之方法禁止他之为愈也。这样看起来，可见他的父兄保全风化比国家保全风化的效力大得多，不必一定要国家有这条文，他的父兄自己才尽这个责任。说到这个地方，有人说国家定了这条条文，于保全风化到底有无妨碍？如果法律有这条，就没有犯无夫奸之罪的，这就可以保全风化，本员也非常之赞成，但保全风化责任在我们自己百姓，并不在国家。有了这条，将来刑律施行之后，反生出许多妨碍，为什么呢？因为国家空有这个条文，又没有法子去办，国家信用就没有了。国家为人民定法律，若是法律没有信用，又何必要这条规定呢？所以本员主张道德礼教与风化攸关，都应当有的，不过今天所讨论的是国家刑律，这个刑律是公法，不是私法，一国之内都应当知道的。管子云：礼义廉耻，国之四维，四维不张，国乃灭亡，不是光靠国家法律这一方面维持的。现在所说的应当在法律上说话，至于法律以外种种理由可以不必说。

某议员：难道没有人告诉就不能成罪？

一一七号（雷议员奋）：法律上所谓亲告罪有一定的期限，有一定的界限，不是无论什么人都可以告的。

一一二号（陈议员树楷）：方才雷议员说重要之点就在将来法律不能实行，国家没有信用，宗旨是这个样子不是？

一一二号（雷议员奋）：本员的意思，宗旨还要申明一句，方才所说的有两层意思，一层是国家法律是要实行，不是视同虚设的；一层是前所说的一种公告，是要有原告、被告，刑律里头一定要有被告，才能成为刑律。

一一二号（陈议员树楷）：规定盗贼罪的法律也是要有一个原告，但是没有原告也就不问吗？

一一七号（雷议员奋）：陈议员所说的与这个问题是两方比较，如有一个贼盗窃人家物件，国家也不知道，人家也不出来告，国家就没有法子去办。如果国家既已知道某处有盗，某处有贼，虽没有人出来告也是要办的。至于无夫奸一层，国家就是明知其罪，而没有亲告出来，也是不能办的。可见盗贼不能与无夫奸相比例。如果把这条加上，万不能实行，请陈议员仔细想想，总要在实在地方讨论。

一一二号（陈议员树楷）：雷议员的意思是每种法律必定要期其能实行，本员也是这个意思。不过无夫奸罪这层，与其恐难实行就不规定，不如明定法律不许人作之为愈。

九九号（陈议员瀛洲）：请议长付表决，不必再讨论了。这个问题再讨论两天，还是讨论不完的。

一二九号（汪议员龙光）：现在作为讨论终局，请议长付表决。

（众呼"请付表决"，声浪大作）

一一七号（雷议员奋）：讨论终局，本员是很赞成的，不过对于陈议员尚有声明的话，并非争辩，比方人家要去奸无夫之妇，他也有害怕的意思，并不是害怕无夫之妇，是害怕无夫之妇家里的人，怕无夫妇家里的人就是怕法律。因为法律上有亲告就能办，没有亲告就不能办。比方无夫之妇家里没有人，就没有人起诉，没有人起诉，他就不怕法律了。（语未毕）

（众大呼"讨论终局，请议长付表决"。）

七二号（胡议员礽泰）：这个问题很重大，不能随便通过。本议员始终也未说话，现在本员要说几句，请登台发言。

一七六号（罗议员其光）：新刑律是四万万人生命所关，岂能随便通过？

（声浪大作，议场骚然。）

七二号（胡议员礽泰）：本员是极主张礼教的人，这个礼教关系甚大，要想维持礼教，总要另想一个法子，不能把礼教放在新刑律里头维持就算了事。要是放在刑律里头维持，这个礼教就算亡了。我们是极尊信孔子的，孔子曾有两句话说"道之以政，齐之以刑，民免而无耻；道之以德，齐之以礼，有耻且格"。可见要维持道德，要有个维持的方法，不能把道德与法律规定在一起，就说是维持道德。

五五号（崇议员芳）：贵议员的意思是反对劳议员之修正案还是赞成呢？

七二号（胡议员礽泰）：本议员是反对劳议员的修正案。

（声浪大作，有呼讨论终局者。）

七二号（胡议员礽泰）：不能中止本议员的发言，等本议员说完，大家再行讨论。

（众呼"请简单发言"。）

七二号（胡议员礽泰）：道德与法律原是两件事，本议员若果说自己的意见，恐怕大家听不进去，所以把孔子的话作一证据。照孔子的话看起来，这法律与道德是不能放在一起的。怎么说不能放在一起呢？道德的范围宽，法律的范围窄，法律是国家的制裁，道德是生于人心的，所以关系道德的事，法律并包括不住。比方我们议员有吃人家一顿饭，就替人家说话，这是道德上的关系，而法律上无可如何。（语未毕）

（一一五号、一一二号、一七二号同时发言，声浪大作，议场骚然。）

七二号（胡议员礽泰）：不要乱，听我说。若是要把道德规定在法律内，本议员想起来，我们中国向来没有这个办法。请大家平心静气想一想，看能把道德上的事情可以规定在法律内不能？本员以为自有法家以来，这个礼教就算亡了。我们中国宗教家都是讲究道德维持礼教的，因为自三代以后，刑名之学兴而王道已渐灭亡矣。但是本议员以为王道所以灭亡之故，因刑法参杂于道德之内。刑法既参杂于道德之内，则所谓道德者，不过姑息而已，所以后来中国只有法律，并没有礼教。现在诸位既欲提倡礼教，要想提倡礼教的法子，不必规定在法律之内。

八八号（陶议员葆廉）：请问贵议员，"君子怀刑"这一句怎么讲？

七二号（胡议员礽泰）：这个不要弄错了，君子惟能保存道德，所以怀刑就不至于犯罪。

（众呼"讨论终局"，声浪大作。）

议长：现在作为讨论终局，众议员赞成否？

（众呼"赞成"。）

七四号（陆议员宗舆）：请议长用记名投票法表决。

（众呼"赞成"，并呼议长命秘书官点人数。）

议长：有一百零五位，即为足数，现在场人数不止一百零五人。

一七八号（高议员凌霄）：请议长注意，头一次用记名投票法表决时，内有伪票一张，是我们资政院的大污点。如果这回再有此事，应请付惩戒股惩戒。

宪政编查馆特派员（杨度）：请议长先将《暂行章程》付表决。

（一三三号、一一○号同时发言，声浪大作。）

七三号（汪议员荣宝）：未表决之先，请议长声明新刑律加入无夫奸罪名，赞成者用白票，反对者用蓝票。

五二号（毓议员善）：请先表决劳议员修正案，然后再表决杨议员自己的意见。

（声浪大作）。

七四号（陆议员宗舆）：修正案太多，一个一个表决，不知道要到什么时候？（围）［本］员以为表决的题目可以简单，以无夫奸为有罪或以无夫奸为无罪者，作两样表决法。

（一一〇号、八一号同时发言，声浪大作。）

一七三号（邵议员羲）：本员以为先表决无夫奸，然后再表决《暂行章程》。

一七七号（李议员文熙）：照《议事细则》表决修正案，先表决与原案相近的，股员会修正案与原案相离太远，可缓表决。

一〇九号（籍议员忠寅）：这个问题重大得很，本员看应该先表决无夫奸罪名在刑律内应有这条不应有这条的罪名，然后再将这条看加到什么地方，请议长宣告无夫奸罪名是否应留先付表决。

五二号（毓议员善）：本员按《议事细则》，请议长宣告表决的题目。

（众呼"赞成"。）

议长：籍议员倡议大家赞成否？

（众呼"赞成"。）

议长：现在宣告表决的题目，凡赞成无夫奸加入刑律者，请用白票写自己的名字；赞成无夫奸不加入刑律者，请用蓝票写自己的名字。

一三三号（陈议员敬第）：加入不加入与加入什么地方是两个问题。

议长：那一层另再付表决。

（声浪大作）。

一〇九号（籍议员忠寅）：加入刑律留这个无夫奸罪名，这个问题大得很。（语未毕）

一七八号（高议员凌霄）：《议事细则》，议长宣告表决后，无论何人不得发言。

一三三号（陈议员敬第）：这个应分两个表决，承认无夫奸为罪者是一层，不认无夫奸为罪者又是一层。

议长：本议长所谓加入刑律不加入刑律，就是这个意思，加入就是有罪，不加入就是无罪。

（声浪大作）。

一三三号（陈议员敬第）：这回表决一是认无夫奸为有罪，一是认无夫奸为无罪，请议长将这层宣告一声，不然恐大家误会。

议长：现在付表决。

一一五号（许议员鼎霖）：在场人数是多少，请议长还要宣告一声。

（声浪大作）。

议长：众议员不要说话，现在表决。认无夫奸为有罪的用白票，认无夫奸为无罪的用蓝票，须听明白。

八十号（劳议员乃宣）：收票之时，先收有名字的这一张，过后再收无名字的这一张。

一九〇号（吴议员赐龄）：还是照先前说的样子表决，以加入刑律的为有罪，不加入刑律的为无罪。

（众议员呼"表决时候不要说话"。）

议长：头一次尽收有字的票。

（秘书长、秘书官收票，检票毕，报告议长。）

议长：白票多数，无夫和奸定为有罪。（拍手）

议长：由秘书官宣告蓝票、白票议员数目姓名。

（秘书长承命宣告，投蓝色票议员姓名如左：

陈国瓒、刘纬、李文熙、陈懋鼎、吴赐龄、尹祚章、刘述尧、邵羲、孟昭常、汪荣宝、书铭、黄象熙、文龢、陈敬第、余镜清、庆山、胡礽泰、沈家本、潘鸿鼎、宁继恭、胡骏、郑际平、陶保霖、刘景烈、籍忠寅、柳汝士、吴廷燮、江辛、冯汝梅、周廷励、刘曜垣、陈命官、彭占元、黎尚雯、雷奋、刘泽熙、王廷扬、王佐、顾视高、章宗元、王璟芳、陆宗舆。

以上蓝票四十二张。）

（秘书长宣告，投白色票议员姓名如左：

黄懋澄、陈树楷、吴德镇、于邦华、康咏、王曜南、梁守典、吴怀清、刘志詹、李素、范彭龄、刘懋赏、张之霖、陶毓瑞、李时灿、彭运斌、王绍勋、蒋鸿斌、汪龙光、邹国玮、徐穆如、齐树楷、王玉泉、陈瀛洲、曹元忠、吴纬炳、锡瑕、奎濂、荣普、宜纯、荣塾、俨忠、魏联奎、志钧、延侯爵、存兴、刘能纪、定秀、庆将军、盛昆、柯劭忞、方还、李湛阳、罗乃馨、王鸿图、宋振声、孙以苵、陶葆濂、顾栋臣、李士钰、陈善同、许鼎霖、夏寅官、马士杰、王昱祥、郑锡瑕、谈钺、黄毓堂、黄晋蒲、杨锡田、索郡王、多郡王、色郡王、高凌霄、张歧、万慎、罗其光、王佐良、荣凯、毓善、崇方、李经畲、寿公、希璋、陈宝琛、劳乃宣。

以上白票七十七张。）

议长：白票七十七位，蓝票四十二位，但蓝票中有吴议员赐龄一票书有文句，照章应作无效。

（众议员呼"应作为无效"。）

一一五号（许议员鼎霖）：请议长宣告明白，是作一次表决，还是作两次表决？

议长：作两次表决。现在无夫和奸既已表决认为有罪，应当表决《暂行章程》。

五二号（毓议员善）：已经表决，不能再表决了。

（众云"第二个没有表决的价值，可以不必再付表决，就要表决，用起立表决够了"。）

一三七号（邵议员羲）：方才议长已经宣告过，再表决一次，何必多言？

议长：诸位不要纷纷离席，还要表决。

六二号（刘议员泽熙）：如果有反对者，请议长再宣告表决。

一七八号（高议员凌霄）：请议长照《议事细则》五十九条办理。

（一一五号、一一〇号、一〇九号、六十号同时发言，声浪嘈杂。）

八十号（劳议员乃宣）：议长此次付表决，还是要投票？

一二九号（汪议员龙光）：这个《暂行章程》如果不用，就不要表决；如果要用，就同正条分开表决。

一〇九号（籍议员忠寅）：股员会修正案把《暂行章程》去了，是股员会的意思，至于大会赞成不赞成，或者不要这一条，还没有确定。（语未毕）

一一〇号（于议员邦华）：方才有劳议员、杨议员、许议员提出修正案来。

一三〇号（刘议员景烈）：不能这样提出修正案来。

（一〇九号请付表决。）

议长：现在表决，方才已经宣告过了。

（一一〇号、一六〇号、一一五号同时发言，议场骚然。）

议长：不要再讨论。

五九号（顾议员栋臣）：请议长点人数，看够不够三分之二。

议长：现在在场共一百一十九位，够三分之二。

议长：现在表决无夫和奸定为有罪，赞成定在《暂行章程》者请起立。

（众议员起立赞成。）

（众议员同时发言，声浪嘈杂。）

（秘书官点人数，共六十三位。）

（众议员以方才宣告未听清楚，请重行宣告表决，同时发言，议场大哗。）

议长：现在表决，众议员不要发言。赞成定在《暂行章程》者请起立。

（众议员起立赞成。）

（秘书官点人数。）

议长：起立者四十九位，是少数。

（众议员同时发言，声浪大作。）

议长：听不真，须一位一位依次发言。

七三号（汪议员荣宝）：表决有疑义，请反对者起立。

一三〇号（刘议员景烈）：请议长用反证表决。

五九号（顾议员栋臣）：请点人数够不够。

七三号（汪议员荣宝）：表决时候不能说话。

议长：按照《议事细则》，表决有疑义，须用反证的法子再付表决。

一七八号（高议员凌霄）：归入《暂行章程》是一个说法，归入正案又是一个说法。

议长：用反证就是了。

秘书长承命报告：议长谓诸位说话，须俟议长的话说完的时候再说。

议长：方才表决有疑义，按照《议事细则》规定，应用反证表决证明，现请赞成加入新刑律正文者起立。

众议员起立赞成。

议长：六十一位，是多数。

七四号（陆议员宗舆）：本议员同陈议员方才讨论的时候，陈议员说中国程度不够，如此看来，陈议员的话真是佩服佩服。

七三号（汪议员荣宝）：此之谓程度不够。

议长：现在散会。

（下午十点三十分钟散会。）

四 三读

1. 宣统二年十二月初九日下午四点钟开议①

议事日表第三十八号：

第一、大清新刑律议案，三读；

第二、改订《大清商律》议案，股员长报告，续初读；

……

一一〇号（于议员邦华）：这个新刑律若今日不议，明天一天不能通过，现在可否当场修正？

一四九号（罗议员杰）：这个商律是很要紧的，可以开议。

一一〇号（于议员邦华）：无夫奸条文本有修正案，若今天不议，明天就议不完了，是很危险的。

副议长：今天法典股员长没有到，新刑律如有疑义，应由何人解释？

一一二号（陈议员树楷）：新刑律今年提出来很晚，要想通过，是很难的事。

一五四号（陈议员命官）：今天法典股股员长及股员不来，是因为全院

---

① 资政院第一次常年会第四十号议场速记录。

685

不信任之故。新刑律本是宣统五年方能实行，现在可勿急于议决，且即此草草通过，是不中不西不新不旧之刑律，万不能适用的，请另议别事为是。

一四九号（罗议员杰）：刑律要到后年才能实行，即未议完，亦无大关系。

一五四号（陈议员命官）：这是很要紧的事情。

一一二号（陈议员树楷）：法典股股员长今天为什么不来？

百十号（于议员邦华）：这个新刑律本来提出太晚。

副议长：现在开议。

（一一〇号、一四九号、一六八号同时发言，声浪大作。）

副议长：现由秘书官报告文件。

（秘书官张祖廉承命报告文件毕。）

一六八号（李议员素）：这新刑律很多没有更动，请依次朗读。

……

一四九号（罗议员杰）：新刑律非常重大，股员长不到，万一有疑问，何人答复？请议长咨问本院，一面把议事日表改正，开议《商律》，一面俟股员长来时再讨论刑律。

（有请以劳议员乃宣修正案付表决者。）

一一〇号（于议员邦华）：本员不赞成劳议员的修正案，而赞成齐议员的修正案，请先把齐议员的修正案付表决。

一四九号（罗议员杰）：法律的事体关系重大，今天股员长没有到会，无人答复疑问，万不能随随便便付表决的。

一一〇号（于议员邦华）：请议长先把齐议员的修正案付表决。

一四八号（罗议员杰）：既与股员长无关系，必与宪政馆修正员有关系，请议长命秘书官查一查宪政编查馆的关系刑律的重要特派员，究竟到没有到？

宪政编查馆特派员（许同莘）：新刑律关系重大，今天议场人数似不及三分之二。

五二号（毓议员善）：既然人数不够三分之二，我们能不能开议？

一一二号（陈议员树楷）：方才议长说再来三个人就够三分之二，然等到现在还没有开议，到底是什么样子。（声浪大作）

副议长：诸位请肃静。

一七八号（高议员凌霄）：照院章规定，凡上一天没有议完的事情，下一天当接续再议，请议长今天把大清新刑律议完了再作别论。

副议长：现在开议。

（声浪错杂，议场骚然。）

（众请议长把人数点清楚，到底够三分之二不够三分之二？若是不够三分之二，是不能开议的。）

副议长：是的。

一四九号（罗议员杰）：请议长命秘书官查一查，看这宪政编查馆重要的特派员究竟到没有到。

一一〇号（于议员邦华）：请议长问一问宪政编查馆特派员有几位到的。

一三二号（文议员龢）：非关系议案的事体不得发言。

一一〇号（于议员邦华）：法典股员长今天虽未到会，然法典股员今天未必无人到会，本员以为股员长虽然未来，大家若有疑义，法典股员亦可以说明。

一三〇号（刘议员景烈）：本员要声明两句，今天法典股员会的人多没有到会的缘故，其实并不是因为昨天与诸位意见不合，故意不来。本员也是法典股员之一，今天到会的亦不止本员一人，正股员长为告假不到，大家是知道的，至于副股员长，今天不到，究竟告假不告假，本员不得而知。若因股员长未到，就要本员为法典股之代表，本员没有这个权限，并且昨天股员长并没有委托，所以本员虽系法典股的人，而对于诸位所发之议论，本员终不能答复。因本员不是代表，我们只能按章程办事，这是本员要声明的。

一一〇号（于议员邦华）：因为股员长没有到，虽没有股员长的委托，贵议员总是法典股的人，所以亦可以答复。

副议长：现在开议，接续议大清新刑律。

（秘书官曾彝进续行朗读大清新刑律修正案，自［第］二百八十九条起。）

副议长：第二百八十九条有无异议？

一三〇号（刘议员景烈）：请问这一条有修正案没有？

副议长：并无有修正案，有无异议？

（众呼"无异议"。）

一三〇号（刘议员景烈）：这一条本员要声明一句，因为这一条于事实上看来，恐不能实行。本员意思，要把全条删去，因为既有这条条文，

687

而于事实上若不能做到，即失刑法之效力，且对其余的条文稍有关系者，恐亦因此而不能实行，所以本员倡议把这条删去，不知有人赞成否？

一四八号（陶议员峻）：请议长咨询本院，刘议员的倡议有人赞成没有？

副议长：刘议员景烈的倡议，有人赞成没有？

一一〇号（于议员邦华）：股员会修正案的大体，本员很赞成的，但不能一律的赞成。

（声浪嘈杂，议场骚然）

一一五号（许议员鼎霖）：题外的事不能发言。

副议长：第二百八十九条到底有无异议？

（众呼"无异议"。）

（秘书官曾彝进朗读第二百九十条至第二百九十三条。）

一一〇号（于议员邦华）：这一条可以把齐议员的修正案咨询本院。

副议长：此条提出修正案者尚多，不止齐议员一件。

一一〇号（于议员邦华）：可以先把齐议员的修正案咨询本院，看大家赞成不赞成。

一一〇号（于议员邦华）：齐议员修正案，在特派员有无异议？

宪政编查馆特派员（许同莘）：齐议员修正案本员未见。

一一〇号（于议员邦华）：请秘书官朗读一遍。

副议长：先朗读劳议员乃宣修正案。

（秘书官曾彝进承命朗读劳议员修正案。）

（众议员问特派员有无意见。）

宪政编查馆特派员（许同莘）：和奸无夫妇女、和奸有夫之妇及亲属相奸，此三条互相关联，现在无夫奸已决，议添入正文，而应处何等刑罚，应令何人亲告，尚未议及，则本夫之尊亲属亲告一层，须详加斟酌。

副议长：请劳议员说明理由。

八十号（劳议员乃宣）：倘本夫不在家而翁姑在家，遇有这些事发生，翁姑即不能告发，亦万不能容忍，所以本员主张翁姑也可以告发。

一一〇号（于议员邦华）：请问特派员，这个是亲告罪不是？

宪政编查馆特派员（董康）：刑律分则不宜歧出翁姑之名称，试以昨日表决之无夫奸一条而论，此条应否加入翁姑，尚待讨论。即使认为无夫妇女一方面系指处女，一方面系指媚妇，必应列入翁姑，然总则第八十二条已有"妻与夫之尊亲属，与夫同"一语，则"尊亲属"字样兼包括翁姑，亦当然之解释也。

秘书官（曾彝进）：杨议员锡田亦有修正案，原案第二百八十八条即修正案二百八十三条。

副议长：请杨议员说明理由。

宪政编查馆特派员（董康）：此次贵院各议员提出之修正案，并未分布于宪政编查馆，即本特派员接到贵院通知，于修正之时赴股员会协议，亦未见有该项修正案。今日股员长既未出席，如欲将各议员修正案提付表决，特派员无从接洽。

四八号（陈议员懋鼎）：现在人数少到这个样子，实在不成体统，况刑律是重大的事体，若随便通过，将来怎么颁行呢？

副议长：应由秘书官再行查点。

（秘书官报告在场只有八十一位。）

副议长：现在在场人数仅有八十一位。

四八号（陈议员懋鼎）：据本员看来，照这个样子，实在不能议重大事情了。

副议长：再到股员室去看，如有人即请到场。

四八号（陈议员懋鼎）：照这么样子通过，是断断不行的。

百十号（于议员邦华）：今天人数早已不够三分之二了。

副议长：本来是一百零六位，已足三分之二。

一四九号（罗议员杰）：请议长宣告散会罢。

副议长：现在在场者是八十一位，在股员室共有十四位，一共是九十五位，人数不够，可以展会。

（下午五点四十分钟散会。）

2. 宣统二年十二月初十日下午二点钟开议①

议事日表：

第一、大清新刑律议案，三读；

---

① 资政院第一次常年会第四十一号议场速记录。

......

议长：今天到会议员一百二十九位。

六七号（王议员璟芳）：会期就是今天一天，有了许多重要议案没有议完，今天议事日表里头最重要的就是《统一国库章程》，这个议案好在只有十几条，今天可以议得完，如果不成立，明年预算又不好办了，请议长改定议事日表，把《统一国库章程》一案提前会议。

七三号（汪议员荣宝）：照议事日表，新刑律在前，关系重要，今天不能不议完。

六七号（王议员璟芳）：改定议事日表不止今天一次，从前往往有上会没有议完的事，次会也〔就〕有不接续开议的，改定议事日表，将前会未议完的案移下去，是有先例的，并非本员一人创议。

一四九号（罗议员杰）：新刑律条文甚多，今天一定议不完的，至于国库章程，不过十数条，而且关系全国财政，今天很可以通过。

四八号（陈议员懋鼎）：今年办预算很困难的，原由就是没有统一国库，今天如果不通过，到明年办预算还是一样困难，请议长改定议事日表，将国库章程提前会议。

六八号（文议员溥）：议事日表第四与第五这两个议案很要紧的，今天如果议完，明年就可以实行，实在有益于国，无损于民，请议长提前会议。

一三七号（邵议员羲）：议事日表第八议案很容易解决，请议长提前会议。

一五九号（蒋议员鸿斌）：还是照议事日表开议，如果议不完，议到十二点钟议不完，议到明天十二点钟，总要遵守议事日表，把他议完才好。

一二三号（江议员辛）：本员以为除了第一个议案，从第二个议起，一起通过，通过后再议新刑律。

五七号（林议员炳章）：福建来了电报，说是谘议局与督抚为预算的事有异议的地方，照院章谘议局与督抚异议事件，得由资政院核议，请议长将这个电文咨询本院，看大家意思何如，几句话就可以通过。不然福建今年预算办不好，明年一切政治，都不能办，请议长咨询本院。

三四号（延侯爵）：大清新刑律是最要紧的，这个还没有议完，又接着议别的，毫无秩序。

四八号（陈议员懋鼎）：新刑律到宣统四年才实行，何必急于议完，草草通过呢？至于《统一国库章程》，非明年实行不可，因为国库统一与资政院有直接的关系，于办预算一方面大有补益，所以今天非通过不可。

一三二号（文议员觫）：南漕改折议案要紧得很，闻此事与度支部协商，已得同意，自是很好，应该今年议决，明年便可实行。

一八〇号（刘议员纬）：今天倡议将以后的议案提前的很多，究竟以哪个为然？本员意思还是以王议员、罗议员的倡议，《统一国库章程》提前开议为是。

一四九号（罗议员杰）：今天议事日表第十三个案是整理边事具奏案，现在边事朝不保夕，本员倡议这个可以作为第三个议案。

某议员：现在审计院尚未设立，国库虽提前议决，也还是没有益处。

一四九号（罗议员杰）：审计院不久就要设立，国库章程今天一定要议，并且所有条文完备，很容易通过，不至耽误多少时间。

一一〇号（于议员邦华）：先议新刑律，本员原来是主持的，但因昨天会没开成，今只有一天工夫，且现在议案尚多，断不能再行延会，而新刑律尚有二百余条之多，恐不能通过。本员看法律案之效力缓，政治案的效力速，今天凡法律案可暂压下，先把移民实边议案提前开议。这个议案关系重要，因为东省稍有不测，中国就有意外之虞，所以提前解决这个政治的问题，立刻办去，就有效果。其次就是《结社〔集〕会律》，是各省谘议局的陈请案，早已列入议事日表，未曾议及，并且股员会修正很好的，如果通过实行，以后开国会必有眼前影响。至于新刑律，能通过固然是很好的，若不能通过就可以缓的，候到明年开临时会的时候再议可也。

九九号（陈议员瀛洲）：移民实边议案于东三省现在时局暨边僻各省分极有关系，恳求议长提前会议。如经决定，从速颁布，明年便可实行，请议长注意。

八一号（章议员宗元）：今天大家请更改议事日表，本员也很赞成的。本员看议事日表除新刑律暂从缓外，其余均照议事日表次第议下去，如果议事日表议完，可再接议新刑律。

（众起立赞成。）

一二九号（汪议员龙光）：本员也很赞成今天议事日表除第一新刑律暂从缓议外，其余从第二个起依次议下。

一七七号（李议员文熙）：新刑律今天一定议不完，这个并不是今年要通过，明年就要实行的，惟《统一国库章程》今年若再不通过，明年预算的困难一定与今年同。

一四九号（罗议员杰）：于议员说政治效力比法律效力快，这个话本员很赞成，请先将整理边事案议完，然后再依次议下。

一一五号（许议员鼎霖）：请议长表决变更议事日表，新刑律一定议不完，不如俟明年民法编定一并付议为妥，且仅有刑律，而无法官、律师，亦难实行。请大家注意，仍从第二议题依次议为是。

七三号（汪议员荣宝）：新刑律为什么不议？今年如果通过，明年就得实行。

议长：今天议事日表所列议案很多，都极紧要，现在诸位议员纷纷提前更改议事日表，本议长无所适从。议事日表所载都是要紧的，也不能将两个议案同时付议，以本议长之意，不如将新刑律暂缓议，依章议员之言，从第二个起依次议下，如果各议案议完尚有时候，再议新刑律，不知众位赞成否？

（众议员起立赞成。）

……

一○九号（籍议员忠寅）：今天议事日表所载议题都议完了。方才变更议事日表第一大清新刑律不议，现在开议，断不能完，就是再读也还有好几百条，不过总则已经议完了，大家没有异议，如果把总则再付三读通过去，即行上奏，仿佛对于资政院也是觉得有精神的。

宪政编查馆特派员（章宗祥）：方才籍议员业已提议，要把大清新刑律总则付三读先行通过，但据政府的意思，甚望分则亦能通过。诸君热心国会，现在业已提前，则此种大法典自亦应提前颁布实行，惟此种大法典于国民身命、财产有密切关系，非预先颁布，容国民细细研究，则实行不能有效。资政院已展会十日之久，诸君如能尽一夜之力，把分则详细讨论一并通过，这是政府极盼望的。

七四号（陆议员宗舆）：这个总则已经表决过了，究竟这个新刑律是一代大法典，不是哪一个人的事情，凡国际交涉、国民身命财产都有密切之关系，政府提出这个大法典来，实在是于立宪国民前途大有关系。诸君千万不要私下闹意见，总得平心研究，况且这个总则已经表决了，何妨即付三读通过呢？

一四九号（罗议员杰）：这个总则已经再读表决了，时日无多，何妨省略三读通过，把他奏上去，也觉得资政院稍有成绩。现在资政院明日闭会，到底了了几件重大问题。

一一五号（许议员鼎霖）：新刑律是要宣统四年实行，并不是明年实行，又何必在此刻一定通过？况且当初都是赞成《暂行章程》，现在议员已经走了大半，就要通过也不行的。

一五九号（蒋议员鸿斌）：要通过就连分则都要通过，要不通过就都不能通过，现在人数走了大半，何能通过？

八一号（章议员宗元）：要把总则同分则通过是很难办的，况且总则已经表决过了，都无异议了，又何妨通过？所以把总则付三读，省略三读就通过了。至于人数不够，只要我们今日到场的人三分之二里头的多数赞成就通过了，好在这个总则已经表决过了。当初既通过，现在没有不能通过的。此刻虽人数不够，总以多数赞成为断，于章程没有什么违背。

秘书官承命报告：议长的意见，以为今天到会议员一百二十九位，现在已经走了许多位，在场的只有八十余位，拟照籍议员的倡议，将新刑律总则付三读，即付表决，以为一二九位计算，若是多数起立就可作为通过，众位议员意见如何？

（众有赞成者。）

副议长：赞成籍议员倡议的已得三十人以上。

一零九号（籍议员忠寅）：前天宣告再读，对于分则条文里边彼此有意见，现在本员倡议是把总则通过，这是已经表决过了，大家都没有异议，是全体赞成的，现在通过就可以上奏。

八一号（章议员宗元）：此刻三读，只要有六十五位赞成就可以通过，就可以上奏。

（众请省略三读。）

副议长：省略三读有无异议？

（众呼"无异议"。）

副议长：赞成新刑律总则全体者请起立。

（众起立赞成。）

（秘书官点人数。）

副议长：今天到会议员是一百二十九位，现在起来者六十九位，是多数。

副议长：散会。

（下午十点半钟散会。）

第五部分

钦定大清刑律

一　上谕

1. 著将新刑律总则、分则暨暂行章程先为颁布
以备实行谕
（宣统二年十二月二十五日）

宣统二年十二月二十五日内阁奉上谕：资政院议决新刑律总则，会同军机大臣具奏缮单呈览请旨裁夺一折。新刑律总则第十一条之十五岁著改为十二岁，第五十条"或满八十岁人"之上著加入"或未满十六岁人"字样，余依议。又据宪政编查馆奏，新刑律分则并暂行章程，资政院未及议决，应否遵限颁布，缮单呈览请旨办理一折。新刑律颁布年限，定自先朝筹备宪政清单，现在开设议院之期已经缩短，新刑律尤为宪政重要之端，是以续行修正清单亦定为本年颁布，事关筹备年限，实属不可缓行。著将新刑律总则、分则暨暂行章程先为颁布，以备实行，俟明年资政院开会仍可提议修正，具奏请旨，用符协赞之义。并著修订法律大臣按照新刑律迅编辑判决例及施行细则，以为将来实行之豫备，余照所议办理。钦此。

二　奏折

1. 资政院为议决新刑律总则缮单会陈请旨裁夺折

军机大臣、和硕庆亲王、臣奕劻等跪奏：为议决新刑律总则，缮单会陈，请旨裁夺，恭折仰祈圣鉴事。

窃查资政院院章第十五条内载"前条所列第一至第四各款议案，应由军机大臣或各部行政大臣先期拟定，具奏请旨，于开会时交议"，又第十六条内载"十四条所列事件，议决后由总裁、副总裁分别会同军机大臣或各部行政大臣具奏，请旨裁夺"各等语。修正刑律草案前经宪政编查馆核订完竣，于本年十月初四日具奏，请交资政院归入议案，于议决后奏请钦定，遵照筹备清单年限颁布施行。旋由军机处遵旨交出宪政编查馆原奏一件及清单三件，资政院照章将前项新刑律一案列入议事日表。开议之日，经议员质疑及政府特派员说明主旨后，当付法典股员会审查，嗣经股员会就修订法律大臣刑律草案原案暨宪政编查馆修改案语参互钩稽，详慎考核。凡律义精微所系，必推勘尽致，会观而求其通；或条文字句未妥，则斟酌从宜，润色以蕲其当。一再讨论提出修正案，复行开会再读，由到会议员先将刑律总则逐条议决。其刑律分则，虽经开议，旋因延会期满，未克议毕。

　　窃维刑律总则纲领已呈其大体，部居有别于全书。现值朝廷博采良规，亟图法治，自应援先河导海之例，勒为成编，抑将收伐柯取则之功，垂兹令典。从前修订法律大臣于初次草案编纂未竣，曾将总则先行奏陈。此次臣院情形相同，拟即查照成案办理，并省略三读，经议员等当场表决，多数从同。谨将议决新刑律总则缮具清单，恭呈御览，请旨裁夺。

　　惟修订法律大臣会同法部具奏刑律草案第十一条"凡未满十五岁者之行为不为罪，但因其情节得命以感化教育"，经宪政编查馆复核以为未妥，改十五岁为十二岁，又特设一条为原五十条云"凡未满十六岁犯罪者，得减本刑一等至二等"，皆曾加具按语述其理由。此次臣院议决，仍采修订法律大臣等会奏原文，改第十一条之十二岁为十五岁，并将原五十条条文删除。臣奕劻等以为，与其责任年龄过迟而无宥减办法，不如责任年龄稍早而有宥减办法之较有折衷，故于第十一条之十五岁，主张仍改为十二岁，而于现第五十条所定暗哑人或满八十岁人得减本刑一等或二等条文中，将"或未满十六岁人"字样加入，并原案二条为一条，云"暗哑人或未满十六岁或满八十岁人犯罪者，得减本刑一等或二等"，以免变动条目之繁。

　　查资政院院章第十七条，"资政院议决事件，若军机大臣或各部行政大臣不以为然，得声叙原委事由，咨送资政院覆议"；又第十八条"资政院于军机大臣或各部行政大臣咨送覆议事件，若仍执前议，应由资政院总裁、副总裁及军机大臣或各部行政大臣分别具奏，各陈所见，恭候圣裁"。惟现在臣院已经闭会，此次臣奕劻等之所主张，既不能再交覆议，即不能分别具奏。而按照缮黄清单年限，刑律应于年内颁布，又不能暂行阁压，以待来年开院复议。经臣奕劻等与臣溥伦等往返商推[①]，惟有将彼此异同之处会奏声明，臣院所议决第十一条之十五岁可否改为十二岁，第五十条"或满八十岁人"之上可否加入"或未满十六岁人"字样，付乞皇上圣裁，以资遵守。其余总则各条，皆经臣奕劻等查照无异。惟刑律分则，资政院未及议决，而又不能违误缮黄清单颁布之期，拟由臣奕劻等将宪政编查馆核订原案略加修正，另行具奏，请旨办理。

　　所有议决新刑律总则遵章会奏缘由，谨合词恭折具陈，伏乞皇上圣鉴训示。谨奏。

---

　　① "推"似应为"榷"。

军机大臣、和硕庆亲王	臣 奕劻
军机大臣、多罗贝勒	臣 毓朗
军机大臣、署大学士	臣 那桐
军机大臣、大学士	臣 徐世昌
资政院总裁、贝勒衔固山贝子	臣 溥伦
资政院副总裁、法部右侍郎	臣 沈家本

2. 宪政编查馆为新刑律分则并暂行章程未经资政院议决应否遵限颁布缮具清单请旨办理折

宪政编查馆大臣、和硕庆亲王、臣奕劻等跪奏：为新刑律分则并暂行章程未经资政院议决，应否遵限颁布，缮具清单，请旨办理，恭折仰祈圣鉴事。

本年十月初四日，臣馆奏请将核订新刑律交资政院归入议案，并声明于议决后奏请钦定，遵照筹备清单年限颁布施行等因。本日奉谕旨"著依议，钦此"。钦遵将该律并清单各件咨送去后，并督饬臣馆特派员于资政院初读后开股员会时协同讨论。经月蒇事，惟至本月十一日资政院闭会后，仅将议决总则会奏，其分则乃未及议决。查资政院议事细则第一百四十七条"届闭会时，所有议案尚未议决者均即止议，于次会期再行提出"，窃维资政院为立法机关，既经提为议案，自应俟下次开院再行照章办理。惟揆诸今日时宜，实有数难，有不能不详细陈明，恭请我皇上裁夺者，谨为一一陈之：

恭查筹备清单，本年为颁布新刑律之期。按此项清单，乃德宗景皇帝钦定之案，缮黄刊布，分限程功，最足握宪政进行之枢轴。以故年来内外臣工，钦遵定限，胪陈成绩，未敢稍缓斯须。现在议院改于宣统五年开设，所有各项事宜更皆钦遵谕旨提前办理，以副我皇上殷殷求治之至意。刑律与宪政关系尤切，如将克期颁行之事项，反行展缓，恐将来各主管衙门援为先例，适长因循玩愒之阶，于国会前途影响颇巨。此遵照筹备清单不能不陈明者，一也。

新刑律修订大旨，固根据现行刑律，而采用各国立法例者亦复不少，其中因革，若非先期研索，难免临事张皇。此次钦定修正逐年筹备事宜清单，宣统四年为实行新刑律之期，如待至来年秋冬议决始行颁布，为时过促，准备毫无。方今法官虽经考试，并非纯粹拔自学堂，一旦强以素未谙习之法律责令奉行，似难收观成之效。此为司法官吏豫备不能不陈明者，一也。

刑律为实体法之一种，凡实体法必须赖手续法为之运用。手续法者，即刑事诉讼律者也。刑律若不确定，则核定刑诉即无率由之准绳。此外，如刑律施行细则及沟通新旧之办法，判决例为适用刑律斠一之基础，亦须俟刑律确定之后方能从事编纂，庶次第告竣，不误实行之期。此为续订关于刑律之各项法令不能不陈明者，又一也。

臣等再四慎审，既不敢擅请颁布，以侵资政院协赞立法之权，复不敢缄默因循，以干违背缮黄、贻误要政之咎。公同商酌，惟有将刑律分则并暂行章程未经资政院议决者，应否遵照清单年限颁布，恭请皇上圣裁。谨将分则并暂行章程缮具清单，恭呈御览，如蒙钦定颁行，应请饬下修订法律大臣迅速编辑判例及施行细则，奏交臣馆核订，请旨遵行，并由臣等会同修订法律大臣恭刊黄册进呈，以符定制。

再，分则条目名词字句及一切体例须与议决总则相符，皆经臣等更正修饰，以免两歧，合并声明。

所有请旨应否颁布刑律分则并暂行章程缘由，理合恭折具陈，伏乞皇上圣鉴训示，谨奏。

资政编查馆大臣、和硕庆亲王　臣　奕　劻
宪政编查馆大臣、多罗贝勒　　臣　毓　朗
宪政编查馆大臣、署大学士　　臣　那　桐
宪政编查馆大臣、大学士　　　臣　徐世昌

3. 宪政编查馆奏刑律黄册缮写告竣装潢进呈折
（宣统三年三月二十二日，1911 年 4 月 20 日）

宪政编查馆大臣、和硕庆亲王、臣奕劻等跪奏：为刑律黄册缮写告竣，谨装潢进呈，恭折会陈，仰祈圣鉴事。

宣统二年十二月二十五日，资政院会奏议决新刑律总则请旨裁夺一折，又宪政编查馆奏新刑律分则并暂行章程未经资政院议决应否遵限颁布缮单呈览请旨办理一折。同日奉上谕："资政院议决新刑律总则，会同军机大臣具奏缮单呈览请旨裁夺一折。新刑律总则第十一条之十五岁著改为十二岁，第五十条'或满八十岁人'之上著加入'或未满十六岁人'字样，余依议。又据宪政编查馆奏，新刑律分则并暂行章程，资政院未及议决，应否遵限颁布，缮单呈览请旨办理一折。新刑律颁布年限，定自先朝筹备宪政清单，现在开设议院之期已经缩短，新刑律尤为宪政重要之端，是以续行修正清单亦定为本年颁布，事关筹备年限，实属不可缓行。著将新刑律总则、分则暨暂行章程先为颁布，以备实行，俟明年资政院开会仍可提议修正，具奏请旨，用符协赞之义。并著修订法律大臣按照新刑律迅编辑判决例及施行细则，以为将来实行之豫备，余照所议办理。钦此。"仰见朝廷郑重法典、执两用中之至意，钦服莫名。

臣等当即督帅馆员，遵照谕旨改定各节，逐条校勘，缮写黄册，并将现行刑律旧有服制各图，及历次奏折弁诸卷首，兹经一律告竣，谨装潢成帙，恭呈御览。另由臣等刊刻成书，颁行京外，俾执法之官得以先事研求，期援引之无误，而承学之士亦得随时讲习，识新旧之相通，庶届将来实行之期，可免临事仓猝之患，实于宪政前途关系匪浅。

所有进呈刑律黄册缘由，谨合词恭折具陈，伏乞皇上圣鉴。谨奏。

三　钦定大清刑律

1. 目录

2.《大清刑律》服制图

丧服总图

本宗九族五服正服之图

妻为夫族服图

妾为家长族服之图

出嫁女为本宗降服之图

外亲服图

妻亲服图

三父八母服图

丧服总图

		斩 衰 三 年	
用至粗麻布为之不缝下边			
		齐 衰	
三 月	不 杖 期	杖 期	五 月
用稍粗麻布为之缝下边			
		大 功 九 月	
用粗熟布为之			
		小 功 五 月	
用稍粗熟布为之			
		缌 麻 三 月	
用稍细熟布为之			

本宗九族五服正服之图

凡嫡孙父卒为祖父承重，服斩衰三年。若为祖母承重，服亦同。曾高祖父母承重，服亦同。

凡男为人后者，为本生亲属孝服皆降一等。本生父母亦降服不杖期。父母报服同。

族兄弟缌麻　　族兄弟妻无服

族叔祖父母缌麻　再从兄弟小功　再从兄弟妻无服　再从侄缌麻　再从侄妇无服

族伯叔祖父母缌麻　堂伯叔父母小功　堂兄弟大功　堂兄弟妻缌麻　堂侄小功　堂侄妇缌麻　堂侄孙缌麻　堂侄孙妇无服

曾伯叔祖父母缌麻　伯叔祖父母小功　伯叔父母期年　兄弟期年　兄弟妻小功　侄妇大功　侄小功　侄孙缌麻　曾侄孙妇无服　曾侄孙缌麻

高祖父母齐衰三月　曾祖父母齐衰五月　祖父母齐衰杖期　父斩衰三年　母齐衰三年　己身　期年兄弟长子期年　兄弟妻嫡孙妇缌麻　嫡孙期年　曾孙缌麻　曾孙妇无服　元孙缌麻　元孙妇无服

大功众子妇　众孙小功　众孙妇缌麻　曾孙无服

曾祖姑在室缌麻出嫁无服　祖姑在室小功出嫁缌麻　姑在室期年出嫁大功　姊妹在室期年出嫁大功　侄女在室期年出嫁大功　侄孙女在室小功出嫁缌麻　侄曾孙女在室缌麻出嫁无服

族祖姑在室缌麻出嫁无服　堂姑在室小功出嫁缌麻　堂姊妹在室大功出嫁小功　堂侄女在室小功出嫁缌麻　堂侄孙女在室缌麻出嫁无服

凡姑、姊妹、女及孙女在室，或已嫁被出而归，并与男子同。与子者，为兄弟姊妹及侄，皆不杖期。

族姊妹在室缌麻出嫁无服　再从姊妹在室小功出嫁无服　再从侄女在室缌麻出嫁无服

族姊妹在室缌麻出嫁无服

凡同五世祖，族属袒免。遇葬则服素服，尺布缠头。绝服之外，曾高祖，族曾祖姑免衰。

七〇七

妻 为 夫 族 服 图

夫为祖父母及曾高祖父母承重者，并从夫服。

功为夫舅姑生为本妻，夫为人后，其妻服大功。

夫族姊妹 服无

夫族兄弟 无服

夫族伯叔父母 服
夫再从兄弟 服
夫再从侄 缌

夫族伯叔祖 服
夫堂伯叔父母 缌
夫堂兄弟及妻 缌
夫堂侄妇 缌
夫堂侄孙 缌

夫曾伯叔祖父母 无服
夫伯叔祖父母 缌
夫伯叔父 大功
夫兄弟及妻 小功
夫侄妇 期年
夫侄孙 小功
夫侄孙妇 缌

夫高祖父母 缌
夫曾祖父母 缌
夫祖父母 大功
夫姑 斩衰三年齐衰杖期
夫三父母在不杖
夫为长子期年
夫众子妇期年
夫长孙期年
夫曾孙 大功
夫玄孙 缌
夫来孙 无服

夫曾祖姑出嫁无服 在室缌麻
夫祖姑在室小功 出嫁缌麻
夫亲姑在室小功 出嫁缌麻
夫侄女在室期年 出嫁大功
夫曾侄孙女在室缌麻 出嫁无服

夫堂祖姑出嫁无服 在室缌麻
夫堂姑在室缌麻 出嫁无服
夫堂侄女在室小功 出嫁缌麻
夫堂侄孙女在室缌麻 出嫁无服

夫族姑在室缌麻 出嫁无服
夫再从姊妹在室缌麻 出嫁无服
夫再从侄女在室缌麻 出嫁无服

夫族姊妹 服无

妾 为 家 长 族 服 之 图

嫡孙、众孙为庶祖母，小功五月。

	家长祖父母 功……小	
	家长父母 年……期	
正妻 年……期		家长 三年 斩衰
为其子 年……期	家长长子 年……期	家长众子 年……期
为其孙 功……大	家长嫡孙 服……无	家长众孙 服……无

出嫁女为本宗降服之图

			高祖父母 齐衰 三月		
			曾祖父母 齐衰 五月		
		祖姊妹 在室缌麻 出嫁无服	祖父母 年 期	祖兄弟 缌麻	
父堂兄弟姊妹 在室缌麻 出嫁无服		父姊妹 在室大功 出嫁小功	父母 年 期	伯叔父母 大功	父堂兄弟 缌麻
堂姊妹 在室小功 出嫁缌麻		姊妹 在室大功 出嫁小功	己身	兄弟 大功	堂兄弟 小功
堂侄女 在室缌麻 出嫁无服		兄弟女 在室大功 出嫁小功	兄弟子 大功		堂侄 缌麻

外　亲　服　图

妻为夫外亲服
降一等

		祖父母		
		服　母祖父母　无		

母之姊妹		外祖父母		母之兄弟
功	小　功	小	功	小

堂姨之子	两姨之子	己身	母舅之子	堂舅之子
服　无	麻　缌		麻　缌	服　无

	姨之孙	姑之子	舅之孙	
	服　无	麻　缌	服　无	

		姑之孙		
		服　无		

711

妻　亲　服　图

```
                        ┌─────────┐
                        │  妻     │
                        │  祖     │
                        │  父     │
                   服   │  母   无 │
              ┌─────────┼─────────┼─────────┐
              │  妻     │  妻     │  妻     │
              │  之     │  父     │  伯     │
         服   │  姑   无│麻 母  缌│  父   无 │
    ┌─────────┼─────────┼─────────┼─────────┼─────────┐
    │         │  妻     │  己     │  妻兄   │  妻     │
    │         │  之     │  身     │  弟及   │  外     │
    │         │  姉     │       为 │  妇     │  祖     │
    │    服   │  妹   无│缌麻    婿│服    无 │服 父母 无│
    └─────────┼─────────┼─────────┼─────────┼─────────┘
              │  妻     │  女     │  妻     │
              │  姉     │  之     │  兄     │
              │  妹     │  子     │  弟     │
         服   │  子   无│麻    缌 │服 子  无 │
              └─────────┼─────────┼─────────┘
                        │  女     │
                        │  之     │
                   服   │  孙   无 │
                        └─────────┘
```

三父八母服图

同居继父	两无大功亲，谓继父无子孙，己身亦无伯叔兄弟之类。期年		
	两有大功亲，谓继父有子孙，自己亦有伯叔兄弟之类。齐衰三月		
不同居继父	先曾与继父同居，今不同居，齐衰三月		
	自来不曾随母与继父同居。无服		
从继母嫁	谓父死继母再嫁他人，随去者。齐衰杖期		

养母　谓自幼过房与人。斩衰三年

嫡母　谓妻之正妻。斩衰三年

嫁母　死再嫁他人。齐衰杖期

庶母　谓父有子女妾，嫡子、众子。所生子斩衰三年

谓妾生子女，

继母　谓父娶之后妻。斩衰三年

出母　谓亲母被父出者。齐衰杖期

乳母　谓父妾乳哺者，即奶母。缌麻

慈母　谓所生母死，父令别妾抚育者。斩衰三年

713

3.《大清刑律》服制

斩衰三年

子为父母。女在室并已许嫁者，及已嫁被出而反在室者同。子之妻同。

子为继母、为慈母、为养母。子之妻同。（继母，父之后妻；慈母，谓母卒父命他妾养己者；养母，谓自幼过房与人者）

庶子为所生母、为嫡母。庶子之妻同。

为人后者为所后父母。为人后者之妻同。

嫡孙为祖父母及曾高祖父母承重。嫡孙之妻同。

妻为夫，妾为家长同。

齐衰杖期

嫡子、众子为庶母。嫡子、众子之妻同。（庶母，父妾之有子女者。父妾无子女，不得以母称矣）

子为嫁母。（亲生母，父亡而改嫁者）

子为出母。（亲生母，为父所出者）

夫为妻。（父母在，不杖）

齐衰不杖期

祖为嫡孙。

父母为嫡长子，及嫡长子之妻，及众子，及女在室，及子为人后者。

继母为长子、众子。

前夫之子，从继母改嫁于人，为改嫁继母。

侄为伯叔父母，及姑姊妹之在室者。

为己之亲兄弟，及亲兄弟之子女在室者。

孙为祖父母。孙女在室、出嫁同。

为人后者，为其本生父母。

女出嫁，为父母。

女在室，及虽适人而无夫与子者，为其兄弟姊妹及侄与侄女在室者。

女适人，为兄弟之为父后者。

妇为夫亲兄弟之子及女在室者。

妾为家长之正妻。

妾为家长父母。

妾为家长之长子、众子与其所生子。

为同居继父，而两无大功以上亲者。

齐衰五月

曾孙为曾祖父母。曾孙女同。

齐衰三月

元孙为高祖父母，元孙女同。

为同居继父，而两有大功以上亲者。

为继父，先曾同居今不同居者。（自来不曾同居者，无服）

大功九月

祖为众孙，孙女在室同。

祖母为嫡孙、众孙。

父母为众子妇，及女已出嫁者。

伯叔父母为侄妇，及侄女已出嫁者。（侄妇，兄弟子之妻也；侄女，兄弟之女也）

妇为夫之祖父母。

妇为夫之伯叔父母。

为人后者，为其兄弟及姑姊妹之在室者。（既为人后，则于本生亲属，服皆降一等）

夫为人后，其妻为夫本生父母。

为己之同堂兄弟、姊妹在室者。（即伯叔父母之子女也。）

为姑及姊妹之已出嫁者。（姑，即父之姊妹；姊妹，即己之亲姊妹也）

为己兄弟之子为人后者。

出嫁女为本宗伯叔父母。

出嫁女为本宗兄弟，及兄弟之子。

出嫁女为本宗姑姊妹，及兄弟之女在室者。

小功五月

为伯叔祖父母。（祖之亲兄弟）

为堂伯叔父母。（父之堂兄弟）

为再从兄弟，及再从姊妹在室者。

为同堂姊妹出嫁者。

为同堂兄弟之子，及女在室者。

为祖姑在室者。（即祖之亲姊妹）

为堂姑之在室者。（即父之同堂姊妹）

为兄弟之妻。

祖为嫡孙之妇。

为兄弟之孙，及兄弟之孙女在室者。

为外祖父母。（即亲母之父母）（为在堂继母之父母；庶子嫡母在，为嫡母之父母；庶子为在堂继母之父母；庶子不为父后者，为己母之父母；为人后者，为所后母之父母。以上五项，均与亲母之父母服同。外祖父母报服，亦同。其母之兄弟姊妹服制及报服，亦与亲母同。姑舅、两姨、兄弟姊妹，服亦同。为人后者，为本生母之亲属降服一等。再，"庶子不为父后者，为己母之父母服"一项。若己母系由人家所生女收买为妾，及其父母系属贱族者，不在此列）

为母之兄弟姊妹。（兄弟即舅，姊妹即姨。）（其义服详载"为外祖父母"条下）

为姊妹之子（即外甥），及子女之在室者。（其义服详载"为外祖父母"条下）

妇为夫兄弟之孙（即侄孙），及夫兄弟之孙女在室者（即侄孙女）。

妇为夫之姑，及夫姊妹。（在室、出嫁同）

妇为夫兄弟，及夫兄弟之妻。

妇为夫同堂兄弟之子，及女在室者。

女出嫁为本宗堂兄弟，及堂姊妹之在室者。

为人后者，为其姑及姊妹出嫁者。

嫡孙、众孙为庶祖母。（女在室者同）

生有子女之妾为家长之祖父母。

缌麻三月

祖为众孙妇。

曾祖父母为曾孙、元孙，曾孙女、元孙女同。

祖母为嫡孙、众孙妇。

为乳母。

为曾伯叔祖父母。（即曾祖之兄弟及曾祖兄弟之妻）

为族伯叔父母。（即父再从兄弟及再从兄弟之妻）

为族兄弟，及族姊妹在室者。（即己三从兄弟姊妹所与同高祖者）

为曾祖姑在室者。（即曾祖之姊妹）

为族祖姑在室者。（即祖之同堂姊妹）

为族姑在室者。（即父之再从姊妹）

为族伯叔祖父母。（即祖同堂兄弟及同堂兄弟妻）

为兄弟之曾孙，及兄弟之曾孙女在室者。

为兄弟之孙女出嫁者。

为同堂兄弟之孙，及同堂兄弟之孙女在室者。

为再从兄弟之子及女在室者。

为祖姑及堂姑，及己之再从姊妹出嫁者。（祖姑即祖之亲姊妹；堂姑即父之堂姊妹）

为同堂兄弟之女出嫁者。

为姑之子。（即父姊妹之亲子）（其义服详载为外祖父母条下）

为舅之子。（即亲母兄弟之子）（其义服详载为外祖父母条下）

为两姨兄弟。（即亲母姊妹之子）（其义服详载为外祖父母条下）

为妻之父母。

为婿。

为外孙，男女同。（即女之子女）（其义服详载为外祖父母条下）

为兄弟孙之妻。（即侄孙之妻）

为同堂兄弟之子妻。（即堂侄之妻）

为同堂兄弟之妻。

妇为夫高曾祖父母。

妇为夫之伯叔祖父母及夫之祖姑在室者。

妇为夫之堂伯叔父母，及夫之堂姑在室者。（夫之堂姑，即夫之伯叔祖父母所生也）

妇为夫之同堂兄弟姊妹，及夫同堂兄弟之妻。

妇为夫再从兄弟之子。女在室同。

妇为夫同堂兄弟之女出嫁者。

妇为夫同堂兄弟子之妻。（即堂侄妇）

妇为夫同堂兄弟之孙，及孙女之在室者。

妇为夫兄弟孙之妻。（即侄孙之妻）

妇为夫兄弟之孙女出嫁者。

妇为夫之曾孙、元孙，及曾孙女、元孙女之在室者。

妇为夫兄弟之曾孙（即曾侄孙）。曾孙女同。

妇为夫之小功服外姻亲属。

女出嫁为本宗伯叔祖父母，及祖姑在室者。

女出嫁为本宗同堂伯叔父母，及堂姑在室者。

女出嫁为本宗堂兄弟之子，女在室者同。

4. 正文

第一编　总则

第一章　法例

第一条

本律于凡犯罪在本律颁行之后者，适用之。

其颁行以前未经确定审判者，亦同。但颁行以前之法律不以为罪者，不在此限。

第二条

本律于凡在帝国内犯罪者，不问何人适用之。

其在帝国外之帝国船舰内犯罪者，亦同。

第三条

本律于凡在帝国外对于帝国犯左列各罪者，不问何人，适用之：

　　一、第八十九条至第九十三条第一项，第九十四条、第九十五条第二项及第九十六条第二项之罪；

　　二、第一百零一条及第一百零四条之罪；

　　三、第一百零八条及第一百十条至一百十二条之罪；

　　四、第一百二十五条之罪；

　　五、第一百五十三条及第一百五十五条之罪；

　　六、第二百二十九条及第二百三十一条第一项之罪；

七、第二百三十八条、第二百三十九条、第二百四十一条及第二百四十二条之罪；

八、第四百零二条及第四百零三条之罪。

第四条

本律于帝国臣民在帝国外犯左列各罪者，适用之：

一、第一百十八条及第一百二十四条之罪；

二、第一百三十三条及第一百三十五条之罪；

三、第一百四十条及第一百四十一条之罪；

四、第一百四十四条及第一百四十八条之罪；

五、第一百七十二条之罪；

六、第二百十七条之罪；

七、第二百二十六条之罪；

八、第二百四十条第一项之罪。

第五条

本律于帝国臣民在帝国外，或外国人在帝国外，对帝国臣民犯左列各罪者，适用之：

一、第一百八十一条至第一百八十三条之罪；

二、第一百八十六条至第一百八十八条、第一百九十二条及第一百九十三条之罪；

三、第二百十一条至第二百十六条之罪；

四、第二百四十条第二项、第二百四十一条、第二百四十三条至第二百四十五条之罪；

五、第二百五十八条至第二百六十三条之罪；

六、第二百八十三条至第二百八十七条及第二百九十一条之罪；

七、第三百十一条至第三百十四条及第三百二十条至第三百二十六条之罪；

八、第三百三十四条、第三百三十五条及第三百三十七条第一项之罪；

九、第三百三十九条及第三百四十条之罪；

十、第三百四十四条至第三百四十六条之罪；

十一、第三百四十九条至第三百五十三条之罪；

十二、第三百五十七条至第三百六十一条之罪；

十三、第三百六十七条至第三百七十七条之罪；

十四、第三百八十二条至第三百八十七条之罪；

十五、第三百九十一条至第三百九十三条之罪；

十六、第三百九十七条之罪；

十七、第四百零四条及第四百零五条之罪。

第六条

犯罪者虽经外国确定审判，仍得以本律处断。但已受其刑之执行或经免除者，得免除或减轻本律之刑。

第七条

犯罪之行为或其结果，有一在帝国领域或船舰内者，以帝国内犯罪论。

第八条

第二条、第三条、第五条及第六条之规定，若因国际上有成例而不适用者，仍以成例。

第九条

本律总则与其他法令之定有刑名者，亦适用之。但有特别规定者，不在此限。

第二章 不为罪

第十条

法律无正条者，不问何种行为，不为罪。

第十一条

未满十二岁人之行为，不为罪，但因其情节得施以感化教育。

第十二条

精神病人之行为，不为罪，但因其情节得施以监禁处分。

前项之规定，于酗酒或精神病间断时之行为，不适用之。

第十三条

非故意之行为，不为罪。但应论过失者，不在此限。

不知法令，不得为非故意。但因其情节，得减本刑一等或二等。

犯罪之事实与犯人所知有异者，依左例处断：

第一、所犯重于犯人所知或相等者，从其所知；

第二、所犯轻与犯人所知者，从其所犯。

第十四条

依法令或正当业务之行为，或不背公共秩序、善良风俗、习惯之行为，不为罪。

第十五条

对现在不正之侵害而出于防卫自己或他人权利之行为，不为罪。但防卫行为过当者，得减本刑一等至三等。

第十六条

避不能抗拒之危难、强制，而出于不得已之行为，不为罪。但加过当之损害者，得减本刑一等至三等。

前项之规定，于有公务上或业务上特别义务者，不适用之。

第三章　未遂罪

第十七条

犯罪已着手，而因意外之障碍不遂者，为未遂犯。其不能生犯罪之结果者，亦同。

未遂犯之为罪，于分则各条定之。

未遂罪之刑，得减既遂罪之刑一等或二等。

第十八条

犯罪已着手，而因己意中止者，准未遂犯论，得免除或减轻本刑。

第四章　累犯罪

第十九条

已受徒刑之执行，更犯徒刑以上之罪者，为再犯，加本刑一等。但有期徒刑执行完毕、无期徒刑或有期徒刑执行一部而免除后，逾五年而再犯者，不在加重之限。

第二十条

三犯以上者，加本刑二等，仍以前条之例。

第二十一条

审判确定后，于执行其刑之时，发觉为累犯者，依前两条之例更定其刑。

第二十二条

依军律或于外国审判衙门受有罪审判者，不得用加重之例。

第五章　俱发罪

第二十三条

确定审判前犯数罪者，为俱发罪，各科其刑，而依左例定其应执行者：

第一、科死刑者，不执行他刑；科多数之死刑者，执行其一。

第二、科无期徒刑者，不执行他刑；科多数之无期徒刑，执行其一。

第三、科多数之有期徒刑者，于各刑合并之刑期以下、其中最长之刑期以上，定其刑期。但不得逾二十年。

第四、科多数之拘役者，依前款之例定其刑期。

第五、科多数之罚金者，于各刑合并之金额以下、其中最多之金额以上，定其金额。

第六、依第三款至第五款所定之有期徒刑、拘役及罚金，并执行之。有期徒刑、拘役及罚金各科其一者，亦同。

第七、褫夺公权及没收，并执行之。

第二十四条

一罪先发已经确定审判，余罪后发，或数罪各别经确定审判者，依前条之例更定其刑。

其最重刑消灭，仍余数罪者，亦同。

第二十五条

俱发与累犯互合者，其俱发罪依前二条之例处断，与累犯罪之刑并执行之。

第二十六条

以犯一罪之方法或其结果而生他罪者，从一重处断。但于分则有特别规定者，不在此限。

第二十七条

犯罪之重轻，比较各罪最重主刑之重轻定之。最重刑相等着，比较其最轻主刑之重轻定之。

主刑重轻俱等者，据犯罪情节定之。

第二十八条

连续犯罪者，以一罪论。

第六章　共犯罪

第二十九条

二人以上共同实施犯罪之行为者，皆为正犯，各科其刑。

于实施犯罪行为之际帮助正犯者，准正犯论。

第三十条

教唆他人使之实施犯罪之行为者，为造意犯，依正犯之例处断。

教唆造意犯者，准造意犯论。

第三十一条

于实施犯罪行为以前帮助正犯者，为从犯，得减正犯之刑一等或二等。

教唆或帮助从犯者，准从犯论。

第三十二条

于前教唆或帮助，其后加入实施犯罪行为者，从其所实施者处断。

第三十三条

因身分成立之罪，其教唆或帮助者虽无身分，仍以共犯论。

因身分致刑有重轻者，其无身分之人，仍科通常之刑。

第三十四条

知本犯之情而共同者，虽本犯不知共同之情，仍以共犯论。

第三十五条

于过失罪有共同过失者，以共犯论。

第三十六条

值人故意犯罪之际，因过失而助成其结果者，准过失共同正犯论。但以其罪应论过失者为限。

第七章　刑名

第三十七条

刑分为主刑及从刑。

主刑之种类及重轻之次序如左：

第一、死刑。

第二、无期徒刑。

第三、有期徒刑。

一、一等有期徒刑：十五年以下、十年以上；

二、二等有期徒刑：十年未满、五年以上；

三、三等有期徒刑：五年未满、三年以上；

四、四等有期徒刑：三年未满、一年以上；

五、五等有期徒刑：一年未满、二月以上。

第四、拘役：二月未满、一日以上。

第五、罚金：一元以上。

从刑之种类如左：

第一、褫夺公权；

第二、没收。

第三十八条

死刑用绞，于狱内执行之。

第三十九条

受死刑之宣告者，迄至执行，与他囚人分别监禁。

第四十条

死刑非经法部覆奏回报，不得执行。

第四十一条

宣告徒刑及拘役不得未满一日，罚金不得未满一元。

第四十二条

徒刑之囚，于监狱监禁之，令服法定劳役。其监禁方法及劳役种类，依监狱法之规定。

第四十三条

拘役之囚，于监狱监禁之，令服劳役，但因其情节得免劳役。

第四十四条

受五等有期徒刑或拘役之宣告者，其执行实有窒碍，得以一日折算一元，易以罚金。

依前项之例易罚金者，于法律以受徒刑或拘役之执行者论。

第四十五条

罚金于审判确定后，令一月以内完纳。逾期不完纳者，依左例处断：

第一、有资力者，强制令完纳之；

第二、无资力者，以一元折算一日，易以监禁。

监禁于监狱内附设之监禁所执行之。

监禁日数不得逾三年。

罚金纳一部者，计其余额，依第一项第二款之例易以监禁。

罚金总额之比例逾三年之日数，而已纳其一部者，以按分比例定监禁日数。

依本条之例易监禁者，除逃脱罪外，于法律以受罚金之执行者论。

第四十六条

褫夺公权者，终身褫夺其左列资格之全部或一部：

一、为官员之资格；

二、为选举人之资格；

三、膺封锡勋章、职衔出身之资格；

四、入军籍之资格；

五、为学堂监督、职员、教习之资格；

六、为律师之资格。

第四十七条

于分则有得褫夺公权之规定者，得褫夺现在之地位，或于一定期限内褫夺前条所列资格之全部或一部，但以应科徒刑以上之刑者为限。

第四十八条

没收之物如左：

一、违禁私造、私有之物；

二、供犯罪所用及豫备之物；

三、因犯罪所得之物。

第四十九条

没收之物，以犯人以外无有权利者为限。

第八章　宥减

第五十条

喑哑人或未满十六岁人或八十岁人犯罪者，得减本刑一等或二等。

第九章　自首

第五十一条

犯罪未发觉而自首于官受审判者，得减本刑一等；

犯亲告罪而向有告诉权之人首服，受官之审判者，亦同。

第五十二条

一罪既发，别首未发余罪者，得减所首余罪之刑一等。

第五十三条

豫备或阴谋犯分则特定各条之罪，未至实行而自首于官受审判者，得免除或减轻其刑，但没收不在免除之限。

第十章　酌减

第五十四条

审按犯人之心术或犯罪之事实，其情轻者，得减本刑一等或二等。

第五十五条

依法律加重或减轻者，仍得依前条之例减轻其刑。

第十一章　加减刑

第五十六条

死刑、徒刑、拘役，依第三十七条所列次序加重、减轻之。

徒刑不得加至死刑。

拘役不得减至罚金及免除之。

罚金不得加至拘役及徒刑。

第五十七条

分则定有二种以上主刑应加减者，依第三十七条所列次序，按等加减之。

最重主刑系死刑应加重者，止加重其徒刑；无期徒刑应加重者，止加重其有期徒刑。

最轻主刑系拘役应减轻者，止减轻其徒刑；徒刑减尽者，止处拘役。

第五十八条

罚金依分则所定之额，以四分之一为一等，加重、减轻之。

罚金应加减者，最多额与最少额同加减之。其仅定有最多额者，止加减其最多额。

第五十九条

分则所定并科之罚金，若徒刑应加减者，亦加减之。

其易科之罚金，若徒刑应减轻者，亦减轻之。

第六十条

同时刑有加重、减轻者，互相抵消。

第六十一条

有二种以上应减者，得累减之。

第六十二条

从刑不随主刑加重、减轻。

第十二章　缓刑

第六十三条

具有左列要件，而受四等以下有期徒刑者或拘役之宣告者，自审判确定之日起，得宣告缓刑五年以下、三年以上：

一、未曾受拘役以上之刑者；

二、前受三等至五等有期徒刑，执行完毕或免除后逾七年，或前受拘役执行完毕或免除后逾三年者；

三、有一定之住所及职业者；

四、有亲属或故旧监督缓刑期内之品行者。

第六十四条

受缓刑之宣告，而有左列情形之一者，撤销其宣告：

一、缓刑期内更犯罪，受拘役以上宣告者；

二、因缓刑前犯罪，而受拘役以上之宣告者；

三、不备前条第二款之要件，后经发觉者；

四、丧失住所及职业者；

五、监督人请求刑之执行，其言有理由者。

第六十五条

逾缓刑之期而未撤销缓刑之宣告者，其刑之宣告为无效。

第十三章　假释

第六十六条

受徒刑之执行而有悛悔实据者，无期徒刑逾十年后，有期徒刑逾刑期二分之一后，由监狱官申达法部，得许假释出狱。但有期徒刑之执行未满三年者，不在此限。

第六十七条

假释出狱而有左列情形之一者，撤销其假释，其出狱日数不算入刑期之内：

一、假释期内更犯罪，受拘役以上之宣告者；

二、因假释前所犯罪而受拘役以上之宣告者；

三、因假释前所受拘役以上之宣告而应执行者；

四、犯假释管束规则中应撤销假释之条项者。

未经撤销假释者，其出狱日数算入刑期之内。

第十四章　恩赦

第六十八条

恩赦依恩赦条款，临时分别行之。

第十五章　时效

第六十九条

提起公诉权之时效期限，依左例定之：

一、系死刑者，十五年；

二、系无期徒刑或一等有期徒刑者，十年；

三、系二等有期徒刑者，七年；

四、系三等有期徒刑者，三年；

五、系四等有期徒刑者，一年；

六、系五等有期徒刑拘役或罚金者，六月。

前项期限，自犯罪行为完毕之日起算。逾期不起诉者，其起诉权消灭。

第七十条

二罪以上之起诉权之时效期限，据最重刑依前条之例定之。

第七十一条

本刑应加重或减轻者，起诉权之时效期限，仍据本刑计算。

第七十二条

起诉权之时效，遇有左列行为之一，中断之，俟行为停止更行起算：

一、侦查及豫审上强制处分；

二、公判上诉讼行为。

前项行为，于一切共犯有同一之效力。

第七十三条

起诉权之时效，遇被告人罹精神病、其他重病而停止公判者，停止之。

第七十四条

行刑权之时效期限，依左列定之：

一、死刑，三十年；

二、无期徒刑，二十五年；

三、一等有期徒刑，二十年；

四、二等有期徒刑，十五年；

五、三等有期徒刑，十年；

六、四等有期徒刑，五年；

七、五等有期徒刑，三年；

八、拘役、罚金，一年。

前项期限，自宣告确定之日起算。逾期不行刑者，其行刑权消灭。

第七十五条

行刑权之时效，遇因执行而犯人已就逮捕者，中断之。但其他未知悉之刑，不在此限。

罚金及没收之时效，遇有执行行为，中断之。

第七十六条

行刑权之时效，遇有依法律停止执行者，停止之。

第十六章　时例

第七十七条

时期以日计者，阅二十四小时；以月计者，阅三十日；以年计者，阅十二月。

第七十八条

时期之初日，不计时刻，以一日论。最终之日，阅全一日。

放免有期徒刑及拘役之囚，于期满之次日午前行之。

第七十九条

刑期自审判确定之日起算。

审判虽经确定而尚未受监禁者，其日数不算入刑期。

第八十条

未决期内羁押之日数，得以二日抵徒刑、拘役一日，或抵罚金一圆。

第十七章　文例

第八十一条

称乘舆、车驾、御及跸者，太上皇帝、太皇太后、皇太后、皇后同称制者，太上皇帝敕旨，太皇太后、皇太后懿旨同。

第八十二条

称尊亲属者，谓左列各人：

一、祖父母，高、曾同；

二、父母。

妻于夫之尊亲属，与夫同。

称亲属者，谓尊亲属及左列各人：

一、夫妻；

二、本宗服图期服以下者；

三、外亲服图小功以下者；

四、妻亲服图缌麻以下者；

五、妻为夫族服图期服以下者；

六、出嫁女为本宗服图大功以下者。

第八十三条

称官员者，谓职官、吏员及其他依法令从事公务之议员、委员、职员。

称公署者，谓官员奉行职务之衙、署、局、所。

称公文书者，谓官员及公署应制作之文书。

第八十四条

称议会及选举者，谓依法令所设立中央及地方参与政事之议会及其议员之选举。

第八十五条

称僧道者，谓僧尼、道士、女冠及其他宗教师。

第八十六条

依分则援用别条处断，而别条之罪应论未遂、豫备或阴谋者，于处断本条之未遂、豫备或阴谋犯，并援用之。

于造意犯及从犯，亦同。

第八十七条

称以下、以上、以内者，具连本数计算。

第八十八条

称笃疾者，谓左列伤害：

一、毁败视能者；

二、毁败听能者；

三、毁败语能者；

四、毁败一肢以上或终身毁败其机能者；

五、于精神或身体有重大不治之病者；

六、变更容貌且有重大不治之伤害者；

七、毁败阴阳者。

称废疾者，谓左列伤害：

一、减衰视能者；

二、减衰听能者；

三、减衰语能者；

四、减衰一肢以上之机能者；

五、于精神或身体，有至三十日以上之病者；

六、有致废业务至三十日以上之病者。

称轻微伤害者，谓前两项所列之外之疾病、损伤。

第二编　分则

第一章　侵犯皇室罪

第八十九条

加危害于乘舆、车驾或将加者，处死刑。

第九十条

因过失致生危害于乘舆、车驾者，处二等或三等有期徒刑。

第九十一条

加危害于皇帝缌麻以上之亲者，处死刑、无期徒刑或一等有期徒刑。

第九十二条

因过失致生危害皇帝缌麻以上之亲者，处四等以下有期徒刑、拘役或一千圆以下罚金。

第九十三条

对乘舆、车驾有不敬之行为者，处二等或三等有期徒刑。

对太庙、山陵有不敬之行为者，亦同。

第九十四条

对皇帝缌麻以上之亲有不敬之行为者，处三等至五等有期徒刑。

第九十五条

阑入太庙、山陵、宫殿、禁苑或受命令而不退出者，处二等至四等有期徒刑或二千圆以下、二百圆以上罚金。

于行在所有前项行为者，亦同。

第九十六条

于前条第一项所列各处，或于距离能到之地，自外向内射箭、放弹、投砖石者，处三等至五等有期徒刑或一千圆以下、一百圆以上罚金。

于行在所有前项行为者，亦同。

第九十七条

犯跸者，处四等以下有期徒刑、拘役或三百圆以下罚金。

第九十八条

第九十一条及第九十三条至九十七条之未遂罪，罪之。

第九十九条

豫备或阴谋犯第九十一条之罪者，处四等以下有期徒刑或拘役。

第一百条

犯本章之罪，宣告二等有期徒刑以上之刑者，褫夺公权，其余得褫夺之。

第二章　内乱罪

第一百零一条

意图颠覆政府、僭窃土地及其他紊乱国宪而起暴动者，为内乱罪，依左例处断：

一、首魁，死刑或无期徒刑；

二、执重要事务者，死刑、无期徒刑或一等有期徒刑；

三、附和随行者，二等至四等有期徒刑。

意图内乱，聚众掠夺公署之兵器、弹药、船舰、钱粮及其他军需品，或携带兵器公然占据都市、城寨及其他军用之地者，均以内乱既遂论。

第一百零二条

第一百零一条之未遂犯，罪之。

第一百零三条

豫备或阴谋犯第一百零一条之罪者，处一等至三等有期徒刑。

第一百零四条

知豫备内乱之情而供给兵器、弹药、船舰、钱粮及其他军需品者，处无期徒刑或二等以上有期徒刑。

第一百零五条

暴动者违背战斗上国际成例，犯杀伤、放火、决水、掠夺及其他各罪者，援用所犯各条，依第二十三条之例处断。

第一百零六条

犯本章之罪，宣告二等有期徒刑以上之刑者，褫夺公权，其余得褫夺之。

第一百零七条

犯第一百零二条至一百零四条之罪，未至暴动而自首者，免除其刑。

第三章　外患罪

第一百零八条

受帝国之命令、委任，与外国商议，图利自己或他人或外国，故意议定不利帝国之条约者，不问批准与否，处无期徒刑或二等以上有期徒刑。

第一百零九条

帝国臣民意图使帝国领域属于外国，而与外国开始商议者，处死刑、无期徒刑或一等有期徒刑。

第一百十条

通谋外国，使对帝国开战端或与敌国抗敌帝国者，处死刑。

第一百十一条

意图利敌国或害帝国，而有左列行为之一者，处死刑、无期徒刑或一等有期徒刑：

一、将要塞、军港、军队、船舰及其他军用处所建筑物，或兵器、弹药、钱粮、交通材料及其他军需品，交付敌国或烧毁损坏或设法致不堪用者；

二、以诈术或他法，于陆海军内煽令不和、反乱或逃脱者；

三、将关涉军略之文书、图画交付敌国者；

四、为敌国间谍或帮助敌国间谍者；

五、诱导敌国军队、船舰，使侵入或接近帝国领域者。

第一百十二条

于帝国与外国交战之际，担负供给军需之义务者，以诈术或其他不正行为缔结契约，或缔结后不照契约履行者，处无期徒刑或二等以上有期徒刑。

因而得利者，并科所得总额二倍以下、总额以上罚金。若二倍之数未满三百圆，并科三百圆以下、所得总额以上罚金。

第一百十三条

除前二条所列外，以其他行为将军事上之利益与敌国，或酿成军事上之不利益于帝国者，处二等或三等有期徒刑。

第一百十四条

本章之未遂犯，罪之。

第一百十五条

豫备或阴谋犯第一百零八条、第一百零九条及第一百十三条之罪者，处四等以下有期徒刑、拘役或一千圆以下罚金。

豫备或阴谋犯第一百十条及第一百十一条之罪者，处一等至三等有期徒刑。

犯本条之罪，未著手而自首者，免除其刑。

第一百十六条

帝国臣民犯本章之罪者，褫夺公权，其余得褫夺之。

第一百十七条

本章之规定，于凡对战时同盟国有犯者，亦适用之。

第四章　妨害国交罪

第一百十八条

加害于外国君主或大统领者，处死刑。

第一百十九条

因过失致生危害于外国君主或大统领者，处二等至四等有期徒刑或二千圆以下、二百圆以上罚金。

第一百二十条

对外国君主或大统领有不敬之行为者，处二等至四等期徒刑或二千圆以下、二百圆以上罚金。

第一百二十一条

杀外国使节者，处死刑或无期徒刑。

第一百二十二条

伤害外国使节者，依左例处断：

一、致死或笃疾者，死刑无期徒刑或一等有期徒刑；

二、致废疾者，无期徒刑或二等以上有期徒刑；

三、致轻微伤害者，二等至四等有期徒刑。

第一百二十三条

对外国使节有强暴或胁迫之行为者，处三等至五等有期徒刑或一千圆以下、一百圆以上罚金。

第一百二十四条

对外国使节有侮辱之行为者，处四等以下有期徒刑拘役或五百圆以下罚金。

第一百二十五条

对派至外国之帝国使节有杀伤、强暴、胁迫或侮辱之行为者，依第一百二十一条至第一百二十四条之例处断。

第一百二十六条

意图侮辱外国而损坏、除去、污秽外国之国旗及其他国章者，处四等以下有期徒刑、拘役或三百圆以下罚金。

第一百二十七条

私与外国开战者，处一等至三等有期徒刑。

第一百二十八条

与外国交战之际，违背局外中立之命令者，处四等以下有期徒刑或拘役。

因而得利者，并科所得总额二倍以下、总额以上罚金。若二倍之数未满三百圆，并科三百圆以下、所得总额以上罚金。

第一百二十九条

第一百十八条、第一百二十一条、第一百二十二条、第一百二十七条及第一百二十八条之未遂犯，罪之。

第一百三十条

预备或阴谋犯第一百十八条之罪者，处二等至四等有期徒刑。

预备或阴谋犯第一百二十一条及第一百二十七条之罪者，处四等以下有期徒刑、拘役或一千圆以下罚金。

犯第一百二十七条之罪，未著手而自首者，免除其刑。

第一百三十一条

犯本章之罪，宣告二等有期徒刑以上之刑者，褫夺公权，其余得褫夺之。

第一百三十二条

第一百二十条及第一百二十六条之罪，须外国政府请求或得其同意乃论。

第一百二十四条之罪，须被害人请求乃论。

第五章　漏泄机务罪

第一百三十三条

漏泄帝国内治外交应秘密之政务者，处三等至五等有期徒刑。若潜通于外国者，处二等或三等有期徒刑。

因而致与外国生纷议、战争者，处无期徒刑或一等有期徒刑。

第一百三十四条

知为军事上秘密之事项、图书、物件而刺探、收集者，处三等至五等有期徒刑或五百圆以下、五十圆以上罚金。

第一百三十五条

知悉、收领军事上秘密之事项、图书、物件而漏泄或公表者，处二等或三等有期徒刑。

其因职务知悉、收领而漏泄或公表者，处一等或二等有期徒刑。

第一百三十六条

未受允准将军港、要港、防御港、堡垒、炮台、水雷、卫所及其他为防御而设之建筑物测量、摹绘、摄照或记录其形状者，处三等至五等有期徒刑或五百圆以下、五十圆以上罚金。

未受允准或以诈术得受允准而入堡垒、炮台、水雷、卫所及其他为防御而设之建筑物内者，亦同。

第一百三十七条

第一百三十三条第一项及第一百三十四条至第一百三十六条之未遂犯，罪之。

第一百三十八条

犯本章之罪者，得褫夺公权。

第一百三十九条

因犯本章之罪而得利者，没收之。若已费失者，追征其价额。

第六章　渎职罪

第一百四十条

官员、公断人于其职务要求贿赂或期约或收受者，处三等至五等有期徒刑。

因而为不正之行为或不为相当之行为者，处一等至三等有期徒刑。

第一百四十一条

官员、公断人于其职务事后要求贿赂或期约或收受者，处四等以下有期徒刑或拘役。

因为不正之行为或不为相当之行为，事后要求贿赂或期约或收受者，处二等至四等有期徒刑。

第一百四十二条

对官员、公断人行求贿赂或期约或交付者，处四等以下有期徒刑、拘役或三百圆以下罚金。

第一百四十三条

对官员、公断人事后行求贿赂或期约或交付者，处五等有期徒刑、拘役或一百圆以下罚金。

第一百四十四条

审判或检察、巡警、监狱及其他行政官员或其佐理当执行公务时，对被告人、嫌疑人或关系人有强暴、凌虐之行为者，处三等至五等有期徒刑。

因而致人死伤者，援用伤害罪各条，依第二十三条之例处断。

第一百四十五条

检察、巡警官员或其佐理，经人告现有侵害其权利之犯人而不速为保护之处分者，处四等以下有期徒刑或拘役。

第一百四十六条

检察、巡警官员于刑事告诉、告发、自首，不应受理而受理、应受理而不受理或不为必要之处分者，处四等以下有期徒刑、拘役或三百圆以下罚金。

审判官于民事刑事诉讼，不应受理而受理、应受理而不受理或不为审判者，亦同。

第一百四十七条

征收租税及各项入款之官员图利国库或他人，而于正数以外浮收金谷物件者，处三等至五等有期徒刑。

系图利自己者，处二等或三等有期徒刑，并科与浮收同额之罚金。

第一百四十八条

官员于前四条所列情形外，滥用职权使人行无义务之事或妨害人行使权利者，处四等以下有期徒刑、拘役或三百圆以下罚金。

第一百四十九条

第一百四十七条之未遂犯，罪之。

第一百五十条

犯第一百四十条、第一百四十一条及第一百四十七条第二项之罪者，褫夺公权，其余得褫夺之。

犯第一百四十四条至第一百四十八条之罪者，并免现职。

第一百五十一条

犯第一百四十条及第一百四十一条之罪者，所收受之贿赂没收之。若已费失者，追征其价额。

第一百五十二条

犯第一百四十二条及第一百四十三条之罪而自首者，得免除其刑。

第七章 妨害公务罪

第一百五十三条

于官员执行职务时，施强暴、胁迫或用诈术者，处四等以下有期徒刑、拘役或三百圆以下罚金。

意图使官员为一定之处分或不为一定之处分或使官员辞职，而施强暴、胁迫或诈术者，亦同。

因而致人死伤者，援用伤害罪各条，依第二十三条之例处断。

第一百五十四条

损坏、除去、污秽官员所施之封印及查封之标示，或为违背其效力之行为者，处四等以下有期徒刑、拘役或三百圆以下罚金。

第一百五十五条

于官员执行职务时当场侮辱，或虽非当场而对其职务公然侮辱者，不问有无事实，处四等以下有期徒刑、拘役或三百圆以下罚金。

对公署公然侮辱者，亦同。

第一百五十六条

第一百五十四条之未遂犯，罪之。

第一百五十七条

犯本章之罪者，得褫夺公权。

第八章 妨害选举罪

第一百五十八条

将选举人、被选举人资格所必要之事项，以诈术或其他不正方法使登载名簿或于名簿内变更者，处四等以下有期徒刑、拘役或三百圆以下罚金。无资格而投票者，亦同官员知情而为前项之登载或变更者，处三等至五等有期徒刑或五百圆以下、五十圆以上罚金。

第一百五十九条

于选举有左列行为之一者，处五等有期徒刑、拘役或一百圆以下罚金：

一、意图自己或他人得票或减少他人得票而散布流言、施用诈术及其它损坏备选议员之名誉者；

二、不问选举前后，对于选举人、选举关系人行求川资及其他贿赂或期约或交付或为之媒介，或选举人、选举关系人要求期约或收受之者；

三、将选举人、选举人亲属或与选举人有关系之寺院、学堂、公司、公所、城镇乡之债权债务及其他利害诱导选举人，或为之媒介，或选举人应其诱导者。

犯右列各罪者，所收受之钱财及其他有价物品没收之。若已费失者，追征其价额。

第一百六十条

于选举有左列行为之一者，处三等至五等有期徒刑或三百圆以下、三十圆以上罚金：

一、对选举人、选举人亲属或选举关系人施强暴、胁迫者；

二、对选举人以强暴、胁迫妨害其于选举会场之往来及其他选举权之行使者。

第一百六十一条

于选举有左列行为之一者，处三等至五等有期徒刑：

一、对有关选举之官员或其佐理施强暴、胁迫者；

二、骚扰选举会场、投票所、开票所者；

三、阻留、损坏、夺取选举票、投票瓯或有关选举之公文书者。

第一百六十二条

无故于投票所干涉投票，或于投票所、开票所刺探被选举人姓名者，处五等有期徒刑、拘役或一百圆以下罚金。

有关选举之官员或其佐理犯前项之罪或漏泄被选举人姓名者，处四等以下有期徒刑、拘役或三百圆以下罚金。

第一百六十三条

犯本章之罪者，得褫夺公权。

其宣告三等有期徒刑以上之刑者，于本刑消灭后，仍于十年以下、二年以上丧失其选举、被选举之资格。

第九章 骚扰罪

第一百六十四条

聚众意图为强暴、胁迫，已受该管官员解散之命令仍不解散者，处四等以下有期徒刑、拘役或三百圆以下罚金、

附和随行、仅止助势者，处拘役或五十圆以下罚金。

第一百六十五条

聚众为强暴、胁迫者，依左例处断：

一、首魁，无期徒刑或二等以上有期徒刑；

二、执重要事务者，一等至三等有期徒刑或一千圆以下、一百圆以上罚金；

三、附和随行、仅止助势者，四等以下有期徒刑、拘役或三百圆以下罚金。

第一百六十六条

于前条所列情形内，犯杀伤、放火、决水、损坏及其他各罪者，援用所犯各条，分别首魁、教唆、实施，依第二十三条之例处断。

第一百六十七条

犯一百六十五条之罪，宣告二等有期徒刑以上之刑者，褫夺公权，其余得褫夺之。

第十章 逮捕监禁人脱逃罪

第一百六十八条

既决、未决之囚及其他按律逮捕监禁人，脱逃者，处四等以下有期徒刑或拘役。

第一百六十九条

既决、未决之囚及其他按律逮捕监禁人，损坏监禁处所械具或以强

暴、胁迫脱逃者，处二等至四等有期徒刑。

其聚众以强暴、胁迫脱逃者，首魁及教唆者处死刑或无期徒刑，余人处无期徒刑或二等以上有期徒刑。

第一百七十条

盗取既决、未决之囚及其他按律逮捕监禁人者，处三等至五等有期徒刑。

其有损坏情形或施以强暴、胁迫者，依前条之例处断。

第一百七十一条

为便利脱逃之行为，因而致既决、未决之囚及其他按律逮捕监禁人脱逃者，处三等至五等有期徒刑。

其有损坏情形或施强暴、胁迫者，依第一百六十九条之例处断。

第一百七十二条

看守、护送官员或其佐理，纵令既决、未决之囚及其他按律逮捕监禁人脱逃者，处二等至四等有期徒刑。

第一百七十三条

本章之未遂犯，罪之。

第一百七十四条

豫备或阴谋犯第一百六十九条第二项之罪及应以该项处断之罪者，处四等有期徒刑。

第一百七十五条

因犯第一百六十九条至第一百七十一条之罪致人死伤者，援用伤害罪各条，依第二十三条之例处断。

第一百七十六条

犯第一百六十九条至第一百七十二条之罪者，得褫夺公权。

犯第一百七十二条之罪者，并免现职。

第十一章　藏匿罪人及湮灭证据罪

第一百七十七条

藏匿被追摄人或脱逃之逮捕监禁人者，处四等以下有期徒刑、拘役或三百圆以下罚金。

意图犯前项之罪而顶替自首者，亦同。

第一百七十八条

湮灭关系他人刑事被告事件之证据，或伪造或行使伪造之证据者，处四等以下有期徒刑、拘役或三百圆以下罚金。

第一百七十九条

犯本章之罪者，得褫夺公权。

第一百八十条

犯罪人或脱逃人之亲属，为犯罪人或脱逃人利益计而犯本章之罪者，免除其刑。

第十二章　伪证及诬告罪

第一百八十一条

依法令于司法或行政公署为证人而为虚伪之陈述者，处二等至四等有期徒刑。

依法令于司法或行政公署为鉴定人、通译人而为虚伪之鉴定、通译者，亦同。

犯前两项之罪，未至确定审判而自白者，得免其刑。

第一百八十二条

意图他人受刑事处分、惩戒处分而为虚伪之告诉、告发、报告者，处二等至四等有期徒刑。

犯前项之罪，未至确定审判或惩戒而自白者，得免除其刑。

第一百八十三条

意图尊亲属受刑事处分、惩戒处分而为虚伪之告诉、告发、报告者，处一等或二等有期徒刑。

第一百八十四条

诬告有犯罪事实而未指定犯人者，处五等有期徒刑、拘役或一百圆以下罚金。

第一百八十五条

犯第一八十一条至第一百八十三条之罪者，得褫夺公权。官员犯者，并免现职。

第十三章　放火、决水及妨害水利罪

第一百八十六条

防火烧毁他人所有物，当左列之一者，处死刑、无期徒刑或一等有期徒刑：

一、在城镇或其他人烟稠密处所之建筑物；

二、陈列、储藏多数宗教、科学、美术、工艺上贵重图书、物品之建筑物；

三、宗教或历史上之贵重建筑物；

四、储藏硝磺、弹药或军需品之仓库及其他建筑物；

五、多众执业或止宿之矿坑、兵营、学堂、病院、救济所、工场、寄宿舍、狱舍及其他建筑物；

六、现有多众集会之寺院、戏场、旅店及其他建筑物；

七、现有多众乘坐之船舰。

第一百八十七条

放火烧毁前条所列以外之他人所有建筑物、矿坑、船舰者，处二等至四等有期徒刑。

因而致有前条损害之危险者，处一等或二等有期徒刑。实有损害者，其刑与前条同。

第一百八十八条

放火烧毁他人所有建筑物、矿坑、船舰以外之物者，处四等以下有期徒刑、拘役或一千圆以下罚金。

因而致有前条第一项损害之危险者，处三等至五等有期徒刑。实有损害者，其刑与该项同。

因而致有第一百八十六条损害之危险者，处一等或二等有期徒刑。实有损害者，其刑与该条同。

第一八十九条

放火烧毁自己所有建筑物、矿坑、船舰及其他各物者，依左例处断：

一、因而致有前条第一项损害之危险者，处五等以下有期徒刑、拘役或一百圆以下罚金。实有损害者，其刑与该项同；

二、因而致有第一百八十七条第一项损害之危险者，处三等至五等有期徒刑。实有损害者，其刑与该项同；

三、因而致有第一百八十六条损害之危险者，处一等或二等有期徒刑。实有损害者，其刑与该条同。

第一百九十条

因失火而致有第一百八十六条之损害者，处五等有期徒刑、拘役或一千圆以下罚金。

因而致有第一百八十七条第一项之损害者，处拘役或五百圆以下罚金。

因而致有第一百八十八条第一项之损害者，处三百圆以下罚金。

失火烧毁自己所有建筑物、矿坑、船舰及其他各物，因而致有前三项损害之危险者，处一百圆以下罚金。

第一百九十一条

以火药、煤气、电气、蒸气之作用或他法致建筑物、矿坑、船舰及其他各物炸裂者，分别损害、危险，依放火、失火各条之例处断。

第一百九十二条

决水浸害第一百八十六条所列建筑物、矿坑之一或他人所有田圃、牧场及其他利用之地者，处死刑、无期徒刑或一等有期徒刑。

第一百九十三条

决水浸害前条所列以外之他人建筑物、矿坑或土地者，处三等至五等有期徒刑或一千圆以下、一百圆以上罚金。

因而致有前条损害之危险者，处二等至四等有期徒刑。实有损害者，其刑与前条同。

第一百九十四条

决水浸害自己所有之地，因而致有前条第一项损害之危险者，处五等有期徒刑、拘役或一百圆以下罚金。实有损害者，其刑与该项同。

因而致有第一百九十二条损害之危险者，处二等至四等有期徒刑。实有损害者，其刑与该条同。

第一百九十五条

因过失决水而致有第一百九十二条之损害者，处五等有期徒刑、拘役或一千圆以下罚金。

因而致有第一百九十三条之损害者，处拘役或五百圆以下罚金。

因过失决水而致有前二项损害之危险者，处一百圆以下之罚金。

第一百九十六条

于火灾、水灾之际，隐匿损坏防御之器械、阻遏从事防御之人，或以他法妨害镇水防火者，处三等至五等有期徒刑或一千圆以下、一百圆以上罚金。

其于第一百九十一条之灾害而妨害防御者，亦同。

第一百九十七条

妨害他人灌溉田亩之水利者，处四等以下有期徒刑、拘役或三百圆以下罚金。

故意妨害水利、荒废他人田亩者，处二等至四等有期徒刑。

因妨害水利致令他人田亩荒废者，处三等至五等有期徒刑。

第一百九十八条

于自己所有物犯本章之罪，而其物已受查封或担负物权或租贷于人者，以他人所有物论。

第一百九十九条

第一百八十六条、第一百八十七条第一项、第一百八十八条第一项、第一百九十二条、第一百九十三条第一项，第一百九十六条及第一百九十七条第一项、第二项之未遂犯，罪之。

第二百条

于他人所有物，豫备或阴谋犯放火、炸裂、决水之罪者，处五等有期徒刑、拘役或一百圆以下罚金，但按其情节得免除其刑。

第二百零一条

因犯放火、炸裂、决水之罪致人死伤者，援用伤害罪各条，依第二十三条之例处断。

因过失生火灾、炸裂、水害致人死伤者，援用过失致死伤罪各条，依第二十三条之例处断。

第二百零二条

犯第一百八十六条及第一百九十二条之罪者，褫夺公权。其余以故意犯本章之罪者，得褫夺之。

第十四章　危险物罪

第二百零三条

意图为犯罪之用而制造、收藏炸药、绵火药、雷汞及其他类此之爆裂物或自外国贩运者，处二等或三等有期徒刑。

其意图供给他人犯罪而制造、收藏或贩运者，亦同。

第二百零四条

未受公署之命令、允准、委任，而制造、收藏前条所揭之爆裂物，或自外国贩运而不能证明出于正当之理由者，处三等至五等有期徒刑。

其能证明出于正当之理由者，处拘役或五十圆以下之罚金。

第二百零五条

未受公署之命令、允准、委任而制造、收藏军用枪炮，第二百零三条以外之军用爆裂物，或自外国贩运者，处四等以下有期徒刑、拘役或三百圆以下罚金。

第二百零六条

巡警、税关官员知有人未受公署之命令、允准、委任而制造、收藏、贩运第二百零三条之爆裂物或自外国贩运，而不即与相当之处分者，处一等至三等有期徒刑。

其与犯人同谋者，亦同。

第二百零七条

漏逸间隔煤气、电气、蒸气因而致生危险于他人身体、财产者，处四等以下有期徒刑、拘役或三百圆以下罚金。

因而致人死伤者，援用伤害罪各条，依第二十三条之例处断。

第二百零八条

第二百零三条、第二百零四条第一项、第二百零五条及第二百零七条第一项之未遂犯，罪之。

第二百零九条

犯第二百零三条之罪者，褫夺公权。犯第二百零四条第一项及第二百零六条之罪者，得褫夺之。

第十五章　妨害交通罪

第二百十条

损坏、壅塞陆路、水路、桥梁，因而致有往来之危险者，处四等以下有期徒刑、拘役或三百圆以下罚金。

损害重要交通线，修复工巨者，处二等或三等有期徒刑。

因犯本条之罪致人死伤者，援用伤害罪各条，依第二十三条之例处断。

第二百十一条

损坏轨道、灯塔、标识及其他于汽车、电车、船舰往来上为危险之行为者，处二等至四等有期徒刑。

第二百十二条

冲撞、颠覆、破坏、搁沉载人之汽车、电车、船舰者，处无期徒刑或二等以上有期徒刑。

因而致人于死或多众受伤者，处死刑、无期徒刑或一等有期徒刑。

第二百十三条

因犯第二百十一条之罪致载人之气车、电车、船舰冲撞、颠覆、破坏、搁沉者，依前条之例处断。

第二百十四条

因过失致载人之气车、电车、船舰生往来之危险者，处三百圆以下罚金。

因过失冲撞、颠覆、破坏、搁沉载人之气车、电车、船舰者，处五百圆以下罚金。

从事此等业务之人犯本条第一项之罪者，处四等以下有期徒刑、拘役或一千圆以下罚金。犯第二项之罪者，处三等至五等有期徒刑或二千圆以下、一百圆以上罚金。

犯本条之罪因而致人死伤者，援用过失致死伤罪各条，依第二十三条之例处断。

第二百十五条

以强暴、胁迫或诈术妨害邮件、电信之迟送收发者，处四等以下有期徒刑、拘役或三百圆以下罚金。

第二百十六条

损坏邮政专用及其他应用之物者，处五等以下有期徒刑、拘役或一百圆以下罚金。

损害电信线、电话线，电信电话之机器、建筑物或以他法妨害其交通者，处三等至五等有期徒刑或五百圆以下、五十圆以上罚金。

因过失犯本条之罪者，处一百圆以下罚金。

第二百十七条

从事邮政电信职务之人犯第二百十五条、第二百十六条第一项之罪者，处三等至五等有期徒刑。犯第二百十六条第二项之罪者，处二等或三等有期徒刑。

其因过失者，处三百圆以下罚金。

第二百十八条

第二百十条第一项、第二项，第二百十一条、第二百十二条第一项、第二百十五条、第二百十六条及第二百十七条第一项之未遂犯，罪之。

第二百十九条

预备或阴谋犯第二百十二条之罪者，处四等以下有期徒刑、拘役或三百圆以下罚金。

第二百二十条

犯第二百十二条之罪者，褫夺公权。其余以故意犯本章之罪者，得褫夺之。

第十六章　妨害秩序罪

第二百二十一条

以文书、图画、演说或他法公然煽惑他人犯罪者，依左例处断：

一、其罪之最重刑为死刑、无期徒刑者，三等至五等有期徒刑或三百圆以下、三十圆以上罚金；

二、其罪之最重刑为有期徒刑者，五等有期徒刑、拘役或一百圆以下罚金。

以报纸及其他定期刊行之件或以编纂他人论说之公刊书册而犯本条之罪者，编辑人亦依前项之例处断。

第二百二十二条

以强暴、胁迫或诈术妨害正当之集会者，处五等有期徒刑、拘役或一百圆以下罚金。

第二百二十三条

以强暴、胁迫或诈术为左列行为之一者，处四等以下有期徒刑、拘役或二百圆以下罚金：

一、妨害贩运谷类及其他公共所需之饮食物品者；

二、妨害贩运种子、肥料、原料及其他农业、工业所需之物品者；

三、妨害使用多数工人之工厂及矿坑之职业者。

第二百二十四条

从事同一业务之工人同盟罢工者，首谋处四等以下有期徒刑、拘役或三百圆以下罚金。余人处拘役或三十圆以下罚金。

聚众为强暴、胁迫或将为者，依第一百六十四条至第一百六十七条之例处断。

第二百二十五条

无故入现有人居住或看守之第宅、建筑物船舰，或受阻止而不退去者，处四等以下有期徒刑、拘役或三百圆以下罚金。

第二百二十六条

诈称官员，僭用官员服饰、徽章、内外国勋章者，处四等以下有期徒刑、拘役或三百圆以下罚金。

第二百二十七条

第二百二十一条至第二百二十三条及第二百二十五条之未遂犯，罪之。

第二百二十八条

犯第二百二十一条至第二百二十三条、第二百二十五条及第二百二十六条之罪者，得褫夺公权。

第十七章　伪造货币罪

第二百二十九条

伪造通用货币者，处无期徒刑或二等以上有期徒刑。

行使自己伪造之通用货币，或意图行使而交付于人者，亦同。

经政府命令、允准或委任而发行之银行券，以通用货币论。

第二百三十条

伪造流通帝国之外国通用货币者，处一等至三等有期徒刑。

行使自己伪造之流通帝国之外国通用货币，或意图行使而交付于人者，亦同。

流通帝国之外国银行券，以外国通用货币论。

第二百三十一条

意图行使而减损金银币之分量者，处三等至五等有期徒刑。其行使或意图行使而交付于人者，亦同。

减损流通帝国之外国金银币之分量者，处四等以下有期徒刑或拘役。其行使或意图行使而交付于人者，亦同。

第二百三十二条

意图行使而收受他人伪造之通用货币者，处一等至三等有期徒刑。其收受后行使或意图行使而交付于人，或自外国贩运者，处无期徒刑或二等以上有期徒刑。

意图行使而收受他人伪造之流通帝国之外国货币者，处二等至四等有期徒刑。收受后行使或意图行使而交付于人，或自外国贩运者，处一等至三等有期徒刑。

第一百三十三条

意图行使而收受他人减损分量之金银币者，处四等以下有期徒刑或拘役。其收受后行使或意图行使而交付于人，或自外国贩运者，处三等至五等有期徒刑。

意图行使而收受他人减损分量之流通帝国之外国金银币者，处五等有期徒刑或拘役。收受后行使或意图行使而交付于人，或自外国贩运者，处四等以下有期徒刑。

第二百三十四条

收受后方知为他人伪造之货币或减损分量之金银币，而仍行使或意图行使而交付于人者，处其价额三倍以下、价额以上罚金。若三倍之数未满五十圆，处五十圆以下、价额以上之罚金。

第二百三十五条

第二百二十九条至第二百三十三条之未遂犯，罪之。

第二百三十六条

意图伪造通用货币、减损金银币分量而豫备各项器械或原料者，处三等至五等有期徒刑。

第二百三十七条

犯本章之罪，宣告二等有期徒刑以上之刑者，褫夺公权，其余褫夺之。

第十八章　伪造文书印文罪

第二百三十八条

伪造制书者，处无期徒刑或一等有期徒刑。

行使伪造之制书，或意图行使而交付于人者，亦同。

第二百三十九条

伪造公文或图样者，处二等至四等有期徒刑。

行使伪造之公文书或图样，或意图行使而交付于人者，亦同。

第二百四十条

官员明知虚伪之事实而据以制作所掌文书、图样，或行使此种文书、图样或意图行使而交付于人者，处二等至四等有期徒刑。

陈告虚伪之事实而使官员制作所掌文书、图样，或行使此种文书、图样，或意图行使而交付于人者，亦同。

第二百四十一条

以虚伪之事实陈告于官员而使交付文凭、执照、护照，或使为不实之登载者，处五等有期徒刑、拘役或一百圆以下罚金。

第二百四十二条

伪造有价证券者，处二等至四等有期徒刑。

行使伪造之有价证券或意图行使而交付于人，或自外国贩运者，亦同。

第二百四十三条

伪造私文书、图样，足以证明他人权利义务之事实者，处三等至五等有期徒刑。

行使伪造之他人私文书、图样，或意图行使而交付于人者，亦同。

第二百四十四条

于自己私文书、图样为虚伪之登载，足以证明对于他人之权利义务之事实，或行使此种文书、图样或意图行使而交付于人者，依前条之例处断。

第二百四十五条

医师、检验吏于出具他人之诊断书、检案书、死亡证书为虚伪之登载者，处四等以下有期徒刑、拘役或三百圆以下罚金。

嘱托或行使或意图行使而交付于人者，处拘役或五十圆以下罚金。

第二百四十六条

伪造御玺国玺文、公私印文、署押，或盗用之者，依伪造制书、公私文书各条之例处断。

行使伪造之御玺国玺文、公私印文、署押，或滥用真正之物者，依行使伪造之制书、公私文书各条之例处断。

第二百四十七条

伪造御玺国玺者，处一等至三等有期徒刑。

第二百四十八条

伪造公印者，处三等至五等有期徒刑。

第二百四十九条

伪造私印者，处四等以下有期徒刑、拘役或三百圆以下罚金。

第二百五十条

本章之未遂犯，罪之。

意图行使而收受伪造、盗用、滥用之制书、御玺国玺文、公私文书、印文、署押、御玺国玺、公私印者，各依本条之例，以未遂罪论。

第二百五十一条

犯本章之罪，宣告二等有期徒刑以上之刑者，褫夺公权，其余得褫夺之。

第十九章　伪造度量衡罪

第二百五十二条

意图行使、贩卖而制作违背定程之度量衡或变更真正度量衡之定程者，处四等以下有期徒刑或拘役，并科三百圆以下罚金。

知情而贩卖不平之度量衡者，亦同。

第二百五十三条

业务上常用度量衡之人，知其不平而收藏者，处拘役或五十圆以下罚金。

行使不平之度量衡而得利者，以诈欺取财论。

第二百五十四条

意图行使、贩卖，未受公署之允准而制作度量衡，尚未违背定程者，处三十圆以下罚金。贩卖者，处卖价二倍以下、卖价以上罚金。若二倍之数未满五十圆，处五十圆以下、卖价以上罚金。

第二百五十五条

第二百五十二条之未遂犯，罪之。

第二百五十六条

犯第二百五十二条之罪者，得褫夺公权。

第二十章　亵渎祀典及毁掘坟墓罪

第二百五十七条

对坛庙、寺观、坟墓及其他礼拜所，公然有不敬之行为者，处五等有期徒刑、拘役或一百圆以下罚金。

妨害葬礼、说教、礼拜及其他宗教上之会合者，亦同。

第二百五十八条

损坏、遗弃、盗取尸体者，处二等至四等有期徒刑。

损坏、遗弃、盗取遗骨、遗发及殓物者，处三等至五等有期徒刑。

第二百五十九条

损坏、遗弃、盗取尊亲属尸体者，处无期徒刑或二等以上有期徒刑。

损坏、遗弃、盗取尊亲属遗骨、遗发及殓物者，处一等至三等有期徒刑。

第二百六十条

发掘坟墓者，处四等以下有期徒刑、拘役或三百圆以下罚金。

第二百六十一条

发掘尊亲属坟墓者，处二等至四等有期徒刑。

第二百六十二条

发掘坟墓而损坏、遗弃、盗取尸体者，处一等至三等有期徒刑。

发掘坟墓而损坏、遗弃、盗取遗骨、遗发及殓物者，处二等至四等有期徒刑。

第二百六十三条

发掘尊亲属坟墓而损坏、遗弃、盗取其尸体者，处死刑、无期徒刑或一等有期徒刑。

发掘尊亲属坟墓而损坏、遗弃、盗取其遗骨、遗发及殓物者，处无期徒刑或二等以上有期徒刑。

第二百六十四条

第二百五十八条至第二百六十一条之未遂犯，罪之。

第二百六十五条

犯第二百五十九条、第二百六十一条及第二百六十三条之罪者，褫夺公权，其余得褫夺之。

第二十一章 鸦片烟罪

第二百六十六条

制造鸦片烟，或贩卖，或意图贩卖而收藏，或自外国贩运者，处三等至五等有期徒刑，并科五百圆以下罚金。

第二百六十七条

制造吸食鸦片烟之器具，或贩卖，或意图贩卖而收藏，或自外国贩运者，处四等以下有期徒刑或拘役。

第二百六十八条

税关官员或其佐理，自外国贩运鸦片烟或吸食鸦片烟器具，或纵令他人贩运者，处二等或三等有期徒刑，并科一千圆以下罚金。

第二百六十九条

开设馆舍供人吸食鸦片烟者，处四等以下有期徒刑或拘役，并科三百圆以下罚金。

第二百七十条

意图制造鸦片烟而栽种罂粟者，处四等以下有期徒刑、拘役或三百圆以下罚金。

第二百七十一条

吸食鸦片烟者，处五等有期徒刑、拘役或一千圆以下罚金。

第二百七十二条

巡警官员或其佐理当执行职务时，知有前六条之犯人，故意不即与相当之处分者，亦依前六条之例处断。

第二百七十三条

收藏专供吸食鸦片烟之器具者，处一百圆以下罚金。

第二百七十四条

第二百六十六条至第二百七十一条之未遂犯，罪之。

第二百七十五条

犯第二百六十六条至第二百七十二条之罪者，得褫夺公权。官员犯者，并免现职。

第二十二章　赌博罪

第二百七十六条

赌博财物者，处一千圆以下罚金。但以供人暂时娱乐之物为赌者，不在此限。

当场赌博器具及犯人所有钱财，以供犯罪之物论。

第二百七十七条

以赌博为常业者，处三等至五等有期徒刑。

第二百七十八条

聚众开设赌场以营利者，处三等至五等有期徒刑，并科五百圆以下罚金。

第二百七十九条

发行彩票者，处四等以下有期徒刑或拘役，并科两千圆以下罚金。

为买卖彩票之媒介者，处五等有期徒刑或拘役，并科一千圆以下罚金。

第二百八十条

购买彩票者，处一百圆以下罚金。

因而得利者，处其价额二倍以下、价额以上罚金。若二倍之数未满一百圆，处一百圆以下、价额以上罚金。

第二百八十一条

第二百七十八条至第二百八十条之未遂犯，罪之。

第二百八十二条

犯第二百七十七条及第二百七十八条之罪者，褫夺公权。犯第二百七十九条之罪者，得褫夺之。

第二十三章　奸非及重婚罪

第二百八十三条

对未满十二岁之男女为猥亵之行为者，处三等至五等有期徒刑或三百圆以下、三十圆以上罚金。

以强暴、胁迫、药剂、催眠术或他法，至使不能抵抗而为猥亵之行为者，处二等或三等有期徒刑或五百圆以下、五十圆以上罚金。

第二百八十四条

对十二岁以上男女以强暴、胁迫、药剂、催眠术或他法，至使不能抗拒而为猥亵之行为者，处三等至五等有期徒刑或三百圆以下、三十圆以上罚金。

第二百八十五条

对妇女以强暴、胁迫、药剂、催眠术或他法，至使不能抗拒而奸淫之者，为强奸罪，处一等或二等有期徒刑。

奸未满十二岁之幼女者，以强奸论。

第二百八十六条

乘人精神丧失或不能抵抗而为猥亵之行为或奸淫者，依第二百八十三条第二项、第二百八十四条及第二百八十五条之例处断。

第二百八十七条

因犯前四条之罪致人死伤者，依左例处断：

一、致死或笃疾者，死刑、无期徒刑或一等有期徒刑。

二、致废疾者，无期徒刑或二等以上有期徒刑。

致被害人羞忿自杀或意图自杀而伤害者，依前项之例处断。

第二百八十八条

引诱良家妇女卖奸以营利者，处五等有期徒刑、拘役，并科一百圆以下罚金。

以前项犯罪为常业者，处三等至五等有期徒刑，并科五百圆以下罚金。

第二百八十九条

和奸有夫之妇者，处四等以下有期徒刑或拘役。其相奸者，亦同。

第二百九十条

本宗缌麻以上亲属相和奸者，处二等至四等有期徒刑。

第二百九十一条

有配偶重为婚姻者，处四等以下有期徒刑或拘役。其知为有配偶之人而与为婚姻者，亦同。

第二百九十二条

贩卖猥亵之书画、物品，或意图贩卖而制造或收藏，或自外国贩运者，处拘役或五十圆以下罚金。其公然陈列者，亦同。

因而得利者，处其价额二倍以下、价额以上罚金。若二倍之数未满五十圆，处五十圆以下、价额以上罚金。

第二百九十三条

第二百八十三条至第二百八十六条之未遂犯，罪之。

第二百九十四条

第二百八十三条至第二百八十六条之罪，须被害人或其亲属告诉乃论。

第二百八十九条之罪，须本夫告诉乃论。但本夫事前纵容或事后得利而和解者，其告诉为无效。

第二百九十条之罪，须妇女之尊亲属或本夫告诉乃论。

第二百九十五条

犯本章之罪，宣告二等有期徒刑以上之刑者，褫夺公权，其余得褫夺之。

第二十四章　妨害饮料水罪

第二百九十六条

污秽供人所饮之净水，因而致不能饮者，处五等有期徒刑、拘役或一百圆以下罚金。

第二百九十七条

污秽由水道以供公众所饮之净水或其水源，因而致不能饮者，处三等至五等有期徒刑。

第二百九十八条

以有害卫生之物混入供人所饮之净水内者，处四等以下有期徒刑或拘役。

第二百九十九条

以有害卫生之物混入由水道以供公众所饮之净水内或其水源者，处一等至三等有期徒刑。

第三百条

损坏、壅塞水道水源，以杜绝供公众所饮之净水至二日以上者，处二等或三等有期徒刑。

第三百零一条

同谋杜绝供公众所饮之净水至二日以上者，首谋处四等以下有期徒刑、拘役或三百圆以下罚金，余人处拘役或三十圆以下罚金。

第三百零二条

第二百九十六条至第三百零一条未遂犯，罪之。

第三百零三条

因犯第二百九十六条至第二百九十九条之罪致人死伤者，援用伤害罪各条，依第二十三条之例处断。

第三百零四条

犯本章之罪，宣告二等有期徒刑以上之刑者，褫夺公权，其余得褫夺之。

第二十五章　妨害卫生罪

第三百零五条

违背豫防传染病之禁令，从进口船舰登陆或将物品搬运于陆地者，处五等有期徒刑、拘役或一百圆以下罚金。

指挥船舰之人或其代理，自犯前项之罪，或知有人犯罪而不禁止者，处四等以下有期徒刑、拘役或二千圆以下罚金。

第三百零六条

知情贩卖有害卫生之饮食物、饮食用器具或孩童玩具者，处其卖价二倍以下、卖价以上罚金。若二倍之数未满五十圆，处五十圆以下、卖价以上罚金。

第三百零七条

违背法令贩卖药品者，处其卖价二倍以下、卖价以上罚金。若二倍之数未满五十圆，处五十圆以下、卖价以上罚金。

第三百零八条

未受公署之允准，以医为常业者，处五百圆以下罚金。

第三百零九条

第三百零五条之未遂犯，罪之。

第三百十条

犯第三百零五条第二项之罪者，得褫夺公权。

第二十六章　杀伤罪

第三百十一条

杀人者，处死刑、无期徒刑或一等有期徒刑。

第三百十二条

杀尊亲属者，处死刑。

第三百十三条

伤害人者，依左例处断：

一、致死或笃疾者，无期徒刑或二等以上有期徒刑；

二、致废疾者，一等至三等有期徒刑；

三、致轻微伤害者，三等至五等有期徒刑。

第三百十四条

伤害尊亲属者，依左例处断：

一、致死或笃疾者，死刑或无期徒刑；

二、致废疾者，死刑、无期徒刑或一等有期徒刑；

三、致轻微伤害者，一等至三等有期徒刑。

第三百十五条

犯前二条之罪，当场助势而未下手者，以从犯论。

第三百十六条

二人以上同时下手伤害一人者，皆以共同正犯论。

同时伤害二人以上者，以最重之伤害为标准，皆以共同正犯论。

其当场助势而下手未明者，以前二项之从犯论。

第三百十七条

对尊亲属施强暴未至伤害者，处三等至五等有期徒刑。

第三百十八条

决斗者，处四等以下有期徒刑、拘役或三百圆以下罚金。

因而杀伤人者，依故意杀伤罪之例处断。若聚众决斗者，以骚扰罪论。

第三百十九条

为决斗之人到场参预者，不问何种资格，处五等有期徒刑、拘役或一百圆以下罚金。知情而供人以决斗之会场者，亦同。

第三百二十条

教唆他人使之自杀，或得其承诺而杀之者，处二等至四等有期徒刑。

帮助他人使之自杀，或受其嘱托而杀之者，处三等至五等有期徒刑。

谋为同死而犯本条之罪者，得免除其刑。

第三百二十一条

教唆尊亲属使之自杀，或得其承诺而杀之者，处无期徒刑或二等以上有期徒刑。

帮助尊亲属使之自杀，或受其嘱托而杀之者，处一等至三等有期徒刑。

第三百二十二条

教唆他人使之自伤，或得其承诺而伤之者，依左例处断：

　　一、致死或笃疾者，三等至五等有期徒刑；

　　二、致废疾者，四等以下有期徒刑、拘役或三百圆以下罚金；

　　三、致轻微伤害者，五等有期徒刑、拘役或一百圆以下罚金。

帮助他人使之自伤，或受其嘱托而伤之者，依左例处断：

　　一、致死或笃疾者，四等以下有期徒刑、拘役或三百圆以下罚金；

　　二、致废疾者，五等有期徒刑、拘役或一百圆以下罚金；

　　三、致轻微伤害者，拘役或五十圆以下罚金。

第三百二十三条

教唆尊亲属使之自伤，或得其承诺而伤之者，依左例处断：

　　一、致死或笃疾者，一等至三等有期徒刑；

　　二、致废疾者，二等至四等有期徒刑；

　　三、致轻微伤害者，三等至五等有期徒刑。

帮助尊亲属使之自伤，或受其嘱托而伤之者，依左例处断：

一、致死或笃疾者，二等至三等有期徒刑；

二、致废疾者，三等至五等有期徒刑；

三、致轻微伤害者，四等以下有期徒刑、拘役或三百圆以下罚金。

第三百二十四条

因过失致人死伤者，依左例处断：

一、致死或笃疾者，五百圆以下罚金；

二、致废疾者，三百圆以下罚金；

三、致轻微伤害者，一百圆以下罚金。

第三百二十五条

因过失致尊亲属死伤者，依左例处断：

一、致死或笃疾者，三等至五等有期徒刑或一千圆以下、一百圆以上罚金；

二、致废疾者，四等以下有期徒刑、拘役或五百圆以下罚金；

三、致轻微伤害者，五等有期徒刑、拘役或三百圆以下罚金。

第三百二十六条

因玩忽业务上必要之注意，致人死伤者，处四等以下有期徒刑、拘役或二千圆以下罚金。

第三百二十七条

第三百十一条、第三百十二条、第三百十八条第一项、第三百十九条至第三百二十一条之未遂犯，罪之。

第三百二十八条

预备或阴谋犯第三百十一条之罪者，处五等有期徒刑、拘役或一百圆以下罚金。

预备或阴谋犯第三百十八条之罪者，处拘役或五十圆以下罚金。

前二项之罪，得因其情节免除其刑。

第三百二十九条

预备或阴谋犯第三百十二条之罪者，处三等至五等有期徒刑。

第三百三十条

第三百十四条第三款、第三百十七条及第三百二十五条第三款之罪，须告诉乃论。

第三百三十一条

犯第三百十二条，第三百十四条第一款、第二款及第三百二十六条之罪者，褫夺公权。除第三百二十四条外，犯其余各条之罪者，得褫夺之。

第二十七章　堕胎罪

第三百三十二条

怀胎妇女服药或以他法堕胎者，处五等有期徒刑、拘役或一百圆以下罚金。

第三百三十三条

受妇女之嘱托或得其承诺使之堕胎者，处四等以下有期徒刑或拘役。

第三百三十四条

有左列行为之一者，处三等至五等有期徒刑：

一、以强暴、胁迫或诈术，使妇女自行堕胎者；

二、以强暴、胁迫或诈术而受妇女之嘱托或得其承诺，使之堕胎者；

三、未得妇女之承诺，以强暴、胁迫或诈术使之堕胎者；

四、知为怀胎妇女而施以强暴、胁迫，致小产者。

第三百三十五条

医师、产婆、药剂师、药材商犯第三百三十三条之罪者，处三等至五等有期徒刑。

其以诈术犯第三百三十四条之罪者，处二等或三等有期徒刑。

第三百三十六条

第三百三十四条第一款至第三款之未遂犯，罪之。

第三百三十七条

因犯第三百三十三条之罪，致妇女死或笃疾者，处三等至五等有期徒刑。

因犯第三百三十四条之罪，致妇女死伤者，援用伤害罪各条，依第二十三条之例处断。

第三百三十八条

犯本章之罪者，得褫夺公权。

第二十八章　遗弃罪

第三百三十九条

依法令、契约担负扶助、养育、保护老幼、残废、疾病人之义务而遗弃之者，处三等至五等有期徒刑。

第三百四十条

遗弃尊亲属者，处无期徒刑或二等以上有期徒刑。

第三百四十一条

于自己经管地内发见被遗弃之老幼、残疾、疾病人而不与以相当保护，又不报明巡警官员及其他该管官员者，处五等有期徒刑、拘役或一百圆以下罚金。

巡警官员及其他该管管员，当执行职务时不即与以相当之处分或保护者，处三等至五等有期徒刑。

第三百四十二条

因犯第三百三十九条及第三百四十条之罪致人死伤者，援用伤害罪各条，依第二十三条之例处断。

第三百四十三条

犯第三百四十条之罪者，褫夺公权，其余得褫夺之。

第二十九章　私滥逮捕监禁罪

第三百四十四条

私擅逮捕或监禁人者，处三等至五等有期徒刑。

第三百四十五条

私擅逮捕或监禁尊亲属者，处一等至三等有期徒刑。

第三百四十六条

审判或检察、巡警、监狱及其他行政官员或其佐理，滥用职权逮捕或监禁人者，处二等或三等有期徒刑。

第三百四十七条

因犯本章之罪致人死伤者，援用伤害罪各条，依第二十三条之例处断。

第三百四十八条

犯本章之罪者，得褫夺公权。

第三十章　略诱及和诱罪

第三百四十九条

以强暴、胁迫或诈术拐取妇女或未满二十岁之男子者，为略诱罪，处二等或三等有期徒刑。

和诱者，处三等至五等有期徒刑。

和诱未满十六岁之男女者，以略诱论。

第三百五十条

移送自己略诱之妇女或未满二十之男子于帝国外者，处无期徒刑或二等以上有期徒刑。

系和诱者，处二等或三等有期徒刑。

第三百五十一条

意图营利，略诱妇女或未满二十岁之男子者，处无期徒刑或二等以上有期徒刑。

和诱者，处二等或三等有期徒刑。

第三百五十二条

意图营利，移送自己略诱之妇女或未满二十之男子于帝国外者，处死刑、无期徒刑或一等有期徒刑。

系和诱者，处无期徒刑或二等以上有期徒刑。

第三百五十三条

豫谋收受、藏匿被略诱、和诱人者，以前四条之例处断。

未豫谋者，依左例处断：

一、收受、藏匿第三百四十九条、第三百五十条第二项及第三百五十一条第二项之被略诱、和诱人者，三等至五等有期徒刑；

二、收受、藏匿第三百五十条第一项、第三百五十一条第一项及第三百五十二条之被略诱、和诱人者，一等至三等有期徒刑。

第三百五十四条

本章之未遂犯，罪之。

第三百五十五条

第三百四十九条及第三百五十三条之罪，须告诉乃论。

被略诱、和诱人与犯人为婚姻者，非离婚后，其告诉为无效。

第三百五十六条

意图营利，犯本章之罪者，褫夺公权，其余得褫夺之。

第三十一章　妨害安全信用名誉及秘密罪

第三百五十七条

对人以加害身体、自由、名誉、财产之事相胁迫者，处五等有期徒刑、拘役或一百圆以下罚金。

以加害其亲属相胁迫者，亦同。

第三百五十八条

以强暴、胁迫使人行无义务之事或妨害人行使权利者，处四等以下有期徒刑、拘役或三百圆以下罚金。

第三百五十九条

散布流言或以诈术损害他人或其业务之信用者，处五等有期徒刑、拘役或一百圆以下罚金。

第三百六十条

指摘事实公然侮辱人者，不问其事实之有无，处五等有期徒刑、拘役或一百圆以下罚金。

第三百六十一条

对尊亲属犯第三百五十七条、第三百五十九条及第三百六十条之罪者，处四等以下有期徒刑或拘役。

犯第三百五十八条之罪者，处三等至五等有期徒刑。

第三百六十二条

无故开拆、藏匿毁弃他人封缄之信函者，处五等有期徒刑、拘役或一百圆以下罚金。

无故公表他人秘密之文书、图画者，亦同。

第三百六十三条

僧道、医师、药剂师、药材商、产婆、律师、公证人或曾居此等地位之人，因其职业得知他人之秘密无故漏泄者，处五等有期徒刑、拘役或一百圆以下罚金。无故公表者，处四等以下有期徒刑、拘役或三百圆以下罚金。

第三百六十四条

第三百五十八条及第三百五十九条之未遂犯，罪之。

第三百六十五条

除第三百五十八条外，本章之罪须告诉乃论。

第三百六十六条

犯本章之罪者，得褫夺公权。

第三十二章　窃盗及强盗罪

第三百六十七条

意图为自己或第三人之所有而窃取他人所有物者，为窃盗罪，处三等至五等有期徒刑。

第三百六十八条

窃盗有左列行为之一者，处二等或三等有期徒刑：

一、侵入现有人居住或看守之第宅、建筑物、矿坑、船舰内者；

二、结伙三人以上者。

第三百六十九条

窃取御物者，处无期徒刑或二等以上有期徒刑。

第三百七十条

意图为自己或第三人之所有，而以强暴、胁迫强取他人所有物者，为强盗罪，处一等至三等有期徒刑。

以药剂、催眠术或他法使人不能抗拒而强取者，亦同。

第三百七十一条

窃盗因防护赃物、脱免逮捕、湮灭罪证而当场施强暴、胁迫者，以强盗论。

第三百七十二条

除第三百七十条、第三百七十五条及第三百七十七条外，以强暴、胁迫得其他财产上不法之利益或使第三人得之者，以强盗论。

以药剂、催眠术或他法使人不能抗拒而犯前项之罪者，亦同。

第三百七十三条

强盗有左列行为之一者，处无期徒刑或二等以上有期徒刑：

一、侵入现有人居住或看守之第宅、建筑物、矿坑、船舰内者；

二、结伙三人以上者；

三、伤害人而未致死及笃疾者。

第三百七十四条

强盗有左列行为之一者，处死刑、无期徒刑或一等有期徒刑：

一、结伙三人以上在途行劫者；

二、在海洋行劫者；

三、致人死或笃疾或伤害至二人以上者；

四、于盗所强奸妇女者。

第三百七十五条

强取御物者，处死刑、无期徒刑或一等有期徒刑。

第三百七十六条

犯强盗之罪故意杀人者，处死刑或无期徒刑。

第三百七十七条

窃取他人依共有权、质权及其他物权或公署之命令而以善意所管有之自己共有物或所有物者，处其价额二倍以下、价额以上之罚金。若二倍之数未满五十圆，处五十圆以下、价额以上罚金。

侵入现有人居住或看守之第宅、建筑物、矿坑、船舰内犯前项之罪者，处五等有期徒刑或拘役，依前项之例并科罚金。

若强取者，处四等以下有期徒刑或拘役，依第一项之例并科罚金。

第三百七十八条

于禁止私有之物及电气犯本章之罪者，以所有物论。

第三百七十九条

除第三百七十三条第三款及第三百七十四条第三款外，本章之未遂犯，罪之。

第三百八十条

犯第三百六十八条至第三百七十六条之罪者，褫夺公权，其余得褫夺之。

第三百八十一条

于直系亲属、配偶或同居亲属之间，犯第三百六十七条及第三百七十七条第一项之罪者，免除其刑。

对其他亲属犯前项所列各条之罪者，须告诉乃论。

前二项之规定，于非亲属而与亲属为共犯者，不适用之。

第三十三章　诈欺取财罪

第三百八十二条

意图为自己或第三人之所有，以欺罔、恐喝使人将所有物交付于己者，为诈欺取财罪，处三等至五等有期徒刑。

以前项方法得财产上不法之利益或使第三人得之者，亦同。

第三百八十三条

为他人处理事务，图利自己或第三人或图害本人，背其义务而损害本人之财产者，处三等至五等有期徒刑或一千圆以下、一百圆以上罚金。

第三百八十四条

乘人未满十六岁或精神错乱之际，使将本人或第三人所有物交付于己，或因而得财产上不法之利益，或使第三人得之，或损害本人之财产者，依前二条之例处断。

第三百八十五条

三人以上共犯前三条之罪者，处二等或三等有期徒刑。

第三百八十六条

官员处理公务，图利自己或第三人或图害国家公署，背其职务损害国家公署之财产者，处二等或三等有期徒刑。

第三百八十七条

于御物犯第三百八十二条至第三百八十五条之罪者，处无期徒刑或二等以上有期徒刑。

第三百八十八条

本章之未遂犯，罪之。

第三百八十九条

犯第三百八十五条至第三百八十七条之罪者，褫夺公权，其余得褫夺之。

第三百九十条

第三百七十七条第一项、第三百七十八条及第三百八十一条之规定，于本章之罪亦准用之。

第三十四章　侵占罪

第三百九十一条①

侵占自己依法令、契约照料他人事务之管有物、共有物，或属于他人所有权、抵当权及其他物权之财物者，处三等至五等有期徒刑。

虽系自己所有物、管有物，若依公署之命令归自己看守而侵占之者，亦同。

第三百九十二条

侵占公务上或业务上之管有物、共有物，或属于他人所有权、抵当权及其他物权之财物者，处二等或三等有期徒刑。其不在公务、业务之人与共犯者，依第三十三条第一项之例处断。

第三百九十三条

侵占遗失物、漂流物或属于他人物权而离其管有之财物者，处其价额

---

① 《钦定大清刑律》原文为"第二百九十一条"，明显有误。

767

二倍以下、价额以上罚金。若二倍之数未满五十圆，处五十圆以下、价额以上罚金。

因自己错误而以善意取得管有之他人所有物或因他人错误而交付于自己之他人所有物，以遗失物论。

第三百九十四条

第三百九十一条及第三百九十二条之未遂犯，罪之。

第三百九十五条

犯第三百九十一条及第三百九十二条之罪者，得褫夺公权。

第三百九十六条

第三百七十七条第一项、第三百七十八条及第三百八十一条之规定，于本章之罪亦准用之。

第三十五章　赃物罪

第三百九十七条

受人赠与赃物者，处四等以下有期徒刑、拘役或三百圆以下罚金。

搬运、受寄、故买或为牙保者，处二等至四等有期徒刑。

因犯前项之罪获利者，并科所得价额二倍以下、价额以上罚金。若二倍之数未满五十圆，并科五十圆以下、价额以上罚金。

第三百九十八条

对于第三百七十七条或其他准用该条第一项规定各条之赃物，犯前条之罪者，依第三百七十七条第一项之例，处以罚金。

第三百九十九条

本章之未遂犯，罪之。

第四百条

以第三百九十七条第二项之罪为常业者，褫夺公权。其余犯本章之罪者，得褫夺之。

第四百零一条

第三百七十七条第一项及第三百八十一条第一项及第三项之规定，于本章之罪亦准用之。

第三十六章　毁弃损坏罪

第四百零二条

毁弃制书或毁坏御玺、国玺者，处一等至三等有期徒刑。

第四百零三条

毁弃公署或官员所管有之公文书，或损坏公印者，处二等至四等有期徒刑。

第四百零四条

毁弃关系他人权利义务之文书者，处三等至五等有期徒刑或三百圆以下、三十圆以上罚金。

第四百零五条

损坏他人所有建筑物、矿坑、船舰者，处三等至五等有期徒刑或一千圆以下、一百圆以上罚金。

损坏第一百八十六条之建筑物、矿坑、船舰者，处二等或三等有期徒刑。

因犯本条之罪致人死伤者，援用伤害罪各条，依第二十三条之例处断。

第四百零六条

有左列行为之一者，处四等以下有期徒刑、拘役或三百圆以下罚金：

一、损坏、伤害前条所列以外之他人所有物者；

二、漏逸他人所有之煤气、蒸气及其他气体或流动物，或以他法致令丧失效用者；

三、纵逸他人所有之动物致令丧失者。

第四百零七条

损坏、伤害、漏逸、丧失担负他人物权之自己所有物，或依公署之命令由他人管有或自己看守之物者，处其价额二倍以下、价额以上罚金。若二倍之数未满五十圆，处五十圆以下、价额以上罚金。

第四百零八条

第三百七十八条及第三百八十一条之规定，于第四百零四条，第四百零五条第一项、第二项之罪，亦准用之。

第四百零九条

第四百零二条至第四百零四条，第四百零五条第一项、第二项，第四百零六条及第四百零八条之未遂犯，罪之。

第四百十条

犯本章之罪，宣告二等有期徒刑以上之刑者，褫夺公权，其余得褫夺之。

第四百十一条

第四百零六条及第四百零七条之罪，须告诉乃论。

5. 暂行章程

第一条

犯第八十九条、第一百零一条、第一百一十条、第一百一十一条、第三百十二条、第三百十四条处以死刑，仍用斩。

第二条

犯第二百五十八条第一项、第二百五十九条、第二百六十一条至第二百六十三条之罪，应处二等以上徒刑者，得因其情节仍处死刑。

第三条

犯第三百七十条应处一等有期徒刑，及第三百七十一条至第三百七十三条之刑者，得因其情节仍处死刑。

第四条

犯第二百八十九条之罪为无夫妇女者，处五等有期徒刑、拘役或一百圆以下罚金。其相奸者，亦同。

前项犯罪，须妇女尊亲属告诉乃论，但尊亲属事前纵容或事后得利而和解者，其告诉为无效。

第五条

对尊亲属有犯，不得适用正当防卫之例。

第六部分

其他

一　奏新纂刑律草案流弊滋大应详加厘订折

李稷勋

署邮传部右丞、右参议、臣李稷勋跪奏，为新纂刑律分则草案，轻重失宜，流弊滋大，拟恳详加厘订，以维政体而弭乱端，恭折仰祈圣鉴事。

窃维政与教相维，而后上下无歧志，刑与礼相应，而后出入有大防，君父之伦与天无极，此中国数千年礼治之精神，所谓悬诸日月百世不刊者也。自顷五洲交通，列强环峙，凡号称东西文明国者，无不竞骛于新而慎保其旧。一时法学名家，谓宗教、历史、惯习为国家立法三要素，诚以法制因革，关系至巨，泥新戾旧，流弊滋多。此次修订法律大臣沈家本等撰进刑律草案，原奏内称"是编修订大旨，折衷各国大同之良规，兼采近世最新之学说，而仍不戾乎我国历代相沿之礼教民情"，诚为洞见本原之论。我皇太后、皇上锐意图强，毅然乾断，特置法律专官开馆纂订，以为实行立宪、统一法权之预备，薄海臣庶，喁喁企踵想望太平，甚盛事也。惟是新法大意，固以参合中西适于政体为宗旨，中国旧政首重明伦，司徒五教，尤我立国之根本。近年人心不戢，诐言日滋，往往误认自由平权之范围，而恣为无父无君之谬论，朝廷诏民读法，万目具瞻，苟轻重一或不当，窃恐不逞之徒益得援之以为口实，狂流所极，后患无穷，此则臣所鳃鳃过虑者也。

查现订刑律分则草案，计分三十五章，第一章曰关于帝室之罪，意在尊君，义至当也。自第二章至二十四章，大若内乱、国交，泄漏机务，渎职害公，水火危险，伪造货币、文书，小若骚扰逃匿，伪证诬告，鸦片、赌博，奸非污秽，各项罪刑，无不森然罗列，纤悉咸具。独至杀害祖父母、父母及期功亲属，乃仅附见于二十五章。关于杀伤条内之三百节至三百十一节，不惟弑逆大恶与杀伤平人略无区别，已堪骇异，而前后寥寥数条，复与寻常各罪犯交互错出，尤足令乱臣贼子睥睨生心，以为祖孙父子一切平等，固法律所公认也。

夫刑制之设，原藉以维持礼教，保卫治安，若转以长恶生奸，亏礼害俗，是召天下之乱也，揆之立法初意，或亦虑不及此。拟恳饬下会议政务王大臣，公同披阅，悉心详议，凡逆伦大罪及杀伤期功以下亲属，应请别为专条，移置第二章，题曰关于亲属之罪。至于罪名轻重，应仍责成修订法律大臣权衡情事，折衷学理，俾归一律。据该大臣等原奏，谓"旧律死刑，以斩绞分轻重，二者俱绝人生命之极刑，谓有轻重者，乃据炯戒之意义言之耳。兹拟死刑仅用绞刑一种，如谋反、大逆及谋杀祖父母、父母等条，俱属罪大恶极，仍用斩刑，别辑专例通行"等语。是该大臣等于伦纪攸关、案情重大诸条，方拟别申严典，倘蒙天恩采纳，允如臣议，不过将原书次第，酌加改移，于第一、第二两章微示立法之意。尊尊所以劝忠，亲亲所以明孝，当此邪说纷歧、礼教绝续之秋，其裨于政治实非浅鲜。

如谓改订新律，意在收回治外法权，不宜过绳以旧例。臣愚以为法权外失，诚足碍我统治，然一时能否收回，固赖有开明之法律，尤恃有强实之国力，万一空文无效，不独无补外交，徒先乱我内治，甚非计也。况中外政俗，虽有不同，而天亲之爱，生人同具，立法既臻平恕，决不因重视亲属致生阻难，此尤可断言者也。

臣区区之意，实为慎防流弊起见，所有拟请厘订刑律分则缘由，谨缮折沥陈，伏乞皇太后、皇上圣鉴训示。谨奏。

二　中国新刑律论

赫善心

《书》曰："刑，期于无刑，民协于中"，至哉言乎，可为地球上各国之典型矣。推而行之，无余事矣。余到中国日浅，于中国立法一事不敢妄生末议。惟余见今日中国自置其本国古先哲王之良法美意于弗顾，而专求之于外国，窃为惜之。夫学与时新，法随世易，余非谓外国之不可求也，要在以本国为主，必与本国有益而后舍己以从人。以本国国民之道德为主，必与本国国民之道德不悖而后可趋时而应变，如劳提学乃宣之说帖、陈阁学宝琛之平议俱极精当。余虽多览法学家书，所见亦不能越乎其上。而仍不能默然者，盖欲见此心此理无间于中西也，其问题为和奸无夫妇女与子孙违犯教令之有无罪名。

按劳提学所拟如下：一、凡和奸，处五等有期徒刑；有夫者，处四等以下有期徒刑。待其尊亲属及本夫之告诉，始论其罪。二、凡子孙违祖父母、父母教令及奉养有缺者处拘役，屡次触犯者处一等有期徒刑。皆祖父母、父母亲告乃坐，如祖父母、父母代为求请减少期限或宽免者，听。

按陈阁学所拟如下：一、凡和奸处四等以下有期徒刑，其相奸者亦同。如未婚者，待其直系尊属之告诉；已婚者，待其本夫之告诉；夫死或出外，待其夫之直系尊属告诉，始论其罪。若直系尊属、本夫、夫之直系尊属事前纵容或事后得利而私行和解者，虽告诉不为审理。二、凡子孙违反直系尊属正当之教令者处拘役，因而触忤者处四等至五等有期徒刑。但必得直系尊属之亲告，始论其罪。

以上犯奸一端，与《大清律例》第三百六十六条符合；子孙违犯教令一端，与《大清律例》第三百三十八条符合。夫律中各端之应取与否，决其问题者其本有四：一、欲以此端保护某项利益，确有此项利益之知识；二、此项利益可贵之处为中国承认；三、在中国保护此项利益，刑罚果能致用；四、律文一一明晰妥当。四者皆备，则此论不得不取矣。至于外人或有指摘治外权能否收回，于定律有何干涉？如必在此等过节处注意，则立法之事必致多受损害。此余之所以不得不证明者也。

设如某国有一圣君贤相，该国之民曾问其邻国之民："我君我相或不为尔辈所指摘乎？"又如某国有至善之法律，因他国之嘲笑遂忍而弃之乎？立法非一极重要之事，但徒以饰外观者乎？盖古人必非此意，其曰"刑，期于无刑"者，非期于夸能，亦非期于媚外。孔子曰："不患莫己知。"可为立法者之格言也。"刑，期于无刑"一言专为本国而设，抑为邻国而设乎？为取悦于外人起见，即当引自己国民于非道乎？设如某国立法专为仿效他国，以致内地之罪案日多一日，试问他国人民亦愿居于是邦否？盖他国人民亦必非此意也。且余历观各国书史，从未见先抛却自己国民而可以立法者。

若论治外法权一事，须知地球上并无一国，只因本国之刑律以治所有在其境内所犯之罪，而无特别办法也。如他国之君及各国外交人员，无论何时均用所属之国之刑律，且不过千年以前，在欧洲各国，无论何人均用其所属之国之法律。按治外法权，其问题须分而为二：一、用何国刑律以判案；二、何国审判厅有此审判之权。第一问题乃法律之内容，亦刑法之事，第二问题乃诉讼法之问题也。盖无论何国，亦常有在本国审判厅须用他国法律之时者，按《德意志刑律》第四条二节亦是此意。且民事案件用他国法律办理方合者，该审判厅即须用之。至于所有在德国境内所犯之刑事无关乎国际公法者，德国审判厅自必按照德国办理，而何以在中国、土尔其等处，其情形又有不同者，是关于国之强弱乎，抑关于事之公允乎？大矣哉，此问题也。

欲剖决之，须先问凡人违犯刑律即应治之以罪，何以谓之公允？即知是必人以为该犯所做之事实可以不作而作者，方得谓之公允，然而"以为"二字有何凭据？盖一国之民识刑律者，百人中难得其一，且其所识亦未必可靠。尝观一事之或禁或不禁，往往法学名家尚有意见不同而争论者。况中国文字尤难学习，国民之不识字者尤多，岂能人人读刑律而知刑律哉？法学一门亦非易事，往往惟天资明敏者始有所得，若求在野之农夫亦须通晓法律，得毋骇人听闻乎？盖惟有一独不二之策。大凡订律须按照自己国民之道德性质，如与自己国民之道德性质相悖，而欲其遵守者，则其律不但不得谓之公允，亦且不能存留矣。"刑，期于无刑"一语非此之谓也。设有一律犯之者，永见其源源不绝，则裁判官专为判案一事亦日不暇给矣。是以凡订一律用以施之于举国之民，即未尝见过未曾通晓亦欲其有效者，是非以国民道德为根本不可，故立法者曰："吾国良民之知法，本诸天性矣。"若谓欧洲各国刑律彼此互有不同之处，凡在某一国之人不问其所属何国，概当遵守其所在之国之法律，不亦奇乎？而非奇也。盖人于本国之刑律及其邻国之刑律所知者，均不过有限，如两国之律均以道德为根本者，则凡同有此道德之国之民亦必能遵守也。至于罕遇之不同之处，律中不能为外人而注意也，明矣。昔欧洲各国道德互相显殊，须用本国法律之时，现已渺无形影。今日各国法律彼此虽互有不同之处，然但能按照普通之道德行事，则无论行至何国，谅亦不致易犯该国刑律也。惟土尔其国尚有不同，是以今日所有基督教国人民在该国之情形与在中国大致相仿佛。若论中国，则《大清律例》所载尚多此种禁令，在西人按其本国之道德并不知其为犯法者，倘以之中外同施，则西人自必多受亏损。盖中西人民同用以《大清律例》，则西人之违犯刑律莫明其故，而中国人之违犯刑律，按照本国道德尽可不犯也，是以今日在中国之泰西人民尚须用所属之国之法律耳。

　　然而中西道德悬殊之处尚不甚大，且《大清律例》向为法学名家推为地球上法律之巨擘。昔英人司韬顿君曾将此律翻译英文，于西历 1811 年印刷成书，并谓其中有许多规则他国亟应仿效者。余虽于此所得不深，然已有确证。缘近今最新之瑞士（西 1908 年）、奥大利亚（西 1909 年）、德意志（西 1909 年）诸国刑律草案，其主意亦见于大清律各条也。惟《大清律例》只须特加发达，以便中国得一极新而合乎时宜之律耳。余意以为，中国修订法律须以《大清律例》为本，他国之律不过用以参考而已。倘中国修订法律，不以《大清律例》为本，则真可为不知自爱者也。盖中国纵将《大清律例》废弛，不久必有势不得不再行启用之一日，此余证诸日尔曼而以为前车可鉴也。昔日尔曼于十六世纪之初，其法律不足以酬偿当世之需用，该政府因而不将其本国固有之法律修饰完善，但取罗马国之民法以行之。厥后国民与裁判官扞格日甚，怨詈丛生，以致三、四百年之后，不得已复将其本国固有之旧法为主、以罗马法助之而修改焉。倘中国修订法律，以本国固有之法为本，而取他国之法为助，则中国必得一最新而适用之法律。中国人之遵守固共信无疑，即在中国之外国人之遵守，亦相差不远，缘中外道德大抵相同也。若必重在施之外国人亦能行者，则不妨于律中添入一条，其略曰："一、本律某条某条施之与外国人，须按其十年以上最后之住址之情形或其生长之国之情形，谅能自知其所做之事实系属犯禁者"云云。

至于目下之领事裁判，本诸国际公法，其收回一节乃国际公法上之事。修订律例不过为其事之预备而已，其尤要者在诉讼法范围之内，即如劳提学所谓"收回裁判之机，括其首要，重乎审判之文明"是也。

总而言之，凡订刑律需从自己国民之道德上小心构造，万不可注意于他事。如外国人之治外法权等事万不可引以为权衡。大凡决一问题只能问何以谓之善，如施之于我国之民善，则可谓之善矣。由此观之，中国修订法律一事，惟熟习自己国民之道德及其旧律之中国人方能胜其任。倘此国国民之知识可为彼国之用者，只可以外国人为问津之助或为协议之资。此余读劳提学之说帖、陈阁学之平议敢略陈其管见也。

按二公所论犯奸及子孙违犯教令两节，虽各别，然均以保持中国家庭之思想。其理乃家庭由血族而成立，个人乃家庭之肢体，首重能致用于其家也。盖论血族之规范，则凡地球上文明之国亦皆分别承认，而其中有极不相同之处者：一为独立主意，凡人年逾弱冠，所有自己责成概须自任；一为群居主意，一家之人其生活须用力合作。此项群居主意不独中国有之，昔日之罗马、日尔曼诸邦为尤甚。盖凡以细小农业为国民经济之邦，其居处既有一定之地，所有人工、物料取之于家亦能敷用，故其家规亟须严整，而家人同操一业，则出入相友、守望相助、疾病相扶持，遂由此而益加亲睦焉。若夫以进步工艺为国民经济之国，一家之人必不敷一业之用，故家人散而之四方，个人须自任责成，家庭不过教养之需耳。目下中国国民经济之性质极重保守，一坚固之家庭规范其美善之处，余不欲言，谓群居为美，则伤及当世；谓独立为美，则詈及先人。然以中国而论，则中国现讲之家庭道德已足为本国当世之用也。若先弃之而后他习之，恐必有青黄不接之祸矣。如中国既承认家庭道德为立国所必需之事，须分两途而共承认之：一、子孙须顺从其直系尊属之教令，此所以保持家法也；一、子孙应有之责成须易为直系尊属所有，此所以保护妇女之贞洁，又所以保持将来家庭之基础也。至于保护此项利益，国家之刑罚能否致用，则须视中国经济生活及道德上明定此项法之责成与否耳。顺从之责成，无论如何亦可用法律以保持之。如《德意志帝国军营刑律》第九十二至九十五条，与夫《官吏惩戒法》所载各端是也，此非朋友之道不能用刑法以维持者可比也。

按照修律大臣之意，子孙违犯教令出乎家庭，此全是教育上事，应别设感化院之类，以宏教育之方，此无关于刑民事件，不必规定于刑律之中。窃谓不然，查感化院之类在欧洲不过专为不顺从其亲之幼年子弟而设。若夫成年人之辈而欲其谨守顺从之责成，则非明定刑罚不足以资保护也。观于欧洲各国，法律专为军营及官吏之用者，可知矣！

妇女之贞洁一端，亦可用刑律以保护，且欧洲各国，用刑法以保护此端，亦甚深远者。欧洲各国法律繁多难以尽举，余试举一书，其名曰《德国及他国刑法比较篇》，凡十五册。第四册中分则即详载对于风俗之上罪中罪各条矣。按照欧洲各国法律，虽不能凡遇婚姻外之男女交合即科之以罪，然其法必不仅专治有夫之奸，如强奸、乘弱奸、师保人等诱奸、助奸营利、亲属相奸、违悖天然之交媾，及凡一切有伤风化之淫行、淫词，无不分别轻重治罪。即妓女一项虽不能尽除，然亦极力用法以拒之。若在欧洲之瑞典、芬兰，北美洲之费蒙特、蒙坦纳、北卡罗里纳、马舒些次等国，虽寻常之私通，均仍一律论罪。此外，如男女非婚姻而常年私相居处者，在欧洲各国每多为警律所禁也。欧洲各国订立刑律之进步于非婚姻之男女交合一端，其禁令固觉稍宽，然亦不过为经济之情形所限，缘彼处之婚嫁未能如中国之早，故也。惟其禁令之或宽或严，中国似不能注意，果尔则欧洲各国亦须注意于中国之订律矣。试观按照中国法律准有纳妾之权，在欧洲各国除土尔其而外，此节又为法律所严禁。欧洲各国何不注意于此节，而准其国纳妾乎？是以劳提学、陈阁学所论犯奸一端，尽可用刑罚以齐之，且他国于此端每多有齐之以刑罚者。

至于律文一节，按照西国法学主意，凡遇律中之问题，须先将于此问题相关之条件悉心研究，然后始能剖解而评判之。惜余于《修正刑律草案》一书未获捧读，故余所论之问题不过仅识其皮毛，倘有误会之处，幸乞阅者诸公垂谅焉。

若论犯奸一端，鄙意以陈阁学所论较为妥善。缘其惩处，既定有一律之范围，凡遇此等案件，裁判官自可按其情节之轻重分别惩治。而又律文明简，是以可贵也。至于告诉之权，自当责成最关切之人亦属要事，俾一案之内不致为诸多意见所淆而易于究办也。惟凡违犯此端者，须俟有告诉方论其罪一节似未尽妥协，如师保人等诱奸、助奸营利等类，当不在此例。想草案另有专条亦未可知，如谓直系尊属、本夫、夫之直系尊属事前纵容，或事后得利而私和解等情，事关助奸营利，不必问其有无告诉，一经查出，当罪其直系尊属或本夫或本夫之直系尊属。至于此项犯奸之男女应否不论其罪，则其直系尊属或本夫或夫之直系尊属既因此而论罪，似又未便尽行宽免也。保护妇女贞洁一节，所最要者系专为保护良家妇女，如节操已败坏者，自不能用刑罚以保护之，是以妓女之流，当不在此列。故在律中须详细声明此项条规，专指处女及贞妇人而言，方为妥善。至于子孙违犯教令一端，按陈阁学所论亦大致不差。其中惟有一疑义，设若祖父母之教令与父母之教令迥然相反者，则是当顺从祖父母之教令乎？抑顺从父母之教令乎？鄙意以为人但须顺其父母或一家内最近之亲长之教令，如一家之内有祖父母、父母同堂者，则凡祖父母之教令，父母有顺从而将其教令转致之责成亦足矣，盖重叠施教令之权恐易生紊乱也。陈阁学以按照《大清律例》所谓"正当之教令"为限制用意甚善，而按照《大清律例》再加以限制，凡故意违犯者始论其罪，似觉尤当。至于正当之谓，则须对裁判陈明情节，以听其认准可也。凡教令之违悖法律以及道德者，自不得谓之正当，此可以作印证也，尤有要者，教令一节不但须合乎法律、道德，尤须声明："凡人之对于他人有权者，亦须对于其人承认其公允之责成，万不得尽享其利益。"窃谓此节中国亟须改良，须明定条例谓凡祖父母、父母之对于子孙不得专用其权以图利己，用权不过犹之奉国家之命以协助普通之利益而已。大抵父母中不必示以保护其子孙之责成固多，而不得不示以此项责成者亦不乏，因家庭之事以致自戕其生命者不知凡几，诚可悲矣！国家将来之期望不在父母而在子孙，此久为各国所承认，而中国亦无不承认者。盖其以教育为重，乃明证也。子孙既属可贵，国家岂可忘其保护之策，而竟委之父母而不顾乎？举国中之父母，贤者半、不贤者宜亦半也。欧洲各国法律之保护子孙者，难以尽举，其意不外凡祖父母、父母之对于子孙有权之处，不过以行其责成之处耳。子孙之性命、身体、脑力在在须视一国之利益，此项利益一经受害则将不保矣，故此利益不得不极力设法保护，后世人每易视其子孙如物而用之，甚可虑也！凡父母之教令专为自己利益起见，而不顾及其子孙之前程者，不得谓之正当。是以律中须详细声明：凡所谓不正当者，非但违悖法律、道德之教令，即专为自己利益起见而与子孙身体、脑力有害者，亦在其列也。

至于触忤父母一节，似于普通触忤一条声明加重办法，较于附在此条为妥。盖顺从与触忤乃两不相关之事，即顺从者亦或有触忤之时也，告诉之权自应委诸发此教令之人。

按陈阁学所驳祖父母、父母有代为求请减少期限或宽免之权，鄙意以为未尽妥协。按刑法主意，虽一经呈诉便是国家之责成，私人不得而干预，然此处准直系尊属之亲告，则刑法之主意已失矣。故此项之情节有可通融者，莫如于处罚之轻重亦稍假以权衡，但不准其率请宽免可也。以普通而论，国家之设立刑法，凡事实与国家有关系而须禁止者，方处之以刑，私人不得而干预。惟是细微之事、论罪极轻者，亦可准私人于科刑之轻重有求请之权，此不过为利益之度量，如家庭名誉等事亦须保护也。凡告诉视利益之度量者，亦可准其于科刑之轻重有求请之权也。

鄙见亦极浅矣，所幸者得此机缘，将一极重要之事证之于吾私人之科学耳。按劳提学、陈阁学二公所论，余均大致协赞，其最中肯者系中国万不可自弃其文明之礼教以迁就外人也，而余所赞仰不置者仍"刑，期于无刑"一语也。劳提学、蒋侍御二公惠我机缘，实深感谢，谨陈管见，所有固陋之处，统祈垂谅是幸。

三　论国家主义与家族主义之区别

杨　度

近日宪政馆因讨论新刑律而牵及礼教问题，持论者谓法律是否与礼教相关，以此为争论之点。度以为无论何国之法律，未有不与其礼教相关者，此问题殆不足论，所当论者，今日中国之治国，究竟应用何种礼教之一问题而已。则姑舍法律而言礼教。论者若以为中国礼教之节目，乃天经地义之所不能移，有之则为中华，无之则为夷狄，有之则为人类，无之则为禽兽，中国有此数千年之礼教，此其所以为中国，为人类；东西洋各国无之则为夷狄，是禽兽也，不仅其所谓文化者非文化，即其无礼教之法律亦非法律，不可仿效，以贻用夷变夏之讥。进而论之，即宪政亦违背礼教之政，决不可行。如以此论为前提，则度惟有缄口结舌，不敢赞一辞，以恭听主持礼教者之议论而已。

若不敢为此极端之论，而曰东西洋各国并非夷狄、禽兽，亦自有其礼教，不过与我不同，彼以其礼教以入彼之法律，我亦其礼教以入我之法律，二是皆是，不必相同也。如以此论为前提，则已明认各国亦有其礼，亦有其教矣。夫礼教非夷狄、禽兽所能有也，且礼教之为物，有是而无非者也。既明认彼与我各有礼教，即明认彼与我各有其是。夫天下事，岂有两事者？况礼教为人、禽之界，而可谓人、禽皆是乎？宋儒有言：人、禽之间决无中立，若非我人而彼禽，则必彼人而我禽。以此难论者，不知何词以对？然则礼教问题直成一不可解决之问题矣。不仅不可解决，且其以

782

礼教为天经地义不可稍移之说，已觉脚跟摇动，不能牢固。何也？天下必无两种相反之天经地义，而皆可谓之是者也。由是而言，则礼教并不能谓之天经地义，不过治民之一政策而已。审时变之所宜，应以何种政策治其民者，即以何礼教治其民，一切政治、法律、教育皆视之以为转移，无所谓一成而不可变者。

此义既明，然后论中国与各国礼教何以不同，即论中国与各国政策何以不同。

中国数千年来，分立之时少而统一之时多，言治国者少言天下者多。既曰天下，则无与国之并立，无对外之竞争，但求内部之安宁，已称平治矣。而于毫无界限之天下，不可不勉为界限以范围之，以免散漫而不可治。于是为设家族之界，使家自为团，族自为群，各自谋其生活，因其天然之长幼而为之立家长焉。家长之权利义务皆比家人为重。家人全体坐食，家长一人谋食，此其义务也。白首之儿，一切行动听命于黄耇之父，此其权利也。国家法律亦本此意，家人有罪，家长连坐，此其义务也。有所谓家法者，家长可以自行其立法权以拟具条文，又可于神堂、祖祠之地自行其司法权以处分子弟，国家皆不问之，此其权利也。于是，天子治官，官治家长，家长治家人，以此求家庭之统一，即以谋社会之安定，故中国之礼教与法律，皆以家族主义为精神者也。

各国则不然，自其有国以来，无一日不与他国并立，与其分一国之人而为无数家以竞于内，不如合一国之人而为一家以竞于外，必使人人有独立之生计，以尽纳税之义务，成年以后不被养于家长也；必使人人有营业、居住等之自由权利，成年以后不被抑于家长也。而未成年之时，则教育之义务、管理之权利，皆属于家长，故其家族主义亦未全行扫除，特以之为养成国民基础之地耳，成年以后则变家人而为国民矣。以君主立宪国论之，则国君如家长，而全国之民，人人皆为家人而直接管理之，必不许间接之家长以代行其立法、司法之权也。于是上下一心以谋对外，人人有生计则其国富，人人有能力则国强。其所以为教育如此，故各国之礼教与法律，皆以国家主义为精神者也。

以此义告论者，论者若曰吾宁舍国家主义而言家族主义，则度亦不敢赞一辞。若圆通其辞，曰中国与列强并立日即子危，非国家主义不足自立，然中国固有之礼教亦不必变也，则取人之国家主义，留我之家族主义，并行不悖，不亦可乎？度以为徜能如此，岂不尽善而无如其相冲突也。试举冲突之事实以论之。

国家主义之国，必使国民直接于国家而不间接于国家。以此眼光观今中国，乃直接者至少而间接者至多，虽有四万万人，而实无一国民也。一国之人，但可分为二级：一曰家长，一曰家人。家人之中又分二种：一为男家人，乃家长之所豢养而管束之者也；一为女家人，又家人中之附属品，无丝毫之能力以坐食者也。此二种家人皆与国家无丝毫之关系，义务不及其身，权利不及其身，但无生计无能力，以为社会之蠹、国家之蠹而已。而其家长则为家人生计所迫，出而谋食于外。其为商为工不论矣，至于为官，则不仅于国家有权利义务之关系，且为国家治理人民而与以权利义务之人。然以服官之心则自始即为家族而来，虽曰有职务，而其心则非对国家负义务者，而实为对家族负义务者。若其财利能仰事父母、俯蓄妻子，则廉者超然引去，人奉之以高名；贪者进取无厌，以求子孙长久之计，于是卖爵以求一日之偿，避瘠趋肥，询差询缺不以为耻，而人亦不耻之者，彼此皆为家族而来，互相慰留，如商业之求利。然国家既以家族主义治民，即不能以此等行为为耻，何也？此等人在社会虽或加以贪官污吏之名，而在家庭实有慈父令兄之德，家庭主义社会，岂能于慈父令兄而加以毁辞耶？然以国家主义论之，多数之家人不能为国家生一丝毫之财，办一丝毫之事，少数之家长则又以办国家之事而生家庭之财。贤者于生财以外仍或办事，不肖者生财而已，何办事之可言！于是国家设官非以治民，特为家长养家耳。有家人之重累在后，何能责官吏之不贪？一家哭，何如一路哭，此各国所绝无之事，而在中国则为难能可贵之名言。此无他，家族主义为之也。全国无一国民，又无一为国事而来之官，国乌得而不弱，乌得而不贫？今欲转弱为强，则必自使官吏能尽心国事始；欲官吏尽心国事，则必自去其家人之累始；欲去其家人累，则必自使有独立之生计能力始；欲使有独立之生计能力，则必自与之以营业、居住、言论各种自由权利，及迫之以纳税、当兵之义务始。欲与之此种权利，迫之以此种之义务，则必自使之出于家人登于国民始。假令如此，是与国家主义日行日近，而与家族主义日行日远也。故此二主义者，不两立之道，无并行之法者也。所谓不两立、无并行者，非谓此存而彼绝，特多少之成分耳。英美各国之家族主义不过十分之二，日本则犹十分之三，中国则实十分之八九。留此不改，则无论如何布宪法、改官制，皆为虚文。全国之中其为多数家人坐食被养如故，不过少数之家长出而为官吏，议尔以谋其家庭之生计，国事之愈益腐败，国势之愈益贫弱，可断言也。故此问题者，非区区一刑律之问题，更非区区刑律中一二条文字句之问题，乃中国积弱之根本原因，而此后存亡所关之大问题也。

于此而论新刑律，国家之欲改此律，决非欲布此律以为新政之装饰品也。必以大清旧律之不足以发达其国民，振兴其国家，而后为此也。而所派修律大臣又在老成典型之列，数十年旧律之经验，数年新律之讨论，论者所举浅薄之义彼岂不知，然竟如此定稿者，岂非本国家改律之意，弃旧主义而从新主义乎？今以事外之人，绝无讨论，贸然指摘，欲复其旧，则国家改律岂不多事，反不如仍用旧律，首尾贯注，全篇一辙，犹为完备，不必别订新律而又琐琐补苴，劳而少功也。度所论者不止法律一端，以为政治、法〔律〕、教育等，皆应有一定之宗旨以为改良之本，若如今时不新不旧而欲求进行，是鞭其速行而缚其足也。即刑律以论刑〔律〕，亦复如此。今馆中宜先讨论宗旨，若以为家族主义不可废，国家主义不可行，则宁废新律而用旧律，且不惟新律当废，宪政中所应废者甚多也。若以为应采国家主义，则家族主义决无并行之道。而今之新刑律实以国家主义为其精神，即宪政之精神也，必宜从原稿所订，而不得以反对宪政精神加入之。故今所抉择用国家主义乎，用家族主义乎？一言可以定之，无须多辩也。

四　沈大臣酌拟办法说帖

沈家本

劳提学"新刑律草案说帖"拟增各条，今酌拟办法如左：

干名犯义

此告诉之事，应于编纂判决录时于诬告罪中详叙办法，不必另立专条。

犯罪存留养亲

古无罪人留养之法，北魏太和中，始著之令格。《金史·世宗纪·大定十三年》：尚书省奏邓州民范三殴杀人当死，而亲老无侍。上曰："在丑不争谓之孝，孝然后能养。斯人以一朝之忿忘其身，而有事亲之心乎？可论如法，其亲官与养济。"是此法之未尽合理，前人有议之者矣。又嘉庆六年上谕论承祀、留养两条，有云"凶恶之徒，稔知律有明条，自恃身系单丁，有犯不死，竟至逞凶肆恶。是承祀、留养非以施仁，实以长奸，转以诱人犯法"等语，是我朝祖训亦当申言其弊，此所当敬谨寻绎者也。此法不编入草案，似尚无悖于礼教。

亲属相奸

新草案和奸有夫之妇处三等至五等有期徒刑，较原案又加一等者，原包亲属相奸在内，但未明言耳。此等行同禽兽，固大乖礼教，然究为个人之过恶，未害及于社会，旧律重至立决，未免过严。究之，此等事何处无之，而从无人举发，法太重也。间有因他事牵连而发觉者，办案者亦多曲

786

为声叙，由立决改监候。使非见为过重，何若是之？不惮烦哉！大抵法太重则势难行，定律转同虚设；法稍轻则人可受，遇事尚可示惩。如有此等案件，处以三等有期徒刑，与旧法之流罪约略相等，似亦不为过宽，应于判决录详定等差，毋庸另立专条。

亲属相盗、亲属相殴

此两条并在酌量减轻之列，应于判决录内详定等差，毋庸另立专条。其关乎殴尊亲属者，修正草案内已定有明文矣。

故杀子孙

《公羊传·僖五年》："晋侯杀其世子申生。曷为直称晋侯以'杀'？杀世子母弟，直称君者，甚之也。"何休注："甚之者，甚恶杀亲亲也。"又《疏》引《春秋》说："僖五年，晋侯杀其世子申生。襄二十六年，宋公杀其世子痤。残虐枉杀其子，是为父之道缺也。"此可见故杀子孙实悖春秋之义。《康诰》称："于父不能字厥子，乃疾厥子"，在刑兹无赦之列。古圣于此等之人，未尝稍恕之。《唐律》："子孙违犯教令而祖父母、父母殴杀者，徒一年半。以刃杀者，徒二年。故杀者，各加一等（二年、二年半）；即嫡、继、慈、养杀者，又加一等。"《明律》改一年半者为满杖，改二年及二年半者为一年，既失之太轻；其嫡、继、慈、养之致失绝嗣者，复加至绞候，又失之过重。此本当损益者也。今试以新草案而论，"凡杀人者，处死刑、无期徒刑或一等有期徒刑"（此专指谋、故言）。如系故杀子孙，可处以一等有期徒刑，再以酌量减轻条"犯罪之事实情轻，减二等"之法减之，可减为三等有期徒刑，而三等之中又可处以最轻之三年未满，则与唐律之轻重亦差相等矣。此亦可以明定于判决录内，毋庸另立专条。

杀有服卑幼

宋李绽言："风俗之薄，无甚于骨肉相残。"是同宗自相杀伤，即尊长于卑幼亦非风俗之善者。若必明定于律文之中，亦徒见其风俗之不良耳。且谋故杀卑幼，旧律之应拟死罪者，于新草案同凡人论，尚无甚出入；其殴死及殴伤者，照新草案虽与凡人同论，而按之旧法亦无大出入。此等但当于判决录规定等差，不必多立专条。

妻殴夫、夫殴妻

唐律："殴伤妻，减凡人二等；死者，以凡人论。以刃及故杀者，亦同凡人论斩。妻殴夫，徒一年；伤重者，加凡人三等；死者，斩。"故杀亦止于斩也，与凡人罪名相去不远。明律："殴妻非折伤，勿论；折伤以上，减凡人二等；死者，绞；故杀，亦绞。殴夫，满杖；折伤以上，加凡斗三等；笃疾，绞决；死者，斩；故杀者，凌迟处死。"夫则改轻，妻则改重，遂大相径庭矣。夫妻者，齐也，有敌体之义，乃罪名之轻重悬绝如此，实非妻齐之本旨。今酌拟办法：凡罪之至死者无论矣，其殴伤及殴死者，即照伤害人身体条，夫从轻比，妻从重比，与凡人稍示区别，似不至大乖乎礼教。亦于判决录内详细规定，不必另立专条。

发冢

修正草案已有此条，在第二十章，与此条所拟大略相等，不必再补。

犯奸

无夫之妇女犯奸，欧洲法律并无治罪之文，俄律污人名节门有十四岁以上尚未及岁之女为师保人等及仆役诱奸一条，违禁嫁娶门有奸占无夫妇女一条。前条指师保人等言，后条指奸占言，非通常之和奸罪名也。近日学说家多主张不编入律内，此最为外人著眼之处，如必欲增入此层，恐此律必多指摘也。此事有关风化，当于教育上别筹办法，不必编入刑律之中。孔子曰："齐之以刑"，又曰："齐之以礼"，自是两事。齐礼中有许多设施，非空颁文告遂能收效也。后世教育之不讲，而惟刑是务，岂圣人之意哉？

子孙违犯教令

违犯教令出乎家庭，此全是教育上事，应别设感化院之类，以宏教育之方。此无关于刑民事件，不必规定于刑律中也。

五　奏新刑律不合礼教条文请严饬删尽折

刘廷琛

大学堂总监督、臣刘廷琛跪奏，为新刑律关系重要，请朝廷申明宗旨，以定国是，而重纲常，恭折仰祈圣鉴事。

窃维政治与时变通，纲常万古不易，故因世局推移而修改法律可也，因修改法律而毁灭纲常则大不可。盖政治坏祸在亡国，有神州陆沉之惧，纲常坏祸在亡天下，有人道灭绝之忧，宗旨不可不慎也。宣统元年正月二十七日奉上谕："刑法之源，本乎礼教，中外各国礼教不同，故刑法亦因之而异，中国素重纲常，故于干犯名义之条，立法特为严重。良以三纲五常，阐自唐虞，圣帝明王，兢兢保守，实为数千年相传之国粹，立国之大本。今寰海大通，国际每多交涉，故不宜墨守故常，致失通变宜民之意，但只可采彼所长，益我所短，凡我旧律义关伦常诸条，不可率行变革，庶以维天理民彝于不敝，该大臣等务此本意，以为修改宗旨，是为至要等因。钦此。"仰见我皇上推崇礼教，严明剀切，薄海同钦。修订法律大臣自当谨秉圣谟，曷敢稍有违越。

乃查法律馆所修新刑律，其不合吾国礼俗者，不胜枚举，而最悖谬者，莫如子孙违犯教令及无夫奸不加罪数条。去年资政院议员彼此争持，即以其不合人心天理之公，稍明大义者，皆未肯随声附和也。今年为议民律之期，臣见该馆传抄稿本，其亲属法中有云，子成年能自立者，则亲权丧失，父母或滥用亲权及管理失当，危及子之财产，审判庭得宣告其亲权之丧失。又有云，定婚须经父母之允许，但男逾三十，女逾二十五岁者，不在此限。此等法律使果得请施行，窃恐行之未久，天理民彝渐灭寝尽，乱臣贼子接踵而起，而国家堕之矣。盖天下之大，所恃以保治安者，全赖纲常隐相维系。今父纲、夫纲全行废弃，则人不知伦理为何物，君纲岂能独立，朝廷岂能独尊？理有固然，势所必至。伏维皇上孝治天下，而新律导人不孝，皇上旌表节烈，而新律导人败节。该法律大臣受恩深重，会习诗书，亦何至畔道离经若此。臣反复推求其故，则仍以所持宗旨不同也。外国风教攸殊，法律宗旨亦异，欧美宗耶教，故重平等，我国纵孔孟，固重纲常。法律馆专意摹仿外人，置本国风俗于不问，既取平等，自不复顾纲常，毫厘千里之差，其源实由源于此。故宪政编查馆修改，只在字句之间，资政院议员争论亦在条文之末，而于大本大原无当也。

臣今请定国是者，不论新律可行不可行，先论礼教可废不可废，礼教可废则新律可行，礼教不可废则新律必不可尽行，兴废之理一言可决。法律馆既取平等，似以礼教可废，则当奏明礼教不能存立之故。此事关系至重，应请召集大小臣工详议，朝廷许可，然后遵照纂拟。断未有朝廷明崇礼教，该馆阴破纲常，擅违谕旨，自行其是，天命未改，岂容抗命之臣？该大臣恐不能当此重咎，若矇请颁布，天下哗然，谓朝廷已废礼教，是皇上无废礼教之意，该大臣陷皇上以废礼教之名，后世史册书之曰，中国废礼教，自我皇上始，臣窃痛之。如朝廷以礼教实不可废，则是非不能两存，礼律必期一贯，群言淆乱，折衷圣人，应请明谕中外，申明宗旨，以定国是。严饬该馆，凡新律草案中，此等条文概行删除净尽，不准稍有存留，悉本中国礼教民情，妥为修正，服制图尤关重要，不得率行变革。如仍阳奉阴违，即重治以违旨之罪，庶天下晓然于朝廷宗旨所在，人心有所维系，以存国粹而保治安，天下万世之幸。臣忝领国学，日以礼教导率生徒，已不能遏沧海横流之势。今该馆所修新律，显与礼教背驰，深恐风俗人心一经溃败，不可挽救，非我皇上力赐主持，无以杜干纪乱常之渐也。

所有拟请谕旨申明宗旨，以定国是缘由，谨缮折具陈，伏乞皇上圣鉴训示。谨奏。

六 奏将新律持平覆议折

胡思敬

　　中国刑法，历代损益，各有不同，率皆以唐律为准，自唐以来，行之千余年，上下相安，未尝有弊。今聚三五少年，全行变更，所拟新律，只四百余条，订为一册。揆之民情风俗相背而驰，谬妄不胜枚举，如总则第二章第十条云：凡法律无正条者，不论何种行为不为罪。纵恶长奸，莫此为甚，骇人听闻。业经邮传部及四川、两广、云南、贵州、湖广、湖南、江西、河南、两江等省驳诘，该馆员坚执不变，遁词之他，强以宪法为解。又将旧律最重要之条，若亲属相奸，若子孙违犯教令，若和奸孀妇、处女，凡有关伦纪名节者，概行删去，士论大哗。议员劳乃宣、陈宝琛等诋之尤力，该馆员护过，遂非不顾清议，后因议员多数不从，虽勉强将和奸无夫妇女等条载入《暂行章程》，复私辑彼党邪说，编为《刑律平议》，诱惑四方。其尤可怪者，律文一字之差，可以出入人生死，新律所列各条罪名并无一等处断之法，如罚金则曰处十圆以上至千圆以下。夫十圆之与千圆，相去甚为悬绝，比而同之人，其何所措手足耶？其处刑也，如杀人有误杀、故杀、斗杀、仇杀、奸杀、尊长杀卑幼、卑幼杀尊长，种种不同，而彼统之曰："杀人者，处死刑。"又申之曰："无期徒刑或一等有期徒刑"，是直为奸人开请讬贿赂之门，虽明知其以私意故为轻重，而谁能诘之？不特此也，五刑既废其三，笞杖流皆准赎金，为富不仁之人挟千金横行一方，可以无恶不作，其力绌不能罚金者，予以监禁若干日。新设监狱，皆高大洋房，饮食、器用胜于穷檐百倍，入监坐食数日，皆有恋恋不舍之心，直不啻嘉奖而优待之矣。

论今日立宪宗旨，当以集众思、采群议为主。新律之不可行，督抚言之，各部院大臣驳之，言路参之，即同馆之人如劳乃宣等亦起而攻之，而皆无丝毫之效，一任二三奸党抵死护持，将内外各衙门签注各条尽行驳斥。此不但我朝三百年来未有之变剧，亦中外古今所罕见也。

彼起草各员，方且志得意满，腼然自号于众曰：吾将收回各国领事裁判权，吾将黜家族主义而进国家主义。由前说言之，是曰欺；由后说言之，是曰妄。臣得而详陈之，论万国古今通义，凡侨居何国即应遵守何国法律，我自甲午丧师，用人不慎，致失裁判主权，忧国者莫不恨之，各国亦自知理绌则以刑律不同为辞，彼盖深知我国刑律自为统系，万不能轻议更张，姑为是言，权词以谢我耳。我而内政修、兵力强，不但区区裁判之权无难据理力争，即各口商税各埠租界且当次第磋商挽回已失之利；我而内政不修，兵事窳败如故，一切财政、路政、矿政皆受人干涉，更何论租界裁判也？裁判不能收回，害只及一隅，欲收回裁判而先废伦常、灭礼教，害且及于天下。且外人所要求者，在中外刑律改为一律，今据科员董康新律辨说，自云有本之《尚书》者，有本之《唐律》者，有杂采各国者，有根据旧律者，有特别规定东西各国所无者，然则不东不西别为一种风气，并非与各国一律，即欲争回裁判，已与条约不符，不待启齿，将为外人所窃笑矣。臣料宪政馆诸员亦自知领事裁判权绝无收回之望，各国刑律互相歧异，万无改同一律之理，不过藉此欺我皇上耳。如果注重此事，则当会同外务部与各国晤商声明旧约，将新律草案奏准年月咨会各国公使，俟其允从，然后刊布未晚，何乃冒昧从事也。

其所谓家族主义者，彼盖以天下贪官污吏皆由家累所迫而成，因欲藉新律以破伦常，使之父弃子、兄弃弟，只身出而当官，乃知爱国。臣观本朝赃吏之最著者，无过噶礼，家有老母而弃之勿养，其不顾家室可知，而赃款乃至百万以上，抑又何也？八口衣食之资所费几何，苑囿、池台、狗马声色、宴游博弈之事，耗财不可胜计，皆一人之奉养耳，曾于家族何？与人必先有亲爱骨肉之心，由迩及远、由亲及疏，乃可推而达之于国。孟子所谓"亲亲而仁民，仁民而爱物"，汉儒所谓"求忠臣必于孝子之门"是也。吴起杀妻求将，易牙烹子以食其君，可谓弃家族主义而就国家主义矣。凡事之不近人情者，鲜不为大奸匿，彼有妻子而忍弃之，其谁敢任之以事耶？我国家族主义即具地方自治之规，数里之地，但得一良有司治之，不待巡警审判之，纷纷而帖然无事。故自在下者言之，积家成族，积族成国，凡登于版籍者，皆系土著之民，互相牵挂而不敢轻于为非；自在上者言之，家系于族，族系于国，凡身入仕途者，各怀巢破卵危之惧，而不得不稍存报称之心，是国家主义全赖家族维持，岐而二之已不可通，况偏废其一乎？诚如馆员之说破去家族主义，孑然一身，当其得志之时，恣意奢侈、日食万钱，毫无顾惜；及其败也，脱身远飏，朝秦暮楚，任其所之，尚肯劳形焦思以国事为念乎？近时习俗浇薄，民情日偷，父子兄弟之间有愸德者多矣，不待改从新律，已有江河日下之忧，今又教猱升木；五伦既绝，人生之趣尽矣，国尚可为乎？墨氏主兼爱，孟子且斥之为无父无君，今言不爱父母妻子之人乃能爱国，何其说之愈出而愈怪也。至杨度所云，欲人家有独立生计，必自与之以营业、居住、言论各种自由权利，始欲与之此种权利，必自使之出于家人、登于国民始，尤为诞怪不经：士之子恒为士、农之子恒为农，不必避兄离母始可谋生计也。今之洋学生有归而名其父者，居住、言论罔不自由，可谓出于家人矣。必如此而后可为国民，多一国民即多一乱党于国家，何利焉？以上二说，吴廷燮、杨度主持甚坚，汪荣宝、董康、编制局诸员从而和之，沈家本老而务得，将数十年亲身阅历有得之学弃若弁髦，而碌碌因人拾后生牙慧，识者莫不羞之，彼党专持二说以为纷更护符。二说既破，而新律之利害，灼然可见矣。

抑臣更有请者，官多扰民自古通患，况今脂膏既竭，物力难支，无端建署招考，每省增设实缺审判官至数百员之多，以新拔游食无聊之人，授以苟且试行之律，操旧时刑曹专断之柄，而治此死徙垂尽之民，谁无乡里，同此沦胥，此亦圣明所宜垂念之事，而可贸然一试乎？拟请饬下宪政编查馆将内外臣工笺注指驳各条，细心参酌，重行编改，俟宣统五年国会有效再察看情形，请旨颁行，各省举办审判时，令督抚择地试办，以次推行，不得同时并举。谨奏。

又奏新刑律不适用于中国折，略称风俗之美，虽由教化濡染而成，亦藉律法以维持之。中国之律重在伦常，外洋之律重在财产，彼此相较，人格之优劣可见矣。五伦之教，男女婚姻之礼，此华夷中外之大防，杞用夷礼，则夷之非必限以疆域也。法律馆初拟草案，幸各省指驳不认，倘轻徇其谋，竟欲化中原为左衽，则父子之分不尊，夫妇之伦必破，世变所极至，父不能保其子，夫不能保其妻，君独安能有其臣子乎？若辈丧心病狂者，方且护持初议，别拟章程，哆然自鸣得意。试问此法推行之后，审判官如虎如狼布满，天下将倾，何帑藏以养之？擅断自专敲赃枉法，法部能禁之乎？考试时，使车络绎，将何以防其骚扰；录用时，苟且钻营，将何以除其情弊？天生无数幸灾乐祸之人，主持此一种荒唐鬼怪之说。上帝不仁，一至于此，此速亡之道也。

七　读劳提学及沈大臣论刑律草案平议

陈宝琛

劳提学及沈大臣两说帖，其最后争点在和奸及子孙违犯教令二条，兹谨就管见所及，开陈如左：

一、犯奸一条，当以劳提学所论为允，此不特与中国礼教有关系而已，以今日中国情形言之，此条有万不可不加入者。盖欧洲所以不能罪无夫奸者，彼别自有故。一则欧洲社会本系个人制度，事事以自由独立为重，与吾国之采家族制者不同；一则欧洲男女婚姻年龄较中国为迟，所以不设此条者，彼固有所不得已。何者？立一法而势不能行，不如不立之为愈。若吾国则自昔妇女以贞洁为主，有犯者世以为诟病，是惯习本与欧洲不同。夫法律不能与惯习相反者，立法上之原则也，此所以欧洲不能行而独能行于吾国也。

抑又闻之，世界法律各有系统，绝不相袭，英国法系与罗马法系几于无一相似，故世人常以英国为最守旧之人种，不闻以英为非文明国也。中国之刑法在世界上本为独立一种法系，其所长即在注重伦常礼教，与他国法律异趣。改良刑律，止可择吾国旧法之不合于理者去之而已，不当一一求合于外国法律，而没吾国固有之文明。法之不合于理者，虽数千年相沿之旧律，如诬告子孙、外孙、工人及擅杀子孙，或不论罪，或从轻减，悖理逆情而犹自托于伦常，改之可也。法之合乎理者，虽外国无可援之例，不妨自吾国创之，如无夫奸之类是也。况贞洁之俗，良俗也，既为良俗，当保守之不暇，而忍弃之耶？

比自欧化输入，女学遍设，放诞者往往藉口文明，隐抉藩篱。纯朴之风，盖略尽矣。今纵不能挽回，奈何复从而奖励之也？法律即不能代教育，亦当辅教育之力不所及，此法一除，恐不十年而女德之堕落如水就下。是女界藩篱之溃，自此次之草案始。后世读史，追论当时之立法，必有任其咎者，《春秋》书"作邱甲"、"用田赋"，恶乎其始也。窃愿立法者之无为祸始也。

但劳提学所拟之条文，则有未尽善者。原文云："待其尊亲属及本夫之告诉，始论其罪。"夫所谓"及"者，谓尊亲属与本夫俱可告诉也。尊亲属之范围定于草案八十二条，并外祖父母亦包括在内。果尔，则虽有夫之妇其父母固得告诉，即外祖父母亦得告诉也。又如寡妇犯奸，本系夫家之事，而女家之父母乃出首告奸，有是理乎？未嫁之女犯奸，其父母尚无言，而外祖父母乃从而告发之，有是理乎？其与国中惯习亦相反矣。不特此也，草案二百八十二条二项有"本夫事前纵容、事后得利，而私行和解者，虽告诉，不为审理"云云，所以防藉告奸以索诈，立法之意至为深远，今加入无夫奸而无专条以防之，亦恐不无流弊。如父母纵容己女行奸、翁姑纵容寡妇行奸，然后藉告诉以索诈，亦事所常有，法律固不能不先事预防也。窃谓：有夫之妇，止许本夫亲告，本夫外出未归，止许夫之直系尊属控告；无夫者，如系未嫁之女，止许其直系尊属亲告；寡妇之奸，止许其夫之直系尊属亲告。女家父母尚不可许，况外祖父母乎？拟就二百七十八条条文改正如左：

凡和奸，处四等以下有期徒刑。其相奸者，亦同。

又草案第二百八十二条二项拟改如左：

第二百七十八条之罪，未婚者，待其直系尊属之告诉；已婚者，待其本夫之告诉；夫死或出外，待其夫之直系尊属告诉，始论其罪。若直系尊属、本夫、夫之直系尊属事前纵容或事后得利，而私行和解者，虽告诉，不为审理。

一、子孙违犯教令一条，原为教孝而设，旧律自不容全行删去，但劳提学所拟条文，亦有可议者数端，举之如左：

一、原文"奉养有缺"一语，已见新律三百三十九条："凡遗弃尊亲属者，处无期徒刑或二等以上有期徒刑。"律文不为不重，处以拘役，反为宽纵。至但云祖父母、父母，设有曾祖父母，岂不挂漏？似不如"直系尊属"之包括。

二、原文"如祖父母、父母代为求请减少期限或宽免者，听"云云，原以旧律有呈请释回之例，然与新刑律原理相反。盖刑事与民事异者，民事凡原告已与被告和解即可将原案取回，欧洲谓之不干涉主义；至刑事则一经呈送便系提起诉讼，必经裁判官判断之后始能了结，不许私人任意取回，谓之干涉主义。既设此律，自应不许呈请宽免，则其告诉必较慎重，亦不致因些少违犯或受人诖构，遽有伤恩之举，似两得之。

三、尊属教令范围颇广，盖凡人性质不齐，难保其必出于正当，旧律注云"可从而故违"，亦即防此，拟加入"正当"二字，以示限制。至如何谓之正当，属于裁判官之认定。

四、原文"屡次触犯，处一等有期徒刑"，似又过重，拟改为四等至五等有期徒刑。因新律〔第〕三百十六条殴打父母未伤之罪，不过处三等至五等有期徒刑，若止于触忤，其刑自不宜在殴打之上，拟改正条文如左：

凡子孙违反直系尊属正当之教令者，处拘役，因而触忤者，处四等至五等有期徒刑。但必得直系尊属之亲告，始论其罪。

以上二条，就实际言之，无夫之奸、子孙违犯，大都顾全体面，其控告公庭者百无一二，但不能因是而谓此法可除。盖论中国今日情形，存此二条似亦无甚裨益，然果猝行删除，则举国人民误会立法深意，必谓朝廷改袭西制，妇女不必贞洁，子孙无取顺从，驯至家庭之爱日漓，婚姻之道滋苦，其害受于风俗人心，他日噬脐，悔将无及。事有似小而实大，似迂而实切者，此类是也。刍荛之言，伏惟采择。

宪政编查一等谘议官陈宝琛谨议。

八　倡议修正新刑律案说帖

劳乃宣

具修正案议员劳乃宣等，谨提出为倡议修正新刑律案事。查《资政院议事细则》第二十三条第一项："会议之时，议员对于议案提起修正之倡议，非有三十人以上之赞成，不得作为议题。"复查《议事细则》第六十七条："议员提起修正案之倡议，应具案提出于议长。"等因，兹谨提出"新刑律修正条文案"一件，遵照《议事细则》会同署名，应请议长作为议题。会议须至倡议者，计呈修正案一本。

倡议议员：劳乃宣

赞成议员：

睿亲王、庄亲王、顺承郡王、瀛贝勒、润贝勒、霭公、全公、寿公、铠公、盛将军、庆将军、色郡王（昭乌达盟）、希公爵、黄公爵、志公爵、荣公爵（塈）、延侯爵、曾侯爵、存侯爵、李子爵、刘男爵、定秀、世珣、荣普、成善、宜纯、奎濂、锡嘏、荣凯、毓善、刘道仁、文哲珲、崇芳、李经畲、庆蕃、陈善同、魏联奎、俨忠、文溥、吴敬修、柯邵忞、荣厚、曹元忠、吴纬炳、吴士鉴、陈宝琛、喻长霖、沈林一、陶葆廉、孙以芾、李士钰、周延弼、王佐良、宋振声、李湛阳、罗乃馨、王鸿图、王玉泉、徐穆如、桂山、达杭阿、许鼎霖、夏寅官、马士杰、江谦、闵荷生、文龢、郑际平、杨廷纶、张选青、李慕韩、胡柏年、陈国瓒、郑潢、谈钺、陶峻、汤鲁潘、唐石桢、陈命官、王昱祥、郑熙嘏、蒋鸿斌、王绍勋、彭连斌、陶毓瑞、李华炳、王用霖、刘志詹、周镛、吴怀清、鲁润瀛、王曜南、杨锡田、罗其光、高凌霄、张政、刘纬、郭策勋、万慎、刘曜恒、黄毓棠、黄晋蒲、张之霖、顾士高、范彭龄。

新刑律修正案

新律原文：

第三百零五条

凡杀人者，处死刑、无期徒刑或一等有期徒刑。

第三百零六条

凡杀尊亲属者，处死刑。

第三百零七条

凡伤害人者，依左列分别处断：

一、因而致死、笃疾者，无期徒刑或二等以上有期徒刑；

二、因而致废疾者，一等至三等有期徒刑；

三、因而致轻微伤害者，三等至五等有期徒刑。

第三百零八条

凡伤害尊亲属者，依左列分别处断：

一、因而致死、笃疾者，死刑或无期徒刑；

二、因而致废疾者，死刑、无期徒刑或一等有期徒刑；

三、因而致轻微伤害者，一等至三等有期徒刑。

按：新律于杀尊亲属、伤尊亲，均较凡杀伤为重，所以重伦纪也。然尊亲属杀伤子孙，并无别设专条，是亦用凡人律矣。现行刑律："子孙违反教令而祖父母、父母非理殴杀者，处十等罚。故杀者，徒一年。嫡、继、慈、养母杀者，各加一等。致令绝嗣者，绞。若非理殴子孙妇及乞养异姓子孙，致令废疾者，处八等罚。笃疾，加一等，并令归宗。子孙之妇追还嫁妆，仍给养赡银一十两；乞养子孙拨付合得财产养赡。至死者，各徒三年。故杀者，流二千里，妾各减二等。其子孙殴骂祖父母、父母，及妻妾殴骂夫之祖父母、父母，而殴杀之，若违犯教令而依法决罚邂逅致死，及过失杀者，各勿论。"是祖父母、父母故杀子孙，乃科徒一年之罪，殴伤虽至笃疾，亦无罪。嫡、继、慈、养母杀子孙，乃有加重之条。殴子孙妇、乞养子致废疾，乃有科罪之文。子、孙杀伤祖、父当加重，祖、父杀子、孙亦当减轻，乃至当不易之理。今与凡人同科，是祖、父杀子、孙亦处死刑、无期徒刑或一等有期徒刑，致子孙轻微伤害亦处三等至五等有期徒刑也。揆之中国礼教、风俗、人情，实不允协。

修订法律沈大臣云："《唐律》：'子孙违犯教令而祖父母、父母殴杀者，徒一年半。以刃杀者，徒二年。故杀者，各加一等（二年、二年半）。即嫡、继、慈、养杀者，加一等。'《明律》改一年半者为满杖，改二年及二年半者为一年，既失之太轻；其嫡、继、慈、养之致夫绝嗣者复加至绞，又失之过重。此本当损益者也。今试以新草案而论，凡杀人者，处死刑、无期徒刑或一等有期徒刑，如系故杀子孙，可处以一等有期徒刑，再以酌量减轻条'犯罪之事实情轻，减二等'之法减之，可减为三等有期徒刑，而三等之中，又可处以最轻之三年未满，则与唐律之轻重亦差相等矣。此可以明定于判决录内，无庸另立专条。"是沈大臣亦谓祖父母、父母杀子孙不可与凡人同科，当科以徒罪也，但谓现行律徒一年太轻，当按唐律科以徒二年、徒二年半耳。然必先引凡人律处以一等有期徒刑，再援酌量减轻条减为三等有期徒刑，而复于三等中处以最轻三年未满。（按：三等有期徒刑最轻为三年以上，原作三年未满，误。）辗转迁回，故为曲折，且出于法官之宥恕，非出于律令之本然，不足以示名分纲常之重。即拟按照唐律处以徒二年、徒二年半之罪，即应明定科条处以四等有期徒刑，与杀尊亲属条相为对待，以明父子之伦、尊亲之义，何必深没其文于正律而别定判决录乎？今增纂条文如左：

增纂

凡故杀子孙者，处四等以下有期徒刑。若违犯教令，依法决罚邂逅致死者，不为罪。

此依新刑律体裁，兼举数刑以待审判时裁酌，其嫡、继、慈、养母等种种等差，均于判决例内详之。

又按：旧律：亲属相殴，卑幼殴尊长则加等，尊长殴卑幼则减等，所以重伦常、正名分，维持乎世道人心者，至为深远。今新刑律于杀伤尊亲属有加重于凡人之专条，特于旁支尊长尚无加重明文，而尊长之于卑幼则直系、旁支皆无减轻之典，殊未允当。兹增纂数条如左：

增纂

凡杀期功以下有服尊长者，处死刑、无期徒刑。

凡伤害期功以下有服尊长者，依左列分别处断：

一、因而致死、笃疾者，死刑、无期徒刑或一等有期徒刑；

二、因而致废疾者，无期徒刑或一等至二等有期徒刑；

三、因而致轻微伤害者，二等至四等有期徒刑。

凡杀期功以下有服卑幼者，处死刑、无期徒刑或一等至三等有期徒刑。

凡伤害期功以下有服卑幼者，依左列分别处断：

一、因而致死、废疾者，无期徒刑或一等以下有期徒刑；

二、因而致废疾者，二等以下有期徒刑；

三、因而致轻微伤害者，不为罪。

旧律：卑幼杀伤尊长，服重者罪重，服轻者罪轻，重者全斩，轻者至徒。尊长杀伤卑幼，服重者罪轻，服轻者罪重，重者至绞，轻者至勿论。今依新律体裁，每条兼举数刑以待审判时裁酌，其按照服制分别详细等差，于判决例内详之。

又按：旧律妻殴夫者加等，夫殴妻者减等，与尊长卑幼同科，本乎夫为妻纲之义也。然夫妻有敌体之礼，与尊长、卑幼略有不同。西国夫妻皆平等，日本本与中国同，今亦改为平等。今新律无夫妻相犯专条，是亦视为平等，适用凡人律也，但于中国礼俗尚不甚协。《传》曰"妻者，齐也"，又曰："妇人，伏于人也。"是于平等之中，又有服从之义。旧律：妻之子殴夫妾者加等，妾殴妻之子者以凡人论。此尊于彼，而彼不卑于此，与夫尊于妻而妻不卑于夫情形最为相近，可以比拟规定，今增纂如左：

增纂

凡妻伤害夫及加强暴未至伤害者，与卑幼对尊长同，至死者处死刑。夫伤害妻者，照凡人科断。

新律原文：

第三百十一条

凡对尊亲属加强暴未至伤害者，处三等至五等有期徒刑，或五百圆以下、五十圆以上罚金。

按：现行刑律，子孙骂祖父母、父母及殴祖父母、父母而未伤者，皆应拟绞。新律加强暴未至伤害者，处三等至五等有期徒刑，已较旧律轻至数等，而又许易以罚金，是不孝之罪有财亦可赎也。悖理乱常，莫此为甚！今使有父子相殴者，父殴其子成伤，子殴其父未成伤，父当依伤害人因而致轻微伤害律，子当依此律，皆三等至五等有期徒刑，父子之罪已相等夷矣！然父之罪无罚锾之文，子之罪则可易以罚金，是父虽有万金不能赎罪，必实服徒役，子有五百圆即可逍遥法外也。说者谓旧刑律不足以存中国，必用新刑律乃可救亡，试问此等刑律果足以救亡乎？抑适以速亡乎？现行刑律凡关系"十恶"、犯奸等项，应处罚金罪者改拟工作，以义关伦常礼教，非罚金所能蔽辜也。应加重一等，将罚金删去，修改如左：

修改

凡对尊亲属加强暴未至伤害者，处二等至四等有期徒刑。

又按：旧律卑幼殴有服尊长未伤者，重至徒三年，轻至十等罚，新律无罪亦未合。今增纂如左：

增纂

凡对期功以下尊长加强暴未至伤害者，处四等以下有期徒刑、拘役。

其按照服制分别详细等差，于判决例内详之。

新律原文：

第三百十九条

凡因过失致尊亲属死伤者，依左列分别处断：

一、因而致死、废疾者，三等至五等有期徒刑或一千圆以下、一百圆以上罚金；

二、因而致废疾者，四等以下有期徒刑、拘役或五百圆以下罚金；

三、因而致轻微伤害者，五等有期徒刑、拘役或二百圆以下罚金。

按：中国礼教，子孙不得有私财，子孙之财即祖父之财也。子孙过失杀伤祖父母、父母而以财赎，是被杀伤者自以财代行凶者赎罪也，有是理乎？法律馆按语谓："习俗以为吾国卑幼不能私擅用财，此论墨守旧律，若立宪而后首重人权，虽属卑幼亦应享有私权之能力。"此说之合理与否姑不深论，试问中国数千年来相传子孙不得有私财之旧俗，一时能改变否？新刑律实行在宣统五年，其时天下人民必尚墨守旧俗，有可断言者。若于斯时而行斯律，非被杀伤者自以财代行凶者赎罪而何？官府勒取被杀伤者之财，令代行凶者赎罪，此等刑律，人心能服乎？否乎？必应将罚金删去，修改如左：

修改

凡因过失致尊亲属死伤者，依左列分别处断：

一、因而致死、废疾者，三等至五等有期徒刑。

二、因而致废疾者，四等以下有期徒刑、拘役。

三、因而致轻微伤害者，五等有期徒刑、拘役。

增纂

凡直系尊亲属正当之教令而故违犯者，处拘役。

旧律：子孙违犯祖父母、父母教令及奉养有缺者，杖一百，现行律改为十等罚。又有"呈首子孙恳求发遣及屡次触忤，即将被呈之子孙发极边足四千里安置"之例，所以教孝也。沈大臣谓此全是教育上事，应别设感化院之类，以宏教育之方，此无关于刑民事件，不必规定于刑律中。宪政编查馆奏折内则云："旧律所谓违犯教令，本与'十恶'之不孝有别，故罪止十等罚。历来呈控违犯之案，大抵因游荡荒废不务正业而起，现行之《违警律》于游荡不事正业本有明条，足资引用，如有殴詈父母或奉养有缺情形，则新刑律原案之暴行、胁迫、遗弃尊亲属，此次拟增之侮辱尊亲属各条，皆可援引，无虞疏漏。"各等语。查暴行、胁迫、遗弃、侮辱等条既以特别规定，则呈首发遣之条可以不设，但《违警律》之游荡不事正业，非专指不遵亲命而言，违犯教令亦不止游荡一端，非彼律所能赅括。至感化院之类，天下千余州县，断非一时所能遍设，若子孙违犯祖父母、父母，官府无惩治之法，祖若父无呈送之所，实为大拂民情之事，故此条万不可少。但"教令"二字范围较广，故旧律有"可从而故违"之注，今加"正当"二字以示限制，至如何谓之正当，属于审判官之认定。

新律原文：

第十五条

凡对于现在不正之侵害，出于防卫自己或他人权利之行为，不为罪。

《暂行章程》原文:

第五条

凡对于尊亲属有犯,不得适用正当防卫之例。

右二条前条即所谓正当防卫也,如夜无故入人家,登时杀者勿论,及擅杀奸盗、凶徒等类皆是。而对于尊亲属有犯,则伦纪攸关,不可概论,故次条云不得适用正当防卫之例,至为精当。但列入《暂行章程》,案语谓推行新旧之间最为适用,则不可解。伦纪无新旧之可言,岂守旧时代当论伦纪,新旧过渡时代亦尚可论伦纪,迨至纯乎维新时代即断不可论伦纪乎?断宜列入正文之内,不可作为《暂行章程》,今移改如左:

移改

凡对尊亲属有犯,不得适用正当防卫之例。

移在第二章正当防卫之次。

新律原文:

第二百八十三条

凡和奸有夫之妇者,处四等以下有期徒刑或拘役。其相奸者,同。

第二百八十八条第二项

第二百八十三条之罪,待其本夫告诉乃论。若本夫事前纵容或事后得利而私行和解者,虽告诉不为审理。

此条礼部签注云:"中国素重家族主义,妇女适人以后,舅姑有管束之权。此云待其本夫之告诉始论之,是夫以外皆不得告诉也。设其夫出游在外,而其妇与人通奸,为舅姑者以限于法而不得告诉,不将甘心忍辱,明知之而无可如何乎?此近乎纵奸,殊不足以重伦常而维礼教。"其论甚正,应增"其夫外出,待其夫之直系尊亲属告诉"一层,以期周备。修改如左:

修改

第二百八十三条之罪,待其本夫告诉,如其夫外出,待其夫之直系尊亲属告诉,始论其罪。若本夫及其夫之尊亲属事前纵容或事后得利,私行和解者,虽告诉不为审理。

《暂行章程》原文

第四条

凡犯第二百八十三条之罪为无夫妇女者，处五等有期徒刑、拘役或一百圆以下罚金。其相奸者，同。

前项之犯罪，须待直系尊亲属之告诉，乃论其罪。若尊亲属事前纵容或事后得利，私行和解者，虽告诉不为审理。

初次草案无无夫和奸之条，在京各部院、在外各督抚无不力争，而法律馆坚持不变，修正草案仍无此条。宪政编查馆于《暂行章程》中增此一条，以为调停之法，其案语云："各国新定刑律，均无无夫奸处罚之明文，诚以防闲此种行为，在教育不在刑罚也。但中国现在教育尚未普及，拟暂照旧律酌定罚例。"推其意，盖谓各国所以无此条者，以各国教育均已普及，所有无夫妇女人人贞洁性成，万无犯奸之事，故不必以刑罚防禁。中国教育尚未普及，无夫妇女不免尚有淫行，不得不暂以刑罚防禁之，待他日教育普及，人人贞洁，即将此例作废也。然究竟今日外国无夫妇女贞洁乎？中国无夫妇女贞洁乎？凡稍知中外各国风俗者类能言之，姑不深论。试问：外国教育既已普及，何以无夫妇女人人贞洁，不待刑罚防禁，而有夫妇女仍不免淫行，尚须刑罚防禁？中国今日教育尚未普及，故无夫、有夫妇女皆有淫行，皆须刑罚防禁，迨他日教育普及之后，何以只能教育无夫妇女使之贞洁，可将刑罚废除，而不能教育有夫之妇女使之贞洁，仍不免于淫行，尚须刑罚防禁？且也在室之女以受教育而成贞洁之德性，及其适人而有夫，其贞洁之德性忽然失去，迨至夫死复成无夫之人，而其贞洁之德性又失而复还。此等理想，真令人百思而不得其解。

又有夫和奸无罚金，今于无夫和奸加"或一百圆以下罚金"之文，是有夫奸不能以财赎，无夫奸能以财赎也。出百圆之财即可通奸一次，是与宿娼之夜合资无异也。雄于财者，可肆行渔色，无忌惮矣！况奸妇与奸夫同罪，亦须罚金，中国在室之女断无私财可知，是其父母告诉之后反须代其女出资赎罪也。揆诸人情，允乎？否乎？应将此条移入正文，并照现行刑律犯罪不准处罚金之例，将罚金删去。移改如左：

移改

凡和奸无夫妇女者，处五等有期徒刑或拘役。其相奸者，同。

前项之犯罪，须待直系尊亲属之告诉乃论。若尊亲属事前纵容或事后得利，私行和解者，虽告诉不为审理。

移在第二十三章和奸有夫妇女条后。

修复附则：

第一条

本律因犯罪之情节轻重不同，故每条仿照各国兼举数刑，以求适合之审判，但实行之前，仍酌照旧律略分详细等差，另辑判决例，以资援引而免岐误。

增纂

本律内有关服制诸条，应按服制轻重分别等差，皆于另辑判决例内详之。

按：法律馆《修正刑律草案》复有《附则》五条，宪政编查馆删改为《暂行章程》五条。查法律馆原案第一条所称"酌照旧律略分详细等差，另辑判决例以资援引"等语，实为审判要需，必不可少，宪政馆原奏亦经声明，应由该大臣按照原奏辑为判决例，奏交核订，是亦视为要件，但必须辑作条文，方与正律同一效力。今照原案修复，仍称《附则》，列于《暂行章程》之前。

又查律内关系服制诸条，亦皆兼举数刑以求适合之审判，不可不按服制轻重分别等差，于另辑判决例内详之，故又增纂一项于次。

"暂行章程"移入正文两条，改为三条。

参考文献

1. 《大清法规大全》，政学社印行，台湾考正出版社，1972 年影印本。

2. （清）朱寿朋编、张静庐等校注：《光绪朝东华录》，中华书局，1958。

3. 《清实录》（德宗景皇帝实录），中华书局，1987 年影印本。

5. 故宫博物院明清档案部：《清末筹备立宪档案史料》，中华书局，1979。

6. （清）刘锦藻撰《清朝续文献通考》，浙江古籍出版社，1988。

7. 中国人民大学清史研究所：《清史编年》（第十二卷），中国人民大学出版社，2000。

8. 廖盖隆等主编《中国人名大辞典·历史人物卷》，上海辞书出版社，1990。

9. 蔡冠洛编《清代七百名人传》，中国书店，1984。

10. 郭廷以编著《近代中国史事日志》（下），中华书局，1987。

11. 清史编委会：《清代人物传稿》（下编第 1~10 卷），辽宁人民出版社，1991~1995。

12. 宪政编查馆编《刑律草案签注》（1910 年油印本），国家图书馆藏。

13. 《修正刑律案语》，修订法律馆 1909 年印刷，国家图书馆藏。

14. 《钦定大清刑律》，1911 年颁布，国家图书馆藏。

15. 钱实甫主编《清代职官年表》（1~4 册），中华书局，1980。

16. 怀效锋主编《清末法制变革史料》（上、下两册），中国政法大学出版社，2010。

17. 黄源盛纂辑《晚清民国刑法史料辑注》（上、下两册），（台湾）元照出版有限公司，2010。

18. 李启成点校《资政院议场会议速记录——晚清豫备国会论辩实录》，上海三联书店，2011。

19. 沈云龙主编《桐乡劳先生（乃宣）遗稿》，《近代中国史料丛刑》第36辑，（台湾）文海出版社印行。

20. 徐世虹主编《沈家本全集》，中国政法大学出版社，2010。

后　记

编完本书的最后一页，我终于松了一口气，还愿完成了。

还记得本世纪初在中国政法大学攻读博士学位的时候，我所做的晚清法律改革研究，大部分时间都用在了文献资料的搜集、整理、录入上了。当时晚清法律史的研究，国内已经展开了多年，但文献的点校、整理、出版工作，却是一点进展都没有。所有做这段时期研究的学者，除了利用中华书局1979年出版的《清末筹备立宪档案史料》外，都要从他人字里行间里打探文献的下落，然后"上穷碧落下黄泉"，却常常也是"两处茫茫皆不见"。大好时光浪费在这方面，总觉不值。那时便想，等我做完博士论文，一定把搜集使用过的文献整理出版，免得如我辈后生如此辛苦。

前几年我的博士论文《签注视野下的大清刑律草案研究》出版以后，在国内外引起了一些反响。除了书中所表达的学术观点以外，许多学界同行更对我使用的文献资料（尤其是签注）感兴趣，纷纷提出了索取、交换甚至购买的要求，一些好友甚至建议我抓紧整理出版。无奈那时的我，杂事缠身，没有精力和决心去重返故纸堆。为这，可能还把一些人"得罪"了，包括台湾政治大学的黄源盛教授和加拿大多伦多大学的陈利博士，在此我是要深表歉意的。

由是之故，在去年的八月，我终于下定决心，要编一本《〈大清新刑律〉立法资料汇编》，也为自己的晚清刑法史研究画一个暂时的句号。在中国政法大学的宗恒老师和我的两位研究生郭洪亮、曹景南的帮助下，这一工作，一年以后终于基本完成。感谢他（她）们！

是为记。

2012 年 8 月 28 日

本书初稿完成后，即申请中国社会科学院创新工程出版资助，并有幸于 2012 年 11 月获批。随后在检查过程中又发现在点校方面有不少问题需要斟酌，资料搜集范围和内容也应有所扩展，又经过这几个月的再次校对，即日总算可以把稿子交给出版社了。

经历了和当年写博士论文差不多一样的煎熬和腰酸背痛以后，我终于明白了在国内为什么甚少人做学术资料的整理工作。我想，以后也大概不会再做资料汇编这类"出力而不讨好"的苦差事了。

2013 年 4 月 8 日

图书在版编目（CIP）数据

《大清新刑律》立法资料汇编/高汉成主编. —北京：社会科学文献
出版社，2013.10
ISBN 978 - 7 - 5097 - 5056 - 8

Ⅰ.①大…　Ⅱ.①高…　Ⅲ.①清律 - 立法 - 史料　Ⅳ.①D929.49

中国版本图书馆 CIP 数据核字 （2013） 第 214558 号

《大清新刑律》立法资料汇编

主　　编／高汉成
副主编／宗　恒　郭洪亮

出 版 人／谢寿光
出 版 者／社会科学文献出版社
地　　址／北京市西城区北三环中路甲 29 号院 3 号楼华龙大厦
邮政编码／100029

责任部门／社会政法分社 （010） 59367156　　责任编辑／赵建波　刘俊静
电子信箱／shekebu@ ssap. cn　　　　　　　　责任校对／张　曲　张　羡
项目统筹／刘骁军　　　　　　　　　　　　　责任印制／岳　阳
经　　销／社会科学文献出版社市场营销中心 （010） 59367081　59367089
读者服务／读者服务中心 （010） 59367028

印　　装／三河市尚艺印装有限公司
开　　本／787mm×1092mm　1/16　　　印　　张／52
版　　次／2013 年 10 月第 1 版　　　　　字　　数／848 千字
印　　次／2013 年 10 月第 1 次印刷
书　　号／ISBN 978 - 7 - 5097 - 5056 - 8
定　　价／198.00 元